BRUCK-MÖLLER

Kommentar zum

Versicherungsvertragsgesetz

und zu den

Allgemeinen Versicherungsbedingungen

unter Einschluß des

Versicherungsvermittlerrechtes

Begründet von

Prof. Dr. jur. ERNST BRUCK †

Neubearbeitet von

Prof. Dr. jur. HANS MÖLLER

8. Auflage

4. Lieferung: Vorbem. zu §§ 43—48: Recht der Versicherungsvermittlung (Schluß)

Berlin 1958

WALTER DE GRUYTER & CO.

vormals G. J. Göschen'sche Verlagshandlung — J. Guttentag, Verlagsbuchhandlung
Georg Reimer — Karl J. Trübner — Veit & Comp.

Vorbemerkung zur vierten Lieferung

Leider kann ich erst jetzt die vierte Lieferung des Kommentars vorlegen. Der — mit den Studentenzahlen — wachsende Umfang der Lehrverpflichtungen und eine Fülle sonstiger Aufgaben behinderten die Arbeit. Die Neugestaltung des Agentenrechtes erschwerte die Darstellung dieser umfassenden und wichtigen, in das Erläuterungswerk von vornherein einbezogenen Materie. Ein besonderes Sachregister am Schluß der vierten Lieferung soll — neben den systematischen Übersichten S. 535—536, 550—551, 588, 610—615 — die Auffindung der gesuchten Abschnitte erleichtern.

Die fünfte Lieferung wird den ersten Band abschließen, der zweite Band des Werkes wird der Schadensversicherung und einzelnen Versicherungszweigen gewidmet sein. Da es sich für mich als undurchführbar erweist, alle Teile des Buches allein zu schreiben, habe ich für die Bearbeitung einzelner Versicherungszweige Mitarbeiter gewonnen, und zwar

für die Sachversicherung, insbesondere Feuerversicherung Prof. Dr. Reimer Schmidt,

für die Kraftverkehrsversicherung Senatspräsident z. Wv. Rechtsanwalt Gerhard Erich Fromm,

für die Lebensversicherung Dr. Rolf Magnusson,

für die Krankenversicherung Oberlandesgerichtsrat Dr. Paul Wriede.

So kann davon ausgegangen werden, daß künftig die Lieferungen des Kommentars in schnellerer Folge herauskommen.

Die Darstellung des Rechtes der einzelnen Versicherungszweige wird in neuartiger Form derart erfolgen, daß in systematischer Ordnung jeweils sowohl das Gesetzesrecht als auch die Versicherungsbedingungen erläutert werden. Das Recht der öffentlichrechtlichen Versicherung wird berücksichtigt werden, desgleichen — wie bisher — das Material aus Rechtsprechung und Schrifttum in angestrebter Vollständigkeit.

Berkeley/Kalifornien, 30. September 1957 — Hans Möller

Abkürzungen

Die Abkürzungen für die gebräuchlichsten Allgemeinen Versicherungsbedingungen (AVB) sind eingeführt in der Einleitung Anm. 20 (Lieferung 1).

Das wichtigste Schrifttum ist mit der benutzten Zitierweise angeführt in der Einleitung Anm. 39 (Lieferung 1). — Ist ein Werk mit dem Zusatz a. a. O. zitiert, so ist der genaue Fundort aus den Schrifttumsangaben des betreffenden Abschnitts zu entnehmen.

Ferner bedeuten: V = Versicherung, Ver = Versicherer, Vmer = Versicherungsnehmer, Vter = Versicherter.

Ein ausführliches Abkürzungsverzeichnis wird der letzten Lieferung beigefügt sein.

traut worden oder zugänglich geworden ist, während der Geltungsdauer des Dienstverhältnisses unbefugt an jemand zu Zwecken des Wettbewerbes oder aus Eigennutz oder in der Absicht, dem Inhaber des Geschäftsbetriebes Schaden zuzufügen, mitteilt.

Ebenso wird bestraft, wer ein Geschäfts- oder Betriebsgeheimnis, dessen Kenntnis er durch eine der im Abs. 1 bezeichneten Mitteilungen oder durch eine gegen das Gesetz oder die guten Sitten verstoßende eigene Handlung erlangt hat, zu Zwecken des Wettbewerbes oder aus Eigennutz unbefugt verwertet oder an jemand mitteilt.

Zivilrechtlich können sich nicht nur vertragliche Ansprüche eines Unternehmers gegen einen Vsvertreter ergeben, der die Geheimhaltungspflicht verletzt hat. Es kommen vielmehr auch gesetzliche Ansprüche in Betracht, z. B. unter dem Gesichtspunkt der Geschäftsführung ohne Auftrag, insbesondere des § 687 II BGB (Josten-Lohmüller a. a. O. Anm. 3 zu § 90, Würdinger in: RGRKomm. HGB Bd 1 Anm. 3 zu § 90, S. 753). Ferner kommen Ansprüche aus den §§ 1 UWG, 826 BGB in Frage, falls ein Verstoß gegen die guten Sitten, speziell zu Zwecken des Wettbewerbes vorliegt. Ausnahmsweise kann sich sogar ein gesetzlicher Anspruch des Unternehmers gegen den Empfänger der in § 90 HGB erwähnten Mitteilung richten (Schröder[2] a. a. O. Anm. 20—21 zu § 90, S. 240—241).

[221] fff) Wettbewerbsklauseln.

Zu den Fragen, ob ein selbständiger Vsvertreter seine volle Arbeitskraft dem Ver widmen muß, ob er — verneinendenfalls — seinem eigenen Unternehmen im Wettbewerb gegenübertreten darf, und wie der Vsvertreter sich anderen Vern und Vsvertretern gegenüber zu verhalten habe, sagt das Gesetz unmittelbar nichts. Es regelt nur den nachvertraglichen Wettbewerb (§ 90a HGB; Anm. 363), während für den Handlungsgehilfen die Wettbewerbsproblematik auch für die Dauer des Vertragsverhältnisses gesetzlich normiert ist (§§ 60, 61 HGB). § 92a I 1 HGB läßt nur ersehen, daß es eine Unterart von Handelsvertretern gibt, die „vertraglich nicht für weitere Unternehmer tätig werden" dürfen. § 92b HGB befaßt sich andererseits mit Handelsvertretern im Nebenberuf.

Aus der Selbständigkeit der Vsvertreter, aus dem erwähnten § 92a I 1 HGB und aus der Tatsache, daß es für den Handelsvertreter an Vorschriften entsprechend den §§ 60, 61 HGB fehlt, muß abgeleitet werden, daß einen selbständigen Vsvertreter **regelmäßig**, also in Ermangelung einer abweichenden Vereinbarung (Wettbewerbsklausel), keine Verpflichtung trifft, nur für den Unternehmer, also den Ver tätig zu sein. Im Zweifel darf also der Vsvertreter auch andere selbständige oder unselbständige Arbeit leisten, gleichgültig, ob im Bereich des Vswesens oder in anderen Bereichen, ob planmäßig oder vermittels einzelner Geschäfte. Insbesondere kann hiernach der Vsvertreter im Zweifel ohne Zustimmung des Vers auch andere Handelsvertreterverträge abschließen, z. B. als Warenagent, aber auch als Vsvertreter eines anderen Vers, sei es einer anderen oder der gleichen Branche (Mehrfachvertreter: Anm. 25, 178, 418). Der Vsvertreter kann auch einzelne Vsverträge als Vsmakler für dritte Ver vermitteln (Makleragent: Anm. 26, 178). Er kann ferner neben der Agenturfirma eine weitere selbständige Vsvermittlerfirma gründen (Firmengruppen: Anm. 27).

Eine Schranke für die anderweitige Betätigung könnte sich aus der allgemeinen Verpflichtung des Handelsvertreters zur Interessenwahrnehmung ergeben (§ 86 I HGB), darüber generell Anm. 217. Mit dem Problem hat sich die Rechtsprechung für andere als Vsvertreter mehrfach befaßt: Der BGH 30. VI. 1954 VersR 1954 S. 400—401 = MDR 1954 S. 606 betont, der Handelsvertreter unterliege keinem gesetzlichen Wettbewerbsverbot, das ihn schlechthin daran hindere, sich in dem Handelszweig des Unternehmers anderweitig zu betätigen. Dann aber fährt der BGH fort: „Aus seiner Verpflichtung, die Interessen seines Geschäftsherrn zu wahren . . ., folgt nur, daß er sich jeden Wettbewerbs zu enthalten hat, der geeignet ist, die Interessen des Unternehmers zu beeinträchtigen, und daß er deshalb auch für andere Unternehmer insoweit nicht tätig werden kann, als diese mit seinem Geschäftsherrn in Wettbewerb stehen. In Zweifelsfällen hat er die Zustimmung seines Geschäftsherrn einzuholen."

Zurückhaltender OLG Hamburg 19. X. 1954 MDR 1955 S. 422: „Danach ist davon auszugehen, daß die Tatsache einer Konkurrenzvertretung und die daraus sich zwangsläufig ergebende Beeinträchtigung der Interessen des Geschäftsherrn allein nicht ausreichen, um die Unzulässigkeit einer Konkurrenzvertretung anzunehmen. Allerdings darf daraus nicht der Schluß gezogen werden, daß der Vertreter, wenn eine Konkurrenzklausel nicht im Vertrage enthalten ist, frei von jeder Bindung sei und sich wie ein Makler von Fall zu Fall auf dem Markte die günstigsten Angebote heraussuchen dürfe, um diese seiner Kundschaft vorzulegen. Die in § 86 HGB festgelegte Pflicht, das Interesse des Geschäftsherrn wahrzunehmen, kann er nur dann wahren, wenn er nicht für Konkurrenten seines Auftraggebers solche Geschäfte abschließt, die infolge ihres Umfanges, der besonderen Qualität oder günstigen Preise notwendigerweise dazu führen müssen, den Geschäftsherrn gerade durch die Tätigkeit seines eigenen Vertreters vom Markte zu verdrängen. Dadurch würde dem Auftraggeber ein Schaden zugefügt, der über die regelmäßig mit der Konkurrenzvertretung verbundene Beeinträchtigung weit hinausgehen würde." Für einen Bezirksvertreter nimmt OLG München 26. V. 1955 BetrBer 1955 S. 714 an, er dürfe nicht im zugewiesenen Bezirk für einen anderen Unternehmer die gleiche Ware vertreiben (ähnlich OLG München 15. XII. 1955 BetrBer 1956 S. 20). Nachweise zum allgemeinen Schrifttum Anm. 178.

Für Vsvertreter läßt sich schon hiernach feststellen, daß in Ermangelung einer Wettbewerbsklausel auch mit Rücksicht auf die Interessenwahrnehmungspflicht keine Bedenken dagegen bestehen, daß sie außerhalb des Vsbereichs selbständige oder unselbständige Arbeit leisten oder im Vsbereich eine Vermittlungsarbeit für andere, aber nicht zum Unternehmer in Wettbewerb stehende Ver übernehmen. Ein Krankenvsagent kann sonach die Vertretung eines Lebens- oder Sachvers übernehmen. Der Agent eines Sachvers, der die Sturm- oder Maschinenv nicht betreibt, kann für diese Vszweige einen Vertretervertrag mit einem anderen Sachver abschließen, auch eine Vsmaklertätigkeit auf diesem Felde entfalten.

Die Zweifel beginnen angesichts der Rechtsprechung erst bei Gegebensein einer Wettbewerbssituation, besonders also bei Konkurrenzvertretungen. In kaufmännischen Vszweigen, so in der Transport- und Industriefeuerv sind häufig mehrere Ver als Mitver an einer Polize beteiligt. Jeder Ver kann nur bis zu einem gewissen Maximum zeichnen. Der Vmer — selbst oft sachkundig — legt auf die Auswahl des Vers besonderen Wert. Aus diesen Gründen kommen hier Mehrfachvertreter, die im gleichen Vszweig von mehreren Vern betraut sind, oft vor. Deshalb dürfte in diesen kaufmännischen Vszweigen die Frage der Konkurrenzvertretungen dahin zu entscheiden sein, daß ohne Vereinbarung einer Wettbewerbsklausel jeder Vsvertreter mehrere Agenturverträge abschließen und auch als Makleragent tätig sein kann. Nun lassen sich aber die kaufmännischen Risiken nicht klar von den übrigen scheiden. In der Personenv weichen Tarife und Vsbedingungen (Krankenv) oder Prämien und Gewinnpläne (Lebensv) von Gesellschaft zu Gesellschaft stark voneinander ab, so daß man für das Vswesen generell die Auffassung vertreten muß: Es widerstreitet nicht der Interessenwahrnehmungspflicht des Vsvertreters, wenn er im gleichen Vszweig weitere Vertreterverträge abschließt oder als Makleragent arbeitet (Anm. 178). Die Interessenwahrnehmungspflicht ist bei Mehrfach- und Makleragenten hiernach gelockert (Anm. 217). Auch für Bezirksagenten der Vswirtschaft gelten die angegebenen Grundsätze, zumal der Vsbezirksagent nicht für alle Bezirksgeschäfte Provision erhält (§ 87 II 1 HGB gilt nach § 92 III 2 HGB für Vsvertreter nicht). Den Vsvertreter, welcher hiernach im Zweifel eine sehr freie Stellung hat, trifft auch keine Verpflichtung, die Zustimmung des Vers zur Übernahme einer Konkurrenzvertretung einzuholen, nicht einmal eine Mitteilung braucht der Vsvertreter dem erstvertretenen Unternehmen zu machen (dazu OLG Hamburg 19. X. 1954 MDR 1955 S. 422—423). Alles Gesagte dürfte als Handelsbrauch in der Vswirtschaft gelten, bestätigt durch die Tatsache, daß die Agenturverträge, zuletzt Ziff. 6 Hauptpunkte (Anm. 138), den Problemkreis zu regeln pflegen, falls dem Vsvertreter Beschränkungen auferlegt werden sollen. Zu alledem Rohrbeck-Durst-Bronisch S. 100—101, Strietholt a. a. O. S. 32, KG 9. XII. 1941 JRPV 1942 S. 72, teilweise a. A. Trinkhaus I S. 63, Sozialvsamt Berlin 22. IV. 1952 VW 1952 S. 380, OVA Hildesheim 23. XII. 1952 VersR 1953 S. 400, für die Schweiz: Meyer, Die Stellung des Generalagenten und Unteragenten der Vsgesellschaft im schweizerischen Recht, Bern 1947, S. 39—42. Generell über die Verschiedenheit der Rechtslage in den Geschäftszweigen: Schmidt-Rimpler a. a. O. S. 83—85.

Sollen die geschilderten Regeln **ausnahmsweise** nicht gelten, so muß eine entsprechende Vereinbarung getroffen werden (Wettbewerbsklausel), die in vielen Abstufungen vorkommen kann: Beispiele Anm. 178 mit Hinweis auf die verschiedenen Vorschläge in Ziff. 6 Hauptpunkte (Anm. 138), ferner bei Striethalt a. a. O. S. 14, 32—34. Am weitesten gehen Ausschließlichkeitsklauseln (wie sie z. B. die erste Alternative des § 92a I 1 HGB für den Einfirmenvertreter voraussetzt); kraft seiner starken Bindung genießt der Einfirmenvertreter erhöhten sozialen Schutz (§ 92a HGB, Anm. 416). Ist andererseits ein Vsvertreter ausdrücklich als Handelsvertreter im Nebenberuf betraut (§ 92b II HGB), so kann von ihm nie gefordert werden, die Ausübung des Hauptberufes zu unterlassen. Da sich für einen Unternehmer, der einen Handelsvertreter im Nebenberuf betraut, eine Besserstellung ergibt, fragt sich sogar, ob der Unternehmer hier vom Handelsvertreter verlangen kann, den Hauptberuf weiter auszuüben (dazu vgl. Anm. 214). Über aufsichtsbehördliches Einschreiten gegen Ausschließlichkeitsabreden: VA 1909 S. 168 (unklar, ob nur nachvertragliche Konkurrenz betreffend). Über die Rechtsfolgen einer Verletzung von Wettbewerbsabreden: Anm. 178, 234. Darüber, daß ein Handelsvertreter auch nach fristloser Kündigung seitens des Unternehmers eine Wettbewerbsabrede beachten muß, falls er die Kündigung für ungerechtfertigt hält: BGH 30. VI. 1954 VersR 1954 S. 400—401 = MDR 1954 S. 606—607. Darüber, daß ein Mehrfachvertreter Nachven dem Ver der Hauptv zuzuführen hat: LG Lübeck 30. VI. 1950 VersR 1950 S. 182 mit Anm. Bronisch.

Als Ausnahmeregelungen sind Wettbewerbsklauseln eng auszulegen. Ist also ein Vertreter verpflichtet, nicht für ein anderes Vsunternehmen tätig zu werden (Ziff. 6 Vorschlag 1 Alternativfassung Hauptpunkte [Anm. 138]), so ist es ihm nicht verwehrt, Warenvertretungen zu übernehmen. Ist dem Ver bei Vereinbarung einer Wettbewerbsklausel bekannt, daß der Vsvertreter bereits zu anderen Vern in Vertragsbeziehungen steht, so erklärt er insoweit stillschweigend seine Zustimmung (vgl. § 60 II HGB, OLG Düsseldorf 5. VIII. 1955 Entscheidungen und Gutachten Nr. 106). Stets wird nicht nur der Wortlaut der getroffenen Vereinbarung, sondern es werden die Umstände heranzuziehen sein, um zu klären, wie eine Wettbewerbsklausel auszulegen ist. Verbietet z. B. eine Wettbewerbsklausel das Tätigwerden für andere Ver, stellt aber der erste Ver eine Liste von Risiken auf, die ihm unerwünscht sind, z. B. in der Kraftfahrtv, so wird im Zweifel anzunehmen sein, daß solche von vornherein unerwünschten Risiken bei anderen Vern untergebracht werden dürfen, zumal es auch im Interesse des ersten Vers liegen muß, daß er seine Kunden nicht verliert. Ist einem Vsvertreter trotz Ausschließlichkeitsklausel die Bestandsverwaltung für einen anderen Ver gestattet, so darf er Vertragserweiterungen vermitteln (Industrie- und Handelskammer Berlin Mitteilungen 1931 S. 912).

Einzelfall einer Wettbewerbsklausel für Vsvertreter: KG 13. VIII. 1940 JRPV 1941 S. 144.

Im **Verhältnis zu anderen Versicherern und Versicherungsvertretern** richten sich die Verpflichtungen des Handelsvertreters nach allgemeinem Wettbewerbsrecht, insbesondere nach § 1 UWG. Verletzt ein Vsvertreter die wettbewerbsrechtlichen Normen, so kann er nicht nur selbst in Anspruch genommen werden, sondern der Unterlassungsanspruch kann auch gegen jenen Ver, welcher den Vsvertreter betraut hat, gerichtet werden. Denn alle Vsvertreter sind als Beauftragte des Vers i. S. des § 13 III UWG anzusehen (Reimer, Wettbewerbs- und Warenzeichenrecht, 3. Aufl., Köln-Berlin 1954, S. 817, KG 30. VIII. 1934 JRPV 1935 S. 125—126, OLG Düsseldorf 1. XII. 1937 VA 1937 S. 217 Nr. 3015; irreführend BGH 29. VI. 1956 Vsvermittlung 1956 S. 103). Ein Entlastungsbeweis (z. B. hinsichtlich sorgfältiger Auswahl und Schulung der Agenten) kann nicht geführt werden. Der Tenor des Urteils gegen den Ver lautet nicht dahin, „dafür Sorge zu tragen, daß der ... Beauftragte die von ihm vorgenommene Handlung unterlasse", sondern vom Ver selbst wird die Unterlassung der Handlung gefordert (RG 25. I. 1927 RGZ Bd 116 S. 33). Die Wiederholungsgefahr wird nicht dadurch beseitigt, daß der Ver den Vsvertretern das beanstandete Verhalten verbietet

(RG 3. XI. 1933 VA 1933 S. 394 Nr. 2620 = JRPV 1933 S. 381). Schadensersatzansprüche gegen den Ver wegen des Wettbewerbsverhaltens seiner selbständigen Agenten setzen jedoch gemäß § 831 I BGB voraus, daß der Ver sich nicht exkulpieren kann. Reimer a. a. O. S. 857 will § 831 BGB bei selbständigen Agenten anscheinend nicht anwenden und den Ver nur unter dem Gesichtspunkt mittelbarer Täterschaft schadensersatzpflichtig sein lassen, anders aber BGH 29. VI. 1956 Vsvermittlung 1956 S. 103.

Angesichts des § 13 III UWG liegt dem Ver besonders daran, den Vsvertreter zu richtigem Verhalten g genüber Wettbewerbern zu veranlassen. Ziff. 7 Hauptpunkte (Anm. 138) besagt: „Der Vertreter ist verpflichtet, die für den Wettbewerb geltenden Grundsätze und Vorschriften zu beachten" (die Formulierung bei Strietholt a. a. O. S. 14, 32 gebietet strenge Innehaltung jener „Grundsätze, die ein kameradschaftliches Nebeneinanderarbeiten fördern"). Hierdurch wird die gesetzliche Verpflichtung gegenüber den Wettbewerbern zugleich zur Vertragspflicht gegenüber dem eigenen Unternehmer, der sich nunmehr stets an seinen Vsvertreter halten kann, sofern eine Verletzung vorgekommen ist. Die Verweisung auf die für den Wettbewerb geltenden Grundsätze und Vorschriften ist insofern unzureichend, als sie nicht erkennen läßt, ob dabei auch das Verbandsrecht herangezogen werden soll, welches in manchen Punkten über die gesetzliche Rechtslage hinausgeht (Anm. 201). So ist z. B. das Ausspannen von Vmern an und für sich nur sittenwidrig bei Hinzutreten besonderer Umstände (RG 3. XI. 1933 JW 1934 S. 290—292 = VA 1933 S. 391—394 Nr. 2620, Möller in: Aus der Privat- und Sozialv des In- und Auslandes, Berlin 1951, S. 20). Aber das Verbandsrecht erklärt weitergehend jede Ausspannung und jeden Versuch der Ausspannung für verboten (Beispiele: Ziff. 5 Richtlinien für die Führung des Wettbewerbs in der Krankenv [abgedruckt: Finke A 74, Prölss VAG² S. 555—559] und B Ziff. 3 Zusammenstellung: Wettbewerb und Werbung in der Lebensv [abgedruckt: Prölss VAG² S. 568—569], dazu VA 1934 S. 127—128, wo betont wird, solches Verbot entspreche nationalsozialistischem Staatsdenken, und VA 1948 S. 11, wo an dem Verbot dennoch festgehalten wird). Damit solche weitgehenden Ausspannungsverbote auch im Rechtsverhältnis Ver/Vsvertreter beachtlich werden, ist eine über Ziff. 7 Hauptpunkte hinausgehende Formulierung notwendig, vorgeschlagen in Anm. 12 Hauptpunkte, Ziff. 2 Ausspannungsverbot für die private Krankenv, B Ziff. 3 Zusammenstellung a. a. O.

Einzelfälle des Vorgehens gegen Vsvertreter selbst: RG 29. V. 1916 LZ 1916 Sp. 1306—1307, 25. X. 1935 RGZ Bd 149 S. 114—116 (mit Vorinstanz OLG Marienwerder 13. XII. 1934 HansRGZ 1936 A Sp. 189—191). KG 3. I. 1912 OLGRspr Bd 25 S. 341—342, OLG Celle o. D. WallmannsZ 1933 S. 308, 311, OLG Düsseldorf 1. XII. 1937 VA 1937 S. 217—219 Nr. 3015, OLG Kiel 5. IV. 1927 Praxis 1927 S. 134—135, OLG Köln 31. V. 1929 JW 1929 S. 3096 = VA 1930 S. 12—13 Nr. 2106, LG Berlin 28. X. 1925 Praxis 1927 S. 33, LG Braunschweig 4. XI. 1926 Praxis 1927 S. 42—43. Über einen Rechtsstreit zwischen zwei Vsvertretern desselben Vers LG Stuttgart 24. V. 1955 Vsvermittlung 1955 S. 77, zwischen Vsmaklern und Vsvertretern OLG Hamburg 15. I. 1937 JRPV 1937 S. 125, LG Hamburg 31. V. 1951 VersR 1951 S. 261—263 mit Anm. Bronisch.

Dem Vsvertreter sind Werbedrucksachen vom Unternehmer zur Verfügung zu stellen (§ 86a I HGB, Anm. 242; über die Eigentumsverhältnisse Anm. 226). Der Vsvertreter kann aber verpflichtet werden, eigene Werbedrucksachen zu schaffen und zu verwenden; möglicherweise tut er dies, ohne dazu rechtlich verpflichtet zu sein. Dabei kann der Vsvertreter gehalten sein, die Zustimmung des Vers einzuholen (vgl. Ziff. 2e der Erläuterungen zu III Anordnung V und Zeitschrift [Anm. 195]), stets muß der Vsvertreter das Interesse des Vers wahrnehmen. Eine Verwechslung der Agentur mit dem Vsunternehmen darf nicht verursacht werden (Anm. 196). Der Inhalt der Werbeprospekte muß klar sein, z. B. hinsichtlich der Wartezeit in der Krankenv (VA 1949 S. 52). Wirbt ein Vsvertreter in zu beanstandender Weise, so kann die Aufsichtsbehörde gegen den Ver einschreiten (Beispiele: VA 1932 S. 185, 1937 S. 52), nicht unmittelbar gegen den Vsvertreter (Anm. 195, vgl. aber Beispiel: VA 1949 S. 52). Auch die Anwerbung von Untervertretern darf nicht marktschreierisch sein (Beispiel: VA 1926 S. 119). Niemals darf bei der Werbung auf die Aufsichtsbehörde Bezug genommen werden (VA 1949 S. 52).

Konkurrenzklauseln verstoßen nicht gegen die Dekartellierungsbestimmungen (OLG München 15. XII. 1955 BetrBer 1956 S. 20), wohl aber kann das für Verbandsrecht gelten, welches den Wettbewerb beschränkt (Möller in: Aus der Privat- und Sozialv des In- und Auslandes, Berlin 1951, S. 16, anders von Brunn in: Beiträge zum Wirtschaftsrecht, Festgabe für Rudolf Isay, Köln-Berlin 1956, S. 184—194, Prölss VAG[2] S. 547—548).

Das Fehlen einer Wettbewerbsklausel oder die Hervorhebung, daß der Vsvertreter auch für andere Ver tätig werden darf (Anm. 163), besonders aber das Tätigwerden als Mehrfachagent oder Makleragent (Anm. 159) sprechen für Selbständigkeit eines Vsvertreters; eine Ausschließlichkeitsklausel macht den Vsvertreter noch nicht unselbständig (Anm. 161).

Bei Generalagenten und Untervertretern tauchen einige Sonderprobleme auf: Der Generalagent kann vom Ver verpflichtet werden, Unteragenten nur mit Wettbewerbsklausel zu betrauen und sie ihrerseits zu verpflichten, die Wettbewerbsvorschriften — evtl. des Verbandsrechtes — zu beachten. Begehen Unteragenten Wettbewerbsverstöße, so wird man i. S. des § 13 III UWG annehmen müssen, daß auch sie Beauftragte des Vers sind, selbst als echte Untervertreter, die der Generalagent im eigenen Namen betraut hat. Außerdem sind diese echten Untervertreter fraglos Beauftragte des Generalagenten i. S. des § 13 UWG.

[222] ggg) Inkassopflicht.

Rechtlich gehört es nicht zu den notwendigen Aufgaben eines Handels- und Vsvertreters, nach Vermittlung entgeltlicher Verträge für den Unternehmer das Entgelt bei den Kunden einzuziehen. Gerade von Vsvertretern wird aber häufig die Prämie kassiert. Auf diese Weise wird die Verbindung zu geworbenen Vmern laufend aufrechterhalten, es wird die Bestandspflege erleichtert. Der Vsvertreter hat überdies Anspruch auf Vermittlungsprovision erst, soweit der Vmer die Prämie gezahlt hat (§ 92 IV HGB). Wegen dieser Verknüpfung sowie wegen der Inkassoprovision ist der Vsvertreter am Inkasso interessiert. Manche Ver führen jedoch ein Direktinkasso durch, andere bedienen sich besonderer, nicht mit Vermittlungsaufgaben betrauter Inkassanten, die keine Vsvertreter sind (Anm. 192).

Damit für einen Vsvertreter eine Inkassopflicht zur Entstehung komme, muß sie ihm vertraglich besonders auferlegt werden. Der zum Inkasso verpflichtete Agent ist im Verhältnis zum Ver selbstverständlich auch inkassoberechtigt. Vorstellbar sind Fälle, in denen ein Agent zum Inkasso zwar berechtigt, aber nicht verpflichtet ist. Im Verhältnis zum Prämienschuldner (Vmer) ist die Vertretungsmacht bedeutsam, sei es als gesetzliche Vertretungsmacht, sei es als Inkassovollmacht. Der Rechtsschein einer Vertretungsmacht befugt im Außenverhältnis gleichfalls zum Inkasso. Über das Außenverhältnis: §§ 91 I, 55 III HGB, § 43 Ziff. 4 sowie Anm. zu § 43) .

Ist ein Vsvertreter inkassoverpflichtet oder inkassoberechtigt, so wird durch solche Abreden der Rahmen des einheitlichen Vsvertretervertrages nicht gesprengt, es handelt sich also nicht um ein gesondertes Inkassorechtsverhältnis (Anm. 9, Bannasch, Der Anspruch des Vsagenten auf die Nachinkassoprovision, Hallenser Diss. 1933, S. 26—27, Möller Vsvermittlung S. 108, Trinkhaus I S. 15—16, 56, RFH 17. IV. 1942 RStBl. 1942 S. 560, a. A. anscheinend Rohrbeck-Durst-Bronisch S. 56). Dies gilt auch dann, wenn der Vsvertreter entsprechend § 87 IV HGB für das Inkasso eine gesonderte Inkassoprovision (Anm. 311—313) erhält, erst recht also dann, wenn die Inkassoprovision in einer Verwaltungsprovision (Anm. 263, 314—316) steckt oder gar mit der Vermittlungsprovision zusammengezogen ist (Anm. 274).

Ein Agent mit Inkassopflicht schuldet nur das Bemühen um den Einzug der Prämie, nicht aber den Erfolg seiner Bemühungen (Schröder[2] a. a. O. Anm. 54 zu § 87, S. 116), mag er auch nur im Erfolgsfalle Inkassoprovision erhalten. Verpflichtet sich ausnahmsweise ein Vsvertreter, für die Erfüllung der Prämienverbindlichkeiten (on Vmern einzustehen, so kann man von einer speziellen Delkrederepflicht sprechen Anm. 227), und der Ver schuldet eine besondere Delkredereprovision (§ 86b I 1, II HGB).

Die Bemühungen des Inkassoverpflichteten haben sich im Zweifel darauf zu richten, daß die Prämie bei ihm selbst eingeht, das Eingegangene ist sodann dem Ver herauszugeben (Anm. 226). Nicht selten allerdings wird es Vsvertretern auferlegt, dafür zu sorgen, daß — ohne Notwendigkeit echter Herausgabe — der Ver unmittelbar berechtigt wird (so Ziff. 9 Satz 3 Hauptpunkte [Anm. 138], wonach bargeldlose Zahlungen nur auf solche Konten eingezogen werden dürfen, deren Rechtsinhaber der Ver ist; eine Streichung dieser Regelung ist allerdings in Anm. 13 Hauptpunkte vorgesehen; vgl. auch die Formulierung bei Strietholt a. a. O. S. 14—15). Wie der Vsvertreter die Prämie hereinholt, steht ihm frei, sofern nicht der Vsvertrag die Frage im Verhältnis zum Vmer regelt. Eine regelmäßige Einziehung der Prämie beim Vmer bewirkt gemäß § 37, daß die Prämienschuld zur übungsmäßigen Holschuld wird (Anm. 7—10 zu § 37). Eine echte vertragliche Holschuld liegt bei Benutzung von Heimsparbüchsen oder Sparuhren in der Kleinlebensv vor (vgl. Anm. 8 zu § 37; auch VA 1935 S. 96—97). Handelt es sich um eine bloße Holschuld kraft Übung, so ist es dem Ver und Vsvertreter nicht verwehrt, unter den Voraussetzungen des § 37 die Übermittlung der Prämie zu verlangen, wodurch die Prämienschuld zur qualifizierten Schickschuld wird (Anm. 11 zu § 37). Der Inkassoagent genügt seiner Inkassoverpflichtung also auch dann, wenn er die Prämie nicht selbst abholt, sondern sich oder dem Ver schicken oder überweisen läßt.

Die Inkassopflicht muß vertraglich näher begrenzt werden. Sie braucht sich nicht auf vom Vsvertreter (oder von seinen Unteragenten) vermittelte Verträge zu beschränken; oft wird einem Agenten dadurch eine gute Einnahmequelle verschafft, daß ihm ein von einem Vorgänger vermittelter Bestand zum Inkasso übertragen wird. Örtlich wird der Inkassobezirk bei Bezirksvertretern mit jenem Bereich zusammenfallen, der auch für die Vermittlungsarbeit bedeutsam ist (vgl. Anm. 187—191). Sachlich ist es vorstellbar, daß z. B. ein Lebensvsvertreter nur Prämien aus Kleinlebensven zu kassieren hat, während bei Großlebensven das Direktinkasso durchgeführt wird. Manchmal werden auch einzelne Vmer gesondert behandelt. Zuweilen hat der Vsvertreter sich nur dann an den Vmer zu wenden, falls letzterer nicht prompt unmittelbar an den Ver zahlt (Rohrbeck-Durst-Bronisch S. 57). Zur Frage der Auszahlung von Prämienrückvergütungen vgl. Anm. 223.

Die Einzelheiten des Inhaltes und Umfanges der Inkassopflicht hängen vom betriebswirtschaftlichen Aufbau, insbesondere vom Buchhaltungssystem des einzelnen Vers ab (dazu Trinkhaus I S. 56—57). Am meisten verbreitet ist das Sollsystem (vgl. Gürtler, Einführung in die Vsbuchhaltung, 3. Aufl., Weißenburg 1952, S. 52—56), wonach der Inkassovertreter in laufender Rechnung mit der einzuziehenden Prämie bereits belastet wird, sobald ihm die „Dokumente" zum Inkasso übermittelt werden, also vom Ver ausgestellte Vsscheine, Prämienrechnungen und/oder Prämienquittungen (nach § 43 Ziff. 4 gilt ein Vsvertreter als zur Prämienannahme bevollmächtigt, sofern er sich im Besitz einer vom Ver unterzeichneten Prämienrechnung befindet). Im Rahmen des Sollsystems erfolgen Stornobuchungen, sofern sich eine Prämie als uneinziehbar erweist. Hinsichtlich des Zeitpunktes der Stornierung kommt es darauf an, ob die Durchführung des Mahnverfahrens, insbesondere nach § 39 I, Sache des Vsvertreters oder des Vers ist; Entsprechendes gilt für Klageerhebung und Zwangsvollstreckung. Inkassoverpflichtung und -vollmacht können also auch hinsichtlich dieser Punkte verschiedenen Umfang haben. Niemals kann der Vsvertreter im eigenen Namen mahnen, klagen oder zwangsvollstrecken (dazu Anm. 28 zu § 35, Anm. 10 zu § 38, Anm. 9, 17 zu § 39). Einzelheiten zur Frage der Vertretungsmacht Anm. zu § 43. Wenn der Ver nicht selbst die Dokumente ausfertigt, kann die Ausfertigung zur Inkassopflicht des Vsvertreters gehören. In allen Fällen ist der Inkassovertreter verpflichtet, sich nicht nur um die Einziehung zu bemühen, sondern auch die mit den Buchhaltungsvorgängen zusammenhängenden notwendigen Handlungen, insbesondere Buchungen und Benachrichtigungen vorzunehmen und Dokumente zurückzugeben (Anm. 226). Falls der Ver selbst mahnt, klagt und vollstreckt, gewinnt seine rechtzeitige Unterrichtung bei Erstprämien wegen § 38 I 2 erhöhte Bedeutung (fingierter Rücktritt bei Nichtklage innerhalb dreier Monate), bei Folgeprämien wegen § 39 I, II (Leistungsfreiheit erst nach qualifizierter Mahnung und Fristablauf). Darüber, ob der Ver dem Vsvertreter gegenüber zur Klagerhebung und Zwangsvollstreckung verpflichtet ist: Anm. 10 zu § 38, Anm. 304. Jedenfalls muß der Vsvertreter den Ver benachrichtigen, falls der Vmer nicht zahlt oder in Vermögensverfall zu geraten droht (Schröder[2] a. a. O. Anm. 54 zu § 87, S. 116).

Die Inkassopflicht des Vsvertreters kann enden, bevor das Agenturverhältnis im ganzen endet; in Betracht kommt eine teilweise Kündigung seitens des Vers oder Vsvertreters (Anm. 356). Seitens des Vers kommt solche teilweise Kündigung in Frage, falls er zum Direktinkasso oder System besonderer Inkassanten übergehen will oder falls er Bezirksgrenzen bei einem Bezirksagenten ändert (Anm. 191). Dazu Trinkhaus I S. 246—247, 267, 328, 366. Vertraglich können hinsichtlich solcher Entziehung des Inkasso besondere Abreden getroffen sein, welche jedoch die zwingenden Normen des § 89 HGB beachten müssen. Zuweilen wird einem Vsvertreter das dauernde Inkasso für die ganze Vertragsdauer zugesagt; sodann ist eine teilweise Kündigung des Vers ausgeschlossen. Ziff. 2a) der Erläuterungen zu III Anordnung über V und Zeitschrift (Anm. 195) sieht umgekehrt vor: „Die Verleger und Zeitschriftenhändler sind . . . zu verpflichten . . ., das Inkasso fortzuführen, auch wenn der Vmer keine Druckschrift bezieht." Von dem Zeitpunkt an, zu welchem das Inkasso endet, endet auch der Anspruch des Vsvertreters auf Inkassoprovision (Möller Vsvermittlung S. 185); einen Ausgleichsanspruch wegen Verlust von Inkassoprovision gibt es nicht (Anm. 377). Mit dem Vertreterverhältnis endet auch das Inkasso und der Anspruch auf Inkassoprovision (Schröder[2] a. a. O. Anm. 51 zu § 87, S. 115, Würdinger in: RGRKomm. HGB Bd 1 Anm. 22 zu § 87, S. 719).

Wer für nichtkonzessionierte Ver, z. B. ausländische, nur Prämien kassiert, kann zwar nicht nach § 140 II VAG bestraft werden (dazu Anm. 21), wohl aber wegen Beihilfe zum Delikt des § 140 I VAG (Prölss VAG[2] S. 713 VA 1909 S. 195—196, OLG Düsseldorf 26. I. 1907 VA 1907 Anh. S. 39 Nr. 298, LG Cleve 21. VIII. 1908 VA 1909 Anh. S. 5—7 Nr. 427).

Für die Frage, ob ein Vsvertreter selbständig ist oder nicht, hat das Bestehen oder Nichtbestehen einer Inkassopflicht keine Bedeutung (Anm. 161, vgl. aber auch Trinkhaus I S. 57—58). Steuerrechtlich wird allerdings bei Generalagenten mit gemischter Tätigkeit das Inkasso zum Bereich der Unselbständigkeit gerechnet (Anm. 169).

Im Verhältnis zum Ver sind echte Untervertreter eines Generalagenten möglicherweise Erfüllungsgehilfen des Generalagenten bei Erfüllung der Inkassopflicht. Das wirkt sich besonders aus, falls solche Untervertreter eingezogene Prämien nicht abführen, also nicht herausgeben (Anm. 226). Handelt es sich um unechte Untervertreter, die in einem unmittelbaren Vertragsverhältnis zum Ver stehen, so kommt es vor, daß dennoch der Generalagent für die ihm zugeordnete Unterorganisation einzustehen hat; es handelt sich dann um eine spezielle Delkrederepflicht (Anm. 227).

Über das Inkasso von Ersatzansprüchen (§ 67 I 1) für den Ver vgl. Anm. 223.

[223] hhh) Schadensbearbeitungspflicht.

Ebensowenig wie das Inkasso der Prämie gehört die Schadensbearbeitung zu den notwendigen Aufgaben eines Vsvertreters. Da der Außendienst jedoch die engste Verbindung zu den Vmern hat, wird ihm häufig auch die Schadensbearbeitung anvertraut, besonders Generalagenten (Trinkhaus I S. 93), seltener Untervertretern. Oft allerdings bearbeitet der Ver Vsfälle selbst. Nach Ziff. 2c) der Erläuterungen zu III Anordnung über V und Zeitschrift (Anm. 195) muß sich der Ver sogar vorbehalten, Vsfälle selbst zu regulieren; er darf dies nicht den Verlegern und Zeitschriftenhändlern überlassen (dazu Bronisch a. a. O. S. 114, der auf VA 1930 S. 92 als überholt hinweist und die Auffassung vertritt, bei der Auszahlung der Vssumme könne sich der Ver des Verlegers oder Zeitschriftenhändlers als Boten und Beauftragten bedienen).

Bei der Schadensbearbeitung können leicht Interessenkonflikte für die Vsvertreter auftreten, welche einerseits die Vmer, ihre „Kunden" zufriedenstellen möchten, andererseits aber die Interessen des Vers — und zwar mit Vorrang — wahrzunehmen haben (dazu Anm. 13, 177, 217, 230). Erhält der Vsvertreter eine Schadenserledigungsprovision (Anm. 265), so ist er dieserhalb an der Aufgabe besonders interessiert.

Manche Ver bedienen sich spezieller Hilfspersonen bei der Schadensbearbeitung: Bei Unselbständigen spricht man von Schadens- oder Regulierungsbeamten, auch Inspektoren (Rohrbeck-Durst-Bronisch S. 69); unabhängige Schadensbüros, Schadenskontore oder Havariekommissare sind im anglo-amerikanischen Rechtskreis verbreitet, sie dringen auch in Deutschland vor (Anm. 192, Piert Vswissenschaftliches Archiv 1955 S. 311—327). Interessant, aber vielfach bedenklich: Baumgarten, Zur Psychotechnik und Charakterologie des Regulierungsbeamten, Leipzig 1925.

Die Schadensbearbeitungspflicht muß vertraglich dem Vsvertreter besonders auferlegt werden. Zuweilen hat der Vsvertreter nur ein Recht, gewisse Schäden zu regulieren, ihn trifft aber keine Verpflichtung hierzu. Besonders dann, wenn der Vsvertreter keine spezielle Vergütung für die Schadensbearbeitung erhält, muß im Zweifel der Ver als befugt angesehen werden, die Bearbeitung an sich zu ziehen, was sodann durch formlose empfangsbedürftige Willenserklärung gegenüber dem Vsvertreter und/oder Vmer geschieht. Das Problem kann nur im Einzelfall durch Vertragsauslegung gelöst werden. Bei der Schadensbearbeitung spielt im Außenverhältnis zum Vmer die Vertretungsmacht (Regulierungsvollmacht) oder doch der Rechtschein eine Rolle. § 43 Ziff. 2 geht davon aus, daß jeder Vsvertreter Schadensanzeigen und sonstige den Vsfall betreffende Erklärungen entgegenzunehmen vermag, Näheres Anm. zu § 43.

Übernimmt ein Vsvertreter die Schadensbearbeitung, so entsteht — ebenso wie beim Inkasso (Anm. 222) — kein zusätzliches neues Rechtsverhältnis, sondern lediglich eine weitere Verpflichtung aus dem einheitlichen Agenturvertrag (RFH 28. IX. 1938 RStBl. 1939 S. 88—89). Es ist gleichgültig, ob der Vsvertreter neben der Vermittlungsprovision eine besondere Vergütung für die Schadensbearbeitung bezieht und bejahendenfalls, ob diese speziell ausgeworfen ist oder in einer Verwaltungsprovision steckt (Anm. 265).

Trotz seiner Geschäftsbeziehungen zum „Kunden" muß der Vsvertreter bei der Schadensbearbeitung die berechtigten Belange des Vers wahrnehmen. Im einzelnen kommt ein sehr komplexes Einzelverhalten des Vsvertreters in Betracht, das z. B. bestehen kann in Weisungen zur Abwendung und Minderung des Schadens (§ 62 I 1), Entgegennahme der Anzeige vom Eintritt des Vsfalls, Verlangen und Entgegennahme von Auskünften und Belegen, Anstellung von Ermittlungen, insbesondere Durchführung von Besichtigungen, Verhandlungen über Grund und Höhe des Versicherungsanspruchs, Ernennung von Sachverständigen und Durchführung des Sachverständigenverfahrens, Betrauung eines Rechtsanwaltes und Prozeßinstruktion, Abschluß von Vergleichen, Auszahlung von Abschlagszahlungen und Versicherungsleistungen, Geltendmachung von übergangenen Ersatzansprüchen und Bemühen um ein sonstiges Provenue, Kündigung nach dem Schadensfall usw. Häufig wird dem Vsvertreter nur ein Teil dieser Aufgaben anvertraut, z. B. nicht der juristische Aufgabenbereich der Betrauung eines Rechtsanwalts und Prozeßinstruktion; insoweit tritt häufig die Rechtsabteilung des Vers in Funktion.

Häufig sind summenmäßige Begrenzungen: Oft wird einem Vsvertreter nur die Erledigung von Schäden bis zu 500.— DM überlassen (für diesen Fall darf in der Kraftfahrtv eine zusätzliche Provision von höchstens 2½% zugestanden werden: § 1 III b VO PR Nr. 52/50 [Anm. 100]). Trinkhaus I S. 21—22 unterscheidet kleine, mittlere und große Verwaltung und zieht die Grenze zwischen den letzten beiden Bereichen bei der Schadensregulierung bis etwa 500.— DM.

Auch andere als die Vsleistungen i. e. S. können über Vsvertreter zur Auszahlung kommen, z. B. Überschüsse bei Gegenseitigkeitsvereinen, „Prämienrückvergütungen" (Trinkhaus I S. 21), Vtendividenden.

Andererseits kann der Vsvertreter damit betraut werden, gegen Dritte gerichtete und auf den Ver übergegangene Ersatzansprüche (§ 67 I 1) für den Ver geltend zu machen. Besonders bei der Abzahlungsv spielt es eine große Rolle, daß nach einem Vsfall die Forderungen des Einzelhändlers gegen den Kunden (Abzahlungskäufer) auf den Ver übergehen, und letzterer kann den Vsvertreter damit betrauen, das „Provenueinkasso" durchzuführen, womöglich derart, daß der Ver die übergegangenen

Forderungen an den Vsvertreter zum Inkasso zediert. In schwierigen Fällen muß der Vsvertreter einen Rechtsanwalt hinzuziehen. Auch der Verkauf von Waren, welche die Kunden zurückzugeben haben, wird möglicherweise dem Vsvertreter überlassen. Für diese Bemühungen pflegt eine besondere Erfolgsvergütung, z. B. von 12 v. H., gezahlt zu werden.

Die Schadensbearbeitungspflicht des Vsvertreters kann enden, bevor das Agenturverhältnis im ganzen endet, besonders kraft einer Teilkündigung des Vers oder Vsvertreters (Anm. 356). Der Ver könnte z. B. kündigen, nachdem ein Jurist bei der Direktion angestellt oder eine Schadensabteilung eingerichtet ist. § 89 HGB ist zu beachten. Da die Möglichkeit, Schäden zu regulieren, für den Vsvertreter im Verhältnis zu den Kunden sehr bedeutsam ist, kann eine Teilkündigung seitens des Vers für den Vsvertreter begründeter Anlaß sein, seinerseits das ganze Vertragsverhältnis zu kündigen (unter Auslösung des Ausgleichsanspruchs, vgl. § 89b III 1 HGB). Mit der Schadensbearbeitung endet auch der Anspruch auf Schadenserledigungsprovision (Möller Vsvermittlung S. 185); einen Ausgleichsanspruch wegen Verlust solcher Provision gibt es nicht (Anm. 377). Spätestens mit dem Agenturverhältnis endet auch die Schadensbearbeitung und der Anspruch auf Schadenserledigungsprovision.

Die Bearbeitung von Schäden im Zusammenhang mit dem vermittelten und verwalteten Vsbestand macht den Vsvertreter nicht zum Rechts- und Vsberater i. S. des § 1 I G zur Verhütung von Mißbräuchen auf dem Gebiete der Rechtsberatung (Anm. 8, woselbst auch über Vmervereinigungen). Die Rechtslage wird zweifelhafter, falls der Vsvertreter den Haftpflichtvten auch in der Verfolgung eigener Ansprüche berät (KG 14. IX. 1937 JRPV 1938 S. 45—46). Irreführend Rohrbeck-Durst-Bronisch S. 186.

Für jene Vsvertreter, die mit „Provenueinkasso" betraut sind, ist die Frage zu prüfen, ob sie dadurch zu erlaubnisbedürftigen Rechtsberatern werden; denn nach § 1 I a. a. O. ist die „Einziehung fremder oder zu Einziehungszwecken abgetretener Forderungen" ein Sonderfall der Rechtsberatung. Aber man wird erstens den unmittelbaren Zusammenhang mit dem Agenturverhältnis betonen und im Sinne des § 5 Ziff. 1 a. a. O. den Ver als „Kunden" des Vsvertreters ansehen müssen, und man wird zweitens in Analogie zu § 6 I Ziff. 1 a. a. O. sagen können, der Vsvertreter erledige hier Rechtsangelegenheiten in ähnlicher Weise, wie sie ein Angestellter für seinen Dienstherrn erledige (über die Annäherung des Agenturvertrages an den Dienstvertrag, speziell bei Übernahme von Verwaltungsaufgaben und Gewährung von Festbezügen: Anm. 197, 244).

Wer für nichtkonzessionierte Ver, insbesondere ausländische, nur Schäden reguliert, kann nicht nach § 140 II VAG bestraft werden, wohl aber wegen Beihilfe zum Delikt des § 140 I VAG (Prölss VAG[2] S. 713; das gilt aber nicht für den Fall der Behandlung erkrankter vter Tiere durch einen Tierarzt: VA 1907 S. 8). Vgl. Anm. 21.

Auch ein Vsvertreter, der Schäden für den Ver reguliert, bleibt selbständig (Anm. 161, zur Steuerrechtsprechung Anm. 169). Auch falls im Zusammenhang mit der Schadensregulierung (und nur mit ihr) sehr genaue Weisungen gegeben und befolgt werden, so ist das von sekundärer Bedeutung, und es läßt die gegebene Selbständigkeit unberührt.

Untervertreter haben mit der Schadenserledigung regelmäßig nichts zu schaffen.

[224] iii) Verwaltungspflicht.

Die Tätigkeit des Vsvertreters braucht sich nicht in der Vsvermittlung, dem Inkasso und der Schadensbearbeitung zu erschöpfen, kann vielmehr das einzelne Vsverhältnis von der Entstehung bis zur Beendigung begleiten und sogar von den einzelnen Vsverhältnissen losgelöst werden (Übersicht bei Möller Vsvermittlung S. 106—113, 114—120). Der Komplex solcher Tätigkeit läßt sich durch eine besondere Verwaltungspflicht des Vsvertreters erfassen. Dabei handelt es sich weithin um ein Verhalten, das auch vom Ver selbst, etwa in der Direktion, beobachtet werden könnte, aber zum Vsaußendienst hin verlagert wird. Die Entwicklung scheint dahin zu gehen, solche Verlagerung in steigendem Maße vorzunehmen (Trinkhaus I S. 19—23 trennt wirtschaftlich die kleine, mittlere und große Verwaltung). Die Verwaltungsarbeit des Vsvertreters kann (außer durch die spezielle Inkasso- und Schadenserledigungsprovision [Anm. 262, 265]) durch besondere Provisionen wie Ausfertigungs- und Führungsprovision (Anm. 264, 266) abgegolten werden, zuweilen wird auch generell eine Verwaltungsprovision (Anm. 263, 314—315) zugebilligt, oder es werden im Blick auf die Verwaltungstätigkeit Festbezüge (Anm. 244—247) gewährt.

Einige Ver bedienen sich spezieller Hilfspersonen für die hier in Betracht kommenden Verwaltungsaufgaben, so gibt es z. B. Spezialbeamte für die Schadensverhütung und -bekämpfung, für die Bestandserhaltung und Stornoverhütung (Anm. 9; Frey, Die Bekämpfung des regelwidrigen Abganges in der Lebensv, Zürich 1937, S. 238—242). Besonders wichtig aber sind die zur Betreuung einer Unterorganisation tätigen Außendienstinspektoren (Anm. 192).

Die Verwaltungspflicht muß dem Vsvertreter vertraglich besonders auferlegt werden, dabei ist der Umfang im einzelnen zu bestimmen. Oft bedarf dann der Vsvertreter im Außenverhältnis einer zusätzlichen Vertretungsmacht, jedoch ist zu beachten, daß auch jeder Vermittlungsagent als bevollmächtigt gilt, Anträge auf Verlängerung oder Änderung eines Vsvertrags sowie Wissens- und Willenserklärungen des Vmers entgegenzunehmen, auch gewisse Vsscheine oder Verlängerungsscheine auszuhändigen (§ 43 Ziff. 1, 2, 3). Ein Abschlußagent ist auch befugt, Änderungen oder Verlängerungen zu vereinbaren sowie Kündigungs- und Rücktrittserklärungen abzugeben (§ 45). Auch der Rechtsschein kann im Zusammenhang mit der Verwaltung eine Rolle spielen. Zu allem Näheres Anm. zu § 43, Anm. zu § 45.

Übernimmt ein Vsvertreter vertraglich Verwaltungsarbeiten, so entsteht — ebenso wie beim Inkasso (Anm. 222) und bei der Schadensbearbeitung (Anm. 223) — kein zusätzliches neues Rechtsverhältnis, sondern lediglich eine weitere selbständige Verpflichtung aus dem einheitlichen Agenturvertrag (HandelsvertreterGBegr. S. 15 leugnet allerdings, daß es sich [bei der Pflege der Beziehungen zu den Kunden] um eine „selbständige Hauptpflicht" handle).

Auch bei der Verwaltung hat der Vsvertreter die Interessen des Vers wahrzunehmen (Anm. 217), Nachrichten zu geben (Anm. 218), Weisungen zu befolgen (Anm. 219) und die Geheimhaltungspflicht zu erfüllen (Anm. 220).

Inhaltlich lassen sich bei der Verwaltungspflicht Funktionen, die mit dem einzelnen Vsvertrag zusammenhängen, unterscheiden von Funktionen hinsichtlich des ganzen Vsbetriebes (Anm. 183—186).

Hinsichtlich des **einzelnen Versicherungsvertrages** kann nach dem formellen Vertragsabschluß eine erste Verwaltungshandlung des Vsvertreters in der Ausfertigung und Aushändigung des Vsscheins liegen. Zur Ausfertigung gehört die Unterzeichnung, die eine vom Ver erteilte Vollmacht voraussetzt. Die Urkunde muß richtig und vollständig ausgefertigt werden, zumal der Vsschein Beweisurkunde ist (Anm. 22—27 zu § 3). Zur Aushändigung ist der Ver gemäß § 3 I 1 verpflichtet, so daß der Vsvertreter bei der Aushändigung als Erfüllungsgehilfe des Vers wirkt, für welchen der Ver gemäß § 278[1] BGB einzustehen hat. Kommt erst durch die Aushändigung der Vsvertrag zustande (Anm. 18 zu § 3), so liegt in der Aushändigung eine durch den Vsvertreter abgegebene Annahmeerklärung des Vers (wegen der Vertretungsmacht auch des Vermittlungsvertreters für den Fall der Ausfertigung des Vsscheins seitens des Vers vgl. § 43 Ziff. 3). § 1 III a) VO PR Nr. 52/50 (Anm. 100) sieht für die Kraftfahrtv eine zusätzliche Provision von 2½% für solche Vsvertreter vor, die „regelmäßig Vsscheine und Nachträge ausfertigen" (Ausfertigungsprovision; Anm. 264).

Während des Vertragslaufes kann der Vsvertreter Willens- und Wissenserklärungen für den Ver stets als Bevollmächtigter entgegennehmen (§ 43 Ziff. 2). Hieraus ergibt sich für das Innenverhältnis eine Verpflichtung des Vsvertreters, bei ihm eingehende Willenserklärungen, Anzeigen und Auskünfte anzunehmen und an den Ver weiterzuleiten, notfalls in der Zwischenzeit selbst erforderliche Maßnahmen zu ergreifen. Die fernmündliche oder telegraphische Unterrichtung des Vers kann in Notfällen geboten sein. Deshalb ist auch anzunehmen, daß der Vsvertreter an die Direktion gerichtete, aber über ihn geleitete Briefe öffnen darf. Ein Abschlußvertreter kann nicht nur passiv Willens- und Wissenserklärungen entgegennehmen, sondern er ist auch befugt, aktiv Kündigungs- und Rücktrittserklärungen abzugeben (§ 45). Es bedarf jedoch im Innenverhältnis im Rahmen der Verwaltungspflicht einer Regelung der

Frage, ob und inwieweit der Vsvertreter für den Ver tätig werden darf und muß. Fehlt es an solcher Regelung, so könnte ein Abschlußvertreter sich dem Ver gegenüber schadensersatzpflichtig machen, falls er z. B. einem Vmer gegenüber kündigt, der mit einer Folgeprämie im Verzug ist (§ 39 III 1) oder bei dem eine objektive Gefahrerhöhung eingetreten ist (§ 27 I 1). Ist die Verwaltungspflicht auf die Abgabe von Willenserklärungen, speziell rechtsgestaltende Auflösungserklärungen wie Anfechtung, Rücktritt, Kündigung, Abschluß von Aufhebungsverträgen erstreckt, so ist die Verantwortung des Vsvertreters besonders groß. Er darf niemals die Aufhebung nur vornehmen, um die V zu einem anderen Ver zu bringen, also umzudecken, womöglich weil der andere Ver eine höhere Provision zahlt. Um einen Sonderfall der Abgabe von Willenserklärungen handelt es sich bei der Vereinbarung von Verlängerungen oder Änderungen eines Vsvertrags (zur Vertretungsmacht §§ 43 Ziff. 1, 3, 45, auch §§ 91 I, 55 II HGB). Über die verschiedenen Arten von Verlängerungen vgl. Anm. 10—13 zu § 8, über nachträgliche Änderungen von Vsverträgen Anm. 121 zu § 1. Eine praktisch sehr wichtige Spezialform der Vertragsänderung ist die Stundung der Prämie (Anm. 33 bis 47 zu § 35). Ein Abschlußagent hat hierzu gemäß § 45 zwar die erforderliche Vertretungsmacht, aber das Innenverhältnis entscheidet darüber, ob er im Rahmen der Verwaltung tatsächlich Prämien stunden darf. Manchmal bedarf es hierzu einer Zustimmung der Direktion, so nach § 15 III AHagelB, wonach die Prämie „von der zuständigen Bezirksdirektion mit Genehmigung der Direktion" gestundet werden kann (in Wahrheit ist wohl an eine Einwilligung, nicht an eine Genehmigung gedacht).

Wichtig als Verwaltungsaufgabe sind auch Bestandserhaltung und Stornoverhütung. Ziff. 3 Hauptpunkte (Anm. 138) nennt als Aufgabe des Vsvertreters, „sich die Betreuung und Erhaltung des Bestandes angelegen sein zu lassen". Die Ermittlung und Feststellung von Schäden, also die Schadensbearbeitungspflicht (Anm. 223) wird dabei im Zusammenhang mit „der Bestandspflege und der Kundenbetreuung" gesehen. Zuweilen wird es auch als Aufgabe des Vsvertreters bezeichnet, „die bestehenden Ven zu pflegen" (Strietholt a. a. O. S. 20, 21, die Notwendigkeit betonend, unmißverständlich zu vereinbaren, was zur Bestandspflege gehöre). Gemäß Ziff. 2 a) der Erläuterungen zu III Anordnung über V und Zeitschrift (Anm. 195) sind Verleger und Zeitschriftenhändler in den Agenturverträgen „zu verpflichten, den Vsbestand zu pflegen". Die Bestandsbetreuung kann beim Inkasso, bei der Schadensbearbeitung, aber auch sonstwie erfolgen, z. B. bei Kundenbesuchen oder schriftlich (Näheres Anm. 217). Bei der Stornoverhütung fällt dem Vsvertreter eine wichtige Rolle zu (allgemein: Erman ZVersWiss 1933 S. 90). Er muß — besonders in der Lebensv — jene Fülle von Möglichkeiten übersehen, die dazu geeignet sind, die Verträge verändert oder unverändert zu erhalten oder wieder in Kraft zu setzen (dazu: Frey, Die Bekämpfung des regelwidrigen Abganges in der Lebensv, Zürich 1937, S. 226—237, 244—410, Möller Vsvermittlung S. 112—113). Über ein besonderes Pflegegeld Anm. 263 (mit Klausel über die Pflichten des Vsvertreters), vgl. auch OLG Stuttgart 26. III. 1957 VersR 1957 S. 333.

In speziellen Fällen treten zu den bisher genannten Verwaltungsaufgaben andere hinzu. Das gilt zunächst für die Mitv, bei welcher mehrere Ver zum Zwecke der Risikoaufteilung zusammenwirken. Wird bei solcher Mitv eine Führungsklausel eingeführt, so belasten den führenden Ver zusätzliche Aufgaben und Pflichten einerseits im Verhältnis zu den Mitvern, andererseits im Verhältnis zum Vmer. Denn nach den gebräuchlichsten Führungsklauseln ist der Führende bevollmächtigt, Anzeigen und Willenserklärungen des Vmers für alle beteiligten Ver in Empfang zu nehmen (Anzeigenklausel), oder es wird sogar vereinbart, daß die von dem Führenden mit dem Vmer oder Vten getroffenen Vereinbarungen für die Mitver verbindlich sind (Anschlußklausel). In der Praxis werden die Aufgaben des Führenden häufig von einem Vsvertreter erfüllt, der insoweit zum Unterbevollmächtigten und Erfüllungsgehilfen des Führenden wird (allerdings kann ein technischer Makler [Anm. 33] den Führenden und seinen Vsvertreter stark entlasten). OLG Karlsruhe 12. III. 1930 JRPV 1931 S. 132—133 hat angenommen, der führende Ver habe nicht für Prämienveruntreuungen durch den die Führungsaufgaben wahrnehmenden Vsvertreter einzustehen, wenn ihn kein Verschulden bei der Inkassoübertragung treffe; aber die Anwendung des § 664 I 1 BGB statt des § 278[1]

BGB ist hier bedenklich. Der Führende erhält für die von ihm durchgeführten Arbeiten oft eine Führungs- oder Arbeitsprovision, die von den eingehenden Gesamtprämien einbehalten wird. Werden die Aufgaben statt vom Führenden selbst von seinem Vsvertreter erledigt, so erhält dieser (ganz oder teilweise) die Führungsprovision (Anm. 266). Um einen Sonderfall handelt es sich, sofern ein Mehrfachagent Risiken unter mehreren von ihm vertretenen Vern aufzuteilen pflegt, man spricht hier von einem „Vertreterpool"; auch hier gibt es üblicherweise einen Führenden, für welchen der Mehrfachagent die Führungsaufgaben erledigt, so daß er die Führungsprovision verdient. Zu alledem Hübener, Die Führungsklausel in der Mitv, Karlsruhe 1954, S. 5—102, welcher auf S. 94—95 unter Nr. 2, 3 deutsche Führungsklauseln wiedergibt, bei denen außer dem Führenden seine Geschäftsstelle oder Generalagentur genannt wird. — Auch bei einer laufenden V, mag sie Mitv sein oder nicht, kommen besondere Verwaltungsaufgaben in Betracht, die mit den Deklarationen, der Maximalkontrolle und der Zertifikatausstellung zusammenhängen (für den Vsmakler: Anm. 65—67). Die sich für den Vsvertreter bei laufender V ergebenden Verwaltungspflichten können sehr umfangreich sein, pflegen aber nicht als solche besonders honoriert zu werden, weil mit jeder Prämienzahlung auf Grund einer Deklaration Vermittlungsprovision verdient wird (Anm. 263, 289, 290). — Über die Hereinholung von übergegangenen Ersatzforderungen (§ 67 I 1) für den Ver Anm. 223.

Die Verwaltungspflicht des Vsvertreters kann nicht nur Funktionen übertragen, welche mit den einzelnen Vsverträgen zusammenhängen, sondern der Innendienst kann beim Ver dadurch entlastet werden, daß allgemeine, den **ganzen Versicherungsbetrieb** betreffende Aufgaben dem Vsvertreter anvertraut werden, besonders Generalagenten. Man kann hier von einer erweiterten Verwaltungspflicht reden (Trinkhaus I S. 22—23 spricht irreführend von obligatorischer Direktionsverwaltung und scheint anzunehmen, daß sie nicht mehr zur Vsvermittlung, also nicht mehr in den Rahmen des einheitlichen Agenturvertrages gehöre).

Am wichtigsten ist die sog. Organisationstätigkeit der Generalagenten, bei der zu unterscheiden ist, ob es sich um eine eigene Organisation des Generalagenten handelt oder ob die (unechten) Unteragenturverträge in Vertretung des Vers abgeschlossen werden (dazu Anm. 17, 174). In beiden Fällen kann der Generalagent verpflichtet sein, sich um den Aufbau und die Erhaltung einer großen, zuverlässigen und sachkundigen Unterorganisation zu kümmern. Der Generalagent hat sich dann — etwa durch Anzeigen — um die Anwerbung von Untervertretern zu bemühen. Bei der Auswahl der Untervertreter ist sorgfältig zu verfahren. Es gelten entsprechend die Anm. 201 entwickelten Prinzipien mit der Besonderheit, daß im Verhältnis Ver/Generalagent eine Rechtspflicht des Generalagenten bestehen kann, die aufsichts- und wettbewerbsrechtlichen Grundsätze zu beachten. Vertraglich kann der Generalagent auch verpflichtet sein, die Unteragenten einführend und laufend zu schulen; ferner sind die Unteragenten zu beaufsichtigen (BAA VA 1953 S. 161). Bei echten Untervertretern handelt es sich im übrigen um Erfüllungsgehilfen (§ 278[1] BGB) des Generalagenten im Verhältnis zum Ver. Den Generalagenten treffen also die normalen Verpflichtungen aus dem Agenturvertrag mit der Maßgabe, daß er nicht nur für eigenes Verhalten und Verschulden, sondern auch für jenes seiner Unterorganisation einzustehen hat. Die unechten Untervertreter dagegen werden juristisch vom Ver selbst betraut, sie sind insoweit keine Erfüllungsgehilfen des Generalagenten (das schließt aber nicht aus, daß sie im Einzelfall auch als Erfüllungsgehilfen des Generalagenten bei der Erfüllung der Verbindlichkeiten aus dem Generalagenturvertrag mitwirken, z. B. im Rahmen der Schadensbearbeitungspflicht vom Generalagenten herangezogen werden). Oft ist der gesamte Geschäfts- und Rechtsverkehr zwischen unechtem Untervertreter und Direktion über den Generalagenten abzuwickeln, was den Generalagenten mit „Personalverwaltungsaufgaben" belastet. Selbstverständlich sind alle vom unechten Untervertreter gebrachten Anträge unverzüglich der Direktion weiterzuleiten, wenn der Generalagent nicht in der Lage ist, als Abschlußvertreter selbst über die Annahme zu entscheiden. Entsprechendes gilt für vom Untervertreter entgegengenommene andere Willenserklärungen sowie für Wissenserklärungen. Für die Organisationsarbeit erhält durchweg der Generalagent keine Sonderprovision. Bei echten Unteragenten erhöht sich ja seine eigene Produktionskraft, die Entlohnung der Unteragenten ist eigene Sache des Generalagenten. Bei unechten Unteragenten ist zwar der Ver selbst Provisionsschuldner, aber der Generalagent erhält nicht selten eine Superprovision aus der ihm zugeordneten Unterorganisation (Anm. 285); auch Festbezüge (Gehalt [Anm. 244] oder Organisationszuschüsse [Anm. 249]) kommen bei unechter Unterorganisation vor.

Über die normale Agenturbuchhaltung hinaus wird zuweilen der Vsvertreter mit Buchführungsaufgaben belastet, welche eigentlich zu den Innendienstaufgaben des Vers gehören. Entsprechendes gilt für die Führung von Kassen und Karteien und für die Verwahrung und Verwaltung von Akten. Die aus solcher erweiterten Verwaltungspflicht erwachsenden Geldmittel, Bücher, Karteien und Akten sind hinsichtlich der Eigentumsverhältnisse und Herausgabepflicht nicht ohne weiteres den eigenen Geldmitteln und Geschäftsunterlagen des Vsvertreters gleichzubehandeln (Näheres Anm. 226).

Die Verwaltungspflicht des Vsvertreters wird noch weiter ausgedehnt, falls es ihm in Zusammenhang mit der Schadensbearbeitungspflicht (Anm. 223) auferlegt wird, über die erforderlichen Schadensreserven zu entscheiden. Abschlußagenten dürfen manchmal für die in Deckung genommenen Risiken auch die Rückv ordnen, also z. B. eine fakultative Rückv nehmen. Da es für die Werbearbeit des Vsvertreters nützlich sein kann, falls der Ver den Vskandidaten Hypotheken oder Schiffshypotheken gewährt, gibt es Ver, welche gewissen Generalagenten sogar die Disposition über Vermögensanlagen ermöglichen.

Negativ ist hervorzuheben, daß grundsätzlich eine allgemeine Werbung für den Ver nicht zu den Aufgaben eines Handels- und Vsvertreters gehört, hier liegt eine Aufgabe des Unternehmers und Vers selbst vor (Duden a. a. O. S. 299, RG 28. XI. 1924 JW 1925 S. 612—613, OLG Hamburg 16. VII. 1936 JW 1936 S. 2940).

Wird dem Vsvertreter die Verwaltung vom Ver ganz oder teilweise entzogen, so handelt es sich rechtlich um eine Teilkündigung, und es gilt § 89 HGB. Mit der Verwaltung endet auch der Anspruch auf die entsprechende Verwaltungsprovision (Möller Vsvermittlung S. 185); einen Ausgleichsanspruch wegen Verlust solcher Provision gibt es nicht (Anm. 377). Spätestens mit dem Agenturverhältnis enden auch die Verwaltungsaufgaben und der Anspruch auf Verwaltungsprovision.

Nehmen die Verwaltungsaufgaben sehr großen Raum ein, ist insbesondere eine erweiterte Verwaltungspflicht gegeben, so kann damit möglicherweise eine solche Fülle von Weisungen verbunden sein, daß der Vsvertreter unselbständig wird. Es ist jedoch zu betonen, daß Aufgaben der Bestandserhaltung und Stornoverhütung sowie eine Organisationstätigkeit (auch hinsichtlich unechter Untervertreter) bei Selbständigen und Unselbständigen vorkommen (Anm. 161).

Die Verwaltungspflicht ist bei Untervertretern selten, bei Generalagenten kommt sie — wie gezeigt — in verschiedensten Abstufungen vor.

[225] kkk) Rechenschaftspflicht.

Nach den §§ 675, 666 BGB ist der Vsvertreter verpflichtet, dem Ver „nach der Ausführung des Auftrags Rechenschaft abzulegen" (KG 28. X. 1954 VersR 1955 S. 548). Die aus dem Auftragsrecht herstammende Norm bewirkt — übertragen auf den Agenturvertrag —, daß nicht erst nach der Abwicklung und Erfüllung des gesamten Vertreterverhältnisses Rechenschaft abgelegt werden muß, sondern bereits nach der Erledigung einzelner Geschäftsvorgänge im Rahmen des Dauerschuldverhältnisses. Dabei kann der Vsvertreter zuwarten, bis ein gewisser Komplex von Vorgängen angesammelt ist (Schmidt-Rimpler a. a. O. S. 79 Anm. 1). In der Praxis werden regelmäßig bestimmte Zeiträume für die Rechenschaftslegung vereinbart, so daß ein Wiederkehrschuldverhältnis entsteht (vgl. Trinkhaus I S. 57). Ein Verlangen, Rechenschaft zu legen, braucht sodann vom Ver nicht jeweils besonders gestellt zu werden.

Hauptbestandteil der Rechenschaftspflicht ist, wie § 259 BGB ergibt, die Rechnungslegung (OLG München 10. X. 1913 SeuffArch Bd 69 S. 353), daneben besteht eine Verpflichtung, Belege vorzulegen und möglicherweise den Offenbarungseid zu leisten (Duden a. a. O. S. 299—300 verquickt die Benachrichtigungspflicht [Anm. 218] mit der Rechenschaftspflicht). § 259 BGB lautet:

„Wer verpflichtet ist, über eine mit Einnahmen oder Ausgaben verbundene Verwaltung Rechenschaft abzulegen, hat dem Berechtigten eine die geordnete Zusammenstellung der Einnahmen oder der Ausgaben enthaltende Rechnung mitzuteilen, und, soweit Belege erteilt zu werden pflegen, Belege vorzulegen.

Besteht Grund zu der Annahme, daß die in der Rechnung enthaltenen Angaben über die Einnahmen nicht mit der erforderlichen Sorgfalt gemacht worden sind, so hat der Verpflichtete auf Verlangen den Offenbarungseid dahin zu leisten:

daß er nach bestem Wissen die Einnahmen so vollständig angegeben habe, als er dazu imstande sei.

In Angelegenheiten von geringer Bedeutung besteht eine Verpflichtung zur Leistung des Offenbarungseids nicht."

Die Rechnungslegungspflicht des Vsvertreters steht neben der hinsichtlich der Provision vorgesehenen Abrechnungspflicht des Vers (§ 87 c I HGB; Anm. 320—324). Durchweg werden die beiderseitigen Last- und Gutschriften in einer laufenden Rechnung erfaßt, die primär regelmäßig beim Ver geführt wird. Einzelheiten im Zusammenhang mit der Provisionsabrechnung: Anm. 320.

Obgleich der Ver die laufende Rechnung führt, bleibt Raum für eine Rechnungslegung des Vsvertreters, gleichgültig ob er Inkassoagent ist oder nicht. Ein Inkassoagent muß bei Anwendung des üblichen Sollsystems eine geordnete Zusammenstellung darüber liefern, welche „Dokumente" im Abrechnungszeitpunkt noch nicht eingelöst sind; letztlich müssen gewisse Stornobuchungen auf Grund seiner Rechnungslegung erfolgen (Anm. 222). Handelt es sich nicht um Inkassovertreter, so kommt eine Rechnungslegung in Betracht, z. B. über Schadenszahlungen, Regulierungskosten einerseits, eingegangene Provenues andererseits, ferner über Aufwendungen, z. B. für Reisekosten, Fernsprechgebühren sowie für eine Unterorganisation (Anm. 248). Diese Angaben bilden sodann die Unterlagen für die vom Ver geführte laufende Rechnung.

Die Rechnungslegung muß eine nach allgemeinen Regeln der Vsbetriebswirtschaft geordnete sein und schriftlich erfolgen (RG 4. VII. 1901 JW 1901 S. 662). Oft ist der Vsvertreter verpflichtet, dabei vom Ver gestellte Formulare zu benutzen (Trinkhaus I S. 57).

Die Vorlage von Belegen ist in fast allen Fällen üblich.

In Ergänzung der Rechnungslegungs- und Belegpflicht besteht möglicherweise eine Verpflichtung des Vsvertreters zur Leistung des Offenbarungseides. Vorauszusetzen sind objektiv feststellbare Verdachtsgründe, die sich auf die Unvollständigkeit von Angaben des Vsvertreters über Einnahmen (also nicht Ausgaben) beziehen; außerdem muß es sich angesichts der Würde des Eides um eine Angelegenheit von nicht nur geringer Bedeutung handeln.

§ 254 ZPO behandelt die sog. Stufenklage:

„Wird mit der Klage auf Rechnungslegung ... oder auf Leistung des Offenbarungseides die Klage auf Herausgabe desjenigen verbunden, was der Beklagte aus dem zugrunde liegenden Rechtsverhältnisse schuldet, so kann die bestimmte Angabe der Leistungen, welche der Kläger beansprucht, vorbehalten werden, bis die Rechnung mitgeteilt ... oder der Offenbarungseid geleistet ist."

In Abweichung von § 253 II Ziff. 2 ZPO braucht also die Klage auf Herausgabe nicht völlig konkretisiert zu sein. Dem Endurteil auf Herausgabe geht ein Teilurteil auf Rechnungslegung voran. Auch wenn der Beklagte in der mündlichen Verhandlung ausbleibt, ergeht zunächst nur ein Teilversäumnisurteil. Die Vollstreckung des Urteils auf Rechnungslegung erfolgt gemäß § 888 I ZPO.

Eine überspannte Rechnungslegungspflicht des Vsvertreters kann zu Unselbständigkeit führen (sehr weitgehend Trinkhaus I S. 57).

Die Rechenschaftspflicht trifft auch den echten und unechten Untervertreter, ersteren im Verhältnis zum Generalagenten, letzteren im Verhältnis zum Ver.

[226] III) Herausgabepflicht.

Gemäß §§ 675, 667 BGB ist der Vsvertreter verpflichtet, dem Ver „alles, was er zur Ausführung des Auftrags erhält und was er aus der Geschäftsbesorgung erlangt, herauszugeben". Insoweit handelt es sich um eine schuldrechtliche, im Agenturvertrag begründete Herausgabepflicht, die sich zuweilen auf die Pflicht zur Besitzverschaffung beschränkt, zuweilen aber auch eine Eigentumsverschaffung erfordert.

Da „alles" herauszugeben ist, kommt nicht nur die Herausgabe von Sachen, sondern auch die von unkörperlichen Gegenständen, z. B. Forderungen und sonstigen Rechten in Betracht.

Das Gesetz sagt nichts über die Fälligkeit des agenturvertraglichen Herausgabeanspruchs. Trifft auch der Vertrag keine Regelung, so ergibt sich die Fälligkeit aus den Umständen. Es lassen sich während der Vertragsdauer fällige Ansprüche von solchen unterscheiden, die erst bei Beendigung des Vertreterverhältnisses fällig werden (Anm. 359 bis 360, 364).

Neben der schuldrechtlichen Herausgabepflicht können bei Sachen, die bereits im Eigentum des Vers stehen, dingliche Herausgabeansprüche gegen den Vsvertreter als Besitzer in Betracht kommen (§ 985 BGB).

Auf gegen den Vsvertreter gerichtete Ansprüche aus sonstigen Rechtsgründen (ungerechtfertigter Bereicherung, unerlaubter Handlung, Besitzentziehung oder früherem Besitz) sei nur beiläufig hingewiesen.

Am zweckmäßigsten werden die vertraglichen und dinglichen Ansprüche jeweils zusammenhängend im Blick auf die einzelnen herauszugebenden Gegenstände untersucht:

Werden dem Vsvertreter z. B. **Räume, Mobiliar, Büromaschinen, Kraftwagen** vom Ver zur Verfügung gestellt, so erwirbt der Vsvertreter regelmäßig kein Eigentum, vielmehr liegt durchweg (unentgeltliche) Leihe vor, sei es als selbständiger Vertrag, sei es als Bestandteil des Agenturverhältnisses. Meistens wird sich aus dem Zwecke der Leihe ergeben, wann der Ver die Sachen zurückfordern kann (§ 604 II 1 BGB). Das trifft im Zweifel erst mit dem Ende des Agenturverhältnisses zu. Jedoch kann der Verleiher (ohne Frist) kündigen, wenn er infolge eines nicht vorhergesehenen Umstandes der Sache bedarf (§ 650 I BGB), z. B. dann, wenn der eigene Raumbedarf der Direktion so anwächst, daß für den örtlichen Agenten im Direktionsgebäude kein Platz mehr bleibt. Werden Sachen erneuert, so können die alten vom Ver zurückgefordert werden. Alle diese Rückforderungen lassen sich sowohl auf Vertrag als auch auf Eigentum stützen.

Schwieriger ist die Rechtslage bei **Geschäftsbüchern, Karteien, Akten, Schriftwechsel.** Zu unterscheiden ist das Eigentum an dem unbeschriebenen Papier von jenem an in Benutzung genommenen Materialien. Stellt der Ver Geschäftsbücher, Karteien, Formulare, Papier usw. zur Verfügung, so wird sich im Wege der Auslegung regelmäßig ergeben, daß der Vsvertreter unbenutzte Materialien bei Vertragsbeendigung oder bei Änderung der Geschäftstechnik zurückzugeben hat, stets schuldrechtlich, aus § 985 BGB nur dann, wenn das Eigentum noch nicht auf den Vsvertreter übergegangen war. Für in Benutzung genommene Materialien wird man darauf abstellen müssen, ob es um Handelsbücher und Handelsbriefe der eigenen Unternehmersphäre des Vsvertreters geht (Schmidt-Rimpler a. a. O. S. 80 spricht vom „Geschäftskreis"). Bejahendenfalls trifft ihn als selbständigen Kaufmann die Buchführungs- und Aufbewahrungspflicht (§§ 38, 44 HGB); die Geschäftsbücher, Karteien, Papiere werden spätestens mit dem Beschreiben Eigentum des Vsvertreters (§ 950 BGB): AG Braunschweig 5. VII. 1937 ZfV 1951 S. 402, LG Hamburg 27. VI. 1938 ZfV 1951 S. 402—403, zitiert bei Strietholt ZfV 1951 S. 402—404, vgl. auch AG Bonn 25. II. 1953 VersR 1953 S. 296. Eingehende Post, die vom Ver oder Dritten an den Vsvertreter gerichtet wird, wird gleichfalls Eigentum des Vsvertreters und ist nicht herauszugeben. Dagegen sind Anträge und Briefe, welche der Agent als Empfangsbevollmächtigter des Vers entgegennimmt (§ 43 Ziff. 1, 2), sowie Kopien von Urkunden, die der Vsvertreter als Bevollmächtigter des Vers ausfertigt und fortgibt (Polizendurchschriften, Prämienrechnungskopien, Durchschläge von Kündigungs- und Rücktrittserklärungen), Eigentum des Vers (Bronisch ZfV 1951 S. 365). Die Trennung der beiden Bereiche wird oft größte Schwierigkeiten machen, zumal viele Briefe gleichzeitig in beide Bereiche gehören und die Akten nicht in zwei Abteilungen geführt zu werden pflegen. Im Zweifel wird man angesichts der handelsrechtlichen Verpflichtungen des Vsvertreters zu dessen Gunsten entscheiden müssen. Soweit dem Vsvertreter vom Ver Akten zur Verfügung gestellt werden, sollen diese nach Ziff. 13 Hauptpunkte (Anm. 138) Eigentum des Vers bleiben. — Soweit der Vsvertreter Buchführungsaufgaben oder andere Aufgaben im Zuge einer erweiterten

Verwaltungspflicht für den Ver erledigt (Anm. 224), bleiben oder werden die Geschäftsbücher, Karteien und Akten gleichfalls regelmäßig Eigentum des Vers. — Vertraglich wird die Frage der Herausgabepflicht für Geschäftsbücher, Karteien, Akten, Schriftwechsel zuweilen genauer geregelt. Ziff. 13 Hauptpunkte sieht für die Zeit nach Beendigung des Vertragsverhältnisses vor, daß die wichtigen Geschäftsunterlagen, insbesondere die Akten und der sonstige Schriftwechsel über die Erfüllung von Vsverträgen, die Unterlagen für den Prämieneinzug sowie die zur Durchführung dieser Aufgaben angelegten Karteien und Auszüge unverzüglich zurückzugeben seien. Ausgenommen hiervon sind lediglich Unterlagen und Schriftwechsel über das Vertretungsverhältnis sowie Kontenblätter und Buchungsnoten, soweit sich diese nicht auf den Verkehr mit unechten Untervertretern beziehen. Die Herausgabepflicht geht zu Lasten der Vsvertreter außerordentlich weit. Wenn VA Geschäftsbericht 1952/53 S. 28 die agenturvertragliche Klarstellung fordert, daß der Vsvertreter nicht Besitzer, sondern nur Besitzdiener sei, so wird verkannt, daß selbständige Handelsvertreter nicht in einem sozialen Abhängigkeitsverhältnis des § 855 BGB stehen (bei abhängigen „Geschäftsstellen" mit Angestellten ist die Rechtslage anders).

Eine dritte Gruppe von Sachen bilden die in § 86 a I HGB genannten **Unterlagen** (Anm. 242), beim Vsvertreter z. B. Agenturrichtlinien und -rundschreiben, Tarifbücher, ferner Werbedrucksachen, Antragsvordrucke, Vsbedingungen, Vsscheinvordrucke. Während der Tätigkeitsdauer könnte der Vsvertreter die (grundsätzlich zunächst im Eigentum des Vers verbleibenden: Schröder[2] a. a. O. Anm. 7 zu § 86a, S. 77) Unterlagen — als Vertreter des Vers oder gemäß § 185 I BGB —, soweit hierfür bestimmt und geeignet, also insonderheit nicht vertraulich und geheimzuhalten, an Vskandidaten und Vmer übereignen. Nach Vertragsende müssen aber die unverbrauchten, besonders die vertraulichen Unterlagen dem Ver zurückgegeben werden (vgl. § 88 a II HGB). Das ist in Ziff. 13 Hauptpunkte (Anm. 138) besonders klargestellt, auch für Agenturrundschreiben. Eine spezielle Rolle spielen in der Lebensv Sparuhren, Sparbüchsen usw., die einem Vsvertreter zur Weitergabe an Vmer überlassen werden. Diese bleiben Eigentum des Vers, auch dann, wenn ein Vsvertreter seine Eventualverpflichtung zur Rückgabe der Sparuhren durch eine Kaution, speziell durch eine Belastung des Provisionskontos sichert. Werden die Sparuhren an Vmer ausgehändigt, so soll es sich um einen Leihvertrag für die Dauer des Vsverhältnisses handeln (VA 1935 S. 96—97). Auch jetzt noch bleiben also die Sparuhren Eigentum des Vers. Es erscheint angemessen, die Kautionsstellung seitens des Vsvertreters enden zu lassen, sobald die Sparuhren einem Vmer ausgehändigt sind.

Praktisch am wichtigsten ist die Herausgabe einkassierter **Prämien** und **Nebengebühren,** auch **Zinsen, Geschäftsgebühren, Steuern.** Rechtlich ist insoweit die Herausgabe von Bargeld und von Forderungen zu unterscheiden. Dabei spielen — besonders für den Fall des Konkurses des Vsvertreters — die Eigentumsverhältnisse und die Frage, wer Gläubiger der Forderungen ist, eine entscheidende Rolle.

Zahlt ein Vmer die Prämie in bar und ist der Vsvertreter inkassobevollmächtigt, so wird der Ver gemäß §§ 929[1], 930 BGB Eigentümer des Gezahlten, sofern der Ver mittelbaren Besitz erlangt (Besitzdiener i. S. des § 855 BGB ist ein selbständiger Vsvertreter nicht; a. A. Josten-Lohmüller a. a. O. Anm. 1 zu § 88a). Die Erlangung des mittelbaren Besitzes setzt ein Verwahrungs- oder ähnliches Verhältnis zwischen Ver und Vsvertreter voraus (vgl. § 868 BGB); auch der Agenturvertrag als solcher kann als Besitzmittlungsverhältnis ausgestaltet werden. Ein antizipiertes Besitzmittlungsverhältnis ist z. B. vereinbart durch Ziff. 9 Hauptpunkte (Anm. 138): „Zur Annahme von Zahlungen für das VU ist der Vertreter stets nur in Namen des VU und nur in der Weise befugt, daß die gezahlten Beträge unmittelbar Vermögen des VU werden"; allerdings hätte die Vereinbarung eines Besitzmittlungsverhältnisses deutlicher zum Ausdruck kommen können. Der Ver erwirbt auch dann Eigentum, wenn der Vsvertreter insgeheim den Willen hat, das kassierte Geld für sich zu verwenden (RG 15. V. 1930 JW 1931 S. 1702).

Bleiben die vereinnahmten Prämienbeträge getrennt vom Gelde des Vsvertreters und vom Gelde Dritter (zum Getrennthalten verpflichtet Ziff. 9 Hauptpunkte), so bleibt der Ver Eigentümer selbst dann, wenn im Rahmen dieser Sonderkasse Vermischung eintritt, ferner bei Geldwechsel. Der Vsvertreter schuldet Herausgabe i. S. der Verschaffung des unmittelbaren Besitzes gemäß § 667 BGB schuldrechtlich, § 985 BGB sachenrechtlich.

Die Rechtslage wird für den Ver ungünstiger, sobald der Vsvertreter das Vereinnahmte nicht getrennt hält, sondern mit eigenem Geld oder Geld anderer Ver oder sonstiger Dritter vermischt (entgegen der h. M. will Westermann, Lehrbuch des Sachenrechts, 2. Aufl., Karlsruhe 1951, S. 140—142 einen Geldwertherausgabeanspruch gegen den „Wertbesitzer" zulassen). Gemäß § 948 I BGB findet bei Vermischung § 947 BGB entsprechend Anwendung, und es käme darauf an, ob eine der Geldsummen als Hauptsache anzusehen ist (so Wolff-Raiser, Sachenrecht, 10. Aufl., Tübingen 1957, S. 269). Es erscheint jedoch problematisch, bei Geld etwa auf den überwiegenden Betrag abzustellen (Eichler, Institutionen des Sachenrechts, 1 Band, Berlin 1954, S. 83, Westermann a. a. O. S. 251). Tut man das dennoch, so verliert der Ver das Eigentum, sofern das übrige Geld überwiegt. Anderenfalls entsteht Miteigentum nach Bruchteilen, wobei das Wertverhältnis zur Zeit der Vermischung die Bruchteile bestimmt. Vermischt also ein Vsvertreter 20,— DM Eigengeld mit 40,— DM Prämie, gibt er später 48,— DM für Privatzwecke aus, so hat der auf den Ver entfallende Bruchteil nur noch einen Wert von 8,— DM, realisierbar dadurch, daß der Ver gemäß § 749 I BGB Aufhebung der Bruchteilsgemeinschaft verlangt, was zur Teilung in natura nach § 752[1] BGB führt. Soweit der Ver infolge Vermischung Eigentum verliert, kann er gemäß § 951 I 1 BGB vom Vsvertreter Vergütung in Geld nach Bereicherungsvorschriften fordern. Dieser sich aus dem Gesetz ergebende schuldrechtliche Anspruch tritt neben den agenturvertraglichen aus § 667 BGB.

Bislang ist davon ausgegangen, daß zunächst der Ver Eigentümer des Gezahlten geworden ist. Erfolgt die Einigung nicht im Namen des Vers oder fehlt es an einem Besitzmittlungsverhältnis, so wird der Vsvertreter von vornherein Eigentümer des Bargeldes, er schuldet dem Ver Herausgabe i. S. der Verschaffung des Eigentums und des unmittelbaren Besitzes nur gemäß § 667 BGB, nicht nach § 985 BGB.

Die Herausgabe des Geldes ist an und für sich stets unverzüglich fällig, nachdem der Vsvertreter etwas aus der Geschäftsbesorgung erlangt, also Prämien kassiert hat (Schröder[2] a. a. O. Anm. 37 zu § 86, S. 67). Dieser Grundsatz wird aber in der Praxis modifiziert, erstens durch die Vereinbarung laufender Rechnung in Verbindung mit der Provisionsabrechnung (Anm. 302—303, 320—324), zweitens durch spezielle Klauseln. So sieht Ziff. 9 Hauptpunkte (vgl. auch Strietholt a. a. O. S. 37) eine Abführung vereinnahmter Gelder vor bei Erreichung eines bestimmten Betrages oder am festgesetzten Abrechnungstage oder auf Aufforderung durch den Ver.

Der bargeldlose Zahlungsverkehr schafft Forderungen eines Kontoinhabers gegen Banken usw. Die Ver verpflichten die Vsvertreter nach Möglichkeit, Konten zu errichten, die auf den Namen des Vers lauten, und dorthin die Prämien überweisen zu lassen. Dadurch wird von vornherein der Ver, welcher auch Prämiengläubiger war, Gläubiger der Bank usw. Eine andere Frage ist es, wer über das Konto verfügen kann; regelmäßig steht neben einer Zeichnungsvollmacht des Vsvertreters eine solche der Direktion. Letzterenfalls kann die Herausgabe dadurch überflüssig gemacht werden, daß die Direktion Geld von dem Konto abzieht. Ist ihr das nicht möglich, so erfolgt die Herausgabe dergestalt, daß der Vsvertreter einen Betrag von jenem Konto des Vers auf ein anderes Konto des Vers zu überweisen hat. Eine echte Herausgabe kommt nur in Frage, falls der Vsvertreter ein eigenes Konto errichtet hat, über das er allein verfügen kann. Hier erfolgt die Herausgabe durch Überweisung vom Konto des Vsvertreters auf ein Konto des Vers. Mit der Gutschrift auf dem Konto des Vers ist die Herausgabepflicht erfüllt. Ziff. 9 Hauptpunkte sagt, der Vsvertreter dürfe „bargeldlose Zahlungen der VN nur auf solche (Postscheck- oder Bank-) Konten einziehen, deren Rechtsinhaber das VU ist" (vgl. auch die Klausel bei Strietholt a. a. O. S. 37).

Besonders bei Mehrfachvertretern stößt die Anwendung der geschilderten Grundsätze auf Schwierigkeiten, sind doch oft an einer Mitv mehrere vertretene Ver beteiligt, die Prämie wird gesamtheitlich bezahlt. Hier lassen sich Sonderkassen und getrennte Konten nicht einrichten, Vermischungen sind unvermeidlich. Oft halten es auch große solvente Vsvertreter für nicht mit ihrer Stellung vereinbar, daß die Konten auf den Namen des Vers laufen. Zu alledem Strietholt a. a. O. S. 38. Die Anm. 13 zu Ziff. 9 Hauptpunkte sieht denn auch „nach Lage der Verhältnisse" eine Streichung des Satzes betreffend die Konteninhaberschaft vor.

Nimmt ein Vsvertreter, obgleich es ihm nach Ziff. 9 Hauptpunkte nicht gestattet ist, Wechsel entgegen, so ist es für den Ver wichtig, möglichst schnell das Recht am Papier (Eigentum) und damit das Recht aus dem Papier (Forderung) zu erlangen, z. B. durch Übergabe des indossierten Wechsels. Vgl. hierzu Anm. 54—59 zu § 35.

Eigentumsverhältnisse und Forderungsinhaberschaft gewinnen besondere Bedeutung bei Zwangsvollstreckungsmaßnahmen Dritter gegen den Vsvertreter und bei dessen Konkurs. Der Ver kann die Drittwiderspruchsklage des § 771 I ZPO erheben, sofern Gegenstand der Zwangsvollstreckung ihm gehörendes Geld oder ein ihm zustehendes Konto ist (vgl. auch § 815 II ZPO). Im Konkurs des Vsvertreters hat der Ver insoweit ein Aussonderungsrecht (§ 43 KO, für den Fall des Miteigentums vgl. Rohrbeck-Durst-Bronisch S. 155—156).

Strafrechtlich kommt bei Bargeld, das dem Ver gehört, Unterschlagung in Betracht, und zwar qualifizierte Unterschlagung, weil das Geld dem Vsvertreter anvertraut ist (§ 246 StGB); die Anvertrauung hebt Ziff. 9 Hauptpunkte besonders hervor. Für auf den Namen des Vers laufende Konten, über welche der Vsvertreter verfügen kann, kommt Untreue (§ 266 StGB) in Frage. Das gilt auch für Bargeld. Zu alledem Kersting JRPV 1936 S. 137, Rohrbeck-Durst-Bronisch S. 164—165, RG 15. V. 1930 JW 1931 S. 1702, LG Frankfurt 22. VII. 1927 JRPV 1928 S. 15—16, für einen Handelsvertreter RG 28. III. 1930 RGSt Bd 64 S. 86. Die Vsaufsichtsbehörden unterstützen Maßnahmen gegen strafbare Handlungen von Vsvertretern (Bronisch a. a. O. S. 15—16, vgl. VA 1930 S. 115, auch VA Berlin 1951 S. 97, VA 1952 S. 5, wo den Vern Meldungen über Unregelmäßigkeiten im Außendienst auferlegt werden). Über Berufsverbote Anm. 194. Strafrechtliche Verfehlungen führen zu zivilrechtlichen Deliktsansprüchen aus § 823 II 1 BGB.

Mit dem Inkasso hängen die dem Vsvertreter vom Ver übergebenen **„Dokumente"** zusammen (Anm. 222). Sie verbleiben im Eigentum des Vers, bis der Vsvertreter sie (als Vertreter des Vers) dem Vmer aushändigt. Hieraus ergibt sich, daß der Vsvertreter uneingelöste Dokumente nach den §§ 667, 985 BGB herauszugeben hat (vgl. auch Ziff. 8 Hauptpunkte und die bei Strietholt a. a. O. S. 34—35 abgedruckte Klausel mit der speziellen Sanktion, daß die Nichtrückgabe binnen der vereinbarten Frist eine Zahlungspflicht des Vsvertreters hinsichtlich der Prämie auslöst: Anm. 227).

Zu dem, was der Vsvertreter „aus der Geschäftsbesorgung erlangt" (§ 667 BGB), gehören auch **Schmiergelder** (Duden a. a. O. S. 299, Schröder^2 a. a. O. Anm. 37 zu § 86, S. 67—68, RG 7. XII. 1934 RGZ Bd 146 S. 204—205, 30. V. 1940 RGZ Bd 164 S. 102 bis 103, a. A. Nikisch, Arbeitsrecht, 2. Aufl., I. Bd, Tübingen 1955, S. 394—395, Schmidt-Rimpler a. a. O. S. 80—81, Würdinger in: RGRKomm. HGB Bd 1 Anm. 40 zu § 59, S. 538). Im Vswesen könnte es eine Rolle spielen, daß der Vsvertreter als Abschlußagent dem Vmer besonders niedrige Prämien konzediert und dafür vom Vmer einen Betrag erhält; außerdem kommt in Betracht, daß sich der Vsvertreter unzulässigerweise vom Vmer Agenturgebühren zahlen läßt (Anm. 82 zu § 1).

Mit der Herausgabepflicht hängt es zusammen, daß nach den §§ 675, 668 BGB den Vsvertreter eine **Verzinsungspflicht** trifft, sofern er Geld für sich verwendet, das er dem Ver herauszugeben oder für ihn, z. B. für Schadenszahlungen zu verwenden hat. Die Verwendungszinspflicht setzt keinen Verzug des Vsvertreters voraus.

Zur Frage, ob der Vsvertreter Sachen des Unternehmers **versichern** muß: Anm. 228, 242.

Hat ein Vsvertreter eigene Bank- und Postscheckkonten, so spricht das für seine Selbständigkeit (Anm. 158). Andererseits wird die Selbständigkeit nicht dadurch ausgeschlossen, daß Geld Eigentum des Vers wird und daß Konten auf den Namen des Vers einzurichten sind (Anm. 161). Eine Vertragsklausel, wonach der Vsvertreter Geschäftsbücher, Karteien usw. vollständig herauszugeben habe und wonach er nur Besitzdiener sein sollte, spricht gegen die Selbständigkeit (Anm. 164).

Bei Untervertretern muß der Ver oder Generalagent auf die Herausgabepflicht besonderes Gewicht legen. Deshalb wird hier die Trennung von Agenturkassen und -konten einerseits und Privatsphäre andererseits oft besonders streng überwacht. Im

Verhältnis zwischen Ver und Generalagent sind echte Untervertreter Erfüllungsgehilfen des Generalagenten, so daß der Generalagent dafür einzustehen hat, wenn die Nichtherausgabe auf einem Verschulden eines Untervertreters beruht (Anm. 224, 233).

[227] mmm) Delkrederepflicht.

Vereinbarungsgemäß kann sich aus einem Vsvertretervertrag eine Delkrederepflicht des Vsvertreters ergeben, also die Verpflichtung, für die Erfüllung der Verbindlichkeit eines Dritten einzustehen. Als Dritte kommen einerseits Vmer, andererseits bei Generalagenten Untervertreter in Betracht.

Soweit § 86b HGB die Delkrederefrage behandelt, kommen nur Verbindlichkeiten aus einem vom Vsvertreter vermittelten oder abgeschlossenen Vsvertrag, also **Verbindlichkeiten des Versicherungsnehmers** in Frage (vgl. Schröder[2] a. a. O. Anm. 2 zu § 86b, S. 87, OLG Hamm 7. X. 1955 BetrBer 1955 S. 1011 = VersR 1956 S. 114, 6. XII. 1955 VersR 1956 S. 115, HandelsvertreterGBegr. S. 20). Im Vswesen ist es aber sehr selten, daß der Vsvertreter das Delkredere für Prämienverpflichtungen übernimmt (Trinkhaus I S. 219). Würde ausnahmsweise eine Delkrederevereinbarung getroffen, so wäre § 86b HGB zu beachten: Schriftform, Vereinbarung im Hinblick auf einen bestimmten Vsvertrag oder für alle mit bestimmten Vmern vermittelten Vsverträge, unabdingbarer Anspruch auf Delkredereprovision (Anm. 268, 317—319). Nur bei einem Abschlußagenten, der „unbeschränkt bevollmächtigt ist" zu „Abschluß und Ausführung" (sowie bei Vertretern ausländischer Ver oder Vsverträgen mit ausländischen Vmern: dazu Anm. 414) sind Schriftform, Bestimmtheit des Delkredererisikos und Delkredereprovision nicht vorgeschrieben (es dürfte jedoch in der Vswirtschaft Abschlußvertreter mit unbeschränkter Vollmacht, welche auch die Ausführung des Vsvertrages vornehmen, praktisch nicht geben: Trinkhaus I S. 221; über derartige Warenvertretungen: HandelsvertreterGBegr. S. 21). Zum Übergangsrecht: Anm. 146, auch Schröder[2] a. a. O. Anm. 1 zu § 86b, S. 87.

Zweifelhaft ist es, ob § 86b HGB anzuwenden ist, falls ein Vsvertreter bei Prämienklagen das **Klagekostenrisiko** vertraglich übernimmt (dazu Rohrbeck-Durst-Bronisch S. 62—63). Meistens kann der Vsvertreter abredegemäß hinsichtlich der vollen Prozeßkosten in Anspruch genommen werden, obgleich er nur hinsichtlich seiner Vermittlerprovision am Eingang interessiert ist. Trinkhaus I S. 219—220 nimmt hier einen Garantievertrag an und will § 86b HGB entsprechend anwenden. Jedoch verpflichtet sich in Wahrheit hier der Vsvertreter nicht, für die Erfüllung der Prämienverbindlichkeit oder auch nur der Prozeßkostenverbindlichkeit des Vmers einzustehen, vielmehr würde der Vsvertreter auch zahlungspflichtig sein, wenn z. B. die Klage abgewiesen wird. Sonach sind Schriftform und Delkredereprovision hier nicht zwingend. — Es handelt sich ferner nicht um einen Fall des § 86b HGB, falls ein Vsvertreter wegen **nicht rechtzeitiger Rückgabe von „Dokumenten"**, insbesondere Prämienquittungen „für die Beträge aus eigenen Mitteln" haftet, „es sei denn, daß weder ihn noch seine Hilfspersonen ein Verschulden trifft" (Klausel bei Strietholt a. a. O. S. 34—35). Hier geht es um eine vereinbarte Sanktion der schuldhaften Verletzung einer Herausgabepflicht (Anm. 226, 234; vgl. auch Rohrbeck-Durst-Bronisch S. 91—92, die von unechtem Delkredere sprechen und eine Vereinbarung hinsichtlich der Prämienhaftung fälschlich nicht für erforderlich erachten; undeutlich Industrie- und Handelskammer Berlin Mitteilungen 1929 S. 232, 398). — Schließlich ist der Fall auszuscheiden, daß ein Vsvertreter unter schuldhafter Verletzung seiner Interessenwahrnehmungspflicht (Anm. 217) oder Benachrichtigungspflicht (Anm. 218) einen **insolventen Kunden** bringt oder ein Unsicherwerden des Vmers nicht anzeigt und deshalb schadensersatzpflichtig wird.

Eine viel größere Rolle als das Einstehen für Verbindlichkeiten der Vmer spielt im Vswesen das Einstehen für Verbindlichkeiten von **echten und unechten Untervertretern.** Ein Handelsbrauch hinsichtlich einer Delkredereverpflichtung besteht jedoch nicht, es bedarf also einer entsprechenden Vereinbarung (Industrie- und Handelskammer Berlin NeumannsZ 1932 S. 231, BAA VA 1953 S. 161, Anonym NeumannsZ 1934 S. 193—194, Neumann VA 1953 S. 163, KG 6. XII. 1935 JRPV 1936 S. 192). Für eine solche gilt § 86b HGB nicht (Josten-Lohmüller a. a. O. Anm. 8 zu § 86b, Knapp VW 1952 S. 392), es bedarf also keiner Schriftform nach dieser Vorschrift, auch nicht der Zahlung einer

Delkredereprovision (so wohl auch BAA VA 1953 S. 162, a. A. wiederum Trinkhaus I S. 221). Duden a. a. O. S. 302 darf nicht dahin verstanden werden, daß ein Delkredere für Untervertreter unzulässig sei.

Bei echten Untervertretern, die in einem Vertragsverhältnis nur zum Generalagenten stehen, muß § 278[1] BGB (Erfüllungsgehilfenhaftung) angewendet werden: Falls ein echter Untervertreter Prämien nicht an den Generalagenten abführt, so trifft dennoch stets den Generalagenten im Verhältnis zum Ver eine Herausgabepflicht; denn der Generalagent hat i. S. des § 667 BGB (durch seinen Erfüllungsgehilfen) bereits etwas vom Vmer erlangt. Wegen § 278[1] BGB braucht eine besondere Delkrederepflicht des Generalagenten nicht konstruiert zu werden (dazu Neumann VA 1953 S. 163, Rohrbeck-Durst-Bronisch S. 90, Trinkhaus I S. 220—221, a. A. teilweise wohl BAA VA 1953 S. 161).

Eine Delkrederehaftung des Generalagenten kommt demnach nur bei unechten Untervertretern in Betracht, welche keine Erfüllungsgehilfen des Generalagenten sind, ihm aber organisatorisch unterstellt wurden, die oft auch vom Generalagenten ausgewählt und dann (im Namen des Vers) betraut sind. Ist nichts besonders vereinbart, so haftet der Generalagent nur bei Verletzung seiner erweiterten Verwaltungspflicht (Anm. 224), also z. B. bei unsorgfältiger Auswahl und Überwachung (BAA VA 1953 S. 161), nicht z. B. bei Gewährung von Vorschüssen in begründeten Ausnahmefällen (Industrie- und Handelskammer Berlin Mitteilungen 1932 S. 738). Oft aber wird eine weiterreichende Haftung verabredet.

Dabei unterscheidet Neumann VA 1953 S. 163—164 mit Recht Inkasso- und Provisionsdelkredere, bei letzterem ist an die Gewährung von Provisionsvorschüssen im Namen des Vers gedacht. Es ist sehr verbreitet, daß etwa vereinbart wird: „Für Rückzahlungen von Vorschüssen, gleich welcher Art, die von dem VU nicht genehmigt sind, haftet der Vertreter in jedem Falle" (Ziff. 8 Hauptpunkte [Anm. 138], vgl. auch die Klausel bei Strietholt a. a. O. S. 16, 50 und KG 6. XII. 1935 JRPV 1936 S. 192). Ein Inkassodelkredere ist in Ziff. 8 Hauptpunkte nicht normiert; denn danach haftet der Vsvertreter nur für die (von ihm selbst) vereinnahmten Prämien und Nebenleistungen. Etwas weiter geht eine von der Akademie für Deutsches Recht entworfene, von der Reichsgruppe Ven 1936 empfohlene und seitdem recht verbreitete sog. Delkredereklausel (abgedruckt: Vsvermittlung 1938 S. 49, Rohrbeck-Durst-Bronisch S. 91, Strietholt a. a. O. S. 16, 50):

> „Der Generalagent hat gegenüber der Gesellschaft für die Verbindlichkeiten der ihm unterstellten Personen einzustehen. Dies gilt nicht, wenn er beweist, daß er bei Anstellung und Überwachung dieser Personen die Sorgfalt eines ordentlichen Kaufmanns beobachtet hat. Die Sorgfaltspflicht gilt insbesondere als verletzt, wenn der Generalagent geschäftliche Anordnungen seiner Gesellschaft nicht beobachtet oder solchen Anweisungen zuwidergehandelt hat."

Immerhin hat der Generalagent hier eine weitgehende Exkulpationsmöglichkeit (vgl. zu solcher Klausel RArbG 14. II. 1934 SeuffArch Bd 88 S. 168—169). Eine volle Delkrederehaftung — ohne Entlastungsmöglichkeit — wird etwa durch die Klausel begründet: „Bedient sich der Vertreter der Mitarbeit von Untervertretern, so trägt er für diese .... der Gesellschaft gegenüber die Haftung" (Klausel bei Strietholt a. a. O. S. 50—51 mit weiterem Beispiel, vgl. auch VA 1953 S. 158).

Wenn § 86b HGB von dem Einstehen für die Erfüllung einer Verbindlichkeit und von Delkredere spricht, so handelt es sich nicht um ein Rechtsinstitut einheitlichen Gepräges. Zur **Rechtsnatur** sagt vielmehr Würdinger in: RGRKomm. HGB Bd 1 Anm. 2 zu § 86b, S. 707, es sei auf Grund des Einzelfalles zu prüfen, ob ein Bürgschafts- oder ein Garantieversprechen vorliege. Duden a. a. O. Anm. 1 zu § 86b, S. 302, Knapp[2] a. a. O. Anm. 2 zu § 86b, S. 19, Schröder[2] a. a. O. Anm. 3 zu § 86b, S. 88—89 erwähnen außerdem den Schuldbeitritt. Josten-Lohmüller a. a. O. Anm. 2, 3 zu § 86b gehen dagegen davon aus, daß stets eine Bürgschaft vorliege (vgl. auch Schmidt-Rimpler a. a. O. S. 96—97, Schröder[2] a. a. O. Anm. 18 zu § 86b, S. 95). Die Abgrenzung der verschiedenen Rechtsinstitute ist in der Praxis nicht immer ganz einfach. „Begrifflich scheidet sich die Bürgschaft von dem Garantievertrage wie auch von der Schuldmitübernahme (kumulativen Schuldübernahme) dadurch, daß sie das Einstehen für eine fremde Schuld als eine der Verbindlichkeit des Hauptschuldners hinzutretende (akzessorische) Verpflichtung enthält, der Garantievertrag .... dagegen ebenso wie die Schuldmitübernahme die Begründung einer selbständigen, von der des ursprünglichen Schuldners unabhängigen Verpflichtung zum Gegenstande hat" (RG 28. IX. 1917 RGZ Bd 90 S. 417, wo darauf hingewiesen wird, es komme nicht auf die Wahl der gebrauchten Ausdrücke allein an, im Zweifel aber sei nur eine Bürgschaft anzunehmen).

Bei den Vsagenten wird allgemein in der Übernahme des Delkredere für Unteragenten die Übernahme einer Ausfallbürgschaft erblickt, also das akzessorische Einstehen für die Schuld des Untervertreters (Neumann VA 1953 S. 163, Rohrbeck-Durst-Bronisch S. 89, Strietholt a. a. O. S. 51, Trinkhaus I S. 220; BAA VA 1953 S. 161, RG 16. IV. 1935 JRPV 1935 S. 169 = HRR 1935 Nr. 1054). Die Besonderheit einer Ausfallbürgschaft liegt darin, daß die Verpflichtung des Ausfallbürgen aufschiebend durch das Eintreten des Ausfalles bedingt ist. Der Ver ist verpflichtet, mit der gebotenen Sorgfalt zu versuchen, vom Unteragenten als Hauptschuldner Befriedigung zu erlangen. Dabei sind nicht nur die Vorschriften der §§ 772—773 BGB (Einrede der Vorausklage) zu beachten (Ausnahme: Klausel VA 1953 S. 158; die §§ 349[1], 351 HGB gelten bei einer Ausfallbürgschaft nicht [anders RG 16. IV. 1935 JRPV 1935 S. 169 = HRR 1935 Nr. 1054]), sondern im Zweifel ist auch die Vollstreckung in andere Gegenstände als bewegliche Sachen durchzuführen. Zu alledem Schuler NJW 1953 S. 1689 bis 1692, und für den Fall des Konkurses des Hauptschuldners RG 7. III. 1929 JW 1929 S. 1386—1387 mit Anm. Reichel, der die Ausfallbürgschaft als Bürgschaft mit gesteigerter Subsidiarität bezeichnet. Die Bürgschaftserklärung bedarf nach § 766[1] BGB der Schriftform, jedoch nicht bei Vsvertretern, die Vollkaufleute sind (§§ 350, 351 HGB; Anm. 194). Der Ver hat den Ausfall zu beweisen. Ein Verschulden des Generalagenten ist nicht erforderlich (Neumann VA 1953 S. 163, RG 16. IV. 1935 JRPV 1935 S. 170 = HRR 1935 Nr. 1054).

Nach § 242 BGB muß aber die volle Delkrederehaftung gerade deshalb, weil sie ein Verschulden nicht zur Voraussetzung hat, **einschränkend ausgelegt** werden. Kann z. B. beim Inkassodelkredere der Ver einen Schaden dadurch von sich abwälzen, daß er sich dem Vmer gegenüber darauf beruft, ein Unteragent sei nicht inkassobevollmächtigt gewesen, so muß er das im Interesse des Generalagenten tun (RG 16. IV. 1935 JRPV 1935 S. 170 = HRR 1935 Nr. 1054, zustimmend Würdinger in: RGRKomm. HGB Bd 1 Anm. 2 zu § 86b, S. 707). Auch Neumann VA 1953 S. 163—164 stellt mehrere Fälle heraus: Bei Inkassodelkredere darf sich der Ver nicht seinerseits dem „Vorwurf der Inkassovernachlässigung" aussetzen, also fahrlässig handeln, z. B. durch mangelnde oder unsorgfältige „Nacharbeit" bei säumigen Prämienzahlern (Anm. 304; BAA VA 1953 S. 162—163). Bei Provisionsdelkredere darf der Ver nicht zu Lasten des Ausfallbürgen in der Vorschußgewährung großzügig sein. Alle Vorschüsse, die der Ver aus eigenem Entschluß, ohne Empfehlung des Generalagenten gewährt, lösen keine Delkredereverpflichtung des Generalagenten aus. Sowohl bei Inkasso- wie bei Provisionsdelkredere treffen den Ver die Folgen, falls er entgegen der Empfehlung des Generalagenten einen Untervertreter einstellt oder nicht entläßt. Überhaupt ist stets vorauszusetzen, daß für den Generalagenten eine Einflußmöglichkeit gegeben ist: Seine Delkredereverpflichtung endet dort, wo seine Machtsphäre aufhört, also z. B. hinsichtlich der Unteragenten anderer Bezirke oder solcher Unteragenten, die von der Zentrale her gesteuert werden.

Die hier behandelten Delkrederevereinbarungen könnten zumal deshalb **gegen die guten Sitten** verstoßen und nach § 138 I BGB nichtig sein, weil der Generalagent keine Delkredereprovision erhält, auch nicht nach § 86b HGB. Dennoch ist grundsätzlich anzunehmen, daß Delkrederevereinbarungen gültig sind (Anonym NeumannsZ 1934 S 194, Neumann VA 1953 S. 163, Rohrbeck-Durst-Bronisch S. 90, BAA VA 1953 S. 161—162, RG 16. IV. 1935 JRPV 1935 S. 169, RArbG 14. II. 1934 SeuffArch Bd 88 S. 168—169, 27. IX. 1930 RAG Bd 6 S. 236—237, 15. V. 1935 RAG Bd 15 S. 175—176). Nur im Einzelfall könnte sich aus besonderen Umständen die Sittenwidrigkeit, speziell das Vorliegen eines Knebelungsvertrages ergeben (Rohrbeck-Durst-Bronisch S. 90 m. w. N.). Das BAA VA 1953 S. 162 erwähnt den Fall, daß die dem Generalagenten gewährten Gesamtbezüge unangemessen niedrig sind.

Es spricht für die Selbständigkeit eines Vsvertreters, wenn ihn eine Delkredereverpflichtung trifft (Anm. 163), auch steuerrechtlich (Rohrbeck-Durst-Bronisch S. 191). Wie gezeigt kommt ein Delkredere besonders bei Generalagenten mit unechten Untervertretern vor.

[228] nnn) Sicherstellungspflicht.

Zweck der Sicherstellungsleistung (Kautionsleistung), zu welcher der Vsvertreter durch den Vertretervertrag in den meisten Fällen verpflichtet wird (vgl. Ziff. 10 Hauptpunkte [Anm. 138], auch Strietholt a. a. O. S. 40), kann es sein, alle Verpflichtungen des Vsvertreters gegenüber dem Ver abzudecken, aber auch enger umrissene Zweckbestimmungen der Kaution kommen vor. Im Zweifel dient die Kaution nicht nur zur Sicherung der Herausgabeforderungen (Anm. 226), insbesondere gerichtet auf die Weiterleitung der durch den Vsvertreter eingezogenen Prämien, sondern auch zur Sicherung der Delkrederehaftung (Anm. 227) und der Provisionsvorschüsse (Anm. 303), sowie der anderen gegen den Vsvertreter gerichteten Ansprüche, besonders für den Fall, daß sie in Schadensersatzansprüche übergehen (Anm. 234). Zur wirtschaftlichen Funktion der Kaution: Rausche-Kruse, Buchführung und Revision im Vsgewerbe, 2. Aufl., Karlsruhe 1953, S. 45—47.

Nach den Formularverträgen ist die Sicherstellung oft nicht ohne weiteres, sondern erst auf ein Verlangen des Vers zu leisten (Ziff. 10 Hauptpunkte; die bei Strietholt a. a. O. S. 40 wiedergegebene Klausel setzt eine zusätzliche Vereinbarung voraus). Es handelt sich also um einen verhaltenen Anspruch des Vers aus dem Agenturvertrage (Rewoldt VersR 1951 S. 154 nimmt einen besonderen Verwahrungsvertrag an). Kann der Vsvertreter eine Sicherstellung nicht vornehmen, so ist für eine Erzwingung der Sicherstellungspflicht kein Raum (über eine Vertragskündigung: Rohrbeck-Durst-Bronisch S. 85).

Die Art und die Höhe, d. h. die nähere Ausgestaltung der Sicherung ist zwischen dem Ver und dem Vsvertreter zu vereinbaren (Ziff. 10 Hauptpunkte). Oftmals sind die in den Agenturverträgen enthaltenen Kautionsklauseln sehr unbestimmt, z. B.: „Als Sicherheit für seine Verpflichtungen stellt der Vertreter eine Kaution, über die besondere Vereinbarungen getroffen werden" (Strietholt a. a. O. S. 41). Sehr häufig werden in den Verträgen einzelne Sicherungsarten hervorgehoben, z. B.: „Der Generalagent hat den Gesellschaften eine Kaution in sicheren, den Gesellschaften genehmen Wertpapieren bei diesen zu hinterlegen" (Strietholt a. a. O. S. 41). In § 232 BGB ist neben der Sicherheitsleistung durch Geld oder Wertpapiere auch z. B. eine solche durch Verpfändung von Forderungen oder von beweglichen Sachen sowie durch Bestellung von Hypotheken oder Schiffshypotheken vorgesehen. In der Praxis spielen auch Bürgschaften, die nach § 232 II BGB nur subsidiär als Sicherheit zugelassen sind, sowie Vertrauensschädenversicherungen eine Rolle (vgl. Gerwien, Die Vertrauensschäden-V, ungedruckte Hamburger Diss. 1955, S. 27). Oft wird eine Sicherheitsrücklage erst durch Einbehaltung von Provisionsteilen gebildet (Trinkhaus I S. 485; Beispiel: BAA VA 1953 S. 164, 167, woselbst auch über die Frage, wie bei einer Provisionsgarantie [Anm. 245] Einbehaltung und Rückzahlung nach Vertragsende zu handhaben sind). Eine ausreichende Höhe der Sicherstellung sehen Rohrbeck-Durst-Bronisch S. 84 und Strietholt a. a. O. S. 41 in dem zwölften Teil der Jahresprämieneinnahme des Vsvertreters (andere Beispiele bei Strietholt a. a. O. S. 41).

§ 232 BGB läßt nur ganz bestimmte Wege der Sicherheitsleistung zu, z. B. die Hinterlegung von Geld oder Wertpapieren. Die Hinterlegung ist in der Hinterlegungsordnung vom 10. III. 1937 (RGBl. I S. 285) geregelt, sie erfolgt danach bei den Hinterlegungsstellen; Geld geht in das Bundeseigentum über (§ 7 I a. a. O.). Hat ein Vsvertreter nach dem Agenturvertrag nur schlechthin Sicherheit zu leisten, so braucht er sich auf eine Hinterlegung beim Ver nicht einzulassen. Oft sehen aber die Agenturverträge Hinterlegung beim Ver vor. Dann ist der Empfang der Sicherheit vom Ver auf Verlangen schriftlich zu bestätigen (vgl. Strietholt a. a. O. S. 40), und es erwächst für den Vsvertreter seinerseits ein Sicherungsbedürfnis, zu dessen Befriedigung vorgeschrieben sein kann, die Gesellschaft sei verpflichtet, „die Sicherheit, gleichgültig ob sie in Wertpapieren oder in barem Geld gestellt wird, gesondert, unabhängig von ihrem eigenen Vermögen, sicherzustellen" (Strietholt a. a. O. S. 40, 42). Dadurch soll ein Aussonderungsrecht des Vsvertreters im Konkurs des Vers gewährleistet werden (§ 43 KO, dazu Rohrbeck-Durst-Bronisch S. 162). Über die Haftung des Vers für vor dem Zusammenbruch in der Ostzone gestellte Vertreterkautionen Rewoldt VersR 1951 S. 154—155, Rohrbeck-Durst-Bronisch S. 169—170. Eine Verzinsung hinterlegten Geldes kennen sowohl § 8 Hinterlegungsordnung als auch das Vertragsrecht (Strietholt a.a.O. S. 40, 41—42).

Die Wirkungen der Sicherstellung sind nicht einheitlich. Handelt es sich um eine echte Sicherheitsleistung durch Hinterlegung von Geld oder Wertpapieren bei einer Hinterlegungsstelle, so erwirbt gemäß § 233 BGB der Ver ein Pfandrecht an den hinterlegten Wertpapieren oder, da Geld in das Eigentum des Fiskus übergeht, ein Pfandrecht an der Forderung auf Rückerstattung. Bei einer dem Ver übergebenen Kaution wird ein Pfandrecht des Vers nicht ohne weiteres zur Entstehung gebracht, auch dann nicht, wenn das Hinterlegte im Eigentum des Vsvertreters verbleibt (unrichtig Strietholt a. a. O. S. 41). Es bedarf vielmehr einer rechtsgeschäftlichen Pfandrechtsbestellung nach §§ 1204, 1205 I 1 BGB. Entsteht für den Ver kein Pfandrecht, so hat er lediglich ein kaufmännisches Zurückbehaltungsrecht (§§ 369—372 HGB), welches im Konkurs des Vsvertreters ebenso wie ein Pfandrecht ein Absonderungsrecht des Vers schafft (§ 49 I Ziff. 2, 4 KO).

§ 240 BGB sieht eine Ergänzung einer unzureichend gewordenen Sicherheit vor, Ziff. 10 Hauptpunkte gibt bei erheblicher Änderung der Prämieneinnahme nicht nur dem Ver, sondern bei einer Minderung auch dem Vsvertreter das Recht, eine Änderung der Sicherstellung zu verlangen.

Bei Beendigung des Agenturverhältnisses ist die Kaution vom Ver zurückzugeben, nachdem der Sicherstellungszweck entfällt. Ziff. 10 Hauptpunkte sieht eine Rückgabe in zwei Zeitabschnitten vor (andere Rückgabeklauseln bei Strietholt a. a. O. S. 40, 42). Näheres Anm. 364.

In den Bereich der Sicherstellung gehört es auch, wenn Ziff. 9 Hauptpunkte einen Inkassovertreter verpflichtet, Bargeld stets in einem besonderen Behältnis an sicherer Stelle aufzubewahren.

Eine Vspflicht des Vsvertreters ist hinsichtlich der Sachen des Unternehmers im allgemeinen nicht anzunehmen: Anm. 242, LG Köln 27. III. 1952 Entscheidungen und Gutachten Nr. 11, AG Bremen 5. VIII. 1952 Entscheidungen und Gutachten Nr. 6.

Mit der Selbständigkeit des Vsvertreters ist die Kautionsstellung durchaus vereinbar (Anm. 161).

Bei Untervertretern spielt die Sicherstellungspflicht gleichfalls eine große Rolle. Sie besteht bei echten Untervertretern im Verhältnis zum Generalagenten. Da die Solvenz des Generalagenten im Einzelfall zweifelhaft sein kann, muß der Untervertreter besonders darauf achten, daß er seinerseits gesichert ist. Falls Generalagenten das Delkredere für Unteragenten übernehmen, sind sie an der Kautionsstellung seitens der Unteragenten besonders interessiert (Rohrbeck-Durst-Bronisch S. 84). Über einen Fall, in dem es zweifelhaft war, ob der Ver oder ein Generalagent (Landesdirektor) eine Kaution zurückzuzahlen hatte: LG Frankenthal 3. V. 1950 VersR 1950 S. 167—168.

[229] ooo) Kontrollduldungspflicht.

§ 810 BGB kennt ein gesetzliches Schuldverhältnis, das die Vorlegung von Urkunden betrifft:

> „Wer ein rechtliches Interesse daran hat, eine in fremdem Besitze befindliche Urkunde einzusehen, kann von dem Besitzer die Gestattung der Einsicht verlangen, wenn die Urkunde in seinem Interesse errichtet oder in der Urkunde ein zwischen ihm und einem anderen bestehendes Rechtsverhältnis beurkundet ist oder wenn die Urkunde Verhandlungen über ein Rechtsgeschäft enthält, die zwischen ihm und einem anderen oder zwischen einem von beiden und einem gemeinschaftlichen Vermittler gepflogen worden sind."

Wendet man diese Vorschrift auf das Verhältnis des Unternehmers zum Vsvertreter an, so kommen besonders der zweite und dritte Tatbestand in Betracht: Es wird angenommen, daß in den Handelsbüchern eines Vollkaufmanns die Rechtsverhältnisse zwischen letzterem (also evtl. dem Agenten) und seinem Kontrahenten (also dem Unternehmer) beurkundet sind (Palandt BGB[15] Anm. 4 zu § 810, S. 643); ist von den gebuchten Tatsachen ein Recht des Unternehmers abhängig, so greift § 810 BGB ein (Schmidt-Rimpler a. a. O. S. 79). Jedoch sind Handelsbücher nicht alle vom Handelsvertreter gemachten Aufzeichnungen. Ferner kommen für die Einsicht jene Urkunden in Betracht, die das Verhältnis des Vers zum Vmer angehen, also die einen Vertragsabschluß vorbereitende Korrespondenz, Anträge, Kopien von Annahmeschreiben und Vsscheinen bei Abschlußagenten. Immerhin ist § 810 BGB in seinen Voraussetzungen ziemlich eng. Über Ort, Gefahr und Kosten der Vorlegung: § 811 BGB. Der § 809 BGB spielt für den Unternehmer praktisch keine Rolle.

Es fragt sich, ob neben der gesetzlichen Vorlegungspflicht eine agenturvertragliche Kontrollduldungspflicht des Vsvertreters steht. Sie läßt sich nicht aus § 675 BGB in Verbindung mit dem Auftragsrecht herleiten, insbesondere kann eine Weisung (Anm. 219) nicht dahin gehen, eine Kontrolle zu dulden. Die Rechenschaftspflicht (Anm. 225) und Herausgabepflicht (Anm. 226) verpflichten den Vsvertreter nur zu eigenem Tun, nicht zu einem Unterlassen (Duldungen sind eine Unterart von Unterlassungen: Dem Vsvertreter ist es verwehrt, die in der Kontrolle liegende Eigentumsbeeinträchtigung zu verbieten: § 1004 II BGB). Das spezielle Handelsvertreterrecht sagt nichts über Kontrollduldung: § 87c IV HGB betrifft ein Einsichtsrecht des Handelsvertreters, nicht dagegen des Unternehmers. Die Vorschrift kann auch nicht zugunsten des Unternehmers analog angewendet werden, wie Trinkhaus I S. 60—61 meint. Es fragt sich aber, ob sich aus dem Wesen des Agenturvertrages auch ohne ausdrückliche Vereinbarung eine Kontrollduldungspflicht des Vsvertreters ergibt. Bejahend Rohrbeck-Durst-Bronisch S. 59—60 unter Hinweis auf die Verantwortlichkeit des Vers gegenüber der Aufsichtsbehörde, auch Trinkhaus I S. 57.

Die Rechtslage wird klargestellt, wenn durch eine Vertragsklausel die Kontrollduldungspflicht begründet wird. Die Klauseln gehen sehr verschieden weit, sie können nach Strietholt a. a. O. S. 40 „das Prüfungsrecht der Gesellschaft fast in ein Recht zur Haussuchung verwandeln". Die Pflicht zur Kontrollduldung wird zu einer Tunspflicht, sofern der Vsvertreter zur Kontrolle auf der Geschäftsstelle des Vers zu erscheinen hat (Trinkhaus I S. 57) oder sofern der Revisor nicht nur Einsicht nimmt, sondern „die Aushändigung zu verlangen" vermag (Strietholt a. a. O. S. 40, Trinkhaus I S. 60). Ziff. 9, 13 Hauptpunkte (Anm. 138) begnügen sich mit der Statuierung einer Duldungs-, also Unterlassungspflicht: Der Ver ist bei Inkassoagenten berechtigt, „die Kasse mit den Buchungsunterlagen wegen der für das VU vereinnahmten Gelder und den Abrechnungsverkehr auf Einhaltung der Geschäftsanweisungen durch einen Bevollmächtigten jederzeit prüfen zu lassen", ferner ist der Vsvertreter verpflichtet, alle Geschäftsunterlagen „stets zur Verfügung (?) und Kontrolle des VU bereit zu halten". Über andere Formulierungen: Strietholt a. a. O. S. 39—40, Trinkhaus I S. 59—60.

Über die betriebstechnische Notwendigkeit von Kontrollen: Koburger, Versicherungsbuchführung, Berlin 1914, S. 121—128, Rausche-Kruse, Buchführung und Revision im Vsgewerbe, 2. Aufl., Karlsruhe 1953, S. 33—64, BAA VA Geschäftsbericht 1952/53 S. 28. Kritisch dagegen Trinkhaus I S. 58—59.

Über das Prüfungsrecht der Aufsichtsbehörde, das auch gegenüber selbständigen Agenten besteht (Prölß VAG[2] S. 586), vgl. § 83 I, II VAG.

Wird das Kontrollrecht des Vers in der vertraglichen Ausgestaltung oder in der faktischen Ausübung überspannt, so kann sich daraus die Unselbständigkeit des Vsvertreters ergeben (Anm. 161; Rohrbeck-Durst-Bronisch S. 201, Strietholt a. a. O. S. 39—40, Trinkhaus I S. 57—61 m. w. N.).

Die Kontrollduldungspflicht kann sowohl für Generalagenten als auch für Untervertreter bestehen.

[230] ppp) Pflichten zugunsten Dritter.

Ein Agenturvertrag kann nicht nur den Unternehmer begünstigen, sondern auch einem Dritten unmittelbar Vertragsansprüche verleihen, also als echter Vertrag zugunsten Dritter (§ 328 I BGB) ausgestaltet sein. Mehrere Fälle kommen in Betracht:

§ 92a II 1 HGB erwähnt den Tatbestand, daß ein Mehrfachagent Geschäfte für mehrere Ver, die zu einem Vskonzern oder einer Organisationsgemeinschaft gehören, vermittelt, jedoch derart, daß der Vertretervertrag nur zwischen dem Vsvertreter und einem der mehreren Ver geschlossen ist („auf Grund eines Vertrages"). In solchem Falle hat der Vsvertreter seine Rechte, insbesondere seine Provisionsansprüche nur gegen seinen Vertragskontrahenten. Aber seine Pflichten, z. B. die Bemühungspflicht (Anm. 216) oder Interessenwahrnehmungspflicht (Anm. 217) bestehen auch gegenüber den anderen Vern des Vskonzerns oder der Organisationsgemeinschaft. Ziff. 6 Hauptpunkte (Anm. 138) sieht ein Wettbewerbsverbot (Anm. 221) zugunsten anderer Ver derselben „Gruppe oder Arbeitsgemeinschaft" vor.

Ein Vertrag zwischen einem Generalagenten und einem echten Untervertreter begründet an und für sich nur Rechte des Generalagenten (Anm. 174, 215). Ausnahmsweise kann aber in gewissen Richtungen solcher echte Unteragenturvertrag als Vertrag zugunsten des Vers gestaltet werden: Der Ver erlangt dann möglicherweise einen direkten Anspruch gegen den Untervertreter, z. B. auf Herausgabe einkassierter Prämien (Anm. 226) oder auf Geheimhaltung (Anm. 220). Solcher Vertrag zugunsten des Vers ist nicht angenommen von OLG Köln 13. II. 1935 JRPV 1935 S. 303.

Auch der Agenturvertrag zwischen einem Ver und Vsvertreter kann sich als Vertrag zugunsten Dritter darstellen. Als Dritte kommen in ganz seltenen Fällen außenstehende Ver in Frage, etwa auf Grund von Wettbewerbsklauseln (Anm. 221). Häufiger ist es, daß als Dritte andere Vsvertreter des gleichen Vers begünstigt werden; so könnte z. B. geprüft werden, ob die bei Strietholt a. a. O. S. 14, 32 wiedergegebene Klausel einen Vertrag zugunsten Dritter begründet, wenn sie sagt: „In seinem Verhältnis zu den anderen Vertretern der Gesellschaft verpflichtet sich der Vertreter zu strenger Innehaltung solcher Grundsätze, die ein kameradschaftliches Nebeneinanderarbeiten fördern" (vgl. dazu Anm. 221). Bei Bezirksvertretern könnte die Verpflichtung zur Wahrung der Bezirksgrenzen (Anm. 187—191, 231) als Verpflichtung zugunsten des Kollegen im Nachbarbezirk konstruiert werden. Zu dem Vmer tritt der Vsvertreter grundsätzlich nicht in vertragliche Beziehungen (Anm. 177, 215, 217). Ist das ausnahmsweise dennoch der Fall, z. B. bei einem Beratungsvertrage (Anm. 177), so handelt es sich um ein vom Agenturvertrag zu unterscheidendes Rechtsverhältnis. Nur in ganz seltenen Fällen wird der Agenturvertrag selbst zugleich als Vertrag zugunsten des Vmers ausgestaltet sein.

[231] qqq) Sonstige vertragliche Pflichten.

Negativ ist hervorzuheben, daß es keine selbständige Treuepflicht des Vsvertreters gibt (Anm. 197, 215). Es ist auch ungenau, wenn Knapp[2] a. a. O. Anm. 1 zu § 86, S. 13 im Anschluß an § 86 III HGB von einer besonderen Sorgfaltspflicht des Handelsvertreters spricht; in Wahrheit sind alle Verpflichtungen des Handelsvertreters mit der Sorgfalt eines ordentlichen Kaufmannes zu erfüllen. Übernimmt der Vsvertreter eine „Umsatzgarantie" („Pensaverträge", dazu Anm. 203), so trifft ihn keine Rechtspflicht, das Pensum zu schaffen, sondern ihn treffen Provisionsnachteile, falls er die Obliegenheit nicht erfüllt.

Trotz der Vielzahl der in Anm. 216—230 aufgezählten Pflichten des Vsvertreters können sich im Einzelfall noch weitere agenturvertragliche Obligationen für den Vsvertreter ergeben, besonders ergänzende Leistungspflichten aus Treu und Glauben (Anm. 197, 215). Schröder[2] a. a. O. Anm. 38 zu § 86, S. 68 nennt z. B. eine Verpflichtung des Handelsvertreters, Schmiergelder weder zu fordern noch anzunehmen. Ist ein unmittelbar für die Direktion des Vers bestimmtes Schreiben fälschlich beim Vsvertreter eingegangen, so ist er gehalten, es unverzüglich dem Ver weiterzuleiten. Ist der Vsvertreter Hauseigentümer, so kann sich aus dem Agenturverhältnis aus Treu und Glauben für ihn eine Verpflichtung ergeben, ein freies Büro nicht gerade einer Konkurrenzgesellschaft zu vermieten. Bei Bezirksvertretern ist es nach Ziff. 5 Hauptpunkte (Anm. 138) nicht erlaubt, außerhalb des Bezirkes eine planmäßige Werbetätigkeit zu entfalten (Anm. 188, 230).

[232] bb) Verletzung der Pflichten.

aaa) Objektiver Tatbestand.

Will ein Ver (oder Generalagent) wegen der Verletzung von Verpflichtungen eines Vsvertreters (oder echten Untervertreters) Rechtsbehelfe geltend machen, so muß er zunächst den objektiven Tatbestand einer Pflichtverletzung und gegebenenfalls den Eintritt eines Schadens beweisen (Josten-Lohmüller a. a. O. Anm. 7 zu § 86, Würdinger in: RGRKomm. HGB Bd 1 Anm. 9 zu § 86, S. 703). Dabei muß genau jene Einzelpflicht bezeichnet werden, welche nicht oder schlecht erfüllt worden ist, und bei der Nichterfüllung ist darzutun, ob ein Verzugs- oder Unmöglichkeitstatbestand (§§ 275, 280, 284, 285 BGB) vorliegt. Auf den Begriff der positiven Vertragsverletzung, auf den Trinkhaus I S. 440—441 abstellt, kommt es dann nicht an. Die Hervorhebung der verletzten Einzelverpflichtung ist z. B. bedeutungsvoll, soweit das Inkasso in Frage steht: Schröder[2] a. a. O. Anm. 37 zu § 86, S. 68 hebt dazu hervor, daß die Herausgabepflicht (Anm. 226) insoweit nicht in Betracht komme, als der Handelsvertreter nicht kassiert habe; insoweit komme nur eine Verletzung der Inkassopflicht (Anm. 222) in Frage.

Da es sich bei dem Agenturvertrag nicht um einen gegenseitigen Vertrag handelt (Anm. 197), so sind in Verletzungsfällen die §§ 323—327 BGB unanwendbar, auch ist es nicht sinnvoll, von Haupt- und Nebenpflichten des Vsvertreters zu sprechen (Duden a. a. O. S. 298—299, a. A. Knapp[2] a. a. O. Anm. 1 zu § 86, S. 13, HandelsvertreterGBegr. S. 18—19).

[233] bbb) Subjektiver Tatbestand.

Eine objektive Verletzung der den Vsvertreter belastenden Rechtspflichten löst regelmäßig nur dann Rechtsbehelfe für den Unternehmer aus, wenn den Vsvertreter (§ 276 I 1 BGB) oder seine Erfüllungsgehilfen (§ 278[1] BGB) Verschulden trifft. Besonders die Schadensersatzpflicht des § 280 I BGB hängt von einem Verschulden ab. Als Verschulden kommen Vorsatz und jede Fahrlässigkeit in Betracht. Fahrlässig handelt nach § 276 I 2 BGB, wer die im Verkehr erforderliche Sorgfalt außer acht läßt. Dabei kommt es beim Vsvertreter auf die Sorgfalt eines ordentlichen Kaufmanns an (§ 86 III HGB, vgl. auch § 347 I HGB). Der hiermit angelegte Vergleichsmaßstab führt zu einer gewissen Objektivierung des Fahrlässigkeitsbegriffes, worauf Knapp[2] a. a. O. Anm. 7 zu § 86, S. 14, Schröder[2] a. a. O. Anm. 45 zu § 86, S. 71 hinweisen. Nachdem der Unternehmer die objektive Pflichtverletzung bewiesen hat, muß der Vsvertreter sich exkulpieren (§§ 282, 285 BGB; Würdinger in: RGRKomm. HGB Bd 1 Anm. 9 zu § 86, S. 703—704, der diesen Grundsatz auch auf die Rechenschaftspflicht [Anm. 225] stützen will, ferner Josten-Lohmüller a. a. O. Anm. 7 zu § 86, Knapp[2] a. a. O. Anm 7 zu § 86, S. 15, Neumann VA 1953 S. 163, Schröder[2] a. a. O. Anm. 45 zu § 86, S. 71, unrichtig BAA VA 1953 S. 161, wo von Umkehrung der Beweislast die Rede ist, falls der Vsvertreter sich exkulpieren muß).

Zu den Erfüllungsgehilfen des Vsvertreters können besonders seine Angestellten (Handlungsgehilfen, Handlungslehrlinge) gehören. Bei einem Generalagenten sind echte Untervertreter dessen Erfüllungsgehilfen, während dies bei unechten Untervertretern regelmäßig nicht zutrifft (Näheres Anm. 224, 227). Jedoch kann der Generalagent auch für das Verhalten eines unechten Untervertreters aufzukommen haben, und zwar erstens, wenn er ausnahmsweise diesen Untervertreter auch mit der Erfüllung eigener Verbindlichkeiten aus dem Generalagenturvertrag betraut, oder zweitens, wenn ihn bei der Auswahl oder Überwachung des unechten Untervertreters eigenes Verschulden trifft. Zur Substitution Anm. 215.

Keine Rolle spielt das Verschuldenserfordernis regelmäßig bei der Delkrederepflicht: Hier hat der Vsvertreter für die Verbindlichkeit eines Dritten, z. B. eines unechten Untervertreters auch dann einzustehen, wenn ein Verschulden auf seiner Seite nicht vorliegt (Anm. 227). Bei diesem Einstehenmüssen geht es im übrigen um die primäre Erfüllung der Delkrederepflicht, nicht um deren Verletzung.

[234] ccc) Folgen der Verletzung.

Hat ein Vsvertreter eine Einzelpflicht nicht oder schlecht erfüllt, so kommen als Rechtsbehelfe Erfüllungsansprüche, Schadensersatzansprüche und Kündigung des Agenturverhältnisses in Frage. In Ergänzung der allgemeinen Schadensersatznormen finden sich in Agenturverträgen zuweilen gewisse Sonderregelungen.

Der Erfüllungsanspruch spielt praktisch besonders eine Rolle bei Wettbewerbsklauseln (Unterlassung: Anm. 221), ferner bei der Delkrederepflicht (Anm. 227) und bei der Rechenschafts- und Herausgabepflicht (Anm. 225, 226 mit Hinweis auf die Pflicht zur Leistung des Offenbarungseides [§ 259 II, III BGB] und die Stufenklage [§ 254 ZPO]).

Schadensersatzansprüche setzen regelmäßig Verschulden voraus. Der Unternehmer ist nach § 249[1] BGB so zu stellen, wie wenn der Vsvertreter seine Verpflichtung ordnungsgemäß erfüllt hätte. Der Schadensersatz umfaßt auch den entgangenen Gewinn (§ 252 BGB). (Richtig Ziff. 8 Hauptpunkte [Anm. 138], wo auch der Einzelfall hervorgehoben wird, daß bei nicht rechtzeitiger Rückgabe von „Dokumenten“ [Anm.226] der Vsvertreter dem Ver „für alle ihm daraus entstehenden Nachteile“ hafte). Wenn Knapp[2] a. a. O. Anm. 7 zu § 86, S. 15 generell meint, der Handelsvertreter hafte „nur auf das negative Interesse“, so ist das irreführend. Allerdings kann sich im Einzelfall die Schadensersatzpflicht auf den sog. Vertrauensschaden „beschränken“, so wenn der Abschlußvertreter entgegen dem Interesse des Vers einen Vertrag mit einem insolventen Vmer abgeschlossen hat (Anm. 217), den er nicht hätte abschließen dürfen (vgl. auch Würdinger in: RGRKomm. HGB Bd 1 Anm. 8 zu § 86, S. 703). Jedoch kann hier der Schadensersatzanspruch, wenn ein Vsfall eingetreten ist, sehr weit reichen; denn der Ver hätte nicht zu entschädigen brauchen, wenn der Vertrag nicht zustandegekommen wäre (der Rechtsgedanke des § 122 I BGB ist nicht anwendbar). Auch sonst kann die Schadensersatzpflicht dazu führen, daß der Vsvertreter wie der Ver haftet, so wenn der Vsvertreter pflichtwidrig eine Kündigung des Vers nicht an den Vmer ausgehändigt hat. Würde wegen eines Wettbewerbsverstoßes der Ver von einem Kartell mit einer Vertragsstrafe belastet, so könnte der Vsvertreter verpflichtet sein, den Ver hiervon freizuhalten (vgl. KG 15. XI. 1940 JRPV 1941 S. 199—200).

In manchen Fällen kann der Unternehmer einen Schaden schwer beweisen, z. B. bei Verstößen gegen eine Wettbewerbsklausel, speziell Ausschließlichkeitsklausel (Anm. 178). Hier wird in den Agenturverträgen zuweilen eine Sonderregelung getroffen. So kann bei Verletzung einer Wettbewerbsklausel ein Eintrittsrecht analog § 61 I HGB vereinbart werden; man wird zwar den Standpunkt vertreten müssen, daß die Analogie auch ohne Vereinbarung geboten sei (Duden a. a. O. S. 334, Knapp[2] a. a. O. Anm. 1 zu § 90a, S. 48—48a, a. A. Schmidt-Rimpler a. a. O. S. 86). Strietholt a. a. O. S. 35 nennt für den Fall der Nichtrückgabe von „Dokumenten“ die Abrede: „Versäumt der Vertreter die rechtzeitige Rückgabe, so haftet er für die Beträge aus eigenen Mitteln.“ Nach Ziff. 8 Hauptpunkte (Anm. 138) haftet der Vsvertreter ferner in jedem Falle für Rückzahlungen von Vorschüssen, gleich welcher Art, die von dem VU nicht genehmigt sind. Sieht man hierin kein sogen. Provisionsdelkredere, also keinen Anspruch auf Erfüllung einer Delkrederepflicht (Anm. 227), so handelt es sich um eine speziell vereinbarte Schadensersatzsanktion wegen Verletzung der Unterlassungspflicht des Generalagenten, Vorschüsse an unechte Unteragenten ohne Zustimmung des Vers zu geben.

Da der Agenturvertrag kein gegenseitiger Vertrag ist (Anm. 197, 232), beeinflußt eine Pflichtverletzung des Vsagenten grundsätzlich nicht seine Provisionsansprüche (bedenklich RG 7. II. 1935 HRR 1935 Nr. 727, Würdinger in: RGRKomm. HGB Bd 1 Anm. 8 zu § 86, S. 703). Aber durch Vertragsklauseln kann ein Provisionsverlust vereinbart werden. Verbreitet ist z. B. in Verbindung mit dem Wettbewerbsverbot, speziell Ausspannungsverbot (Anm. 221) die Sanktion: „Für durch Ausspannung gewonnene Ven besteht kein Anspruch auf irgendwelche Vergütung“ (Anm. 12 Hauptpunkte). Strietholt a. a. O. S. 14, 35—36 behandelt eine Klausel, welche den Provisionsverlust nicht nur bei Ausspannung von Lebens- und Krankenven vorsieht, sondern auch bei mittelbarer oder unmittelbarer Gewährung von Sondervergütungen, insbesondere Provisionsabgaben an Vmer.

Die Verletzung von Pflichten des Vsvertreters kann schließlich zur fristlosen Kündigung führen, und zwar regelmäßig des gesamten Vertragsverhältnisses (§ 89 a I HGB). Ziff. 11 Hauptpunkte legt fest, daß es ein wichtiger Grund zu sofortiger Kündigung sei, wenn der Vsvertreter gegen Ziff. 6 Hauptpunkte (Wettbewerbsklausel: Anm. 221) verstoße. Rohrbeck-Durst-Bronisch S. 85 erwähnen eine Vertragsklausel, wonach der Ver unter Einhaltung einer Kündigungsfrist von vier Wochen auf den Monatsschluß kündigen kann, wenn ein Generalagent seiner Sicherstellungspflicht (Anm. 228) nicht binnen zwei Monaten entspricht. Der Ver kann sich auf eine Teilkündigung beschränken, z. B. dem Vsvertreter das Inkasso, die Schadensbearbeitung oder andere Verwaltungsaufgaben entziehen, sofern nur die diesbezüglichen Verpflichtungen (Anm. 222—224) verletzt worden sind.

Hat der Vsvertreter seine Pflichtverletzung zu vertreten, trifft ihn oder einen Erfüllungsgehilfen also ein Verschulden, so ist er dem Ver „zum Ersatz des durch die Aufhebung des Vertragsverhältnisses entstehenden Schadens verpflichtet" (Näheres: Anm. 358). Einen Ausgleichsanspruch erlangt der Vsvertreter nicht, wenn „für die Kündigung ein wichtiger Grund wegen schuldhaften Verhaltens des Handelsvertreters vorlag" (§ 89b III² HGB; Näheres: Anm. 380).

[235] cc) Zurückbehaltung und Aufrechnung.

Es fragt sich, inwieweit der leistungspflichtige Vsvertreter seine Leistungen zurückbehalten oder die Aufrechnung erklären kann. Über Zurückbehaltung nach Vertragsbeendigung: § 88a II HGB, Anm. 359—360. Über Zurückbehaltung und Aufrechnung durch den Ver: Anm. 329—332.

Schrifttum: Riedel, Die Provisionsabrechnung und das Zurückbehaltungsrecht des Vsvertreters, ungedruckte Hamburger Diss. 1956.

Das bürgerlichrechtliche und das kaufmännische **Zurückbehaltungsrecht** sind zu unterscheiden. Nach § 273 I BGB können alle Leistungen zurückbehalten werden. Dagegen kommen nach § 369 I HGB für das kaufmännische Zurückbehaltungsrecht nur ganz bestimmte Deckungsgegenstände in Betracht, und zwar bewegliche Sachen und Wertpapiere. Als bewegliche Sachen sind nicht nur Waren anzusehen, sondern auch andere körperliche Gegenstände (sonst hätte § 369 I HGB das Wort „Waren" [§ 1 II Ziff. 1 HGB] benutzt). Bestritten ist allerdings, ob diese verwertbar sein müssen (so Duden a. a. O. S. 702, Riedel a. a. O. S. 113—114). Es ist jedoch nicht einzusehen, warum der Vsvertreter das Druckmittel der Zurückbehaltung nicht auch bei Sachen soll ausüben können, die für ihn unverwertbar sind. Folgt man diesem Standpunkte nicht, so ergibt sich, daß das kaufmännische Zurückbehaltungsrecht an gewissen Geschäftsunterlagen entfällt, die dem Vsvertreter zur Verfügung gestellt und mit der Firma des Vers gekennzeichnet sind (Bronisch ZfV 1951 S. 364, Riedel a. a. O. S. 113 bis 114). Über die Zurückbehaltung von Vsscheinen Riedel a. a. O. S. 114, von Hypothekenbriefen RG 18. X. 1935 RGZ Bd 149 S. 94—95. Es muß sich nach § 369 I 1 HGB grundsätzlich um Sachen „des Schuldners", also des Unternehmers (Vers oder Generalagenten) handeln. Gegenüber dem Ver kann also herauszugebendes Geld zurückbehalten werden, soweit es im Eigentum des Vers steht (vgl. Anm. 226; es ist nicht verständlich, wenn Trinkhaus I S. 483—484 ein kaufmännisches Zurückbehaltungsrecht an eingezogenen Vsprämien schlechthin leugnet). Dagegen kann ein echter Untervertreter im Verhältnis zum Generalagenten keine Sachen zurückbehalten, die nicht dem Generalagenten, sondern dem Ver gehören. Ferner kommt grundsätzlich kein Zurückbehaltungsrecht an Sachen in Betracht, die dem Zurückbehaltenden selbst gehören, also z. B. an einkassierten Prämien, die zunächst in das Eigentum des Vsvertreters übergegangen sind. Eine Ausnahme von diesem Grundsatz bietet nur § 369 I 2 HGB, eine Vorschrift, die z. B. in dem seltenen Falle zum Zuge kommen könnte, daß der Ver einem Generalagenten einen Kraftwagen mit der Abrede übereignet hat, daß dieser zurückübereignet werden müsse, falls das Agenturverhältnis innerhalb einer gewissen Frist zur Auflösung komme. Hier hat der Vsvertreter ein Zurückbehaltungsrecht an dem (in seinem eigenen Eigentum stehenden, aber zurückzuübertragenden) Kraftwagen. Bei kassierten Prämien, die in das Eigentum des Vsvertreters fallen, gilt § 369 I 2 HGB nicht.

Auf die Zurückbehaltungsrechte der §§ 273 II, 1000 BGB soll nur kurz hingewiesen werden. Sie haben keine praktische Bedeutung, weil Vsvertreter keine Verwendungen auf herauszugebende Gegenstände zu machen pflegen (Riedel a. a. O. S. 102—103). Die Einrede des nichterfüllten Vertrages aus § 320 BGB kommt bei Agenturverhältnissen nicht in Betracht, weil es an der Gegenseitigkeit fehlt (Anm. 197).

Voraussetzung der Zurückbehaltung ist sowohl nach § 273 I BGB als auch nach § 369 I 1 HGB, daß der zu sichernde Anspruch des Vsvertreters fällig ist. Wegen noch nicht fälliger Provisionsforderungen kann der Vsvertreter also nicht zurückbehalten (Ausnahme für das kaufmännische Zurückbehaltungsrecht in Notfällen, z. B. Konkurs des Unternehmers: § 370 I HGB).

Weitere Voraussetzung ist für das bürgerlichrechtliche Zurückbehaltungsrecht die sogen. Konnexität (§ 273 I BGB: „aus demselben rechtlichen Verhältnis"). Im Rahmen des Agenturverhältnisses ist Konnexität gegeben. Wenn ein Vsvertreter kassiert, Schäden bearbeitet oder sonstige Verwaltungsaufgaben erledigt, so vollzieht sich das im Rahmen des einheitlichen Agenturverhältnisses (Anm. 222—224), es fehlt also nicht an der Konnexität, falls der Vsvertreter wegen Vermittlungsprovisionsforderungen kassierte Prämien zurückbehält.

Das kaufmännische Zurückbehaltungsrecht erfordert keine Konnexität, statt dessen aber andere qualifizierte Voraussetzungen. Der Anspruch des Unternehmers muß nämlich nicht nur auf ganz bestimmte Deckungsgegenstände gerichtet sein, sondern die beweglichen Sachen oder Wertpapiere müssen überdies mit dem Willen des Unternehmers auf Grund von Handelsgeschäften in den (fortbestehenden) Besitz des Vsvertreters gelangt sein. Die zu sichernde Forderung des Vsvertreters muß letzterem „gegen einen anderen Kaufmann aus den zwischen ihnen geschlossenen beiderseitigen Handelsgeschäften zustehen" (§ 369 I 1 HGB). Auch wenn der Ver kein Kaufmann ist, ist er i. S. dieser Vorschrift als Kaufmann zu behandeln, und der Agenturvertrag ist stets als beiderseitiges Handelsgeschäft zu betrachten (Anm. 173). Die zu sichernde Forderung des Vsvertreters muß aber gerade aus diesem (zwischen ihnen geschlossenen) Agenturvertrag herstammen. Steht also ein Ver vor dem Konkurs und hat zufällig ein Vsvertreter hohe Prämienbeträge kassiert, so kann er nicht anderen Agenten dadurch helfen, daß er sich deren Provisionsforderungen gegen den Ver abtreten läßt und wegen dieser Forderungen die Prämien zurückbehält. Bestritten ist es, ob die zu sichernde Forderung eine Geldforderung sein muß oder doch in eine solche übergehen kann. Dies nehmen Duden a. a. O. S. 701, Josten-Lohmüller a. a. O. Anm. 3 zu § 88a unter Berufung darauf an, daß nach § 371 HGB das kaufmännische Zurückbehaltungsrecht ein Befriedigungsrecht verleiht. Aber: Warum soll der Vsvertreter das Druckmittel der Zurückbehaltung nicht auch dann ausüben können, wenn er im Einzelfall nicht durch Geld befriedigt zu werden vermag? Sonach kann der Vsvertreter auch zurückbehalten wegen seiner Forderungen auf Zurverfügungstellung von Unterlagen (§ 86a I HGB, Anm. 242), Benachrichtigung (§ 86a II HGB, Anm. 243), sowie wegen seiner Hilfsansprüche auf Provisionsabrechnung, Buchauszug, Auskunft und Bucheinsicht (§ 87c HGB, Anm. 320—327).

Allerdings gibt es fünf Gruppen von Tatbeständen, in denen eine Zurückbehaltung ausgeschlossen ist. Es handelt sich um die Fälle des § 273 I BGB (Wesen des Schuldverhältnisses), des § 369 III HGB (Anweisung oder Verpflichtung, in einer bestimmten Weise mit dem Gegenstande zu verfahren), die allgemeine Schranke von Treu und Glauben, die entsprechende Anwendung der Aufrechnungsverbote und Verzichte oder Vereinbarungen, welche die Zurückbehaltung ausschließen.

§ 273 I BGB verleiht ein Zurückbehaltungsrecht, „sofern nicht aus dem Schuldverhältnisse sich ein anderes ergibt". Diese Vorschrift muß auch beim kaufmännischen Zurückbehaltungsrecht angewendet werden, weil sie selbstverständlich ist. Sie betrifft nicht nur die (später zu behandelnden) Vereinbarungen über einen Ausschluß der Zurückbehaltung, sondern besonders auch die Fälle, in denen das Wesen des Schuldverhältnisses die Zurückbehaltung verbietet. Dabei ist unter Schuldverhältnis i. w. S. an den ganzen Agenturvertrag zu denken, i. e. S. aber auch an das Wesen der zurückbehaltenen Leistung (des Vsvertreters) oder jenes Anspruches (des Unternehmers), welcher sich gegen den Vsvertreter richtet. Folgende Einzelfälle kommen in

Betracht: Soweit ein Vsvertreter vertraglich vorleistungspflichtig ist, kann er selbstverständlich seine Vorleistung nicht zurückbehalten. Soweit der Vsvertreter mit einer Unterlassungspflicht belastet ist, kann man nicht sagen, Unterlassungen könnten grundsätzlich kein Gegenstand der Zurückbehaltung sein. Aber die Zurückbehaltung der Unterlassung darf nicht zu gänzlicher Vereitelung, also zur Beseitigung des Rechtes des Vers (oder Generalagenten) auf Unterlassung führen: RG 21. VII. 1936 RGZ Bd 152 S. 71—75. Man wird also unterscheiden müssen: Trifft den Vsvertreter kraft einer Wettbewerbsklausel, z. B. einer Ausschließlichkeitsklausel (Anm. 221) die Verpflichtung, nicht in Wettbewerb zum Unternehmer zu treten, so dürfte während des Gegebenseins des Zurückbehaltungsrechtes nichts dagegen eingewendet werden können, wenn der Vsvertreter einzelne Vsverträge für andere Ver vermittelt. Dagegen würde der Abschluß eines Agenturvertrages mit einer Konkurrenzgesellschaft, also eines Dauerschuldverhältnisses den Unterlassungsanspruch des ersten Vers vereiteln. Auch eine Zurückbehaltung der Verpflichtung, Geschäfts- oder Betriebsgeheimnisse zu wahren (Anm. 220), ist ausgeschlossen, weil eine Zuwiderhandlung gegen die Unterlassungspflicht das Geheimnis endgültig preisgibt. Das Urteil RG 19. IV. 1921 RGZ Bd 102 S. 110—111 hat betont, daß eine Verpflichtung zur Rechnungslegung nach dem Sinn und Zweck dieser Leistung nicht zurückbehalten werden darf; dies schließt eine Zurückbehaltung hinsichtlich der in Anm. 225 behandelten Rechenschaftspflicht des Vsvertreters aus (Schröder[2] a. a. O. Anm. 2, 3 zu § 88a, S. 172 bis 173 spricht von der mangelnden Zurückbehaltbarkeit hinsichtlich der „Berichtspflicht", ebenso Herschel-Beine, Handbuch zum Recht des Handelsvertreters, Köln 1954, S. 56). Auch soweit ein Vsvertreter dem Unternehmer Quittung zu leisten hat, ist die Zurückbehaltung nach dem Wesen der Quittierungspflicht ausgeschlossen. Zweifelhaft ist die Rechtslage hinsichtlich der Bemühungspflicht des Vsvertreters (Anm. 216). Trinkhaus I S. 485 Anm. 86 schildert den Streitstand für das Gebiet des Arbeitsrechtes; nach richtiger Ansicht dürfte auch für Dienstleistungen und entsprechend auch hinsichtlich der Bemühungspflicht des Vsvertreters eine Zurückbehaltung durchaus in Betracht kommen. Umstritten ist schließlich auch die Frage, ob Geschäftsunterlagen vom Vsvertreter zurückbehalten werden können. Ein Gegenschluß aus § 88a II HGB, der die Zurückbehaltung nach Beendigung des Vertragsverhältnisses einschränkt, dürfte ergeben, daß auch Geschäftsunterlagen grundsätzlich zurückbehaltbar sind. Aus dem Schrifttum Bronisch ZfV 1951 S. 364—365 (Zurückbehaltungsrecht verneinend), Riedel a. a. O. S. 103—111 (bejahend), Schröder[2] a. a. O. Anm. 3, 8 zu § 88a, S. 173, 175 (weitgehend verneinend), Strietholt ZfV 1951 S. 402—404 (bejahend), Trinkhaus I S. 486, 487 (weitgehend verneinend). Soweit der Ver ein brennendes Interesse an der Herausgabe von Geschäftsunterlagen hat, bleibt ihm immer der Weg, durch Sicherheitsleistung die Ausübung des Zurückbehaltungsrechts abzuwenden (§ 273 III 1 BGB, auch Leuze a. a. O. S. 17).

Das kaufmännische (nicht das bürgerlichrechtliche) Zurückbehaltungsrecht ist gemäß § 369 III HGB grundsätzlich auch dann ausgeschlossen, „wenn die Zurückbehaltung des Gegenstandes der von dem Schuldner vor oder bei der Übergabe erteilten Anweisung oder der von dem Gläubiger übernommenen Verpflichtung, in einer bestimmten Weise mit dem Gegenstande zu verfahren, widerstreitet" (Ausnahmen: Notzurückbehaltungsrecht des § 370 II HGB). Eine Anweisung oder eine Verpflichtung kann nicht etwa schon darin gesehen werden, daß der Vsvertreter mit der Herausgabepflicht (Anm. 226) belastet ist. Solche Herausgabepflicht muß ja in allen Fällen bestehen, in denen ein kaufmännisches Zurückbehaltungsrecht an beweglichen Sachen oder Wertpapieren ausgeübt wird. „Zu der in allen Fällen vorliegenden Verpflichtung des Gläubigers, die Sache nicht zu behalten, muß also noch eine bestimmte, vor oder bei der Übergabe erteilte Weisung des Schuldners oder die, sei es freiwillig, sei es auf Verlangen des Schuldners übernommene Verpflichtung des Gläubigers, in einer bestimmten Weise mit den Sachen zu verfahren, hinzukommen. Die Ausübung des Zurückbehaltungsrechts muß mit jener Weisung oder Verpflichtung unvereinbar sein" (Düringer-Hachenburg, Das Handelsgesetzbuch, IV. Bd, 3. Aufl., Mannheim-Berlin-Leipzig 1932, Anm. 17 zu § 369, S. 1232). Im einzelnen kommt bei Vsvertretern solche Weisung oder Verpflichtung bei allen Urkunden in Betracht, die an Vmer oder Vskandidaten weiterzugeben sind, man denke an Prämienrechnungen, Prämienquittungen, Vsscheine sowie an Werbematerialien (Prospekte) und vom Vskandidaten auszufüllende Antragscheine (Duden a. a. O. S. 231, Josten-Lohmüller a. a. O. Anm. 3, 4 zu § 88a, Knapp[2] a. a. O. Anm. 1 zu § 88a, S. 37, Leuze a. a. O. S. 17, Riedel a. a. O. S. 110, Schröder[2] a. a. O. Anm. 8 zu § 88a, S. 175, Trinkhaus I S. 487). Man wird den Grundgedanken dieser Rechtsprinzipien auch anwenden müssen, soweit der Vsvertreter vom Vskandidaten, Antragsteller oder Vmer Erklärungen entgegengenommen hat, die an den Ver weiterzuleiten sind; auch hier kommt eine Zurückbehaltung sonach nicht in Betracht (Leuze a. a. O. S. 17, Trinkhaus I S. 487). Schließlich wird eine Anweisung oder Verpflichtung i. S. des § 369 III HGB auch dann angenommen, wenn jemand Sachen „zu jeder Zeit" herauszugeben hat (Düringer-Hachenburg a. a. O. Anm. 18 zu § 369, S. 1234, RG 30. I. 1884 RGZ Bd 12 S. 91: „Gelder zur jederzeitigen Verfügung"). Es ist jedoch heute die Frage zu prüfen, ob solche Anweisung oder Verpflichtung mit § 88a I HGB vereinbar ist (zum früheren Rechtzustand hat das KG 19. IX. 1930 JRPV 1931 S. 92 angenommen, der Vermerk auf den Verrechnungsblättern: „Der Kassenbestand ist sofort zu überweisen" führe bei mangelndem Widerspruch zum Ausschluß der Zurückbehaltung).

Eine dritte Schranke für das Zurückbehaltungsrecht wird aus dem Gedanken von Treu und Glauben hergeleitet. Es ergibt sich aus dem Sicherungszweck, dem das Zurückbehaltungsrecht dient, daß das Zurückbehaltungsrecht nicht übermäßig ausgedehnt werden darf (RG 12. VI. 1914 RGZ Bd 85 S. 138, 10. III. 1932 RGZ Bd 136 S. 26). Deshalb darf der Vsvertreter nicht wegen einer Provisionsforderung von 100.— DM ein Prämienguthaben des Vers von 1000.— DM zurückbehalten. Wegen ganz geringfügiger Forderungen kann die Zurückbehaltung einer geschuldeten hochwertigen Leistung nicht erfolgen (RG 10. X. 1934 JW 1935 S. 506). Ferner ist eine Zurückbehaltung treuwidrig, falls durch sie dem Unternehmer ein unverhältnismäßig großer Schaden entstehen würde (Palandt BGB[15] Anm. 5 zu § 273, S. 224); so kann z. B. die Zurückbehaltung der Inkassoleistung (Anm. 222), also das Nichtkassieren fälliger Prämien höchst nachteilig für den Ver, aber auch für die Vmer sein. Nicht billigenswert aber ist es, wenn man ein Zurückbehaltungsrecht an einkassierten Prämien als Treu und Glauben widerstreitend hingestellt hat, weil der Ver nur der treuhänderische Verwalter der Gefahrengemeinschaft sei und diese die Prämien dringend benötige. Man darf den Gedanken der Gefahrengemeinschaft nicht überspannen (Anm. 4 zu § 1) und nicht davon ausgehen, daß die Vsvertreter im Vergleich zu den Vmern minderberechtigte Gläubiger des Vers seien. Sonach unrichtig OLG Hamm 9. X. 1952 VA 1953 S. 39, wo es sich um sehr hohe Schadensersatzansprüche von Vsvertretern der Abonnentenv handelte, KG 19. IX. 1930 JRPV 1931 S. 92, Josten-Lohmüller a. a. O. Anm. 4 zu § 88a, Kersting JRPV 1936 S. 137, vgl. auch Riedel a. a. O. S. 111—112, 114—115, Trinkhaus I S. 486. Richtig RG 16. V. 1939 WarnRspr. 1939 S. 269 Nr. 119 für einen Inkassovertreter des Warenhandels.

Besonders bei beiderseitigen Geldforderungen kann eine Zurückbehaltung wirtschaftlich einer Aufrechnung gleichkommen, diese aber kann aus bestimmten Gründen unzulässig sein. In solchen Fällen muß auch die Zurückbehaltung als ausgeschlossen angesehen werden (RG 6. XII. 1928 RGZ Bd 123 S. 6—8). — Nach § 393 BGB ist die Aufrechnung gegen eine Forderung aus einer vorsätzlich begangenen unerlaubten Handlung nicht zulässig. Ein Vertreter kann deshalb nicht eine Leistung zurückbehalten, welche sich seitens des Unternehmers nicht nur auf den Agenturvertrag, sondern auch auf Delikt stützen läßt, man denke an unterschlagene oder veruntreute herauszugebende Prämien. § 394 BGB kommt nicht in Betracht, da die Forderungen des Unternehmers stets der Pfändung unterworfen sein dürften. — Auch durch Vereinbarung kann die Aufrechnung ausgeschlossen werden. Solches vertragliche Aufrechnungsverbot vermag aber wegen § 88a I HGB ein Zurückbehaltungsrecht des Vsvertreters nicht zu vereiteln.

Nach allgemeinen Regeln ist das Zurückbehaltungsrecht schließlich auch dann ausgeschlossen, wenn der Berechtigte auf dieses Gestaltungsrecht — möglicherweise im Vorwege — verzichtet oder wenn durch Vereinbarung die Zurückbehaltung ausgeschlossen wird. HandelsvertreterGBegr. S. 30 weist auf die häufige wirtschaftliche

Überlegenheit des Unternehmers sowie darauf hin, daß die Zurückbehaltungsrechte die einzigen rechtlichen Mittel sind, die dem Handelsvertreter zur Sicherung seiner Ansprüche gegen den Unternehmer zur Verfügung stehen. Deshalb ist in § 88a I HGB bestimmt, der Handelsvertreter könne nicht im voraus auf gesetzliche Zurückbehaltungsrechte verzichten. Was für den (einseitigen) Verzicht gilt, muß auch für die (zweiseitige) Vereinbarung Geltung beanspruchen (Schröder[2] a. a. O. Anm. 6 zu § 88a, S. 174). Angesichts des § 88a I HGB kann auch eine Vereinbarung, wonach sich der Vsvertreter verpflichtet, Gelder und sonstige Sachen „zu jeder Zeit" herauszugeben, nicht mehr die Wirkung eines Ausschlusses des Zurückbehaltungsrechtes zeitigen (Riedel a. a. O. S. 93—94). Zu weit allerdings dürfte es gehen, wenn Schröder[2] a. a. O. Anm. 3 zu § 88a, S. 173 meint, einem Handelsvertreter könnten vertraglich auch keine Vorleistungspflichten mehr auferlegt werden, weil sie auf einem Umwege die Zurückbehaltung ausschlössen. Soweit solche Vorleistungspflicht sachgerecht und üblich ist, steht ihrer Vereinbarung nichts im Wege. Trotz § 88a I HGB kann auch im voraus auf ein solches Zurückbehaltungsrecht verzichtet werden, das sowieso schon nach §§ 273 I BGB, 369 III HGB oder nach Treu und Glauben oder wegen (nicht nur vereinbarten) Aufrechnungsverbotes ausgeschlossen ist. Hier wirkt der Verzicht (oder die Vereinbarung) nur deklaratorisch, nicht konstitutiv (Josten-Lohmüller a. a. O. Anm. 4 zu § 88a). Im übrigen verwehrt das Gesetz nur einen Verzicht „im voraus", also nicht einen Verzicht (oder eine Vereinbarung) nach Vorliegen aller Voraussetzungen eines konkreten Zurückbehaltungsrechtes (Duden a. a. O. S. 322, Knapp[2] a.a.O. Anm. 1 zu § 88a, S. 36, Leuze a. a. O. S. 16—17, Schröder[2] a. a. O. Anm. 6 zu § 88a, S. 174, Trinkhaus I S. 488).

Das Zurückbehaltungsrecht schafft für den Vsvertreter eine Einrede, die im Rechtsstreit nicht von Amts wegen zu beachten ist. Die Beweislast für die positiven Voraussetzungen des Zurückbehaltungsrechtes trägt der Vsvertreter, während der Unternehmer dartun müßte, daß aus bestimmten Gründen die Zurückbehaltung ausgeschlossen ist. Nach § 274 I BGB hat die Geltendmachung der Einrede die Wirkung, daß der Vsvertreter zur Leistung gegen Empfang der ihm gebührenden Leistung (zur Erfüllung Zug um Zug) zu verurteilen ist.

Das kaufmännische Zurückbehaltungsrecht wirkt nach Maßgabe des § 369 II HGB auch gegenüber einem Dritten (vgl. § 986 II BGB): Veräußerte also der Ver das im Besitz des Vsvertreters befindliche Auto, so kann der Vsvertreter dem Erwerber gegenüber das Zurückbehaltungsrecht geltend machen. Im Konkurs des Vers oder Generalagenten verleiht das kaufmännische Zurückbehaltungsrecht dem Vsvertreter ein Recht auf abgesonderte Befriedigung (§ 49 I Ziff. 4 KO). Im Verhältnis zum Unternehmer hat der Vsvertreter kraft des kaufmännischen Zurückbehaltungsrechtes nicht nur die oben behandelte Einrede, sondern auch ein Befriedigungsrecht (Näheres: §§ 371—372 HGB, vgl. auch wegen freihändigen Verkaufs LG Berlin 19. IX. 1952 Entscheidungen und Gutachten Nr. 39). Über den Gerichtsstand vgl. Anm. 240.

Die Ausübung des Zurückbehaltungsrechtes kann der Ver oder Generalagent durch Sicherheitsleistung — allerdings nicht durch Bürgen — abwenden (§§ 273 III BGB, 369 IV HGB).

Die **Aufrechnung** durch den Vsvertreter beruht regelmäßig auf einseitiger rechtsgestaltender Willenserklärung, ausnahmsweise auf Aufrechnungsvertrag, wie er beim Kontokorrent eine Rolle spielt (dazu § 355 HGB, Anm. 320—324, auch LG Köln 20. V. 1952 VersR 1952 S. 321). Über Aufrechnung im Konkurs des Vers Anm. 336.

Die positiven Voraussetzungen der einseitigen Aufrechnung sind § 387 BGB zu entnehmen. Primär ist Wechselseitigkeit von Forderungen vorauszusetzen. Hat der Vsvertreter eine Schuld gegenüber einem Vmer, so kommt keine Aufrechnung gegen Prämienschulden in Frage, da die Prämienforderung nicht dem Vsvertreter, sondern dem Ver zusteht. Ziff. 9 Hauptpunkte (Anm. 138) betont die Selbstverständlichkeit: „Auch können Prämien (nebst Zinsen und Kosten) nicht mit Forderungen, die dem VN gegen den Vertreter persönlich zustehen, verrechnet werden" (vgl. auch Rohrbeck-Durst-Bronisch S. 86, 123, Strietholt a. a. O. S. 37, 38—39, RG 27. VI. 1900 RGZ Bd 46 S. 208—212). Dagegen fehlt es nicht an der Wechselseitigkeit, soweit der Vsvertreter eigene Ven beim Ver, also beim Unternehmer genommen hat und daraus Prämien schuldet (Riedel a. a. O. S. 102, Rohrbeck-Durst-Bronisch S. 85—86, Trinkhaus I S. 487). Zweite Voraussetzung der Aufrechnung ist die Fälligkeit. Der Vsvertreter muß also die ihm gebührende Leistung, z. B. Provision fordern können (bedenklich AG München 29. II. 1952 VersR 1952 S. 321). Drittens müssen die Leistungen ihrem Gegenstande nach gleichartig sein, was bei zwei Geldwertforderungen zutrifft. Problematisch wird die Rechtslage, falls der Ver Eigentümer kassierten Geldes geworden ist, das er nun herausverlangt. Eine formale Betrachtungsweise könnte zu dem Ergebnis führen, hier sei eine Aufrechnung durch den Vsvertreter ausgeschlossen, weil er selbst eine Geldwertforderung habe, seinerseits jedoch bestimmte Geldstücke und Banknoten schulde (so RG 15. V. 1930 JW 1931 S. 1703, Reichel JW 1931 S. 3118). Mit Recht weist aber Jacusiel JW 1931 S. 3118—3119, auch Riedel a. a. O. S. 98—102 darauf hin, daß der Ver kein beachtliches Interesse daran habe, den Inhalt der Sonderkasse in natura zu erhalten. In der Tat soll die Vertragsvereinbarung bezüglich der Getrennthaltung (Anm. 226) den Ver nur bis zur Herausgabe schützen. Zum mindesten wahlweise kann im Falle der Herausgabe auch eine entsprechende Geldsumme gefordert und geleistet werden. Dementsprechend fehlt es nicht an der Gleichartigkeit, und der Vsvertreter kann aufrechnen (dahingestellt von RG 27. III. 1939 RGZ Bd 160 S. 60, vgl. auch Kauffmann, Die Ansprüche des Vsagenten im Konkurse des Vers, Hamburger Diss., Hamburg 1932, S. 22—23 mit Anm. 49, AG München 29. II. 1952 VersR 1952 S. 321).

Die Aufrechnung ist in gewissen Fällen ausgeschlossen. Sie kann durch Vertrag im voraus ausgeschlossen werden. § 88a I HGB steht solcher Abrede nicht entgegen (Riedel a. a. O. S. 96—98). Entsprechende Klauseln sind sogar üblich (Rohrbeck-Durst-Bronisch S. 85), jedoch kann nicht kraft Handelsbrauches oder stillschweigend solcher Ausschluß angenommen werden (deshalb bedenklich KG 19. IX. 1930 JRPV 1931 S. 92, Kersting JRPV 1936 S. 137, JW 1936 S. 1797). Ausdrückliche Aufrechnungsverbote enthalten z. B. Ziff. 9 Hauptpunkte (Anm. 138): „Gegenüber dem Anspruch des VU auf Herausgabe der Prämiengelder kann der Vertreter während Bestehens des Vertragsverhältnisses nur mit Forderungen aufrechnen, die das VU schriftlich anerkannt hat“ (die Regelung bestätigt damit übrigens im Grundsatz die Gleichartigkeit) und die bei Strietholt a. a. O. S. 37 wiedergegebene Klausel, die darauf abstellt, ob der Ver die Forderung des Vsvertreters bestreitet. Kraft Gesetzes (§ 393 BGB) ist gegen eine Forderung aus vorsätzlicher unerlaubter Handlung die Aufrechnung nicht zulässig (Kersting JRPV 1936 S. 137 dürfte die Konstruktion einer strafbaren Handlung überspannen, wenn er meint, jeder Agent, der ihm nur anvertrautes Geld nicht rechtzeitig abführe, mache sich strafbar). Wie schon beim Zurückbehaltungsrecht hervorgehoben, kann man auch nicht aus dem Wesen der Gefahrengemeinschaft ableiten, ein Vsvertreter könne gegen Prämienherausgabeforderungen niemals aufrechnen (so aber OLG Hamm 9. X. 1952 VA 1953 S. 39). Über Aufrechnung im Konkurs des Vers Anm. 336.

Die Aufrechnung erfolgt durch einseitige, empfangsbedürftige, bedingungsfeindliche Willenserklärung (§ 388 BGB), die zu den rechtsgestaltenden Willenserklärungen und zu den Verfügungen gehört, da kraft ihrer die sich gegenüberstehenden Forderungen unmittelbar erlöschen. Sie gelten schon als in dem Zeitpunkt erloschen, in welchem sie zur Aufrechnung geeignet zuerst einander gegenüberstanden (§ 389 BGB).

[236] dd) Erlaß und Verzicht.

Der Ver (oder Generalagent) könnte dem Vsvertreter Pflichten **erlassen.** Das setzt nach § 397 I BGB einen Vertrag voraus, der formlos sein kann. Die Willenserklärung des Vers kann eine ausdrückliche sein (der Ver erläßt z. B. eine fällige Delkredereleistung des Vsvertreters), aber auch eine stillschweigende. Da aber ein Erlaß nie zu vermuten ist, müssen konkrete Tatsachen vorliegen, welche einen Schluß auf die Willensrichtung des Vers zulassen. Macht der Ver längere Zeit eine ihm zustehende Forderung in Kenntnis ihrer Existenz nicht geltend, so kann daraus eine Erlaßerklärung entnommen werden: Man denke an den Fall, daß entgegen einer Ausschließlichkeitsklausel ein Vsvertreter auch für andere Ver tätig wird und der erste Ver dies bewußt duldet. Kann der Ver wiederholte Leistungen vom Vsvertreter verlangen, so kann ein stillschweigender Verzicht für die Zukunft nur in sehr seltenen Fällen angenommen werden: Hat z. B. der Ver Kontrollen längere Zeit nicht durchgeführt, so liegt darin nicht auch für die Zukunft ein Erlaß der Kontrollduldungspflicht (Anm. 229). In der Nichterhebung verhaltener Ansprüche, die ein Verlangen voraussetzen, ist gleichfalls grundsätzlich kein Erlaß für die Zukunft zu erblicken: So kann der Ver die in Ziff. 10 Hauptpunkte (Anm. 138) vorgesehene Kaution auch noch nach langjähriger Vertragsdauer fordern. Liegt eine Erlaßerklärung des Vers vor, so bedarf sie der Annahme durch den Vsvertreter. Diese Annahme wird allerdings besonders häufig stillschweigend erklärt werden. Im Falle des § 151 BGB braucht sie überhaupt nicht erklärt zu werden.

Während bei Forderungen nur ein Erlaßvertrag in Frage kommt, kann der Ver (oder Generalagent) auf Gestaltungsrechte durch einseitige Willenserklärung **verzichten,** z. B. auf das Recht zu fristloser Kündigung wegen Vertragsverletzung durch den Vsvertreter. Es gelten die für die Erlaßerklärung des Vers gemachten Ausführungen entsprechend. Einem Verzicht kommt es in der Wirkung gleich, falls der Ver einen verhaltenen Anspruch dauernd nicht geltend macht.

Über den Verzicht des Vsvertreters auf das Zurückbehaltungs- oder Aufrechnungsrecht vgl. Anm. 235. Über Erlaß und Verzicht des Vsvertreters generell vgl. Anm. 333.

[237] ee) Verjährung und Verwirkung.

Schrifttum zur Verjährung: Trinkhaus BetrBer 1955 S. 1062—1063.

Die Ansprüche des Unternehmers (Vers oder Generalagenten) gegen den Vsvertreter **verjähren** in vier Jahren, beginnend mit dem Schluß des Jahres, in dem sie fällig geworden sind (§ 88 HGB). Das gilt jedoch nur für die Ansprüche aus dem Agenturverhältnis, während für alle anderen Ansprüche des Unternehmers die allgemeinen Verjährungsvorschriften maßgebend sind. So verjährt z. B. der Eigentumsherausgabeanspruch aus § 985 BGB erst in dreißig Jahren; dasselbe gilt für Bereicherungsansprüche (Palandt BGB[15] Anm. 2 zu § 195, S. 144). Deliktsansprüche verjähren gemäß § 852 I BGB in drei Jahren. Zu den Ansprüchen aus dem Vsvertretervertrag gehören auch die Ansprüche auf Inkasso, Schadensbearbeitung und Verwaltung (Anm. 222—224) sowie die Ansprüche auf Rückzahlung überzahlter Provisionen, man denke an Provisionsvorschüsse (Anm. 303) oder Tatbestände des Provisionswegfalles (Anm. 305 bis 309) (vgl. Duden a. a. O. S. 320—321, Rohrbeck-Durst-Bronisch S. 100, Schröder[2] a. a. O. Anm. 3 zu § 88, S. 170, Trinkhaus I S. 472; HandelsvertreterGBegr. S. 30).

§ 88 HGB stellt auf die Fälligkeit ab. Im Rahmen eines Dauerschuldverhältnisses kommen für die Fälligkeit von Tunspflichten, z. B. der Herausgabepflicht (Anm. 226) zahlreiche regelmäßig oder unregelmäßig wiederkehrende Termine in Betracht. So ergeben sich zahlreiche Fälligkeiten, und für jede ist die Verjährung gesondert zu beurteilen. Geht ein Erfüllungsanspruch in einen Schadensersatzanspruch über, so kommt es auf dessen Fälligkeit an (RG 4. IV. 1930 RGZ Bd 128 S. 76—79). Bei fälligen Unterlassungsansprüchen muß man § 198[2] BGB anwenden: Somit beginnt die Verjährung mit der Zuwiderhandlung, und zwar bei Ansprüchen auf dauernde Unterlassung mit jeder Zuwiderhandlung von neuem (RG 19. XI. 1912 RGZ Bd 80 S. 436—438). Es ist aber zu beachten, daß z. B. bei Verletzung einer Ausschließlichkeitsklausel (Anm. 221) durch Abschluß eines Agenturvertrages mit einem Konkurrenzunternehmen nur eine einzige Zuwiderhandlung vorliegt, so daß die Verjährung einheitlich mit dem Schluß des Jahres beginnt, in dem der Abschluß getätigt worden ist.

Für die Hemmung und Unterbrechung der Verjährung gelten keine Besonderheiten, vgl. also §§ 202—217 BGB, KG 6. XII. 1935 JRPV 1936 S. 192 (irreführend HandelsvertreterGBegr. S. 30).

Die Verjährung verschafft dem Vsvertreter eine Einrede (§ 222 I BGB). Der Anspruch des Unternehmers erlischt aber nicht, so daß das zur Befriedigung eines verjährten Anspruchs Geleistete nicht unter dem Gesichtspunkt der ungerechtfertigten Bereicherung zurückgefordert werden kann (§ 222 II 1 BGB). Die Rechtsstellung des Unternehmers wird verbessert, wenn ihm im Rahmen der Sicherstellungspflicht (Anm. 228) eine Kaution derart gestellt worden ist, daß er eine Hypothek oder ein Pfandrecht etwa an hinterlegtem Geld (§ 233 BGB) erlangt hat. Hier hindert nämlich die Verjährung eines Anspruches, für den Hypothek oder Pfandrecht bestehen, den Unternehmer nicht, seine Befriedigung aus dem verhafteten Gegenstande zu suchen (§ 223 I BGB).

Nach § 225 BGB ist eine Abkürzung der Verjährungsfrist zulässig, jedoch kann durch Vertrag die Verjährung weder ausgeschlossen noch — z. B. durch Verlängerung der Verjährungsfrist — erschwert werden. Zum intertemporalen Recht: Trinkhaus I S. 474—475.

Von der Verjährung ist die **Verwirkung** der Rechte des Unternehmers zu unterscheiden, die aus Treu und Glauben (§ 242 BGB) abzuleiten ist, Näheres Anm. 49 zu § 6. Eine Verwirkung kann bereits vor Ablauf der Verjährungsfrist eintreten (Schröder[2] a. a. O. Anm. 7 zu §§ 88, S. 170).

Über Verjährung und Verwirkung der Rechte des Vsvertreters: Anm. 334.

[238] ff) Abtretung und Verpfändung.

Der Ver (oder Generalagent) kann die meisten seiner gegen den Vsvertreter gerichteten Ansprüche nicht **abtreten.** Bei der Bemühungspflicht (Anm. 216) ergibt sich das aus der Nähe der Obligation zum Dienstvertrag (Anm. 197), welche es rechtfertigt, § 613[2] BGB heranzuziehen (§ 664 II BGB ist bei Geschäftsbesorgungsverträgen nach § 675 BGB nicht anwendbar). Auch bei einer Bestandsübertragung gehen nach § 14 I 4 VAG Rechte aus Agenturverträgen nicht auf den übernehmenden Ver über (Näheres Anm. 348). Die Interessenwahrnehmungspflicht (Anm. 217) ist in erster Linie bei den Bemühungen zu erfüllen (vgl. § 86 I HGB), also gleichfalls nicht abtretbar. Solcher Zusammenhang, der die Zession ausschließt, besteht auch bei der Benachrichtigungs-, Weisungsfolge- und Geheimhaltungspflicht (Anm. 218—220). Wettbewerbsverbote (Anm. 221) würden einer Veränderung des Forderungsinhalts unterliegen, falls eine Abtretung möglich wäre; es greift also die Ausschlußvorschrift des § 399 BGB ein. Bei der Inkasso-, Schadensbearbeitungs- und Verwaltungspflicht (Anm. 222—224) schließt ihr Dienstleistungscharakter und damit § 613[2] BGB die Zession aus.

So bleibt für eine Abtretung in der Hauptsache nur beim Herausgabeanspruch des Unternehmers (Anm. 226) Raum. Die Abtretbarkeit von Ansprüchen aus § 667 BGB bestätigt RG 7. X. 1930 JW 1931 S. 526. Die Abtretung kann sich auch auf noch nicht fällige Herausgaben beziehen. Abtretbar sind sowohl Einzelansprüche als auch der Gesamtanspruch. Steht eine herauszugebende Sache im Eigentum des Vers, so kann dieser das Eigentum auf einen dritten Erwerber durch Einigung und Abtretung des Herausgabeanspruchs (§§ 929[1], 931 BGB) übertragen. Dabei wird unter dem Anspruch auf Herausgabe vorherrschend der obligatorische Herausgabeanspruch (hier aus § 667 BGB), nicht der dingliche Herausgabeanspruch des § 985 BGB verstanden (Westermann, Lehrbuch des Sachenrechts, 2. Aufl., Karlsruhe 1951, S. 189). Ein Ver könnte Interesse daran haben, daß ihm ein Generalagent seinen Herausgabeanspruch gegen echte Untervertreter gesamtheitlich zediert. Sonderfälle der Abtretung sind Inkasso- und Sicherungszession. Nur Einzelbefugnisse, die in der Herausgabeforderung stecken, werden im Falle einer bloßen Einziehungsermächtigung an den Ermächtigten übertragen.

Die Rechenschaftspflicht (Anm. 225) steht mit der Herausgabepflicht in engstem Zusammenhang. Deshalb kann der Anspruch auf Rechnungslegung nur zusammen mit dem Herausgabeanspruch zediert werden (RG 7. X. 1930 JW 1931 S. 525—526).

Für die Delkrederepflicht (Anm. 227) als Verpflichtung, für die Erfüllung der Verbindlichkeit eines Dritten einzustehen, kann es bedeutsam sein, daß zusammen mit der Abtretung der Forderung gegen den Dritten, z. B. den unechten Unteragenten möglicherweise auch die Delkredereforderung übertragen wird (für eine Bürgschaft vgl. § 401 I BGB, der einen Rechtsübergang sogar ohne gesonderte Zession vorsieht). Ist ein Delkrederefall eingetreten, und hat deshalb ein Ver gegen einen Generalagenten einen konkretisierten Geldanspruch, so steht dessen Abtretung nichts im Wege.

Der Sicherstellungsanspruch (Anm. 228) ist als Nebenanspruch nicht gesondert zedierbar. Hat der Vsvertreter eine Kaution gestellt, so kann wieder § 401 I BGB Bedeutung gewinnen. Auch die Kontrollduldungspflicht (Anm. 229) ist eine nicht gesondert abtretbare Hilfsverpflichtung.

Soweit hiernach Ansprüche des Unternehmers grundsätzlich abtretbar sind, könnte durch Vereinbarung mit dem Vsvertreter die Abtretung ausgeschlossen werden (§ 399 BGB). Einem Ver könnte z. B. daran liegen, daß es einem echten Generalagenten verboten wird, die Herausgabeansprüche gegen Untervertreter an außenstehende Vierte zu zedieren.

§ 1274 II BGB ist zu entnehmen, daß an einem nicht abtretbaren Recht auch ein **Pfandrecht** nicht bestellt werden kann. Praktisch kommt also nur eine Verpfändung des Herausgabeanspruchs in Betracht, den der Unternehmer gegen den Vsvertreter hat. Die Verpfändung setzt eine Anzeige an den Vsvertreter voraus (§ 1280 BGB).

Von der Verpfändung einer Forderung ist die Verpfändung von Sachen zu unterscheiden, die dem Ver gehören, sich aber im Besitz eines Vsvertreters befinden. So könnte der Ver ihm gehörendes Geld oder einen Kraftwagen kraft § 1205 I 1, II BGB verpfänden.

Über Abtretung und Verpfändung durch den Vsvertreter: Anm. 335.

[239] gg) Pfändung und Konkurs.

Will man die **Zwangsvollstreckung** im Hinblick auf die Pflichten des Vsvertreters betrachten, so ist die Frage, wie die Erfüllung dieser Pflichten erzwungen werden kann, zu unterscheiden von dem Problem, ob Gläubiger des Unternehmers die Rechte des Unternehmers gegen den Vsvertreter zu pfänden vermögen.

Zur ersten Frage ist auf das allgemeine Zwangsvollstreckungsrecht zu verweisen, welches die Vollstreckung wegen Geldforderungen unterscheidet von der Vollstreckung wegen anderer Ansprüche, nämlich zur Erwirkung der Herausgabe von Sachen, und zur Erwirkung von Handlungen und Unterlassungen (Näheres: Schönke, Zwangsvollstreckungsrecht, 5. Aufl., Karlsruhe 1948, S. 130—189). Da das kassierte Prämiengeld oft dem Ver gehört (Anm. 226), wird nicht selten die Frage akut, ob der Ver eigene Sachen beim Vsvertreter pfänden lassen kann. Durch solche Pfändung entsteht fraglos eine Verstrickung. Dagegen ist es umstritten, ob auch ein Pfändungspfandrecht zur Entstehung gelangt. Bejahend Baumbach-Lauterbach ZPO[22] Anm. 2 zu § 804, S. 1206, Schönke a. a. O. S. 132, verneinend RG 17. IV. 1912 RGZ Bd 79 S. 241—246, wo jedoch der Weg gewiesen wird, daß der Vollstreckende nach der Pfändung auf sein Eigentum verzichten könne, wodurch das Pfändungspfandrecht nachträglich erworben werde. Weiter sei darauf hingewiesen, daß bei einem Vorgehen gegen einen Generalagenten der Ver dessen Ansprüche gegen echte Untervertreter pfänden und sich überweisen lassen kann.

Gläubiger des Vers oder Generalagenten können die Rechte gegen Vsvertreter nach § 851 I ZPO nur insoweit pfänden, als sie übertragbar, also abtretbar sind (deshalb vgl. Anm. 238). Praktisch kommt nur die Pfändung von Herausgabeansprüchen in Betracht.

Bei **Konkurs des Vsvertreters** erlischt der Agenturvertrag nicht kraft Gesetzes (Jaeger-Lent, Konkursordnung, 1. Bd, 8. Aufl., Berlin 1956, Anm. 15 zu § 23, S. 357). Jedoch verleiht die Konkurseröffnung dem Unternehmer einen wichtigen Grund zu fristloser Kündigung (§ 89a I HGB; Jaeger-Lent a. a. O. Anm. 15 zu § 23, S. 357 bis 358, Knapp[2] a. a. O. Anm. 1 zu § 89, S. 38, Rohrbeck-Durst-Bronisch S. 154—155, Schröder[2] a. a. O. Anm. 41 zu § 89, S. 193, Würdinger in: RGR Komm. HGB Bd 1 Anm. 18 zu § 89, S. 737). Ist der Konkurs vom Vsvertreter verschuldet, so hat der Unternehmer einen Schadensersatzanspruch aus § 89a II HGB, der gewöhnliche Konkursforderung ist. Der Konkursmasse kann bei mangelndem Verschulden des Vsvertreters ein Ausgleichsanspruch zustehen (vgl. § 89b III 2 HGB). Der in Konkurs geratene Agent hat regelmäßig kein Kündigungsrecht. Der Konkursverwalter hat nicht das Wahlrecht aus § 17 KO (Jaeger-Lent a. a. O. Anm. 27 zu § 17, S. 273—274, Anm. 15 zu § 23, S. 358, Rohrbeck-Durst-Bronisch S. 154, Schröder[2] a. a. O. Anm. 41 zu § 89, S. 193, Würdinger in: RGRKomm. HGB Bd 1 Anm. 18 zu § 89, S. 737).

Soweit Vermögensansprüche gegen den Gemeinschuldner, also den Vsvertreter bestehen, gilt folgendes: Der Ver kann sein Eigentum, z. B. eine Sonderkasse aussondern (§ 43 KO). Soweit Miteigentum besteht, etwa infolge von Vermischung, erfolgt die Teilung gemäß § 16 I KO außerhalb des Konkursverfahrens (Rohrbeck-Durst-Bronisch

S. 155—156). Abgesonderte Befriedigung kommt zugunsten des Unternehmers in Frage, falls er ein Pfandrecht hat (z. B. an einer Kaution: § 233 BGB) oder ein kaufmännisches Zurückbehaltungsrecht (hier kommt eine beim Ver selbst hinterlegte und nicht verpfändete Kaution in Frage): §§ 48, 49 I Ziff. 4 KO. Die Aufrechnung im Konkurse ist besonders durch § 54 KO erleichtert. Massegläubiger kann der Ver z. B. dann sein, wenn der Konkursverwalter Sachen veräußert hat, die dem Ver gehörten (§ 59 Ziff. 1 KO; Rohrbeck-Durst-Bronisch S. 156). Im übrigen aber ist der Unternehmer im Konkurse des Vsvertreters gewöhnlicher Konkursgläubiger.

Über Vergleichsverfahren beim Vsvertreter Rohrbeck-Durst-Bronisch S. 153 bis 154, Würdinger in: RGRKomm. HGB Bd 1 Anm. 19 zu § 89, S. 737.

Speziell zum Konkurse eines Generalagenten sei im Blick auf die echten Untervertreter bemerkt, daß nach § 23 II KO die Untervertreterverhältnisse durch die Konkurseröffnung erlöschen, da der Generalagent Provisionsschuldner ist, die Unteragenturverhältnisse also die Sollmasse des Generalagenten berühren (vgl. Jaeger-Lent a. a. O. Anm. 11 zu § 22, S. 338—339). Die Frage, ob dem Untervertreter ein Schadensersatzanspruch gegen den Generalagenten zusteht, ist umstritten (dazu Jaeger-Lent a. a. O. Anm. 6 zu § 23, S. 350).

Hat ein in Konkurs geratender Vsvertreter oder Generalagent unselbständige Angestellte, so kann jeder Teil kündigen (vgl. § 22 KO).

Über die Zwangsvollstreckung im Hinblick auf die Pflichten des Vers sowie Konkurs- und Vergleichsverfahren des Vers: Anm. 336.

[240] f) Rechte des Versicherungsvertreters.

aa) Übersicht über Rechte.

aaa) Allgemeines.

Den Pflichten des Vsvertreters stehen seine Rechte, also die Pflichten des Unternehmers gegenüber. Die Pflichten des Vers bestehen gegenüber dem Vsvertreter, speziell dem Generalagenten. Die Pflichten des Generalagenten bestehen gegenüber dem echten Unteragenten (Anm. 17, 174, 224, 413). Dem unechten Unteragenten dagegen ist unmittelbar der Ver verpflichtet.

So wie den Vsvertreter eine Vielzahl von Pflichten belastet (Anm. 215—231), besteht auch für den Ver und Generalagenten eine Mehrzahl von Rechtspflichten, unter denen wirtschaftlich die Pflicht zur Provisionszahlung im Vordergrunde steht, verzweigt durch das Bestehen verschiedener Arten von Provision (Vermittlungs-, Inkasso-, Verwaltungs- und Delkredereprovision) und ergänzt durch Hilfspflichten (gerichtet auf Provisionsabrechnung, Buchauszug, Auskunft, Bucheinsicht) (zu alledem Anm. 260 bis 327). Aber außer der Zahlung einer Provision, also Erfolgsvergütung kommen andere Zahlungen (z. B. von Festbezügen, Aufwendungsersatz, Sonderleistungen) in Betracht (dazu Anm. 244—252). Zu erwähnen sind ferner die Pflichten des Unternehmers bezüglich Unterlagen, Benachrichtigung und möglicherweise sogar Urlaub (dazu Anm. 242, 243, 253) und die ökonomisch sehr bedeutsamen Pflichten, die sich für einen Unternehmer nach Beendigung des Vertreterverhältnisses ergeben können (bezüglich Zeugnis, Nachprovision, Ausgleich, Altersversorgung; von diesen Nachwirkungsrechten des Vsvertreters soll später die Rede sein [Anm. 365—390]).

Rechtlich gesehen beruhen die vielschichtigen Ansprüche des Vsvertreters in einer ersten Gruppe auf den §§ 86a—87d, 89b, 92 III—IV, 92a HGB, oft in Verbindung mit agenturvertraglichen Abreden. Da der Agenturvertrag Geschäftsbesorgungsvertrag ist, kommen zweitens die §§ 675, 669, 670 BGB in Betracht (Anm. 197). Drittens greifen gewisse Sondergesetze ein, z. B. hinsichtlich des Urlaubs. Viertens treffen den Unternehmer analog §§ 157, 242 BGB ergänzende Leistungspflichten aus Treu und Glauben, wobei auf Verkehrssitte und Handelsbrauch (§ 346 HGB) Rücksicht zu nehmen ist; eine besondere Treuepflicht des Unternehmers gibt es nicht (Anm. 197) Auch das Handelsgewohnheitsrecht könnte fünftens für Begründung und Umfang der Verpflichtungen des Unternehmers Bedeutung gewinnen.

Die praktisch stark im Vordergrund stehende Erfolgsvergütung wird nicht für bloße Bemühungen des Vsvertreters gezahlt, die er kraft seiner Bemühungspflicht (Anm. 216) schuldet. Provisionen werden vielmehr für Erfolge geschuldet, zu deren Herbeiführung der Vsvertreter nicht verpflichtet ist und vernünftigerweise nicht verpflichtet sein kann. So ist die Erfolgsherbeiführung in condicione, aber nicht in obligatione. Da die Erfolgsherbeiführung Vorbedingung der Provisionszahlung ist, ist der Agenturvertrag ein entgeltlicher Vertrag, der dem Werkvertrag nahesteht. Da es aber an einer Obligation des Vsvertreters fehlt, die jener des Unternehmers zur Provisionszahlung austauschweise gegenübersteht, ist der Agenturvertrag kein gegenseitiger Vertrag. Zu alledem schon Anm. 197. Regelmäßig arbeiten selbständige Vsvertreter nur auf Provisionsbasis. Es schließt die Selbständigkeit — speziell nach der Neufassung des § 84 I 2 HGB — nicht aus, wenn der Vsvertreter neben der Erfolgsvergütung Festbezüge erhält, wobei „feste Spesen" (also standardisierter Aufwendungsersatz) möglicherweise einer Gehaltszahlung nahekommen. Es ist sogar vorstellbar, daß ein selbständiger Vsvertreter keine Provisionen, sondern nur Gehalt bezieht. Dadurch nähert sich allerdings der Agenturvertrag einem gegenseitigen, und zwar einem Dienstvertrag an (Anm. 244). Es liegt für den Unternehmer nahe, daß er die Höhe der Provisionen mindert, soweit den Vsvertretern Festbezüge, Aufwendungsersatz und Sonderleistungen zufließen (Rohrbeck-Durst-Bronisch S. 53). Die mannigfaltigsten Vergütungskombinationen kommen in der Praxis vor (vgl. auch Anm. 22).

Während die Pflichten des Vsvertreters weithin höchstpersönlichen Charakter tragen (Anm. 215, 238), trifft das bei den Verpflichtungen des Vers oder Generalagenten, welche durchweg Geldleistungen zum Gegenstande haben, nicht zu.

Negativ ist hervorzuheben, daß einen Ver im Verhältnis zum Vsvertreter niemals eine Rechtspflicht trifft, vom Vermittlungsvertreter gebrachte Anträge anzunehmen, also bestimmte Vsverträge abzuschließen (Knapp[2] a. a. O. Anm. 1 zu § 86 a, S. 17, Schröder[2] a. a. O. Anm. 1 zu § 86a, S. 75); Entsprechendes gilt für die Erfüllung abgeschlossener Verträge (die auch durch einen Abschlußagenten abgeschlossen sein können). Schließt der Ver nicht ab oder erfüllt er nicht, so fragt es sich nur, ob der Vsvertreter dennoch Provision (Ersatzprovision) oder Schadensersatz beanspruchen kann. Das trifft in begrenztem Umfang nach den §§ 162 I BGB, 87a III HGB zu (Näheres Anm. 293, 304). Insoweit könnte man von einer Obliegenheit des Vers reden. Bei Bezirksvertretern, denen der Bezirk wirtschaftlich vorbehalten ist, spricht man zuweilen davon, der Ver dürfe mit Vmern aus dem Bezirke nicht unmittelbar oder durch andere Vsvertreter abschließen (vgl. Anm. 187). Auch hier handelt es sich nicht um eine echte Rechtspflicht, insbesondere nicht um eine Unterlassungspflicht des Vers, sondern nur um eine Obliegenheit, deren Verletzung die Folge hat, daß der Ver dem Bezirksvertreter die vertraglich vereinbarten Provisionen in voller Höhe zu zahlen hat (Anm. 189). Nur bei rechtlich vorbehaltenem Bezirk, sogenannter Alleinvertretung kann eine echte Rechtspflicht (Unterlassungspflicht) des Vers angenommen werden; solche Fälle dürften aber höchst selten sein.

Hinsichtlich des Erfüllungsortes für die Pflichten des Unternehmers gelten keine Besonderheiten. Leistungshandlungsort (Vollzugsort) ist die gewerbliche Niederlassung des Vers oder Generalagenten (§ 269 II BGB). Ist der Vsvertreter einer Zweigniederlassung des Vers zugeordnet, so liegt der Vollzugsort bei dieser (Düringer-Hachenburg, Das Handelsgesetzbuch, I. Bd, 3. Aufl., Mannheim-Berlin-Leipzig 1930, Anm. 13 zu § 13, S. 248, Würdinger in: RGRKomm. HGB Bd 1 Anm. 12 zu § 13, S. 181), was besonders bei ausländischen Vern mit inländischer Zweigniederlassung Bedeutung haben kann (Anm. 21). Hat der Ver oder Generalagent Geld zu leisten, so ist es nach § 270 I BGB dem Vsvertreter zu übermitteln, Erfüllungsort i. S. des Leistungserfolgsortes wird also die gewerbliche Niederlassung oder der Wohnsitz des Vsvertreters, während der Vollzugsort unverändert bleibt. Der für Gerichtsstand, Handelsbräuche, internationales Privatrecht bedeutsame Schuldort ist im Zweifel mit dem Vollzugsort identisch. Jedoch bestimmt Ziff. 13 Hauptpunkte (Anm. 138) hiervon abweichend, es seien „nur die Gerichte des Ortes der vorgesetzten Geschäftsstelle/Bezirksdirektion des Vertreters zuständig"; diese Vereinbarung gilt nicht nur, wenn es sich bei der Geschäftsstelle oder Bezirksdirektion um eine Zweigniederlassung des Vers handelt. Der vereinbarte örtliche Gerichtsstand schließt alle anderen ausschließbaren Gerichtsstände aus (fast alle Ansprüche des Vsvertreters sind i. S. des § 40 II ZPO vermögensrechtlicher Natur, jedenfalls diejenigen aus § 87c HGB, wohl auch diejenigen aus § 86a HGB, nicht aber Urlaubs- und Zeugnisansprüche). Auch der besondere Gerichtsstand für die Klage auf Gestattung der Befriedigung bei kaufmännischem Zurückbehaltungsrecht (§ 371 IV HGB) wird durch Ziff. 13 Hauptpunkte ausgeschlossen. Fehlt es an einer Gerichtsstandsvereinbarung, so kann der Vsvertreter auch eine Stufenklage, bei der mit der Klage auf Gestattung der Befriedigung eine Klage auf Rechnungslegung verbunden wird, bei dem Gericht des § 371 IV HGB erheben (OLG Hamburg 23. XII. 1955 Entscheidungen und Gutachten Nr. 102, vgl. auch LG Hamburg 28. XI. 1950 Entscheidungen und Gutachten Nr. 58, 13. VII. 1954 Entscheidungen und Gutachten Nr. 57). Vgl. auch Anm. 198.

[241] **bbb) Kundenschutz.**

Wie die Vsmakler (Anm. 70) sind auch die Vsvertreter daran interessiert, hinsichtlich ihrer „Kunden" möglichst weitgehenden rechtlichen Schutz zu genießen. Jedoch ist die Rechtsstellung der Vsvertreter nicht allzu günstig.

Soweit es sich um noch nicht erfolgte Vermittlungen oder Abschlüsse handelt, hat wirtschaftlich der Vsvertreter gewisse Anwartschaften, deren Summe als goodwill bezeichnet wird und deren Wert sich aus der Art der vorhandenen Kundschaft und Beziehungen ergibt. Im **Verhältnis zu Mitbewerbern** (anderen Vsvertretern und Vern) ist der Vsvertreter durch das Wettbewerbsrecht und durch § 823 I BGB geschützt. Jedoch braucht gemäß § 1 UWG niemand auf die mehr oder weniger sichere Aussicht des Konkurrenten, auf Grund seiner bisherigen Beziehungen einen Vertrag zu vermitteln oder abzuschließen, Rücksicht zu nehmen (Reimer, Wettbewerbs- und Warenzeichenrecht, 3. Aufl., Köln-Berlin 1954, S. 516). Nur eine Vereitelung der Erwerbsaussicht mit unlauteren Mitteln oder in sonstiger unlauterer Weise ist unzulässig. So kann es sittenwidrig sein, wenn ein ausgeschiedener echter Untervertreter sich zu Lasten des Generalagenten bei dem Ver um eine eigene direkte Agentur bemüht (vgl. AG Hamburg 3. VIII. 1951 Entscheidungen und Gutachten Nr. 42). Ein Vsvertreter kann übrigens in einem Schadenersatzprozeß auch dann aktiv legitimiert sein, wenn z. B. kreditschädigende Behauptungen nicht hinsichtlich des Vsvertreters selbst, sondern hinsichtlich des von ihm vertretenen Unternehmens aufgestellt worden sind (mittelbare Schädigung: RG 16. XII. 1910 RGZ Bd 75 S. 61-63 und dazu Reimer a. a. O. S. 853). Die Rechtsprechung hat in Ergänzung des Wettbewerbsrechtes ein Recht am eingerichteten und ausgeübten Gewerbebetrieb herausgearbeitet und der Schutznorm des § 823 I BGB subsumiert. Zunächst (RG 18. II. 1932 RGZ Bd 135 S. 247) wurde allerdings vorausgesetzt: „Dies gilt aber nur dann, wenn sich der Eingriff unmittelbar gegen den Bestand des Gewerbsbetriebs richtet, wenn der Betrieb tatsächlich gehindert oder seine rechtliche Zulässigkeit verneint und seine Schließung oder Einschränkung verlangt wird, nicht aber schon dann, wenn die Handlung bloß auf den Ertrag des Geschäfts nachteilig einwirkt .... Nach der ständigen Rechtsprechung des Reichsgerichts fällt die Aussicht auf Erwerb und auf Gewinnung von Kundschaft nicht zusammen mit dem Gewerbebetrieb als solchem und ist nicht in dieser Weise geschützt". Diese Rechtsprechung ist auf die Vswirtschaft angewendet von RG 29. V. 1916 LZ 1916 Sp. 1306. Aber die neuere Judikatur geht weiter: RG 19. XI. 1938 JW 1939 S. 485 läßt für die Anwendbarkeit des § 823 I BGB auf dem Gebiete des Wettbewerbsrechts jede schuldhafte Beeinträchtigung der gewerblichen Betätigung eines anderen zur Begründung eines Schadensersatzanspruches genügen, ohne daß ein unmittelbar gegen den Bestand des Betriebs gerichteter Eingriff stattgefunden haben müßte (ebenso RG 17. I. 1940 RGZ Bd 163 S. 32). Der BGH 26. X. 1951 BGHZ Bd 3 S. 278 bis 280, 28. XI. 1952 BGHZ Bd 8 S. 144 folgt dem Reichsgericht (die Fälle betreffen geschäftsschädigende Werturteile in einer Zeitschrift und Warnungen vor „langsamen Zahlern" durch einen Kreditschutzverband).

Diese Rechtsprechung beschwört die Gefahr herauf, daß die Spezialvorschriften des Wettbewerbsrechts, welche einen Verstoß gegen die guten Sitten voraussetzen, allmählich beiseitegeschoben werden (Palandt BGB[15] Anm. 6 zu § 823, S. 673, Reimer a. a. O. S. 10). Auch aus § 823 I BGB sollte ein Schadensersatz- oder Unterlassungsanspruch nur bei Unlauterkeit des Konkurrenten hergeleitet werden.

Im **Verhältnis zum Unternehmer** kann der Vsvertreter im Blick auf das angebahnte Geschäft Unterstützung fordern (Anm. 242), also nach Treu und Glauben erst recht verlangen, daß ihn der Unternehmer nicht bei der Kundschaft anschwärzt (Duden a. a. O. S. 300). Der Unternehmer darf die Stellung des Vsvertreters „bei dessen Kunden nicht untergraben, ihm die Kunden nicht ausspannen oder sie in einer gegen die berechtigten Interessen" des Vsvertreters „verstoßenden Weise von anderen Beauftragten bearbeiten lassen" (Knapp[2] a. a. O. Anm. 1 zu § 86a, S. 16). Auch Schröder[2] a. a. O. Anm. 69 zu § 87, S. 120 erkennt eine Verpflichtung des Unternehmers an, dem Vsvertreter keine Verhandlungspartner abspenstig zu machen.

Nachdem der Vsvertreter einen **Vsvertrag vermittelt oder abgeschlossen** hat, ist der Vmer Vertragspartner des Vers, also dessen Kunde. Der Vsvertreter bleibt an dem Vertragsverhältnis interessiert, sofern er laufende Vermittlungsprovision (Anm. 269) zu erhalten hat und solange der Vertrag (einschließlich stillschweigender Verlängerungen [Anm. 272, 288]) läuft. Überdies kann durch Inkasso- oder sonstige Verwaltungsaufgaben dem Vsvertreter eine Inkasso- oder Verwaltungsprovision zufließen, die ihm allerdings nicht auf die Dauer gesichert ist, weil sie bei Aufhören von Inkasso oder Verwaltung entfällt. Nur ausnahmeweise kann einem Vsvermittler für die gesamte Vertragsdauer diese Einnahmequelle zugebilligt sein: vgl. Anm. 70, 222.

Alle Provisionsansprüche könnte ein Vsvertreter verlieren, wenn ein Vsverhältnis vom Ver oder Vmer gekündigt oder durch Vereinbarung aufgehoben wird. Erfolgt allerdings anschließend ein Neuabschluß, so taucht der Verdacht auf, daß lediglich der Vsvermittler mit seinen Provisionsansprüchen ausgeschaltet werden sollte. In solchen Fällen muß der Vsvertreter — auch bei geringfügigen Inhaltsabweichungen (Anm. 286) und bei mutwilligem Personenwechsel (Anm. 287) — geschützt werden (Anm. 308, 309).

Eine weitere Gefahr besteht für den Vsvertreter in der Beendigung des Agenturverhältnisses. Auch das neue Handelsvertreterrecht sieht keine Unkündbarkeit, keine Kündigungsbeschränkungen (z. B. für Härtefälle), keinen Entschädigungsanspruch wegen zu mißbilligender Kündigung vor (HandelsvertreterGBegr. S. 33). Der Vsvertreter ist vielmehr nur dadurch geschützt, daß laufende Vermittlungsprovisionen grundsätzlich auch nach der Beendigung des Vertreterverhältnisses weiterzuzahlen sind (Nachprovisionsanspruch: Anm. 271, 366—369). Nur wenn dieser (abdingbare) Anspruch vertraglich ausgeschlossen wird, können die Voraussetzungen für einen (unabdingbaren) Ausgleichsanspruch gegeben sein, den § 89b HGB neu eingeführt hat (Anm. 370—389). In seltenen Fällen steht dem ausgeschiedenen Vsvertreter ein (umfassenderer) Schadensersatzanspruch zu (vgl. § 89a II HGB; Anm. 355).

Hat ein Vsvertreter einem Ver einen Vmer gebracht, so ist es dem Ver nicht verwehrt, weitere Vsverträge direkt oder über andere Vsvertreter mit diesem Vmer abzuschließen. Es handelt sich dann zwar wirtschaftlich um eine Art von „Nachbestellung", aber die Spezialnorm des § 92 III 1 HGB macht ersichtlich, daß — anders als ein Warenvertreter (§ 87 I 1 HGB) — ein Vsvertreter keine Nachbestellungsprovision erhält. Bei Bezirksvertretern kommt auch eine Provision aus § 87 II 1 HGB hier regelmäßig nicht in Betracht, weil gemäß § 92 III, II HGB in der Vswirtschaft die Provisionspflichtigkeit von Bezirksgeschäften entfällt (Anm. 189, 285).

Es gibt auch keinen Rechtssatz, wonach ein Ver nicht unmittelbar, sondern nur über den Vsvertreter mit dem Vmer verkehren darf.

Möglicherweise bleiben einem **Vsvertreter seine „Kunden"** nach Beendigung des Agenturverhältnisses **treu.** Sie müssen dann das Vsverhältnis beim bisherigen Ver kündigen, z. B. vor einer Verlängerung auf Grund einer Verlängerungsklausel (§ 8 I) oder nach einem Vsfall (z. B. § 96 für die Feuerv). Der ausgeschiedene Vsvertreter hat keinen Anspruch auf vorzeitige Freigabe seiner Kunden, es sei denn, daß eine „Umdeckungsklausel" (Trinkhaus I S. 70, 314) vereinbart ist, die aber viel häufiger bei Vsmaklern vorkommt (Anm. 70).

Für die Abonnentenv verbieten es die Erläuterungen zu Ziff. III Anordnung über V und Zeitschrift (Anm. 195), daß Verleger und Zeitschriftenhändler ein Verfügungsrecht über den Vsbestand vereinbaren. In der Personenv, speziell in der Lebens- und Krankenv ist im übrigen der Verwechsel für den Vmer durchweg so nachteilig, daß er dieserhalb nicht in Betracht kommt; in der Kraftfahrtv kann eine „Beitragsermäßigung" bei schadensfreiem Verlauf zur „Einmauerung der Bestände" führen. Zu beachten ist auch, daß sogar ein Wettbewerbsverstoß darin liegen kann, daß ein Vsvertreter seine eigenen Kunden bei seinem früheren Unternehmer ausspannt, um sie seinem neuen Unternehmer zuzuführen (dazu RG 29. V. 1916 LZ 1916 Sp. 1306, 25. X. 1935 RGZ Bd 149 S. 114—121).

Nach alledem muß festgestellt werden, daß nach deutschem Recht der Vsvertreter **kein „Recht am Kunden", „Eigentum" oder sonstiges „Recht am Vsbestand"** hat. Für das ausländische Vswesen vgl. Trinkhaus I S. 300—313.

Bei **Generalagenten** mit echten Untervertretern ergeben sich Anwartschaften nicht nur aus dem Vorhandensein von Kundschaft und Beziehungen, sondern auch aus der Existenz der Unterorganisation, aus welcher laufend Neugeschäft erwartet werden kann (über den Wert einer Organisation: Riepl VA 1951 S. 188). Wird der Generalagenturvertrag gekündigt, so kann der Generalagent unter Mitnahme seiner Organisation mit einem konkurrierenden Ver einen neuen Vertrag abschließen. Grade umgekehrt büßt bei Vorhandensein unechter Unteragenten der Generalagent durch Auflösung des Vertreterverhältnisses die Beziehungen zu der oft mühsam aufgebauten, aber auf den Ver verpflichteten Unterorganisation ein (Trinkhaus I S. 319).

[242] **bb) Ansprüche außer Erfolgsvergütung.**

aaa) Unterlagen.

Nach § 86a HGB muß der Unternehmer die Belange der Handelsvertreter in mehrfacher Beziehung wahren. Man hat deshalb aus dieser Norm eine allgemeine Interessenwahrnehmungspflicht des Unternehmers abgeleitet (Würdinger in: RGR-Komm. HGB Bd 1 Anm. 31 zu § 84, S. 697, Anm. 1 zu § 86a, S. 704). Da jedoch § 86a HGB (anders als bei der Interessenwahrnehmungspflicht des Handelsvertreters [§ 86 I HGB, Anm. 217]) spezielle Verpflichtungen herausstellt, erscheint es richtiger, von diesen auszugehen und Gesetzeslücken durch die Konstruktion ergänzender Leistungspflichten aus Treu und Glauben auszufüllen (Beispiel: Anm. 241 hinsichtlich der Nichtanschwärzung bei der Kundschaft usw.). In Ausweitung des Gedankens von § 86a I HGB konstruieren Duden a. a. O. S. 300, HandelsvertreterGBegr. S. 19 eine allgemeinere Rechtspflicht des Unternehmers, die Arbeit des Handelsvertreters zu unterstützen, eine Konstruktion, die nicht ganz soweit geht wie diejenige einer Interessenwahrnehmungspflicht.

§ 86 a I HGB verpflichtet den Ver oder Generalagenten, dem Vsvertreter oder Untervertreter die zur Ausübung seiner Tätigkeit erforderlichen Unterlagen zur Verfügung zu stellen. Zu denken ist zunächst an Unterlagen, die der Vsvertreter für seine Verhandlungen mit Dritten braucht (Schröder[2] a. a. O. Anm. 3 zu § 86a, S. 76), gleichgültig, ob der Vsvertreter die Sachen für sich benutzt (Tarife in der Schadensv) oder an Vskandidaten weggibt, sei es endgültig (z. B. Werbedrucksachen, Vsscheine, Vsbedingungen), sei es lediglich leihweise (z. B. Sparuhren, Sparbüchsen), sei es nur zur Ausfüllung (z. B. Antragscheine). Von Fall zu Fall kann die Verpflichtung des Vers oder Generalagenten abredegemäß oder nach den Umständen weiterreichen, man denke an die (nicht für den Verkehr mit den Dritten) benötigten standardisierten Abrechnungsbogen und sonstigen Formulare, auch an vom Vsvertreter im Rahmen der Verwaltungspflicht (Anm. 224) zu führende Geschäftsbücher. Zuweilen hat der Ver oder Generalagent auch Hinweise auf Interessenten zu geben, z. B. nach einer Werbeaktion des Vers, auf Grund derer Interessenten um einen Vertreterbesuch bitten. Grundsätzlich aber hat der Vsvertreter selbständig Gelegenheiten ausfindig zu machen und zu nutzen (Knapp[2] a. a. O. Anm. 1 zu § 86a, S. 16—17). Wie man „Bedarfer" findet, lehrt Gasser, Das Adreßmaterial, Bern (1950). Über die Zurverfügungstellung von Kundenlisten vgl. Schröder[2] a. a. O. Anm. 2 zu § 86a, S. 76, besonders für den Fall der Einweisung des Vertreters in einen bereits bearbeiteten Bezirk.

Negativ ist hervorzuheben, daß der Unternehmer für den Vsvertreter keine sonst nicht verwendeten Unterlagen einzuführen braucht (Josten-Lohmüller a. a. O. Anm. 2 zu § 86a, Schröder[2] a. a. O. Anm. 2 zu § 86a, S. 76, Würdinger in: RGRKomm. HGB Bd 1 Anm. 1 zu § 86a, S. 704). Beim selbständigen Vsvertreter gehören zu den Unterlagen nicht etwa Mobiliar, Büromaschinen, Kraftwagen, nicht Geschäftsbücher, Karteien, Papier, benötigt für das eigene Unternehmen des Vsvertreters (dazu § 87d HGB, Schröder[2] a. a. O. Anm. 3 zu § 86a, S. 76), nicht das Firmenschild oder Werbetransparente, beim Warenvertreter nicht die Musterkoffer (OLG Hamburg 15. XI. 1955 Entscheidungen und Gutachten Nr. 101).

Soweit der Ver oder Generalagent Unterlagen zur Verfügung zu stellen hat, muß er sie selbstverständlich vorher herstellen, herstellen lassen oder sonstwie beschaffen. Stellt der Vsvertreter selbst Unterlagen her, so kann das zu Mißständen führen. Das BAA hat deshalb in den Erläuterungen zu III Anordnung über V und Zeitschrift (Anm. 195) bestimmt: „Werbedrucksachen und für den Verkehr mit den Vten bestimmte Druckstücke einschließlich Beitragsrechnungen dürfen nur durch den Ver oder mit dessen ausdrücklicher Genehmigung durch die Verleger oder Zeitschriftenhändler hergestellt werden."

Die Unterlagen hat der Unternehmer zur Verfügung zu stellen. Es handelt sich um eine echte Rechtspflicht des Unternehmers, nicht nur (wie Josten-Lohmüller a. a. O. Anm. 2 zu § 86a, Würdinger in: RGRKomm. HGB Bd 1 Anm. 1 zu § 86a, S. 704—705 in Betracht ziehen) um bloße Mitwirkungshandlungen analog § 642 BGB. Der Ver oder Generalagent gerät also bei Normverletzung nicht nur in Annahmeverzug, sondern in Schuldnerverzug, womöglich liegt ein Fall zu vertretender Unmöglichkeit vor, wenn die Unterlagen nicht zur Verfügung gestellt werden. Eine Schadensersatzpflicht des Unternehmers in Höhe entgangener Provisionen kann also nicht nur auf § 642 BGB, sondern auch auf die §§ 286 I, 280 I BGB gestützt werden (wie hier Schröder[2] a. a. O. Anm. 68 zu § 87, S. 120, vgl. auch OLG München 29. XII. 1952 Entscheidungen und Gutachten Nr. 5).

Der Ausdruck „zur Verfügung zu stellen" macht deutlich, daß dem Vsvertreter nicht das Eigentum an den Unterlagen verschafft zu werden braucht. Wie in Anm. 226 dargetan, verbleiben die Unterlagen vielmehr grundsätzlich im Eigentum des Vers, nur endgültig an Vskandidaten und Vmer fortzugebende Unterlagen können nach Vertretungsgrundsätzen oder gemäß § 185 I BGB an diese übereignet werden. Die Verpflichtung des Unternehmers beschränkt sich also auf eine Besitzverschaffung. Die Unterlagen sind dem Vsvertreter zu schicken (Schröder[2] a. a. O. Anm. 2 zu § 86a, S. 76), und zwar rechtzeitig, ohne besondere Anforderung (Schröder[2] a. a. O. Anm. 4 zu § 86 a, S. 77) und unentgeltlich (Schröder[2] a. a. O. Anm. 2 zu § 86a, S. 76).

Der Vsvertreter muß die Unterlagen sorgfältig aufbewahren (Schröder[2] a. a. O. Anm. 6 zu § 86a, S. 77), wobei erforderlichenfalls Geheimhaltung, z. B. von Tarifbüchern verlangt werden muß (Anm. 220). Eine Vspflicht dürfte den Vsvertreter nicht treffen (Duden a. a. O., S. 301, a. M. Schröder[2] a. a. O. Anm. 6 zu § 86a, S. 77). Über die Pflicht zur Herausgabe der Unterlagen vgl. Anm. 226, über die Zurückbehaltung Anm. 235, über die Zurückbehaltung nach Beendigung des Vertreterverhältnisses § 88 a II HGB, Anm. 360.

Bei Verletzung der Verpflichtung aus § 86a I HGB kann der Unternehmer nicht nur schadensersatzpflichtig werden, auch eine Kündigung durch den Vsvertreter kommt in Frage (§ 89a HGB).

[243] **bbb) Benachrichtigung.**

Nach § 86a II HGB trifft den Unternehmer weiterhin die Verpflichtung, dem Handelsvertreter die erforderlichen Nachrichten zu geben. Wiederum (vgl. Anm. 242) bezweifeln Josten-Lohmüller a. a. O. Anm. 2 zu § 86a, Würdinger in: RGRKomm. HGB Bd 1 Anm. 1 zu § 86a, S. 704—705 zu Unrecht das Vorliegen einer echten Rechtspflicht.

Die allgemeine Verpflichtung zur Nachrichtengebung (§ 86a II 1 HBG) wird ergänzt durch zwei speziellere Mitteilungspflichten: Mitteilung über Annahme oder Ablehnung eines Geschäfts (§ 86a II 2 HGB) und Mitteilung über voraussichtliche künftige Einschränkung von Abschlüssen (§ 86a II 3 HGB). Alle diese Benachrichtigungspflichten ließen sich auch aus Treu und Glauben ableiten (HandelsvertreterGBegr. S. 19). Hier sollzu nächst von den beiden spezielleren, dann von der allgemeinen Pflicht die Rede sein.

Der Ver hat dem Vsvertreter „unverzüglich die **Annahme oder Ablehnung** eines vermittelten oder ohne Vertretungsmacht abgeschlossenen Geschäfts **mitzuteilen**" (§ 86 a II 2 HGB). Diese Rechtspflicht hat bei Vermittlungsagenten Bedeutung (Vermittlungsagent ist auch ein Abschlußvertreter, soweit die Vertretungsmacht mit Außenwirkung beschränkt ist und überschritten wird). Der Ver ist grundsätzlich frei in der Entschließung, ob er einen gebrachten Antrag annehmen will (Anm. 240). Er muß aber von seiner positiven oder negativen Entschließung im Verhältnis zum Vsvertreter unverzüglich Mitteilung machen. An solcher Mitteilung ist der Vsvertreter juristisch stark interessiert wegen § 179 BGB, also dann, wenn er als Vertreter ohne Vertretungsmacht mit dem Vmer kontrahiert hat; denn hier geht es um die eigene Haftung des falsus procurator. Aber wirtschaftlich gesehen muß auch in allen anderen Fällen ein Vermittlungsvertreter etwas über das Schicksal der von ihm gebrachten Anträge erfahren, einmal wegen des eigenen Provisionsinteresses, andererseits aus Gründen des Prestige gegenüber den Kunden. Im Verhältnis zu letzteren trifft den Ver rechtlich keine Verpflichtung zur Mitteilung der Ablehnung (Anm. 80 zu § 1). Nur beim Handeln des Vermittlungsagenten als Vertreter ohne Vertretungsmacht muß der Ver dem Dritten gegenüber das Geschäft ablehnen, soll es nicht als vom Ver genehmigt gelten (§ 91 a HGB, § 177 I BGB). Nimmt der Ver den Antrag an, so bedarf es einer Willenserklärung (Anm. 77 zu § 1) gegenüber dem Vmer; ein Vsvertreter ist zur Entgegennahme der Annahmeerklärung für den Vmer nicht befugt (Anm. 79 zu § 1). Neben der Mitteilung an den Vermittlungsagenten ist also eine Annahmeerklärung gegenüber dem Vmer nötig, die selbstverständlich durch den Vsvertreter als Boten überbracht werden kann. Die agentenrechtliche Mitteilung muß unverzüglich erfolgen, die Annahme nur innerhalb der Annahmefrist (Anm. 75 zu § 1). Bei echten Unteragenten richtet sich die Forderung auf Mitteilung gegen den Generalagenten, die Mitteilung aber betrifft die Annahme oder Ablehnung durch den Ver, mag dieser auch u. U. durch den Generalagenten vertreten sein. Unverzüglichkeit bedeutet, daß der Ver oder Generalagent ohne schuldhaftes Zögern (§ 121 I 1 BGB) mitzuteilen habe, wobei eine Mitteilung von der Annahme nicht erst zu machen ist, nachdem die Annahmeerklärung dem Vmer zugegangen ist, sondern schon, nachdem sich der Ver intern zur Annahme (oder Ablehnung) entschlossen hat. Entsprechendes gilt bei Generalagenten, die Abschlußvertreter sind. Sind sie das nicht, so muß der Generalagent den echten Untervertreter benachrichtigen, sobald er seinerseits die Mitteilung vom Ver erhalten hat.

Der Ver hat den Vsvertreter, der Abschlußgeneralagent hat den echten Untervertreter „zu unterrichten, wenn er **Geschäfte voraussichtlich nur in erheblich geringerem Umfange abschließen** kann oder will, als nach den Umständen zu erwarten ist; dieser Anspruch kann nicht ausgeschlossen werden" (§ 86 a II 3 HGB). Man hat gesagt, diese Rechtspflicht komme nur gegenüber Vermittlungs-, nicht also gegenüber Abschlußagenten in Betracht (Josten-Lohmüller a. a. O. Anm. 3 zu § 86 a, Würdinger in: RGR-Komm. HGB Bd 1 Anm. 3 zu § 86 a, S. 705). Aber auch ein Abschlußvertreter ist Weisungen unterworfen, die dahin gehen können, er dürfe gewisse Vsverträge nicht mehr für den Ver abschließen. Steht solche Weisung bevor, so kann der Vsvertreter unverzügliche Unterrichtung im Vorwege fordern. Zwar erwähnt das Gesetz hier nicht die Unverzüglichkeit, aber das dürfte ein Redaktionsversehen sein (Schröder[2] a. a. O. Anm. 10 zu § 86 a, S. 78). Die spezielle Mitteilungspflicht hat den Sinn, „den Handelsvertreter nicht zwecklos arbeiten zu lassen. Dem Handelsvertreter würde ein unnötiger Aufwand an Arbeit, Zeit und Kosten entstehen, wenn er im Hinblick auf den bisherigen Geschäftsgang seine Bemühungen um weitere Geschäfte zu einem Zeitpunkt uneingeschränkt fortsetzte, in dem der Unternehmer schon voraussieht, daß er die Geschäftsabschlüsse einschränken wird" (HandelsvertreterGBegr. S. 20). Das Wort „voraussichtlich" erheischt nicht nur eine Mitteilung über bestimmt bevorstehende Einschränkungen, sondern auch eine solche über wahrscheinliche Einschränkungen (Knapp[2] a. a. O. Anm. 6 zu § 86 a, S. 18 fordert einen hohen Grad von Wahrscheinlichkeit). Das Motiv der künftigen Einschränkung der Geschäftsabschlüsse ist unerheblich. In der Vswirtschaft kommt besonders ein schlechter Schadensverlauf als Motiv in Betracht, der auch dazu führen kann, daß mit ganz bestimmten Vmern oder Gruppen von Vmern nicht abgeschlossen werden soll, z. B. in der Kraftfahrtv nicht mit Fernlastzugunternehmern. Soweit für den Ver ein Kontrahierungszwang (Annahmezwang: Anm. 55 zu § 1) besteht, schließt das doch nicht aus, daß er die Außenorganisation davon unterrichtet, er wolle solche Vsverträge nicht (gern) abschließen. Die Unterrichtungspflicht entfällt, wenn der Vsvertreter die zukünftige Gestaltung der Abschlüsse (die „Annahmepolitik") selbst überblicken kann (Würdinger in: RGRKomm. HGB Bd 1 Anm. 1 zu § 86a, S. 705): Vielleicht wird allgemein in der Vspresse darüber berichtet, das BAA werde demnächst gewisse Arten von Vsgeschäften verbieten. Im übrigen aber ist die Unterrichtung des Vsvertreters so wesentlich, daß das Gesetz diesen Unterrichtungsanspruch (und nur ihn) für unausschließbar erklärt hat. Einschränkungen der Abschlußtätigkeit können zur Kündigung, auch zur fristlosen Kündigung des Agenturverhältnisses führen. Jedoch wird man nicht mit Knapp[2] a. a. O. Anm. 6 zu § 86a, S. 18 annehmen können, die Unterrichtung sei bei völliger Betriebseinstellung als Kündigung aus wichtigem Grunde anzusehen.

Über die beiden spezielleren Mitteilungspflichten hinaus ist der Ver oder echte Generalagent schlechthin generell verpflichtet, „dem Handelsvertreter die **erforderlichen Nachrichten zu geben**" (§ 86a II 1 HGB). Auch das muß jeweils — trotz Schweigens des Gesetzes — unverzüglich geschehen (Schröder[2] a. a. O. Anm. 10 zu § 86a, S. 78). Erforderlich sind alle Nachrichten, die dem Vsvertreter nützlich sind, insbesondere einen vermeidbaren Aufwand an Arbeit, Zeit und/oder Kosten vermeiden helfen. Man denke auch daran, daß ein Ver einen Vsvertreter, der nicht mit dem Inkasso betraut ist, über säumige Prämienschuldner zu unterrichten hat, wenn von der Zahlung Vermittlungsprovisionsansprüche des Vsvertreters abhängen (das gilt aber nicht für die Zeit nach Ausscheiden des Vertreters: AG Hamburg 27. III. 1951 VersR 1951 S. 178-179 mit Anm. Bronisch). Eine gute Zusammenarbeit mit der Außenorganisation erfordert darüberhinaus eine laufende allgemeine Unterrichtung, die bei vielen Vsunternehmungen durch Hauszeitungen und Außendiensttagungen erfolgt. Eine eigentliche fachliche Schulung geht über die Nachrichtengebung hinaus: So sehr die Schulung auch von Standpunkte des Vers und der Vsaufsicht erwünscht sein mag, juristisch geschuldet ist sie vom Ver nicht. Als Beispiele für die Nachrichtengebung nennt Duden a. a. O. S. 301 Mitteilungen des Unternehmers darüber, „wie er Lage und Entwicklung des Markts beurteilt, was er vorbereitet (soweit er es nicht geheimhalten muß)", Knapp[2] a. a. O. Anm. 4 zu § 86a, S. 17 erwähnt „eine Änderung der Produktion, der Preise, Lieferungsbedingungen", was für das Vswesen bedeutet, daß bevorstehende Tarif- oder Bedingungsreformen — etwa in der Krankenv — dem Vsaußendienst mitgeteilt werden müssen.

Unterbleibt eine nach § 86a II HGB geschuldete Benachrichtigung, so kann der Ver oder echte Generalagent schadensersatzpflichtig sein. Er muß den Vsvertreter so stellen, wie er stehen würde, wenn die Benachrichtigung ordnungsgemäß, insbesondere rechtzeitig erfolgt wäre. Es wäre dann Leerlauf vermieden, es wären Kosten gespart, die Zeit hätte für andere Arbeit aufgewendet werden können. Der Vsvertreter kann also verlangen, daß ihm die Kosten, die ihm bei der Vermittlung nicht angenommener Anträge erwachsen sind, erstattet werden, sofern die Annahme nach dem früheren Laufe der Dinge mit Wahrscheinlichkeit erwartet werden konnte (§ 252[2] BGB). Vielleicht auch gelingt es einem Vsvertreter nachzuweisen, daß er in der verlorenen Zeit andere Geschäfte hätte vermitteln können (Duden a. a. O. S. 313, Schröder[2] a. a. O. Anm. 68 zu § 87, S. 120), ein Nachweis, der allerdings nur selten möglich sein wird. Unrichtig aber ist es anzunehmen, der Ver müsse im Falle des § 86a II 2, 3 HGB die Provision so zahlen, als ob er die vermittelten Anträge angenommen hätte; denn insoweit handelt es sich nicht um einen durch die Nichtbenachrichtigung entstandenen Schaden (bedenklich deshalb Würdinger in: RGRKomm. HGB Bd 1 Anm. 2 zu § 86a, S. 705, OLG Königsberg 11. IV. 1933 Entscheidungen und Gutachten Nr. 9). Wohl nur selten kann eine einmalige Verletzung der Benachrichtigungspflichten zur Kündigung aus wichtigem Grunde (§ 89a HGB) führen.

[244] ccc) Festbezüge.

α) Gehaltszahlung.

Es gibt Handlungsgehilfen, denen Provisionen gezahlt werden (§ 65 HGB). Aber es gibt auch selbständige Handelsvertreter, denen Gehalt gezahlt wird, sei es neben Provisionen, sei es sogar ausschließlich (Anm. 240, HandelsvertreterGBegr. S. 21).

Allerdings kann die Gewährung von Festbezügen für den allgemeinen Lebensunterhalt (Gegensatz: Aufwendungsersatz) das Unternehmertum des Vsvermittlers aufheben, speziell dann, wenn nebenher keine Provision gezahlt wird oder wenn bei Kumulierung von Provision und Gehalt das Gehalt den pfändungsfreien Betrag übersteigt (Anm. 158). Aber ausnahmsweise könnte trotz solchen Übergewichts der wirtschaftlichen Existenzsicherung das Unternehmertum doch noch zu ausreichendem Ausdruck kommen, etwa dann, wenn die Festbezüge einer juristischen Person oder offenen Handelsgesellschaft gewährt werden, oder wenn bei einer Einzelperson das Gewerbe angemeldet ist, die Eintragung in das Handelsregister herbeigeführt wurde, eine eigene Firma im eigenen Geschäftslokal benutzt wird usw. (Näheres Anm. 158). Das Gesetz legt heute in § 84 I 2 HGB den Schwerpunkt auf die Freiheit der Tätigkeitsgestaltung und der Arbeitszeitbestimmung. Diese Freiheit könnte ausnahmsweise auch einem reinen Gehaltsempfänger gewährt werden. Praktisch allerdings kommen selbständige Vsvertreter mit ausschließlichen Festbezügen wohl überhaupt nicht vor. Die Festbezüge wirken jedenfalls zunächst als Indiz gegen die Selbständigkeit (Anm. 164). Da neben Provision in der Praxis sehr häufig ein Gehalt gezahlt wird, muß auf diesen Fall eingegangen werden (vgl. zu den Begriffen Provisions- und Verwaltungsgeneralagent: Anm. 22).

Wirtschaftliche Motive für solche Gehaltszahlung kommen mannigfaltig vor: In einer Anlaufszeit möchte man möglicherweise einem vielversprechenden Vsvertreter einen festen Grundbetrag sichern. Auf der Höhe ihrer Erfolge, also auch ihrer Provisionseinnahmen erreichen einige Vsvertreter es, daß ihnen als Belohnung zusätzlich ein Gehalt gewährt wird. Wird ein Vsvertreter älter und leistungsschwächer, so erkennt man seine früheren Verdienste um das Unternehmen manchmal dadurch an, daß man ihm ein Gehalt — gleichsam als Vorstufe einer Pension — zubilligt. Verlagert ein Ver zahlreiche Innendienstaufgaben auf Vsvertreter, so erscheint es angemessen, daß er hierfür ein Gehalt bezieht. Das kann auch zutreffen, falls er Organisationsaufgaben löst oder falls er im Blick auf die einzelnen Vsverhältnisse Inkasso-, Schadensbearbeitungs- oder andere Verwaltungspflichten übernimmt, ohne jedoch dafür Provision zu beziehen. Für gewisse Vszweige gibt es gesetzlich oder aufsichtsbehördlich festgesetzte Höchstprovisionen (Anm. 297, 312, 315). Diese Limitierung könnte durch zusätzliche Gehaltsgewährung umgangen werden (deshalb verbietet VA 1948 S. 47 feste Zuschüsse für die Volksunfallv). Wenn § 3 VO PR Nr. 52/50 über Provisionen in der Kraftfahrtv (Anm. 100) bestimmt: „Organisations- und sonstige Zuschüsse dürfen den .... Vsvermittlern nicht gewährt werden“, so verbietet diese Norm nur die Gewährung (nicht auch, wie §§ 1, 2 a. a. O.) die Annahme von Gehalt. Würde hiernach einem reinen Autovsvertreter Gehalt gezahlt, so wäre insoweit das Rechtsgeschäft nicht gemäß § 134 BGB nichtig, weil sich § 3 a. a. O. nur gegen den Ver wendet, nicht auch gegen den Vsvertreter. Da die meisten Vsvertreter nicht reine Autovsvermittler sind, kann ihnen übrigens außerhalb des Bereiches der Kraftfahrtv ohne weiteres ein Gehalt gewährt werden.

Ist einem selbständigen Vsvertreter Gehalt versprochen, so für seine bloßen Bemühungen, vielleicht auch für Inkasso, Schadensbearbeitung, Verwaltung. Insoweit nähert sich dann der Agenturvertrag einem echten gegenseitigen Dienstvertrage an. Da die Dienste in den kaufmännischen Bereich gehören, ist eine analoge Anwendung der §§ 59—75h HGB in Erwägung zu ziehen (übersehen von Trinkhaus I S. 436, der nur § 616 BGB, nicht § 63 HGB heranzieht).

Jedoch kommen die §§ 59—62 HGB hier nicht in Betracht: Dienstleistungen und Vergütung sind im Agenturverhältnis besonders geregelt; das gesetzliche Wettbewerbsverbot kann wegen der vielleicht nur geringfügigen Festbezüge nicht angewendet werden; die Fürsorgepflicht des Prinzipals ist eine typisch arbeitsrechtliche. Die Kündigungsregelung der §§ 66—72 HGB kann die agentenrechtlichen Kündigungsnormen nicht ersetzen und für den nachvertraglichen Wettbewerb (§§ 74—75f HGB) gelten gleichfalls Spezialnormen im Recht der Handelsvertreter. Das gilt auch für die Vertretungsprobleme der §§ 75g, 75h HGB.

So bleiben praktisch nur die spezifischen Gehaltsregelungen der §§ 64, 63 HGB für die Analogie übrig. In der Tat wird man annehmen müssen, daß das Gehalt auch beim Vsvertreter postnumerando am Monatsschluß zu zahlen ist, aber es könnte bei ihm eine spätere, z. B. vierteljährliche Gehaltszahlung vereinbart werden. Wichtiger als § 64 HGB ist § 63 HGB:

„Wird der Handlungsgehilfe durch unverschuldetes Unglück an der Leistung der Dienste verhindert, so behält er seinen Anspruch auf Gehalt und Unterhalt, jedoch nicht über die Dauer von sechs Wochen hinaus. Der Anspruch kann nicht durch Vertrag ausgeschlossen oder beschränkt werden.

Der Handlungsgehilfe ist nicht verpflichtet, sich den Betrag anrechnen zu lassen, der ihm für die Zeit der Verhinderung aus einer Kranken- oder Unfallversicherung zukommt. Eine Vereinbarung, welche dieser Vorschrift zuwiderläuft, ist nichtig."

Auch diese Norm wird man im Prinzip entsprechend anwenden müssen, nicht nur bei arbeitnehmerähnlichen Vsvertretern.

Unglück ist jedes nachteilige, vom normalen Verlauf des Lebensganges abweichende unerwartete Ereignis, welches den Verpflichteten unmittelbar oder mittelbar in seiner Person betrifft (RArbG 19. III. 1932 RAG Bd 10 S. 347). Auch der Vsvertreter muß demnach das Gehalt bei unverschuldeter Krankheit beziehen (VA 1953 S. 166); Fahrlässigkeit, die nur leicht ist, wird i. S. der Vorschrift nicht als Verschulden gewertet (Würdinger in: RGRKomm. HGB Bd 1 Anm. 1 zu § 63, S. 562), man denke an Unfälle beim Skilaufen oder Motorradfahren. Auch Tod oder schwere Erkrankung eines nahen Angehörigen kommen in Betracht (Nikisch, Arbeitsrecht, 2. Aufl., I. Bd, Tübingen 1955, S. 512). Der für sechs Wochen bestehende Gehaltsanspruch könnte aber bei einem selbständigen Vsvertreter durch Vertrag ausgeschlossen oder beschränkt werden, auch könnte eine Anrechnung von Kranken- und Unfallvsleistungen (aus der Privat- oder freiwilligen Sozialv) hier gültig vereinbart werden. Wird der Vsvertreter anhaltend krank, so kommt eine fristlose Kündigung seitens des Vers oder Generalagenten in Betracht (§ 89a I HGB, auch § 72 I Ziff. 3 HGB), aber man wird entsprechend § 72 II HGB im Zweifel annehmen müssen, daß trotz der Kündigung der Vsvertreter sein Gehalt für (längstens) sechs Wochen weiter bezieht.

Es ist problematisch, ob neben § 63 HGB § 616 BGB angewendet werden kann, sofern zwar kein unverschuldetes Unglück des Vsvertreters vorliegt, wohl aber eine Verhinderung „durch einen in seiner Person liegenden Grund ohne sein Verschulden" (für die Anwendung Würdinger in: RGRKomm. HGB Bd 1 Vorbem. zu § 63, S. 561; nur § 616 BGB erwähnt Schröder[2] a. a. O. Anm. 72 zu § 87, S. 123, Trinkhaus I S. 436). Bejahendenfalls hat der Vsvertreter den Gehaltsanspruch auch während Schöffendienstes, die Vsvertreterin auch bei (selbst außerehelicher) Schwangerschaft. Da selbständige Vsvertreter keine Angestellten und da sie nicht sozialvspflichtig sind, gilt nur § 616 I 1 BGB (Gehalt nur bei Verhinderung für eine verhältnismäßig nicht erhebliche Zeit).

Ohne daß der Vsvertreter sich um Vermittlungen bemüht, kommt eine Gehaltsfortzahlung noch in folgenden Fällen in Betracht: Annahmeverzug des Vers oder Generalagenten (§§ 615, 324 II BGB; Schröder[2] a. a. O. Anm. 72 zu § 87, S. 123, Trinkhaus I S. 439—440), Unmöglichwerden der Leistung des Vsvertreters infolge eines Umstandes, den der Unternehmer zu vertreten hat (§ 324 I BGB; Trinkhaus I S. 438). Stellt man sich vor, daß die Innendienstangestellten eines Vers streiken oder daß das Hauptverwaltungsgebäude niederbrennt, so daß der Geschäftsbetrieb stockt und die von den Vermittlungsvertretern gebrachten Anträge nicht bearbeitet werden, so fragt es sich — wie im Arbeitsrecht —, in welchen Gefahrenkreis das Ereignis fällt (Sphärentheorie). Im Streikfalle wird man die Grundsätze des Urteils RG 6. II. 1923 RGZ Bd 106 S. 272—277 nicht anwenden können; denn die selbständigen Vsvertreter gehören nicht zusammen mit den Streikenden zur Arbeitnehmerschaft des Vers. Es handelt sich also nicht um ein Ereignis aus dem Gefahrenkreis der Vsvertreter, sondern — ebenso wie bei dem Brand — um ein Ereignis aus der Unternehmersphäre, und die Vsvertreter behalten grundsätzlich den Gehaltsanspruch, sofern dies nicht die Existenz des Vers gefährdet. Handelt es sich um Ereignisse aus der Vsvertreter- oder neutralen Sphäre, so verliert der Vsvermittler den Gehaltsanspruch (§ 323 I BGB; Trinkhaus I S. 437, anscheinend aber nur für arbeitnehmerähnliche Vsvertreter). Über Gehaltszahlung bei Urlaub Anm. 253.

Über Verletzung der Gehaltszahlungspflicht Anm. 328, Pfändung des Gehaltes und konkursmäßige Behandlung Anm. 336, Ausgleichsanspruch Anm. 384.

Steuerrechtlich fragt es sich, ob eine Gehaltsgewährung dazu führt, Unselbständigkeit anzunehmen. Das ist nicht der Fall. Sind Vsvertreter steuerlich Spezialagenten, so gilt der Satz: „Ihre steuerliche Selbständigkeit ist auch dann gegeben, wenn sie neben Provisionsbezügen auch ein mäßiges festes Gehalt bekommen" (Erlaß des Reichsministers der Finanzen vom 20. II. 1943 [RStBl. 1943 S. 234]). Bei „Generalagenten mit gemischter Tätigkeit" wird man prüfen müssen, in welche Sphäre die Gehaltszahlung gehört: Verfolgt sie den Zweck, Vermittlungserfolge zu erhöhen oder zu ergänzen, so kommt die Sphäre der Selbständigkeit in Betracht. Wird das Gehalt dagegen wegen Erledigung von Innendienstaufgaben oder als Entgelt für Inkasso oder Schadensbearbeitung gezahlt, so wird man es dem Bereich der Unselbständigkeit zurechnen müssen. Rohrbeck-Durst-Bronisch S. 221—222 stellen zu Unrecht die Regel auf: „Feste Bezüge sind im allgemeinen den Bezügen aus abhängiger Tätigkeit zuzurechnen".

[245] β) Provisionsgarantie.

Vom Gehalt (Anm. 244) sind Provisionsgarantien zu unterscheiden. Zwar handelt es sich auch hier um Festbezüge, die ohne Rücksicht auf erzielte Erfolge, insbesondere Vermittlungserfolge unbedingt zu zahlen sind, aber bei einer Provisionsgarantie werden verdiente Provisionen auf die Garantiesumme verrechnet, während bei einem Gehalt solche Verrechnung nicht in Frage kommt; wird neben Gehalt Provisionsgarantie versprochen, so stehen beide Arten von Festbezügen unabhängig nebeneinander. Menkens VW 1953 S. 16 betont: „Es gibt Verträge, vornehmlich für das Lebensgeschäft, die dem Vertreter ein Mindestgehalt garantieren, das voll abverdient werden muß, während die nach Erfüllung des Solls hereingebrachte Produktion einen zusätzlichen Provisionsverdienst darstellt" (der Ausdruck „Mindestgehalt" ist nicht ganz glücklich).

Provisionsgarantien sind nicht nur vom Gehalt, sondern auch von den Provisionen, insbesondere den Provisionsvorschüssen (Anm. 303) abzugrenzen. Leider schwankt hier in der Vspraxis die Terminologie sehr (Trinkhaus I S. 198 Anm. 81). Provisionsvorschüsse sind stets zurückzuzahlen, soweit sie nicht mit Provisionen verrechnet werden können. Das gilt auch bei festen Vorschüssen, die in gleichbleibender Höhe laufend gezahlt werden (Trinkhaus I S. 194). Bei Provisionsgarantien bedroht den Vsvertreter keine Rückzahlungspflicht; spätestens mit der Beendigung des Agenturverhältnisses erledigt sich ein etwa zulasten des Vsvertreters bestehender Debetsaldo; die Buchschuld des Vsvertreters ist nur durch Verrechnung, nicht durch Zahlung zu tilgen. Hier liegt das wesentlichste Merkmal der Provisionsgarantie: „Zahlungen, die der Vermittler .... auf Grund einer Provisionsgarantie erhalten hat, bleiben ihm grundsätzlich auch dann, wenn die Abrechnung am Ende des Vertragsverhältnisses ergibt, daß die garantierte Provision durch die Produktion nicht verdient worden ist, das in den Vermittler gesetzte Vertrauen also nicht gerechtfertigt war" (BAA VA 1953 S. 165; zur Definition auch Möller Vsvermittlung S. 199—200, Trinkhaus I S. 198). Die Abgrenzung von Provisionsgarantie und Provisionsvorschuß beschäftigt immer wieder die Gerichte: KG 8. XI. 1938 JRPV 1940 S. 77 (dem BAA VA 1953 S. 166 zustimmt) nimmt bei Vereinbarung einer „Mindestprovision" zu Unrecht einen bloßen Provisionsvorschuß an, beim OVA Dortmund 15. VII. 1914 VW 1951 S. 509 gehen die Begriffe ganz durcheinander. Das AG München 25. IX. 1952 VersR 1952 S. 389—390 sieht zu Unrecht in einer klaren Garantieabrede einen bloßen Provisionsvorschuß; das BAA VA 1953 S. 164—167 hat bei der Begutachtung dieses Falles mit Recht hervorgehoben, daß schon das Wort „Provisionsgarantie" gegen die Annahme eines Provisionsvorschusses spreche. Um eine Zwischenform von Provisionsgarantie und Provisionsvorschuß handelte es sich im Falle LArbG Baden 3. XII. 1954 VA 1955 S. 21—23: Nach der Vereinbarung war ausnahmsweise im Falle der Kündigung des Agentenverhältnisses seitens des Vsvertreters „ein etwaiger Debetsaldo beim Ausscheiden .... ohne Verzug von dem Mitarbeiter bar auszugleichen". Entsprechendes galt bei fristloser Kündigung seitens des Vers wegen Verschuldens des Vsvertreters. Der Debetsaldo wurde während des Vertragslaufes am Ende der Kalenderjahre jeweils vorgetragen. Dennoch hat das Gericht keinen Verstoß gegen die guten Sitten angenommen, insbesondere keine Knebelung, da es der allgemeinen

Erfahrung entspreche, daß bei Vsvertretern vor dem Ausscheiden die Erfolge nachließen, weil bereits für den künftigen Geschäftsherrn vorgearbeitet werde. Kann aber dieser Gesichtspunkt die Tatsache wettmachen, daß ein Vsvertreter mit hohem eventuellen Debetsaldo seine Kündigungsfreiheit faktisch verliert?

Mit einer juristischen Provisionsgarantie darf eine wirtschaftliche nicht verwechselt werden, die „nicht ausdrücklich ausgesprochen zu werden braucht, sondern sich aus dem Vsbestand, dem sogenannten Portefeuille der Gesellschaft, tatsächlich von selbst ergibt" (Rohrbeck-Durst-Bronisch S. 67). Wird ein Agenturunternehmen unter Zusicherung des Vorhandenseins bestimmter Provisionseinnahmen veräußert, so können bei Fehlen der zugesicherten Eigenschaft auf die Haftung des Verkäufers die §§ 459 II, 462, 463 BGB analog angewendet werden (Palandt BGB[15] Anm. 3 vor § 459, S. 396).

Eine echte Provisionsgarantie verfolgt wie manche Gehaltsgewährung den Zweck, dem Vsvertreter einen festen Grundbetrag, mit dem er bestimmt rechnen kann, zu sichern. Dadurch wird das Unternehmerrisiko des Vsvertreters gemindert. Andererseits will der Ver oder Generalagent dem Provisionsvertreter die Garantiesumme nicht zusätzlich begleichen, sondern er verlangt die Verrechnung mit den verdienten Provisionen. Es ist wirtschaftlich erwünscht, daß der Vsvertreter die Garantiesumme „ins Verdienen bringt" (Lange VersR 1954 S. 520). In einer Anlaufszeit ist das durchweg nicht möglich (deshalb unrichtig LG Berlin 24. IX. 1929 JRPV 1930 S. 195: Eine Garantie sei nur unter der Bedingung zugesagt, daß der Vsvertreter erfolgreich tätig sein werde). Nach der Anlaufszeit kann es — je nach der Ausgestaltung des Agenturvertrages — vorkommen, daß der Vsvertreter bei Erreichung besserer Resultate zunächst die in vielen Monaten entstandenen Differenzbeträge „abzuarbeiten" hat. Während bei kumulativer Gewährung von Gehalt und Provisionen letztere zuweilen in ihrer Höhe niedriger bemessen werden, pflegen auf eine Provisionsgarantie die üblichen „Originalprovisionen" verrechnet zu werden (Rohrbeck-Durst-Bronisch S. 53).

Im einzelnen weisen die vorkommenden Regelungen eine große Mannigfaltigkeit auf. Folgende Fragen seien hervorgehoben: Welche Beträge werden auf die Garantiesumme verrechnet? Im Zweifel alle verdienten Provisionen, manchmal aber nur bestimmte Arten von Provisionen, z. B. „aus Lebens- und Sachven" (OVA Nürnberg 8. XII. 1953 VA 1954 S. 215) oder nur Vermittlungs-, keine Inkasso- und Verwaltungsprovisionen oder nur Vermittlungsfolge-, keine Vermittlungserstprovisionen (Riedel, Die Provisionsabrechnung und das Zurückbehaltungsrecht des Vsvertreters, ungedruckte Hamburger Diss. 1956, S. 70). Solchenfalls sind die nicht unter die Verrechnungsklausel fallenden Beträge auszuzahlen, z. B. wohl immer vom Ver geschuldeter Aufwendungsersatz (Anm. 248—249). Für welche Zeitabschnitte wird eine vereinbarte Garantiesumme wiederkehrend geschuldet? Im Zweifel handelt es sich um Zahlungen je Kalendermonat (Trinkhaus I S. 197). Wird durch Provisionen die Garantiesumme überschritten, so fragt es sich: Ist der Mehrbetrag vom Ver auszuzahlen (in welchen Zeitabschnitten?), oder ist der Mehrbetrag dem Vsvertreter zu kreditieren für spätere Monate mit vielleicht schlechterer Produktion? Im Zweifel wird der Vsvertreter Auszahlung fordern können (Trinkhaus I S. 197 berichtet aber über Klauseln, die eine Ausschüttung erst am Ende des Vertragsjahres vorsehen; das ist unzulässig nach Josten-Lohmüller a. a. O. Anm. 5 zu § 87c, VW 1954 S. 11, Riedel a. a. O. S. 70—72, Trinkhaus I S. 242—243, vgl. Anm. 324). Unterschreiten umgekehrt die Provisionen die Garantiesumme, so fragt es sich: Ist der Debetsaldo jeweils vorzutragen und für wielange? Trinkhaus I S. 197 meint, häufig werde die Garantie als Jahresgarantie mit monatlichen Teilbeträgen behandelt. Dann muß am Ende des Vertrags- oder Kalenderjahres ein Debetsaldo gestrichen werden. Ist der Verrechnungszeitraum kürzer, so besteht die Gefahr, daß ein Vsvertreter den Antragseingang in seinem Sinne lenkt, also die Streichung eines hohen Debetsaldos abwartet, um möglichst im nächsten Monat die Garantiesumme zu überschreiten und den Mehrbetrag ausgezahlt zu erhalten. Am Ende eines Kalenderjahres ist in der Lebensv diese Gefahr allerdings weniger groß, weil die Vmer aus steuerlichen Gründen Wert auf den Abschluß legen müssen. Fehlt es an einer Vereinbarung, so wird man annehmen müssen, daß der Debetsaldo ad infinitum in neue Vertrags- und Kalenderjahre zu übertragen ist. Nach Rohrbeck-Durst-Bronisch S. 53 soll es Provisionsgarantien geben, die nur „in einer gewissen Höhe nicht ausgeglichen zu werden" brauchen. Danach würde es sich um eine Übergangsform zum Provisionsvorschuß handeln, sobald der Debetsaldo jene Grenze überschreitet. Es gibt überdies bewegliche Provisionsgarantien, bei denen die Garantiesumme absinkt, wenn die Produktion des Vsvertreters ein gewisses Pensum unterschreitet (Möller Vsvermittlung S. 200). Solche Vereinbarungen betreffen besonders oft die Zeit nach einer befristeten Kündigung des Agenturverhältnisses, zumal hier die Gefahr besteht, daß der Vsvertreter sich nicht mehr bemüht und Anbahnungen für die Zeit seiner nachfolgenden Tätigkeit für einen konkurrierenden Ver aufspart (Beispiel für vertragliches Aufhören der Garantiezahlung: OVA Dortmund 15. VII. 1914 VW 1951 S. 509). Das Kaufmannsgericht Frankfurt 18. VI. 1909 VA 1909 Anh. S. 84 Nr. 474 hat eine Abrede für sittenwidrig erklärt, die dazu führte, daß während der Kündigungszeit lediglich die wirklich verdiente Provision ausgezahlt werden sollte (für je 1.000.— M mindererzielte Lebensvsabschlüsse sollte die Provisionsgarantie um 10.— M herabgesetzt werden). Es ist zweifelhaft, ob das schwere Geschütz des § 138 I BGB aufgefahren werden muß, nachdem § 89 HGB zwingend Kündigungsfristen vorsieht. Diese Bestimmungen dürfen nicht dadurch umgangen werden, daß schon vor Vertragsbeendigung vereinbarte Festbezüge des Vsvertreters aufhören oder absinken. Wohl aber ist es statthaft, eine Teilkündigung der Provisionsgarantieabrede zu vereinbaren (BAA VA 1953 S. 166 geht davon aus, daß solche Vereinbarung bei Provisionsgarantien sogar typisch sei). Auch bei der Teilkündigung ist aber § 89 HGB hinsichtlich der Fristen zu beachten.

Die Provisionsgarantieabrede ist Bestandteil des Agenturvertrages (Schmidt-Rimpler a. a. O. S. 109, Trinkhaus I S. 197), so daß auch § 85 HGB gilt (der Vsvertreter verlangt zweckmäßigerweise eine Beurkundung).

Bei der rechtlichen Behandlung der Provisionsgarantie ist davon auszugehen, daß sich durch die Zusicherung der Festbezüge — wie beim Gehalt (Anm. 244) — der Agenturvertrag dem (gegenseitigen) Dienstvertrage annähert: Für die Bemühungen des Vsvertreters wird die Provision garantiert. Die Gegenseitigkeit wirkt sich gemäß § 325 I 1 BGB aus, sofern der Vsvertreter schuldhaft untätig wird (dazu BAA VA 1953 S. 166—167, wo aber fälschlich angenommen wird, der Vsvertreter müsse beweisen, daß er sich bemüht habe: Nach allgemeinen Rechtsgrundsätzen muß die objektive Pflichtverletzung vom Gläubiger bewiesen werden). Die analoge Anwendung des § 64[1] HGB ergibt, daß der Provisionsvorschuß postnumerando am Monatsschluß zu begleichen ist, wenn nichts anderes vereinbart wurde (Trinkhaus I S. 434). Auch § 63 HGB ist für Krankheitsfälle usw. wie beim Gehalt analog anzuwenden (Trinkhaus I S. 434 bis 435, auf die Auslegung der Abrede abstellend Würdinger in: RGRKomm. HGB Bd 1 Anm. 4 zu § 87, S. 712). Entsprechendes gilt für § 616 BGB (Schröder[2] a. a. O. Anm. 72 zu § 87, S. 123), §§ 615, 324 BGB und die Sphärentheorie. Über Urlaub Anm. 253.

Hat ein Vsvertreter eine Sicherheit dadurch zu leisten, daß von der Vermittlungsprovision jeweils ein Teil zugunsten einer Sicherheitsrücklage einbehalten wird, so nimmt das BAA VA 1953 S. 164, 167 an, daß auch bei einer vereinbarten Garantiesumme der Einbehalt gemacht werden dürfe, daß aber nach Vertragsbeendigung die Sicherheitsrücklage (soweit unverbraucht) vom Ver auszuzahlen sei, also nicht zur Deckung eines Debetsaldos des Vsvertreters diene.

In der Praxis spielt es eine große Rolle, daß Ver bei einem Unterschuß auf die Geltendmachung des Debetsaldos verzichten. Es handelt sich dann juristisch um einen Erlaß einer Buchforderung, der wirtschaftlich geboten ist, um die Arbeitsfreude eines verschuldeten Vsvertreters wieder zu wecken (vgl. OVA Nürnberg 8. XII. 1953 VA 1954 S. 218).

Bringt ein Vsvertreter die Provisionsgarantie nicht ins Verdienen, so wird der Ver den Agenturvertrag oft kündigen, wobei vereinbarte Klauseln nicht selten dem Ver eine Teilkündigung ermöglichen (BAA VA 1953 S. 165, 166). Die Unterschreitung des Solls gibt dem Ver noch keinen Grund zu fristloser Kündigung, zumal dieser Tatbestand bei der Vereinbarung der Provisionsgarantie ja vorausgesehen wurde. Hat entsprechend einer vereinbarten Klausel der Ver nur die Provisionsgarantie (fristgerecht) gekündigt, so gewinnt damit der Vsvertreter keinen Grund, seinerseits das ganze Vertragsverhältnis durch fristlose Kündigung aufzulösen.

Über Verletzung der Pflicht zur Zahlung einer Provisionsgarantie Anm. 328, Pfändung und konkursmäßige Behandlung Anm. 336, Ausgleichsanspruch Anm. 384.

Generalagenten übernehmen nicht selten gegenüber echten Untervertretern eine Provisionsgarantie, wodurch ihr eigenes Unternehmerrisiko stark erhöht wird.

Dadurch daß einem Vsvertreter eine Provisionsgarantie zugesagt ist, wird seine Selbständigkeit nicht berührt, zumal die meisten Garantiesummen den pfändungsfreien Betrag nicht übersteigen (Anm. 158). Der BFH 8. VII. 1954 VersR 1954 S. 519 hat darauf abgestellt, daß die Vergütung in erster Linie in einer Provision bestehe: „Die festen Entgelte werden nur unter Verrechnung auf die Provision gezahlt", die Garantiesumme vom monatlich 350.— DM sei nur ein Bruchteil der Provision. Deshalb sei steuerliche Selbständigkeit anzunehmen (kritisch Lange VersR 1954 S. 519—520, der die Festbezüge in den Vordergrund rückt und sogar in den überschießenden Beträgen „nicht eigentlich" Provisionen erblicken will).

[246] γ) Mindestvergütung.

§ 92a HGB sieht vor, daß für gewisse Einfirmenvertreter „die untere Grenze der vertraglichen Leistungen des Unternehmers" durch RechtsVO festgesetzt werden könne, „um die notwendigen sozialen und wirtschaftlichen Bedürfnisse dieser Handelsvertreter oder einer bestimmten Gruppe von ihnen sicherzustellen". Eine solche RechtsVO ist bislang nicht erlassen, könnte aber zu einer neuen Art von Festbezügen der Vsvertreter führen.

Über den Begriff der Einfirmenvertreter, denen in der Vswirtschaft nach § 92a II HGB die Konzernvertreter, also gewisse Mehrfachvertreter gleichstehen, vgl. Anm. 25, 178, 221, 416—418. Anders als in § 61 Ziff. 1 KO, Art. 3 I HandelsvertreterG kommt es bei § 92a HGB nicht darauf an, ob der Vsvertreter im Durchschnitt monatlich nicht mehr als 500.— DM bezogen hat (unrichtig Josten-Lohmüller a. a. O. Anm. 2, 5 zu § 92a). Auch für höherverdienende Vsvertreter kann für Notfälle, z. B. Krankheitsfälle eine Mindestvergütung festgesetzt werden. Desgleichen für Vsvertreter, die in das Handelsregister eingetragene Vollkaufleute sind (Josten-Lohmüller a. a. O. Anm. 4 zu § 92a), wohl sogar für Vsvertreter, die in Personenvereinigungen oder juristischen Personen organisiert sind (Duden a. a. O. S. 343, Schröder[2] a. a. O. Anm. 1 zu § 92a, S. 286).

Die Festsetzung der unteren Grenze der vertraglichen Leistungen des Unternehmers erfolgt durch eine in verwickelter Weise zu erlassende RechtsVO, die allerdings nicht der Zustimmung des Bundesrates bedarf, was auch Art. 80 II GrundG zu entnehmen ist. Eine auf gesetzlicher Delegation beruhende RechtsVO muß notwendig generelle Normen bringen, rechtfertigt also keine isolierten Eingriffe in ein einzelnes Vertragsverhältnis (Schröder[2] a. a. O. Anm. 6 zu § 92a, S. 288). Die RechtsVO kann aber selbstverständlich auch mit Wirkung für alle bestehenden Agenturverhältnisse erlassen werden.

§ 92a I 1 HGB umschreibt nur den Zweck der Festsetzung. HandelsvertreterGBegr. S. 41 unterstreicht: „Die Unternehmer sollen nicht verpflichtet werden, den Einfirmenvertretern ein angemessenes Entgelt für ihre Arbeit zu zahlen". Die Mindestvergütung müsse nur „derart bemessen sein, daß sie dem Handelsvertreter nach Abzug der in seinem regelmäßigen Geschäftsbetrieb entstehenden Aufwendungen den Lebensunterhalt auf bescheidenster Grundlage ermöglicht." Wenn nach § 92a I 1 HGB „die untere Grenze der vertraglichen Leistungen des Unternehmers" festgesetzt werden kann, so handelt es sich nicht nur um die Höhe der sowieso vom Unternehmer versprochenen Leistungen, sondern die RechtsVO kann auch neue, vertraglich gar nicht vorgesehene Leistungen vorschreiben; auch diese Leistungen werden kraft des durch die RechtsVO ergänzten Agenturvertrages geschuldet. So kann z. B. bei einem auf Provisionsbasis kontrahierten Vertrage eine Zahlung von Festbezügen eingeblendet werden.

Im einzelnen kommen folgende Leistungen des Unternehmers in Betracht:

Gehalt: Hierdurch wird aber die Grundstruktur eines Agenturvertrages, für den Erfolgsvergütungen typisch sind, womöglich allzu sehr modifiziert. Deshalb nennt auch HandeslsvertreterGBegr. S. 41 die Möglichkeit einer Gehaltsgewährung nicht. Nur unter Beschränkung auf Notzeiten ist dort die „Zahlung einer Vergütung bei unverschuldeter Dienstverhinderung" vorgesehen. So käme also die Normierung eines gehaltsähnlichen Kranken- und Unfallgeldes in Frage, wobei man sich an die §§ 63 HGB, 616 BGB anlehnen könnte.

Provisionsgarantie: Hier dürfte es sich um den geeignetsten Weg handeln, für Einfirmenvertreter eine untere Grenze der Einnahmen sicherzustellen, ohne das Wesen des Agenturverhältnisses grundlegend anzutasten. Mehrbeträge wären bei Überschreitung der Garantiesumme auszuzahlen. Bei Unterschreitung der Garantiesumme sollte der Debetsaldo längstens bis zum Ende eines Kalenderjahres vorgetragen werden. Auch Duden a.a.O. S. 343, Schröder[2] a.a.O. Anm. 6 zu § 92a, S. 288 weisen auf die Normierung von Mindestmonatsprovisionen und zu garantierenden Provisionsbeträgen hin; Knapp[2] a. a. O. Anm. 3, 4 zu § 92a, S. 57 denkt an eine Mindestprovision, die nach Abzug der Aufwendungen dem Einfirmenvertreter verbleiben solle, etwa in Höhe des pfändungsfreien Betrages.

Aufwendungsersatz: Er dient nicht unmittelbar den Lebensbedürfnissen der Handelsvertreter, kann aber mittelbar bewirken, daß die Provisionen nicht durch Aufwendungen aufgezehrt werden. Deshalb wohl zieht Schröder[2] a. a. O. Anm. 6 zu § 92a, S. 288 „feste Spesenzuschüsse" in Erwägung. Da aber § 87d HGB die Aufwendungen dem Handelsvertreter auferlegt und da feste Spesen sich schwerlich generell bemessen lassen und bei überreichlicher Bemessung eine Tarnung darstellen, sollte die RechtsVO auf diesen Weg wohl besser verzichten.

Provision: Die gesetzlich genau umschriebenen Voraussetzungen des Anspruches auf Provision, insbesondere Vermittlungsprovision kann die RechtsVO nicht antasten, z. B. nicht bestimmen, daß es auf das Ausführungserfordernis (Anm. 290—293) nicht ankommen solle. In Erwägung gezogen ist eine Festsetzung von Mindestprovisionen der Höhe nach (Schröder[2] a. a. O. Anm. 6 zu § 92a, S. 288). Aber damit mischt sich der Gesetzgeber in den wirtschaftlichen Vorgang der Provisionsfestsetzung ein, ergreift also preisrechtliche Maßnahmen und sichert im übrigen bedürftige Einfirmenvertreter gerade dann nicht, wenn sie des Schutzes am dringendsten bedürfen, nämlich wenn sie überhaupt keine Erfolge erzielen, also auch nicht die fixierten Mindestprovisionen verdienen. Eher zu erwägen wäre eine Verpflichtung zur Gewährung von Provisionsvorschüssen, aber sie führen zu einer effektiven Verschuldung der Handelsvertreter, widerstreiten also dem Sicherstellungszweck, der sich durch Provisionsgarantien besser erreichen läßt. Der zukünftigen Sicherstellung von Vsvertretern würde es dienlich sein, wenn vorgeschrieben wird, daß in den Agenturverträgen die verschiedenen Arten von Provision auseinandergehalten werden müssen, was für die Nachprovision und den Ausgleichsanspruch von Bedeutung ist (Anm. 273—275).

Urlaub: HandelsvertreterGBegr. S. 41 erwägt eine Verpflichtung des Unternehmers zur Urlaubsgewährung, die nur bei Regelung einer gehaltsähnlichen Urlaubsvergütung sinnvoll erscheint.

Kündigung: Hier handelt es sich um Gestaltungsrechte, nicht um Leistungen des Unternehmers, so daß eine Regelung im Wege des § 92a I 1 HGB nicht in Betracht kommt, zumal es sich um eine Abänderung der §§ 89, 89a HGB handeln müßte.

Zeugnis: Ein Zeugnisanspruch könnte normiert werden (HandelsvertreterGBegr. S. 41, Duden a. a. O. S. 343).

Nachprovision: Es bestehen keine Bedenken dagegen, § 92a HGB auch auf Nachwirkungsverpflichtungen des Unternehmers zu beziehen. Deshalb könnte vorgeschrieben werden, daß ausscheidenden, insbesondere alten Vsvertretern die ihnen gesetzlich zustehende Nachprovision (Anm. 271, 366—369) zu zahlen ist, die übliche Verzichtsklausel würde damit verboten werden.

Ausgleichsanspruch: Zum Schutze der Vsvertreter, auch ihrer Erben und Hinterbliebenen könnten auch hier Mindestleistungen des Vers festgesetzt werden, z. B. hinsichtlich der Höhe des Anspruchs.

Altersversorgung: Auch außerhalb der Rechtsinstitute der Nachprovision und des Ausgleichsanspruchs sind Wege der Altersversorgung beschreitbar, welche durch RechtsVO obligatorisch gemacht werden könnten.

Werden solche Leistungen durch RechtsVO festgesetzt, so sind sie nach § 92a I 2 HGB unabdingbar. Bei Konzernvertretern würde die Unabdingbarkeit auch für eine nach § 92a II HGB erlassene Regelung angenommen werden müssen: Hiernach ist zu bestimmen, welche Konzerngesellschaften die festgesetzten Leistungen schulden, bei mehreren Schuldnern, ob sie Teil- oder Gesamtschuldner sind.

Nach § 92a I HGB könnten auch echte Generalagenten durch die RechtsVO zu Mindestleistungen verpflichtet werden. Nimmt ein Generalagent einen Untervertreter voll in Anspruch, so kann der Untervertreter Einfirmenvertreter sein, auch dann, wenn der Generalagent (und für ihn der Untervertreter) für eine Vielzahl von Vern arbeitet, die nicht konzernmäßig verbunden sind. § 92a II HGB hat nur für unechte, nicht für echte Untervertreter Bedeutung.

Wie die Steuerpraxis sich zu der Mindestvergütung des § 92a HGB einstellen wird, bleibt abzuwarten.

Die Selbständigkeit eines Vsvertreters wird durch den Bezug der durch die RechtsVO festgesetzten Leistungen nicht berührt, vielmehr setzt § 92a HGB diese Selbständigkeit voraus. Für Unselbständige gibt es das G über die Festsetzung von Mindestarbeitsbedingungen vom 11. I. 1952 (BGBl. I S. 17), auf welches die HandelsvertreterG-Begr. S. 40—41 Bezug nimmt.

[247] δ) Restfälle.

Die während der Vertragsdauer zu gewährenden Festbezüge sind durch Gehaltszahlung, Provisionsgarantie und Mindestvergütung erschöpft. Für die Zeit nach Vertragsbeendigung kommt eine Altersversorgung (Anm. 390) in Frage.

Den Festbezügen, insbesondere der Provisionsgarantie (Anm. 245) steht eine Vorschußgewährung nahe, speziell dann, wenn die Provision regelmäßig monatlich in gleicher Höhe bevorschußt wird (fester Vorschuß). Hiervon soll aber im Zusammenhang mit der Provisionsfälligkeit (Anm. 303) gesprochen werden, da Provisionsvorschüsse unbedingt zurückgezahlt werden müssen.

[248] ddd) Aufwendungsersatz.

α) Konkrete Berechnung.

Nach § 87d HGB kann der Handelsvertreter den Ersatz seiner im regelmäßigen Geschäftsbetrieb entstandenen Aufwendungen, d. h. insbesondere Kosten und Auslagen (HandelsvertreterGBegr. S. 30), nur verlangen, wenn dies handelsüblich ist. Da solcher Handelsbrauch für den Vsvertreter nicht besteht (falsch Trinkhaus I S. 445—446), muß er die Aufwendungen selbst tragen. Auszunehmen sind nur erstens nicht im regelmäßigen Geschäftsbetrieb entstandene Aufwendungen, für welche die §§ 675, 669, 670 BGB gelten, zweitens die Fälle der Geschäftsführung ohne Auftrag (§§ 677—687 BGB) und drittens die Fälle, in denen durch Vertrag Aufwendungsersatz vereinbart ist.

Entstehen dem Vsvertreter bei der Erfüllung seiner Agentenpflichten „zum Zwecke der Ausführung des Auftrags" **irreguläre Aufwendungen,** so kommt eine Anwendung der §§ 675, 670 BGB in Frage (HandelsvertreterGBegr. S. 30), während für regelmäßige Aufwendungen die negative Spezialnorm des § 87d HGB vorgeht. Irreguläre Aufwendungen können durch eine Abrede als solche gekennzeichnet werden, man denke daran, daß ein kostspieliger Werbefeldzug im Namen des Vsvertreters, aber auf Kosten des Vers gemacht werden soll. Außergewöhnliche Aufwendungen können ferner auf kostenverursachenden Weisungen des Vers beruhen, z. B. kann der Vsvertreter angewiesen werden, im Rahmen seiner Schadensbearbeitungspflicht eine Auslandsreise per Flugzeug zu machen. Jedoch sind beileibe nicht alle auf Weisungen beruhenden Aufwendungen ersatzpflichtig. Die Grenze zwischen regelmäßigem Geschäftsbetrieb und Exceptionellem ist schwer zu ziehen. Was der Vsvertreter im Rahmen seiner Bemühungspflicht freiwillig tut, führt zu regulären Aufwendungen (die dem regelmäßigen Geschäftsbetrieb entsprechen), auch wenn sie besonders hoch sein sollten. Dagegen läßt sich bei Inkasso, Schadensbearbeitung und Verwaltung — notfalls unter Sachverständigenheranziehung — eine Grenze des Regelmäßigen wohl konstatieren, und alles darüber

Hinausragende führt zur Ersatzpflicht des Unternehmers. Letzterer ist auf Verlangen gemäß § 669 BGB sogar vorschußpflichtig, etwa für jene Auslandsreise. Empfehlenswert sind im Vorwege zu treffende Spezialabreden.

§ 670 BGB setzt einen Zusammenhang der Aufwendungen mit den Rechtspflichten des Vsvertreters voraus. Nur soweit dieser vorbestimmte vertragliche Bereich verlassen wird, kommt der rechtliche Gesichtspunkt der **Geschäftsführung ohne Auftrag** (§§ 677 bis 687 BGB) in Frage. Auf Grund dieses gesetzlichen Schuldverhältnisses kann der Vsvertreter Ersatz seiner Aufwendungen verlangen, wenn die Übernahme des Geschäftes des Vers (oder Generalagenten) dem Interesse und dem wirklichen oder dem mutmaßlichen Willen des Unternehmers entspricht (§ 683[1] BGB). Falls ein nicht mit der Schadensbearbeitung betrauter Vsvertreter in einem besonderen Notfalle bei klarer Rechtslage die Schadenssumme auslegt und auszahlt, so wird das oft dem Interesse und Willen des Vers entsprechen, zumal da von einer prompten Schadensregulierung eine gute Werbewirkung ausgeht. Falls ein Vsvertreter außerhalb seines eigentlichen Aufgabenbereiches kostenverursachende Rettungsmaßnahmen ergreift, so muß der Ver gleichfalls die Aufwendungen ersetzen (Trinkhaus I S. 447). Über den Ersatz von Aufwendungen für Werbungszwecke: LArbG Bremen 9. III. 1955 Der Betrieb 1955 S. 535. Steht die Geschäftsführung mit dem Willen des Vers in Widerspruch, so kommt Aufwendungsersatz gemäß §§ 683[2], 679 BGB nur in Frage, wenn die Erfüllung der Verpflichtung des Vers im öffentlichen Interese liegt.

Vertragliche Abreden über Aufwendungsersatz sind Bestandteil des Agenturvertrages und nicht formbedürftig (Schröder[2] a. a. O. Anm. 6 zu § 87d, S. 169). Sie können negativen und positiven Inhalt haben.

Negativ hebt Ziff. 4 Hauptpunkte (Anm. 138) hervor: „Aus seinen Einnahmen hat der Vertreter, sofern nicht anderes vereinbart ist, sämtliche persönlichen und sachlichen Unkosten seines Geschäftsbetriebes, wie z. B. Reiseaufwendungen, Bürobedarf, Porto und Telefon und die mit seinem Geschäftsbetrieb zusammenhängenden Abgaben, zu bestreiten.“ Es könnten auch die Ersatzansprüche für außergewöhnliche Aufwendungen und aus Geschäftsführung ohne Auftrag ausgeschlossen werden (Trinkhaus I S. 446).

Wesentlicher sind positive Vereinbarungen, welche sich etwa beziehen können auf Bürokosten (Miete, Licht, Heizung, Reinigung), Personalkosten (unselbständiges und selbständiges Personal), Materialkosten (Papier, Karteien, Geschäftsbücher), Porto-, Fernsprech-, Fernschreib- und Telegrammkosten, Reklamekosten, Beförderungskosten (Kraftwagen, Eisen-, Straßenbahn), Bücher- und Zeitschriftenanschaffung, Aufwandskosten (Reisespesen, Repräsentationsaufwendungen) und Beiträge zur freiwilligen Sozialv (Weiterv, Selbstv). Beiseitegelassen werden sollen hier Zweckdarlehen, z. B. Autodarlehen (darüber Vsvermittlung 1939 S. 257, BGH 11. XI. 1953 NJW 1953 S. 185—187) und Mieterdarlehen, vom Ver dem Vsvertreter gegeben zwecks Erlangung eines Büros.

Der Aufwendungsersatz kann nicht nur in Geld, sondern auch in natura erfolgen, z. B. durch Gestellung eines Büros, eines Kraftwagens, einer Arbeitskraft, von Büromaterial oder Reklamemitteln. Der Ersatz kann ganz oder teilweise zugesagt werden, einmalig oder laufend. Über die Höhe: Rohrbeck-Durst-Bronisch S. 88.

Folgende Rechtssätze lassen sich herausstellen: Der Vsvertreter hat keinen Rechtsanspruch auf Aufwendungsersatz, wenn die Aufwendungen nicht wirklich gemacht worden sind. Deshalb muß er die Aufwendung nachweisen und Belege liefern, mindestens vorlegen. Daraus ergibt sich auch, daß der Vsvertreter hinsichtlich der Aufwendungen in Vorlage treten muß. Die Fälligkeit richtet sich nach der Abrechnungsmethode (Anm. 320—324). Nach § 257 BGB könnte der Vsvertreter Befreiung von eingegangenen Verbindlichkeiten verlangen, also z. B. Zahlung der übernommenen Miete direkt an den Vermieter des Vsvertreters; aber praktisch wird solches Verlangen selten gestellt. Die Verzinsungspflicht des Unternehmers aus § 256[1] BGB wird häufig als stillschweigend wegbedungen angesehen werden müssen.

Bei Generalagenten erwachsen Kosten hinsichtlich der echten Unteragenten. Anm. 6 zu Ziff. 4 Hauptpunkte sieht eine Klausel vor, wonach der Generalagent die Bezüge seiner Untervertreter aus seinen Einnahmen zu bestreiten hat. Umgekehrt könnten aber solche Aufwendungen ausnahmsweise vom Ver speziell ersetzt werden. Aufwendungen des echten Untervertreters ersetzt möglicherweise der Generalagent, solche des unechten Untervertreters der Ver.

Werden Aufwendungen ersetzt, so wird dadurch der Vsvertreter doch nicht unselbständig (Anm. 158, 161).

Im Rahmen des § 61 Ziff. 1 KO kommt es für die Frage, ob Forderungen eines Handelsvertreters „auf rückständige Vergütung einschließlich Provision" bevorrechtigte Konkursforderungen sind, darauf an, ob es sich um einen Einfirmenvertreter handelt und ob diesem „im Durchschnitt monatlich nicht mehr als fünfhundert Deutsche Mark an Vergütung einschließlich Provision und Ersatz für im regelmäßigen Geschäftsbetrieb entstandene Aufwendungen zugestanden haben oder noch zustehen". Zur Frage, ob Aufwendungsersatzansprüche Vergütungsansprüche, also selbst bevorrechtigt sind, vgl. verneinend Knapp[2] a. a. O. Anm. 4 zu Art. 4, S. 69—70, bejahend Duden a. a. O. S. 294. Für die Umreißung des privilegierten Personenkreises kommt es auch auf die Aufwendungsersatzbeträge an. Letzteres gilt auch hinschtlich der Zuständigkeit des Arbeitsgerichts gemäß Art. 3 HandelsvertreterG.

Wegen des Pfändungsschutzes vgl. Anm. 336, wegen des Ausgleichsanspruchs vgl. Anm. 384.

Steuerrechtlich erhöht konkreter Auslagenersatz den Gewinn. Die Betriebsausgaben werden durch den Ersatz oder die Ersatzforderung vermindert.

[249] β) „Feste Spesen".

Durch den Agenturvertrag wird der Aufwendungsersatz in der Vswirtschaft nicht selten pauschaliert, sei es um die Verwaltungsarbeit für den Nachweis und seine Überprüfung zu ersparen, sei es um eine getarnte Vergütung zu gewähren.

Solche festen Spesen („Vertrauensspesen") werden in Geld bezahlt. Sie können den wirklichen Aufwendungen gleichkommen, sie aber auch überschreiten oder unterschreiten; im letztgenannten Fall spricht man gern von Zuschüssen. Die Zahlungen können einmalig sein, werden aber meistens laufend gewährt. Manchmal wird ihre Höhe von den jeweils erzielten Vermittlungserfolgen abhängig gemacht. Wenn der Vsvertreter Vsscheine ausfertigt, erhält er nicht selten die vom Ver erhobenen Ausfertigungsgebühren (Rohrbeck-Durst-Bronisch S. 88).

Die Zweckbestimmung der festen Spesen kann mehr oder weniger konkret sein. Kilometergeld für einen Kraftwagen oder Tages- und Übernachtungssätze für Reisen sind in ihrer Zweckbestimmung deutlich umschrieben, während z. B. ein Bürokosten- oder Organisationszuschuß mannigfaltigsten Zwecken dienen kann (Trinkhaus I S. 442 nimmt hier sogar eine „Vergütung für Dienstleistungen", also wohl Gehalt an).

Infolge der Pauschalierung können die §§ 256[1], 257 BGB nicht angewendet werden. Für den Vsvertreter entfällt die Nachweis- und Belegpflicht, aber auch hier bei den festen Spesen erfolgt die Zahlung im Zweifel postnumerando monatlich.

Besondere Rechtsfragen tauchen auf, wenn der Vsvertreter die festen Spesen teilweise oder ganz einspart (dazu Möller Vsvermittlung S. 197—198). Gegen die teilweise Einsparung sind agentenrechtlich keine Bedenken zu erheben. Verbraucht z. B. der Vsvertreter nicht voll die pauschalierten Reisespesen, so kann daraus der Ver oder Generalagent nichts herleiten. Nur in Ausnahmefällen wird man eine Verpflichtung oder Obliegenheit des Vsvertreters zu voller Aufwendung konstruieren können, z. B. dann, wenn der Vsvertreter einen hohen Büromietenzuschuß erhält, aber in einem ganz billigen Schuppen haust, so daß die angestrebte Repräsentationswirkung in ihr Gegenteil verkehrt wird (vgl. Trinkhaus I S. 442). Schwieriger ist die Rechtslage, falls der Vsvertreter den gesamten Pauschbetrag nicht verausgabt, womöglich nicht verausgaben kann, man denke an die Stillegung von Kraftwagen oder die Einziehung von Personal im Kriege. Ist es hier möglich, den Pauschbetrag, auf dessen praktischen Zweck i. w. S. es allein ankommt, anderweitig sinnentsprechend zu verwenden, so muß er weiter bezahlt werden: Der Vsvertreter fährt mit der Eisenbahn oder diktiert in einer Schreibstube. Ist jedoch die Zweckerreichung unmöglich, so fällt für den Vsvertreter der Anspruch auf die festen Spesen fort (Serini ZVersWiss. 1910 S. 370—371, auch Vsvermittlung 1939 S. 256—257). Während einer Urlaubszeit ist im Zweifel der Betrag weiterzuzahlen (anders Trinkhaus I S. 451). In längerwährenden Krankheitsfällen kommt es darauf an, ob der Vsvertreter alles erspart. Trifft das zu, entfallen z. B. alle Reisen, so sind auch die entsprechenden festen Spesen nicht zu zahlen. Bei Teileinsparungen — der Vsvertreter ist nur eine Woche lang krank — ist der volle Betrag geschuldet. Müssen trotz der Krankheit die Aufwendungen, z. B. für Miete weiter gemacht werden, so sind auch die Pauschbeträge weiterhin zu begleichen. Das OLG Braunschweig 23. II. 1956 BetrBer 1956 S. 226 hat angenommen, daß einem Handelsvertreter, der in treuwidriger Weise überhaupt nicht für den Vsvertreter tätig geworden sei, die Einrede der Arglist entgegengehalten werden könne, falls er die Weiterzahlung eines festen monatlichen Unkostenzuschusses verlange.

Bei festen Spesen, welche (absichtlich oder unabsichtlich) überhöht sind, handelt es sich in Höhe des überschießenden Betrages um eine Vergütung, die weniger den Erfolgsvergütungen (Provisionen) als den Festbezügen nahesteht. Denn diese Vergütung wird für die bloßen Bemühungen des Vsvertreters, wenngleich in wechselnder Höhe gewährt. Zur Rechtsnatur Trinkhaus I S. 442 m. w. N. Bei beabsichtigter Überhöhung fester Spesen wird man die oben geschilderten Grundsätze modifizieren und die Vergütung rechtlich wie Gehalt (Anm. 244) behandeln müssen, d. h. z. B. unter Anwendung der §§ 63 HGB, 616 BGB in Fällen unverschuldeten Unglücks oder anderer unverschuldeter Verhinderung. Die Parallele ist auch hinsichtlich des Pfändungsschutzes geboten (Möller Vsvermittlung S. 197—198).

In der Kraftfahrtv dürfen gemäß § 3 VO PR Nr. 52/50 (Anm. 100) Organisations- und sonstige Zuschüsse nicht gewährt werden. Wie in Anm. 244 dargetan wird hierdurch die Annahme nicht verboten; außerdem kann außerhalb der Kraftfahrtv dem Vsvermittler der Organisationszuschuß oder sonstige Betrag fester Spesen fraglos gezahlt werden.

Die erwähnten Organisationszuschüsse werden besonders Generalagenten gewährt. Dagegen kommt es seltener vor, daß ein Generalagent einem Untervertreter feste Spesen zubilligt.

Feste Spesen machen einen Vsvertreter nicht unselbständig, es sei denn, daß in ihnen eine außerordentlich hohe getarnte Vergütung steckt, die das Unternehmerrisiko aufhebt (Anm. 158).

Bei § 61 Ziff. 1 KO und Art. 3 HandelsvertreterG (Konkurs- und Arbeitsrecht) werden für die Bemessung der Grenze von 500.— DM auch die festen Spesen mitgerechnet (vgl. Anm. 248).

Wegen des Pfändungsschutzes vgl. Anm. 336, wegen des Ausgleichsanspruchs vgl. Anm. 384.

Es ist selbstverständlich, daß steuerrechtlich die festen Spesen streng überprüft werden.

[250] eee) Sonderleistungen.

α) Gratifikation.

Gratifikation ist eine neben der Erfolgsvergütung (Provision), den Festbezügen und dem Aufwendungsersatz gewährte Sonderleistung, die der Vsvertreter aus besonderem Anlaß oder bei besonderer Gelegenheit erhält, z. B. zu Weihnachten, nach dem Jahresabschluß, zum Urlaub, zu einem Jubiläum. Auch selbständige Vsvertreter kommen als Empfänger von Gratifikationen in Betracht (Schröder[2] a. a. O. Anm. 65 zu § 87, S. 119), derartige Fälle sind aber in der Praxis selten (nach Trinkhaus I S. 456 ist die Gewährung von Gratifikationen für Selbständige nicht üblich). Ein „dreizehntes Monatsgehalt", das ein selbständiger Vsvertreter neben einem festen Gehalt bekommt, ist eine Gratifikation in diesem Sinne (vgl. Trinkhaus I S. 458).

Gratifikationen sind keine Schenkung, sondern agenturvertragliches Entgelt für die Leistung des Vsvertreters; ihre Zusage bedarf deshalb nicht der Form des § 518 I 1 BGB.

Ist die Gewährung der Gratifikation nicht vereinbart, so erhebt sich die Frage, ob trotzdem ein Rechtsanspruch auf die Gratifikation entstehen kann. In der Rechtsprechung sind hierzu für das Gebiet des Arbeitsrechts besondere Grundsätze entwickelt worden (vgl. Nikisch[2] I S. 349—355, Berger BetrBer 1956 S. 1071, Herscher-Schröder BetrBer 1956 S. 1073—1075). Hat der Arbeitgeber wiederholt, z. B. drei Jahre lang, die Gratifikation gewährt und dabei nicht ausdrücklich die Freiwilligkeit der Leistung betont, so daß sie zu einer betrieblichen Übung geworden ist, so soll nach herrschender Meinung ein Anspruch der Arbeitnehmer auf die Gratifikation entstehen, der allerdings vom Arbeitgeber gekürzt oder aufgehoben werden kann, wenn die Geschäftslage sich wesentlich verschlechtert (vgl. Trinkhaus I S. 457). Ferner muß der Arbeitgeber bei der Verteilung der Gratifikation den Gleichbehandlungssatz beachten: Er darf unter den Arbeitnehmern seines Betriebes nur nach sachgerechten Gesichtspunkten unterscheiden und niemanden willkürlich ausschließen. Ob diese Grundsätze sich auf das Recht der selbständigen Vsvertreter übertragen lassen, erscheint zweifelhaft. Hier fehlt es an der Einordnung in den Betrieb und an der gesteigerten Fürsorgepflicht des Unternehmers, in der diese — den Unternehmer außerordentlich schwer belastenden — Grundsätze ihre Rechtfertigung finden. Allenfalls für die arbeitnehmerähnlichen Vsvertreter, die in vielen, auch materiellrechtlichen Beziehungen den Arbeitnehmern gleichgestellt werden (Anm. 167, 416—417), scheint eine Unterstellung unter diese Grundsätze angebracht.

Die Gratifikation, welche sich als „Treueprämie" darstellt, braucht nur solchen Vsvertretern ausgezahlt zu werden, die bei Fälligkeit, d. h. regelmäßig bei Eintritt des Ereignisses, an das die Gratifikation angeknüpft ist, noch für den Unternehmer (Ver oder Generalagenten) tätig sind. Wer vorher ausscheidet, wird auch nicht teilweise berücksichtigt (die Weihnachtsgratifikation wird einem Ende Oktober Ausgeschiedenen nicht zu zehn Zwölfteln geschuldet). Wird die Gratifikation, z. B. das „dreizehnte Monatsgehalt" in zwei Hälften ausgezahlt, so kommt es auf die Fälligkeit der jeweiligen Hälfte an (vgl. Trinkhaus I S. 458). Ist der Vsvertreter durch einen Umstand, den der Unternehmer zu vertreten hat, zur Kündigung veranlaßt worden, so kann er gemäß § 89a II HGB vom Unternehmer Schadensersatz verlangen, und zum Schaden kann auch die entgangene Gratifikation gehören.

Die Gratifikation ist Zusatzvergütung, also nicht auf andere Vergütungen, z. B. Urlaubsgeld, anzurechnen (Trinkhaus I S. 458).

[251] **β) Gewinnbeteiligung.**

Häufiger als eine Gratifikation kommt auch bei selbständigen Vsvertretern eine Gewinnbeteiligung (Tantieme) vor (für Handelsvertreter Duden a. a. O. S. 304, Schröder[2] a. a. O. Anm. 65 zu § 87, S. 119, HandelsvertreterGBegr. S. 21). — Meistens wird nicht der Gewinn des ganzen Vsunternehmens (der ganzen Generalagentur), sondern nur ein Teilgewinn zum Ausgangspunkt genommen, wobei verschiedene Lösungen in Betracht kommen (Gewinn einer Zweigniederlassung, eines Bezirkes, aus dem Vsbestand der Unteragentur, womöglich unter Beschränkung auf bestimmte Vszweige oder gar bestimmte Polizen, z. B. eines Großkunden). — Der Gewinn braucht nicht nach handels- oder steuerrechtlichen Grundsätzen ermittelt zu werden, vielmehr gibt es vereinfachende Verfahren der Ermittlung des sog. technischen Gewinnes. — Bei Beendigung des Agenturverhältnisses (möglicherweise während des Laufes des Geschäftsjahres) fragt es sich, für welche Zeit der Gewinn ermittelt werden soll. Handelt es sich um Gewinn aus einem vom Vsvertreter angeworbenen Agenturbestand oder bestimmten Polizen, so ist es im Zweifel angemessen, die Gewinnermittlung für die gleiche Zeit vorzunehmen, für die der Vsvertreter noch Vermittlungsprovision erhält. Besonders bei der Transportv, aber wegen der Spätschäden auch bei der Haftpflichtv, kann es vorkommen, daß Gewinnbeteiligungen erst lange Zeit nach Beendigung des Agenturverhältnisses fällig werden. Endigen Vermittlungsprovisionsansprüche mit Ausscheiden des Vsvertreters, so ergibt sich daraus nicht automatisch, daß auch nachvertragliche Gewinnbeteiligungsansprüche ausgeschlossen sind. — Die Zusage einer Gewinnbeteiligung bringt es nicht mit sich, daß der Vsvertreter Anspruch auf eine bestimmte Geschäftspolitik des Vers hat, z. B. auf Ablehnung zweifelhafter Schadenszahlungen oder Unterlassung von Kulanzleistungen, welche die Tantieme schmälern könnten. — In entsprechender Anwendung von § 87c II, III, IV HGB kann der Vsvertreter im Hinblick auf seinen Gewinnbeteiligungsanspruch Mitteilung über alle wesentlichen Umstände verlangen, außerdem hat er einen Anspruch auf eine Abschrift der Bilanz (Herschel-Beine, Handbuch zum Recht des Handelsvertreters, Köln 1954, S. 107, Rohrbeck-Durst-Bronisch S. 66, Schmidt-Rimpler a. a. O. S. 169 Anm. 27) und — soweit diese zur Ermittlung seiner Ansprüche nicht genügt — auf einen Buchauszug (a. A. Würdinger in: RGRKomm. HGB Bd 1 Anm. 1 zu § 87c, S. 727; überholt Rohrbeck-Durst-Bronisch S. 66 mit Hinweis auf RArbG 25. IV. 1934 JW 1934 S. 2181—2182). Zur Nachprüfung der vorgelegten Papiere kann er Einblick in die Geschäftsbücher verlangen.

Steuerrechtlich gehört die Gewinnbeteiligung zu den Einkünften aus selbständiger Arbeit.

[252] γ) Restfälle.

Außer Gratifikation und Gewinnbeteiligung kommen — weniger häufig — auch andere Sonderleistungen des Vers (oder Generalagenten) in Frage. — Z. B. veranstalten die Ver Wettbewerbe für den Vsaußendienst, wobei für bestimmte Erfolge Belohnungen ausgesetzt werden. Es dürfte sich dann nicht um eine selbständige Auslobung (§ 657 bis 661 BGB) handeln, sondern um eine Verpflichtung im Rahmen des Agenturverhältnisses. — Haben Vsvertreter anläßlich einer Prämienerhöhung oder Änderung der Vsbedingungen besondere Umstellungsarbeiten zu verrichten, so wird zuweilen ein zusätzliches einmaliges Entgelt gewährt, das zu den (möglicherweise künftig, z. B. wegen Prämienerhöhung, erhöhten) Provisionen hinzutritt. — Weitere Sonderleistungen können darin bestehen, daß der Ver eine Unfallfremdv für Rechnung der Vsvertreter abschließt oder daß der Ver es dem Vsvertreter ermöglicht, einen Lebensvsvertrag oder anderen Vsvertrag zum „Haustarif" (Nettoprämie ohne Verwaltungskostenzuschläge) (evtl. bei einer Konzerngesellschaft) abzuschließen. — Wegen Übernahme von Beiträgen zur freiwilligen Weiterv in der Sozialv vgl. Anm. 248, wegen Hingabe von Zweckdarlehen vgl. Anm. 248, über Altersversorgung vgl. Anm. 390. — Negativ ist zu betonen, daß der Ver einem Vsvertreter nicht gestatten darf, bei den Vmern besondere „Agenturgebühren" zu erheben (Näheres Anm. 82 zu § 1).

[253] fff) Urlaub.

Schrifttum: Dersch, Die Urlaubsgesetze, München-Berlin 1954, Trinkhaus I S. 448 bis 451, ZfV 1957 S. 285—288, auch Anonym Vsvermittlung 1956 S. 15.

Urlaub im weitesten Sinne ist jeder **Verzicht** des Dienstberechtigten **auf die Dienstleistung.**

Im Gegensatz zum Arbeitsverhältnis, in dem der Arbeitnehmer zeitgebunden seine Arbeitskraft schlechthin dem Arbeitgeber zur Verfügung stellt, kennt das Verhältnis zwischen Unternehmer und selbständigem Vsvertreter keinen derartigen Anspruch des Unternehmers auf die Leistung des Vsvertreters. Der selbständige Vsvertreter kann seine Arbeitszeit frei bestimmen (§ 84 I 2 HGB), insbesondere Feiertage und Urlaub nach eigenem Ermessen einlegen (Duden a. a. O. S. 291). Deshalb gilt auch § 629 BGB über die Beurlaubung zum Aufsuchen einer neuen Stellung nicht (Schröder[2] a. a. O. Anm. 38 zu § 89, S. 191, Würdinger in: RGRKomm. HGB Bd 1 Anm. 2 zu § 89, S. 733).

Andererseits ist der Vsvertreter nach § 86 I HGB verpflichtet, „sich um die Vermittlung oder den Abschluß von Geschäften zu bemühen" (Anm. 216). Vernachlässigt er diese Bemühungspflicht, so kann der Unternehmer aus wichtigem Grunde das Agenturverhältnis kündigen. Wieviel Zeit der Vsvertreter aufwenden muß, um seiner Bemühungspflicht zu genügen, inwieweit er also in der Bestimmung seiner Arbeitszeit (quantitativ) nicht frei ist, kann nicht allgemein festgestellt werden. Einigkeit besteht darüber, daß der Vsvertreter seine Vertragspflichten verletzt, wenn er „keinerlei Zeit für die Gewinnung neuer Kunden aufwendet" (Schröder[2] a. a. O. Anm. 15 zu § 86, S. 58) oder „längere Zeit ohne ausreichenden Grund untätig ist" (Rohrbeck-Durst-Bronisch S. 106). Das Ergebnis wird im Einzelfall davon abhängen, ob der Vsvertreter hauptberuflich oder nebenberuflich, für einen oder mehreren Unternehmer tätig ist. Bekommt er feste Bezüge, z. B. eine Spesenpauschale, so wird man eine stärkere Bemühungspflicht annehmen müssen als bei einem reinen Provisionsvertreter. Selbst wenn der Vsvertreter neben der Vermittlungstätigkeit auch Verwaltungsaufgaben (Anm. 222—224) übernommen hat, bleibt die Freiheit der Arbeitszeitgestaltung im einzelnen an und für sich bestehen. Der allgemeine Arbeitsplan ist aber strenger und zwingt den Vsvertreter, pünktlich z. B. die Prämien einzuziehen, wenn er sich nicht dem Ver gegenüber ersatzpflichtig machen will. Noch mehr ist er eingeschränkt, wenn er sich z. B. verpflichtet hat, Schäden zu bearbeiten. Denn für derartige Aufgaben muß er stets zur Verfügung stehen. Unterbricht der Vsvertreter seine Tätigkeit für den Unternehmer aus einem Grunde, der einem abhängigen Arbeitnehmer einen Anspruch auf Beurlaubung geben würde (vgl. die Beispiele bei Dersch a. a. O. Anm. 82—85, S. 67—68), z. B. zur Bewerbung um ein Bundestagsmandat (Art. 48 I GrundG), so liegt darin noch kein wichtiger Grund für eine sofortige Kündigung des Agenturverhältnisses nach § 89a I HGB.

Gewährt ein Ver oder Generalagent einem Vsvertreter Urlaub in dem bisher behandelten Sinne, so beschränkt sich die Wirkung darauf, daß der Unternehmer aus der Nichterfüllung der Bemühungs-, Inkasso-, Schadensbearbeitungs- und Verwaltungspflicht keine Rechtsbehelfe herleiten kann. Aber wenn der Vsvertreter seine Bemühungen unterbricht, um — im Rahmen seiner freien Arbeitszeitbestimmung — Urlaub zu machen, so verdient er in dieser Zeit, da er keine Abschlüsse bringt, auch keine Provisionen. Selbst wenn ihm eine Provisionsgarantie weitergezahlt wird, muß er den empfangenen Betrag später wieder abarbeiten, bevor ihm der Überschuß an Provisionen ausgezahlt werden kann (Anm. 245).

Von dem bloßen Verzicht auf die Dienstleistung ist der **Erholungsurlaub** zu unterscheiden, d. h. die Gewährung von Freizeit **unter Fortzahlung** des **Entgelts** (Nikisch[2] I S. 443, Trinkhaus I S. 448). Für den Regelfall würde ein Anspruch auf Erholungsurlaub bedeuten, daß der Vsvertreter für einen gewissen Zeitraum sich nicht nur nicht um Abschlüsse bemühen müßte, sondern gleichwohl vom Unternehmer ein Entgelt verlangen könnte, das ihn so stellt, als würde er in der fraglichen Zeit arbeiten. Bei dem mit Verwaltungsaufgaben betrauten Vsvertreter muß der Unternehmer für die Zeit des Urlaubs auf die entsprechenden Dienstleistungen des Vsvertreters, die dieser nach dem Vertrag schuldet, verzichten. Für Aufgaben, die während der Urlaubszeit zu erledigen sind, muß ein Vertreter bestellt werden. Wer für die Vertretung und insbesondere für die Entlohnung des Vertreters zu sorgen hat, ist bei einem vertraglichen Urlaubsanspruch im Vertrage zu regeln; bei einem gesetzlichen Urlaubsanspruch, der dem Vsvertreter wegen seiner wirtschaftlichenUnselbständigkeit als arbeitnehmerähnlicher Person zuerkannt wird, wird man die Sorge um die Vertretung dem Unternehmer auferlegen müssen, denn der Gleichstellungsgrundsatz verlangt, daß dem Urlaubsberechtigten für die Zeit des Urlaubs keine zusätzlichen Kosten und Aufwendungen entstehen.

Grundlage eines Anspruches auf bezahlten Urlaub kann einmal ein Vertrag sein. Es ist denkbar, daß ein Ver oder Generalagent sich einem Vsvertreter gegenüber zur Zahlung eines „Urlaubsgeldes“ verpflichtet, das den Vsvertreter in den Stand setzen soll, eine gewisse Zeit seine Tätigkeit unterbrechen zu können, ohne dafür wirtschaftliche Nachteile und Verdienstausfall in Kauf nehmen zu müssen.

Ein Urlaubsanspruch kann sich aber auch aus einem Gesetz ergeben. Hier sind zunächst die Urlaubsgesetze der Länder bedeutsam. Sie sind, soweit sie nach dem Inkrafttreten des Grundgesetzes (23. V. 1949) erlassen sind, in ihrer Gültigkeit umstritten. Sie werden als grundgesetzwidrig angesehen, weil die Länder nicht zuständig seien, Gegenstände des bereits im BGB erschöpfend geregelten Privatrechts, zu dem auch das Arbeitsvertragsrecht gehöre, gesetzlich zu ordnen (so Köttgen BetrBer 1956 S. 442, Nikisch[2] I S. 51, Nipperdey NJW 1951 S. 897—900, BArbG 26. X. 1955 BAG Bd 2 S. 342—355, a. A. Fischer BetrBer 1956 S. 1206, Hessel ArbuR 1956 S. 267, ArbG Heidelberg 26. VI. 1956 BetrBer 1956 S. 690). Die vor dem Inkrafttreten des Grundgesetzes erlassenen Urlaubsgesetze sind gemäß Art. 125 Ziff. 2 GrundG Bundesrecht geworden (Nipperdey NJW 1951 S. 898). Im Folgenden werden die Gesetze —wobei ihre Gültigkeit unterstellt wird — im Einzelnen betrachtet:

Ausdrücklich erwähnt werden die Handelsvertreter nur im Urlaubsgesetz von Nordrhein-Westfalen vom 27. XI. 1956 (GVBl. S. 325). Es lautet in § 2 II: „Als Arbeitnehmer gelten auch .... Handelsvertreter unter den Voraussetzungen des Art. 3 des Gesetzes zur Änderung des Handelsgesetzbuches vom 6. August 1953 ...., sowie sonstige Personen, die wegen ihrer wirtschaftlichen Unselbständigkeit als arbeitnehmerähnliche Personen anzusehen sind". Das Gesetz will also den Urlaubsanspruch nur Einfirmenvertretern zubilligen, die während der letzten sechs Monate durchschnittlich nicht mehr als 500.— DM monatlich verdient haben.

Die anderen Gesetze erwähnen den Handelsvertreter nicht besonders, kennen aber dafür fast alle — außer Bayern (G vom 11. V. 1950 [GVBl. S 81] mit DVO vom 15. VI. 1950 [Bayer. StAnz 1950 S. 81]) und West-Berlin (G vom 24. IV. / 22. XII. 1952 [GVBl. 1953 S. 1]) — den Begriff der „arbeitnehmerähnlichen Personen", den sie allerdings verschieden umschreiben (dazu Dersch a. a. O. Anm. 207—228 S. 132—142).

Die Regelung in Niedersachsen entspricht am meisten der von Nordrhein-Westfalen: Die DVO vom 26. VII. 1949 (GVBl. S. 180) zu § 1 I G vom 10. XII. 1948 (GVBl. S. 179) lautet:

> „Den Arbeitnehmern gleichgestellt sind Personen, die, ohne in einem Arbeits- oder Berufsausbildungsverhältnis zu stehen, eine sich regelmäßig wiederholende Arbeit im Auftrage und für Rechnung nur eines Arbeitgebers gegen Entgelt ausüben, auch wenn ihre Tätigkeit nicht als gewerbliche anzusehen ist (arbeitnehmerähnliche Personen)."

Da es sich um kein Arbeitsverhältnis handeln soll, kann „Arbeit" nicht im technischen Sinne als abhängige Tätigkeit verstanden werden, sondern es muß jede Geschäftsbesorgungsleistung genügen, sofern die anderen Merkmale erfüllt sind. Danach würde jeder Einfirmenvertreter unter die Definition des Gesetzes fallen, ohne Rücksicht auf die Höhe seines Verdienstes, denn die „ständige Betrauung" des Vsvertreters (Anm. 176—181) schafft eine „sich regelmäßig wiederholende Arbeit" im Sinne des Gesetzes. Gleichwohl erscheint es angebracht, auch hier auf Art. 3 HandelsvertreterG zurückzugreifen, mit dem ein einheitlicher Begriff des arbeitnehmerähnlichen Handelsvertreters geschaffen werden sollte (Anm. 167; ebenso von Gierke, Handelsrecht und Schiffahrtsrecht, 7. Aufl., Berlin 1955, S. 159, Josten-Lohmüller a. a. O. Anm. 2 zu Art. 3, Leuze a. a. O. S. 11—12). Demgegenüber will Trinkhaus I S. 83, 451 generell den in der Rechtsprechung vor 1953 entwickelten Begriff des arbeitnehmerähnlichen Handelsvertreters anwenden und die Einschränkung durch Art. 3 HandelsvertreterG nur für das formelle Recht gelten lassen. Es ist aber nicht einzusehen, weshalb die Schutzfunktion, die sowohl dem materiellen Arbeitsrecht wie dem Verfahrensrecht innewohnt, in einem Falle einem größeren Kreis von Personen zugutekommen soll als im anderen. Von dieser Vorstellung gehen ersichtlich auch die beiden Gesetze von Niedersachsen und Nordrhein-Westfalen aus.

Das Gesetz von Hessen (§ 1[3] G vom 29. V. 1947 [GVBl. S. 33]) hat folgenden Wortlaut:

> „Urlaubsberechtigt sind ferner ... alle Personen, die, ohne in einem Arbeitsvertrags- oder Beamtenverhältnis zu stehen, im Auftrage und für Rechnung anderer Personen Dienst leisten und wegen wirtschaftlicher Unselbständigkeit als arbeitnehmerähnlich anzusehen sind."

Mit diesem Gesetz stimmen die später erlassenen Gesetze von Bremen (§ 1 b G vom 4. V. 1948/25. IV. 1949 [GBl. 1948 S. 67, 1949 S. 71]), Hamburg (§ 2 G vom 27. I. 1951 [GVBl. S. 11]), Rheinland-Pfalz (§ 1 II b G vom 8. X. 1948 [GVBl. S. 370]), Schleswig-Holstein (§ 2 G vom 29. XI. 1949 [GVBl. 1950 S. 1]), und vom Landesteil Württemberg-Baden von Baden-Württemberg (§ 1 II G vom 6. VIII. 1947/6. IV. 1949 i. d. F. des G vom 3. IV. 1950 [RegBl. S. 30]) — bei geringfügigen Abweichungen in der Fassung — inhaltlich überein. Nach dem Wortlaut dieser Gesetze kommt es entscheidend auf die wirtschaftliche Selbständigkeit oder Unselbständigkeit an, für die jetzt, soweit Handelsvertreter in Betracht kommen, in Art. 3 HandelsvertreterG eindeutige Merkmale festgelegt sind. Danach sind urlaubsberechtigt die Einfirmenvertreter, die im Durchschnitt der letzten sechs Monate nicht mehr als 500.— DM monatlich verdient haben.

Allein auf die Arbeitnehmerähnlichkeit ohne Hervorhebung der wirtschaftlichen Unselbständigkeit kommt es nach dem Gesetz des Landesteils Baden von Baden-Württemberg (§ 1 I G vom 13. VII. 1949 [GVBl. S. 289]) an:

„Als Arbeitnehmer im Sinne dieses Gesetzes gelten Arbeiter, Angestellte, Lehrlinge und andere in einem ähnlichen Dienst- oder Beschäftigungsverhältnis stehende Personen, einschl. der Heimarbeiter."

Hinsichtlich der Ähnlichkeit des Beschäftigungsverhältnisses mit einem Arbeitsverhältnis gilt dasselbe wie bei den anderen Urlaubsgesetzen.

Nach diesen Gesetzen hat der Einfirmenvertreter des Art. 3 HandelsvertreterG einen Anspruch auf Erholungsurlaub, der im einzelnen sehr unterschiedlich ausgestaltet ist. Kein speziell geregelter gesetzlicher Urlaubsanspruch für arbeitnehmerähnliche Personen besteht in den Ländern Bayern, West-Berlin und in dem Landesteil Württemberg-Hohenzollern von Baden-Württemberg.

Für Einfirmenvertreter sieht § 92a HGB Mindestbedingungen vor, die durch RechtsVO festgelegt werden sollen. Dabei kann auch die Gewährung eines bezahlten Erholungsurlaubs angeordnet werden (Anm. 246).

Für den Fall, daß die Urlaubsgesetze der Länder, die nach dem Inkrafttreten des Grundgesetzes ergangen sind, verfassungswidrig und damit ungültig sind, sowie für jene Länder, in denen keine Urlaubsansprüche für arbeitnehmerähnliche Personen vorgesehen sind, fragt es sich, ob sich ein Anspruch der Vsvertreter aus allgemeinen bundesrechtlichen Regeln herleiten läßt. Nach der Auffassung des BArbG 20. IV. 1956 NJW 1956 S. 1254 ergibt sich ein Anspruch des Arbeitnehmers auf Urlaub auch ohne spezielle Regelung aus den §§ 618, 242 BGB, in denen die Fürsorgepflicht des Arbeitgebers statuiert sei, sowie aus den Prinzipien des sozialen Rechtsstaates (Art. 20, 28 GrundG). Er wurzele ferner in der allgemeinen Rechtsüberzeugung sowie im Rechtsneltungswillen des Volkes einschließlich beider Sozialpartner. Dieser allgemeine Urlaubsanspruch wird auch den Heimarbeitern zugesprochen. Eine Ausdehnung auf Handelsvertreter wird vom BArbG nicht erwogen, wozu nach Lage des Falles auch kein Anlaß bestand. Es fragt sich dennoch, ob nicht die gleichen Erwägungen, die den Urlaubsanspruch der Heimarbeiter stützen, auch zu einem Anspruch der Handelsvertreter führen können. Köst BetrBer 1956 S. 564 hält eine Ausdehnung der vom BArbG entwickelten Grundsätze auf alle arbeitnehmerähnlichen Personen, insbesondere auf Handelsvertreter, für bedenklich. Die Einfirmenvertreter des Art. 3 HandelsvertreterG sind aber — ebenso wie die Heimarbeiter — wirtschaftlich von ihrem Unternehmer abhängig. Sie stehen in wesentlichen Punkten den angestellten Vsvertretern gleich und leisten dieselbe Arbeit. Die Freiheit in der Arbeitszeitgestaltung hält das BArbG auch bei den Heimarbeitern für nicht so wesentlich, daß sie den Ausschlag für eine andere Gesamtbeurteilung geben und den Urlaubsanspruch ausschließen könnte. Die neuere Rechtsentwicklung geht — wie bei den Heimarbeitern — dahin, die Einfirmenvertreter den Arbeitnehmern gleichzustellen. Die Einfirmenvertreter sind nicht nur der Arbeitsgerichtsbarkeit unterstellt, sondern genießen wie Arbeitnehmer ein Vorrecht im Konkurse des Unternehmers (§ 61 Ziff. 1 KO), es können für sie durch RechtsVO soziale Mindestbedingungen festgesetzt werden (§ 92a HGB).

Daß die Gleichbehandlung der Einfirmenvertreter im Verhältnis zu den Arbeitnehmern der heutigen Rechtsüberzeugung und dem allgemeinen Rechtsgeltungswillen entspricht, zeigt sich in den Urlaubsgesetzen der Länder, die fast alle den arbeitnehmerähnlichen Personen, zu denen auch die wirtschaftlich unselbständigen Vsvertreter gehören, einen Anspruch auf Urlaub zubilligen, insbesondere in dem Gesetz von Nordrhein-Westfalen. Eine Gleichstellung der arbeitnehmerähnlichen Vsvertreter (allerdings nach den vor 1953 geltenden Merkmalen bestimmt) auch auf materiellrechtlichem Gebiet vertreten schon Rohrbeck-Durst-Bronisch S. 20—21; ebenso Josten-Lohmüller a. a. O. Anm. 2 zu Art. 3. Duden a. a. O. S. 223 will die Grundsätze über die Fürsorgepflicht des Arbeitgebers „in begrenztem Umfange auch auf das Verhältnis zwischen Handelsvertreter und Unternehmer ausdehnen". Gegen eine Gleichstellung der Einfirmenvertreter ohne besondere gesetzliche Anordnung auf dem Gebiet des materiellen Rechts sprechen sich Dersch AP 1951 S. 503 und Rewolle Betrieb 1954 S. 215 aus.

Die Bestimmung der Urlaubszeit im konkreten Fall ist im Arbeitsrecht Sache des Arbeitgebers (so richtig Würdinger in: RGRKomm. HGB Bd 1 Anm. 35 zu § 59, S. 530 und Nikisch[2] I S. 451 mit Hinweis auf die Urlaubsgesetze, a. A. Dersch a. a. O. Anm. 343, S. 205, Anm. 72, S. 61—62, der einen Vertrag zwischen den Parteien verlangt). Bei der

Bestimmung sind die Interessen des Arbeitgebers zu berücksichtigen, auch soll der Urlaub zusammenhängend gewährt werden, weil sonst sein Zweck gefährdet ist. Nun hat zwar der Unternehmer gegenüber dem selbständigen Vsvertreter kein Direktionsrecht hinsichtlich der Arbeitszeit, aus dem ein Recht zur Bestimmung der Urlaubszeit abgeleitet werden könnte. Man wird ihm aber trotzdem mindestens ein Mitspracherecht zubilligen müssen, da er durch den Urlaubsanspruch des Vsvertreters stark belastet wird. Der arbeitnehmerähnliche Handelsvertreter soll nicht besser gestellt sein als ein Arbeitnehmer. Das wäre aber der Fall, wenn er seine Urlaubstage ganz nach seinem Belieben auswählen könnte; dann könnte z. B. der Vertreter eines Lebensvers seinen Urlaub in die Zeit kurz vor Jahresschluß verlegen, in der erfahrungsgemäß aus steuerlichen Gründen besonders viele Lebensvsverträge abgeschlossen werden, und dadurch von seinem Unternehmer ein besonders hohes Urlaubsgeld in Empfang nehmen, ohne Abschlüsse zu bringen.

Für das Urlaubsrecht gilt der Grundsatz der Gleichstellung: Der Urlaubsberechtigte soll wirtschaftlich nicht schlechter, aber auch nicht besser gestellt sein, als wenn er in der Urlaubszeit weiterarbeiten würde (RArbG 20. I. 1937 JW 1937 S. 1170—1171; Dersch a. a. O. Anm. 655a 2, S. 309—310, Nikisch[2] I S. 454). Daraus folgt, daß der Vsvertreter sein Entgelt, soweit es in Festbezügen (speziell Gehalt, Anm. 244) besteht, auch während des Urlaubs erhalten muß (Dersch a.a. O. Anm. 642b, S. 307, Trinkhaus I S. 451). Er muß aber auch hinsichtlich seiner Provisionsbezüge gleichgestellt werden, d. h. der Unternehmer muß ihm — ohne daß durch seine Tätigkeit Vsverträge zustandegekommen sind — einen Betrag zahlen, der der sonst verdienten Vermittlungsprovision entspricht (Dersch a. a. O. Anm. 642b, S. 307, RArbG 20. I. 1937 JW 1937 S. 1170 bis 1171). Das gleiche gilt für Inkasso- und Verwaltungsprovisionen. Bei laufenden Vermittlungsprovisionen kann die Anwendung des Gleichstellungsgrundsatzes aber nicht dahin führen, daß der Vsvertreter nicht nur die in die Urlaubszeit fallenden Anteile erhält, sondern auch nach Urlaubsende noch fingiert-fortlaufende Beträge bezieht. Aufwendungsersatz braucht während des Urlaubs nur gezahlt zu werden, soweit tatsächlich Aufwendungen im geschäftlichen Interesse nötig sind. So muß z. B. der Ver die Grundgebühr für einen Fernsprechanschluß auch während des Urlaubs des Vsvertreters tragen, wenn er sich generell dazu verpflichtet hat, nicht dagegen die einzelnen Gesprächsgebühren; das gleiche gilt positiv für Steuern und V eines Kraftfahrzeuges und negativ für Treibstoffkosten. Weiterzuzahlen ist auch ein Aufwendungsersatz, der tatsächlich ein verkapptes Entgelt darstellt, also z. B. Beträge, die über die tatsächlichen Aufwendungen hinausgehen und erfahrungsgemäß erspart werden, ebenso Ersatz für Aufwendungen, die nicht erst durch die Tätigkeit des Vsvertreters für das Unternehmen nötig werden (vgl. Dersch a. a. O. Anm. 644—644a, S. 309, Nikisch[2] I S. 455, Trinkhaus I S. 451). Erhält ein Vsvertreter keinen Aufwendungsersatz, so fragt es sich, ob er sich die während des Urlaubs ersparten Aufwendungen vom Urlaubsentgelt abziehen lassen muß. Die Urlaubsgesetze bestimmen hierüber nichts. Das LArbG Mannheim 25. III. 1955 BetrBer 1955 S. 382 rechnet bei der Ermittlung des Urlaubsgeldes eines Angestellten die ersparten Aufwendungen vom Bruttoverdienst ab. Andererseits ist zu berücksichtigen, daß auch andere Arbeitnehmer während des Urlaubs Aufwendungen ersparen und gleichwohl ihr volles Gehalt bekommen.

Wie der zu zahlende Betrag im einzelnen zu berechnen ist, nach welchen Maßstäben insbesondere die zu zahlende Provision bemessen werden muß, ist in den Urlaubsgesetzen verschieden geregelt. Es kann dazu auf die Darstellung bei Dersch a. a. O. Anm. 629—635, S. 304, Anm. 645—684a, S. 314—329 sowie bei Nikisch[2] I S. 454—457 verwiesen werden. Dem Gleichstellungsprinzip entspricht am besten die sogen. „individuelle Methode“ (Dersch a.a.O. Anm. 630, S. 304), bei der dem Vsvertreter soviel gezahlt wird, wie er mutmaßlich verdient hätte, wenn er in der Urlaubszeit gearbeitet hätte. Es kommt dabei nicht allein darauf an, was er in einem bestimmten Zeitraum vor Antritt des Urlaubs durchschnittlich verdient hat oder bei normaler (betriebsüblicher) Arbeitszeit verdient hätte, sondern es sind auch sonstige Umstände, insbesondere die Entwicklung der Geschäftslage, jahreszeitliche Schwankungen und etwa getroffene besondere Maßnahmen (Werbung) zu berücksichtigen. Diese Methode führt zwar nicht immer zu eindeutigen Ergebnissen, ist aber gerechter als die anderen, die nur einen Durchschnittsverdienst berechnen (vgl. für Angestellte BArbG 12. X. 1956 BetrBer 1957 S. 257,

RArbG 20. I. 1937 JW 1937 S. 1170—1171, LArbG Mannheim 25. III. 1955 BetrBer 1955 S. 382, Rohrbeck-Durst-Bronisch S. 38; für Vsvertreter Trinkhaus I S. 451, aber nicht ganz eindeutig in der Frage der Berechnung: Er legt einmal den „Durchschnitt der letzten zwölf Monate", einmal den „mutmaßlichen Verdienst" zugrunde, beide Male unter Berufung auf die oben genannte Entscheidung des RArbG).

[260] cc) Ansprüche auf Erfolgsvergütung.

aaa) Arten der Erfolge.

Die zweckmäßigste Form einer Entgeltgewährung an Vsvertreter ist die Provision. Die Selbständigkeit des Vsvertreters bringt es mit sich, daß er eine im wesentlichen freie, also unkontrollierte Stellung innehat. Deshalb wird er am besten auf der Grundlage seiner Erfolge entlohnt: Provisionen sind Erfolgsvergütungen. Der Handelsvertretervertrag steht den erfolgbestimmten Werkverträgen nahe (Anm. 197).

Selbstverständlich schließt aber das Gesagte nicht aus, daß einerseits unselbständigen Handlungsgehilfen Provision gezahlt wird (§ 65 HGB) oder daß andererseits selbständige Vsvertreter außer der Erfolgsvergütung andere Bezüge haben, auch Festbezüge (Anm. 244 bis 247).

Obgleich § 84 I 1 HGB nur von der Vermittlung (und dem Abschluß) von Geschäften spricht, gibt es neben dem Vermittlungserfolg und der Vermittlungsprovision (Anm. 261) auch andere Arten von Erfolgen und Provisionen. Praktisch besonders wichtig ist die Inkassotätigkeit der Vsvertreter und dementsprechend die Inkassoprovision (Anm. 262). Das Inkasso gehört zu der laufenden Verwaltung. Auch andere Verwaltungsaufgaben können dem Vsvertreter übertragen werden. Werden sie nicht durch Festbezüge entlohnt und beschränkt sich der Ver oder Generalagent nicht auf Aufwendungsersatz, so wird entweder eine nicht näher spezifizierte Verwaltungsprovision gewährt (Anm. 263) oder es werden spezielle Verwaltungsarbeiten honoriert, so die Ausfertigung von Vsscheinen durch eine Ausfertigungsprovision (Anm. 264), die Behandlung von Vsschäden durch eine Schadenserledigungsprovision (Anm. 265), die Mehrarbeit des für den führenden Ver tätigen Vsvertreters bei einer Mitv durch eine Führungsprovision (Anm. 266). Die Praxis zeigt auch andere Fälle von speziellen Verwaltungsprovisionen (über diese Restfälle Anm. 267). Neben Vermittlungs-, Inkasso- und Verwaltungsprovision nimmt die Delkredereprovision (Anm. 268) eine Sonderstellung ein, wird sie doch dafür gewährt, daß ein Vsvertreter für die Erfüllung von Verbindlichkeiten einsteht, seien es solche eines Vmers (§ 86b HGB), seien es — häufiger — solche eines Untervertreters.

Zu Provisionsproblemen hat besonders die Industrie- und Handelskammer Berlin eine Fülle von Gutachten erstattet, um das Bestehen oder Nichtbestehen von Handelsbräuchen festzustellen. Leider widersprechen sich die Gutachten vielfältig. Zusammenstellungen Wirtschaftsvereinigung Handelsvertreter und Handelsmakler, Der Handelsbrauch im Handelsvertreterrecht, Hamburg 1952, Apt, Gutachten der Ältesten der Kaufmannschaft von Berlin, 3 Bände, Berlin 1907, 1910, 1914, Dove-Meyerstein, Gutachten über Handelsgebräuche, 4 Bände, Berlin 1907, 1912, 1926, 1930, Kersting, Das Recht der deutschen V, Berlin 1938, S. 621—643 (mit Zitaten aus: Mitteilungen, später Wirtschaftsblatt der Industrie- und Handelskammer Berlin), VA 1930 S. 91, 1931 S. 166—167, 1932 S. 113—114, 1933, S. 194—195, 1938 S. 88.

[261] α) Vermittlungsprovision.

Die Vermittlung i. w. S. (dazu Anm. 11) umfaßt den bloßen Nachweis der Gelegenheit zum Abschluß eines Vertrages (speziell: Anschriftennachweis), die Vermittlung i. e. S. (mit Einwirkung auf den Willen des Vertragsgegners, aber ohne Vollmacht des Unternehmers) und den Abschluß (in Vollmacht des Vers). So gibt es — entsprechend den drei Graden der Vermittlungsintensität — bloße Gelegenheitsnachweisvermittler, Vermittlungs- und Abschlußagenten. Handelsvertreter können nur die beiden letztgenannten sein (§ 84 I 1 HGB; Anm. 16, 128, 184, 422). Aber alle drei Arten von Vsvertretern erhalten für das Zustandebringen eines Vsvertrages eine Erfolgsvergütung, die am besten als Vermittlungsprovision bezeichnet wird, wobei man an Vermittlung i. w. S. zu denken hat. Da diese Erfolgsvergütung nur bei Zustandekommen, also Abschluß des Vsvertrages verdient wird (Anm. 289), spricht man (synonym) auch von Abschlußprovision. So könnte man auch bei einem bloßen Vermittlungsagenten von Abschlußprovision, bei einem Abschlußagenten auch von Vermittlungsprovision reden. Weniger gebräuchlich als die Ausdrücke Vermittlungs- und Abschlußprovision ist der Begriff Erwerbsprovision (Möller Vsvermittlung S. 156).

Der Vermittlungserfolg wird in der Vswirtschaft wegen der Wichtigkeit und häufig zu verzeichnenden Schwierigkeit der Werbung — auch mit Rücksicht auf den starken Wettbewerb — relativ hoch bewertet, so daß sich ergeben kann, daß ein Vsvertreter für eine im Einzelfall vielleicht geringe Mühewaltung jahrzehntelang hohe Vergütungen bezieht. Es ist aber auch zu bedenken, daß der Vsvertreter häufig vergebliche Werbeversuche unternimmt, für welche er kein Entgelt bezieht. Die Vermittlungsprovisionen bilden bei selbständigen Vsvertretern regelmäßig den wirtschaftlichen Kern ihrer Bezüge.

Die Vermittlungsprovision ist erst „verdient" und fällig, nachdem eine große Reihe von Voraussetzungen erfüllt ist, die aber nicht sämtlich in die Zeit der Dauer des Agenturverhältnisses zu fallen brauchen (Anm. 280—310). Es handelt sich bei diesem Provisionsanspruch um ein Musterbeispiel dafür, daß oft erst viele Rechtsbedingungen zusammentreffen müssen, bevor ein Anspruch vollwirksam entsteht. Zu den Rechtsbedingungen zählt durchweg das Ausführungserfordernis, d. h. die Prämienzahlung durch den Vmer (Anm. 291—292). So erklärt es sich, daß trotz der Einmaligkeit und Einheitlichkeit des Vermittlungserfolges die Vermittlungsprovision häufig nicht als Einmalprovision, sondern als laufende Provision gezahlt wird (Anm. 269). Bei solcher laufenden Provision ist die Höhe der Zahlungen nicht notwendig gleichbleibend. Vielmehr führen der Geldbedarf der Vsvertreter und die Gegenwärtigkeit des soeben erreichten Vermittlungserfolges oft dazu, daß man innerhalb der laufenden Provision (höhere) Erstprovision und (niedrigere) Folgeprovisionen unterscheidet (Anm. 270).

Besonders Folgeprovisionen werden möglicherweise erst nach Beendigung des Agenturverhältnisses verdient und fällig. Man spricht dann von Nachprovisionen (Anm. 271).

Vermittelt der Vsvertreter einen Vsvertrag, der sich kraft einer Verlängerungsklausel (§ 8 I) stillschweigend verlängert, so beruht auch der Verlängerungserfolg auf dem ursprünglichen Verhalten des Vsvertreters und er erhält besonders in diesem Falle Verlängerungsprovision (Anm. 272), oft als Nachprovision.

Über die Abgrenzung der Vermittlungsprovision Anm. 273—275, über den Schuldner Anm. 276—279, über alle anderen Fragen Anm. 280—310, 320—336.

Das Gesetz behandelt die Vermittlungsprovision in §§ 87 I—III, 87a—87c, 92 III—IV, 92b I 3 HGB. Die Vorschriften sind weitgehend zwingender Natur.

[262] β) Inkassoprovision.

Viele Vsvertreter werden mit Verwaltungsaufgaben betraut, unter denen die Inkassotätigkeit im Vordergrund steht und deshalb gesonderter Behandlung bedarf. Kassiert ein Vsvertreter (nicht ein bloßer Inkassant: Anm. 9, 192) Prämien, so handelt es sich um einen Vorgang im Rahmen des Vsvertretervertrages, also darum, daß dem Vsvertreter eine spezielle Inkassopflicht auferlegt wird (Anm. 185, 222).

Der Ausdruck Inkassoprovision wird in der Vswirtschaft leider nicht eindeutig gebraucht, nämlich nicht nur als Bezeichnung der Vergütung für Prämieninkasso, sondern auch für Vermittlungsfolgeprovisionen sowie für Prämien, die gesamtheitlich für Vermittlung und Prämieninkasso gewährt werden (Anm. 273—275). Hier wird unter Inkassoprovision nur das echte und ausschließliche Entgelt für Inkassoleistungen verstanden. Auch RG 1. X. 1921 JW 1922 S. 100 betont, die Inkassoprovision werde „für die Einziehung der Prämie gezahlt".

§ 87 IV HGB, die einzige Vorschrift, welche speziell die Inkassoprovision behandelt, geht davon aus, daß der Handelsvertreter neben dem Anspruch auf Vermittlungsprovision Anspruch auf Inkassoprovision „für die von ihm auftragsgemäß eingezogenen Beträge" habe. Schröder[2] a. a. O. Anm. 51 zu § 87, S. 115 weist darauf hin, daß ein auftragsgemäßes Handeln nicht nur anzunehmen sei bei vertraglicher Vereinbarung einer

Inkassopflicht (der eine Inkassoberechtigung gleichzustellen wäre), sondern auch dann, wenn ein Handelsvertreter ohne Auftrag kassiert, aber der Unternehmer dieses Verhalten genehmigt.

§ 87 IV HGB ist nicht zwingend; deshalb kann der Anspruch auf Inkassoprovision ausgeschlossen werden (Duden a. a. O. S. 307, Knapp[2] a. a. O. Anm. 9 zu § 87, S. 24, Schröder[2] a. a. O. Anm. 61 zu § 87, S. 118). In der Vswirtschaft besteht die Übung, daß bei Inkasso der ersten, sogen. Einlösungsprämie (und bei Ratenzahlung der ersten Jahresprämie für deren Raten) neben der Vermittlungs(erst)provision keine besondere Inkassoprovision gezahlt wird (Josten-Lohmüller VW 1954 S. 10). Diese Übung hat sich zum Gewohnheitsrecht verdichtet, gilt also nicht nur als Handelsbrauch unter Kaufleuten (§ 346 HGB). Jedoch könnte vertraglich Provisionsgewährung vereinbart werden.

Der Anspruch auf Inkassoprovision setzt nicht voraus, daß der Vsvertreter jenen Vsvertrag, auf Grund dessen er die Prämie kassiert, vermittelt hat, also auch nicht, daß ihm gleichzeitig Vermittlungsprovision zusteht. Insofern ist § 87 IV HGB irreführend. Vgl. Schröder[2] a. a. O. Anm. 52 zu § 87, S. 115.

Auch die Inkassoprovision ist Erfolgsvergütung. Es kommt darauf an, daß die eingezogenen Beträge beim Ver (oder im Falle der Untervertreter beim Generalagenten) eingehen. Die Inkassoarbeit rechtfertigt im Einzelfall nur eine ziemlich geringe Erfolgsvergütung. Da die Mühe, besonders in Fällen der Abholung, bei niedrigen und hohen Beträgen für den Vsvertreter gleich groß ist, ist es üblich, bei kleineren Beträgen einen relativ höheren Betrag zuzubilligen. Immerhin kann bei größeren Agenturbeständen die Einnahme aus Inkassotätigkeit einen erheblichen Betrag ausmachen, möglicherweise sogar diejenige aus Vermittlungsprovisionen übersteigen, sei es, daß dem Vsvertreter bei Übernahme einer Agentur bereits ein Inkassobestand übertragen wird, sei es daß ein weniger „produktiv" gewordener Vsvertreter kein Neugeschäft mehr bringt, keine Vermittlungsprovisionen mehr erhält, wohl aber noch kassiert.

Mit jedem Inkasso wird ein neuer Inkassoerfolg herbeigeführt, eine neue Inkassoprovision verdient. So kann hier nicht durch einen Inkassoerfolg eine laufende Provision ausgelöst werden, es gibt keine echten „Inkassofolgeprovisionen", keine „Nachinkassoprovisionen" (dazu Anm. 273—275). Die Inkassotätigkeit muß in die Dauer des Agenturverhältnisses fallen, um entlohnt zu werden.

Über den Schuldner Anm. 276—279, über alle anderen Fragen Anm. 311—313, 320—336.

[263] γ) Verwaltungsprovision.

Schon das Inkasso, entlohnt durch die Inkassoprovision (Anm. 262), gehört zu den Verwaltungsaufgaben der Vsvertreter. Aber daneben gibt es in wachsendem Maße andere Tätigkeiten außerhalb der Vermittlung, sei es hinsichtlich der einzelnen Vsverträge, sei es hinsichtlich des ganzen Vsbetriebes (Anm. 185—186, 224).

Die Tätigkeit hinsichtlich des ganzen Vsbetriebes, z. B. die Belastung mit Aufgaben der Buch-, Kassen-, Kartei-, Aktenführung oder Ordnung von Fragen der Schadensreserven, Rückven, Vermögensanlagen kann nicht durch Provisionen entlohnt werden, hier kommt besonders die Gewährung von Festbezügen (Gehalt) in Betracht. Die Organisationstätigkeit pflegt bei echten Generalagenten schon deshalb nicht besonders entlohnt zu werden, weil die Vermittlungserfolge der Unterorganisation als Erfolge des Generalagenten honoriert werden. Bei unechten Generalagenten werden durchweg Superprovisionen an ihn ausgeschüttet, der Ver schuldet und zahlt also erstens dem unechten Unteragenten die Vermittlungsprovision, zweitens dem Generalagenten die Vermittlungssuperprovision (Anm. 285).

Bei der Tätigkeit hinsichtlich der einzelnen Ven kommt eher eine provisionsmäßige Vergütung in Frage. Jedoch wird manche Arbeit nicht besonders honoriert, wofür dreierlei Begründungen in Betracht kommen:

Erstens: Manche Verwaltungsarbeit gilt als durch die Vermittlungsprovision und etwaige Inkassoprovisionen mitabgegolten, nicht in dem Sinne, daß ein Teil dieser Provisionen für Verwaltungsarbeit gezahlt wird, wohl aber in dem Sinne, daß es dem Vsvertreter angesichts des Bezuges dieser Provisionen zugemutet werden kann, für den Ver ohne besonderes Entgelt gewisse kleinere, normale Verwaltungsarbeiten mitzuerledigen, übrigens auch dergestalt, daß Aufwendungsersatz (z. B. für Porto-, Telephon- und Telegrammspesen) nicht gefordert werden kann (vgl. § 87d HGB). Solche kleineren normalen Verwaltungsarbeiten sind: Entgegennahme von Änderungsanträgen (§ 43 Ziff. 1) und deren Weiterleitung an den Ver, Entgegennahme von Wissens- und Willenserklärungen des Vmers (§ 43 Ziff. 2) und deren Weiterleitung an den Ver (man denke an Anzeige von Gefahrerhöhungen, Schäden, Veräußerungen oder an Kündigungen), Aushändigung von Versicherungsscheinen (§ 43 Ziff. 3), bei Abschlußvertretern Stundung von Prämien, Abgabe von Kündigungs- und Rücktrittserklärungen (§ 45). Selbstverständlich wird auch die Erfüllung der Benachrichtigungspflicht (Anm. 218), der Rechenschaftspflicht (Anm. 225) und der Herausgabepflicht (Anm. 226) dem Vsvertreter nicht speziell honoriert.

Zweitens: Manche Verwaltungsarbeit löst ihrerseits Ansprüche auf Vermittlungs- oder Inkassoprovision aus, so daß eine besondere Verwaltungsprovision unnötig erscheint. Man denke an die Entgegennahme solcher Änderungsanträge (§ 43 Ziff. 1) oder den Abschluß solcher Änderungsvereinbarungen (§ 45), welche Prämienerhöhungen, also Provisionsansprüche mit sich bringen, man denke an Erhöhungen der Vssumme, Einbeziehung neuer Interessen in die V, V weiterer Personen bei einer Gruppenv. Entsprechendes gilt für die Entgegennahme von Verlängerungsanträgen und den Abschluß von Verlängerungsvereinbarungen (§§ 43 Ziff. 1, 45). Viel Arbeit pflegt den Vsvertretern die Durchführung von Tariferhöhungen, z. B. in der Kraftverkehrs- oder Krankenv zu machen, aber die erhöhte Tarifprämie bringt erhöhte Vermittlungs- oder Inkassoprovisionen (über spezielle Umstellungsvergütungen: Anm. 252). Bei der laufenden V pflegt der Vsvertreter die Deklarationen des Vmers zu bearbeiten, aber auch diese Mühe findet ein Äquivalent in entsprechenden Vermittlungsprovisionen.

Drittens ist zu beachten, daß die Vsvertreter manche Verwaltungsarbeit nicht so sehr für den Ver wie für den Vmer übernehmen, also im Zuge des „Kundendienstes", in der Hoffnung auf weitere Vermittlungen für den Fall, daß der Vmer sich gut betreut fühlt. Deshalb erhält der Vsvertreter keine Verwaltungsprovision, falls er z. B. den Vmer bei der Erstattung von Schadensanzeigen oder bei der Ausfüllung von formularmäßigen Schadensmeldungen unterstützt.

Trotz dieser drei Ausnahmegruppen gibt es aber manche Fälle, in denen die Verwaltungsarbeit des Vsvertreters — sei sie genereller Natur oder die einzelnen Ven betreffend — nicht als genügend abgegolten angesehen werden kann durch Vermittlungs- oder Inkassoprovisionen oder Festbezüge (Gehalt). Hier gewährt der Ver möglicherweise eine Verwaltungsprovision, oft ohne nähere Kennzeichnung der einzelnen dadurch honorierten Verwaltungsaufgaben. Die Verwaltungsprovion bedeutet zugleich ein Entgelt für das Inkasso, falls dieses durchgeführt, aber eine besondere Inkassoprovision (Anm. 262) nicht gewährt wird (Anm. 273). Alles Nähere muß sich bei einer generellen, nicht spezifizierten Verwaltungsprovision aus den Vereinbarungen und Umständen des Einzelfalles ergeben. Geklärt muß z. B. werden, wie die Verwaltungsprovision zu berechnen ist, etwa von den Prämien oder von den Vermittlungsprovisionen her, ersterenfalls muß klargestellt werden, ob die gesamte Prämieneinnahme der Agentur maßgebend sein soll oder etwa nur jene aus bestimmtem Neugeschäft, das der Vsvertreter vermittelt hat.

Fehlt es an einer Vereinbarung über die Zahlung einer Verwaltungsprovision, so kann sie nicht als geschuldet angesehen werden, auch nicht kraft Verkehrssitte oder Handelsbrauches. § 87 IV HGB begründet nur einen Anspruch auf Inkassoprovision und kann nicht analog auf andere Verwaltungstätigkeiten als das Inkasso angewendet werden. Zu § 354 I HGB vgl. Anm. 314.

Zuweilen wird eine Verwaltungsprovision auch unter konkreterer Bezeichnung gewährt. Von der Ausfertigungs-, Schadenserledigungs- und Führungsprovision sowie gewissen anderen Fällen konkretisierter Verwaltungsprovisionen wird in Anm. 264—267 speziell die Rede sein. In der Mitte zwischen der generellen Verwaltungsprovision und den letztgenannten konkretisierten Verwaltungsprovisionen steht das sogen. **Pflegegeld,** auch Bestandspflegegeld, Inkassopflegegeld, Bestandserhaltungsgebühr, Treueprämie (KG 28. III. 1939 JRPV 1940 S. 84—85) genannt.

Solches Pflegegeld kommt besonders in der Personenv, speziell der Lebensv vor, und zwar fast ausnahmslos bei Vern, welche ein Direktinkasso durchführen, so daß die Vsvertreter keine Inkassoprovisionen verdienen. Da in der Personenv durchweg Einmalprovisionen, also keine laufenden Provisionen gezahlt werden (Anm. 269), besteht die Gefahr, daß das eigene Interesse der Vsvertreter an der Bestandserhaltung und Stornoverhütung erlahmt. Um es wachzuhalten und um die Vsvertreter zu Kundenbesuchen, zur schriftlichen Aufrechterhaltung der Verbindung, besonders aber zur Stornoverhütung in Fällen der Gefahr regelwidrigen Abganges anzuspornen und zu verpflichten (Anm. 224), wird den Vsvertretern ein Pflegegeld zugesagt, berechnet nach ähnlichen Grundsätzen wie Inkassoprovisionen. Wie bei der generellen Verwaltungsprovision kann man bei Fehlen einer Vereinbarung einen Anspruch des Vsvertreters auf Pflegegeld nicht begründen, weder in Analogie zu § 87 IV HGB, noch aus § 354 I HGB. Zur rechtlichen Qualifikation auch Anm. 275.

Als Beispiel für Vereinbarungen über ein Inkassopflegegeld diene folgende Klausel (aus Rohrbeck-Durst-Bronisch S. 57):

„Als Gegenleistung für die Gewährung des Inkassopflegegeldes übernimmt der Vertreter die Verpflichtung zur Pflege der Beziehungen zu den Vmern. Insbesondere ist er verpflichtet, sich auf Ersuchen der Gesellschaft in denjenigen Fällen, in denen die Prämien nicht prompt bezahlt worden sind, sich bei den Vmern selbst dafür einzusetzen, daß sie der Mahnung der Gesellschaft zur unmittelbaren Zahlung Folge leisten.

Inkassopflegegeld wird nicht gewährt für die Prämien des ersten Vsjahres und die Prämien der Risikov, für Einmaleinlagen, Prämienvorauszahlungen, Vsdarlehns- und Verzugszinsen und sonstige andere als Prämienleistungen des Vmers.

Der Anspruch auf Inkassopflegegeld besteht nur für diejenigen Ven, die in dem Bestand des Vertreters laufen, nicht dagegen für solche Ven, die z. B. wegen Wohnsitzverlegung des Vmers, einem anderen Vertreter überwiesen werden.

Nach Beendigung der Geschäftsverbindung erlischt jeder Anspruch auf Inkassopflegegeld."

Die konkreteren Formen von Verwaltungsprovisionen (Anm. 264—267) werden in Fällen gewährt, in denen die Verwaltungsarbeit des Vsvertreters das Normalmaß überschreitet.

Über die allgemeine Verwaltungsprovision hinsichtlich des Schuldners Anm. 276—279, über alle anderen Fragen Anm. 314—316, 320—336.

[264] αα) Ausfertigungsprovision.

Während die bloße Aushändigung eines vom Ver ausgestellten Vsscheins als durch die Vermittlungsprovision mitabgegolten angesehen werden muß (Anm. 263), geht es weiter, wenn der Vsvertreter dazu verpflichtet wird, in Vollmacht des Vers die Vsscheine zu formulieren und auszufertigen, was eine verantwortungsreiche Arbeit darstellt, da der Vsschein Beweisurkunde ist (Anm. 224). Hierfür wird Vsvertretern häufig eine Ausfertigungsprovision versprochen, nicht nur berechnet auf Basis der Erstprämie, sondern auch auf Basis aller Folgeprämien, wohl deshalb, weil auch die Ausfertigung von Nachträgen in Frage kommt. Allerdings wird man regelmäßig eine besondere Vereinbarung voraussetzen müssen, damit die Ausfertigungsprovision geschuldet werde; auch hier gilt (ebenso wie bei der allgemeinen Verwaltungsprovision und beim Pflegegeld: Anm. 263) nicht § 87 IV HGB oder § 354 I HGB.

Nur für die Kraftfahrtv wird man wegen § 1 III a) VO PR Nr. 52/50 (Anm. 100) bei hauptberuflichen Vsvertretern etwas anderes, nämlich einen Anspruch auf Ausfertigungsprovision auch ohne entsprechende Vereinbarung, annehmen müssen. Die Vorschrift sagt zwar nur, in Ergänzung der Vermittlungsprovision dürfe eine zusätzliche Provision von höchstens $2\frac{1}{2}\%$ des Versicherungsbeitrages vereinbart, angenommen oder gewährt werden, wenn regelmäßig Vsscheine und Nachträge von hauptberuflichen Vsvermittlern ausgefertigt würden. Aber die Provisionen in der Kraftfahrtv sind durch die genannte Höchstpreisverordnung relativ niedrig bemessen, so daß die Übung der Vspraxis dahin geht, die durch die Preisverordnung gegebenen Möglichkeiten zugunsten der Vsvertreter auszuschöpfen. So wird man kraft Verkehrssitte und Handelsbrauches annehmen können, daß auch bei Fehlen einer entsprechenden Abrede ausfertigende Kraftfahrtvsvertreter jene 2½% fordern können. Wie das Wort „regelmäßig" ergibt, verschlägt es nichts, wenn der Vsvertreter nicht in allen Fällen ausfertigt, sondern ausnahmsweise der Ver diese Verwaltungsarbeit leistet. Zwischen Regel und Ausnahme ist anhand der Zahl der Vsscheine, nicht anhand der Bedeutung der Prämieneinnahmen abzuwägen. Fertigt der Vsvertreter die Mehrzahl der Vsscheine aus, so erhält er zu allen Vermittlungsprovisionen je 2½% hinzu, also auch dann, wenn er im Einzelfall ausnahmsweise nicht ausgefertigt hat. Konnte allerdings der Vsvertreter noch gar nicht ausfertigen, weil der Vsvertrag zu einem Vsbestand gehört, den der Vsvertreter vorfand, den er also nicht selbst vermittelt hat, so wird man im Zweifel annehmen müssen, daß für diesen Altbestand die 2½% nicht vom Ver gezahlt zu werden brauchen, mag auch die Vermittlungsfolgeprovision dem Vsvertreter zugebilligt sein. Dieser Ansicht wird man kaum entgegenhalten können, daß der Vsvertreter ja die etwaigen Nachträge für diese jetzt von ihm verwalteten Kraftfahrtven auszufertigen habe.

[265] ββ) Schadenserledigungsprovision.

Während die bloße Entgegennahme und Weiterreichung von Schadensanzeigen als durch die Vermittlungsprovision mitabgegolten angesehen werden muß und während die Unterstützung des Vmers in Schadensfällen zum „Kundendienst" gehört (Anm. 263), geht es weiter, wenn der Vsvertreter zur Schadensbearbeitung für den Ver verpflichtet ist (Anm. 223).

Ist der Vsvertreter zur Schadensbearbeitung zwar berechtigt, aber nicht verpflichtet, so wird allerdings durchweg keine Schadenserledigungsprovision gewährt. Hier steht das Interesse des Vsvertreters an unmittelbarer Verbindung mit seiner Kundschaft und an schneller und entgegenkommender Schadensbehandlung stärker im Vordergrund als das Interesse des Vers an arbeitsmäßiger Entlastung.

Ist eine Verpflichtung zur Schadensbearbeitung begründet, so gewinnt es Bedeutung, daß auch diese Obligation in den Rahmen des einheitlichen Agenturvertrages gehört, also kein gesondertes Schuldverhältnis zwischen Vsvertreter und Ver schafft. Ebenso wie generell hinsichtlich der Verwaltungsprovision (Anm. 263) und spezieller hinsichtlich des Pflegegeldes (Anm. 263) sowie der Ausfertigungsprovision (Anm. 264) kann aus § 84 IV HGB oder § 354 I HGB in Ermangelung einer Vereinbarung ein Anspruch auf Schadenserledigungsprovision nicht konstruiert werden. Für einen Verkaufsagenten, der umfangreiche Vergleichsverhandlungen zu führen und Prozeßinstruktionen zu geben hatte, hat allerdings das OLG Hamburg 16. VII. 1936 JW 1936 S. 2939—2940 ausgesprochen, er könne nach § 354 I HGB, auch §§ 612, 632 BGB eine Sondervergütung verlangen (zustimmend wohl Duden a. a. O. S. 299). Aber diese Entscheidung kann auf die besonderen Verhältnisse der Vsvertreter nicht übertragen werden, ist überdies generell nicht überzeugend, wenn man die Pflichten der Handelsvertreter nicht allzu eng umreißt.

Wird eine Schadenserledigungsprovision zugesagt, so geschieht dies — anders als beim Vsmakler hinsichtlich der Schadensinkassocourtage, die stets der Vmer bezahlt (Anm. 110) — generell, d. h. es wird bei der Provisionsberechnung nicht nur von denjenigen Ven ausgegangen, bei denen Schäden eingetreten und bearbeitet sind.

Für die Kraftfahrtv ist § 1 III b) VO PR Nr. 52/50 (Anm. 100) bei hauptberuflichen Vsvertretern zu beachten. Danach darf eine (zur Vermittlungs- und zur Ausfertigungsprovision [Anm. 264] hinzutretende) „zusätzliche Provision von höchstens .... 2½% des Vsbeitrages .... vereinbart, angenommen oder gewährt werden, wenn die .... Vsvermittler .... regelmäßig Schäden bearbeiten und erledigen. Die Provision von höchstens 2½% darf nur für die Kraftfahrtvssparten vereinbart, angenommen oder gewährt werden, für die der Vsvermittler eine schriftliche Regulierungsvollmacht mindestens bis 500.— DM je Schadensfall hat." Es ist wichtig, daß diese Höchstpreisvorschrift nur auf die Vollmacht, also auf das Recht zur Schadensbearbeitung abstellt; es ist nicht erforderlich, daß den Vsvertreter eine Schadensbearbeitungspflicht trifft und daß er tatsächlich reguliert. Ferner ist zu beachten, daß die Vollmacht sich nicht auf Großschäden (über 500.— DM) zu erstrecken braucht. Bei der Umfangsabgrenzung kommt es nicht auf den dem Vmer erwachsenen Schaden an, sondern darauf, wieviel der Ver zu zahlen hat. Die Unterscheidung ist wichtig wegen der in der Fahrzeug-Vollv üblichen Selbstbeteiligung des Vmers.

Während die Regel aufgestellt werden mußte, daß in Ermangelung einer Vereinbarung keine Schadenserledigungsprovision zu zahlen sei, muß für die Kraftfahrtv (ähnlich wie bei der Ausfertigungsprovision: Anm. 264) eine Ausnahme angenommen werden: Die Übung der Vspraxis geht dahin, die durch das Preisrecht gegebenen Möglichkeiten zugunsten der Vsvertreter auszunutzen. Aus Verkehrssitte und Handelsbrauch ergibt sich also, daß alle Vsvertreter, denen eine schriftliche Regulierungsvollmacht mindestens für Schäden bis 500.— DM erteilt worden ist, in der Lage sind, eine Schadenserledigungsprovision von 2½% zu fordern. Diese Schadenserledigungsprovision tritt zu jeder verdienten Vermittlungsprovision hinzu, sei sie Erst-, sei sie Folgeprovision, sei der Vsvertrag vom Vsvertreter selbst oder von seinem Vorgänger vermittelt (letzterenfalls kommt es allerdings darauf an, ob der Nachfolger die Vermittlungsfolgeprovision bezieht und ob er auch die Schäden für den Altbestand bearbeitet und erledigt).

Mit der Schadensbearbeitung können erhebliche Aufwendungen verbunden sein, die sich nicht als im regelmäßigen Geschäftsbetrieb entstandene Aufwendungen i. S. des § 87d HGB darstellen (zu letzteren gehören allenfalls die Kosten der Weiterleitung einer beim Vsvertreter eingegangenen Schadensanzeige). Die ersatzpflichtigen Aufwendungen sind in Anm. 248 behandelt, insbesondere Aufwendungen zur Abwendung und Minderung eines Schadens, Kosten einer Auslandsreise per Flugzeug in einer Schadenssache. Leistet ein Vsvertreter im Rahmen seiner Regulierungsvollmacht Schadenszahlungen, so kann er selbstverständlich vom Ver Erstattung verlangen.

[266] γγ) Führungsprovision.

Im Interesse des Vmers und der beteiligten Ver wird bei der Mitv durchweg eine Führungsklausel vereinbart, die den führenden Ver damit belastet, als Verbindungsmann zwischen Vmer und mitbeteiligten Vern zu fungieren; zuweilen wird der Führende mit weitreichenden Vollmachten ausgestattet. Der Führende bedient sich durchweg eines Vsvertreters (und/oder eines technischen Maklers) als seines Erfüllungsgehilfen und Unterbevollmächtigten. Deshalb überläßt er die ihm zustehende Führungs- oder Arbeitsprovision oft dem die faktische Arbeit leistenden Vsvertreter. Zu alledem Anm. 224 (mit Hinweis auf die besondere Rechtsfigur des „Vertreterpools").

Eingehend hat sich das LG Bremen 3. III. 1938 HansRGZ 1938 A Sp. 379—383 mit der Führungsprovision befaßt und herausgestellt, führend sei die Gesellschaft, nicht der Vsvertreter. Für die führende Gesellschaft könne deren bevollmächtigte Geschäftstelle, also ein Vsvertreter die Führung ausüben. Die Rechte, die dadurch der Vsvertreter erworben habe, habe er „also lediglich in seiner Eigenschaft als Generalagent.... erworben. Mit dem Ausscheiden aus dem Generalvertreterverhältnis" habe der Generalagent „diese Rechte verloren, insbesondere das Recht, die Prämien einzuziehen und die Führungsprovisionen einzubehalten". Danach steht der Anspruch auf die Führungsprovision ursprünglich dem führenden Ver gegen die mitbeteiligten Ver zu. Der führende Ver kann aber mit seinem Vsvertreter vereinbaren, daß er letzterem die Führungsprovisionen (ganz oder teilweise) überlasse. Ist der Vsvertreter Inkassoagent, so kann er die eingezogenen Prämien, gekürzt um die von den mitbeteiligten Vern dem führenden Ver geschuldete Führungsprovision, anteilsmäßig an die mitbeteiligten Ver weiterleiten und die Führungsprovionen sogleich selbst einbehalten, d. h. davon absehen, sie dem führenden Ver herauszugeben. Zustimmend Hübener, Die Führungsklausel in der Mitv, Karlsruhe 1954, S. 40, Prölss[10] Anm. 3 Anh. zu § 58, S. 200.

Die Führungsprovision, die der Vsvertreter vom führenden Ver erhält, ist hiernach zu unterscheiden von jener Führungsprovision, die der Führende von den mitbeteiligten Vern erhält, mag es auch tatsächlich so sein, daß üblicherweise die vollen dem führenden Ver zustehenden Beträge dem Vsvertreter intern überlassen werden. Eine extern wirkende Abtretung der dem Führenden gegen die mitbeteiligten Ver zustehenden Ansprüche auf Führungsprovision an den Vsvertreter kann im Zweifel nicht angenommen werden (Trinkhaus I S. 240 nimmt zu Unrecht an, der Vsvertreter habe einen Anspruch gegen alle mitbeteiligten Ver). Die Führungsprovision beträgt fast einheitlich 2,5 bis 3%, gelegentlich auch 5% der Prämie; sie ist von der Überweisungsprovision (Anm. 267) zu unterscheiden und entfällt, wenn ein technischer Makler eingeschaltet ist. Da dies in der Transportv üblich ist, insbesondere in den Hansestädten, ist die Auffassung geäußert worden, in der Transportv erhalte der führende Ver keine Führungsprovision, demzufolge auch nicht sein Vsvertreter. Zu alledem Hübener a. a. O. S. 74—75, der sich gegen die generelle Annahme der Unentgeltlichkeit der Führung in der Transportv wendet und nur darauf abstellt, ob tatsächlich ein technischer Makler eingeschaltet ist oder nicht. Bezieht der führende Ver von den mitbeteiligten Vern keine Führungsprovision, so kann auch der Vsvertreter gegen den Führenden keinen Anspruch auf Führungsprovision besitzen. Wegen des Aufwendungsersatzes vgl. entsprechend Hübener a. a. O. S. 75.

Steuerrechtlich ist im Verhältnis des führenden Vers zu den übrigen Vern die Führungsprovision als „Vorzugsprämienanteil" zu behandeln (RFH 21. XII. 1931 VA 1932 S. 64 Nr. 2420). Über die umsatzsteuerrechtliche Behandlung der Führungsprovision Rundverfügung Oberfinanzdirektion Bremen 27. IV. 1954 bei: Herschel-Beine, Handbuch zum Recht des Handelsvertreters, Köln 1954, S. 365—367.

[267] δδ) Restfälle.

Theoretisch sind weitere Formen spezieller Verwaltungsprovisionen denkbar, sie kommen aber praktisch kaum vor.

Die Inkassoprovision wurde in Anm. 262 gesondert behandelt.

Das Pflegegeld (Bestandspflegegeld, Inkassopflegegeld, Bestandserhaltungsgebühr) steht einer generellen Verwaltungsprovision nahe, ist deshalb in Anm. 263 berücksichtigt.

Von der Führungsprovision ist die Überweisungsprovision abzugrenzen (verquickt bei Trinkhaus I S. 240, 258). Sie spielt eine Rolle, falls ein Vsvertreter ein Risiko unterzubringen hat, das die Zeichnungskraft der von ihm vertretenen Ver übersteigt, so daß andere Ver (möglicherweise über Agenturen) als Mitver herangezogen werden müssen. Hierfür erhält der „Überweisende" Ver oder Vsvertreter von den mitbeteiligten Vern oder deren Vsvertretern (letzterenfalls regelmäßig aus deren eigener Vermittlungsprovision) eine Überweisungsprovision. (Zuweilen wird allerdings hiervon abgesehen, falls der Partner austauschweise ein gleichwertiges „Gegengeschäft" bringt.) Hiernach kann ein Vsvertreter gegen einen anderen Ver oder einen Vsvertreter (eines anderen Vers) einen Anspruch auf Überweisungsprovision haben, die üblicherweise 10% der Prämie ausmacht (Hübener, Die Führungsklausel in der Mitv, Karlsruhe 1954, S. 74; Trinkhaus I S. 258 spricht von 7%). Es ist eine zuweilen schwer zu entscheidende Tatfrage, ob die Überweisung von einem Ver oder einem Vsvertreter ausgeht; es hängt aber hiervon ab, wem die Überweisungsprovision als Gläubiger gebührt. Wirtschaftlich entscheidend muß sein, wer das Gesamtgeschäft „gebracht" hat, wem es „gehörte". Ebenso kann es zweifelhaft sein, ob sich der Anspruch auf die Überweisungsprovision gegen den mitbeteiligten Ver oder dessen Vsvertreter richtet. Ein überweisender Vsvertreter, gleichgültig ob er Einfirmen- oder Mehrfachvertreter ist, läßt sich theoretisch unterscheiden von einem Makleragenten (Anm. 26), bei dem es die Regel bildet, daß er nicht nur als Vsvertreter, sondern auch als Vsmakler arbeitet und der keine Überweisungsprovision, sondern echte Maklercourtage erhält. Praktisch ist aber die Abgrenzung schwierig. Da sich der Überweisende den Löwenanteil des Risikos nach Möglichkeit sichert, wird bei ihm oft auch die Führung liegen. Solchenfalls kann der Vsvertreter neben der Überweisungsprovision die Führungsprovision beziehen (Hübener a. a. O. S. 74); außerdem eine Vermittlungsprovision für den vom eigenen Ver übernommenen Anteil. Ihrer Rechtsnatur nach ist die Überweisungsprovision nicht so sehr eine Verwaltungs- wie eine Vermittlungsprovision: Sie wird gewährt für die Einschaltung des Mitvers in den Vsvertrag. Die für sonstige Vermittlungsprovisionen geltenden Grundsätze sind anzuwenden, z. B. gebührt dem Vsvertreter die Überweisungsprovision auch noch für die Zeit nach seinem Ausscheiden aus dem Agenturverhältnis, solange die Beteiligung des herangezogenen Mitvers währt. Über die umsatzsteuerrechtliche Behandlung der Führungs- und Überweisungsprovision Rundverfügung Oberfinanzdirektion Bremen 27. IV. 1954 bei: Herschel-Beine, Handbuch zum Recht des Handelsvertreters, Köln 1954, S. 365—367.

Die Superprovision, welche unechten Generalagenten für solche Ven gezahlt zu werden pflegt, welche die ihnen unterstellte Organisation vermittelt (Anm. 263), wird zwar einerseits für Verwaltungsarbeit (Organisationstätigkeit) gewährt, hängt aber andererseits doch mit den Vermittlungserfolgen zusammen und wird in Anm. 285 miterörtert.

[268] δ) Delkredereprovision.

Von der Vermittlungs-, Inkasso- und sonstigen Verwaltungsprovision ist die Delkredereprovision zu unterscheiden, welche bislang in der Vswirtschaft zwar praktisch keine Rolle spielt, die aber bedeutsam werden könnte, weil § 86b I 1 HGB einen im voraus unausschließbaren Anspruch auf Delkredereprovision solchen Handelsvertretern zubilligt, die sich verpflichten, „für die Erfüllung der Verbindlichkeit aus einem Geschäft einzustehen".

Wie schon in Anm. 227 betont, sind als „Geschäft" in diesem Zusammenhang nur Verträge mit Kunden, also mit **Versicherungsnehmern** zu verstehen. Es kommt aber sehr selten vor, daß Vsvertreter das Delkredere für Prämienverpflichtungen von Vmern übernehmen. Geschieht es ausnahmsweise (was der Schriftform bedarf), so entsteht mit dem Abschluß des Vsvertrages ein Anspruch auf Delkredereprovision, über deren Höhe § 86b HGB nichts sagt.

Über die Delkredereprovision des § 86b HGB Näheres in Anm. 317—319, vgl. auch generell Anm. 276—279, 320—336.

Der Anwendungsbereich des § 86b HGB ist in der Vswirtschaft sehr klein. Denn bei der (häufigeren) Übernahme des **Klagekostenrisikos** bei Prämienklagen gegen Vmer (wofür keine Provision gezahlt wird; vgl. Trinkhaus I S. 219—220) handelt es sich ebensowenig um Delkredereübernahme wie bei der Haftung des Vsvertreters wegen nicht rechtzeitiger **Rückgabe von „Dokumenten"** oder wegen Verletzung der **Interessenwahrnehmungs- oder Benachrichtigungspflicht** (Anm. 227).

Zweifelhaft ist es, ob § 86b HGB anzuwenden ist, soweit **Generalagenten** für echte oder unechte Untervertreter einzustehen haben.

Für echte Untervertreter haftet ein Generalagent schon deshalb, weil sie seine Erfüllungsgehilfen sind (Anm. 224, 227, 233). Führt der Generalagent Prämien nicht ab, die ein echter Untervertreter kassiert hat, so verletzt der Generalagent seine eigene Herausgabepflicht, und er kann sich nicht darauf berufen, sein Erfüllungsgehilfe habe die Prämien unterschlagen.

Bei unechten Untervertretern kann man von vereinbarter Delkrederehaftung des Generalagenten sprechen, solche Vereinbarungen sind (in verschiedenen Abstufungen) häufig. Aber eine Delkredereprovision pflegt dem Generalagenten nicht bezahlt zu werden (über Ausnahmefälle: Rohrbeck-Durst-Bronisch S. 90—91). Er nimmt die Betrauung der Unteragenten ja selbst vor, wenngleich in Vertretung des Vers. Der Generalagent möge also bei der Auswahl vorsichtig sein. Die Erfolge der Untervertreter kommen ihm in Gestalt von Superprovisionen (Anm. 267, 285) zugute. Allerdings ist es hart, wenn der Generalagent für unechte Untervertreter einzustehen hat, ohne daß ihm eine Entlastungsmöglichkeit offensteht. Aber § 86b HGB gilt hier nicht, handelt es sich doch nicht um Geschäfte mit Kunden, sondern um gleichsam unternehmensinterne Organisationstätigkeit (Josten-Lohmüller a. a. O. Anm. 8 zu § 86b, Knapp VW 1952 S. 392, wohl auch BAA VA 1953 S. 162, a. A. Trinkhaus I S. 221, der zwar konstatiert, daß üblicherweise von den Vern eine Delkrederevergütung nicht geleistet werde, der aber aus dem Grundgedanken des § 86b I HGB sowie aus § 354 I HGB einen Anspruch auf Delkrederevergütung auch in diesem Falle herleiten möchte).

[269] bbb) Verteilung der Zahlung.

α) Laufende und Einmalprovision.

Besonders bei **Vermittlungsprovisionen** hat es Bedeutung, daß trotz Einmaligkeit und Einheitlichkeit des Vermittlungserfolges die Provision nicht notwendig in einer Summe verdient und fällig wird. Das hängt mit dem Ausführungserfordernis (Anm.

291—292) zusammen, also damit, daß der Vsvertrag als Dauerschuldverhältnis vom Vmer oft durch langandauernde Prämienzahlungen ausgeführt wird. Für den Vsvertreter wird das Ausführungserfordernis betont von § 92 IV HGB: Danach hat er Anspruch auf Provision, „sobald der Vmer die Prämie gezahlt hat, aus der sich die Provision nach dem Vertragsverhältnis berechnet".

Daraus folgt die **Regel:** Soviel Prämienzahlungen, d. h. Ausführungshandlungen des Vmers, soviel Provisionszahlungen. Mit jeder Prämienzahlung hat der Ver (oder echte Generalagent) eine Provisionszahlung zu leisten (Trinkhaus I S. 191). Da die meisten Vsverträge laufende Prämienzahlungen kennen, bilden **laufende Vermittlungsprovisionen** die Regel. Sie kommt deutlich zum Ausdruck in § 1 I VO PR Nr. 52/50 über Provisionen in der Kraftfahrtv (Anm. 100): „Für die hauptberufliche Tätigkeit bei der Vermittlung von Kraftfahrtven dürfen als Abschluß- und Folgeprovision" — d. h. als laufende Vermittlungsprovision — „höchstens je 12% des Vsbeitrages vereinbart, angenommen oder gewährt werden". Aber die Regel von der Zahlbarkeit laufender Vermittlungsprovisionen gilt für alle Ven mit laufender Prämienzahlung außer für die Lebens- und Krankenv (negativ vgl. nur für beide Vszweige OLG Stuttgart 26. III. 1957 VersR 1957 S. 332, LG Stuttgart 21. XII. 1955 VersR 1956 S. 416—417, für die Lebensv RG 23. II. 1937 HRR 1937 Nr. 716, KG 18. IV. 1931 JRPV 1931 S. 213, 9. XII. 1941 JRPV 1942 S. 73, für die Krankenv Teichmann VW 1956 S. 117—118).

Der Hinweis auf Lebens- und Krankenv zeigt, daß die Regel **Ausnahmen** kennt, die teils begriffsnotwendig, teils vereinbart sind.

Notwendige Einmalprovisionen gibt es selbstverständlich dort, wo überhaupt nur eine Einmalprämie vom Vmer gezahlt wird. Der Einmalprämie muß eine Einmalprovision entsprechen, man denke nicht nur an Lebensven mit Einmalprämie, sondern auch an Schadensven ohne Verlängerungsklausel, die für bestimmte Zeit oder bestimmte Reisen (oder andere Unternehmen) derart abgeschlossen werden, daß der Vmer nur einmalig eine Prämie zahlt (Kaskovsprämie für ein Jahr, Reisegepäckv für eine Reise, auch Luftunfallv für eine Reise oder kurze Zeit).

Vereinbarte Einmalprovisionen kommen in Betracht, wenn zwar mehrere Prämienzahlungen zu leisten sind, aber Vsvertreter und Ver (Generalagent) dahin übereinkommen, daß trotzdem nur eine einzige Vermittlungsprovisionszahlung in Betracht kommen solle (über Motive und Gegengründe: Anm. 270). Die Provisionszahlungspflicht kann dann geknüpft werden an den Eingang der ersten Prämie, häufiger aber ist die Anknüpfung an eine Prämienzahlung für einen gewissen Zeitraum, z. B. für ein Vsjahr, für 3 oder 5 Monate. In der Lebensv pflegt eine Einmalprovision gezahlt zu werden, wenn die erste Jahresprämie eingegangen ist, in der Krankenv, wenn 3 bis 5 Monatsprämien gezahlt wurden. Trinkhaus I S. 191—192 weist unter Berufung auf § 87 a I 4 HGB darauf hin, es sei unzulässig zu vereinbaren, daß der Vsvertreter die Vermittlungsprovision erst aus der letzten Prämie erhalten solle. Das System vereinbarter Einmalprovisionen wird durch den Wortlaut des § 92 IV HGB mitgedeckt („sobald der Vmer die Prämie gezahlt hat, aus der sich die Provision nach dem Vertragsverhältnis berechnet"), beinahe noch besser als die Regel der laufenden Vermittlungsprovisionszahlung (welche besser zum Ausdruck käme durch die Worte: „sooft der Vmer Prämien gezahlt hat, aus denen sich die Provision nach dem Vertragsverhältnis berechnet"). Bei solcher Einmalprovision handelt es sich um einen Anwendungsfall des § 87 a I 4 HGB: Der Anspruch auf Teilprovision für ein nur teilweise ausgeführtes Geschäft ist hier ausgeschlossen worden, vielmehr zahlt der Unternehmer „Provision für das ganze Geschäft ...., sobald dieses in bestimmtem Umfange ausgeführt ist" (vgl. hierzu Anm. 369: Unzulässigkeit einer Verzichtklausel).

Zwischen Regel und Ausnahmen sind **Übergangslösungen** vorstellbar und vorkommend, z. B. bedeutet es eine Modifikation der Regel, wenn laufende Vermittlungsprovisionen nicht während der ganzen Vsdauer gezahlt werden, sondern z. B. für längstens 10 Jahre, eine Lösung, die in den Vereinigten Staaten im Bereich der Lebensv üblich ist (Möller Vsvermittlung S. 236—237 m. w. N.). Hierher gehört auch der Fall, daß in der Krankenv der Vsvertreter die dritte, fünfte und siebente Monatsprämie erhalten soll. Man kann von einer **verkürzt-laufenden Vermittlungsprovision** sprechen.

Solche Übergangserscheinung könnte sich auch bei der unterjährigen **Zahlung** von Prämien **(Prämienraten)** ergeben. Wird z. B. in der Lebensv jene Jahresprämie, aus der sich die Einmalprovision für die Vermittlung berechnet, in vier Vierteljahresraten beglichen, so fragt es sich, ob aus der Einmalprovision eine verkürzt-laufende Vermittlungsprovision wird, laufend durch die vier Quartale des ersten Vsjahres. Entsprechend ist zu klären, ob ein Krankenvsagent, dessen Vermittlungsprovisionsanspruch die Zahlung von fünf Monatsbeiträgen voraussetzt, erst nach Eingang aller fünf Monatsbeiträge eine Einmalprovision beanspruchen kann, oder ob es sich um eine verkürzt-laufende Vermittlungsprovision handelt, die in fünf Monaten mit jeder Prämienzahlung zu je einem Fünftel verdient und fällig wird. Zwischen beiden Möglichkeiten steht jene einer Vorschußgewährung (Anm. 303) anläßlich des Einganges der jeweiligen Raten. Näheres Anm. 270.

Leider ist es für wichtige Vszweige nicht völlig unbestritten, ob nur Einmal- oder ob laufende Vermittlungsprovisionen gezahlt werden, dazu Näheres Anm. 275.

Bisher war nur von Vermittlungsprovisionen die Rede. **Inkasso- und Verwaltungsprovisionen** (nebst Unterarten wie Pflegegeld, Ausfertigungs-, Schadenserledigungs- und Führungsprovision: Anm. 263—267) werden als laufende Provisionen gezahlt, sofern laufend Prämien beglichen werden. Nur darf man nicht verkennen, daß ein gewichtiger Unterschied im Verhältnis zu laufenden Vermittlungsprovisionen besteht: Letztere beruhen auf der Einmaligkeit und Einheitlichkeit des Vermittlungserfolges, Inkasso- und Verwaltungsprovisionen werden jedoch mit jedem Prämieninkasso, jeder Verwaltungstätigkeit wiederkehrend gleichsam neu erworben. Hier handelt es sich um eine Vielzahl der Erfolge, der die Vielzahl der Provisionszahlungen entspricht. Bei der laufenden Vermittlungsprovision geht es dagegen um einen einzigen Erfolg, dessen Bedeutung sich in den laufenden Prämienzahlungen manifestiert. Man kann auch sagen: Die laufende Vermittlungsprovision läuft aus einmaligem Antrieb bis zum Ende des Vsverhältnisses (über die Schwellen der einzelnen Prämienzahlungen). Die laufende Inkasso- und Verwaltungsprovision läuft nur kraft immer erneuten Anstoßes, der in den erfolgreichen Inkasso- und Verwaltungshandlungen liegt. Entfällt solcher Anstoß, so kommt ein Weiterlauf nicht in Betracht. Deshalb endigen Inkasso- und Verwaltungsprovisionen mit Beendigung des Agenturverhältnisses, während laufende Vermittlungsprovisionen im Zweifel weiterlaufen.

[270] β) Erst- und Folgeprovision.

Laufende Vermittlungsprovisionen können gleichbleibend sein, können aber auch ungleichmäßig auf die Laufzeit der V (oder einen kürzeren Zeitraum) verteilt werden. Denkbar wären fallende und steigende Provisionen, aber de facto spielt nur eine einzige Ausgestaltung der nicht gleichbleibenden Vermittlungsprovision eine Rolle: Die erste Vermittlungsprovision wird höher bemessen als alle — nunmehr gleichbleibenden — später folgenden Vermittlungsprovisionen.

Während es bei einer stets gleichbleibenden Provision nicht sinnvoll ist, eine Unterscheidung zu treffen, ist es bei differenzierter Provisionshöhe zweckmäßig und geboten, dies zu tun. Ähnlich wie man im Anschluß an die §§ 38, 39 Erst- und Folgeprämien auseinanderhält (Anm. 16 zu § 35), so kann man innerhalb der nicht gleichbleibenden laufenden Vermittlungsprovisionen Erst- und Folgeprovisionen unterscheiden.

Motive für die ungleichmäßige Bemessung der Vermittlungsprovisionen (oder gar für die Vereinbarung von Einmalprovisionen) bilden die für manche Vsvertreter gegebene Notwendigkeit, möglichst rasch möglichst viel zu erhalten, um leben zu können und um Schulden und um Vorschüsse des Vers abzudecken. In Zeiten des Absinkens des Geldwertes ist das Streben nach hohen Erstprovisionen noch lebhafter. Aber je höher die Erstprovision ist, desto niedriger müssen die Folgeprovisionen ausfallen und desto geringer wird demzufolge das Interesse des Vsvertreters am Fortbestehen des Vsvertrages. Ein Vsvertreter, nicht nur ein ausgeschiedener, besonders ein Mehrfachagent, der in der gleichen Branche mehrere Ver vertritt, könnte nach Erlangung einer hohen Erstprovision sogar geneigt sein, den Vmer zu vorzeitiger Kündigung eines langfristigen Vsverhältnisses zu veranlassen (z. B. nach Eintritt eines Vsfalls gemäß § 96 I), um die V nunmehr bei einem zweiten Ver zu decken und dort erneut eine hohe Erstprovision zu erlangen. Deshalb sollten die Ver bestandsfestere Ven mit gleichbleibenden Vermittlungsprovisionen bevorzugen (im übrigen überlegen, ob man nicht auch in der Lebens- und Krankenv statt Einmalprovisionen laufende Vermittlungsprovisionen gewähren sollte: Möller Vsvermittlung S. 236—238). Aber es ist auch der Wettbewerb, der die Ver dazu verführt oder gar zwingt, den erzielten Vermittlungserfolg sogleich beim Vsbeginn hoch zu belohnen. Die erhöhte Stornogefahr wirkt sich meistens in einer gewissen Ermäßigung der Folgeprovisionen aus. So handelt es sich bei der Entscheidung zwischen gleichbleibender laufender Vermittlungsprovision und Gewährung von (höherer) Erst- und (niedrigerer) Folgeprovision um ein nicht einfaches Rechenexempel. Trinkhaus I S. 212—213 spricht im Anschluß an die in Frankreich und Belgien übliche Benennung („commission escomptée") von Diskontprovision und Provisionsdiskont und sagt, es werde „die Erstprovision zu Lasten der Folgeprovisionen im Vorwege erhöht, und zwar unter Anwendung eines Abzugs (Diskont) mit der Folge, daß die Summe der gleichbleibenden Provisionen für eine bestimmte Vsdauer höher ist als die Summe der erhöhten Erstprovisionen und ermäßigten Folgeprovisionen während derselben Zeit. Durch den Abzug wird das mit der Vorwegleistung verbundene Risiko des Vers gedeckt." Nach dem Beispiel Trinkhaus I S. 230 werden in Deutschland bei zehnjähriger Vsdauer gleichbleibende Provisionen von 30% (Summe: 300%) gewährt, bei Diskontierung im 1. Vsjahr 100%, im 2. bis 10. Vsjahr je 20% (Summe: 280%), also Diskont: 20%. Die Einführung des Ausdrucks Diskontprovision in Deutschland dürfte nicht notwendig und aussichtsreich sein (über eine zweite Bedeutung des Wortes bei Provisionsvorschuß: Anm. 303).

Gleichbleibende laufende Vermittlungsprovisionen werden z. B. in der Transportv, Kraftfahrtv, Industriefeuerv gezahlt. Trinkhaus I S. 212 führt das auf die kürzere Vsdauer oder das „meist schlechtere Risiko" zurück; so nennt er neben der Industriefeuerv die „Feuerv eines weichgedeckten Gebäudes, Einbruch-Diebstahlv eines Juweliergeschäftes, Sportunfallv".

Andererseits werden erhöhte Vermittlungserstprovisionen gezahlt „in der Schadensv für mindestens fünfjährige Verträge wünschenswerter, bürgerlicher Risiken" (Trinkhaus I S. 238—239, der anscheinend dem Vsvertreter ein Wahlrecht zubilligen will: „Wünscht der Vermittler für wünschenswerte Risiken der Schadensv auch dann gleichbleibende Provision zu erhalten, wenn er die Vsverträge auf fünf oder zehn Jahre vermittelt, so wird dem entsprochen werden müssen"; bei Fehlen einer Vereinbarung läßt sich aber solches Wahlrecht nicht konstruieren).

Für die Volksunfallv spricht das Zonenamt VA 1948 S. 47 für fünfjährige Verträge von der Möglichkeit, im ersten Vsjahr 40% einer Jahresprämie zu zahlen, in den weiteren vier Jahren bis zu 15% jährlich (statthaft wäre aber auch eine gleichbleibend-laufende Vermittlungsprovision von bis zu 20% jährlich oder eine Einmalprovision von bis zu 100%).

Über die Höhe der Vermittlungsprovision vgl. im übrigen Anm. 295—301.

Werden die **Jahresprämien in Raten,** also unterjährig bezahlt, so ist die Rechtslage provisionsmäßig folgende: Erstens: Eine gleichbleibende Vermittlungsprovision von beispielsweise 30% wird verdient mit Eingang jeder Prämienrate, also mit 30% nach Eingang der ersten Rate des ersten Vsjahres ebenso wie nach Eingang irgendeiner späteren Rate des ersten oder späterer Vsjahre. Zweitens: Bei ungleichmäßig laufender Vermittlungsprovision (z. B. 100% Erst-, 20% Folgeprovision) wird die erhöhte Erstprovision vom Ver nicht nur nach Eingang der ersten Rate der ersten Jahresprämie geschuldet, sondern hinsichtlich sämtlicher Raten der ersten Jahresprämie. Im Beispielsfalle erhält bei Vierteljahreszahlung der Vsvertreter also jeweils 100% der ersten vier Raten, wobei nicht abzuwarten ist, bis alle vier Raten gezahlt sind. Von der fünften Rate an verdient der Vsvertreter jeweils 20% Vermittlungsprovision. Drittens: Bei vereinbarten Einmalprovisionen besteht jeweils eine Regelung, aus der sich ergibt, wann sie verdient sind (Anm. 269), z. B. nach Eingang der Jahresprämie (in der Lebensv) oder von 4 Monatsprämien (in der Krankenv). Wird in der Lebensv die Jahresprämie in Vierteljahresraten beglichen, so hat hier der Vsvertreter mit Eingang der ersten Rate nicht etwa ein Viertel der „Einmalprovision" verdient, sondern er muß warten, bis die ersten vier Raten eingegangen sind (über den Fall, daß der Vmer im ersten Vsjahr stirbt: Anm. 309). Entsprechendes gilt für die Krankenv nach Eingang der ersten Monatsprämie; der Vsvertreter muß warten, bis vier Monatsprämien gezahlt sind. Die Provision bleibt also Einmalprovision, trotz der Ratenzahlung, wird also im Zweifel nicht zur verkürzt-laufenden Provision. Allenfalls kann der Vsvertreter einen Provisionsvorschuß von einem Viertel erbitten, nachdem die erste Prämienrate gezahlt ist; aber er muß den Vorschuß zurückgewähren, wenn nicht die ersten vier Raten vollständig beglichen werden.

Zum ersten Fall: Gutachten der Industrie- und Handelskammer Berlin NeumannsZ 1931 S. 1095—1096, wo negativ betont wird, es sei nicht üblich, „daß der Vsagent von vornherein die Jahresprovision ausbezahlt erhält, wenn die erste Rate der in Teilzahlungen abgeführten Jahresprämie bei der Gesellschaft eingeht .... Dies gilt auch dann, wenn die Jahresprovision geringer ist als die erste unterjährige Rate." Vgl. auch Industrie- und Handelskammer Berlin VA 1932 S. 113—114 = NeumannsZ 1931 S. 715, 1932 S. 6—7.

Zum dritten Fall: Gutachten BAA VA 1953 S. 135 (auch Trinkhaus I S. 213 Anm. 213), wo leider (allerdings vor Erlaß des § 92 IV HGB) für die Lebensv die Ansicht vertreten wird: „Stellt der Vmer innerhalb des ersten Vsjahres die Beitragszahlung ein, so sind soviel Zwölftel des Anspruchs erstanden, als Monatsbeiträge gezahlt worden sind", allerdings will dies vielleicht nur gelten, falls agenturvertraglich bestimmt ist, daß der „Provisionsanspruch .... innerhalb des ersten Vsjahres nach Maßgabe des Eingangs der Beiträge dieses Jahres entsteht". (Ähnlich schon Industrie- und Handelskammer Berlin VA 1933 S. 195 = NeumannsZ 1932 S. 718 für die Kleinlebensv.) Dagegen wird für die Krankenv vom BAA (auch Trinkhaus I S. 213) ein bestimmter Handelsbrauch geleugnet und angenommen, es gebe verschiedene Systeme, darunter auch das hier verfochtene. Wie hier: Riedel, Die Provisionsabrechnung und das Zurückbehaltungsrecht des Vsvertreters, ungedruckte Hamburger Diss. 1956, S. 29—31 für die Lebensv, abweichend mit Recht für die Krankenv, falls dem Vsvertreter die dritte, fünfte und siebente Monatsprämie versprochen ist (es handelt sich dann um eine kurzfristig gleichbleibend-laufende Provision kraft Vereinbarung).¶

Über die Provisionszahlung bei Leistung von Abschlagszahlungen auf eine Prämienrate: Industrie- und Handelskammer Berlin VA 1932 S. 113—114 = NeumannsZ 1931 S. 715, 1932 S. 231.

Bei der **Inkasso- und Verwaltungsprovision** ist die Unterscheidung zwischen ≡ Erst- und Folgeprovision nicht angezeigt, es handelt sich vielmehr um wiederkehrend gleichbleibende Provisionen (Anm. 269). — Bemerkenswert ist, daß neben einer Vermittlungserstprovision und neben einer Vermittlungseinmalprovision Inkassoprovision nicht gezahlt zu werden pflegt (Anm. 262). Sie tritt also üblicherweise nur zu Vermittlungsfolgeprovisionen hinzu, wobei leider nicht selten eine Zusammenziehung beider Faktoren erfolgt (Anm. 274). Bei gleichbleibender Vermittlungsprovision kommt es zuweilen vor, daß die Inkassoprovision neben alle Vermittlungsprovisionszahlungen tritt, auch schon neben die erste. — Verwaltungsprovisionen stehen den Inkassoprovisionen nicht ohne weiteres gleich, können also auch gleichzeitig mit Vermittlungseinmalprovision und Vermittlungserstprovision gezahlt werden. Das Pflegegeld (Anm. 263) ist dagegen im Zweifel wie Inkassoprovision zu behandeln. Spezielle Verwaltungsprovisionen (Anm. 264—267: Ausfertigungsprovision, Schadenserledigungsprovision, Führungsprovision usw.) können auch zugleich mit Vermittlungseinmal- und Vermittlungserstprovisionen verdient werden. Bei gleichbleibenden Provisionen, z. B. in der Kraftfahrtv tritt die Ausfertigungs- oder Schadenserledigungsprovision von vornherein zur Vermittlungsprovision hinzu.

[271] γ) Spezialfall der Nachprovision.

Schrifttum: Albers NeumannsZ 1929 S. 1048, Anonym VW 1949 S. 219, Bannasch, Der Anspruch des Vsagenten auf die Nachinkassoprovision, Hallenser Diss. 1933, Clasen JRPV 1929 S. 59—60, Ehres NeumannsZ 1929 S. 1020—1021, 1094—1095, 1136—1137, Gerhard JW 1929 S. 2035—2037, Gestefeld JW 1929 S. 2568—2570, Gottschalk NeumannsZ 1929 S. 981—984, 1071, Hartmann NeumannsZ 1929 S. 1071 bis 1072, Heun NeumannsZ 1934 S. 1092—1093, Jonas NeumannsZ 1929 S. 865—868, 1096, Jühe NeumannsZ 1930 S. 1281—1284, Kersting NeumannsZ 1934 S. 1179, Kramer

JRPV 1929 S. 30—31, NeumannsZ 1929 S. 1047—1048, Müller, Der Anspruch des Vsagenten auf Nachinkassoprovision, Berlin o. J., Vs-Post 1929 S. 117—129, Paschen NeumannsZ 1929 S. 1072—1073, Patzig NeumannsZ 1929 S. 960—961, 1073—1074, Schuppan, Die Nachinkassoprovision des Vsagenten, Hallenser Diss. 1939, Trinkhaus I S. 246—275, 278—284, Veit NeumannsZ 1934 S. 1179—1180.

Wird die **Vermittlungsprovision** als **laufende** Provision gezahlt, so gehen doch alle Zahlungen auf die Einmaligkeit und Einheitlichkeit des Vermittlungserfolges zurück. Es reicht aus, wenn die Vermittlungstätigkeit in die Dauer des Agenturverhältnisses fällt (Anm. 294). Alle anderen Rechtsbedingungen des Provisionsanspruches sowie die Fälligkeit treten möglicherweise erst nach Beendigung des Vertreterverhältnisses ein. Sie liegen außerhalb der eigentlichen Leistungssphäre des Vsvertreters, so daß die Vermittlungsprovision ihm oder seinen Erben auch nach Beendigung des Agenturvertrages zugute kommen muß. Solche — in Nachwirkung des Vertragsverhältnisses zu zahlende — Vermittlungsprovision nennt man Nachprovision. Angesichts der Langfristigkeit vieler Vsverhältnisse hat sie in der Vswirtschaft große praktische Bedeutung.

Näheres über die Bedeutung der Zeitkomponente Anm. 294. Es verschlägt danach nichts, wenn auf Grund der vertraglichen Vermittlungstätigkeit eines Vermittlungsagenten erst nach seinem Ausscheiden der Vsvertrag zwischen Vmer und Ver zustandekommt, erst recht nichts, daß die Prämien, aus denen sich die Provision berechnet, erst später, vielleicht nach Jahren gezahlt werden. Das alles führt zu Provisionsabrechnungen und Provisionsfälligkeiten lange nach Beendigung des Agenturverhältnisses.

Sind laufende Vermittlungsprovisionen vereinbart (gleichgültig, ob gleichbleibende oder aber differenzierte Erst- und Folgeprovisionen), so bedarf es keiner besonderen rechtlichen Begründung dafür, daß sie auch nach Beendigung des Agenturverhältnisses weitergezahlt werden müssen. Die Fortzahlungspflicht folgt aus dem Wesen der Vermittlungsprovision als Erfolgsvergütung. Es gibt viele Schuldverhältnisse, bei denen Rechtsbedingungen eines Vertragsanspruches und Fälligkeitsvoraussetzungen erst nach Vertragsbeendigung eintreten. Es spricht allen Forderungen der Gerechtigkeit und Billigkeit Hohn, wenn ein Ver sich dadurch seiner Vermittlungsprovisionsschulden für vielleicht langfristige Verträge entledigen könnte, daß er dem Vsvertreter kündigt (vgl. § 89 HGB). Selbst einem Vsvertreter, der eine strafbare Handlung begangen, z. B. eingezogene Prämien unterschlagen hat, müßten ehrlich erworbene Provisionsansprüche trotz fristloser Kündigung (§ 89a HGB) verbleiben (vgl. RG 23. XI. 1910 JW 1911 S. 105—106 = LZ 1911 Sp. 303—305, KG 13. VI. 1925 JRPV 1927 S. 161, Hagen I S. 257); nur eine Aufrechnung käme in Frage (von der Möglichkeit der Verwirkung spricht: Industrie- und Handelskammer Berlin NeumannsZ 1931 S. 173).

Erachtet man eine gesetzliche Begründung für den Anspruch auf Nachprovision trotz des Gesagten für erforderlich, so läßt sich primär § 87 I 1 HGB anführen, nach dessen Wortlaut es darauf ankommt, ob ein Geschäft (Vsvertrag) während des Agenturvertragsverhältnisses abgeschlossen ist; es ist also ganz unerheblich, ob z. B. auch die Ausführung, insbesondere die Prämienzahlung während des Vertragsverhältnisses erfolgt. § 87 III HGB verdeutlicht zusätzlich, daß der Vsvertrag möglicherweise sogar erst nach Beendigung des Vertragsverhältnisses abgeschlossen zu sein braucht. Mit aller Klarheit erwähnt § 87 I 2, II 2 HGB die „dem ausgeschiedenen Handelsvertreter" zustehenden Ansprüche auf Vermittlungsprovision. HandelsvertreterGBegr. S. 23 führt aus, es sei für den Anspruch auf Vermittlungsprovision ohne Bedeutung, ob das Geschäft bereits während oder erst nach Beendigung des Vertragsverhältnisses erfüllt wird; ferner: „Der Handelsvertreter, der ein Geschäft vermittelt hat, d. h. das Angebot eines Kunden dem Unternehmer zugehen ließ, muß Anspruch auf Provision für das Geschäft haben, da er seine Vertragspflicht erfüllt hat. Wann das Geschäft abgeschlossen wird, liegt außerhalb seines Einflusses." Vgl. auch HandelsvertreterGBegr. S. 24. Schon nach dem früheren Recht bestand ein Anspruch auf Nachprovision (vgl. § 88 I 2 HGB a. F., Möller Vsvermittlung S. 186—187 m. w. N.).

Angesichts dieser Rechts- und Gesetzeslage kommt es darauf, ob sich für die Annahme eines Anspruches auf Nachprovision ein Handelsbrauch (eine Verkehrssitte) oder gar ein Handelsgewohnheitsrechtssatz (Gewohnheitsrechtssatz) gebildet habe, entgegen der Ansicht von Trinkhaus I S. 249—250 nicht an. Immerhin vgl. hinsichtlich einer Übung, gemäß derer Nachprovision zu gewähren ist: Industrie- und Handelskammer Berlin NeumannsZ 1901 S. 278, 1905 S. 496—497, JRPV 1928 S. 390, NeumannsZ 1932 S. 604, eingeschränkt NeumannsZ 1933 S. 905 (Fortzahlung verdienter Abschlußprovisionen selbst bei Kündigung aus wichtigem Grunde), ferner die Gutachten der Industrie- und Handelskammer Berlin Nr. 69—71 in: Der Handelsbrauch im Handelsvertretreterrecht, Hamburg 1952, S. 36 (anscheinend für Warenvertreter), LG Berlin 13. VI. 1928 JRPV 1928 S. 389 (für einen Generalagenten, der nach dem Ausscheiden das Inkasso nicht mehr wahrnimmt). (Die Äußerungen der Industrie- und Handelskammer Berlin zu diesem Punkte sind im übrigen äußerst schwankend und widerspruchsvoll; vgl. generell Anm. 260; die Widersprüche ergeben sich weithin aus der verwirrenden Terminologie der Vspraxis [„Nachinkassoprovision“]: Anm. 273.).

Bedeutung könnte dagegen eine negative Übung haben, also eine Übung, wonach in der Vswirtschaft keine Nachprovision gezahlt wird. Denn das Gesetz ist hinsichtlich der Nachprovision nicht zwingend. Es könnte durch (späteres) Handelsgewohnheitsrecht (oder Gewohnheitsrecht) aufgehoben werden. Solches Gewohnheitsrecht hat sich aber seit 1953 nicht gebildet; denn manche Ver gewähren Nachprovisionen. Außerdem würde die Bildung von (gesetzesaufhebendem) Gewohnheitsrecht die Rechtsüberzeugung aller Beteiligten voraussetzen: Bei den Vsvertretern wird sich aber nicht die Meinung bilden, es sei rechtens, gerecht und billig, daß bei Beendigung des Agenturverhältnisses Nachprovisionsansprüche entfallen. Unter Kaufleuten sind gemäß § 346 HGB Handelsbräuche auch schon dann zu berücksichtigen, falls sie nicht von der Rechtsüberzeugung aller Beteiligten getragen werden. Es läßt sich aber weder für die ganze Bundesrepublik noch für Teilbereiche in der Vswirtschaft seit 1953 eine allgemeine dauernde gleichförmige Übung feststellen, wonach Ansprüche auf Nachprovision nicht gewährt werden (für die frühere Zeit gleichfalls im Sinne des Nichtbestehens: Industrie- und Handelskammer Berlin Entscheidungen und Gutachten Nr. 7 [allgemein], NeumannsZ 1926 S. 42, 1928 S. 824, BAA VA 1952 S. 70, KG 13. VI. 1925 JRPV 1927 S. 161—162, a. A. Industrie- und Handelskammer Berlin NeumannsZ 1929 S. 866, 1931 S. 173).

Vom wirtschaftlichen Standpunkt aus sind seitens der Ver und echten Generalagenten Bedenken gegen die Nachprovisionszahlung erhoben worden. Sie vermögen aber die Rechtslage nicht zu ändern, zumal durch Vertrag der Anspruch auf Nachprovision ausgeschlossen werden kann (Verzichtklausel: Anm. 369). Im übrigen sind die erhobenen Bedenken unbegründet: Die hier fragliche Nachprovision wird nicht für Inkasso- und andere Verwaltungsarbeit, sondern für die Vermittlungstätigkeit gezahlt (über bedenkliche terminologische und betragsmäßige Zusammenziehungen vgl. Anm. 273—275). Dem Nachfolger des ausgeschiedenen Vsvertreters steht die Nachprovision wirtschaftlich nicht zu. Bedarf er einer Starthilfe, so möge sie durch Festbezüge, Inkasso- und Verwaltungsprovisionen oder Vermittlungsprovisionsvorschüsse geleistet werden, aber nicht auf Kosten des ausgeschiedenen Vsvertreters oder seiner Erben.

Der Nachprovisionsanspruch wird mit Recht bejaht von **RArbG** 29. I. 1936 JW 1936 S. 1252:

„Hiernach ist es nicht zu beanstanden, wenn der BerR. weiter davon ausgeht, daß diese Provisionen von der Bekl. grundsätzlich auch noch nach der Beendigung des Dienstverhältnisses des Kl. zu zahlen sind. Aus dem Dienstverhältnis kann nicht gefolgert werden, daß die Ansprüche mit seiner Beendigung ohne weiteres wegfallen müssen. Denn insoweit gilt jedenfalls die Sonderregelung des § 65 HGB, wonach auf die Provisionen die für Handlungsagenten geltenden Vorschriften ... Anwendung finden. Danach kann nicht zweifelhaft sein, daß bereits entstandene Provisionsansprüche, auch wenn sie unter einer aufschiebenden Bedingung entstanden sind, mangels einer ausdrücklichen anderweitigen Vereinbarung mit dem Aufhören des Agenturverhältnisses — und demgemäß hier des Dienstverhältnisses — nicht endigen ...' Die Entsch. hängt demnach lediglich davon ab, ob die von der Bekl. behauptete gegenteilige Vereinbarung zustande gekommen ist.“

Der Nachprovisionsanspruch wird ferner bejaht vom **RG** 23. XI. 1910 JW 1911 S. 105—106 = LZ 1911 Sp. 303—305, 12. II. 1926 JRPV 1927 S. 161 (welches bestätigt **KG** 13. VI. 1925 JRPV 1927 S. 161—162, vgl. auch KG 26. VI. 1928 JRPV 1928 S. 353 und prinzipiell KG 9. XII. 1941 JRPV 1942 S. 73), LG Berlin 28. IX. 1928 JRPV 1929 S. 22, AG München 8. V. 1952 VersR 1952 S. 286 mit kritischer Anm. Bronisch, AG Bremen 17. III. 1928 JRPV 1928 S. 223, Bannasch a. a. O. S. 14—25, 31—34, Bruck S. 140, Clasen JRPV 1925 S. 203, 1927 S. 162—163 (anders 1928 S. 389—390, 1929 S. 60), Gerhard JW 1929 S. 2035—2037, Hagen I S. 257, Müller a. a. O. S. 5—84, VsPost 1929 S. 117—129, Schmidt-Rimpler a. a. O. S. 133 Anm. 75, Veit NeumannsZ 1934 S. 1179—1180, Würdinger in: RGRKomm. HGB Bd 1 Anm. 7 zu § 92, S. 766, auf den Einzelfall abstellend: Industrie- und Handelskammer Berlin NeumannsZ 1927 S. 823, 1928 S. 401.

Diejenigen, welche den Nachprovisionsanspruch leugnen, beschreiten gern den Ausweg zu behaupten, eine Vermittlungsprovision sei in Wahrheit Inkasso- oder Verwaltungsprovision, mindestens teilweise (dazu Anm. 273—275). Überhaupt geleugnet wird der Anspruch auf Nachprovision von: LG Berlin 1. XI. 1932 JRPV 1933 S. 30—31, bestätigt von KG 12. XII. 1933 JRPV 1934 S. 79—80, Josten-Lohmüller VW 1954 S. 10 im Anschluß an BAA VA 1952 S. 67—70, wonach das (damalige) Handlungsagentenrecht angeblich sich nicht für eine bestimmte Lösung entschlossen habe (S. 68). Das RAA hatte sich bewußt jahrzehntelang einer Stellungnahme enthalten (Bronisch a. a. O. S. 241—242).

Eine Überspannung des Nachprovisionsanspruches liegt umgekehrt vor, falls erklärt wird, Inkasso- oder Verwaltungsprovisionen seien in Wahrheit Vermittlungsprovisionen, z. B. möchte Trinkhaus I S. 216—217, auch S. 212—213 in dem Pflegegeld, das eine Form von Verwaltungsprovision ist (Anm. 263), mindestens teilweise eine Vermittlungsfolgeprovision erblicken (dazu Anm. 275).

Bisher war nur von jener Nachprovision die Rede, die bei laufender Provisionszahlung in Frage kommt. Es kann aber auch eine **Vermittlungseinmalprovision** eine Nachprovision sein, man denke an den Fall, daß bei einer Lebensv eine Einmalprämie erst nach Ausscheiden des Vsvertreters gezahlt wird. Regelmäßig aber gibt es in der Lebensv keine Nachprovisionen (vgl. Anonym VW 1949 S. 219).In der Krankenv gilt das Gleiche (Teichmann VW 1956 S. 117—118), aber natürlich ist es denkbar, daß von den maßgeblichen z. B. fünf Monatsbeiträgen einige erst nach dem Ausscheiden des Vsvertreters eingehen (vgl. AG Hamburg 27. III. 1951 VersR 1951 S. 179 mit Anm. Bronisch). Bei laufenden Provisionen ist es dementsprechend möglich, daß schon die erste laufende Vermittlungsprovision, insbesondere die Vermittlungserstprovision nach Vertragsbeendigung zahlbar wird.

Über Nachprovisionsansprüche von **Bezirksvertretern und Generalagenten** hinsichtlich ihrer Superprovisionen: Gutachten Industrie- und Handelskammer Berlin NeumannsZ 1932 S. 6, 1938 S. 178.

Die **Inkasso- und Verwaltungsprovision** kann grundsätzlich keine Nachprovision sein, da sie nur verdient wird, sofern der Vsvertreter die Inkasso- oder Verwaltungsarbeit während der Dauer des Agenturverhältnisses leistet, also in dieser Zeit den zu honorierenden Erfolg herbeiführt.Dennoch können ausnahmsweise Inkasso- und Verwaltungsprovisionen als Nachprovisionen zur Auszahlung kommen, nämlich dann, wenn Abrechnung und Fälligkeit erst in die Zeit nach dem Ausscheiden fallen. Ist ein Vsvertreter zum 31. I. ausgeschieden, so kann doch der Abrechnungszeitraum sich auf das ganze erste Kalendervierteljahr erstrecken, so daß die Abrechnung erst bis zum 30. IV. zu erfolgen braucht (§ 87c I HGB). Der Anspruch auf die Januar-Inkasso- und Verwaltungsprovision des zum 31. I. ausgeschiedenen Vsvertreters wird also erst am 30. IV. (als Nachprovision) fällig (§ 87a IV HGB). Über den Wegfall von Führungsprovision nach Vertragsbeendigung LG Bremen 3. III. 1938 HansRGZ 1938 A Sp. 379 bis 383, auch Anm. 266.

Delkredereprovision könnte vom Vsvertreter gemäß § 86b I 1 HGB auch nach seinem Ausscheiden, also als Nachprovision beansprucht werden, sofern er weiterhin für die Erfüllung der Verbindlichkeit von Vmern einzustehen hat.

Erbrechtlich gesehen sind Nachprovisionen im Todesfalle Nachlaßbestandteile (RG 8. V. 1942 HRR 1942 Nr. 577).

[272] δ) **Spezialfall der Verlängerungsprovision** (Änderungsprovision).

Es gibt verschiedene Fälle der **Verlängerung** von Vsverträgen. Im Vordergrund stehen die Tatbestände des § 8 I (Verlängerungsklausel). Liegt eine solche nicht vor, so kann stillschweigend oder ausdrücklich ein Verlängerungsvertrag abgeschlossen werden, der von einem selbständigen Anschlußvertrag zu unterscheiden ist. § 139 kennt eine gesetzliche Verlängerung. Zu alledem Anm. 2—13 zu § 8.

Für diese Verlängerungsfälle werden zuweilen besondere Provisionsvereinbarungen getroffen (Trinkhaus I S. 179, 239). RG 1. X. 1921 JW 1922 S. 98—100 weist darauf hin, daß eine Verlängerungsprovision niedriger sein könne als solche für Neuabschlüsse, da „bei der Verlängerung nur die bisherigen Leistungen fortgesetzt werden"; „daß eine Mehrleistung vom Vmer aber schwerer zu erreichen ist, als eine bloße Verlängerung der bisherigen Pflicht, und dem Neuabschluß eines Vertrages näher kommt als diese, liegt auf der Hand".

Fehlt es an einer Vereinbarung hinsichtlich der Verlängerungsprovision, so gilt folgendes:

Bei Eingreifen einer Verlängerungsklausel (§ 8 I) bedarf es keiner erneuten Vermittlungstätigkeit, das Vsverhältnis dauert unter Wahrung der Identität bei Schweigen des Vmers fort (Anm. 9 zu § 8). Die Verlängerung beruht auf der ursprünglichen Vermittlungsarbeit des Vsvertreters, der solchen Vsvertrag mit Verlängerungsklausel zustandegebracht hat (OLG Stettin 1. VII. 1930 Vs-Post 1939 S. 495—496, LG Berlin 2. VI. 1927 JRPV 1927 S. 295—296). Der Ver oder Vsvertreter braucht nicht erneut tätig zu werden, um die Kündigung zu verhindern (a. A. für Verlängerungen nach Beendigung des Agenturverhältnisses KG 26. VI. 1928 JRPV 1938 S. 353—354 mit kritischer Anm. Clasen und — an die unrichtigen tatsächlichen Feststellungen gebunden — RG 6. XI. 1931 JRPV 1932 S. 151—152). Weitere Nachweise bei Möller Vsvermittlung S. 169—170, 187, dazu Gerhard JW 1929 S. 2037, Trinkhaus I S. 179. — Vgl. auch Bundesfinanzministerium BetrBer 1955 S. 693 = VW 1955 S. 371 und dagegen Anonym Vsvermittlung 1955 S. 35. — Die Höhe der dem Vsvertreter zustehenden weiteren Vermittlungsprovision ist unproblematisch, soweit gleichbleibende laufende Provisionen zu zahlen sind. Bei unterschiedlicher Höhe der Erst- und Folgeprovisionen erhält der Vsvertreter in Verlängerungsfällen im Zweifel nicht erneut eine Erstprovision, sondern er bezieht die (niedrigeren) Folgeprovisionen weiter (Trinkhaus I S. 179). Bei Ven mit ursprünglicher Einmalprovision wäre von Fall zu Fall zu prüfen, ob durch die Einmalprovision die (mitvereinbarte) Verlängerung, die nunmehr kraft Schweigens des Vmers eintritt, mitabgegolten ist.

Von dem Falle der von vornherein vereinbarten Verlängerungsklausel ist jener zu unterscheiden, in welchem nachträglich (stillschweigend oder ausdrücklich) ein Verlängerungsvertrag zustandekommt: Anm. 10—11 zu § 1. Hier liegt zwar auch eine Identität des Vsverhältnisses vor und die nach der Verlängerung zu zahlenden Prämien bleiben Folgeprämien. Aber damit die Verlängerung eintrete, bedarf es einer erneuten Willenserklärung des Vmers, sein bloßes Schweigen reicht hier nicht aus. Es bedarf also auch möglicherweise einer erneuten Vermittlungstätigkeit. Entfaltet sie der Vsvertreter nicht, sondern wendet sich der Vmer wegen der Verlängerung direkt an den Ver oder umgekehrt oder wird ein neuer Vsvertreter tätig, so erhält der ursprüngliche Vsvertreter keine Verlängerungsprovision. Es fehlt hier an der Kausalität der ursprünglichen Vermittlungsarbeit (KG 26. VI. 1928 JRPV 1928 S. 353). In der Vswirtschaft gibt es keine Vermittlungsprovision für Nachbestellungen (§§ 92 III 1, 87 I 1 HGB), es reicht also nicht aus, daß der Vsvertreter den Vmer ursprünglich als Kunden geworben hat, mag auch Identität des Vsverhältnisses anzunehmen sein (vgl. Trinkhaus I S. 180). Bringt der ursprüngliche Vsvertreter auch die Verlängerung zustande, so läuft eine gleichbleibende laufende Vermittlungsprovision weiter. Wurden differenzierte Erst- und Folgeprovisionen gewährt, so ist es gerecht, nicht nur die Folgeprovision weiterzuzahlen, sondern — z. B. bei erneuter Verlängerung um fünf Jahre — eine neue „Erstprovision" auszuwerfen. Entsprechendes gilt, wenn ursprünglich eine Einmalprovision gezahlt worden war.

Bei einem Anschlußvertrag handelt es sich um ein selbständiges neues Vsverhältnis mit Erstprämien. Hat der Vsvertreter diesen Anschlußvertrag vermittelt, so hat er gegebenenfalls zweifellos Anspruch auf eine neue Erstprovision (Trinkhaus I S. 180) oder Einmalprovision. Speziell über die Wiederbelebung erloschener Ven, insonderheit Lebensven vgl. aber Rohrbeck-Durst Bronisch S. 49, Trinkhaus I S. 180—182.

Die gesetzliche Verlängerung nach § 139 erfordert keine neue Vermittlungstätigkeit und führt in der Transportv zur Zahlung einer entsprechenden gleichbleibenden laufenden Provision.

Zwei Sonderfälle der Verlängerung bedürfen noch der Erwähnung: Wird trotz Verlängerungsklausel (unnötigerweise) mit dem Ver ein besonderer Verlängerungs- oder Anschlußvertrag abgeschlossen, so kann das bei unverändertem Vertragsinhalt oder nur „optischen" Veränderungen den ursprünglichen Vsvertreter seines Vermittlungsprovisionsanspruches regelmäßig nicht berauben, mag er auch bei der neuen Vereinbarung nicht mitgewirkt haben (vgl. Trinkhaus I S. 180). Dabei ist es gleichgültig, ob die erforderliche Kündigung seitens des Vers oder Vmers erfolgt ist. Der rechtliche Gesichtspunkt der Provisionsvereitelung (Anm. 304, 308) greift ein. — Hat bei der Vermittlung einer Verlängerung (ohne Verlängerungsklausel) oder eines Anschlußvertrages ein neuer Vsvertreter, z. B. der Nachfolger des ursprünglichen mitgewirkt, so entfällt der Provisionsanspruch des ursprünglichen Vsvertreters, aber es fragt sich, ob dem neuen Vsvertreter in solchen Fällen die volle Vermittlungsprovision zugebilligt wird (was im Zweifel anzunehmen ist). Vgl. Trinkhaus I S. 180.

Über nachträgliche **Änderungen** von Vsverträgen vgl. Anm. 284.

Für **Inkasso- und Verwaltungsprovisionen** gelten in Fällen der Verlängerung und Änderung des Vsvertrages keine Besonderheiten. Wird das verlängerte Vsverhältnis oder Vsverhältnis mit erhöhter Prämie von der Inkasso- oder Verwaltungstätigkeit ergriffen, so hat der Vsvertreter künftig Anspruch auf die entsprechend höheren Provisionen. Das gilt auch für etwaige **Delkredereprovision.**

[273] ccc) Schwierigkeiten der Praxis.

α) Unsorgfältige Terminologie.

Leider werden in der Vswirtschaft die verschiedenen Arten der Provision nicht immer genügend klar bezeichnet, was zu vielen vermeidbaren rechtlichen Zweifeln führt.

Die §§ 84—92c HGB sprechen schlechthin von Provision, nur in § 86 I 1, II HGB ist von Delkredereprovision, in § 87 IV HGB von Inkassoprovision die Rede. Spricht das Gesetz kurz von Provision, so ist darunter regelmäßig Vermittlungsprovision zu verstehen, z. B. in § 87 I—III HGB, auch § 87a I—III HGB. Aber manche Bestimmungen können auch auf andere Arten von Provision bezogen werden, z. B. § 87c HGB (Abrechnung usw.), § 87a IV mit V HGB (Fälligkeit), § 87b I, II HGB (Höhe), § 88a II HGB (Zurückbehaltungsrecht). Recht zweifelhaft ist die Frage, wie der Ausdruck Provision in § 89b I Ziff. 2, II, V HGB auszulegen ist (Ausgleichsanspruch, vgl. Anm. 376 bis 377, 384). Es wäre zweckmäßig gewesen, wenn das Gesetz bei jeder Norm verdeutlicht hätte, an welche Arten von Provision es denkt.

Hingewiesen wurde schon darauf, daß die Begriffe Vermittlungs- und Abschlußprovision synonym sind (Anm. 261).

In §§ 1 I, II, 2 I VO PR Nr. 52/50 über Provisionen in der Kraftfahrtv (Anm. 100) werden als Entgelt für die Tätigkeit bei der Vermittlung von Kraftfahrtven „Abschluß- und Folgeprovision" nebeneinander genannt. Diese Gegenüberstellung ist unüblich und unlogisch. Denn auch die Folgeprovision ist eine Abschlußprovision. Man muß der Folgeprovision die Erstprovision gegenüberstellen. In der Kraftfahrtv wird eine laufende Abschlußprovision gewährt, die gleichbleibend ist. Es hat also nicht viel Sinn, neben der Abschluß(erst)- die (Abschluß)-Folgeprovision besonders zu nennen: Es liegt eine gleichbleibende laufende Vermittlungsprovision von 12% bzw. 9½% bzw. 5% des Vsbeitrages vor.

Außerordentlich mißlich ist es, daß Vermittlungsfolgeprovisionen sowie die späteren Zahlungen auf eine gleichbleibend-laufende Vermittlungsprovision oft als Inkassoprovision (oder Inkassofolgeprovision) bezeichnet werden, und zwar wohl deshalb, weil sie — zeitlich gesehen — verdient werden, sobald eine neue Prämie kassiert wird. Da und soweit es sich aber nicht um ein Entgelt für die Inkassotätigkeit, sondern um ein solches für die ursprüngliche Vermittlung handelt, ist die Bezeichnung Inkassoprovision mit Entschiedenheit abzulehnen. Sie ist irreführend und falsch, zumal es echte, wirkliche Inkassoprovisionen gibt, die für die Inkassotätigkeit gewährt werden. Bei einer Vermittlungsfolgeprovision oder einer gleichbleibend-laufenden Vermittlungsprovision kommt es überhaupt nicht darauf an, ob der Vsvertreter eine Inkassotätigkeit entfaltet. Die Praxis spricht bezeichnenderweise gelegentlich von Inkassoprovision (anstatt von Vermittlungsprovision) sogar dann, wenn der Ver ein Direktinkasso durchführt. Das **RG** 23. II. 1937 HRR 1937 Nr. 716 hat die Unrichtigkeit der in der Vspraxis verbreiteten Terminologie hervorgehoben: „Unzweifelhaft können im Einzelfalle die dem Agenten für Vermittlung von Ven versprochenen Provisionen ungeachtet ihrer förmlichen Teilung in eine Abschlußprovision und in die Inkassoprovision ganz oder teilweise in Wirklichkeit als eine von vornherein für die bloße Vermittlung, also ohne daß der Agent noch irgendeine weitere Tätigkeit zu entfalten brauchte, zugesagte (Abschluß-)Gesamtprovision darstellen, die in ihren einzelnen Teilbeträgen durch den Abschluß des vermittelten Geschäfts und durch den Eingang der Vsbeiträge aufschiebend bedingt ist und durch den Eintritt dieser Bedingung fällig wird." Ebenso ist vorher bereits für einen unselbständigen Vsvertreter **RArbG** 29. I. 1936 JW 1936 S. 1252 zu der Annahme gelangt, „daß sich auf Grund der getroffenen Provisionsabrede die dem Kl. für Vermittlung von Ven versprochene Provision ungeachtet ihrer Teilung in eine Abschlußprovision und in die Inkassoprovisionen in Wirklichkeit als eine von vornherein für die bloße Vermittlung, also ohne daß der Kl. noch irgendeine weitere Tätigkeit zu entfalten brauchte, zugesagte (Abschluß-) Gesamtprovision darstelle, die in ihren einzelnen Teilbeträgen durch den Abschluß des vermittelten Geschäfts und durch den Eingang der Inkassoprovisionen (muß heißen: Inkassobeträge) bei der Bekl. aufschiebend bedingt sei und durch den Eintritt dieser Bedingung fällig werde". Zustimmend Würdinger in: RGRKomm. HGB Bd 1 Anm. 22 zu § 87, S. 719. Vgl. ferner KG 18. IV. 1931 JRPV 1931 S. 213, OLG Stuttgart 26. III. 1957 VersR 1957 S. 332, LG Stuttgart 21. XII. 1955 VersR 1956 S. 416, AG München 8. V. 1952 VersR 1952 S. 286.

Die bedauerliche Begriffsverwirrung, welche durch die fehlerhafte Benutzung des Wortes Inkassoprovision zustandegekommen ist, findet ihren Ausdruck auch darin, daß man von Nachinkassoprovision redet. Man meint dabei in Wahrheit Vermittlungs-Nachprovisionen, also nach dem Ausscheiden des Vsvertreters zu zahlende laufende Vermittlungsprovisionen (Anm. 271).

Der Ausdruck Verwaltungsprovision ist deshalb nicht sehr genau, weil er nicht erkennen läßt, für welche Verwaltungsarbeiten ein Entgelt gewährt wird. Da auch das Inkasso zur Verwaltung gehört, könnte Verwaltungsprovision auch Inkassoprovision umfassen (Anm. 263; Josten-Lohmüller VW 1954 S. 10, Rohrbeck-Durst-Bronisch S. 57).

[274] β) Ungerechtfertigte Zusammenziehung.

Die Schwierigkeiten der Vspraxis werden nicht nur durch die unsorgfältige Terminologie (Anm. 273), sondern auch dadurch hervorgerufen, daß nicht selten unter einheitlicher Benennung mehrere Provisionsarten zusammengefaßt werden.

So kann es sich z. B. bei „Inkassoprovision" nicht nur um eine wirkliche Inkassovergütung oder (wie in Anm. 273 gezeigt) um Vermittlungsfolgeprovision bzw. spätere Zahlungen auf eine gleichbleibend-laufende Provision handeln, sondern häufig liegt eine Kombination von beiden Entgelten vor: Die Inkassoprovision wird also teilweise für wirkliches Inkasso, teilweise für die Vermittlungsarbeit bezahlt (vgl. nur Clasen JRPV 1929 S. 60, 136, Hagen I S. 257, Würdinger in: RGRKomm. HGB Bd 1 Anm. 7 zu § 92, S. 766, OLG Stuttgart 26. III. 1957 VersR 1957 S. 332 m. w. N., LG Stuttgart 21. XII. 1955 VersR 1956 S. 416). Ebenso könnte eine „Folgeprovision" beide Entgelte in sich vereinigen. Solche Zusammenziehung ist unbedenklich, solange das Agenturverhältnis fortbesteht und der Vsvertreter kassiert. Nach Ausscheiden eines Vsvertreters oder

Aufhören des Inkasso entstehen angesichts der Zusammenziehung jedoch notwendigerweise Schwierigkeiten, da nunmehr dem Vsvertreter die Inkassoprovision nicht mehr zusteht. Er wird bestrebt sein, den auf die Inkassoprovision entfallenden Anteil als sehr klein zu bezeichnen, während umgekehrt der Ver behaupten wird, auf Vermittlungsprovision, die ja fortzuzahlen ist, entfalle nur ein geringer Anteil. Selbst dann, wenn eine Verzichtklausel vorliegt, wonach mit dem Ausscheiden alle Provisionsansprüche enden (Anm. 369), bleibt die Zusammenziehung bedenklich, weil für den Ausgleichsanspruch eine Aufteilung in Vermittlungs- und Inkassoprovision erforderlich ist (Anm. 376—377). Außerdem ist an Tatbestände der Übernahme des Direktinkasso durch den Ver zu denken (Anm. 222).

Andere Fälle ungerechtfertigter Zusammenziehung von Provisionsarten liegen vor, wenn eine „Inkassoprovision" auch eine Vergütung für andere Verwaltungsarbeiten mitenthält, oder eine „Verwaltungsprovision" auch ein Inkassoentgelt (Anm. 263) oder gar Vermittlungsprovision. Bei Mitvon mit Führungsklausel dürfen Führungs- und Überweisungsprovision nicht zusammengezogen werden (Anm. 267).

[275] γ) Bestrittene Qualifikation.

Eine dritte und letzte Schwierigkeit liegt darin, daß bei manchen Provisionen keine Klarheit unter den Beteiligten darüber besteht, wofür sie gewährt werden, und anteilsmäßig in welcher Höhe.

Während richtigerweise angenommen werden muß, daß in der Lebens- und Krankenv für die Vermittlung nur Einmalprovisionen gewährt werden, meint Trinkhaus I S. 210, 216—217, 264—265, 266—267, 413, das in diesen Vszweigen gewährte Pflegegeld sei als Vermittlungsfolgeprovision zu qualifizieren. In Wahrheit handelt es sich um eine besondere Form der Verwaltungsprovision (Anm. 263). Auch BAA VA 1952 S. 69 betont, daß selbst eine „Folgeprovision" von 13% in der Krankenv nicht, auch nicht teilweise, als Vermittlungsprovision zu qualifizieren sei. Ebenso OLG Stuttgart 26. III. 1957 VersR 1957 S. 332—333, LG Stuttgart 21. XII. 1955 VersR 1956 S. 416—417, Teichmann NeumannsZ 1936 S. 755—756 gegen Müller, Der Anspruch des Vsagenten auf Nachinkassoprovision, Berlin o. J., S. 29.

Die Qualifikation der (regelmäßig bei hauptberuflichen Vsvertretern 12% betragenden) Provision in der Kraftfahrtv ist umstritten. Fast jede denkbare Meinung wird vertreten: Erstens, es handle sich — besonders bei der Haftpflichtv — überhaupt nicht um eine Vermittlungs-, sondern nur um eine Inkasso- oder Verwaltungsprovision; denn eine Pflichtv liege vor. Zweitens, nur im ersten Vsjahr liege eine Vermittlungsprovision vor, von dann an eine reine Inkasso- oder Verwaltungsprovision (OLG Düsseldorf 26. X. 1956 Der Betrieb 1956 S. 1132). Drittens, die Provision sei von vornherein eine kombinierte, wobei man einerseits — besonders für die Fahrzeug-, Unfall- und Gepäckv — behauptet hat, es stecke in einer laufenden Höchstprovision von 12% für die Vermittlungsarbeit nur ein kleiner Anteil, nämlich nur ein Viertel (3%), der Rest sei Inkasso- oder Verwaltungsprovision. Andererseits meint Trinkhaus I S. 255—256, bei den 12% handle es sich „nur zu einem verhältnismäßig kleinen Teil" um eine „Vergütung für die Verwaltung, insbesondere für das Inkasso"; Trinkhaus I S. 262 bringt eine genauere Aufteilung: 2,5% seien Verwaltungs-, 9,5% Vermittlungsprovision. In Wahrheit bezieht sich die gesamte Regelung der VO PR Nr. 52/50 (Anm. 100) auf die Entlohnung für die Tätigkeit bei der Vermittlung von Kraftfahrtven, wenn man von zwei speziellen Formen der Verwaltungsprovision (Ausfertigungs- und Schadenserledigungsprovision: Anm. 264 bis 265) absieht. Auch die Pflichtv muß angesichts des Wettbewerbs der Ver, unter denen die Vmer wählen können, vermittelt werden. Nichts läßt sich dafür anführen, daß in der Kraftfahrtv nicht auch die späteren Provisionen reine Vermittlungs(folge)-provisionen seien. Inkasso- und Verwaltungsprovisionen sind in der HöchstpreisVO überhaupt nicht geregelt. Im Ergebnis wie hier BAA VA 1952 S. 69: „als Abschlußprovision dagegen erklärlich", Bundesfinanzministerium BetrBer 1955 S. 693 = VW 1955 S. 371: „Die anläßlich der Verlängerung eines Vsvertrages gezahlten Folgeprovisionen sind in der Regel ebenso hoch wie die Erstjahresprovisionen (12% des Vsbeitrages) und stellen deshalb nach Auffassung des BdF das Entgelt für eine Vermittlungstätigkeit dar, das sowohl bei Spezialagenten als auch bei Generalagenten umsatzsteuerpflichtig ist" (dagegen Anonym Vsvermittlung 1955 S. 35).

Noch größer sind die Schwierigkeiten der Auseinanderrechnung in Vszweigen, in welchen es an einer gesetzlichen Grundlage fehlt, wie sie für die Kraftfahrtv vorhanden ist. Dabei ist zu unterstellen, daß der Vsvertreter Inkasso- und sonstige Verwaltungsarbeiten mit leistet, ohne dafür zusätzlich besonders entlohnt zu werden:

Bei Vszweigen mit gleichbleibender Provision wird man — wegen der Nichthonorierung des Inkasso im ersten Vsjahr (Anm. 262) jedenfalls vom zweiten Vsjahr ab — annehmen müssen, daß die gleichbleibende Provision einerseits Vermittlungsprovision, andererseits (Inkasso- und sonstige) Verwaltungsprovision enthält. Letztere richtet sich nach dem Umfang der zu leistenden Verwaltungsarbeit und der organisatorischen und beruflichen Stellung des Vsvertreters. Trinkhaus I S. 262 nimmt nachstehende Aufteilung vor für die

„Einfache Feuer- und Hausratversicherung"

Vermittler	Gleichbleibende Provision %	davon Verwaltungs-Provision %	Abschluß-provision %
Generalagenten mit großer Verwaltung	30	12,5	17,5
Generalagenten mit mittlerer Verwaltung	25	7,5	17,5
Hauptberufliche Vertreter mit kleiner Verwaltung	15	5	10
Hauptberufliche Vertreter ohne Verwalwaltung	10	—	10
Nebenberufliche Vertreter mit kleiner Verwaltung	10	5	5
Nebenberufliche Vertreter ohne Verwalwaltung	5	—	5

Wird eine hohe Erstprovision (Diskontprovision) und eine niedrigere Folgeprovision gewährt, so wird man annehmen müssen, daß die Erstprovision reine Vermittlungsprovision ist, während Trinkhaus I S. 263 für die Folgeprovisionen von nachstehender Aufteilung zwischen Inkasso- und sonstiger Verwaltungsprovision einerseits, Vermittlungs- (Abschluß-)provision andererseits ausgeht:

Vermittler	Diskont-provision 1. Jahr %	Folge-provision ab 2. Jahr %	davon: Verwaltungs-provision %	Abschluß provision- %
Generalagenten mit großer Verwaltung	80—100	22,5	12,5	10
Generalagenten mit mittlerer Verwaltung	80	17,5	7,5	10
Hauptberufliche Vertreter mit kleiner Verwaltung	60—80	10—15	5	5—10
Hauptberufliche Vertreter ohne Verwaltung	60—80	5—10	—	5—10
Nebenberufliche Vertreter mit kleiner Verwaltung	40	7—10	5	2—5

Entsprechendes gilt, wenn die „Folgeprovision" als „Inkassoprovision" oder „Inkassofolgeprovision" bezeichnet ist.

Anderer Auffassung ist weitgehend das BAA VA 1952 S. 67—70, das meint, bei ungleichmäßig laufenden Provisionen, speziell relativ hohen Erst-, relativ niedrigen Folgeprovisionen seien letztere nicht mehr als Vermittlungsprovisionen zu qualifizieren, auch nicht teilweise. Zustimmend Fischer VW 1955 S. 395—396, Hein ZfV 1956 S. 203, 236—237, Josten-Lohmüller VW 1954 S. 10. Richtig Geßler, Der Ausgleichsanspruch der Handels- und Vsvertreter, ungedruckte Hamburger Diss. 1953, S. 52—64.

Alle Qualifikationsschwierigkeiten können vermieden werden, falls von vornherein die Provisionstabellen klare Verhältnisse schaffen, nicht nur terminologisch, sondern auch durch ziffernmäßige Aufteilung der Gesamtbeträge. Hierdurch wird die Rechtslage für den Fall geklärt, daß ein Ver die Inkasso- oder Verwaltungsmethode umstellt oder falls eine Nachprovision oder ein Ausgleichsanspruch zu berechnen ist. Der offene Leistungswettbewerb der Ver könnte dazu beitragen, daß nicht allzu große Anteile der Gesamtprovisionen als Inkasso- oder Verwaltungsprovisionen qualifiziert werden. Würde ein Unternehmen nach dem Vorschlag von Fischer VW 1955 S. 396 bei einer Sachv in der Provisionstabelle hervorheben: „In der Bestandspflege- und Inkasso-Provision ist keine Abschlußprovision enthalten", so wird sich ein leistungsfähiger Vsvertreter auf solchen Vertragsabschluß mit Einmalprovisionen, die in der Sachv ganz ungewöhnlich sind, nicht einlassen (vgl. auch die Kritik von Strietholt Vsvermittlung 1956 S. 58). Andererseits bringt es allerdings nach der jetzigen Steuerpraxis (Anm. 169—170) einige Nachteile für die Vsvertreter mit sich, falls die Vermittlungsprovisionen als solche bezeichnet werden (dazu Hein ZfV 1956 S. 236—237).

[276] **ddd) Schuldner der Provision.**

α) Mehrheit von Versicherern.

Schuldner aller Arten von Provision ist der dem Vsvertreter gegenüberstehende Unternehmer, mit welchem der Agenturvertrag abgeschlossen ist, also regelmäßig der Ver, ausnahmsweise ein Generalagent (Anm. 278). Der Vmer ist niemals Provisionsschuldner. Der Vsvertreter darf die Umsatzsteuer nicht auf den Vmer abwälzen (VA 1921 S. 85), über Agenturgebühren: Anm. 82 zu § 1.

Hat der Vsvertreter eine Mitv vermittelt, an welcher eine Mehrheit von Vern beteiligt ist, so bestehen verschiedene Möglichkeiten: Ist der Vsvertreter Mehrfachagent und vertritt er mehrere Ver der gleichen Sparte (Anm. 25, 178, 221, 418), so vermittelt er zugleich im Rahmen mehrerer Agenturverhältnisse. Es entstehen Provisionsansprüche gegen die verschiedenen Ver nach Maßgabe der getroffenen Abreden. — Es ist aber auch möglich, daß der Vsvertreter im Verhältnis zu einigen Vern (mit denen er keinen Agenturvertrag abgeschlossen hat) als Vsmakler auftritt. Er ist sodann Makleragent (Anm. 26). Soweit der Makleragent als Vsvertreter arbeitet, entstehen agentenrechtliche Provisionsansprüche. Soweit er als Vsmakler arbeitet, entstehen maklerrechtliche Courtageansprüche. Letztere können durch ein Maklerprovisionsabkommen (Anm. 28) vorweg vereinbart sein. — Man wird es als eine dritte Form des Wirkens ansehen müssen, falls der Vsvertreter sich darauf beschränkt, die V insoweit, als er nicht Agent ist, einem anderen Ver zu überweisen, wofür er regelmäßig eine Überweisungsprovision erhält (Anm. 267). — Ist einer der vom Vsvertreter repräsentierten Ver führender Ver, so kann der Vsvertreter außerdem eine Führungsprovision von diesem Ver erhalten, sofern er die mit der Führung verbundenen Arbeiten für den führenden Ver erledigt (Anm. 266). — Es zeigt sich also, daß bei einer Mitv ein Vsvertreter von verschiedenen Schuldnern Vermittlungsprovisionen, Vermittlungscourtagen, Überweisungsprovisionen, Führungsprovisionen und alle Arten von Inkasso- und Verwaltungsprovisionen beziehen kann.

[277] **β) Mehrheit von Versicherungsvermittlern.**

αα) Versicherungsmakler und Versicherungsvertreter.

Wenn ein Vmer sich eines Vsmaklers bedient, so wird letzterer das Risiko regelmäßig unmittelbar bei der Direktion eines Vers unterbringen. Es kommt jedoch, z. B. im Bereiche der Transportv, besonders an der Vsbörse immer wieder vor, daß Vsmakler an einen Vsvertreter herantreten. Dennoch ist Courtageschuldner auch in diesem Falle regelmäßig der Ver, nicht etwa der Vsvertreter. Da es wirtschaftlich oft untragbar sein wird, daß der Ver zweimal das volle Vermittlungsentgelt zahlt, wird oft eine Vereinbarung dahin getroffen, daß der Vsvertreter den Vsmakler aus seiner Vermittlungsprovision zu befriedigen habe. Dadurch kommt eine Erfüllungsübernahme (§ 329 BGB) zustande, nur ausnahmsweise eine (kumulative oder privative) Schuldübernahme durch den Vsvertreter. In der Transportv ist es verbreitet, daß der Vsmakler seine Courtage aus der Bruttoprämie (Gesamtprämie) erhält, während beim Vsvertreter die Vermittlungsprovision aus der Nettoprämie (Gesamtprämie abzüglich Courtage) berechnet wird.

Umsatzsteuerrechtlich handelt es sich beim Vsvertreter hinsichtlich der Maklercourtage normalerweise um einen durchlaufenden Posten. Aber Erfüllungs- oder Schuldübernahme verändern die Rechtslage (Riepl VersR 1953 S. 271—272, RFH 30. V. 1932 StuW 1932 S. 1866—1869 Nr. 950, 6. V. 1938 HansRGZ 1938 A Sp. 455—456, 24. I. 1941 RStBl. 1941 S. 446—447 = StuW 1941 Sp. 227—228 Nr. 269, BFH 9. II. 1953 unveröffentlicht; vgl. auch oben Anm. 73).

[278] ββ) General- und Untervertreter.

Hier ist zu unterscheiden, ob es sich um echte oder unechte Generalagenten (Anm. 17, 174) handelt.

Ist für einen echten Generalagenten ein Untervertreter tätig, so erhält der Generalagent vom Ver eine einheitliche Provision, insbesondere Vermittlungsprovision, aus der er seinerseits dem Untervertreter die diesem zustehende Provision zahlt. In den beiden streng zu unterscheidenden Rechtsverhältnissen brauchen die Provisionsregelungen nicht genau aufeinander abgestimmt zu sein. So ist es z. B. denkbar, daß der Generalagent eine gleichbleibende laufende Vermittlungsprovision bezieht, während er dem Untervertreter eine hohe Erstprovision, niedrigere Folgeprovisionen gibt (vgl. auch Industrie- und Handelskammer Berlin NeumannsZ 1933 S. 611). Auf solche Weise kann der Generalagent seine eigenen etwaigen Gewinne mindern oder gar in Verluste umwandeln, um sodann in späteren Jahren höhere Einnahmen für sich selbst zu behalten, weil die Belastung durch Unterprovisionen relativ gering ist. Im allgemeinen wird aber das Provisionssystem in beiden Rechtsverhältnissen analog gestaltet sein, allerdings derart, daß dem Generalagenten jeweils ein Differenzbetrag verbleibt. Liegt die Verwaltungsarbeit allein beim Generalagenten, so behält er wirtschaftlich die volle Verwaltungsprovision. Über Erweiterungen von Vsverträgen mit ursprünglich vom Untervertreter geworbenen Vmern durch den Generalagenten: Industrie- und Handelskammer Berlin Mitteilungen 1933 S. 50. — Jene Beträge, die für die Untervertreter abgezweigt werden, sind umsatzsteuermäßig keine durchlaufenden Posten (vgl. schon Anm. 174 mit Hinweis auf Möller Vsvermittlung S. 165, RFH 15. XII. 1933 JW 1934 S. 1133—1134, vgl. ferner Rohrbeck-Durst-Bronisch S. 191).

Ist für einen unechten Generalagenten ein Untervertreter tätig, so steht letzterer in einem unmittelbaren Vertragsverhältnis zum Ver, der sein Provisionsschuldner ist. Da üblicherweise auch der Generalagent Provisionsansprüche gegen den Ver hat (Anm. 285), bildet es hier die Regel, daß der Ver mit zwei Vermittlungsprovisionen belastet wird. Unerheblich ist es, ob rein faktisch der Ver oder der Generalagent dem Untervertreter die Provision auszahlt. Zahlt der Generalagent sie aus, so darf er sie nicht kürzen (Industrie- und Handelskammer Berlin NeumannsZ 1932 S. 231). — Es handelt sich sodann umsatzsteuerrechtlich um einen beim Generalagenten nur durchlaufenden Posten (vgl. schon Anm. 174, ferner Rohrbeck-Durst-Bronisch S. 192, Thiesing JW 1934 S. 1133). Nur ausnahmsweise kommt es vor, daß ein unechter Generalagent es übernommen hat, die „im Namen der Vsgesellschaft angestellten Unteragenten“ aus eigenen Mitteln zu entlohnen; dann liegt kein durchlaufender Posten vor, weil der unechte Generalagent die Provision, aus der er die Unteragenten entlohnt, im eigenen Namen und für eigene Rechnung als seine Vergütung empfängt. Hier wird von den Finanzgerichten eine wirtschaftliche Betrachtungsweise angewandt, bei der die Unteragenten als „Hilfsorgane im Unternehmen des Generalvertreters“ erscheinen (RFH 28. IX. 1944 StRK UmsStG § 5 Abs. 3 R 1; vgl. auch schon RFH 6. X. 1939 RStBl. 1940 S. 174—175). Eine Verpflichtung des Generalagenten, den unechten Untervertreter zu entlohnen, kann auch stillschweigend vereinbart werden; sie braucht noch keine Schuldübernahme zu sein (der als privativer der Untervertreter nach § 415 III BGB zustimmen müßte), sondern ist in der Regel nur eine Erfüllungsübernahme im Sinne des § 329 BGB: Ein unmittelbarer Anspruch des Untervertreters gegen den Generalagenten entsteht im Zweifel nicht. Soll nach ausdrücklicher Vereinbarung der Untervertreter direkt gegen den Generalagenten vorgehen können, so haften Ver und Generalagent als Gesamtschuldner, eine steuerlich nicht zweckmäßige Konstruktion.

[279] γγ) Mehrzahl von Versicherungsvertretern.

Während zwischen General- und Untervertretern (Anm. 278) ein Verhältnis der Über- und Unterordnung besteht, ist es auch denkbar, daß mehrere Vsvertreter koordiniert zusammenwirken.

Einen Spezialfall solcher Art behandelt § 87 I 2, III HGB: In Fällen des Ausscheidens eines Vermittlungsvertreters kann es vorkommen, daß ein Nachfolger die Vermittlungsarbeit fortsetzt. Das Gesetz sieht solchenfalls keine Aufteilung der Vermittlungsprovision vor, sondern stellt auf die überwiegende Kausalität der beiderseitigen Tätigkeit sowie einen zeitlichen Gesichtspunkt ab: Der Ausgeschiedene (oder sein Erbe) hat Anspruch auf Vermittlungsprovision nur, wenn er das Geschäft „eingeleitet und so vorbereitet hat, daß der Abschluß überwiegend auf seine Tätigkeit zurückzuführen ist, und wenn das Geschäft innerhalb einer angemessenen Frist nach Beendigung des Vertragsverhältnisses abgeschlossen worden ist" (§ 87 III HGB). Für den Nachfolger besteht dann kein Anspruch auf Provision (§ 87 I 2 HGB). Näheres: Anm. 283, 294.

§ 87 II 1 HGB spricht von jenem Bezirksvertreter, der Anspruch auf Vermittlungsprovision auch für Geschäfte hat, die ohne seine Mitwirkung mit Personen seines Bezirkes abgeschlossen sind. Hier ergibt sich also möglicherweise die Notwendigkeit der Koordination von Provisionsansprüchen des (untätigen) Bezirksvertreters und eines (tätigen) sonstigen Handelsvertreters. Aber § 87 II HGB gilt nicht für Vsvertreter (§ 92 III 2 HGB). Es bedarf also einer speziellen Vereinbarung, wenn alle Bezirksgeschäfte für einen Bezirksvertreter Provisionsansprüche auslösen sollen. In Betracht kommt entweder die volle Vermittlungsprovision oder eine (niedrigere) Superprovision (Anm. 189). Muß einem Bezirksvertreter die volle Provision gezahlt werden, so kann sich eine Doppelbelastung für den Ver ergeben, sofern ein sonstiger Vsvertreter das Geschäft vermittelt hat; eine Teilung sieht das Gesetz nicht vor. Sie kann aber als stillschweigend vereinbart gelten (OLG Celle 30. XI. 1955 BetrBer 1956 S. 61—62, zugleich zum Fall des Schweigens auf einen Teilungsvorschlag).

Von diesen Spezialfällen abgesehen, kann es durchaus vorkommen, daß für zwei koordiniert nebeneinander wirkende Vsvertreter Vermittlungsprovisionsansprüche gegen den Ver entstehen. Es geschieht nicht selten, daß im gleichen Gebiet mehrere Agenten für einen Ver arbeiten, und daß sie sich — mit vereinten Kräften oder getrennt marschierend — um einen Kunden bemühen. In solchen Fällen kann nicht die überwiegende Kausalität entscheidend sein, auch nicht die oft zufällige Tatsache, welcher der beiden Vsvertreter dem Ver den unterschriebenen Vsantrag bringt, ferner nicht eine etwaige Parteinahme des Vmers für den einen oder anderen. Unerheblich ist es auch, ob der erste Vsvertreter bis zu Ende, der zweite Vsvertreter schon von vornherein mitgewirkt hat (Anm. 282). Vielmehr muß angesichts der gedoppelten kausalen Tätigkeit beider Vsvertreter beiden eine Vermittlungsprovision zustehen. Was die Höhe anlangt, so kann allerdings der Ver nicht zweimal mit der vollen Provision belastet werden, diese ist vielmehr aufzuteilen, im Zweifel hälftig (BAA VA 1953 S. 134, Rohrbeck-Durst-Bronisch S. 48, allgemein vgl. LG Düsseldorf 22. VIII. 1941 Entscheidungen und Gutachten Nr. 16, OLG Celle 30. XI. 1955 Entscheidungen und Gutachten Nr. 111, Duden a. a. O. S. 306, Knapp[2] a. a. O. Anm. 1 zu § 87, S. 22, Würdinger in: RGRKomm. HGB Bd 1 Anm. 8 zu § 87, S. 713, HandelsvertreterGBegr. S. 24, zurückhaltender Schröder[2] a. a. O. Anm. 22 zu § 87, S. 105). Da solche Fälle mißliche Konflikte auftreten lassen, ist es zweckmäßig, wenn der Ver eine klare Zuständigkeitsregelung anstrebt und wenn die mehreren Vsvertreter untereinander Fühlung halten. Zuweilen wird vereinbart, daß die Einreichung des Antrages allein entscheiden solle, aber es geht nicht an, mit Trinkhaus I S. 182—183 diese ungerechte Lösung zu verallgemeinern. Zuweilen behalten sich die Ver im Agenturvertrag die Teilung der Provision vor (Rohrbeck-Durst-Bronisch S. 48, Trinkhaus I S. 183—184).

Lobt ein Krankenver 3.— DM Werbeprämie solchen Vmern aus, welche dem Gegenseitigkeitsverein die Anschrift neuer Mitglieder nachweisen, und werden die Adressen dem hauptberuflichen Außendienst zur weiteren Bearbeitung überlassen, so ergibt sich auch ohne besondere Vereinbarung, daß der Außendienst sich die vom Ver aufzuwendenden Werbeprämien von der eigenen Vermittlungsprovision kürzen lassen muß (BAA VA 1953 S. 131, 134 und B Ziff. 4 Zusammenstellung „Wettbewerb und Werbung in der Lebensv" [Prölss VAG² S. 569]).

Sind an einer Mitv mehrere Ver beteiligt, so ergibt sich eine Mehrzahl von Vsvertretern oft daraus, daß jeder Mitver seinen eigenen Vsvertreter hat. Unter diesen Vsvertretern können mannigfaltige Querverbindungen bestehen. Häufig sind z. B. Austauschverhältnisse derart, daß ein Vsvertreter, der eine größere V vermitteln könnte, sie aber bei den von ihm selbst vertretenen Vern nicht vollständig unterzubringen vermag, an einen befreundeten Vsvertreter eines anderen Vers herantritt mit dem Ansinnen, in einem späteren analogen Falle umgekehrt zu verfahren. Es ist sodann rechtlich zu prüfen, ob für den zweiten Vsvertreter eine rechtliche Verpflichtung oder eine außerrechtliche Bindung geschaffen werden soll. Im Laufe der Zeit können auf die geschilderte Weise unter mehreren Vsvertretern gesellschaftsähnliche Verhältnisse zur Entstehung kommen. — Über den bloßen Austausch von Beteiligungen geht es hinaus, wenn der abgebende Vsvertreter sich von dem empfangenden Vsvertreter eine Provision (Abgabe aus der Vermittlungsprovision des empfangenden Vsvertreters) versprechen läßt; geschieht das im Rahmen eines allgemeinen Abkommens, so wird der abgebende Vsvertreter rechtlich möglicherweise zu einem echten Untervertreter des empfangenden Vsvertreters, welcher die Rechtsstellung eines Generalagenten einnimmt. Bei Wechselseitigkeit der Geschäftsvorgänge ist jeder der beiden Vsvertreter Untervertreter des anderen. Über Untervertretung: Anm. 278. — Die geschilderten Fälle, bei denen es sich um interne Vorgänge unter einer Mehrzahl von Vsvertretern handelt, oft um Vorgänge, von denen die Ver nichts wissen, sind zu unterscheiden von solchen Fällen, in denen ein Vsvertreter als Mehrfachagent, Makleragent oder im Wege der Überweisung gleichzeitig für mehrere Ver arbeitet (Anm. 276).

[280] eee) Anspruch auf Vermittlungsprovision.

α) Übersicht.

Bevor eine Vermittlungsprovision „verdient" und fällig ist, müssen zahlreiche Voraussetzungen (Rechtsbedingungen) zusammentreffen. In zahlreichen Stufen entwickelt sich der Anspruch zur Vollwirksamkeit.

Der Anspruch hat seinen Rechtsgrund im Vsvertretervertrag (Anm. 281). In seinem Rahmen muß der Vsvertreter die Vermittlungstätigkeit entfalten (Anm. 282), also entweder als Abschlußvertreter abschließen oder als Nachweis- oder Vermittlungsvertreter arbeiten. In den beiden letztgenannten Fällen muß diese Arbeit regelmäßig kausal eine bestimmte Folge auslösen; das Kausalitätserfordernis (Anm. 283—288) tritt zu dem Erfordernis der Vermittlungstätigkeit hinzu. Die soeben erwähnte, kausal durch die Vermittlungstätigkeit herbeizuführende Folge ist der Vertragsabschluß (Anm. 289). Ist aber durch die Vermittlungstätigkeit des Vsvertreters ein Vsvertrag zustandegekommen, so ist damit die Vermittlungsprovision immer noch nicht verdient; der Vsvertrag muß noch ausgeführt werden, und zwar kommt es bei dem Ausführungserfordernis (Anm. 290—293) auf die Prämienzahlung durch den Vmer an. Zu prüfen ist schließlich die Zeitkomponente (Anm. 294), z. B. kann ein Provisionsanspruch deshalb entfallen, weil der Vsvertrag nicht innerhalb einer angemessenen Frist nach Beendigung des Agenturverhältnisses abgeschlossen worden ist (§ 87 III HGB).

Ist hiernach die Provision „verdient", so fragt es sich, in welcher Höhe (Anm. 295 bis 301).

Über verdiente Provision ist abzurechnen (Anm. 302). Die Fälligkeit des Provisionsanspruchs ist — vorbehaltlich etwaiger Provisionsvorschüsse — mit der Abrechnungspflicht verknüpft (Anm. 303).

In Sonderfällen hat der Vsvertreter Anspruch auf Provision, obgleich nicht alle Rechtsbedingungen vorliegen. Hier handelt es sich um die Tatbestände der Provisionsvereitelung durch den Unternehmer (Anm. 304, auch Anm. 293). Umgekehrt kann trotz Vorliegens aller Rechtsbedingungen der Provisionsanspruch entfallen, der Provisionsvereitelung steht der Provisionswegfall (Anm. 305—309) gegenüber.

Schließlich sind im Zusammenhang mit der Vermittlungsprovision die Tatbestände der verbotenen Provisionsabgabe zu erörtern (Anm. 310).

Über die Frage, von wann an beim Vsvertreter Provisionsforderungen steuerlich zu aktivieren sind, vgl. BFH 12. III. 1954 VA 1954 S. 188, 18. III. 1954 BetrBer 1954 S. 368, 25. VIII. 1955 BetrBer 1955 S. 923, 29. XI. 1956 BetrBer 1957 S. 702—703 mit Anm. Siber. Über die körperschaftssteuerliche Behandlung der Erwerbskosten beim Lebensver vgl. BetrBer 1957 S. 68, 211, über den Abzug der Provisionsschulden bei der Einheitsbewertung des Betriebsvermögens vgl. BFH 5. IV. 1957 BetrBer 1957 S. 503.

Erbrechtlich gesehen sind Provisionen, die der Erblasser erarbeitet hat, auch dann Nachlaßbestandteile, wenn einzelne Rechtsbedingungen erst nach dem Tode eintreten: RG 8. V. 1942 HRR 1942 Nr. 577.

[281] β) Rechtsgrund.

Der Anspruch auf Vermittlungsprovision beruht auf dem Vsvertretervertrag. Fehlt ein solcher, so kann ein Maklerverhältnis vorliegen.

Ist der Agenturvertrag nichtig, z. B. wegen Geschäftsunfähigkeit des Vsvertreters (§ 105 I BGB; Anm. 151), wegen Sittenwidrigkeit (§ 138 I BGB; Anm. 203) oder wegen Gesetzesverstoßes (§ 134 BGB; Anm. 203), so kann er nicht Anspruchsgrundlage für Vermittlungsprovision sein. Zu beachten ist die Tatsache, daß die Betrauung von Personen, welche nach Standes- oder Vsaufsichtsrecht nicht als Vsvertreter tätig werden sollen, die Agenturverhältnisse regelmäßig nicht unwirksam sein läßt (Anm. 179, vgl. auch Anm. 180, 201).

Ist im Rahmen eines nichtigen Vertrages erfolgreiche Vermittlungsarbeit geleistet, so ist regelmäßig der Ver oder Generalagent als „Empfänger" zur Herausgabe außerstande; denn der Vsvertrag ist bindend abgeschlossen worden. Deshalb hat der Ver nach Bereicherungsgrundsätzen (§ 818 II BGB) den Wert der Vermittlungsarbeit zu ersetzen. Die Leistung des Vsvertreters an den Ver besteht keineswegs in dem Gewinn aus dem vermittelten Geschäft, sondern — entsprechend der Natur des Agenturvertrages als eines Vertrages, der eine Geschäftsbesorgung zum Gegenstand hat (Anm. 197) — in der Herbeiführung des Vermittlungserfolges. Der zu ersetzende Wert dieser Leistung ist der Betrag, den Ver auch sonst für die erfolgreiche Tätigkeit von Vsvertretern der fraglichen Art aufzuwenden pflegen, also die übliche Vergütung für Leistungen dieser Art (RG 4. XI. 1914 SeuffArch Bd 70 S. 272—274, 6. XI. 1928 JW 1929 S. 1132; Beitzke, Nichtigkeit, Auflösung und Umgestaltung von Dauerrechtsverhältnissen, Schloß Bleckede a. d. Elbe 1948, S. 33, Würdinger in: RGRKomm. HGB Bd 1 Anm. 3 zu § 87, S. 711). Danach hat also der Vsvertreter, der Geschäfte für einen Ver vermittelt hat, Anspruch auf die übliche Provision. Diese kann geringer sein als die in dem nichtigen Vertrag vereinbarte Provision, stimmt nur im Zweifel mit ihr überein. Das RArbG 15. I. 1930 JW 1930 S. 3009—3011 hat für einen nichtigen Arbeitsvertrag sogar die Ansicht vertreten, es sei für die tatsächlich geleisteten Dienste der vertraglich vereinbarte Lohn zu zahlen, „da es an jedem Anhalt dafür fehlt, daß die Parteien eine unangemessene Vergütung vereinbart haben". Diese Auffassung scheint bedenklich, denn für den nach § 818 II BGB zu zahlenden Wertersatz ist nicht in erster Linie maßgebend, ob er angemessen ist oder nicht, sondern es kommt — entsprechend seiner Natur als Bereicherungsanspruch — darauf an, ob und wieviel der Ver hätte aufwenden müssen, um den gleichen Erfolg anderweit zu erzielen. Das wird in aller Regel eine angemessene (und darum übliche) Vergütung sein, der Ver kann aber u. U. beweisen, daß er weniger als die angemessene Vergütung aufgewendet hätte, wenn er z. B. statt dieses Vertreters einen anderen hätte betrauen können, der wesentlich weniger als die angemessene Vergütung verlangt (so für das Dienstvertragsrecht Hueck-Nipperdey, Arbeitsrecht, I. Bd, 3.—5. Aufl., Mannheim-Berlin-Leipzig 1931, S. 149). Zu eng für den Bereicherungsanspruch Schröder[2] a. a. O. Anm. 4 zu § 87, S. 99, der auf die Erbringung eigener Leistungen durch den Vermittler abstellt, nicht schlechthin auf Vermittlungsarbeit und -erfolg.

Hat ein beschränkt Geschäftsfähiger (Anm. 151) Vsverträge vermittelt, so besteht für den gesetzlichen Vertreter die Möglichkeit, einen ohne die erforderliche Einwilligung abgeschlossenen Agenturvertrag nachträglich zu genehmigen (§ 108 I BGB). Wird die Genehmigung versagt, so kann wiederum § 818 II BGB herangezogen werden.

Ist ein Vsvertretervertrag anfechtbar (Anm. 203), z. B. weil sich der Ver hinsichtlich der Zuverlässigkeit, Eignung oder Sachkunde des Vsvertreters geirrt hat, so ist zwar nach erfolgter Anfechtung der Agenturvertrag als von Anfang an nichtig anzusehen (§ 142 I BGB), aber wiederum hilft § 818 II BGB solchen Vsvertretern, die erfolgreiche Vermittlungsarbeit geleistet haben.

Bekennt man sich zu der Lehre von den faktischen Vertragsverhältnissen, und zwar nicht nur für Arbeitsverträge, sondern für alle Dauerschuldverhältnisse (so Beitzke a. a. O. S. 13—14, Haupt, Über faktische Vertragsverhältnisse in: Festschrift der Leipziger Juristenfakultät für Heinrich Siber, Bd II, Leipzig 1943, S. 16), so könnte man diese Lehre auch auf Agenturverträge anwenden (insbesondere bei den Einfirmenvertretern des § 92a HGB, welche in ihrer Rechtsstellung den Arbeitnehmern angenähert sind). Die Rechtsfolge wäre, daß solche Rechtsverhältnisse (außer bei mangelnder voller Geschäftsfähigkeit: BGH 30. IV. 1955 BGHZ Bd 17 S. 165—168) als rechtswirksam zustande gekommen behandelt werden müssen, so daß sie nur für die Zukunft aufgelöst werden (vgl. Palandt BGB[15] Anm. 1e vor § 104, S. 61). Bis zur Auflösung würden also für den Vsvertreter echte Ansprüche auf Vermittlungsprovision begründet werden können.

Besteht ein gültiger Vsvertretervertrag, ist aber der Aufgabenbereich des Vsvertreters sachlich (Anm. 183—186) oder örtlich (Anm. 187—191) eingeschränkt, sei es durch Vertrag oder durch zulässige Weisungen (Anm. 219), so entstehen für Vsverträge, die ein Abschlußagent vertrags- oder weisungswidrig abschließt, keine Vermittlungsprovisionsansprüche. Näheres Anm. 282.

Nach der Beendigung des Vsvertretervertrages, z. B. nach Wirksamwerden einer Kündigung kann der Vertrag nicht mehr als Rechtsgrund für Provisionsansprüche in Betracht kommen, es sei denn, daß die Vermittlungstätigkeit während der Vertragsdauer wenigstens begonnen wurde. Man kann hiernach das Bestehen des Agenturvertrages mit der materiellen Dauer des Vsverhältnisses (Anm. 2—12 zu § 2) vergleichen: Ist ein Vsvertreter am 15. Dezember 1956 zunächst auf ein Jahr, etwa für die Zeit vom 1. Januar bis 31. Dezember 1957 betraut, so sind vertraglich provisionspflichtig nur Vermittlungstätigkeiten dieses Jahres.

Neben dem Anspruch auf Vermittlungsprovision aus Vsvertretervertrag, evtl. Vsmaklervertrag und neben der Anwendung der Lehre vom faktischen Vertragsverhältnis sowie des § 818 II BGB ist die Rechtsgrundlage des § 354 I HGB zu nennen: „Wer in Ausübung seines Handelsgewerbes einem anderen Geschäfte besorgt . . . ., kann dafür auch ohne Verabredung Provision . . . nach den an dem Orte üblichen Sätzen fordern" (Schröder[2] a. a. O. Anm. 4 zu § 87, S. 99, Würdinger in: RGRKomm. HGB Bd 1 Anm. 3 zu § 87, S. 711). Es handelt sich hier um einen gesetzlichen Anspruch auf Vergütung (RG 6. XI. 1928 JW 1929 S. 1131, Duden a. a. O. S. 620). Jedoch setzt die genannte Vorschrift voraus, daß der Vsvermittler ein Handelsgewerbe betreibt, also Kaufmann ist. Würdinger in: RGRKomm. HGB Bd 1 Anm. 3 zu § 87, S. 711 hebt ferner hervor, daß ein Handelsvertreter bei eigenmächtiger Zuständigkeitsüberschreitung sich nicht auf § 354 I HGB stützen könne.

[282] γ) Vermittlungstätigkeit.

Der Vsvertreter muß ein Geschäft vermittelt oder im Namen des Unternehmers (Vers oder Generalagenten) abgeschlossen haben (§ 84 I 1 HGB); über den bloßen Nachweis von Gelegenheiten Anm. 422. Es muß also eine Tätigkeit vom Vsvertreter entfaltet sein, bevor er Vermittlungsprovision verdient (§ 87 I 1 HGB). Als Tätigkeit ist es auch bereits zu werten, wenn der Vsvertreter ein Geschäft „eingeleitet und so vorbereitet hat, daß der Abschluß überwiegend auf seine Tätigkeit zurückzuführen ist" (§ 87 III HGB). Speziell für den Vsvertreter hebt § 92 III 1 HGB das Erfordernis einer „Tätigkeit" hervor.

Die Vermittlungstätigkeit kann von verschiedener Intensität sein. Im Rahmen der Vermittlungstätigkeit i. w. S. lassen sich primär die Abschlußtätigkeit eines Abschlußagenten und die Vermittlung i. e. S. eines Vermittlungsvertreters unterscheiden; letzterer wirkt auf den Willen ein (Anm. 11, auch Anm. 16). Es muß sich um eine Einwirkung auf den Willen des Vskandidaten zum Abschluß eines Vsvertrages handeln, d. h. es müssen „durch psychische Einwirkung die psychischen Voraussetzungen für den Abschluß eines Geschäftes" geschaffen werden, es ist „ein Motiv zum Abschluß zu setzen oder zu stärken bzw. eine dem Abschluß entgegenstehende Hemmungsvorstellung zu beseitigen" (Schmidt-Rimpler a. a. O. S. 8—9). Bei dem bloßen Nachweis von Gelegenheiten braucht der Vsvertreter mit dem Vskandidaten dagegen nicht in Berührung zu kommen, hier ist also eine psychische Einwirkung auf den Kunden nicht erforderlich. Dagegen setzt der Tatbestand des § 87 III HGB (Einleitung und Vorbereitung) voraus, daß mit den Motivierungsbemühungen mindestens begonnen worden ist.

Eine Vermittlungstätigkeit i. w. S. erfordert hiernach ein Tun des Vsvertreters; für ein Nichtstun und Unterlassen wird keine Vermittlungsprovision gewährt. Weiß A, daß sein Freund V als Vermittlungsvertreter vom Ver X betraut ist und benennt A in einem direkt an X gerichteten Vsantrag als vermittelnden Vsvertreter den V, obgleich dieser nichts von der Antragstellung weiß und sich nie bei A um einen Abschluß bemüht hat, so steht dem V keine Vermittlungsprovision zu, da er keine Vermittlungstätigkeit entfaltet hat. Allenfalls kann man hier eine besondere Form eines Vertrags zugunsten Dritter (nämlich des V) konstruieren und annehmen, der Antrag des A werde von X nicht unverändert angenommen, wenn die „Einschaltung" des V nicht akzeptiert werde. V ist aber hier kein Vsvermittler, und der ihm zugedachte Betrag könnte möglicherweise als verbotene Sondervergütung (Anm. 310) qualifiziert werden.

Sind hiernach Tatbestände reinen Unterlassens auszuscheiden, so sind doch andererseits an das Tun des Vsvertreters keine hohen Anforderungen zu stellen. — Wäre in dem genannten Falle A zu V gegangen, um den Vsantrag über ihn an X zu leiten, so müßte bereits eine provisionspflichtige Vermittlungstätigkeit angenommen werden. Das gilt erst recht dann, wenn V Abschlußagent ist und namens des X den ihm gebrachten Vsantrag annimmt. Die an und für sich erforderliche psychische Einwirkung wird also fingiert, sofern der Vsvertreter einen Vsantrag oder einen Vsabschluß „bringt" (gleichzustellen ist der Fall, daß der Vsvertreter seinen Namen auf dem Vsantrag vermerkt, z. B. durch Stempelung). Dieses Bringen ist im Verhältnis des Vsvertreters zum Ver oder Generalagenten bereits als ausreichende Vermittlungstätigkeit zu werten. Alteingeführte Vsvertreter mit günstig gelegenen Räumen, die das vertretene Vsunternehmen auf dem Firmenschild erkennen lassen, werden manchen Vskandidaten anziehen, so daß Vermittlung i. e. S. oder Abschluß dem Vsvertreter keine große Mühe machen. Hier kann man im übrigen sagen, daß der Vsvertreter durch sein alteingeführtes Unternehmen werbend, also motivierend gewirkt habe. — Den Fällen, in denen der Vsvertreter durch Bringen des Vsantrags oder -abschlusses gleichsam das Endziel der Vermittlungstätigkeit erreicht, stehen diejenigen gegenüber, in denen die Vermittlungstätigkeit vor der Erreichung des Endziels abgebrochen wird, z. B. durch Beendigung des Vertragsverhältnisses (auch Tod des Vsvertreters), durch Übernahme der Bearbeitung seitens des Vers oder Generalagenten selbst, durch Heranziehung eines dritten Vsvertreters. Trotz dieses vorzeitigen Beiseitetretens des Initiators muß letzterer Anspruch auf Vermittlungsprovision haben, im Falle der Beendigung des Vertragsverhältnisses unter den in § 87 III genannten Voraussetzungen, im Falle der Heranziehung eines dritten Vsvertreters unter Provisionsteilung (Anm. 279). Vgl. auch Anm. 283. Es besteht kein Handelsbrauch, wonach nur derjenige Vermittlungsprovision fordern kann, der den Vsantrag „bringt". Jedoch kommen solche Vereinbarungen vor. (Anm. 279).

Der eigenen Tätigkeit des Vsvertreters steht diejenige seiner Erfüllungsgehilfen, speziell seiner Angestellten und echten Untervertreter, gleich (Schröder[2] a. a. O. Anm. 21 zu § 87, S. 105, Würdinger in: RGRKomm. HGB Bd 1 Anm. 8 zu § 87, S. 713—714).

Das allgemeine Handelsvertreterrecht kennt gewisse Fälle, in denen auf das Erfordernis einer Vermittlungstätigkeit verzichtet oder in denen diese Voraussetzung stark abgeschwächt wird: Eine Lockerung des Tätigkeitserfordernisses bedeutet es, wenn der neugefaßte § 87 I 1 HGB es bei Handelsvertretern ausreichen läßt, daß sie früher einmal den Dritten „als Kunden für Geschäfte der gleichen Art geworben" haben (Provision für „Nachbestellungen"). Hier wird also das Erfordernis der Vermittlungstätigkeit stark generalisiert und in die Vergangenheit zurückverlegt (Näheres: Anm. 284). Aber § 87 I 1 HGB gilt für Vsvertreter nicht (§ 92 III 1 HGB), und Sondervereinbarungen des skizzierten Inhalts kommen hier nicht vor. — Dem Bezirksvertreter (Kundenkreisvertreter) des § 87 II 1 HGB fallen Vermittlungsprovisionen möglicherweise ohne Vermittlungstätigkeit in den Schoß. Aber § 92 III 2 HGB läßt diese Regel nicht für Vsvertreter gelten. Es bedarf hiernach einer praktisch sehr seltenen Sondervereinbarung mit dem Ver, falls ausnahmsweise einem Vsvertreter solche Monopolstellung eingeräumt werden soll (Näheres: Anm. 189). — Dagegen spielt es auch für die Vsvermittlung eine Rolle, daß unechten Generalagenten eine (Super-) Provision für Verträge gezahlt wird, welche die ihnen unterstellte Unterorganisation (also ein unechter Unteragent) vermittelt hat. Auch hier ist das Erfordernis einer Vermittlungstätigkeit stark gelockert, beinahe aufgegeben; denn es ist nicht erforderlich, daß der Generalagent im Hinblick auf den konkreten Vsvertrag tätig geworden ist, und Erfüllungsgehilfe des Generalagenten ist ein unechter Vsvertreter bei der Vermittlung nicht (Näheres: Anm. 278, 285).

Darüber, daß die vom Vsvertreter entfaltete Vermittlungstätigkeit sich in dem Rahmen des Agenturvertrages halten muß, der den Rechtsgrund für den Anspruch auf Vermittlungsprovision bildet, vgl. Anm. 281.

Beim Vermittlungsvertreter erfolgt eine positive Klarstellung im Sinne der Vertragsgemäßheit dann, wenn ein vom Vsvertreter gebrachter Vsantrag angenommen wird. Hierdurch bringt der Ver oder Generalagent zum Ausdruck, daß er die Vermittlungstätigkeit für vertragsentsprechend erachte, so daß damit feststeht, daß dem Vsvertreter Vermittlungsprovision gebührt. Es steht ja bei einem Vermittlungsvertreter dem Ver im Rahmen von Treu und Glauben frei, ob er abschließt. Vertragsfremde Geschäfte könnte der Ver ohne Verstoß gegen Treu und Glauben stets ablehnen (Anm. 188 für bezirksfremde Vsverträge). Nimmt der Ver einen vermittelten Vsvertrag nicht an, so kann sich der Vsvertreter auf den Gesichtspunkt der Provisionsvereitelung (Anm. 304) niemals berufen, sofern es sich um einen vertragsfremden Vsvertrag handelte.

Beim Abschlußagenten wird die Abschlußvollmacht in bestimmter Weise umschrieben. Eine Abschlußtätigkeit, welche durch die Abschlußvollmacht gedeckt wird, ist grundsätzlich nicht vertragsfremd und löst Ansprüche auf Vermittlungsprovision aus. Beim Bezirksvertreter des § 46[1] beschränkt sich seine Vertretungsmacht auf den Bezirk. Handelt der Vsvertreter als Vertreter ohne Vertretungsmacht, so gilt § 91 a HGB. Lehnt der Ver dem Vmer gegenüber das Geschäft nicht unverzüglich ab, so gilt nicht nur der Vsvertrag als genehmigt, sondern der Vsvertreter erhält auch Vermittlungsprovision.

Zur Problematik der vertragsfremden Geschäfte vgl. Schmidt-Rimpler a. a. O. S. 114—116, Schröder[2] a. a. O. Anm. 5, 6, 13 zu § 87, S. 100, 103, Trinkhaus I S. 175.

Durch Vereinbarung kann bestimmt werden, daß z. B. durch Ausspannung gewonnene Ven provisionsfrei bleiben, also als vertragsfremd behandelt werden sollen (vgl. Anm. 234).

Auf die Kenntnis des Vers von der Vermittlungstätigkeit kommt es grundsätzlich nicht an, Näheres Anm. 283.

[283] δ) Kausalerfordernis.

αα) Allgemeines.

Auf Grund der Vermittlungstätigkeit des Vsvertreters (Anm. 282) muß es zu einem Vertragsabschluß (Anm. 289) kommen. Zwischen Tätigkeit und Abschluß muß also ein ursächlicher Zusammenhang bestehen, was in § 87 I 1 HGB hervorgehoben wird durch die Worte: „Geschäfte, die auf seine Tätigkeit zurückzuführen sind". Es handelt sich um ein Problem der Kausalität, wie besonders Schmidt-Rimpler a. a. O. S. 122—124 dargetan hat. Die Fragestellung taucht auch beim Vsmakler auf (Anm. 77 bis 81; § 652 I 1 BGB spricht von dem Zustandekommen des Vertrages „infolge des Nachweises oder infolge der Vermittlung des Mäklers").

Bei der Prüfung der Frage, ob der Kausalzusammenhang vorliege, ist auch beim Vsvertreter (wie beim Vsmakler: Anm. 78) von der Bedingungstheorie auszugehen, also zu fragen, ob der vorliegende konkrete Vsvertrag ohne Tätigwerden des Vsvertreters nicht zustandegekommen wäre (Vermittlungstätigkeit als conditio sine qua non): Schröder[2] a. a. O. Anm. 13 zu § 87, S. 102, Trinkhaus I S. 176, Würdinger in: RGR-Komm. HGB Bd 1 Anm. 6 zu § 87, S. 712. Adaequate Verursachung braucht nicht vorzuliegen (Schmidt-Rimpler a. a. O. S. 125, a. A. OLG Düsseldorf 16. III. 1956 Der Betrieb 1956 S. 376).

Es fehlt hiernach an der erforderlichen Kausalität, wenn der Vertragsabschluß ganz unabhängig von der Tätigkeit des Vsvertreters zustandegekommen ist. Sucht z. B. der Vsvertreter den Direktor einer Aktiengesellschaft für den Abschluß einer Feuerv mit dem Ver X zu gewinnen, schließt aber unabhängig von der Direktion ein Prokurist der Aktiengesellschaft inzwischen direkt mit dem Ver X ab, so erhält der Vsvertreter keine Vermittlungsprovision. Ist ein Vskandidat fest zum Vertragsabschluß entschlossen, und drängt sich in diesem Stadium ein Vsvertreter, der womöglich um den Entschluß weiß, zwischen Vskandidaten und Ver, z. B. mit einem (ganz überflüssigen) Werbebrief oder Besuch, so verdient dieser Vsvertreter jedenfalls dann keine Vermittlungsprovision, wenn der Vsantrag vom Vskandidaten direkt an den Ver geleitet wird (Würdinger in: RGRKomm. HGB Bd 1 Anm. 8 zu § 87, S. 713: „wenn etwa der Dritte bereits zum Abschluß entschlossen war"). Das RG 20. XII. 1929 LZ 1930 Sp. 715 fordert, daß die vorbereitende Tätigkeit des (ersten von zwei) mitwirkenden Agenten „für den Abschluß unentbehrlich war".

Andererseits braucht aber die Vermittlungstätigkeit nicht die einzige conditio sine qua non des Vertragsabschlusses zu sein (Knapp[2] a. a. O. Anm. 3 zu § 87, S. 23, Schmidt-Rimpler a. a. O. S. 125, Schröder[2] a. a. O. Anm. 16 zu § 87, S. 103, Trinkhaus I S. 176, Würdinger in: RGRKomm. HGB Bd 1 Anm. 6 zu § 87, S. 712, Anm. 8 zu § 87, S. 713). Es kann also Fälle geben, bei denen die Initiative vom Vsvertreter ausgegangen war, später aber seine Beteiligung am Vertragsabschluß aufgehört hat, z. B. weil der Vskandidat direkt mit dem Ver allein weiterverhandelte oder weil ein anderer mächtigerer Vsvertreter oder der Ver selbst die weiteren Verhandlungen an sich zog. Hier bildet die anfängliche Vermittlungstätigkeit des ersten Vsvertreters nur eine causa remota (entferntere Bedingung) des Vertragsabschlusses, aber das reicht aus (Duden a. a. O. S. 305, Trinkhaus I S. 177). Umgekehrt kann es Fälle geben, bei denen die Initiative nicht vom Vsvertreter ausgegangen ist, sondern z. B. von einer Zeitungsanzeige oder einem direkt übersandten Prospekt des Vers. Aber der Vskandidat wird vom Vsvertreter endgültig geworben oder der Vskandidat bringt — bereits fest entschlossen — den Vsantrag dem Vsvertreter (aus Bequemlichkeit wegen der örtlichen Nähe, oder um einen Brief zu sparen, oder in nachbarschaftlicher oder freundschaftlicher Gesinnung). Versieht hier ein Vermittlungsvertreter den Vsantrag mit seinem Stempel und leitet er ihn so einfach an den Ver weiter, so liegt ebenso die Kausalität vor, wie wenn ein Abschlußagent den Vsantrag annimmt. In allen diesen Fällen bildet die (stets noch als Vermittlungstätigkeit zu wertende: Anm. 282) Tätigkeit des Vsvertreters nur die causa proxima (nächste oder letzte Bedingung) des Vertragsabschlusses, aber auch das reicht aus.

Zu der an erster Stelle genannten Fallgruppe, bei welcher die Vermittlungstätigkeit des Vsvertreters nur eine causa remota des Vertragsabschlusses darstellt, sei bemerkt, daß zeitlich eine geraume Spanne zwischen den Bemühungen des Vsvertreters und dem endlichen Vertragsabschluß liegen kann: Die Bemühungen des Vsvertreters scheinen zunächst erfolglos, der Vskandidat holt auch Konkurrenzangebote ein, zögert lange, aber wendet sich zuletzt direkt an den vom Vsvertreter empfohlenen Ver. Hier ist dem Vsvertreter Vermittlungsprovision zu zahlen. Das gilt (vorbehaltlich einer Provisionsteilung: Anm. 279) auch dann, wenn im späteren Stadium der Verhandlungen ein Kollege des ersten Vsvertreters mitwirkt und die letzten Hemmungsvorstellungen des Vskandidaten beseitigt (a. M. Trinkhaus I S. 182—183 unter Berufung auf eine allerdings gelegentlich vorkommende Vereinbarung, wonach die Einreichung des Vsantrags entscheidend sein soll). Vorauszusetzen ist nur, daß die erste Motivation durch den ersten Vsvertreter noch eine mitwirkende Rolle spielt. Daran kann es fehlen, wenn der Vskandidat zuerst mit dem Ver Y abschließt, trotz aller Werbebemühungen des Vertreters A des Vers X; aber nach einem Jahr gelingt es dem Vertreter B des Vers X, den vielleicht unzufriedenen Vmer doch zu X hinüberzuziehen. Hier ist, wie man sagt, der Kausalzusammenhang unterbrochen, Vermittlungsprovision für den Abschluß mit X steht nur B, nicht auch A zu; denn das Verhalten des A war keine conditio sine qua non des Vertragsabschlusses mit X.

Die geschilderten Grundsätze hinsichtlich der möglicherweise langen Zeiterstreckung und Provisionspflicht gegenüber zwei Vsvertretern erfahren eine Einschränkung durch die positivrechtliche Norm des § 87 I 2, III HGB. Hier handelt es sich um den Fall, daß sich die Mitwirkung zweier Vsvertreter aus dem Ausscheiden des ersten ergibt, also aus einer Beendigung des Vertragsverhältnisses, auch durch Tod. Der Nachfolger des ersten Vsvertreters bearbeitet dessen Anbahnung weiter, und zwar mit Erfolg. Hier sollen ausnahmsweise nicht der zweite und der erste Vsvertreter (bzw. dessen Erben) Vermittlungsprovision erhalten, sondern der Gesetzgeber hat sich für ein Entweder/Oder entschieden: Der Ausgeschiedene (bzw. sein Erbe) hat Anspruch auf Provision für das seinerseits während der Vertragsdauer nicht fertig vermittelte Geschäft nur, wenn er „es eingeleitet und so vorbereitet hat, daß der Abschluß überwiegend auf seine Tätigkeit zurückzuführen ist, und wenn das Geschäft innerhalb einer angemessenen Frist nach Beendigung des Vertragsverhältnisses abgeschlossen worden ist" (§ 87 III HGB). Solchenfalls steht dann dem Nachfolger keine Vermittlungsprovision zu (§ 87 I 2 HGB). Ausnahmsweise wird hier der Maßstab der überwiegenden Kausalität angelegt, ein Maßstab, der bei Fragen der psychologischen Beeinflussung nicht einfach zu handhaben ist. So wird man in der Praxis auf so äußerliche Gesichtspunkte wie die Zahl der Besuche, Anrufe oder Briefe des einen oder anderen Vsvertreters zurückgreifen. Außerdem aber zieht das Gesetz einen zeitlichen Maßstab heran: Mag auch die Tätigkeit des Ausgeschiedenen verdienstlicher, motivationsstärker gewesen sein, so nützt dies doch nichts, wenn das Geschäft nicht innerhalb einer angemessenen Frist nach Ausscheiden des ersten Vsvertreters abgeschlossen worden ist. Bei solcher Verzögerung soll der um den Abschluß verdientere Vsvertreter leer ausgehen, der zuletzt Gekommene mahlt allein, d. h. nur der Nachfolger verdient die volle Vermittlungsprovision. Genaueres zur angemessenen Frist: Anm. 294.

Aber § 87 I 2, III HGB enthält eine Ausnahmenorm. Grundsätzlich genügt es stets, wenn ein Vsvertreter eine von mehreren Bedingungen des Vertragsabschlusses durch seine Vermittlungstätigkeit gesetzt hat. Erinnert sei daran, daß der eigenen Tätigkeit des Vsvertreters diejenige seiner Angestellten, beim echten Generalagenten diejenige seiner Unteragenten gleichsteht (Anm. 282, woselbst auch über die Superprovision bei unechten Generalagenten).

Die Beurteilung der Kausalfrage bereitet bei Abschlußagenten keine Schwierigkeiten, falls sie auf Grund ihrer Abschlußvollmacht mit dem Vmer den Vsvertrag abgeschlossen haben. Aber auch dann, wenn es dem Abschlußagenten nicht gelungen ist, diese causa proxima herbeizuführen, gebührt ihm Vermittlungsprovision, falls er sich im Sinne einer causa remota um eine Vermittlung i. e. S. verdient gemacht hat. Schröder[2] a. a. O. Anm. 14 zu § 87, S. 103 sagt: „Nicht erforderlich ist, daß der mit Abschlußvollmacht versehene Handelsvertreter das Geschäft auch selbst abgeschlossen hat."

Beim Vermittlungsvertreter kann die Kausalfrage zweifelhafter sein. Josten-Lohmüller a. a. O. Anm. 5 zu § 87 weisen darauf hin, daß im Vsgewerbe im Zweifel demjenigen die Provision gebührt, „der die Unterschrift des Kunden auf dem Vsantrag erlangt", d. h. demjenigen, der dem Ver den Vsantrag bringt. Aber allgemein wird anerkannt, daß auch dann eine Vermittlung i. e. S. vorliegen kann, wenn der Vsvertreter diese causa proxima nicht herbeiführt. HandelsvertreterGBegr. S. 22 betont: „Nicht erforderlich ist nach überwiegender Ansicht, daß der Kunde seine Bestellung dem Handelsvertreter gegenüber abgibt; es genügt, wenn er sie auf Grund der Bearbeitung durch den Handelsvertreter unmittelbar dem Unternehmer zugehen läßt." Ebenso Josten-Lohmüller a. a. O. Anm. 5 zu § 87, Schröder[2] a. a. O. Anm. 13 zu § 87, S. 102, Anm. 17 zu § 87, S. 104, Würdinger in: RGRKomm. HGB Bd 1 Anm. 6 zu § 87, S. 712.

Für den Anspruch auf Vermittlungsprovision ist es grundsätzlich unerheblich, ob der Unternehmer (Ver oder echter Generalagent) Kenntnis hat von der mindestens mitwirkenden Vermittlungstätigkeit des Vsvertreters. Infolge der vorgenommenen Betrauung muß der Ver mit Ansprüchen des Vsvertreters auf Vermittlungsprovision stets rechnen, auch dann, wenn ein Abschlußagent nicht selbst abgeschlossen hat, oder wenn ein Vermittlungsvertreter nicht den Vsantrag bringt. Schröder[2] a. a. O. Anm. 14 zu § 87, S. 103, Schmidt-Rimpler a. a. O. S. 124 machen allerdings auf den Fall aufmerksam, daß möglicherweise der Vsvertreter schuldhaft seine Benachrichtigungspflicht (Anm. 218) verletzt haben kann, und daß infolgedessen der Ver bei der Prämienkalkulation von der Provisionsfreiheit des Geschäftes ausgeht. Solchenfalls könnte sich ein Schadensersatzanspruch gegen den Vsvertreter in Höhe der unerwartet zu zahlenden Vermittlungsprovision konstruieren lassen, wenn der Ver beweist, daß er bei ordnungsgemäßer Benachrichtigung zu höherer Prämie abgeschlossen hätte. Mittels Aufrechnung ergibt sich dann, daß praktisch der Ver keine Vermittlungsprovision zu zahlen hat. Aber solche Fälle werden ganz selten sein. Provisionsfreiheit tritt bei Nichtbenachrichtigung nicht ein (Anm. 234). Über Verwirkung vgl. Anm. 334.

In Zweifelsfällen hat der Vsvertreter das Vorliegen der Kausalität zu beweisen (Schröder[2] a. a. O. Anm. 19 zu § 87, S. 104, Anm. 27 zu § 87, S. 106—107). Die Beweisführung kann durch die Grundsätze des sogen. Beweises des ersten Anscheins erleichtert werden (Josten-Lohmüller a. a. O. Anm. 5 zu § 87, Schröder[2] a. a. O. Anm. 19 zu § 87, S. 104). Wenn z. B. der Vsvertreter dartut, er habe erstens eine Vermittlungstätigkeit entfaltet und zweitens liege ein Vertragsabschluß vor, so liegt es dem Ver ob nachzuweisen, daß die Vermittlungstätigkeit für den Vertragsabschluß in keiner Weise kausal war (Knapp[2] a. a. O. Anm. 2 zu § 87, S. 22—23, Schröder[2] a. a. O. Anm. 27 zu § 87, S. 107).

[284] **ββ) „Nachbestellungen“** (Vertragsänderungen).

Bei dem Handelsvertreter (Warenvertreter) ist neuerdings das Kausalerfordernis insofern gelockert, als er nicht nur Anspruch auf Vermittlungsprovision haben soll für Geschäfte, die auf seine Tätigkeit zurückzuführen sind, sondern auch für Geschäfte, die „mit Dritten abgeschlossen werden, die er als Kunden für Geschäfte der gleichen Art geworben hat“ (§ 87 I 1 HGB, vgl. schon Anm. 282). Damit lösen sogen. „Nachbestellungen“ für die Warenvertreter Anspruch auf Vermittlungsprovision aus (früher war die Frage umstritten: HandelsvertreterGBegr. S. 22). Würde man diese Regelung auf Vsvertreter übertragen, so würde sich ergeben, daß ein Kraftfahrtver Vermittlungsprovision zu zahlen hat, falls dereinst der Vsvertreter X eine Kaskov für den Vmer A vermittelt hat und A nunmehr nach Jahren einen zweiten Wagen oder einen neuen Wagen direkt ohne Vermittlung des X kaskovert. Handelte es sich zuerst um einen Personen-, jetzt um einen Lastwagen, zuerst um eine Kasko-, jetzt um eine Haftpflichtv, so würde es sich fragen, ob nach der Verkehrsauffassung Geschäfte der gleichen Art vorliegen.

Für die Vswirtschaft würde die Provisionsbelastung bei solchen „Nachbestellungen“, also für völlig neue, unabhängige Vsverhältnisse große wirtschaftliche Belastungen mit sich bringen, die sich in Prämienerhöhungen auswirken müßten. In der Transportv werden üblicherweise Jahresverträge geschlossen; der Kreis der in Betracht kommenden Ver ist so relativ klein, daß die gleichen Ver alljährlich wieder beteiligt zu werden pflegen. Hat aber ein Vsvertreter in einem späteren Jahr nicht mehr vermittelnd mitgewirkt, so besteht kein Bedürfnis dafür, ihm dennoch eine Vermittlungsprovision zu zahlen. Hat ein Industriewerk eine große Feuerv durch den Vsvertreter X abgeschlossen, und errichtet es später in einer anderen Stadt ein Zweigwerk, an dessen selbständiger Feuerv der gleiche Ver, aber ohne Vermittlung des X beteiligt ist, so erscheint es nicht gerechtfertigt, X dennoch Vermittlungsprovision zuzusprechen, zumal es vielleicht praktisch keine große Industriefeuerv geben kann, bei welcher jener potente Ver nicht herangezogen werden muß. Während es bei Warenvertretern vielfach schon früher üblich geworden war, Provisionen für Nachbestellungen zuzubilligen, hat sich solche Übung in der Vswirtschaft nicht entwickelt (HandelsvertreterGBegr. S. 39, bedenklich Trinkhaus I S. 177).

Deshalb rechtfertigen es die besonderen Verhältnisse der Vswirtschaft, daß § 92 III 1 HGB in Abweichung von § 87 I 1 HGB bestimmt, ein Vsvertreter habe „Anspruch auf Provision nur für Geschäfte, die auf seine Tätigkeit zurückzuführen sind.“ Es ist hiernach negativ festzustellen, daß für spätere neue, selbständige Vsverträge eine Vermittlungsprovision nur zu zahlen ist, wenn auch insoweit eine kausale Vermittlungstätigkeit vom Vsvertreter entfaltet wurde. Für die Provisionspflicht reicht es aus, falls ein Abschlußvertreter auch den neuen Vsvertrag abgeschlossen hat, oder falls ein Vermittlungsvertreter auch den neuen Vsantrag bringt. Geschieht beides nicht, so ist es für den Vsvertreter schwieriger, seine kausale Vermittlungstätigkeit nachzuweisen, die keine zeitlich abgetrennte Tätigkeit zu sein braucht, sondern schon bei der Werbung um die erste V mitentfaltet sein könnte. Dem Vsvertreter muß für Beweiszwecke empfohlen werden, über jedes Werbegespräch Aufzeichnungen zu machen, auch in allen wichtigen Fällen der Benachrichtigungspflicht gegenüber dem Ver (Anm. 218) zu genügen.

Von späteren neuen, selbständigen Vsverträgen („Nachbestellungen") sind Fälle zu unterscheiden, in denen ein vermittelter **Vsvertrag** — unter Wahrung der Identität des Vsverhältnisses — eine **Änderung,** insbesondere eine Ausweitung **erfährt.** Hier fragt es sich, inwieweit Vermittlungsprovision zu zahlen ist (über den Spezialfall der Vertragsverlängerungen: Anm. 288). Man wird verschiedene Fälle unterscheiden müssen (zum Folgenden auch Anm. 108—130 zu § 1).

Sieht der vermittelte einheitliche Vsvertrag von vornherein Ausweitungen vor, so beruhen diese auf der ursprünglichen Vermittlungstätigkeit des Vsvertreters, führen also zu erhöhter Vermittlungsprovision. Man denke an die Vermittlung einer laufenden V, einer Gruppenv mit Neuzugang, einer Lebensv mit von vornherein vorgesehener „Aufstockung". Vgl. für eine „obligatorische" Kollektivsterbegeldv Industrie- und Handelskammer Berlin Wirtschaftsblatt 1936 S. 851.

Entsprechendes muß gelten, falls ein Vsvertreter einen Vsvertrag mit der vorweggenommenen Vereinbarung vermittelt hat, daß die Leistungen des Vers oder Vmers unter gewissen Umständen erweitert werden sollen (Anm. 120 zu § 1, Anm. 23 zu § 41). Man denke an die Vorsorgev in der Haftpflichtv (§§ 1 II c, 2 AHaftpflB), an Prämienindexklauseln, an Möglichkeiten der Prämienerhöhung durch den Ver (mit oder ohne Mitwirkung der Aufsichtsbehörden), an die Prämienangleichungsklausel in der allgemeinen Haftpflichtv oder § 9a II AKB: „Änderungen des Einheitstarifs ... haben von ihrem Inkrafttreten an Wirkung auch für bereits bestehende Vsverhältnisse". Kommt es in solchen Fällen zu Prämienerhöhungen, so beruhen sie auf dem ursprünglichen Vsvertrag in Verbindung mit der vom Vsvertreter vermittelten vorweggenommenen Vereinbarung. Es wird also Vermittlungsprovision ohne erneute Vermittlungstätigkeit verdient.

Problematischer sind jene Fälle, in denen sich eine Ausweitung des Vsvertrages ergibt aus den besonderen Verhältnissen eines Gegenseitigkeitsvereins oder aus öffentlichrechtlichen Maßnahmen (Verordnungen oder Verfügungen des Preis- oder Aufsichtsrechtes). Müssen z. B. bei einem Gegenseitigkeitsverein Nachschüsse ausgeschrieben werden, oder tritt eine Tariferhöhung ein, so ist das nicht auf Verdienste des Vsvertreters zurückzuführen. Auch die im Zusammenhang mit der Währungsumstellung nachzuzahlenden Prämien (§ 6 V 2 VVO) sind den Vern nicht vom Vsvertreter, sondern vom Staat verschafft worden; hier war umstritten, ob es sich konstruktiv überhaupt um vsvertragliche Forderungen handelte; Raiser VW 1948 S. 297—289 nahm ein einzigartiges, nur durch das Gesetz erzeugtes, zusätzliches Schuldverhältnis an. Dennoch kann man im Sinne der Lehre von der conditio sine qua non sagen: Hätte der Vsvertreter seinerzeit den Vsvertrag nicht vermittelt, so wäre dem Ver jene Mehrprämie nicht zugeflossen. Es ergibt sich also auch für diese Fallgruppe Provisionspflichtigkeit. Ebenso AG Bremen 24. I. 1951 VersR 1952 S. 53 (anscheinend Krankenv), VA 1948 S. 85—86, LG Berlin 5. VII. 1949 VersR 1950 S. 38—39 mit kritischer Anm. Bronisch, KG 5. I. 1950 VersR 1950 S. 70.

Beruht eine Vertragsausweitung rechtlich auf einseitiger Willenserklärung, z. B. auf dem Verlangen einer Prämienerhöhung durch den Ver gemäß § 41 I, so ist auch das ein rechtlicher Vorgang im Rahmen des ursprünglichen Vsvertrages ohne Notwendigkeit einer neuen Vermittlungstätigkeit. Auch hier besteht Provisionspflicht.

Größte Schwierigkeiten bieten diejenigen Fälle, in denen eine Vertragsausweitung auf einer nachträglichen Vereinbarung, also einer Vertragsänderung, einem Änderungsvertrag beruht. Besteht allerdings nach dem ursprünglichen Vsvertrag eine Verpflichtung des Vmers, einen Änderungs-, insbesondere einen Nachvsantrag zu stellen (Beispiele aus der Tierv: Anm. 121 zu § 1), so beruht die Vertragsausweitung zweifelsfrei darauf, daß der Vsvertreter von vornherein solchen Kontrahierungszwang vermittelnd begründet hat; es besteht Provisionspflichtigkeit. In allen anderen Fällen aber wird man trotz der gewahrten Identität des Vsverhältnisses fragen müssen, ob die Ausdehnung des Vsschutzes auf weitere vte Gegenstände, vte Gefahren oder vte Schäden, ob die Erhöhung der Vssummen oder ob das Zugeständnis einer Prämienerhöhung, z. B. eines Teuerungszuschlages auf erneuter Vermittlungstätigkeit des Vsvertreters beruht (ebenso Industrie- und Handelskammer Berlin NeumannsZ 1933 S. 83, a. A. KG 26. VI. 1928 JRPV 1928 S. 353, LG Berlin 2. VI. 1927 JRPV 1927 S. 296). Das war z. B. der Fall nach RG 1. X. 1921 JW 1922 S. 98—100; denn hier war der Vsvertreter angesichts der Geldentwertung im Sinne einer Erhöhung der Vssummen werbend tätig gewesen. Anders als bei „Nachbestellungen" des Warenhandels kommt es hiernach bei sog. Nachven auf die konkrete Kausalität an. Die Änderung des Vsvertrages setzt einen Änderungsvertrag voraus, und es fragt sich, ob letzterer (nicht ersterer) durch den Vsvertreter vermittelt ist. Möglicherweise erhält für die Vertragsausweitung ein anderer Vsvertreter oder überhaupt kein Vsvertreter eine Vermittlungsprovision. Grundsätzlich anderer Auffassung ist Trinkhaus I S. 179, nach welchem es bei Nachven nicht darauf ankommen soll, „ob der Vermittler zu dieser Prämienerhöhung durch eine irgendwie geartete Tätigkeit beigetragen hat." Das RG 1. X. 1921 JW 1922 S. 100 weist mit Recht darauf hin, daß sich bei einer Nachv der Leistungsinhalt ändert; „daß eine Mehrleistung vom Vmer aber schwerer zu erreichen ist, als eine bloße Verlängerung der bisherigen Pflicht, und dem Neuabschluß eines Vsvertrages näherkommt als diese, liegt auf der Hand". Nur derjenige, der sich um solche Mehrleistung vermittelnd Verdienste erworben hat, kann Vermittlungsprovision beanspruchen. Auch ein Mehrfachvertreter ist übrigens verpflichtet, die Nachv dem Ver der Hauptv zuzuführen: LG Lübeck 30. VI. 1950 VersR 1950 S. 182 mit Anm. Bronisch. Über das Verhältnis von General- und Untervertreter: Industrie- und Handelskammer Berlin Mitteilungen 1933 S. 50.

Fraglich kann in allen bisher genannten Fällen sein, wie die Vermittlungsprovision zu berechnen sei. Bei einer gleichbleibend-laufenden Provision ist es allerdings klar, daß diese sich vom Zeitpunkt der Prämienerhöhung an entsprechend steigert. Wird jedoch eine laufende Provision derart gewährt, daß neben einer höheren Erstprovision relativ niedrigere Folgeprovisionen stehen, so fragt es sich, ob von der Prämienerhöhung an lediglich die Folgeprovisionen entsprechend steigen, oder ob für das erste Vsjahr der Prämienerhöhung, insbesondere Nachv nochmals „Erstprovision" auf den Erhöhungsbetrag (Differenz zwischen jetziger und früherer Prämie) zu begleichen ist. Letzteres nimmt Trinkhaus I S. 179 an: „Nachven und sonstige nachträgliche Änderungen des Vsverhältnisses mit Erhöhung der Prämien sind . . . hinsichtlich des Mehrbetrages wie Neuabschlüsse zu behandeln." Auch RG 1. X. 1921 JW 1922 S. 98—100 neigt in einem Falle, in welchem die sogen. Inkassoprovision Vermittlungsprovision mitenthielt, zu der Auffassung, daß dem Vsvertreter für die Nachv eine erneute Vermittlungserstprovision gebührt, gerade auch mit Rücksicht auf die Schwierigkeit einer Durchsetzung der Mehrleistung. Das Problem wird oft durch die Agenturverträge gelöst (Gerhard JW 1922 S. 98—99), zuweilen auch im Sinne einer Mittellösung: Besonders bei Tariferhöhungen und Teuerungszuschlägen kann auch das Interesse der Gefahrengemeinschaft eine Rolle spielen, einen Sanierungserfolg nicht durch hohe Provisionsbelastungen zu gefährden. Am schwierigsten ist die Rechtslage in denjenigen Fällen zu beurteilen, in welchen keine laufende, sondern eine Einmalprovision geschuldet war, die sich z. B. in der Lebens- oder Krankenv aus der Prämie des ersten Vsjahres oder bestimmter erster Vsmonate berechnet. Tritt die Prämienerhöhung erst ein, nachdem der für die Berechnung der Einmalprovision vorgesehene Zeitraum abgelaufen ist, so wird man dennoch nicht annehmen können, daß der Ver die spätere Prämienerhöhung vermittlungsprovisionsfrei erlangt. Vielmehr wird man auch hier hinsichtlich des Mehrbetrages einen Neuabschluß fingieren müssen. So ergibt sich z. B. bei einer Gruppenlebensv mit Neuzugang, bei einer Lebensv mit Aufstockung oder bei einer Krankenv nach erfolgter Tariferhöhung die Pflicht zur Zahlung einer Einmalprovision auf die Mehrprämie. Auch hier können aber abweichende Vereinbarungen getroffen werden (über die Auslegung solcher Vereinbarung bei einem Gruppenvsvertrag mit genereller Erhöhung der Vssummen ohne Mitwirkung des Vsvertreters: BGH 28. III. 1957 VersR 1957 S. 286—288).

[285] γγ) Bezirksvertreter (unechter Generalagent).

Es wurde bereits (in Anm. 189, 282) darauf hingewiesen, daß die Vorschrift des § 87 II 1 HGB, wonach dem **Bezirksvertreter** (Kundenkreisvertreter) Vermittlungsprovisionen ohne kausale Vermittlungstätigkeit zufallen können, gemäß § 92 III 2 HGB für Vsvertreter nicht gilt. Hiernach hat die Zuweisung eines Bezirkes in der Vswirtschaft für den Vsvertreter nicht die positive Bedeutung der provisionsmäßigen Begünstigung, sondern die mehr negative Bedeutung einer bezirksmäßigen Beschränkung der Vertretungsmacht (§ 46).

Trotz des vom Gesetz aufgestellten Grundsatzes gibt es aber ausnahmsweise auch bei Vsvertretern Sondervereinbarungen, wonach der Ver sich — in mannigfaltigen Abstufungen — verpflichten kann, dem Bezirksvertreter auch für Direktgeschäfte oder für von dritten Personen vermittelte Geschäfte Vermittlungsprovisionen in voller oder ermäßigter Höhe (Superprovision) zu zahlen. Beispiele: Anm. 189. Über Nachprovision aus dieser Superprovision: Industrie- und Handelskammer Berlin NeumannsZ 1932 S. 6.

Solcher Sondervereinbarung, bei der es auf die konkrete Kausalität nicht ankommt, steht der Fall nahe, daß einem **unechten Generalagenten** eine **Superprovision** für alle Geschäfte versprochen wird, die aus der ihm unterstellten Unterorganisation kommen, also von unechten Unteragenten vermittelt werden (dazu schon Anm. 278, 282). Letztere vermitteln — juristisch gesehen — nicht für den Generalagenten, zu welchem sie nicht in Vertragsbeziehungen stehen. Aber der Generalagent baut für den Ver in dessen Vertretung die Unterorganisation auf und betreut sie laufend, insbesondere schult er sie und spornt sie immer wieder an. Diese Mitwirkung des unechten Generalagenten, mag sie auch keine wirkliche Vermittlungstätigkeit sein, verdient eine Erfolgsvergütung, welche durchweg so gewährt wird, daß der Ver erstens dem Untervertreter die (oft etwas beschnittene) Vermittlungsprovision schuldet, zweitens dem unechten Generalagenten die Superprovision, welche zwar in ihrer Höhe nicht an eine normale Vermittlungsprovision heranzureichen pflegt, welche aber doch juristisch als eine Vermittlungsprovision mit gelockertem Kausalerfordernis zu qualifizieren ist, ähnlich wie die Vermittlungsprovision für einen Bezirksvertreter des § 87 II 1 HGB. Nach einem Gutachten der Industrie- und Handelskammer Berlin (NeumannsZ 1938 S. 178) soll kein Handelsbrauch bestehen, wonach diese Superprovision dem Generalagenten nach seinem Ausscheiden auch für solche Geschäfte zufließt, die ein von ihm dem Ver zugeführter Untervertreter dem Ver nachträglich bringt.

Es kommt vor, daß unechten Generalagenten ein Bezirk mit wirtschaftlichem Monopol zugewiesen wird. In diesem Bezirk soll allein der Generalagent eine Unterorganisation aufbauen. Solchenfalls sind die beiden Rechtsfiguren des durch Sondervereinbarung eingesetzten Bezirksvertreters und der unechten Generalagentur mit Superprovisionsanspruch gleichsam kombiniert.

Bei einem echten Generalagenten ist die Rechtslage anders. Hier sind die Untervertreter von ihm selbst betraut. Die Vermittlungstätigkeit dieser Untervertreter steht jener gleich, die der Generalagent selbst entfaltet (Anm. 282). Deshalb bezieht hier der Generalagent für seine, durch Erfüllungsgehilfen besorgte Vermittlungstätigkeit Vermittlungsprovision im Sinne des § 87 I 1 HGB. Der Ver schuldet ihm, und nur ihm diese Vermittlungsprovision in voller Höhe. Der Untervertreter hat lediglich eine Provisionsforderung gegen den echten Generalagenten. Falsch deshalb Trinkhaus I S. 177—178, der von „Superprovision" des echten Generalagenten spricht.

[286] δδ) Inhaltsabweichungen.

In denjenigen Fällen, in denen der Vsvertreter nicht bis zum Ende der Vermittlungsarbeit beteiligt bleibt, kann es vorkommen, daß der abgeschlossene Vsvertrag inhaltlich abweicht von jener Ausgestaltung, die von dem Vsvertreter vorgeschlagen war, man denke an eine niedrigere Prämie, an den Abschluß einer Risikolebensv statt einer V mit unbedingter Leistungspflicht, einer gemischten Lebensv statt einer reinen Todesfallv, an die Vereinbarung spezieller Klauseln in der Industriefeuerv, an die Wahl eines anderen Tarifes in der Krankenv. Hier fragt es sich stets, ob die ursprüngliche Vermittlungstätigkeit des Vsvertreters noch causa remota des Vertragsabschlusses geblieben ist.

Die Frage wird im Einzelfall schwer zu entscheiden sein. Bei manchen Vszweigen ist die „Individualität" des Unternehmens so groß, daß das Hauptverdienst des Vsvertreters darin gesehen werden muß, den Vskandidaten überhaupt für ein bestimmtes Unternehmen interessiert und gewonnen zu haben; man denke an die Krankenv. Hier bleibt es bei der Provisionspflicht, auch wenn der Vmer schließlich zu einem anderen Tarif abschließt. Bei anderen Vszweigen liegt die Leistung des Vsvertreters stärker in der Anpassung des Vsvertrages an das vorliegende Vsbedürfnis; man denke an eine Lebens- oder Industriefeuerv. Ist es dem Vsvertreter nicht gelungen, diese Anpassung zur Zufriedenheit des Vskandidaten vorzuschlagen, so entfällt die Pflicht zur Zahlung der Vermittlungsprovision.

Eine generelle Formulierung ist schwer zu finden. Josten-Lohmüller a. a. O. Anm. 5 zu § 87 meinen, die Provision sei verdient, wenn die Tätigkeit des Handelsvertreters „zunächst fruchtlos war, dann aber das Geschäft mit dem Unternehmer zustandegekommen ist; dies gilt jedoch dann nicht, wenn mit dem Kunden ein wesentlich verschiedener Abschluß zustandegekommen ist". Schröder[2] a. a. O. Anm. 14 zu § 87, S. 103 führt aus: „Wird der Handelsvertreter in Richtung auf einen Geschäftsabschluß bestimmter Art tätig, schließt aber der Unternehmer mit dem Dritten ein Geschäft völlig anderer (nicht nur in Nebenpunkten abweichender) Art, so ist dieses andere Geschäft grundsätzlich nicht als auf die Tätigkeit des Handelsvertreters zurückführbar anzusehen, es sei denn, daß auch für den Abschluß des völlig anderen Geschäfts die Tätigkeit des Handelsvertreters jedenfalls mit verursachend war und auch diese Tätigkeit im Rahmen der dem Handelsvertreter nach dem Handelsvertretervertrage gesetzten Aufgaben lag". Würdinger in: RGRKomm. HGB Bd 1 Anm. 8 zu § 87, S. 713—714 erwähnt, daß in folgenden Fällen Mitursächlichkeit und Provisionspflicht zu verneinen seien: „wenn der Vertreter zwar den Dritten zu einem bestimmten Abschluß bewogen hatte, dieser aber wieder aufgegeben und dann ohne den Vertreter ein davon wesentlich verschiedener Abschluß zwischen dem Unternehmer und dem Dritten zustandegekommen ist"; es wird darauf abgehoben, ob „das zustandegebrachte Geschäft etwas ganz anderes ist als das, was der Vertreter vermittelt hat". Die Rechtsprechung des Agentenrechts hat sich mit dem Fragenkreis wenig befaßt; für das Recht des Vsmaklers vgl. Anm. 79. Über Fälle des Versuchs einer Provisionsvereitelung durch Inhaltsabweichungen: Anm. 241, 304.

[287] εε) Personenwechsel.

Da ein Vsvertrag durch die Person der Beteiligten individualisiert wird, wird es durchweg an der Kausalität der Vermittlungstätigkeit fehlen, falls der Vsvertrag mit einer anderen als der vom Vsvertreter „bearbeiteten" Person zustandekommt. Etwas anderes gilt jedoch in Fällen der Rechtsnachfolge, insbesondere Gesamtrechtsnachfolge. Hat z. B. der Vsvertreter einen Vskandidaten zu werben versucht, stirbt dieser jedoch, schließt aber der Erbe auf Grund der vorgefundenen Unterlagen (vielleicht direkt mit dem Ver) den Vsvertrag ab, so gebührt dem Vsvertreter Vermittlungsprovision. Entsprechendes gilt z. B. bei Fusionen (vgl. § 233 AktienG).

Schröder[2] a. a. O. Anm. 19 zu § 87, S. 104 hält für provisionspflichtig einen Geschäftsabschluß auch dann, „wenn der Handelsvertreter sich zwar nicht gerade um den Geschäftsabschluß mit diesem Geschäftspartner bemüht hat, gleichwohl der Geschäftsabschluß aber durch die Tätigkeit des Handelsvertreters veranlaßt worden ist . . . Es kann z. B. der Provisionsanspruch dann entstehen, wenn der spätere Geschäftspartner von Verhandlungen, die der Handelsvertreter mit einem anderen Geschäftspartner geführt hat, Kenntnis erlangt und diese Verhandlungen zum Anlaß nimmt, um sich mit dem Unternehmer über den Abschluß gleichartiger Geschäfte in Verbindung zu setzen". Diese Auffassung geht jedoch zu weit, da hier der Handelsvertreter keine Tätigkeit im Hinblick auf das abgeschlossene Geschäft entfaltet hat, er hat weder die Anschrift des späteren Geschäftspartners nachgewiesen, noch Vermittlungsarbeit i. e. S. im Hinblick auf ihn geleistet.

Nur dann kann das Geschäft mit einem neuen unbearbeiteten Vertragspartner provisionspflichtig sein, wenn es sich um einen Umgehungsfall handelt, also darum, daß man durch Einschaltung einer dritten Person den Anspruch des Vsvertreters auf Vermittlungsprovision zu vereiteln trachtet. Man denke an Fälle, in denen ein Ehemann „bearbeitet" wird zwecks Abschlusses einer V für eine ihm gehörende Sache, der Abschluß wird jedoch mit der Ehefrau in Gestalt einer V für fremde Rechnung getätigt. Oder: Es soll für alle Arbeitnehmer eines Konzerns ein Gruppenlebensvsvertrag abgeschlossen werden; zwecks Ausschaltung des Vsvertreters wird der Abschluß nicht mit jener Konzerngesellschaft als Vmerin getätigt, mit der der Vsvertreter verhandelt hatte, sondern mit einer anderen. In solchen Fällen des dolus steht dem Vsvertreter gegen den Ver ein Anspruch in Höhe der Provision zu, zwar nicht als wirklicher Provisionsanspruch (wie Schmidt-Rimpler a. a. O. S. 125 Anm. 50 meint), wohl aber unter dem Gesichtspunkt der Provisionsvereitelung (Anm. 241, 304).

Zum Recht der Vsmakler Anm. 80.

[288] ζζ) Vertragsverlängerungen.

Es ist bereits bei Behandlung der Verlängerungsprovision (Anm. 272) dargetan, daß verschiedene Fälle der Verlängerung zu unterscheiden sind.

Ist eine Verlängerungsklausel (§ 8 Abs. 1) vereinbart, so ist das Kausalerfordernis auch für die Verlängerung stets gegeben. Nachweise Anm. 272. Entsprechendes gilt für eine gesetzliche Verlängerung nach § 139.

Wird dagegen ein besonderer Verlängerungsvertrag geschlossen, so kommt es darauf an, ob der Vsvertreter erneut eine Vermittlungstätigkeit entfaltet, die für den Abschluß des Verlängerungsvertrages kausal ist. Das gilt erst recht bei Abschluß eines selbständigen Anschlußvertrages, der nicht mit dem erstvermittelten Vsverhältnis identisch ist. Nachweise Anm. 272.

Über den Sonderfall des Abschlusses eines ausdrücklichen Verlängerungsvertrages trotz Vorhandenseins einer Verlängerungsklausel (Provisionsvereitelung) Anm. 241, 272, 308. Über die nachträgliche Änderung von Vsverträgen Anm. 272, 284.

[289] ε) Vertragsabschluß.

Infolge der Vermittlungstätigkeit des Vsvertreters muß es zum Abschluß eines Vsvertrages gekommen sein. Das gilt auch bei echten Untervertretern, bei denen als Besonderheit zu verzeichnen ist, daß das Geschäft nicht mit jenem Unternehmer abgeschlossen wird, der dem Unteragenten als Agenturvertragspartner gegenübersteht (Generalagent), sondern mit dessen Geschäftsherrn (Anm. 174).

Ein Vsvertrag ist mit Zugang der Annahmeerklärung zustandegekommen, also abgeschlossen. Meistens nimmt der Ver den Antrag des Vmers an. Handelt es sich um einen Abschlußagenten (§ 45), so kann die Annahme im Namen des Vers durch diesen erfolgen. Vgl. Anm. 79 zu § 1.

Ein Vsvertrag ist auch abgeschlossen, wenn er unter einer auflösenden Bedingung zustandekommt (über den möglichen Provisionswegfall Anm. 307). Bei aufschiebender Bedingung wird analog § 652 I 2 BGB angenommen werden müssen, daß erst bei Eintritt der aufschiebenden Bedingung ein abgeschlossenes Geschäft i. S. des § 87 I 1 HGB vorliegt (Knapp² a. a. O. Anm. 2 zu § 87, S. 22; vgl. auch § 158 I BGB). Bedingte Vsverträge (Anm. 84 zu § 1) sind selten. Bei § 38 II (Einlösungsprinzip) handelt es sich nicht um eine Bedingung des gesamten Vsvertrages, sondern nur um eine solche der Gefahrtragung (Anm. 17 zu § 38).

Laufende Ven (Anm. 85 zu § 1) stellen sich als echte, einheitliche Vsverträge dar. Mit ihrem Zustandekommen liegt also der Vertragsabschluß vor, nicht etwa bei den einzelnen Deklarationen. Letztere haben aber in Verbindung mit der Prämienzahlung wegen des Ausführungserfordernisses (Anm. 290—293) besondere Bedeutung. Eine laufende V ist einem Sukzessivlieferungsvertrag vergleichbar (über ihn OLG München 27. V. 1940 HRR 1940 Nr. 1124). Ähnliches wie für die laufende V gilt für Gruppenvsverträge, speziell für Gefolgschaftsven (Anm. 86—87 zu § 1). Es gibt allerdings auch unechte Gruppenven, bei denen die Gruppenspitze nicht einen einheitlichen Vsvertrag abschließt, sondern namens und in Vollmacht der Gruppenmitglieder eine Vielzahl von

Vsverträgen, für welche die Gruppenspitze zur Erledigung von Verwaltungsarbeiten, insbesondere auch zum Sammelinkasso tätig wird (Millauer, Rechtsgrundsätze des Gruppenvsvertrages, Karlsruhe 1954, S. 20—21, 107—116). Hier entscheidet agentenrechtlich der Abschluß der einzelnen Vsverträge; es kommt auch darauf an, inwieweit der Vsvertreter im Hinblick auf die Einzelrechtsverhältnisse kausal tätig geworden ist. Bei Kraftfahrtven mit Mehrheitsnachlaß handelt es sich nicht notwendig um einen einheitlichen Vsvertrag.

Zuweilen ist zwischen Vern und Vsvertretern im Wege von sogen. Pensaverträgen vereinbart worden, daß zustandegebrachte Abschlüsse von Vsverträgen nur Provisionsansprüche auslösen sollen, falls der Vsvertreter ein bestimmtes Pensum geschafft hat (Anm. 203). Soweit solche Pensaverträge trotz aufsichtsbehördlichen Einschreitens (Anm. 201) bestehen und nicht wegen Sittenwidrigkeit nichtig sind, würde möglicherweise als Voraussetzung der Provisionspflicht zu fordern sein, daß nicht nur ein Vsvertrag abgeschlossen worden ist, sondern eine Mehrzahl von Vsverträgen, die insgesamt während einer bestimmten Zeit dem Ver eine jeweils vereinbarte Gesamtjahresprämie oder — speziell in der Lebensv — Gesamtvssumme verschaffen.

Über Fälle der Provisionsvereitelung durch Nichtabschluß seitens des Vers vgl. Anm. 304.

[290] ζ) Ausführungserfordernis.

αα) Unmaßgeblichkeit der Ausführung durch Versicherer.

Nach § 652 I 1 BGB hat ein Makler die Provision grundsätzlich schon dann verdient, wenn der Vertrag infolge der Vermittlung i. w. S. zustandegekommen ist (dieser Grundsatz wird allerdings beim Vsmakler dadurch modifiziert, daß bei ihm der Provisionsanspruch das Schicksal der Prämie teilt [Anm. 82—97]). Beim Handelsvertreter ist in Abweichung von § 652 I 1 BGB vorgesehen, daß das vermittelte Geschäft ausgeführt sein müsse. Während dieses zusätzliche Erfordernis in § 88 I HGB a. F. nur knapp angedeutet war, ist es in § 87a I, II HGB n. F. viel ausführlicher behandelt. Bemerkt sei, daß auch der Provisionsanspruch eines Kommissionärs (§ 396 I 1 HGB) und Spediteurs (§ 409 HGB) die Ausführung des Geschäfts voraussetzt.

Das Ausführungserfordernis soll den Unternehmer davor schützen, daß der Handelsvertreter Geschäfte mit Dritten vermittelt, welche ihre Verpflichtungen aus diesen Geschäften nicht erfüllen, womöglich wegen Insolvenz von vornherein zur Erfüllung nicht in der Lage sind. Erhielte der Handelsvertreter für jedes abgeschlossene Geschäft ohne weiteres Provision, so wäre die Versuchung allzu groß, bloße „Papiersoldaten" zu werben, also Bestellschein und Vsanträge von Personen (womöglich in Flüchtlingslagern und Fürsorgeunterkünften) unterschreiben zu lassen, bei denen vorausgesehen werden kann, daß sie wahrscheinlich die erwachsenden Verpflichtungen niemals erfüllen werden. Geht man von dieser rechtspolitischen Zielsetzung des Ausführungserfordernisses aus, so wird deutlich, daß es an und für sich nur auf die Ausführung des vermittelten gegenseitigen Vertrages durch den Dritten, also den Kunden ankommt, nicht auf die Ausführung durch den Unternehmer. Bei vermittelten Vsverträgen ist also die Prämienzahlung durch den Vmer, nicht die Erfüllung der Leistungspflichten seitens des Vers maßgebend (Möller Vsvermittlung S. 170, Trinkhaus I S. 187).

Aber bei der Reform des Handelsvertreterrechtes haben die Handelsvertreter, speziell die Warenvertreter geltend gemacht: Wenn der Unternehmer vorleiste, also dem Dritten Kredit gewähre und die Ware ohne Bezahlung oder ohne volle Bezahlung übergebe, so müsse er erst recht dem ihm viel näher stehenden Handelsvertreter die Provision gewähren (vgl. auch HandelsvertreterGBegr. S. 24—25). Diesem Gesichtspunkt hat der Gesetzgeber Rechnung getragen, jedoch nicht derart, daß dem Handelsvertreter die Provision endgültig auch dann verbleibt, wenn feststeht, daß der Dritte nicht leistet. § 87 a I 1, 2, II HGB besagt: „Der Handelsvertreter hat Anspruch auf Provision, sobald und soweit der Unternehmer das Geschäft ausgeführt hat. Eine abweichende Vereinbarung kann getroffen werden, jedoch hat der Handelsvertreter mit der Ausführung des Geschäfts durch den Unternehmer Anspruch auf einen angemessenen Vorschuß .... Steht fest, daß der Dritte nicht leistet, so entfällt der Anspruch auf Provision; bereits empfangene Beträge sind zurückzugewähren."

Bei dem Vsvertreter wäre es schwierig festzustellen, wann der Ver das Geschäft ausgeführt hat. Die Ausstellung und Aushändigung des Vsscheins (§ 3 I 1) stellt sich nur als Nebenpflicht des Vers dar (Anm. 14 zu § 3). Die Gefahrtragung aber ist eine Dauerleistung des Vers (Anm. 46 zu § 1), und man könnte nicht sagen, daß mit dem Beginn der Gefahrtragung (dem materiellen Vsbeginn) der Ver den Vsvertrag bereits ausgeführt habe. Wohl angesichts dieser Schwierigkeiten, aber auch mit Rücksicht auf die Übung im Vswesen bestimmt die Spezialnorm des § 92 IV HGB, der Vsvertreter habe Anspruch auf Provision erst, sobald der Vmer die Prämie gezahlt hat (vgl. dazu HandelsvertreterGBegr. S. 39). Über diesen Zeitpunkt Genaueres: Anm. 291.

Es läßt sich also feststellen, daß es auf die Ausführung des Vsvertrages durch den Ver überhaupt nicht ankommt, sondern nur auf die Ausführung durch den Vmer — ebenso wie im vorgesetzlichen Recht (Industrie- und Handelskammer Berlin VA 1930 S. 91). Der Vsvertreter hat also — entgegen § 87a I 1 HGB — keinen Anspruch auf Provision, sofern nur der Ver das Geschäft (in irgendeinem Sinne) ausgeführt hat. Der Vsvertreter hat auch — entgegen § 87a I 2 HGB — mit der Ausführung des Geschäfts durch den Ver keinen (unabdingbaren) gesetzlichen Anspruch auf einen angemessenen Vorschuß (Anm. 303). Die Industrie- und Handelskammer Berlin NeumannsZ 1933 S. 255 leugnet mit Recht, daß in der Kleinlebensv der Vsvertreter die halbe Vermittlungsprovision ,,nach erfolgter Recherche", ohne Rücksicht auf die Prämienzahlungen, verdiene.

HandelsvertreterGBegr. S. 25 geht davon aus, ,,daß der Anspruch auf Provision mit dem Abschluß des Geschäftes entsteht", aber ,,noch aufschiebend bedingt, und zwar durch die Ausführung des Geschäftes durch den Unternehmer". Es mag dahingestellt bleiben, ob diese Bedingungskonstruktion billigenswert erscheint. Jedenfalls besteht beim Vsvertreter jene aufschiebende Bedingung der Ausführung des Geschäftes durch den Unternehmer kraft der Spezialregelung des § 92 IV HGB nicht.

Diese Spezialregelung ist auch für echte Untervertreter anwendbar. Da sie für den Generalagenten tätig sind, muß man im Grundsatz von der Auffassung ausgehen, der Untervertreter vermittle für den Generalagenten keinen Vsvertrag, sondern in gleichsam zweiter Potenz wiederum ein Vermittlungsgeschäft, das dem Generalagenten eine Provisionseinnahme verschaffen solle (Anm. 174). Nach dieser Konstruktion wäre Dritter der Ver, und der Untervertreter hätte nach § 87a I 3 HGB Anspruch auf Provision erst dann, wenn der Ver das Geschäft ausgeführt, d. h. dem Generalagenten seinerseits Provision gezahlt hat. Da jedoch auch der echte Untervertreter ein Vsvertreter ist, muß man auch hier § 92 IV HGB anwenden: Es kommt also darauf an, ob der Vmer die Prämie gezahlt hat. Solchenfalls hat der Untervertreter einen Anspruch auf Provision gegen den Generalagenten, mag auch letzterer vom Ver die ihm zustehende Provision noch nicht erhalten haben.

Bei der laufenden V bedeutet noch nicht die Deklaration die Ausführung des Vsvertrages durch den Vmer, sondern erst die Prämienzahlung.

[291] ββ) Maßgeblichkeit der Ausführung durch Versicherungsnehmer.

ααα) Einmalige Prämienzahlung.

Für Vsvertreter haben nach dem in Anm. 290 Dargelegten die §§ 92 IV, 87a I 3, 4 HGB Bedeutung, wonach es auf die Ausführung des Vsvertrages durch den Vmer ankommt. Diese Ausführung erfolgt durch Prämienzahlung, und es ist entscheidend, ob eine einmalige Prämienzahlung oder ob mehrmalige, laufende Prämienzahlungen (Anm. 292) in Betracht kommen.

Generell läßt sich zum Zeitpunkt der Prämienzahlung feststellen, daß es auf die Tilgung der Prämienschuld, d. h. auf den Leistungserfolg ankommt, nicht auf die Leistungshandlung des Vmers. Bei einer Banküberweisung ist also die Gutschrift, nicht der Überweisungsauftrag oder die Lastschrift maßgebend (dazu Anm. 53—63 zu § 35, Trinkhaus I S. 188). Die Prämie muß an den Ver oder seinen Inkassobevollmächtigten gezahlt sein. Die Herausgabe der kraft Inkassovollmacht vom Vsvertreter eingezogenen Prämie an den Ver ist nicht vorauszusetzen. Dagegen hat ein Vsvertreter, der keine Inkassovollmacht hat, erst dann einen Provisionsanspruch, wenn er die ihm übergebene Prämie an den Ver weitergeleitet hat.

Sieht der Vsvertrag eine einmalige Prämienzahlung vor und erfüllt der Vmer seine Zahlungspflicht fristgemäß, so ist damit das Geschäft vollständig ausgeführt, und es kann kein Zweifel darüber obwalten, daß die Vermittlungsprovision — als Einmalprovision — verdient ist, gleichgültig, ob die Provision aus der Prämie berechnet wird (§ 92 IV HGB, Anm. 295) oder aus der Vssumme (vgl. § 87a I 3 HGB, Anm. 296). Zahlt abredewidrig der Vmer die vertraglich vorgesehene Einmalprämie in Teilbeträgen, so gilt entsprechend das in Anm. 269, 270 über vereinbarte Ratenzahlungen Gesagte. Sieht der Vsvertrag eine mehrmalige, insbesondere laufende Prämienzahlung vor, so kann es doch ausnahmsweise geschehen, daß ein Vmer sämtliche Zahlungen auf einmal leistet, sei es gelegentlich der Fälligkeit des ersten Betrages (also hinsichtlich der übrigen Beträge im voraus), sei es infolge verspäteter Zahlung des ersten Betrages (so daß inzwischen auch der zweite Betrag fällig geworden ist). Auch in solchen Fällen wird das Geschäft durch die zusammengefaßte Prämienzahlung vollständig ausgeführt (immer vorausgesetzt, daß in Zukunft keine weiteren Prämien geleistet werden müssen). Angesichts der vollständigen Ausführung kann kein Zweifel daran bestehen, daß die volle Vermittlungsprovision verdient ist; der Ver kann sich nicht etwa auf den Standpunkt stellen, bei einer vor Fälligkeit geleisteten Zahlung handle es sich um ein rechtlich gesondert zu betrachtendes Darlehen des Vmers oder um einen Verwahrungsvertrag, so daß insoweit eine Ausführung des Vsvertrages nicht zugunsten des Vsvertreters angenommen werden dürfe. Denn § 271 II BGB läßt ersehen, daß im Zweifel ein Schuldner eine noch nicht fällige Leistung vorweg bewirken kann, ohne daß es der Konstruktion eines Darlehens oder Verwahrungsvertrages bedarf. Nur in seltenen Ausnahmefällen kann ein „Prämiendepot" nicht als Ausführung des Vsvertrages gewürdigt werden. Ist aber das Geschäft vollständig ausgeführt, so stehen dem Vsvertreter die vereinbarten Vermittlungsprovisionen zu. Es braucht sich hierbei nicht notwendig um eine Einmalprovision zu handeln, sondern vertraglich kann auch eine laufende Provision vorgesehen gewesen sein. Infolge der zusammengefaßten Prämienzahlung sind alle Teile der laufenden Provision dann auf einmal verdient (entweder gleichbleibend-laufende Provisionen oder Erst- und Folgeprovisionen).

HandelsvertreterGBegr. S. 25 geht auch bei der Ausführung durch den Vmer hinsichtlich der Rechtskonstruktion davon aus, „daß der Anspruch auf Provision mit dem Abschluß des Geschäftes entsteht", aber „in diesem Zeitpunkt noch aufschiebend bedingt, und zwar durch die Ausführung des Geschäftes .... durch den Dritten". Es handelt sich bei dieser aufschiebenden Bedingung aber nicht um eine solche i. S. des § 158 I BGB; denn sie beruht nicht auf Rechtsgeschäft, sondern auf dem Gesetz, ist im übrigen auch nicht dem ganzen Agenturvertrag beigefügt, sondern lediglich dem Vermittlungsprovisionsanspruch, und zwar gesondert dem aus jeder einzelnen Vsvermittlung sich ergebenden Anspruch. Es handelt sich also nur um eine rechtliche Voraussetzung, um eine (aufschiebende) Rechtsbedingung der einzelnen Vermittlungsprovisionsansprüche. Unrichtig — auch hinsichtlich der Beweislast — Trinkhaus I S. 190, der § 87a II HGB anwenden will, also davon ausgeht, der Provisionsanspruch falle bei Nichtzahlung der Prämie wieder fort.

[292] βββ) Laufende Prämienzahlung.

Während bei einmaliger Prämienzahlung die Klärung der Frage, wann der Vmer das Geschäft ausgeführt hat, keine Schwierigkeiten bereitet, kann dieses Problem bei mehrmaliger Prämienzahlung verschieden gelöst werden.

Nach vorgesetzlichem Recht sind bei Fehlen einer ausdrücklichen Vereinbarung drei Auffassungen vertreten worden: Entweder ist der Vsvertrag erst ausgeführt, wenn die letzte Prämie beglichen ist, oder er ist schon ausgeführt, wenn die erste Prämie bezahlt ist, oder aber der Vsvertrag wird mit jeder Prämienzahlung laufend ausgeführt (Nachweise: Möller Vsvermittlung S. 170—171, Trinkhaus I S. 188 Anm. 54). Nur die letztgenannte Mittellösung entsprach Wortlaut und Sinn des Gesetzes. Nach § 88

I 2 HGB a. F. war beim Abzahlungskauf „der Anspruch auf die Provision erst nach dem Eingange der Zahlung und nur nach dem Verhältnisse des eingegangenen Betrags erworben". Diese Gesetzesbestimmung war keine Ausnahmevorschrift, sondern nur die Klarstellung eines allgemeineren Prinzips, welches auch für den Vsvertrag anwendbar erschien und das geeignet war, den Ver vor Provisionsansprüchen bei solchen längerwährenden Rechtsverhältnissen zu schützen, die sich nicht für die Dauer als standfest erwiesen, sondern sich vielleicht schon nach wenigen Prämienzahlungen, womöglich nach der ersten Zahlung als stornierungsbedürftig herausstellten. Zum vorgesetzlichen Recht aus der Judikatur wie hier RG 23. XI. 1910 JW 1911 S. 105—106 = LZ 1911 Sp. 303—305, wohl auch KG 13. VI. 1925 JRPV 1927 S. 161.

Der vorgesetzliche Rechtszustand ist für die Vsvertreter nicht geändert, im Gegenteil bestätigt und klargestellt. Denn es heißt in § 87a I 3 HGB generell, also nicht nur für den Abzahlungskauf, der Handelsvertreter habe „Anspruch auf Provision, sobald und soweit der Dritte das Geschäft ausgeführt hat". Hiernach ergibt sich als gesetzliche **Regel,** daß bei laufender Prämienzahlung die Vermittlungsprovision als gleichbleibend-laufende zu zahlen ist (Trinkhaus I S. 191, 200). Bei teilweiser Ausführung durch den Vmer hätte hiernach der Vsvertreter einen Anspruch auf Teilprovision (vgl. § 87a I 4 HGB) Die gesetzliche Regel ist u. a. verwirklicht in der VO PR Nr. 52/50 über Provisionen in der Kraftfahrtv (Anm. 100): Von jedem gezahlten Prämienbetrag kann der hauptberufliche Vsvertreter 12% erhalten (§ 1 I a. a. O.); tilgt ein Vmer Prämienrückstände in Teilbeträgen, so stehen aus jedem Teilbetrag dem Vsvertreter 12% zu. Dazu Anm. 269.

Aber die gesetzliche Regel des § 87a I 3 HGB ist nicht zwingend. Das ergibt sich aus den §§ 87a I 4, V, 92 IV HGB. Zwei Ausnahmegruppen kommen vor:

Erste Ausnahme: Es kann vereinbart werden, der Vsvertreter solle eine Einmalprovision für das ganze Geschäft erhalten, und zwar nicht notwendig schon nach Zahlung des ersten Prämienbetrages, sondern möglicherweise erst nach Zahlung mehrerer Prämienbeträge, theoretisch vielleicht erst nach Zahlung sämtlicher Prämien. Die Möglichkeit solcher Vereinbarungen eröffnet § 92 IV HGB: „Der Vsvertreter hat Anspruch auf Provision . . ., sobald der Vmer die Prämie gezahlt hat, aus der sich die Provision nach dem Vertragsverhältnis berechnet". So kann in der Lebensv eine Regelung getroffen werden, wonach der Vsvertreter eine Einmalprovision erhält, sobald die Prämie für ein Vsjahr gezahlt ist, sei es in einer Summe, sei es in Teilen, z. B. Vierteljahresraten. (Allerdings kann sich im letztgenannten Falle durch Auslegung ergeben, daß schon mit der Zahlung der ersten Vierteljahresrate ein Viertel verdient sein soll; aus der Einmalprovision würde sodann eine kurzfristige, nämlich für ein Jahr laufende Provision; aber im Zweifel ist solche Begünstigung des Vsvertreters nicht anzunehmen: Anm. 270.) So kann in der Krankenv eine Regelung getroffen werden, wonach der Vsvertreter eine Einmalprovision erhält, sobald eine bestimmte Anzahl von Monatsprämien gezahlt ist. (In diesem Falle dürfte es noch seltener angängig sein anzunehmen, daß mit jeder Monatsprämie ein Teil der „Einmalprovision", die dadurch zur kurzfristig laufenden Provision würde, verdient wird: Anm. 270.) Zu allem Anm. 269.

Zweite Ausnahme: Wenn es nach dem Gesetz zulässig ist, in Abweichung vom § 87a I 3 HGB eine Einmalprovision zu vereinbaren, so muß es erst recht zulässig sein, statt einer gleichmäßig-laufenden Provision eine erhöhte Erstprovision und relativ niedrigere Folgeprovisionen zu verabreden. Durch solche Umschichtung der laufenden Provision wird ja regelmäßig der Vsvertreter gegenüber der gesetzlichen Regel sogar begünstigt, erhält er doch zu Beginn des Vsverhältnisses sogleich einen höheren Betrag. Dazu Anm. 270.

Das Erfordernis der Ausführung durch den Vmer wird nach dem Gesagten durch die Vsvertreterverträge vielfach konkretisiert. Fehlt es an einer ausdrücklichen Vereinbarung hinsichtlich des Ausführungserfordernisses, so kommt auch eine stillschweigende Vereinbarung in Frage. Für manche Vszweige haben sich Handelsbräuche entwickelt, die wegen § 346 HGB unter Kaufleuten zu berücksichtigen sind. Möglicherweise läßt sich auch ein Gewohnheitsrecht hinsichtlich des Ausführungserfordernisses feststellen. Erst bei Versagen dieser spezielleren Grundlagen ist auf § 87a I 3 HGB zurückzugreifen, also auf die Regel der gleichbleibend-laufenden Vermittlungsprovision aus jeder einzelnen Prämienzahlung.

Da es bei Vsverträgen auf die Ausführung durch den Vmer allein ankommt, da also erst durch die Prämienzahlung die Provision verdient wird, hat hier § 87a II HGB kaum Bedeutung. Nach dieser Vorschrift entfällt der Anspruch auf Provision, wenn feststeht, daß der Dritte nicht leistet; bereits empfangene Beträge sind zurückzugewähren. Da beim Warenvertreter der Anspruch auf Provision entsteht, sobald der Unternehmer die Ware geliefert hat, bedarf es dort der Normierung einer auflösenden Bedingung (HandelsvertreterGBegr. S. 25) für den Fall des Ausbleibens der Kaufpreiszahlung. Umgekehrt ist aber die Provision des Vsvertreters erst mit der Prämienzahlung verdient; hier ist also die auflösende Bedingung des § 87a II HGB nicht nötig. Über die Rückgewähr von Provisionsvorschüssen Anm. 303, über die Prämien- und Provisionsrückzahlung Anm. 305—309.

Leistet der Vmer statt der Prämie dem Ver Schadensersatz, so erhält auch hieraus der Vsvertreter seine Provision (vgl. BGH 19. XI. 1956 Der Betrieb 1957 S. 185—186). Leistet statt des Vmers ein Kreditver, so erhält der Vsvertreter aus der Kreditvssumme die Provision (Industrie- und Handelskammer Berlin Mitteilungen 1931 S. 763).

[298] γγ) Unterbleiben der Ausführung.

Die (Rechts-)Bedingung der Ausführung muß eintreten, damit der Handels- oder Vsvertreter die Vermittlungsprovision verdient. Möglicherweise unterbleibt die Ausführung infolge des Verhaltens des Unternehmers, insbesondere des Vers.

Solche Nichtausführung durch den Unternehmer könnte einen Warenvertreter deshalb ganz unmittelbar berühren, weil er Anspruch auf Provision oder Vorschuß hätte, falls der Unternehmer das Geschäft vertragsgemäß ausgeführt haben würde (§ 87a I 1, 2 HGB). Führt der Unternehmer das Geschäft nicht aus, so kann der Rechtsgedanke des § 162 I BGB herangezogen werden: Der Unternehmer verhindert — möglicherweise wider Treu und Glauben — den Eintritt einer Bedingung, die (hinsichtlich der Provision) zu seinem Nachteil gereichen würde. Die Bedingung gilt dennoch als eingetreten, der Warenvertreter verdient die Provision trotz Nichtausführung des Geschäfts durch den Unternehmer. Der Rechtsgedanke des § 162 I BGB ist in § 87a III HGB für das Handelsvertreterrecht konkretisiert.

Beim Vsvertreter kommt es nur auf die Ausführung durch den Vmer, also auf die Prämienzahlung an (Anm. 291—292). Aber es könnte sich ergeben, daß der Vmer die Prämie deshalb nicht zahlt, weil der Ver das Geschäft (den Vsvertrag) „ganz oder teilweise nicht oder nicht so ausführt, wie es abgeschlossen worden ist" (§ 87a III 1 HGB). In Betracht kommen hier alle Fälle der gänzlichen oder teilweisen Nicht- oder Schlechterfüllung der vertraglichen Verpflichtungen durch den Ver, so daß der Vmer die rechtliche Möglichkeit gewinnt, die Prämienzahlung ganz oder teilweise zu unterlassen. Man denke an die Einrede des nicht ordnungsgemäß erfüllten Vertrages (§ 320 I 1 BGB), an ein bürgerlich- oder handelsrechtliches Zurückbehaltungsrecht des Vmers (insbesondere § 273 I BGB) oder an Leistungsfreiheit des Vmers (insbesondere §§ 325 I 3, 323 I BGB). Möglicherweise macht sich der Ver infolge der Nicht- oder Schlechterfüllung dem Vmer gegenüber sogar schadensersatzpflichtig oder der Vmer erlangt ein gesetzliches Rücktritts- oder fristloses Kündigungsrecht und übt es aus (über solche Fälle: Anm. 41, 46 zu § 1, Anm. 23—26 zu § 8, Anm. 38—39 zu § 13). § 87a III 1 HGB greift besonders auch dann ein, wenn der Ver es zu Unrecht unterläßt, nach erfolgtem Vertragsabschluß den Vsschein auszustellen und auszuhändigen, wozu er nach § 3 I 1 verpflichtet ist (vgl. Anm. 14 zu § 3). Über Konkurs des Vers: Anm. 336.

In allen derartigen Fällen ist der Vsvertreter so zu stellen, wie er stünde, wenn der Ver den Vsvertrag ordnungsgemäß so ausgeführt hätte, wie er abgeschlossen worden ist. Dann hätte im Zweifel der Vmer die Prämie gezahlt, der Vsvertreter hätte die Provision gemäß §§ 92 IV, 87a I 3, 4 HGB verdient.

Indem der Ver durch die Nicht- oder Schlechterfüllung die Prämienzahlung (ganz oder teilweise) vereitelt hat, hat er den Eintritt der Rechtsbedingung des normalen Provisionsverdienstes verhindert, und die Rechtsordnung schreibt vor, daß die Bedingung als eingetreten fingiert werde (§ 162 I BGB, konkreter: § 87a III 1 HGB). Trotz Prämiennichtzahlung hat also der Vsvertreter einen echten Anspruch auf Vermittlungsprovision, nicht etwa nur auf Schadensersatz. Man kann von „Ersatzprovision" sprechen. Die Regelung des § 87a III 1 HGB knüpft an den rein objektiven Tatbestand der Nicht- oder Schlechterfüllung an, würde also auch eingreifen, falls der Ver gute oder gar zwingende Gründe hat, das Geschäft nicht ordnungsgemäß auszuführen.

Aber die Regelung des § 87a III 1 HGB erleidet Ausnahmen, und zwar gilt sie gemäß § 87a III 2 HGB in zwei Fällen nicht: Erstens, „wenn und soweit die Ausführung des Geschäfts unmöglich geworden ist, ohne daß der Unternehmer die Unmöglichkeit zu vertreten hat". Zweitens, wenn und soweit „die Ausführung ihm nicht zuzumuten ist, insbesondere weil in der Person des Dritten ein wichtiger Grund für die Nichtausführung vorliegt". Man wird unter Berufung auf die Generalklausel des § 162 I BGB drittens annehmen müssen, daß der Vsvertreter auch dann den Anspruch auf Vermittlungsprovision nicht erlangt, wenn Treu und Glauben die objektive Nicht- oder Schlechterfüllung in sonstigen Fällen rechtfertigen. Für die drei Fallgruppen seien folgende Beispiele angeführt: Erstens (Unmöglichkeit): Der Ver kann den Vsschein nicht aushändigen, also zur Einlösung präsentieren, weil der Vmer mit unbekannter Anschrift verzogen ist, oder die Gefahrtragungsleistung des Vers wird unmöglich, denn er wird unsicher und hat ausnahmsweise dieses Unsicherwerden nicht zu vertreten, aber der Vmer kündigt den Vsvertrag fristlos. Zweitens (Unzumutbarkeit): Die Leistung des Vers ist zwar möglich, aber der Vmer hat Obliegenheiten schuldhaft verletzt oder den Ver arglistig getäuscht oder ihn mehrfach zu Unrecht in Anspruch genommen. Drittens (Verstoß gegen Treu und Glauben): Für die Anwendung der Generalklausel des § 162 I BGB bleibt nicht viel Raum, man denke aber an Tatbestände, in denen weder Unmöglichkeit noch Unzumutbarkeit in Betracht kommt, sondern z. B. ein Wettbewerbsverstoß des Vsvertreters, auf Grund dessen der Ver den Vmer zugunsten eines Wettbewerbers freigibt. In allen diesen Fällen wickelt der Ver den Vsvertrag nicht normal ab, und doch hat der Vsvertreter keinen Anspruch auf Vermittlungsprovision.

Nach § 88 II HGB a. F. kam es darauf an, ob „die Ausführung des Geschäfts infolge des Verhaltens des Geschäftsherrn ganz oder teilweise unterblieben" ist, „ohne daß hierfür wichtige Gründe in der Person desjenigen vorlagen, mit welchem das Geschäft abgeschlossen ist". Die Rechtslage war also abweichend. Provisionspflicht wurde z. T. bereits angenommen, wenn das Verhalten des Handlungsagenten in die von ihm „zu vertretende ‚Risikosphäre' fällt" (LG Fulda 12. XI. 1953 Entscheidungen und Gutachten Nr. 12), während RG 16. III. 1906 RGZ Bd 63 S. 71 (auch RG 4. X. 1910 RGZ Bd 74 S. 168—169) meint, unter Verhalten des Geschäftsherrn sei „ein solches zu verstehen, durch welches die Nichtausführung vom Geschäftsherrn verschuldet oder wenigstens in freier Entschließung herbeigeführt worden ist".

Die Beweislast ist nach HandelsvertreterGBegr. S. 26 so zu verteilen, daß der Vsvertreter, der den Provisionsanspruch geltend macht, nur zu beweisen braucht, der Ver habe das Geschäft ganz oder teilweise nicht oder nicht so ausgeführt, wie es abgeschlossen worden ist. Dem Ver obliegt sodann der Beweis für einen der drei Ausnahmetatbestände (so auch RG 16. III. 1906 RGZ Bd 63 S. 71). Zusätzlich wird man übrigens dem Ver die Möglichkeit eröffnen müssen zu beweisen, daß der Vmer die Prämie auch dann nicht bezahlt hätte, wenn er, der Ver, den Vsvertrag ordnungsgemäß erfüllt hätte.

§ 87a III 1 HGB behandelt einen praktisch sehr wichtigen Fall einer Provisionsvereitelung. Zu den übrigen Fällen vgl. Anm. 304, wo dargetan wird, daß § 87a III HGB nicht unmittelbar zur Anwendung kommt, falls der Vmer die Prämie nicht zahlt und der Ver sie nicht einzieht.

[294] η) Zeitkomponente.

Bei einem Vermittlungsvertreter reihen sich aneinander der Zeitraum der Vermittlungstätigkeit, der Zeitpunkt des Vertragsabschlusses und der Zeitraum (laufende Prämienzahlung) bzw. der Zeitpunkt (einmalige Prämienzahlung) der Ausführung des vermittelten Vsvertrages. Die Vermittlungstätigkeit kann sich über einen sehr langen Zeitraum erstrecken; zwischen ihrer Beendigung und dem Vertragsabschluß kann ein weiterer Zeitraum liegen. (Beim Abschlußvertreter, der den Antrag des Vmers selbst annimmt, fallen jedoch Vermittlungstätigkeit und Vertragsabschluß zusammen; der Vertragsabschluß bildet den Schlußpunkt einer vielleicht längerwährenden Vermittlungstätigkeit i. w. S.) Auch zwischen dem Vertragsabschluß und der ersten oder einmaligen Prämienzahlung kann ein längerer Zeitraum liegen, desgleichen natürlich zwischen den ersten und letzten laufenden Prämienzahlungen.

Der Vsvertretervertrag als Dauerschuldverhältnis erstreckt sich gleichfalls über einen gewissen Zeitraum. Es läßt sich die Parallele zur materiellen Dauer des Vsverhältnisses ziehen (Anm. 3, 8 zu § 2). Wird ein Agenturverhältnis am 20. XII. 1956 mit der Maßgabe vereinbart, daß der Vsvertreter seine Tätigkeit am 1. I. 1957 aufnehmen solle, und wird das Vertragsverhältnis zum 31. XII. 1957 wieder gekündigt, so beginnt formell der Agenturvertrag am 20. XII. 1956, während die materielle Dauer sich auf die Zeit vom 1. I. bis 31. XII. 1957 bezieht.

Im Blick auf den Anspruch auf Vermittlungsprovision fragt es sich, welche der oben genannten Zeiträume oder Zeitpunkte in die materielle Dauer des Agenturverhältnisses fallen müssen. Der Wortlaut von § 87 I 1 HGB („Provision für alle während des Vertragsverhältnisses abgeschlossenen Geschäfte") verführt zu der Annahme, es komme allein darauf an, ob der Zeitpunkt des Vertragsabschlusses in die materielle Agenturvertragsdauer falle. Jedoch bedarf dieser Satz der Korrektur. Fünf Fallgruppen seien unterschieden:

Erstens: Wird ein Abschlußvertreter als solcher tätig, so beginnt und endet allerdings seine Abschlußvollmacht mit dem materiellen Beginn und Ende des Agenturvertrages. Es kommt nicht darauf an, ob die Vermittlungstätigkeit auch schon vor dem Beginn des Agenturvertrages entfaltet worden war, wenn nur der Abschluß des Vsvertrages in die materielle Agenturvertragsdauer fällt.

Zweitens: Bei einem Vermittlungsvertreter ist es denkbar, daß die Vermittlungstätigkeit schon vor dem Beginn des Agenturvertrages abschließend geleistet ist. Ist damals dem Ver der Vsantrag schon zugeleitet, so handelt es sich um eine vor dem Agenturvertrag liegende Maklertätigkeit, und zwar auch dann, wenn es zum Abschluß des Vsvertrages erst nach dem materiellen Beginn des Agenturverhältnisses kommt. Der letztgenannte Fall ist allerdings angesichts des entgegenstehenden Wortlautes von § 87 I 1 HGB besonders zweifelhaft. Der Parteiwille wird nicht selten ergeben, daß auch dieses Geschäft schon nach den Regeln des Agenturvertrages behandelt werden soll. Aber es ist besondere Zurückhaltung hinsichtlich dieser Annahme geboten, falls — wie ziemlich häufig — ein Vsvermittler für einen Ver zunächst als Vsmakler arbeitet und falls dann später ein Agenturverhältnis vereinbart wird. Als Vsmakler hat nämlich jener Vsvermittler Courtageansprüche für alle vor dem Agenturverhältnis vermittelten Vsverträge, und zwar regelmäßig solange, wie der Vsvertrag und die Prämienzahlungen laufen. Im Agenturvertrag findet sich dagegen oft eine Verzichtklausel (Anm. 369), wonach mit der Beendigung des Agenturverhältnisses sämtliche Provisionsansprüche aufhören. Es kann schwerlich angenommen werden, daß sich der Vsvermittler dieser Verzichtklausel auch hinsichtlich der bereits sicher erworbenen Maklercourtageansprüche unterwerfen wolle.

Drittens: Liegt bei dem Vermittlungsvertreter die Vermittlungstätigkeit teilweise vor, teilweise in der materiellen Agenturvertragsdauer, der Abschluß des Vsvertrages dagegen innerhalb der Agenturvertragsdauer, so ergibt sich die Provisionspflichtigkeit aus § 87 I 1 HGB, ebenso wie für den Regelfall, daß Vermittlungstätigkeit und Vertragsabschluß ausschließlich in die materielle Agenturvertragsdauer fallen.

Viertens: Die Problematik ist größer, falls die Vermittlungstätigkeit zeitlich den Agenturvertrag überdauert, so daß auch der Abschluß des Vsvertrages durch den Ver erst „nachhinkt". Ist in dem obigen Beispiel des am 31. XII. 1957 ausscheidenden Vsvertreters die kausale Vermittlungstätigkeit 1957 zwar begonnen, wird aber der Vsantrag erst 1958 beim Ver gestellt, also nach dem Ausscheiden des Vsvertreters, so besteht trotz § 87 I 1 HGB dennoch prinzipiell Provisionspflicht, sofern die bis Ende 1957 geleistete Arbeit für den Erfolg kausal war.

Fünftens: Es bleibt der Tatbestand zu behandeln, daß zwar die Vermittlungstätigkeit im Beispielsfalle 1957 beendet war, aber der Abschluß des Vsvertrages erst nach dem materiellen Ende des Agenturvertrages, also 1958 zustandekommt. Vielleicht hat der zum 31. XII. 1957 ausscheidende Vsvertreter dem Ver noch in der Zeit zwischen Weihnachten und Neujahr eine Fülle von Vsanträgen zugeleitet. Der Ver brauchte die Annahme der Anträge, also den Vertragsabschluß nur bis zum 2. I. 1958 hinauszuschieben, um der Provisionsbelastung nach dem Wortlaut des § 87 I 1 HGB zu entgehen. Dieses Ergebnis wäre aber höchst unbefriedigend.

Für den vierten und fünften Fall macht — in Abweichung von § 87 I 1 HGB — die Vorschrift des § 87 III HGB deutlich, daß der Vsvertreter Anspruch auf Vermittlungsprovision haben kann:

„Für ein Geschäft, das erst nach Beendigung des Vertragsverhältnisses abgeschlossen ist, hat der Handelsvertreter Anspruch auf Provision nur, wenn er es vermittelt hat oder es eingeleitet und so vorbereitet hat, daß der Abschluß überwiegend auf seine Tätigkeit zurückzuführen ist, und wenn das Geschäft innerhalb einer angemessenen Frist nach Beendigung des Vertragsverhältnisses abgeschlossen worden ist."

Die Norm setzt primär einen Vsvertrag voraus, der erst nach Beendigung des Agenturvertragsverhältnisses vom Ver (oder Abschlußgeneralagenten) abgeschlossen worden ist. Die Vermittlungstätigkeit kann von einem Vermittlungsvertreter entfaltet sein, aber auch von einem Abschlußvertreter, der nicht mehr zum Abschluß gekommen ist. Der Grund für die Beendigung des Agenturverhältnisses ist gleichgültig, auch Tod und fristlose Kündigung durch den Unternehmer kommen in Betracht. Der Anspruch auf die Vermittlungsprovision ist unabhängig davon, ob während der Agenturvertragsdauer die Vermittlungstätigkeit abgeschlossen war (fünfter Fall) oder nicht (vierter Fall), jedoch wird man in Ergänzung des Gesetzeswortlautes fordern müssen, daß die Tätigkeit nicht erst nach dem Ausscheiden begonnen wurde. Es ist auch gleichgültig, ob der Vsvertreter Alleinvermittler war („vermittelt hat") oder ob er nur eine causa remota setzte („eingeleitet und so vorbereitet"), vgl. Anm. 283.

Es wäre sachgerecht gewesen, die Vermittlungsprovision nur von der kausalen Tätigkeitsentfaltung während der Vertragsdauer abhängig sein zu lassen (wie im vorgesetzlichen Recht: Möller Vsvermittlung S. 186, Schmidt-Rimpler a. a. O. S. 157—158, Industrie- und Handelskammer Berlin Entscheidungen und Gutachten Nr. 7; bedenklich für das vorgesetzliche Recht HandelsvertreterGBegr. S. 23). Aber § 87 III HGB schont den Unternehmer durch zwei zusätzliche, übrigens kumulative Voraussetzungen des Provisionsanspruches: Hat der Vsvertreter nicht allein vermittelt, sondern nur eine causa remota gesetzt, so muß „der Abschluß überwiegend auf seine Tätigkeit zurückzuführen" sein (verstärktes Kausalitätserfordernis, keine Provisionsteilung mit einem Nachbearbeiter: Anm. 279, 283; vgl. auch § 87 I 2 HGB). Ferner muß der Abschluß des Vsvertrages innerhalb einer angemessenen Frist nach Beendigung des Agenturverhältnisses zustande kommen, nicht nur bei bloßer Einleitung und Vorbereitung durch den Ausgeschiedenen, sondern auch bei Alleinvermittlung durch ihn (das zweite „und wenn" in § 87 III HGB bezieht sich auf beide Alternativen des ersten „wenn"-Satzes: HandelsvertreterGBegr. S. 24, Knapp[2] a. a. O. Anm. 8 zu § 87, S. 24, Schröder[2] a. a. O. Anm. 48 zu § 87, S. 114, Würdinger in: RGRKomm. HGB Bd 1 Anm. 21 zu § 87, S. 718). Beide Voraussetzungen sind kautschukartig, schwammig. Sie sind aus Billigkeitsgründen und im Hinblick auf das vorgesetzliche Recht in dubio zugunsten des Ausgeschiedenen oder seiner Erben auszulegen: Überwiegend kausal ist durchweg die Initialzündung des Ausgeschiedenen, und gerade im Vswesen reifen manche Früchte langsam, so daß eine angemessene Frist sechs Monate, in Ausnahmefällen noch länger währen kann. Die Beweislast für die beiden Voraussetzungen des § 87 III HGB trifft — auch wegen des „nur" im Gesetzeswortlaut — den Vsvertreter (Trinkhaus I S. 183).

Nach dem Gesagten kommt es darauf an, ob die Dauer der kausalen Vermittlungstätigkeit sich zum mindesten teilweise mit der Dauer des Agenturverhältnisses deckt. Vorvertraglicher Vermittlungsbeginn (erster und dritter Fall) und nachvertragliche Tätigkeitsbeendigung (vierter Fall) sind für die Provisionspflicht unschädlich. Nachvertraglicher Abschluß des Vsvertrages (vierter und fünfter Fall) ist unter den Voraussetzungen des § 87 III HGB irrelevant. Über das Verhältnis von Regel und Ausnahme, von § 87 I 1 HGB zu § 87 III HGB vgl. einerseits Knapp[2] a. a. O. Anm. 8 zu § 87, S. 24, andererseits Schröder[2] a. a. O. Anm. 43 zu § 87, S. 113.

Gleichgültig ist es, ob der Zeitpunkt oder Zeitraum der Prämienzahlung, also der Ausführung des Vsvertrages in die Agenturvertragsdauer fällt oder später liegt. In dieser Hinsicht gibt es keinerlei zeitliche Schranke (HandelsvertreterGBegr. S. 23). Deshalb spielt die Nachprovision (Anm. 271) eine große Rolle.

Erst recht können Provisionsabrechnung und Provisionsfälligkeit erst nach dem materiellen Ende des Agenturvertrages liegen.

Ein Tatbestand des Provisionswegfalls kann sich gleichfalls nach diesem materiellen Ende verwirklichen, Näheres Anm. 305.

Entfällt bei Bezirksvertretern eine Vermittlungstätigkeit als Voraussetzung des Provisionsanspruches, so kommt es hier allein auf den Vertragsabschluß an (Industrie- und Handelskammer Berlin Entscheidungen und Gutachten Nr. 7, vgl. auch KG 7. I. 1938 JRPV 1938 S. 234). Ein neuer Bezirksvertreter erhält jedoch nichts (§ 87 II 2 HGB), falls ein ausgeschiedener Vermittlungsvertreter nach § 87 III HGB Vermittlungsprovision bezieht. Bei unechten Generalagenten kommt es für ihre Superprovision gleichfalls nur darauf an, welche Vsverträge während der Agenturvertragsdauer abgeschlossen sind; eine analoge Anwendung des § 87 II 2, III HGB ist in Betracht zu ziehen. Zu beiden Fällen Anm. 285.

Ist eine laufende V während der Agenturvertragsdauer abgeschlossen, so sind alle auch später erfolgenden Deklarationen für die Provisionspflicht bedeutsam (vgl. für einen Kauf auf Abruf: OLG München 27. V. 1940 HRR 1940 Nr. 1124).

[295] τ) Provisionshöhe.

αα) Abstellung auf Prämie.

Die Höhe der Vermittlungsprovision wird in der Vspraxis entweder aus der Prämie prozentmäßig oder aus der Vssumme promillemäßig berechnet. § 92 IV HGB erweckt fälschlich den Eindruck, als ob nur der erste Weg beschritten wird („Prämie . . ., aus der sich die Provision nach dem Vertragsverhältnis berechnet"). Immerhin stellen fast alle Vszweige außer der Lebensv auf die Prämie ab, in der Krankenv meistens nicht auf einen Prozentsatz, sondern eine bestimmte Anzahl von Monatsbeiträgen (3—5: BAA VA 1952 S. 69). Nur ganz selten kommen Provisionen vor, welche in einer festen Summe (ohne Rücksicht auf Höhe der Prämie oder Vssumme) fixiert sind (vgl. Trinkhaus I S. 190).

Wird auf einen Prozentsatz der Prämie abgestellt, so entscheidet im Zweifel die Bruttoprämie (Anm. 17 zu § 35). Über die Behandlung der Nebengebühren usw. vgl. Anm. 301.

In der Transportv ist es verbreitet, daß der Vsmakler seine Courtage aus der Bruttoprämie erhält, während beim Vsvertreter die Vermittlungsprovision aus der Bruttoprämie abzüglich Courtage berechnet wird (Anm. 277).

Nach dem Rundschreiben des Zonenamtes VA 1948 S. 47 soll in der Volksunfallv die Gesamtvergütung für eine fünfjährige V 100% einer Jahresprämie nicht übersteigen. Aber abweichende Abreden sind zivilrechtlich gültig.

[296] ββ) Abstellung auf Versicherungssumme.

§ 92 IV HGB gilt auch dann, wenn die Vermittlungsprovision primär von der Vssumme her berechnet wird (Franke VersR 1956 S. 156, Josten-Lohmüller a. a. O. Anm. 12 zu § 87 a).

In der deutschen Lebensv pflegt die Vermittlungsprovision von der Vssumme her berechnet zu werden, und zwar in einem Promillesatz (vgl. BAA VA 1952 S. 69). Diese Regelung hängt zusammen mit der Tatsache, daß Einmalprovisionen beglichen zu werden pflegen. Nach Rundschreiben des RAA VA 1924 S. 31, auch VA 1926 S. 125—126 darf „die für die einzelne V aufgewendete Abschlußprovision nicht mehr als 80% der Tarifprämie betragen; auch soll der Gesamtbetrag der äußeren Erwerbskosten 35‰ der Vssumme des Neugeschäfts nicht übersteigen". Hiernach müßte also mit der Abstellung auf den Promillesatz der Vssumme eine Höchstbegrenzung auf 80% der ersten Jahresprämie gekoppelt werden. Ein Verstoß gegen die verwaltungsrechtliche Anordnung berührt die agenturvertraglichen Ansprüche des Vsvertreters nicht. Die Wettbewerbsverhältnisse haben ergeben, daß Verstöße vorkommen. Wenn Prölss VAG² S. 111 meint, es handle sich bei den Rundschreiben hinsichtlich der 35‰ um bloße Empfehlungen, so läßt sich diese Meinung nicht auf VA 1938 S. 35, 89—90 stützen. Bei der Risikolebensv wird nicht auf die Vssumme, sondern auf die Vsprämie abgestellt (Industrie- und Handelskammer Berlin VA 1932 S. 114 = NeumannsZ 1931 S. 675).

[297] γγ) Gesetz, Vertrag, Übung.

§ 87b HGB sagt: „Ist die Höhe der Provision nicht bestimmt, so ist der übliche Satz als vereinbart anzusehen." Vertrag und Übung können jedoch nicht Platz greifen, soweit eine zwingende gesetzliche Regelung den Vorrang erheischt.

Gültige Preisvorschriften bestehen nur noch für die Kraftfahrtv, und zwar begrenzt die VO PR Nr 52/50 (Anm. 100) die Vermittlungsprovision auf laufend 12% für hauptberufliche Vsvertreter (§ 1 I), 9½% für Vsvertreter, „die in der Hauptsache mit Kraftfahrzeughändlern, -herstellern, -reparaturwerkstätten oder -finanzierungsinstituten arbeiten" (§ 1 II), 5% für nebenberufliche Vsvertreter (§ 2 I) und einmalig 2½% für nebenberufliche Vsvertreter, „die Kraftfahrzeugbedarf und Kraftfahrzeuge herstellen, vertreiben, ausbessern oder deren Absatz finanzieren" oder in solchen Unternehmungen tätig oder von den Leitern oder Inhabern wirtschaftlich abhängig sind oder mit diesen in ehelicher oder häuslicher Gemeinschaft leben (§ 2 II). Es handelt sich um Höchstprovisionen; der Grundsatz der Gleichberechtigung soll nicht verletzt sein (OLG Hamm 7. X. 1955 BetrBer 1955 S. 1011 = VersR 1956 S. 113—114, vgl. auch OLG Hamm 8. XII. 1955 VersR 1956 S. 114—115; a. A. Hamann in: von Brunn, Die Tarifbindung in der Kraftfahrzeugv, Köln-Berlin 1956, S. 143—144). Da jeweils übersteigende Vereinbarungen, Entgegennahmen oder Gewährungen verboten sind, ergibt sich die Nichtigkeit entgegenstehender Rechtsgeschäfte aus § 134 BGB. Nichtig ist nicht nur die obligatorische Abrede, sondern auch die Übereignung hinsichtlich des Mehrbetrages (Teilnichtigkeit, vgl. § 139 BGB). Der Ver oder Generalagent kann wegen der Teilnichtigkeit die Zahlung der vereinbarten übersetzten Provision verweigern. Ist jedoch gezahlt worden, so ist die Rückforderung des Gezahlten nach § 817 BGB ausgeschlossen, da auch dem Ver oder Generalagenten ein Verstoß gegen die Preisvorschriften zur Last fällt. Über frühere Preisvorschriften: Möller Vsvermittlung S. 176—184, VA 1948 S. 47 und dazu RG 5. VIII. 1941 JRPV 1941 S. 187—189.

Soweit sich nicht ausnahmsweise aus dem Preisrecht für die Kraftfahrtv Abweichungen ergeben, sind gültige Vereinbarungen hinsichtlich der Provisionshöhe möglich sie finden sich oft in Provisionstabellen, welche dem Agenturvertrag beigefügt werden Aufsichtsrechtliche Provisionsreglungen stehen abweichenden Abreden zivilrechtlich nicht entgegen (Anm. 296).

Fehlt eine Vereinbarung, so ist der Agenturvertrag nicht etwa nach § 154 I 1 BGB oder nach § 155 BGB als nicht geschlossen anzusehen, sondern § 87b I HGB verweist auf die Übung, welche nicht bei allen Arten von Vern und Generalagenten einerseits, Vsvertretern andererseits den gleichen Inhalt zu haben braucht. Es kommt z. B. bei den Vsvertretern darauf an, ob sie haupt- oder nebenberuflich wirken. In der Kraftfahrtv kann man die Höchstsätze der VO PR Nr. 52/50 zugleich als übungsgemäß betrachten. Vgl. Industrie- und Handelskammer Berlin NeumannsZ 1931 S. 374 (Unfallv), S. 675 (Lebensv), 1933 S. 438 (Krankenv).

[298] δδ) Einfluß der Vertragsdauer.

Für den Ver hat in solchen Vszweigen, in denen mehrjährige Vsverträge möglich sind, eine V mit langer Vsdauer, womöglich Höchstdauer größeren Wert als eine V mit kürzerer Dauer. Da die Höchstdauer in der Feuer- und Glasv zehn bis zwölf Jahre, in der Vieh- und Hagelv fünf bis sechs Jahre währt (Anm. 3 zu § 8), pflegen für solche Ven höhere Vermittlungsprovisionen gezahlt zu werden (vgl. Angaben bei Trinkhaus I S. 224).

[299] εε) Einfluß des Risikos.

Auf die Höhe der Vermittlungsprovision kann auch die risikomäßige Qualität des vermittelten Vsvertrages von Einfluß sein, wenn eine entsprechende Vereinbarung vorliegt oder Übung besteht.

Die Risikotragung ist für den Ver wirtschaftlich erschwert, wenn er nur eine gedrückte Prämie erhält, man denke an Ausnahmeprämien bei Großrisiken, an Gruppenven mit stark ermäßigter Prämie, an Zugeständnisse hinsichtlich Prämienrückgewähr oder Gewinnbeteiligung. Von einer Bemessung der Vermittlungsprovision auf ein Zehntel bis höchstens ein Viertel der sonst üblichen Sätze spricht für Empfehlungsverträge das Gutachten der Industrie- und Handelskammer Berlin NeumannsZ 1931 S. 1096.

Das Risiko kann für den Ver auch dadurch erhöht sein, daß er dem Vmer besonders günstige Vsbedingungen konzedieren mußte oder daß es sich um ein ungewöhnlich schweres Wagnis handelt.

Alles das kann in der Höhe der Vermittlungsprovision nur bei entsprechender Vereinbarung zum Ausdruck kommen (vgl. Industrie- und Handelskammer Braunschweig Entscheidungen und Gutachten Nr. 67 und OLG Braunschweig 23. II. 1956 BetrBer 1956 S. 226, wonach keine Übung besteht, bei Preis-[Prämien-]nachlässen die vereinbarte Provision prozentual zu senken). Es gibt z. B. die Klausel: „Für . . . Ven, die zu Ausnahme-Prämien und -bedingungen übernommen werden, Ven, bei denen erweiterter Deckungsumfang zugesagt wurde . . . . behalten sich die Gesellschaften die Festsetzung der Provision vor."

Es ist auch vorgekommen, daß den Vsvertretern für diejenigen Risiken, welche von dem Ver rückvert werden mußten, die Provision gekürzt worden ist. In der Lebensv hat man gelegentlich versucht, gesamtheitlich die Höhe der Vermittlungsprovision davon abhängig zu machen, inwieweit das Neugeschäft den Abgang durch Verfall übersteigt.

[300] ζζ) Einfluß der Verdienstlichkeit.

Die Mühe, welche im Einzelfall die Vsvertreter anzuwenden haben, ist zwar grundsätzlich ohne Einfluß auf die Höhe ihrer Vermittlungsprovision. Aber ausnahmsweise wird dieser Umstand doch berücksichtigt.

Das gilt zunächst für die bloßen Superprovisionen, welche Bezirksvertretern und Generalagenten gewährt werden können (Anm. 279, 282).

Wirken mehrere Vsvermittler zusammen, so erscheint es angemessen, daß sie sich in die sonst übliche Gesamtprovision teilen (Anm. 277—279) oder daß dem Ver die wirtschaftliche Last anderweitig erleichtert wird. Das gilt auch dann, wenn ein Ver solchen Vmern, welche neue Mitglieder nachweisen, Werbeprämien auslobt: Hier sind die Werbeprämien anzurechnen auf die Provision jenes Vsvertreters, dem die Anschriften zur weiteren Bearbeitung überlassen werden (Gutachten BAA VA 1953 S. 131, 134; eine entsprechende Vereinbarung fordert Trinkhaus I S. 185).

Hat die Direktion für den Vsvermittler auf andere Weise bereits erleichternde Vorarbeit geleistet, man denke an sonstige Fälle der Anschriftenzuweisung oder das Bestehen von Empfehlungsverträgen, so ist die Arbeit des Vsvertreters gemindert und die Klausel gerechtfertigt: „Für Ven . . ., die auf Grund von Zuweisung von Adressen abgeschlossen werden, insbesondere Abschlüsse auf Grund von Empfehlungsverträgen . . . behalten sich die Gesellschaften die Festsetzung der Provision vor." Vgl. auch KG 13. VI. 1925 JRPV 1927 S. 162 (Mantelverträge) und Anm. 299. Bei Verwendung von Spardosen und -uhren in der Lebensv wird zuweilen eine Senkung der Vermittlungsprovision vereinbart, in der Kleinlebensv z. B. um einen Monatsbeitrag. Eine Senkung kommt auch bei einer Hypothekengewährung an Vmer in Betracht (Industrie- und Handelskammer Berlin Mitteilungen 1928 S. 820). Wird der Vsvertreter von einem Inspektor des Vers unterstützt, so schmälert das grundsätzlich nicht seinen Provisionsanspruch (Trinkhaus I S. 184—185).

Eine schwierige Frage ist es, ob bei großen Objekten eine verhältnismäßig geringere Vermittlungsprovision angemessen sei, da die Mühe des Vsvertreters nicht proportional der Größe des Objektes steigt. Jedoch ist de lege ferenda solche Provisionsstaffelung (entsprechend der Rechtsanwaltsgebührenordnung) bedenklich, da andererseits bei manchen kleinen Ven die Vermittlungsprovision zur Deckung der Unkosten erfahrungsgemäß nicht ausreicht.

Angesichts des menschlichen Beharrungsvermögens ist die Vereinbarung von Vertragsverlängerungen und Anschlußverträgen regelmäßig einfacher als eine Gewinnung neuer Kunden (Anm. 272). Deshalb kommt die Klausel vor: „Für Ersatz- und Erneuerungsven von bereits bestehenden Ven wird .... von vornherein als Provision nur der vom 2. Vsjahre ab ausgeworfene Satz vergütet" (dabei ist an nicht gleichbleibende laufende Vermittlungsprovision zu denken). Dem entspricht die Rechtslage bei Fehlen der Klausel: Anm. 272.

Über die Provisionshöhe bei Vertragsänderungen vgl. Anm. 272.

[301] ηη) Zuschläge und Abzüge.

Nach § 87b II HGB ist die Vermittlungsprovision „von dem Entgelt zu berechnen, das der Dritte ... zu leisten hat. Nachlässe bei Barzahlung sind nicht abzuziehen; dasselbe gilt für Nebenkosten, namentlich für ... Steuern, es sei denn, daß die Nebenkosten dem Dritten besonders in Rechnung gestellt sind".

In der Vswirtschaft sind bei den Prämien Barzahlungsnachlässe selten; kommen sie ausnahmsweise vor, so ist die Provision aus der Gesamtprämie (also ohne Berücksichtigung des Nachlasses) zu berechnen (entsprechend für einen Warenvertreter: OLG Düsseldorf 7. I. 1955 Entscheidungen und Gutachten Nr. 90). Umgekehrt sind aber Zuschläge bei Ratenzahlung häufig (Anm. 15 zu § 35). Solchenfalls erhält der Vsvertreter die Vermittlungsprovision im Zweifel auch aus dem Zuschlag, was sich dadurch rechtfertigen läßt, daß ja auch der Vsvertreter länger warten muß.

Hinsichtlich der Nebenkosten kommt es auch in der Vswirtschaft darauf an, ob sie dem Vmer besonders in Rechnung gestellt sind. Trifft das zu, so ist auf sie keine Provision zu berechnen. Deshalb ist auch auf Verzugs-, Prozeß- oder Fälligkeitszinsen im Zweifel keine Provision zu zahlen. Aber zuweilen werden den Vsvertretern gewisse Nebengebühren, z. B. Ausfertigungsgebühren vom Ver überlassen (Anm. 249). Die moderne Entwicklung geht dahin, die Nebengebühren in die Prämie einzurechnen. Sodann ist die Provision aus der Gesamtprämie zu berechnen (Josten-Lohmüller VW 1954 S. 11). Über die Arten der Nebengebühren und Zinsen: Anm. 8, 9 zu § 35.

Das Gesagte gilt auch für die Steuern, insbesondere Vssteuer und Feuerschutzsteuer (Anm. 9 zu § 35). Wird die Vssteuer dem Vmer nicht besonders in Rechnung gestellt, so hat diese Verwaltungsvereinfachung für den Ver den Nachteil, daß er im Zweifel die Provision auch auf die Steueranteile in der Gesamtprämie mitzuzahlen hat.

Möglicherweise tritt an die Stelle einer Prämienschuld die Verpflichtung zur Zahlung einer Geschäftsgebühr. Sie wird dem Ver z. B. in den §§ 40 II 2, 3, 68 I zugebilligt, damit er daraus die vollen Provisionen zahlen kann. Der Vsvertreter ist also so zu stellen, als ob der Vmer nicht nur die Geschäftsgebühr, sondern für die entsprechende Zeit die gesamte Prämie beglichen hätte. Bei der Bemessung der Höhe der Geschäftsgebühr sind demnach nicht nur bereits bezahlte, sondern auch geschuldete Provisionen zu berücksichtigen (Anm. 12 zu § 40, Anm. zu § 68, zustimmend Trinkhaus I S. 190, der für die Frage, ob die Vermittlungsprovision verdient ist, mit Recht darauf abstellt, ob der Vmer die Geschäftsgebühr zahlt).

Zahlt der Vmer nur eine Prorataprämie ohne Kosten, sei es nach Kurztarif berechnet oder nicht (Anm. 14 zu § 40), so mindert sich entsprechend auch die Provision. Schuldet der Vmer dagegen die Proratraprämie zuzüglich Kosten (Anm. 13 zu

§ 40), so gehören zu den Kosten auch solche Provisionen, welche für die Zeit nach Beendigung des Vsverhältnisses gezahlt sind oder geschuldet werden (Anm. 11 zu § 13, Anm. 6 zu § 14).

In Fällen der sog. Prämienrückgewähr, Prämienrückvergütung, Beitragsermäßigung, ferner bei Überschußverteilungen und Versichertendividenden handelt es sich in Wahrheit juristisch nicht um eine Korrektur der Prämienschuld des Vmers, sondern um Nebenpflichten des Vers (Näheres Anm. 39—43 zu § 3, Möller in: von Brunn, Die Tarifbindung in der Kraftfahrzeugv, Köln-Berlin 1956, S. 67—110 m. w. N.). Deshalb braucht der Vsvertreter die Provision nicht etwa insoweit zurückzuzahlen, als nachträglich solche sog. Prämienrückgewähr erfolgt (zustimmend Anonym Vsvermittlung 1955 S. 103, Trinkhaus I S. 193—194 mit problematischer Begründung).

Über den Abzug von Werbeprämien von der Vermittlungsprovision Anm. 279, 300.

[302] ι) Provisionsabrechnung.

Ist Vermittlungsprovision vom Vsvertreter in bestimmter Höhe (Anm. 295—301) „verdient" (Anm. 281—294), so ist sie noch nicht fällig (Anm. 303), vielmehr ist die Fälligkeit im neuen Recht (§ 87a IV HGB) von der Provisionsabrechnung abhängig gemacht (die Regelung beruht auf einem Beschluß des Ausschusses für Rechtswesen und Verfassungsrecht, abweichend noch HandelsvertreterGBegr. S. 26—27).

Der Vsvertreter hat einen Rechtsanspruch auf Provisionsabrechnung. Davon soll in Anm. 320—324 gesondert die Rede sein, zumal der Anspruch nicht nur für Vermittlungs-, sondern auch für andere Provisionen besteht.

Hier sei im Anschluß an § 87c I HGB nur darauf hingewiesen, daß der Abrechnungszeitraum regelmäßig einen Monat beträgt. Er ist beliebig verkürzbar, verlängerbar (auch gemäß § 87c V HGB) jedoch nur auf höchstens drei Monate, z. B. auf Kalendervierteljahre. Abzurechnen ist sodann unverzüglich nach Ablauf des Abrechnungszeitraums, spätestens bis zum Ende des nächsten Monats. Auszugehen ist im Einzelfall von dem Eingang der Prämie beim Ver. Ist sie diesem z. B. am 2. I. bezahlt oder gutgeschrieben und sind Kalendervierteljahre als Abrechnungszeitraum vereinbart, so ist über den fraglichen Betrag spätestens am 30. IV. abzurechnen, wenn nicht schon an einem früheren Apriltage die Unverzüglichkeitsfrist abgelaufen ist.

[303] ϰ) Provisionsfälligkeit (Provisionsvorschuß).

Der Anspruch auf Vermittlungsprovision wird nach § 87a IV HGB am letzten Tag des Monats fällig, in welchem über den Anspruch abzurechnen ist, im Beispielsfalle der Anm. 302 also am 30. IV., mag auch die Unverzüglichkeitsfrist vielleicht schon am 15. IV. abgelaufen sein. Über die Entstehung des § 87a IV HGB: Riedel, Die Provisionsabrechnung und das Zurückbehaltungsrecht des Vsvertreters, ungedruckte Hamburger Diss. 1956, S. 50—55.

Abweichende Fälligkeitsvereinbarungen dürfen den Vsvertreter nicht schlechter stellen (§ 87a V HGB), wohl aber ist eine Besserstellung statthaft. Sie ist z. B. vorgesehen in Ziff. 4 Hauptpunkte (Anm. 138): „Die Provision ist fällig, sobald die Prämien gezahlt sind, aus denen sie sich berechnet." Die Klausel stellt den Vsvertreter sehr viel besser als § 87a IV HGB. Denn es wird bei dieser Fälligkeitsregelung auf das Erfordernis und den Zusammenhang mit der Abrechnung ganz verzichtet und damit auf jene zeitliche Hinausschiebung, welche sich nach dem Gesetz durch den Abrechnungszeitraum und den anschließenden Monat (bzw. die anschließende Unverzüglichkeitsfrist) ergibt. Der Ver hat auch insofern ein wichtiges Zugeständnis gemacht, als die einzelnen Provisionen getrennt jeweils mit der Prämienzahlung fällig werden, während das Gesetz die Fälligkeiten jeweils für das Monatsende zusammenfaßt.

Wird Provision vor der Fälligkeit und mit der Maßgabe gezahlt, daß sie eventuell zurückzugewähren sei, so handelt es sich um **Provisionsvorschuß,** der sich von der Provisionsgarantie dadurch unterscheidet, daß letztere zu den Festbezügen gehört, so daß eine Rückzahlungspflicht entfällt, unbeschadet der Verrechung verdienter Provisionen auf die Garantiesumme: Anm. 245, woselbst auch über eine Zwischenform.

Vsvertreter haben keinen gesetzlichen Anspruch auf Provisionsvorschuß, insbesondere nicht aus § 87a I 2 HGB. Denn diese Vorschrift gilt für Vsvertreter nicht, weil auch § 87a I 1 HGB (Maßgeblichkeit der Ausführung des Geschäfts durch den Unternehmer) auf Vsvertreter keine Anwendung findet (§ 92 IV HGB: Duden a. a. O. S. 342, Josten-Lohmüller a. a. O. Anm. 7 zu § 87a, Schröder[2] a. a. O. Anm. 9 zu § 92, S. 279, Trinkhaus I S. 194). — Fraglich ist es, ob sich aus der prozessualen Vorschrift des § 940 ZPO in Einzelfällen ein Anspruch auf Vorschußgewährung herleiten läßt: „Einstweilige Verfügungen sind auch zum Zwecke der Regelung eines einstweiligen Zustandes in bezug auf ein streitiges Rechtsverhältnis zulässig, sofern diese Regelung, insbesondere bei dauernden Rechtsverhältnissen zur Abwendung wesentlicher Nachteile . . . oder aus anderen Gründen nötig erscheint." Hiernach ist in erster Linie ein streitiges Rechtsverhältnis, also eine Meinungsverschiedenheit zwischen Vsvertreter und Unternehmer erforderlich. Da der Agenturvertrag ein Dauerschuldverhältnis ist (Anm. 197), könnte ein von einer Notlage bedrohter Vsvertreter im Wege der einstweiligen Verfügung Provisionsvorschüsse zu erlangen versuchen, besonders dann, wenn für vermittelte Vertragsabschlüsse Prämieneingänge mit Wahrscheinlichkeit zu erwarten sind oder wenn gar nur Provisionsabrechnung oder Provisionsfälligkeit noch ausstehen. Hierzu Rosenberg[6] S. 1034—1035; OLG Celle 5. VIII. 1952 NJW 1952 S. 1221, ferner speziell für einen Handelsvertreter OLG Hamburg 1. VII. 1954 Entscheidungen und Gutachten Nr. 65 mit negativem Ergebnis, weil der Agenturvertrag vom Unternehmer fristlos gekündigt war. — Im Arbeitsrecht kann unter besonderen Umständen der Arbeitnehmer einen Anspruch auf Vorschuß haben, „wenn die Fürsorgepflicht vom Arbeitgeber verlangt, daß er einem in Not geratenen Arbeitnehmer aushilft" (Nikisch, Arbeitsrecht, I. Bd, 2. Aufl., Tübingen 1955, S. 311). Gegenüber einem selbständigen Vsvertreter besteht jedoch solche arbeitsrechtliche Fürsorgepflicht nicht, sie läßt sich allenfalls gegenüber Einfirmenvertretern im Wege der Analogie annehmen, jedoch müßte dann die Vorschußpflicht zweckmäßig in der RechtsVO des § 92a I HGB geregelt werden (Anm. 246). — Kraft Handelsbrauches besteht kein Anspruch auf Vorschußgewährung (Industrie- und Handelskammer Berlin NeumannsZ 1932 S. 652).

Hiernach setzt eine Provisionsvorschußgewährung regelmäßig eine entsprechende Vereinbarung der Parteien voraus. Dabei lassen sich spezielle und allgemeine Vereinbarungen einerseits, fundierte und Blankovorschüsse andererseits unterscheiden (die Unterscheidungen verquickt Trinkhaus I S. 194—195). Der spezielle Vorschuß wird von Fall zu Fall vereinbart, der allgemeine wird generell im Agenturvertrag oder einem Zusatz dazu vorgesehen. Der fundierte Vorschuß wird im Hinblick auf bestimmte Anbahnungen oder Abschlüsse des Vsvertreters gewährt, der Blankovorschuß losgelöst von solchen konkreten Verdienstchancen des Vsvertreters. Zwei Beispiele für allgemeine Vereinbarungen: Fundierter Vorschuß für die Lebensv (bei Trinkhaus I S. 195): „Dem Vertreter werden auf die Abschlußprovision von 30‰ der Vssumme, begrenzt auf 80% der ersten Jahresprämie, sofort nach Eingang und Annahme der entsprechenden Neuanträge 20‰ der Vssumme, begrenzt auf 60% der ersten Jahresprämie, bevorschußt"; Blankovorschuß (bei Trinkhaus I S. 194): „Der Vertreter wird ermächtigt, am Ersten eines jeden Monats den Betrag von DM 500.— aus der Agenturkasse zu entnehmen. Dieser Betrag wird gegen die im laufenden Monat verdienten Provisionen aus Bestand und Neugeschäft verrechnet." Solcher „feste Vorschuß" ist einer Provisionsgarantie (Anm. 245) am meisten verwandt.

Das Gesagte zeigt, daß vereinbarungsgemäß Provisionsvorschüsse möglicherweise unabhängig von kausaler Vermittlungstätigkeit, also dem Bringen von Vsanträgen, und unabhängig von Vertragsabschlüssen gewährt werden. Sind vermittelte Vsverträge zustande gekommen, so vermag sich der Ver dem Wunsche nach Vorschußgewährung durchweg nicht zu verschließen, wenn nur noch die Ausführung (Prämienzahlung) durch den Vmer, bei laufenden Provisionen vielleicht sogar nur noch die weitere Ausführung durch den Vmer aussteht. Um Provisionsvorschüsse handelt es sich in der Lebensv im Zweifel speziell dann, wenn bei Ratenzahlung durch den Vmer der Vsvertreter z. B. schon nach Eingang einer Vierteljahresprämie einen Betrag erhält (Anm. 270). Soweit Prämienzahlungen erfolgt sind und nur noch Provisionsabrechnung und -fälligkeit ausstehen, kann erst recht die Vorschußgewährung ohne Härte kaum abgelehnt werden. Man spricht bei Vorschußgewährung in der Praxis auch von Provisionsdiskontierung (Trinkhaus I S. 194—195, über die üblichere Bedeutung des Wortes Anm. 270). Neumann VA 1953 S. 164 weist auf die schwere Vermeidbarkeit der Vorschüsse und die Tragbarkeit des darin liegenden Risikos hin. Andererseits müssen fast alle Ver alljährlich hohe Rückforderungsansprüche abschreiben. Die Vsaufsichtsbehörden bemühen sich, dazu beizutragen, daß die Ver keine Stornoverluste erleiden (Bronisch a. a. O. S. 242 m. w. N.).

Die Rechtsnatur der Vorschußgewährung und des Anspruches auf Rückzahlung könnte zweifelhaft sein. Nimmt man ein Darlehen an, so handelt es sich um ein Rechtsverhältnis außerhalb des Agenturvertrages. Dagegen bezieht die Konstruktion einer Erfüllungsvorleistung den Leistungsvorgang in den Agenturvertrag ein, ist jedoch darauf angewiesen, die eventuelle Rückzahlung nach den Vorschriften über ungerechtfertigte Bereicherung zu beurteilen. Demgegenüber gewinnt seit der Schaffung des § 87a II HGB die Auffassung an Boden, wonach auch die Rückgewährpflicht des Vorschußempfängers sich als agenturvertragliche (im Gesetz genannte) Obligation darstellt. Zu den ersten beiden Theorien RG 1. III. 1912 JW 1912 S. 684—685, 3. VII. 1931 RGZ Bd 133 S. 252—253, Nikisch, Arbeitsrecht, I. Bd, 2. Aufl., Tübingen 1955, S. 311, Palandt BGB[15] Anm. 1 zu § 362, S. 327, Anm. 2 vor § 607, S. 497. Für das neue Agentenrecht: Duden a. a. O. S. 310 (Vertrags-, nicht Bereicherungsanspruch, allenfalls den Rückgewährsansprüchen nach Rücktritt [§ 346ff BGB] ähnlich, jedenfalls nicht dem Einwand des Wegfalls der Bereicherung [§ 818 III BGB] ausgesetzt), Josten-Lohmüller a. a. O. Anm. 9 zu § 87a („im Grunde handelt es sich um einen Bereicherungsanspruch, bei dem unwiderlegbar vermutet wird, daß der Erfolgseintritt als unbestimmt anzusehen ist, und bei dem der Umfang der herauszugebenden Bereicherung festgelegt ist"). Schröder[2] a. a. O. Anm. 26 zu § 87a, S. 135 (gesetzliches Schuldverhältnis, Unmaßgeblichkeit der Grundsätze des Bereicherungsrechtes, entsprechende Anwendung der §§ 346 ff BGB), Trinkhaus I S. 195 (ebenso). Nimmt man (entgegen Josten-Lohmüller) keinen Bereicherungsanspruch an, so braucht man auch die Anwendbarkeit des § 820 BGB nicht zu untersuchen. Die Konstruktion eines agenturvertraglichen Rückgewähranspruches entspricht dem Willen des Gesetzgebers (HandelsvertreterGBegr. S. 26). Sie ist nicht nur anzuwenden, falls die Prämie vom Vmer nicht oder nicht weitergezahlt wird (Fall des § 87a II HGB), sondern auch dann, wenn aus anderen Gründen ein Provisionsvorschuß zurückzugewähren ist. Das AG Bonn 25. II. 1953 VersR 1953 S. 295—296 berücksichtigt noch nicht § 87a II HGB, behandelt im übrigen die Sonderfragen der persönlichen Rückzahlungshaftung der Gesellschafter einer offenen Handelsgesellschaft, falls letzterer als Agenturfirma der Vorschuß gegeben worden ist. Die Tilgung der Provisionsvorschüsse erfolgt durch Verrechnung, regelmäßig im Kontokorrent, sonst durch Aufrechnungserklärung, nicht also „automatisch", d. h. nicht ohne Zutun der Parteien (AG Bonn 25. II. 1953 VersR 1953 S. 296). Im Einzelfall kann es besonders bei allgemeiner und nicht fundierter Vorschußzahlung zweifelhaft sein, von wann an der Vsvertreter empfangene und nicht verrechenbare Beträge effektiv zurückzugewähren hat. Fundierte Vorschüsse sind zurückzuzahlen, sobald feststeht, daß der Vmer nicht leistet (§ 87a II HGB); jedoch ist die Fälligkeit analog § 87a IV HGB bis zum nächsten Abrechnungszeitpunkt (§ 87c I HGB) hinausgeschoben. Über die Rückzahlung von Vorschüssen nach Agenturvertragsbeendigung vgl. Anm. 358 mit KG 28. XI. 1939 JRPV 1941 S. 149—150.

Falls echte Generalagenten ihren Untervertretern Provisionsvorschüsse gewähren, ist das ihre eigene Angelegenheit. Falls unechte Generalagenten das tun, läuft der Ver das Risiko. Er wälzt es gern auf den unechten Generalagenten ab, letztere müssen das Provisionsdelkredere übernehmen (Anm. 227).

Die Vorschußgewährung ist für den Ver oder Generalagenten weniger gefährlich, falls der Vsvertreter eine Kaution stellt (Anm. 228), die dann auch der Sicherung der Provisionsvorschüsse dient.

Als sittenwidrig können Vereinbarungen, wonach Vorschüsse zurückzuzahlen sind, selbstverständlich nicht angesehen werden (ArbG Berlin 27. VI. 1935 NeumannsZ 1936 S. 9).

[304] λ) Provisionsvereitelung.

Der Ver (bei echten Untervertretern der Generalagent) muß auf vielfältige Weise mitwirken, damit der Vsvertreter Vermittlungsprovision verdient und weiterverdient, bezieht und weiterbezieht. Fehlt es an dieser Mitwirkung, so kann man von Provisionsvereitelung sprechen.

Negativ ist zu betonen, daß es keine allgemeine Rechtspflicht des Unternehmers gibt, alles Erforderliche zu tun und zu unterlassen, was dazu beitragen kann, daß der Vsvertreter hinsichtlich der Vermittlungsprovision möglichst günstig gestellt sei. Auch eine allgemeine Treupflicht des Unternehmers sollte in diesem Zusammenhang nicht herangezogen werden (a. A. Schröder[2] a. a. O. Anm. 69 zu § 87, S. 120). Es erscheint auch nicht angängig, von einem Recht des Vsvertreters auf Arbeit zu sprechen (ebenso Rohrbeck-Durst-Bronisch S. 44 unter Berufung auf RArbG 23. VII. 1928 JW 1929 S. 212—213, wo sogar für einen unselbständigen Handlungsreisenden das Recht auf Arbeit geleugnet wird).

Positiv gesehen kommt eine Mehrzahl von rechtlichen Gesichtspunkten in Betracht, unter denen ein Vsvertreter bei Provisionsvereitelung entweder Schadensersatz oder Provision fordern oder sonstige Rechtsbehelfe geltend machen kann.

Verletzt der Unternehmer die ihn gegenüber dem Vsvertreter treffenden **Rechtspflichten,** so kann sich daraus ergeben, daß der Vsvertreter keine Vermittlungsprovision verdient. Der Unternehmer ist sodann gemäß §§ 280 I, 286 I BGB **schadensersatzpflichtig** in Höhe der entgangenen Vermittlungsprovision, allerdings unter Abzug der ersparten Aufwendungen. Zu denken ist an folgende Rechtspflichtenverletzungen: Der Ver oder echte Generalagent stellt die erforderlichen Unterlagen nicht zur Verfügung (§ 86a I HGB, Anm. 242), er unterläßt die vorgeschriebene Benachrichtigung (§ 86a II HGB, Anm. 243), er zahlt nicht die versprochenen Festbezüge, Aufwendungsersatz, Provision oder Provisionsvorschuß, und nur bei rechtzeitiger Zahlung hätte der Vsvertreter seine Vermittlungsarbeit erfolgreich durchführen, z. B. notwendige Reisen machen können, er rechnet nicht ab über Provisionen, und hierdurch entgeht dem Vsvertreter weiterer Verdienst (Anm. 328). Auch die Verletzung der Pflicht des Unternehmers, den Vsvertreter nicht bei der Kundschaft anzuschwärzen (Anm. 241), kann zu Schadensersatzansprüchen des Vsvertreters führen, sofern diesem infolgedessen Provision entgeht. Falls ein Vskandidat einem Vsvertreter einen Vsschein einer Konkurrenzgesellschaft zu vertraulicher Einsicht überläßt, der Vsvertreter diesen Vsschein dem Ver vorlegt, letzterer aber pflichtwidrig die Vertraulichkeit nicht wahrt, so daß der Vskandidat verärgert keine Ven abschließt, so kann der Ver dem Vsvertreter ersatzpflichtig sein (RG 5. II. 1941 JRPV 1941 S. 83).

Der Provisionsanspruch ist von zahlreichen Voraussetzungen (Rechtsbedingungen) abhängig (Anm. 280). Der Unternehmer kann den Provisionsanspruch vereiteln, indem er den **Eintritt der Rechtsbedingungen verhindert: Erstens:** Da jede Provision auf dem Agenturvertrag beruht (Anm. 281), wird für den Vsvertreter eine höchst unsichere Lage geschaffen, sofern der Unternehmer das Bestehen oder die Fortexistenz des Agenturverhältnisses (zu Unrecht) bestreitet. — **Zweitens:** Der Ver oder Generalagent kann auch unmittelbar die Vermittlungstätigkeit (Anm. 282) behindern, und zwar nicht nur in den bereits behandelten Fällen der Vertragsverletzung (z. B. Nichtüberlassung der erforderlichen Unterlagen oder Anschwärzung bei der Kundschaft), sondern auch auf andere Weise (Beispiele: Der Ver zieht einen seiner Generalagenten in diffamierender Weise nicht zu den Vertretertagungen hinzu; ein Generalagent behandelt einen Untervertreter so grob, daß letzterem die Vermittlungstätigkeit nicht zuzumuten ist). — **Drittens:** Auch in den Kausalitätsablauf (Anm. 283—288) kann der Unternehmer eingreifen, indem er direkt oder über einen anderen Vsvertreter mit einem vom ersten Vsvertreter bearbeiteten Vmer abschließt (RG 6. III. 1933 HRR 1933 Nr. 940); man denke auch an die schädigende Veränderung von Bezirksgrenzen bei Bezirksvertretern, an umgehungsweise vorgenommene Inhaltsabweichungen oder Personenwechsel zum Zwecke der Ausschaltung des ersten Vsvertreters, an Kündigungen von Vsverträgen, verbunden mit Neuabschlüssen, die gleichfalls nur dazu dienen sollen, den Vsvertreter beiseite zu schieben. Zu solchen Tatbeständen Schröder[2] a. a. O. Anm. 69 zu

§ 87, S. 120—121, auch oben Anm. 191, 241, 272, 287 (negativ ist für Vsvertreter zu bemerken, daß sie für nichtvermittelte „Nachbestellungen" keine Provision erhalten: Anm. 284). — **Vierte** Rechtsbedingung des Provisionsanspruches ist (neben dem Vsvertretervertrag, der Vermittlungstätigkeit und dem Kausalerfordernis) der Vertragsabschluß (Anm. 289): Beim Vermittlungsvertreter führt der Unternehmer diese Rechtsbedingung herbei, kann den Eintritt aber auch vereiteln, indem er nicht abschließt. Inwieweit ist hier der Unternehmer frei oder gebunden? Der wichtige Fall muß besonders erörtert werden. — **Fünfte** Rechtsbedingung ist das Ausführungserfordernis, und zwar ist die Prämienzahlung seitens des Vmers maßgeblich (Anm. 290—292). Wenn der Vmer die Prämie nicht zahlt, so kann das auf dem Verhalten des Vers (oder Generalagenten) beruhen. Der Tatbestand, daß die Prämienzahlung unterbleibt, weil „der Unternehmer das Geschäft ganz oder teilweise nicht oder nicht so ausführt, wie es abgeschlossen worden ist", ist in § 87a III 1 HGB und Anm. 293 behandelt. Der Ver kann aber auch auf andere Weise (nicht nur als Folge einer eigenen Pflichtverletzung) den Prämieneingang unterbinden, speziell durch Nichteinziehung. Auch davon ist gesondert zu sprechen. — Schließlich ist **sechstens** mit Rücksicht auf die Zeitkomponente (Anm. 294) zu bemerken, daß der Ver zeitlich den Abschluß oder die Ausführung zum Nachteil des Vsvertreters hinauszuschieben trachten könnte.

Für die aufgezeigten Rechtsprobleme besteht eine Sonderregelung im Agentenrecht nur in § 87a III HGB (Provisionsanspruch trotz Unterbleibens der Ausführung seitens des Unternehmers: Anm. 293). Für alle anderen Fälle ist auf den Grundgedanken dieser Vorschrift (Fleischmann VersR 1957 S. 10), im übrigen auf allgemeine Rechtsgrundsätze zurückzugreifen. Das Werkvertragsrecht kennt bei Nichtmitwirkung (Annahmeverzug) des Bestellers in § 642 BGB einen Anspruch auf angemessene Entschädigung. Wenngleich der Agenturvertrag dem Werkvertrag nahe steht (Anm. 197), wird doch die Anwendung des § 642 BGB nicht befürwortet. Regelmäßig hat Annahmeverzug keine Schadensersatzpflicht des Gläubigers zur Folge (über Ersatz von Mehraufwendungen § 304 BGB). § 324 (II oder I) BGB kann nicht angewendet werden, weil der Agenturvertrag kein gegenseitiger Vertrag ist (Anm. 197; dagegen zieht Schröder[2] a. a. O. Anm. 72 zu § 87, S. 122 den § 324 BGB heran).

Da es sich um Rechtsbedingungen handelt und überhaupt die Grundsätze von Treu und Glauben das gesamte Schuldrecht beherrschen (§§ 157, 242 BGB), läßt sich in den hier fraglichen Fällen der Provisionsvereitelung **§ 162 I BGB** heranziehen:

> „Wird der Eintritt der Bedingung von der Partei, zu deren Nachteil er gereichen würde, wider Treu und Glauben verhindert, so gilt die Bedingung als eingetreten."

Eine Verhinderung wider Treu und Glauben setzt nicht „die Absicht der Vereitelung" voraus; nicht nur vorsätzlich, sondern auch fahrlässig können Verletzungen von Treu und Glauben erfolgen (RG 13. XI. 1928 RGZ Bd 122 S. 251—252).

Die Rechtsfolge des § 162 I BGB ist die Fiktion des Eintrittes der Bedingung, also des Provisionserwerbes (Ersatzprovision). Auch § 87a III 1 HGB besagt, der Handelsvertreter habe „einen Anspruch auf Provision", also einen Erfüllungs-, keinen bloßen Schadensersatzanspruch. RG 6. III. 1933 HRR 1933 Nr. 940 spricht von arglistiger Umgehung des Agenten und zitiert neben § 242 BGB auch § 162 I BGB.

In Einzelfällen kann die Provisionsvereitelung überdies **schikanös** sein, z. B. kann die Nichtannahme eines Antrages „nur den Zweck haben . . ., einem anderen Schaden zuzufügen" (§ 226 BGB). Schikane setzt voraus, daß ein anderer Zweck des Handelns als Schadenszufügung objektiv ausgeschlossen ist (RG 26. V. 1908 RGZ Bd 68 S. 425). Schikane liegt nicht vor, falls mindestens die Möglichkeit eines anderen als des Schädigungszweckes gegeben ist, wobei die Beweislast den Geschädigten trifft (RG 8. I. 1920 RGZ Bd 98 S. 17). Gegenüber dauernder Schikane besteht ein Unterlassungsanspruch (RG 3. XII. 1909 RGZ Bd 72 S. 254). Da § 226 BGB Schutzgesetz ist, macht sich der Schikanöse gemäß § 823 II BGB schadensersatzpflichtig. — Aus § 826 BGB ergibt sich eine Schadensersatzpflicht des Unternehmers, falls letzterer vorsätzlich **sittenwidrig** dem Vsvertreter Schaden zufügt.

Für die beiden **Hauptfälle** (Nichtabschluß, Vereitelung der Ausführung außerhalb § 87a III HGB) sei ergänzend Folgendes bemerkt:

Provisionsvereitelung durch Nichtabschluß des vermittelten Vertrages:

Grundsätzlich steht es dem Ver (oder Abschlußgeneralagenten) frei, ob er vom Vsvertreter gebrachte Anträge annimmt oder nicht (Anm. 240, 243), hierzu Schmidt-Rimpler a. a. O. S. 145 generell, AG Bonn 25. II. 1953 VersR 1953 S. 296 bei einem Vsagenten. Die Freiheit des Unternehmers hat jedoch gewisse Schranken, und zwar nicht nur infolge der Benachrichtigungspflicht des § 86a II HGB (Anm. 243), sondern darüber hinaus: Duden a. a. O. S. 312 (keine willkürliche Benachteiligung), Knapp[2] a. a. O. Anm. 5 zu § 86a, S. 17 (kein arglistiges oder schikanöses Handeln), Schröder[2] a. a. O. Anm. 70 zu § 87, S. 121 (keine Ablehnung „ohne jeden beachtlichen Grund aus bloßer Willkür oder gar in der Absicht, den Handelsvertreter zu schädigen"), Trinkhaus I S. 175—176 (kein willkürliches Handeln, pflichtgebundenes Ermessen, Unzumutbarkeit) Würdinger in: RGRKomm. HGB Bd 1 Anm. 4 zu § 87, S. 711—712 (keine Ablehnung wider Treu und Glauben, z. B. um dem Vertreter die Tätigkeit zu verleiden oder beharrlich ohne Grundangabe), RG 26. I. 1914 JW 1914 S. 403 (keine schuldhafte Ablehnung), 6. IV. 1921 JW 1921 S. 1238—1239 (keine reine Willkür), OLG Rostock 8. V. 1914 OLG Rspr. Bd 30 S. 400 („nicht willkürlich", nicht „in unlauterer, wider Treu und Glauben verstoßender Weise", nicht „lediglich aus Launenhaftigkeit"), AG Bonn 25. II. 1953 VersR 1953 S. 296 (keine „Ablehnung grundsätzlich oder ganz willkürlich"). Die meisten dieser Autoren und Entscheidungen nehmen übrigens eine Schadensersatzpflicht des Unternehmers, keinen Erfüllungs-(Provisions-)anspruch des Handelsvertreters an. Vertragsfremde Vsverträge darf der Ver stets ablehnen (Anm. 282), desgleichen bezirksfremde Vsverträge bei Bezirksvertretern (Anm. 188).

Provisionsvereitelung durch Nichteinziehung der geschuldeten Prämie:

Das Unterbleiben der Ausführung, also der Nichteingang der ersten oder späteren Prämie kann auf dem Verhalten des Vers beruhen, und zwar entweder auf einer Verletzung seiner Rechtspflichten gegenüber dem Vmer oder auf einem sonstigen Verhalten. Nur den ersten Fall behandelt § 87a III HGB und Anm. 293, der zweite Fall ist hier zu erörtern (auch den zweiten Fall subsumiert fälschlich unter § 87a III HGB: LG München 6. VI. 1956 NJW 1957 S. 186 = VersR 1956 S. 654—656, dagegen mit Recht Fleischmann VersR 1957 S. 9—11). Es handelt sich besonders um den Sachverhalt, daß der Ver fällige Prämien nicht einzieht. Hierzu trifft ihn im Verhältnis zum Vmer keine Rechtspflicht, aber es fragt sich, ob ihm im Verhältnis zum Vsvertreter die Einziehung obliegt, weil der Anspruch auf Vermittlungsprovision für letzteren vom Eingang der Prämie abhängt. Die Einziehungsmaßnahmen könnten von verschiedener Art sein, beginnend mit der „Nacharbeit" (also einem Schreiben an den Vmer oder Besuch bei dem Vmer), sich steigernd zur Mahnung (evtl. qualifizierten Mahnung gemäß § 39 I [Anm. 6—25 zu § 39]), ausmündend in Zahlungsbefehl oder Prämienklage, notfalls mit den Konsequenzen der Zwangsvollstreckung, des Offenbarungseides, der Konkursbeantragung.

Außerhalb der Vswirtschaft wird der Standpunkt vertreten, der Unternehmer müsse sich mit allen Mitteln um die Einziehung der provisionsauslösenden Leistung des Kunden bemühen, sofern nicht Aussichtslosigkeit bestehe, vgl. z. B. Josten-Lohmüller a. a. O. Anm. 10 zu § 87a, Knapp[2] a. a. O. Anm. 7 zu § 87a, S. 28, Schröder[2] a. a. O. Anm. 27, 28 zu § 87a, S. 135—136, auch BAA VA 1953 S. 162, HandelsvertreterGBegr. S. 26, zurückhaltender LArbG Stuttgart 20. VI. 1955 BetrBer 1955 S. 961.

Diese allgemeinen Grundsätze gelten jedoch für die Vswirtschaft nicht:

Allerdings ist auch hier der Ver zur „Nacharbeit" gehalten: „Diese Nacharbeit durch Angestellte der Zentrale oder der Bezirksdirektion oder auch durch den Bezirksdirektor selbst ist in der Tat das, was dem Unternehmen zuzumuten ist" (BAA VA 1953 S. 162 hinsichtlich eines Unteragenten). Die Nacharbeit ist vom Vsvertreter durch Unterrichtung des Unternehmers von Prämienrückständen zu unterstützen (Anm. 222). Umgekehrt braucht aber der Ver einen ausgeschiedenen Inkassovertreter nicht mehr über Prämienrückstände zu unterrichten, damit der Ausgeschiedene bei den säumigen Vmern interveniere (AG Hamburg 27. III. 1951 VersR 1951 S. 178—179 mit Anm. Bronisch, der auf die schuldhafte Unterlassung des Inkasso durch den Krankenver abstellt). Zur

Nacharbeit gehört auch die einfache oder (bei Folgeprämien) die qualifizierte Mahnung, zumal letztere auch im Interesse des Vers und der Gefahrengemeinschaft zur Erzielung der Leistungsfreiheit (§ 39 II) geboten ist.

Fruchtet jedoch auch die Mahnung nicht, so fragt es sich, ob der Vsvertreter verlangen kann, daß vom Ver ein Zahlungsbefehl beantragt, eine Prämienklage angestrengt wird, immer vorausgesetzt, daß der Vmer wirtschaftlich solvent ist. Die Aufsichtsbehörden haben sich in VA 1927 S. 126, 1928 S. 112 mit der Beitreibung der ersten Jahresprämie in der Lebensv befaßt: Es wurde angeordnet, daß der Vorstand sich grundsätzlich selbst die Entscheidung über die Einleitung von Zwangsmaßnahmen jeglicher Art vorzubehalten habe, auch die Durchführung der Prozesse überwachen müsse, „um eine Schädigung des Vsgedankens durch ein zu scharfes Vorgehen bei der Einziehung der ersten Prämie zu verhüten". Diese Stellungnahme ist vom BAA in VA 1953 S. 162 verschärft unter Hinweis auf das Kündigungsrecht des Vmers und das Interesse des Vers an langfristigen Verträgen:

> „Verträge, die vom Vmer von Anfang an nur widerwillig erfüllt werden und die der Vmer bei der ersten Gelegenheit aufzulösen entschlossen ist, sind von Anbeginn krank und für den Geschäftsherrn daher wertlos. Andererseits stehen einer Erzwingung im Klagewege beachtliche Interessen entgegen. Jeder Prozeß verursacht Verwaltungskosten, die auch im Fall des Obsiegens und der Möglichkeit der Beitreibung der Prozeßkosten nicht ausgeglichen werden, die also das Vsunternehmen aus der Gesamtheit des Beitragsaufkommens zu tragen hätte. Das Mißverhältnis von Prozeßkostenaufwand und Erfolg gilt insbesondere in der Kleinlebensv. Der Vsprozeß als Massenerscheinung würde ferner mit Gewißheit den Ruf jedes Vsunternehmens schädigen. Eine durch Prozeß erzwungene Vsgemeinschaft ist ein Widerspruch in sich selbst. Der Prozeß als Massenerscheinung schädigt auch das Vermittlergewerbe, dessen Aufgabe es gleichfalls sein muß zu überzeugen, nicht zu erzwingen. Der Zwang zum Prozeß würde schließlich zu dem widerspruchsvollen Ergebnis führen, daß der Vermittler von Vsverträgen zweifelhafter Güte derjenige wäre, der das Unternehmen zwänge, entweder zu prozessieren oder die Provision trotz Storno zu zahlen."

Manche Urteile berufen sich auf die Stellungnahme der Aufsichtsbehörden, so LG Berlin 24. IX. 1929 JRPV 1930 S. 195 (zugleich gestützt auf die unerwünschte Verquickung von Lebensv und Darlehensgewährung), AG Hamburg 29. II. 1928 HansRGZ 1928 A Sp. 583—585. Im Schrifttum wird die Stellungnahme der Aufsichtsbehörden zum Teil in unzulässiger Weise über die Lebensv und die erste Jahresprämie hinaus erweitert, z. B. von Josten-Lohmüller a. a. O. Anm. 10 zu § 87a (ganz allgemein). Leuze a. a. O. S. 15—16 unterscheidet gleichfalls nicht die einzelnen Vszweige, meint aber, daß der Ver dem Vsvertreter die Gründe offenlegen müsse, weshalb er von der Klageerhebung Abstand nehmen wolle. Rohrbeck-Durst-Bronisch S. 17, 62, stellen der Lebensv „teilweise auch" die Sachv gleich. Schröder[2] a. a. O. Anm. 9 zu § 92, S. 279 will dagegen anscheinend zwischen Waren- und Vsvertretern keinen Unterschied machen. Trinkhaus I S. 189—190 verlangt gleichfalls weitgehend Prämienklagen, jedenfalls außerhalb der Lebensv, bei Zahlungsfähigkeit und größeren Beträgen.

Das Problem ist in extenso behandelt im Anschluß an einen Rechtsstreit LG Essen 5. V. 1955 VA 1955 S. 280—281 = VersR 1955 S. 387—388, aufgehoben von OLG Hamm 24. X. 1955 VersR 1956 S. 61. Das LG Essen folgte — ohne sie zu zitieren — den Gedankengängen des BAA in VA 1953 S. 162. Das OLG Hamm geht demgegenüber davon aus, der Lebensvsvertrag sei ordnungsgemäß zustande gekommen und der Vmer sei zahlungsfähig. Auf die Rechtsnatur als Dauerschuldverhältnis komme es nicht an, der Vsgedanke erleide keinen Schaden. Der Vmer sei nicht nach Abschluß des Vertrages in eine finanzielle Notlage geraten, die durch die Prämienzahlung noch verschlimmert werde, so daß der Schutzgedanke der Lebensv in sein Gegenteil verkehrt werde. Ein Handelsbrauch, Lebensvsprämien nicht einzuklagen, bestehe nicht. Gegen diese Gedankengänge wendet sich Franke VersR 1956 S. 156—158, während Anonym Vsvermittlung 1956 S. 26—27 der Entscheidung des OLG Hamm beipflichtet. Letzterer verwandt ist das Urteil LG München 6. VI. 1956 NJW 1957 S. 186—187 = VersR 1956 S. 654—656, kritisiert durch von Brunn NJW 1957 S. 468—469, zustimmend kommentiert von Anonym Vsvermittlung 1957 S. 3—4. Dagegen unterstreicht die Gesichtspunkte des BAA Fleischmann VersR 1957 S. 9—11. Vgl. auch ein späteres Urteil des OLG Hamm 28. XII. 1956 VersR 1957 S. 460—465 mit kritischer Anm. Franke.

Durch Handelsbrauch ist die Problematik nicht gelöst. Die Industrie- und Handelskammer Berlin hat allerdings 1917 gemeint: „Ob der Ver bei unterlassener Einlösung den Vmer — gegebenenfalls durch gerichtliches Vorgehen — zur Einlösung anhalten will oder nicht, ist seinem freien Ermessen überlassen, welches seine Grenze nur darin findet, daß der Ver nicht arglistig durch Aufhebung des Vertrages die Entstehung des Provisionsanspruches des Agenten verhindern darf" (JRPV 1928 S. 390). Für die spätere Zeit vgl. Mitteilungen 1929 S. 32, Wirtschaftsblatt 1933 S. 51.

Das RAA hat in VA 1927 S. 126 für die Lebensv angeordnet, „daß in alle Agenturverträge ... künftig eine Bestimmung aufgenommen wird, wonach die Gesellschaft zur Einklagung der ersten Jahresprämie nicht verpflichtet ist" (vgl. Prölss VAG² S. 110 bis 111). Während das OLG Hamm a. a. O. meint, die Anordnung zeige, „daß es diese Behörde für erforderlich hält, eine besondere vertragliche Bestimmung zu schaffen, um die Entstehung von Provisionsansprüchen in solchen Fällen auszuschließen", argumentiert umgekehrt Franke a. a. O., Vsvertreter, mit denen ausnahmsweise die Vereinbarung nicht getroffen sei, könnten kein Sonderrecht beanspruchen; was für die einen rechtens sei, müsse auch für die anderen recht und billig sein. Solche Gleichschaltung ist jedoch bedenklich. Fleischmann VersR 1957 S. 11, Trinkhaus I S. 189 bemerken, daß selbst bei Gegebensein der Agenturvertragsklausel der Ver bei der Unterlassung der gerichtlichen Prämieneinziehung „dennoch nicht willkürlich handeln" dürfte. LG München 6. VI. 1956 NJW 1957 S. 186—187 = VersR 1956 S. 655—656 hält wegen des zwingenden Charakters von § 87a III, V HGB solche Klausel zwar für nichtig, verkennt aber, daß es sich gar nicht um einen Anwendungsfall dieser Norm (Nichtausführung durch den Unternehmer) handelt (richtig Fleischmann VersR 1957 S. 10, 11, LArbG Stuttgart 20. VI. 1955 BetrBer 1955 S. 961). Schröder² a. a. O. Anm. 28 zu § 87a, S. 136 zieht nach Lage des Einzelfalles neben dem Sinn des § 87a HGB auch § 138 BGB heran.

Bei Nichtvereinbarung der Klausel ist eine Stellungnahme schwierig, sie muß in gewissem Umfang generell, im übrigen speziell für die Lebensv erfolgen. In allen Vszweigen braucht der Ver gerichtlich nicht vorzugehen, wenn anzunehmen ist, daß die Zwangsvollstreckung in das Vermögen des Prämienschuldners nicht zur Befriedigung führen wird oder wenn durch eine Änderung des Wohnsitzes des Prämienschuldners die Rechtsverfolgung wesentlich erschwert ist. Bei Ven, die in Notfällen des Lebens schützen sollen (z. B. auch Krankenven), widerspricht dem Vsgedanken eine Prämieneinziehung, falls der Vmer (infolge einer Änderung seiner Verhältnisse nach Vertragsabschluß) in eine Notlage geraten würde (dagegen sind Vmer, die leichtsinnig kontrahiert haben, nicht schutzbedürftig). Ein Vsvertreter kann ferner dann nie vom Ver die gerichtliche Geltendmachung verlangen, wenn der zur Zahlung aufgeforderte Vmer glaubhaft macht, der Vsvertreter sei bei der Werbung nicht ordnungsgemäß verfahren; hier kann das Ansehen der Vswirtschaft am besten durch Entgegenkommen gewahrt werden (anders nur, „wenn das Unternehmen Wert darauf legt, gegen den Vermittler erhobene Beschuldigungen objektiv klarstellen zu lassen": BAA in VA 1953 S. 162). Auch dann, wenn der Vertragsabschluß durch Wettbewerbsverstoß des Vsvertreters oder Vers zustandegekommen ist, kann der Vsvertreter die gerichtliche Geltendmachung nicht verlangen (Franke VersR 1956 S. 156). — Neben diesen allgemeinen Grundsätzen stehen spezielle für die Lebensv, und zwar nur für die erste Jahresprämie, weil aus ihr die Vermittlungsprovision bezahlt zu werden pflegt. Ist schon diese Prämie nur durch gerichtliche Maßnahmen erlangbar und eine Kündigung des Vmers gemäß § 165 I mit Wahrscheinlichkeit zu erwarten, so hat der Vsvertreter einen „Papiersoldaten" geworben, und dieser Erfolg ist nicht lohnwürdig und verdienstlich, zumal wenn man bedenkt. daß die aus der ersten Jahresprämie zu zahlende Vermittlungsprovision gedacht ist als Vergütung für das Hereinbringen eines langjährigen Dauerschuldverhältnisses. Weiterhin kann der Vsvertreter dann die gerichtliche Geltendmachung nicht verlangen, wenn sich für den Ver ein Verlustgeschäft ergeben würde, wenn also die erste Jahresprämie aufgezehrt wird durch die Vermittlungsprovision, die sonstigen Verwaltungskosten und die für das erste Vsjahr erforderliche Prämie (mit dem Prämieneinzug beginnt gemäß § 38 II die Gefahrtragung des Vers) (Franke VersR 1956 S. 157). — Soweit die geschilderten generellen oder speziellen Gesichtspunkte nicht eingreifen, gilt das allgemeine Handelsvertreterrecht, d. h. es liegt dem Ver die gerichtliche Geltendmachung der Prämienforderung im Interesse des Vsvertreters ob. — Übernimmt der Vsvertreter das Klagekostenrisiko (Anm. 227), so ändert sich dadurch die Beurteilung der Grundfrage nicht; der Vsvertreter kann den Ver durch die Übernahme nicht zur Klage zwingen.

Die Zwangsvollstreckung aus einem erstrittenen Urteil muß der Ver versuchen, es sei denn daß Unbeitreibbarkeit oder Entstehung einer Notlage in Betracht kommen. Bei Konkurs des Vmers ist die Prämienforderung anzumelden (Rohrbeck-Durst-Bronisch S. 63). Zur Frage der Ladung zum Offenbarungseid: Verwaltungsgericht Berlin 19. IX. 1953 VA 1954 S. 91—93: „Die Kammer folgt . . . zwar nicht der Auffassung, daß eine unnachsichtige Zwangsvollstreckung wegen rückständiger Beiträge, selbst mit anschließendem Offenbarungseid-Verfahren, stets einen Verstoß gegen die guten Sitten darstellt. Es kann aber nicht geleugnet werden, daß dies in besonders gelagerten Fällen doch zutreffen könnte, z. B. dann, wenn der Vmer in eine unverschuldete Notlage geraten ist und wegen eines ganz geringfügigen Zahlungsrückstandes zum Offenbarungseid geladen wird" (dazu vgl. § 81 II 1 VAG).

Kann sich der Ver im Wege der Aufrechnung befriedigen, so muß er es im Interesse des Vsvertreters tun (vgl. Knapp[2] a. a. O. Anm. 7 zu § 87a, S. 28). Dagegen darf er regelmäßig nicht soweit gehen, dem Vmer die Prämie zu erlassen (Duden a. a. O. S. 310).

Der Vsvertreter selbst kann die Prämie auch als Abschlußvertreter nicht einklagen, weder im Namen des Vers noch im eigenen Namen. Hierzu bedarf es einer Sondervollmacht oder einer Abtretung; auf beides hat der Vsvertreter keinen Anspruch. Eine stillschweigende Zession seitens des Vers kann nicht angenommen werden (Industrie- und Handelskammer Berlin NeumannsZ 1933 S. 83). Ein Abschlußvertreter kann analog § 45 außergerichtlich (einfach oder qualifiziert) mahnen, weil er sogar zurücktreten und kündigen kann (vgl. Möller Vsvermittlung S. 107, Rohrbeck-Durst-Bronisch S. 62, Anm. zu § 45).

Neben dem Problem der Einziehung geschuldeter Prämien gehört zu dem Fragenkomplex einer Vereitelung der Ausführung auch der Tatbestand einer **Herbeiführung des Provisionswegfalles:** Dadurch daß der Ver z. B. anficht, zurücktritt, kündigt oder mit dem Vmer einen Aufhebungsvertrag schließt, könnte der Anspruch des Vsvertreters auf Vermittlungsprovision beeinträchtigt werden. Inwieweit trotzdem der Vsvertreter den Provisionsanspruch behält, ist bei den einzelnen Tatbeständen des Provisionswegfalles zu schildern (Anm. 305—309).

Neben den bisher geschilderten rechtlichen Gesichtspunkten (Verletzung von Rechtspflichten des Unternehmers, Verhinderung des Eintrittes von Rechtsbedingungen) kommt jener in Betracht, daß der Ver den gesamten **Vsvertretervertrag der Beendigung zuführt,** um Ansprüche auf Vermittlungsprovision zu vereiteln. Der Fall ist durch § 89a II HGB teilweise miterfaßt: Wird eine Kündigung seitens des Vsvertreters durch ein vom Unternehmer zu vertretendes Verhalten veranlaßt, so ist der Unternehmer zum Ersatz des durch die Aufhebung des Vertragsverhältnisses entstehenden Schadens, also auch entgehender Vermittlungsprovisionen verpflichtet (Anm. 355). Über Ansprüche des Vsvertreters bei Liquidation des Vers oder Generalagenten Anm. 345, bei Einstellung des Geschäftes seitens des Generalagenten Anm. 347, bei Konkurs des Generalagenten oder des Vers Anm. 336, 351.

[305] μ) Provisionswegfall.

Der Anspruch auf Vermittlungsprovision erlischt, sofern die Prämie nicht oder nicht weiter bezahlt wird, aus der sich die Provision „berechnet". Die Nichtzahlung kann darauf beruhen, daß der Ver (Anm. 293) oder der Vmer seine Verpflichtungen nicht erfüllt (zur zwangsweisen Einziehung: Anm. 304), aber auch darauf, daß das Vsverhältnis nichtig ist oder sein Ende findet, ganz oder teilweise.

Ist Vermittlungsprovision bereits gezahlt, so ist sie für jene Zeit zurückzuzahlen, für welche der Vmer keine Prämie (oder Geschäftsgebühr oder Kosten: Anm. 301) schuldet (Rohrbeck-Durst-Bronisch S. 64). Der Rückforderungsanspruch ist (außer bei Nichtigkeit des Agenturverhältnisses) als Vertragsanspruch anzusehen (§ 87a II HGB, Anm. 303), der aber möglicherweise auch nach Beendigung des Agenturverhältnisses zu erfüllen ist (ArbG Berlin 17. IV. 1936 NeumannsZ 1936 S. 1055, Josten-Lohmüller a. a. O. Anm. 12 zu § 87a). Es handelt sich nicht um einen Bereicherungsanspruch (a. A. Trinkhaus I S. 193), was wegen § 818 III BGB wichtig ist. Zu Fällen der Nichtigkeit des Agenturvertrages, auch der durch Anfechtung bewirkten, vgl. Anm. 281. Ein Handelsbrauch hat sich zum Fragenkreis der Provisionsrückgewähr nicht gebildet (Industrie- und Handelskammer Berlin VA 1933 S. 195 = NeumannsZ 1932 S. 943, vgl. auch schon NeumannsZ 1914 S. 619, 1915 S. 135).

Handelte es sich um Provisionsvorschüsse (Anm. 303), so sind diese zurückzuzahlen. Gleichbleibend-laufende Provisionen sind auf jene Prämien zurückzugewähren, die seinerseits der Ver zurückgewähren muß. Bei nicht gleichbleibenden laufenden Provisionen ist die Rechtslage besonders problematisch: Sind z. B. bei einer zehnjährigen V im ersten Vsjahr 100% der Prämie als Provision versprochen, für das zweite bis zehnte Vsjahr je 20% (Anm. 270), und wird das Vsverhältnis nach dem zweiten Vsjahr beendet, so erscheint es nicht gerecht, daß dem Vsvertreter bei der nur zweijährigen Vsdauer 120% einer Jahresprämie als Provision verbleiben sollen. Sollen dem Vsvertreter sogar 100% der Jahresprämie zustehen, falls schon zum Ende des ersten Vsjahrs die V vorzeitig zur Beendigung kommt? Gerecht wäre es hier und in allen anderen Fällen der Nichterreichung der zehnjährigen Vsdauer, die für zehn Jahre vorgesehene Gesamtprovision von 280%, gleichmäßig zu verteilen, also für jedes Jahr 28% zu rechnen, vielleicht auch 30% mit Rücksicht auf die ursprünglich vorgesehene Diskontierung. Damit wäre auch die Gefahr gebannt, daß der Vsvertreter die vorzeitige Kündigung der V veranlaßt (Anm. 270). Bei Fehlen einer Vereinbarung wird der Ver jedoch diese gerechte Lösung nicht durchsetzen können (Industrie- und Handelskammer Berlin VA 1928 S. 105, 401 [für Vsmakler], Trinkhaus I S. 196, a. M. Josten-Lohmüller a. a. O. Anm. 12 zu § 87a, VW 1954 S. 10—11), eine entsprechende Verkehrssitte oder ein Handelsbrauch fehlt. Über Vereinbarungen Josten-Lohmüller VW 1954 S. 10, Rohrbeck-Durst-Bronisch S. 53, Trinkhaus I S. 196—197. Solche Vereinbarung ist vorgeschrieben in den Erläuterungen zu III Anordnung über V und Zeitschrift (Anm. 195). Eine Klausel könnte lauten: „Wird aus irgendeinem Grunde eine V vorzeitig aufgehoben, so ist die Gesellschaft berechtigt, den Unterschied zwischen den gezahlten Abschlußprovisionen und den Provisionen zurückzuverlangen, die sie hätte zahlen müssen, wenn die V von vornherein nur bis zu dem Tag abgeschlossen worden wäre, an dem sie erloschen ist. Das Gleiche gilt für eine Prämienermäßigung während der Vsdauer". Sind schon nicht gleichbleibend-laufende Provisionen im Zweifel, also beim Fehlen solcher Klausel nicht zu erstatten, so ist es unfraglich, daß eine Einmalprovision dem Vsvertreter verbleibt, selbst wenn die Prämienzahlung sofort endet, nachdem jene Prämien beglichen sind, aus denen sich die Provision berechnet. Ist also in der Lebensv die erste Jahresprämie gezahlt, womöglich zwangsvollstreckt, so verbleibt dem Vsvertreter seine volle hohe Einmalprovision, auch wenn die zweite Jahresprämie nicht mehr beglichen wird (Trinkhaus I S. 192, 197). Sind in der Krankenv (je nach Vereinbarung) 3—5 Monatsprämien bezahlt, kommt aber im sechsten Monat die V zum Storno, so verbleibt dennoch dem Vsvertreter die Einmalprovision.

Wegen der Verknüpfung von Prämie und Vermittlungsprovision ist es für alle Beendigungsfälle entscheidend, ob und wielange der Vmer Prämie zu zahlen hat. Hat er eine Geschäftsgebühr zu zahlen, so erhält hieraus der Vsvertreter seine volle Provision. Hat er eine Prorataprämie zuzüglich Kosten zu begleichen, so steht auch der Kostenbetrag für die Provisionszahlung zur Verfügung. Eine vertragsgemäße Prämienrückgewähr usw. läßt die Provision nicht nachträglich wegfallen. Näheres zu diesen Fällen Anm. 301.

Die Beendigung des Vsverhältnisses geht sehr häufig auf ein Verhalten des Vers zurück, z. B. Kündigungserklärung oder Abschluß eines Aufhebungsvertrages mit dem Vmer. In solchem Verhalten könnte bei Einfluß auf die Prämien- und damit Provisionszahlung eine Provisionsvereitelung (Anm. 304) liegen. Es soll bei den einzelnen Beendigungsgründen geprüft werden, inwieweit das tatsächlich zutrifft. In Fällen der Provisionsvereitelung kann der Provisionswegfall nicht gültig vereinbart werden nach Riedel, Die Provisionsabrechnung und das Zurückbehaltungsrecht des Vsvertreters, ungedruckte Hamburger Diss. 1956, S. 35—36.

[306] αα) Nichtigkeit und Anfechtbarkeit.

Eine Übersicht über sämtliche Fälle der Anfechtung durch Vmer oder Ver findet sich in Anm. 3—8 zu § 22, über sämtliche Fälle der Nichtigkeit (und verwandte Erscheinungen) in Anm. 31—34, 37—52 zu § 22.

Trotz Anfechtung und Nichtigkeit des Vsvertrages, die ex tunc wirken, fällt nicht in allen Fällen der Anspruch des Vsvertreters auf Vermittlungsprovision fort. Denn der Ver behält unter gewissen Voraussetzungen den Anspruch auf die Prämie, zum Teil sogar für die ganze Vsperiode (Unteilbarkeit; gesetzlich geregelter Hauptfall: § 40 I 1 [Anfechtung durch den Ver]). In diesem Punkt unterscheidet sich das Recht der Vsvertreter von jenem der Warenvertreter (vgl. z. B. Duden a. a. O. S. 312, Knapp[2] a. a. O. Anm. 2 zu § 87, S. 22). Vertritt man die Auffassung, daß dem Ver keine Prämie gebührt, so daß er gezahlte Prämie aus Bereicherungsgrundsätzen zurückzuzahlen hat, so taucht die Frage auf, ob er in Höhe gezahlter Vermittlungsprovisionen noch bereichert ist (§ 818 III BGB). Das verneint OLG Stuttgart 27. IV. 1931 VA 1931 S. 269—270 Nr. 2327, zugleich aber annehmend, der Ver müsse seinen gegen den Vsvertrerter gerichteten Anspruch auf Provisionsrückzahlung auf Verlangen an den Vmer abtreten.

Wegen der Einzelheiten des Prämienschicksals bei Anfechtung Anm. 4, 6, 8, 28 zu § 22, Anm. 10, 18 zu § 40, bei Nichtigkeit Anm. 53, 54 zu § 22, Anm. 17 zu § 40.

Ficht der Ver an, so muß ihm stets ein besonderer Grund zur Verfügung stehen (Irrtum, Täuschung, Drohung). Der Gesichtspunkt einer Provisionsvereitelung kann also nicht Platz greifen.

Ficht der Vmer an, so kann dies darauf beruhen, daß er vom Vsvertreter arglistig getäuscht worden ist. Hier hat der Ver keine Prämienansprüche (Anm. 4 zu § 22), demzufolge der Vsvertreter auch keinen Provisionsanspruch (Trinkhaus I S. 192—193 Anm. 67).

[307] ββ) Eintritt einer Bedingung.

Bedingte Vsverträge sind außerordentlich selten (Anm. 84 zu § 1). Ist ausnahmsweise ein Vsvertrag auflösend bedingt, so fragt es sich für den Prämien- und Provisionsanspruch, ob der Bedingungseintritt ex nunc wirkt (so im Zweifel: § 158 II BGB) oder ob eine Zurückbeziehung der Folgen gewollt ist (über diesen Ausnahmefall: § 159 BGB). Die Unterscheidung ist übersehen von Duden a. a. O. S. 312.

Ist der Eintritt der auflösenden Bedingung vom Ver abhängig (Wollensbedingung), so wird Vermittlungsprovision dann geschuldet, wenn der Ver die Auflösung wider Treu und Glauben herbeiführt (§ 162 II BGB).

Über aufschiebend bedingte Vsverträge: Anm. 289 und zur Provisionsvereitelung § 162 I BGB. Danach gilt eine aufschiebende Bedingung als eingetreten, wenn der Eintritt vom Willen des Vers abhängt, jedoch wider Treu und Glauben verhindert wird (Beispiel für einen Kaufvertrag: RG 5. II. 1929 WarnRspr 1929 S. 101—104 Nr. 60, wonach die Fiktion des § 162 I BGB auch im Verhältnis des Vermittlers zu den Kaufbeteiligten gilt).

[308] γγ) Rücktritt und Kündigung.

Das Vsvertragsrecht kennt nur wenige Rücktrittsfälle, und zwar nur den Rücktritt seitens des Vers wegen Verletzung der vorvertraglichen Anzeigepflicht (§§ 16 II, 17 I) und wegen Nichtzahlung der Erstprämie (§ 38 I 1). Negativ vgl. § 6 IV. Trotz Rücktritts gebührt dem Ver die Prämie bis zum Schluß der Vsperiode (§ 40 I 1) oder doch eine angemessene Geschäftsgebühr (§ 40 II 2, 3). Demzufolge gebührt dem Vsvertreter wie Vermittlungsprovision, die auch aus der Geschäftsgebühr zu bezahlen ist, so wie wenn die Erstprämie statt der Geschäftsgebühr beglichen worden wäre. Von treuwidriger Provisionsvereitelung kann bei begründetem Rücktritt nicht die Rede sein.

Mannigfaltiger sind die Fälle der Kündigung (Anm. 20—27 zu § 8). Über das Prämienschicksal läßt sich einheitlich nichts aussagen. Da die Kündigung ex nunc wirkt, bleibt regelmäßig Prämie geschuldet, oft (wie nach § 40 I 1, II 1) unteilbar für die Vsperiode der Kenntniserlangung oder Vertragsbeendigung (Anm. 7, 8, 11 zu § 40). Zuweilen, z. B. bei Kündigung im Falle des Konkurses oder des Vergleichsverfahrens über das Vermögen des Vmers (§§ 14, 40 III) ist eine Proratаprämie zuzüglich Kosten zu zahlen (Anm. 13 zu § 40). Über das Prämienschicksal bei Kündigungen nach Zivilrecht: Anm. 19 zu § 40. Soweit der Ver Prämie erhält, bezieht der Vsvertreter Vermittlungsprovision. Die Zubilligung von Kosten nach § 40 III ermöglicht sogar die Zahlung zusätzlicher Provision (vgl. Anm. 11 zu § 13 mit Anm. 6 zu § 14).

Eine Kündigung seitens des Vers kann eine Provisionsvereitelung bewirken, weil für die Zukunft Provision wegfällt. Man wird aber im Zweifel nicht sagen können, daß es Treu und Glauben widerstreite, falls der Ver von einem ihm durch Gesetz oder Vertrag verliehenen Kündigungsrecht Gebrauch macht, z. B. nach Verzug des Vmers mit einer Folgeprämie (§ 39 III 1, 2), nach einer Gefahrerhöhung (§§ 24 I, 27 I 1) oder sonstigen Obliegenheitsverletzung, nach Veräußerung der vten Sache (§ 70 I 1), nach dem Eintritte eines Vsfalles (§§ 96 I, 113[1], 158 I 1, dazu Josten-Lohmüller VW 1954 S. 11, Rohrbeck-Durst-Bronisch S. 64, Trinkhaus I S. 193, z. T. bedenklich), auch nicht bei Ablauf der primär vorgesehenen Vertragszeit (§ 8 I). Nur in Ausnahmefällen wird es dem Vsvertreter gelingen, einen Verstoß des kündigenden Vers gegen Treu und Glauben darzutun.

Hier spielen eine besondere Rolle Kündigungen von Ven mit Verlängerungsklausel (§ 8 I), die vom Ver erklärt werden, obgleich sofort oder bald darauf ein besonderer Verlängerungs- oder Anschlußvertrag abgeschlossen wird, bei dem der Vertragsinhalt unverändert bleibt oder nur scheinbaren Veränderungen unterworfen wird. Hier handelt es sich um eine Maßnahme, die ausschließlich, also schikanös, oder doch überwiegend der Vereitelung des an und für sich weiterlaufenden Provisionsanspruchs des Vsvertreters dienen soll. Man wird deshalb einen Provisionsanspruch des „ausgeschalteten", „ausgebooteten" Vsvertreters unter Heranziehung der §§ 162 II BGB, 87a III 1 HGB begründen können. Das gilt auch dann, wenn der Vsvertreter nachweisen kann, der Ver habe den Vmer veranlaßt, vor dem Neuabschluß die Kündigung seinerseits zu erklären. Vgl. zu alledem auch schon Anm. 241, 272.

Kündigt der Vmer (gegen den Willen des Vers), so könnte doch in solchen Fällen ein Tatbestand der Provisionsvereitelung dann vorliegen, wenn der Ver dem Vmer einen Grund zur Kündigung schuldhaft gegeben hat, z. B. durch hartnäckige Verweigerung der Gefahrtragung, zu Unrecht erfolgenden Rücktritt, verschuldetes Unsicherwerden (Anm. 24, 25 zu § 8).

[309] δδ) Aufhebung und Restfälle.

Besonders mißlich ist es für Vsvertreter, falls durch eine Vereinbarung zwischen Ver und Vmer vermittelte Vsverträge vor ihrem normalen Ablauf aufgehoben werden (über Aufhebungsverträge: Anm. 40 zu § 8). Dabei wird hinsichtlich der Prämie regelmäßig anzunehmen sein, daß sie dem Ver nur pro rata temporis bis zur Aufhebung gebührt (Anm. 20 zu § 40). Entsprechend erlischt der Anspruch auf Vermittlungsprovision.

Gerade auch bei solchen Aufhebungsverträgen wird jedoch der Vsvertreter zuweilen darzutun vermögen, daß anschließend ein Verlängerungs- oder Anschlußvertrag mit prinzipiell unverändertem Inhalt abgeschlossen sei, und zwar mit dem ausschließlichen oder überwiegenden Zweck der Provisionsvereitelung (vgl. für die Kündigung Anm. 308). Dem Vsvertreter verbleibt sodann der Provisionsanspruch, möglicherweise sogar dann, wenn zu reinen Umgehungszwecken bei dem Neuabschluß ein anderer Vmer aufgetreten ist, z. B. bei Vsnahme durch einen Konzern ein anderes Konzernunternehmen. Wird ein Aufhebungsvertrag abgeschlossen, nachdem der Vmer

Prämie nicht gezahlt hat, so können die bei Nichteinziehung von Prämie maßgebenden Grundsätze angewendet werden (Anm. 304, LG Essen 5. V. 1955 VA 1955 S. 281 = VersR 1955 S. 388, OLG Hamm 24. X. 1955 VersR 1956 S. 61 [mit entgegengesetzten Ergebnissen], vgl. auch Gutachten Industrie- und Handelskammer Berlin JRPV 1928 S. 390 [Provisionspflicht des Vers bei Arglist]). Das gilt nicht, falls besondere sachgerechte Gesichtspunkte für die Aufhebung sprechen. Erhält der Ver für sein Zugeständnis eine Kompensation, wird z. B. ein anderer Vsvertrag geschlossen, so entspricht es nicht nur der Billigkeit, den Vsvertreter dabei zu beteiligen, sondern u. U. hat letzterer hierauf einen Rechtsanspruch (a. A. Gutachten Industrie- und Handelskammer Berlin JRPV 1928 S. 390 = NeumannsZ 1928 S. 694—695). Fleischmann VersR 1957 S. 10 will fälschlich den Aufhebungsfall dem § 87a III HGB subsumieren, ebenso Josten-Lohmüller Anm. 11 zu § 87a, der bei „Rückgängigmachung des Geschäfts aus Gefälligkeit gegenüber dem Kunden" den Vermittlungsprovisionsanspruch unbeeinträchtigt lassen will (vgl. auch Knapp[2] a. a. O. Anm. 7 zu § 87a, S. 28—29, Trinkhaus I S. 194).

Über sonstige Fälle der Beendigung des Vsverhältnisses Anm. 19 zu § 8. Bei fingiertem Rücktritt nach § 38 I 2 erhält der Vsvertreter Vermittlungsprovision aus der Geschäftsgebühr (§ 40 II 2, 3). Bei Zweckunmöglichkeit des Vsvertrages regelt § 2 II das Prämien- und damit das Provisionsschicksal, desgleichen im Falle des § 68. Tritt in der Lebensv vor Ablauf des ersten Vsjahres der Vsfall ein und rechnet der Ver die restlichen Prämienraten des ersten Vsjahres gegen die Vsleistung auf, so steht dem Vsvertreter aus der ersten Jahresprämie die Vermittlungsprovision zu (Oellers JW 1934 S. 1374 gegen LG Berlin 24. II. 1934 JW 1934 S. 1374, vgl. auch Trinkhaus I S. 188). Analog einer Kündigung zum nächstzulässigen Termin ist die Erklärung des Vmers zu behandeln, er möchte in Zukunft von einem anderen Vsvertreter betreut werden (vgl. Trinkhaus I S. 182 Anm. 36, Anonym VW 1955 S. 238).

[810] ν) Provisionsabgabe.

Nach § 81 II 3 VAG kann die **Aufsichtsbehörde** „allgemein oder für einzelne Vszweige den Vsunternehmungen und Vermittlern von Vsverträgen untersagen, dem Vmer in irgendeiner Form Sondervergütungen zu gewähren . . .". Das Verbot kann sich hiernach nicht nur gegen Ver, sondern (regelwidrig: Anm. 195) auch gegen Vsvermittler, insbesondere Vsvertreter (übrigens auch Vsmakler: überholt OLG Köln 29. IX. 1932 HansRGZ 1933 A Sp. 159—160) richten. Das Verbot ist durch vier Bekanntmachungen für die Lebens-, Unfall-, Haftpflicht-, Sach- und Krankenv vom 8. III. 1934 und 5. VI. 1934 (VA 1934 S. 99—101 = VA 1949 S. 67, 53, 132) (ohne Ausnahmen) erlassen (vgl. Anm. 86 zu § 1). Die genannten RechtsVOen sehen eine Bestrafung nach §§ 135 I Ziff. 4, 140 IV VAG vor. Zur Befolgung kann die Aufsichtsbehörde die Inhaber und Geschäftsleiter der Vsunternehmen (nicht die Vsvermittler) durch Ordnungsstrafen in Geld anhalten (§ 81 III VAG).

Das Verbot der Sondervergütungen wendet sich speziell gegen die Provisionsabgabe durch Vsvermittler, aber auch gegen gewisse Sonderzuwendungen der Ver. Man kann zusammenfassend von Vergütungsmißbräuchen der Vsvermittlung sprechen (ausführlich Möller Vsvermittlung S. 243—256).

Die Aufsichtsbehörden haben aus der Fülle der Fallmöglichkeiten einige ausgewählt und in Rundschreiben herausgestellt, welche zu den erwähnten vier Bekanntmachungen publiziert sind: Rundschreiben des RAA vom 10., 11., 12. III. 1934 und 11. VI. 1934 (VA 1934 S. 101—106 = VA 1949 S. 67—68, 53—54 [mit Änderung des Zonenamtes für die Unfall-, Haftpflicht- und Sachv], S. 132—133). In diesem Rundschreiben heißt es zu Ziff. I der Bekanntmachungen: „Verboten sind unmittelbare oder mittelbare Sondervergütungen an den Vmer. Besonders ist es verboten, an einen Vmer, an seine Angestellten und Angehörigen oder an Firmen, an denen ein Vmer wirtschaftlich beteiligt ist, Provisionen oder Vorteile irgendwelcher Art zu gewähren, es sei denn, daß der Empfänger ordnungsmäßig angestellter Agent der Vsgesellschaft ist" (Neufassung für die Unfall-, Haftpflicht- und Sachv „es sei denn, der Empfänger ist — sei es als Angestellter, sei es als Provisionsvertreter — ständig damit betraut und beschäftigt, für die Vsgesellschaft Verträge zu vermitteln oder abzuschließen"). „Dieses Verbot gilt auch, wenn die Zuwendung zunächst an Dritte erfolgt, welche sie den vorgenannten Personen oder Stellen zukommen lassen." Zu Ziff. II der Bekanntmachungen, welche es den Vern untersagen, Begünstigungsverträge abzuschließen, ist jeweils bestimmt: „Einem Begünstigungsvertrag steht ... gleich: a) die Übertragung einer Agentur, Geschäftsstelle oder ähnlichen Einrichtung auf Firmen, Vereine, Verbände, Körperschaften, Berufs- oder sonstige Personengruppen, auch solche öffentlichen Rechts, deren Mitglieder oder sonstige Angehörige vert werden sollen, wenn mit der Übertragung unmittelbar oder mittelbar eine Zuwendung der Vsgesellschaft verbunden ist. b) die Abgabe von Provisionen oder sonstigen Zuwendungen an Personen, welche sie ihrerseits derartigen Firmen, Vereinen, Verbänden usw. zukommen lassen".

Die **Provisionsabgabe** ist der erste Unterfall der verbotenen Sondervergütungen, und zwar dürfen Vsvertreter Provision nicht abgeben an Vmer und Dritte, gleichgültig, ob die Initiative vom Vmer, Dritten oder Vsvertreter ausgeht: Die Preisgerechtigkeit wird mißachtet, wenn der Vsvertreter Provision abgibt. Das Preisgefüge gerät ins Wanken. Die Wettbewerbsbeziehungen werden beeinträchtigt. Eine Ansehensminderung der Vsvermittler ist die Folge. Fall: Eine Wach- und Schließgesellschaft als nebenberufliche Vsvertreterin für Einbruchdiebstahlven gibt die Vermittlungsprovision an die Vmer weiter (VA 1949 S. 52). Andererseits gehört es noch zur Werbung, wenn der Vsvertreter den Vmer einlädt (jedenfalls zu einem Glase Bier oder zu einem Diner, kaum noch zu einem Ausflug oder einer Sommerreise). Im Auslandsgeschäft ist es zuweilen landesüblich, dem Kunden oder Dritten etwas zuzustecken. Gibt der Vsvertreter an einen Dritten Provision ab, so wird oft die Behauptung aufgestellt, der Dritte habe eine Vermittlungsarbeit geleistet, sei als Zubringer des Vsvertreters tätig gewesen (vgl. Anm. 278, 279). Ist diese Behauptung unrichtig, so ist es gleichgültig, ob die Einschaltung des Dritten ohne oder mit Wissen des Vmers erfolgt ist. Erwähnt seien Bestechungen, also Schmiergeldzahlungen eines Vsvertreters an Organe und Vertreter des Vmers, aber auch Tatbestände, bei denen der Vmer geradezu verlangt, daß an Dritte, z. B. seine Organe und Vertreter oder an Angehörige des Vmers oder an einen Pensionär Provision abgegeben werde, wobei es nicht darauf ankommt, ob der Dritte das Erhaltene behält oder an den Vmer weiterleitet. Letzterenfalls läßt sich die Behauptung, der Dritte habe eine lohnwürdige Vermittlungsarbeit geleistet, am leichtesten widerlegen (vgl. VA 1956 S. 76). Schwierig wird die Widerlegung, falls zwischen Vsvertreter und Drittem zu Umgehungszwecken ad hoc ein Unteragenturvertrag geschlossen ist. Hier ist jedenfalls dann eine verbotene Provisionsabgabe anzunehmen, wenn die „Unteragentur" auch nach längerem Arbeiten nur Vsverträge mit einem einzigen Vmer abgeschlossen hat oder wenn der „Agent" Organ der vnehmenden juristischen Person ist (Anm. 7).

Die **Sonderzuwendungen** der Ver, welche gleichfalls zu den verbotenen Sondervergütungen zählen, werden stets vom Ver gemacht, und zwar entweder an den Vmer bei Direktabschlüssen des Vmers oder zweitens an Dritte bei Abschlüssen durch vom Vmer vorgeschobene Dritte oder drittens an Vsvermittler bei Eigenabschlüssen. Der erste Fall ist gegeben, falls bei Direktabschlüssen ein Ver dem Vmer mit Rücksicht auf die ersparte Vermittlungsprovision Sondervorteile, z. B. eine Prämienermäßigung gewährt (Beispiel: VA 1949 S. 24). Hier handelt es sich zugleich um einen Begünstigungsvertrag (Anm. 86—87 zu § 1). In solchen Vszweigen, in denen die Prämien nicht tariflich völlig fixiert sind, ist es bei Zubilligung einer primär niedrigeren Prämie schwierig nachzuweisen, die Ermäßigung habe nicht etwa in den Besonderheiten des vten Risikos ihren Grund. Im zweiten Fall schaltet der Vmer einen Dritten ein, der eine Vermittlungsprovision erhält. In den wirtschaftlich wichtigsten Fällen tritt der Dritte als hauptberuflicher Vsvertreter in Erscheinung: Unternehmen der Industrie, des Handels, der Schiffahrt rufen (durchweg anonyme) Vsvertreterfirmen ins Leben, welche Agenturverträge abschließen und deren Gewinne an die Muttergesellschaften fließen. Auch nebenberufliche vorgeschobene Dritte kommen häufig vor. Die Tarnung ist oft schwer zu entdecken. Nach den Rundschreiben sind einerseits Leistungen an ordnungsmäßig betraute Vsvertreter (selbständige und unselbständige) unbeanstandbar (dazu Anm. 282), andererseits wird besonders bei gewissen Gruppenspitzen, auch wenn sie ordnungsgemäß als Vsvertreter betraut sind, ein verbotener Gruppenvsvertrag angenommen. Die Abgrenzung von Sondervergütung und Begünstigungsvertrag ist auch hier flüssig und nicht frei von Überschneidungen. Dritter Fall: Sofern Vsvertreter für sich selbst einen Vsvertrag „vermitteln", ist es selbstverständlich, daß sie auch darauf Vermittlungsprovision beziehen (wenn man nicht „Haustarife" verwendet: Anm. 252). Höchst bedenklich aber erscheint es, wenn ad hoc ein Agenturverhältnis nur geschaffen wird, um einem Vskandidaten solchen verbilligten Vsschutz zu gewähren (Trinkhaus I S. 185 bis 186; Beispiel: Vsvermittlung 1956 S. 3).

Die Verwaltungspraxis zeigt die Tendenz, nur die in den Rundschreiben erwähnten Beispielsfälle zu berücksichtigen und dabei den Tatbestand der ordnungsmäßigen Anstellung als Agent rein formal anzuwenden. Überdies sind Maßnahmen gegen Vmer oder Dritte, welche Sondervergütungen fordern, vereinbaren oder annehmen, verwaltungsrechtlich unstatthaft. Ein Eingreifen der Aufsichtsbehörden ist denn auch bisher kaum vorgekommen (Ausnahme: VA 1926 S. 182).

Das **Preisrecht** der Kraftfahrtv bringt in § 4 VO PR Nr. 52/50 (Anm. 100) ein Provisionsabgabeverbot, das sich auch gegen Vmer richtet (vgl. Vsvermittlung 1956 S. 3):

> „Die in den §§ 1 und 2 genannten Vsvermittler dürfen mit den Vmern Vergünstigungen oder Zuwendungen nicht vereinbaren. Das Gewähren oder Annehmen solcher Vergünstigungen oder Zuwendungen ist unzulässig."

Nach §§ 12, 13 **UnlWG** löst das Schmieren und die passive Bestechung von Angestellten oder Beauftragten eines geschäftlichen Betriebs straf- und zivilrechtliche Folgen aus. — OLG Dresden 16. V. 1929 VA 1930 S. 195—196 Nr. 1260 ist davon ausgegangen, daß die Provisionsabgabe seitens des Vsvertreters an den Vmer dem Anstandsgefühle der maßgebenden Verkehrskreise auch in solchen Vszweigen widerspreche, welche durch die Bekanntmachungen der Aufsichtsbehörden nicht erfaßt sind. Gestützt auf § 1 UnlWG hat deshalb in einem Wettbewerbsprozeß das Gericht einem Ver untersagt, den Vmern derartige „Zuschüsse oder Rückvergütungen" anzubieten. Für das Vsmaklerrecht fordert dagegen „systematische" Provisionsteilung OLG Köln 29. IX. 1932 HansRGZ 1933 A Sp. 159—160. — OLG Düsseldorf 8. I. 1930 JRPV 1930 S. 99—100 behandelt einen Fall, in welchem eine Gruppenspitze als Vsvertreter auftreten sollte und die Vermittlungsprovision an die Gruppenmitglieder abzugeben plante. Auch hier ist § 1 UnlWG angewendet worden. — Darüber, daß es als unlauter anzusehen ist, falls ein Vsvertreter einem anderen einen Kunden durch Provisionsabgabe ausspannt, vgl. Industrie- und Handelskammer Berlin NeumannsZ 1932 S. 605.

Zivilrechtlich ergibt sich die Nichtigkeit der Zusage von Sondervergütungen nur dann, wenn der Zusagevertrag zwischen zwei Personen geschlossen ist, gegen welche sich gleichermaßen das Verbot der Sondervergütungen richtet. Deshalb sind entsprechende Verträge zwischen Vern und Vsvertretern gemäß § 134 BGB nichtig, wobei jedoch bloße ad hoc-Vsvertreter wohl nicht als solche behandelt werden können. Ist einem Vmer oder einem Dritten eine Sondervergütung zugesagt, so ergibt sich keine Nichtigkeit aus § 134 BGB, da das aufsichtsrechtliche Verbot sich einseitig gegen den Ver oder Vsvermittler, nicht gegen den Vmer oder Dritten richtet. Gelegentlich wird man allerdings annehmen müssen, in dem Versprechen liege eine Schenkung, so daß zur Gültigkeit gerichtliche oder notarielle Beurkundung des Versprechens erforderlich wäre (§ 518 I 1 BGB). Der Mangel der Form wird durch die Bewirkung der versprochenen Leistung geheilt (§ 518 II BGB). Wegen § 4 VO PR Nr. 52/50 sind in der Kraftfahrtv Provisionsabgabevereinbarungen zwischen Vsvermittlern und Vmern nichtig.

Die Vsvertreterverträge behandeln öfters die Frage der Sondervergütungen, sehen z. B. vor (Klausel bei Strietholt a. a. O. S. 14, 35—36, vgl. schon Anm. 234):

> „Der Vertreter verpflichtet sich, an Vmer weder mittelbare noch unmittelbare Sondervergütungen zu gewähren, insbesondere keine Provisionen abzugeben; er erkennt an, aus Vsabschlüssen, bei denen solche Pflichtwidrigkeiten festgestellt werden, keinen Anspruch auf Provision zu haben, unbeschadet weiterer sich aus einer Nichtbeachtung ergebender Folgerungen."

Es kommt auch eine Klausel vor, nach der dem Vsvertreter ein Provisionsanspruch erst dann zusteht, falls er neben seiner eigenen V wenigstens eine zweite gleichwertige einer anderen Person vermittelt hat (Rohrbeck-Durst-Bronisch S. 51, Trinkhaus I S. 186—187).

[311] fff) **Anspruch auf Inkassoprovision.**

α) **Voraussetzungen.**

Unter Inkassoprovision wird hier nur das echte Entgelt für Inkassoleistungen des Vsvertreters verstanden (über abweichende Terminologie Anm. 273, über ungerechtfertigte Zusammenziehung mit anderen Provisionen Anm. 274, über die dann notwendige Auseinanderrechnung Anm. 275).

Gegen den Vmer richtet sich ein Anspruch auf Inkassoentgelt nicht. Aufsichtsbehördlich ist es verboten, daß Vsvertreter vom Vmer Prämieneinzugsgebühren erheben (VA 1939 S. 82—83, dazu Bronisch a. a. O. S. 240—241). Über vom Ver erhobene Prämienabholungsgebühren (Prämieneinziehungs-, Hebegebühren): VA 1926 S. 101—102, 1927 S. 124—125, 134, 145—146, 1928 S. 140—141.

Einen gegen den Ver oder Generalagenten gerichteten Anspruch auf Inkassoprovision kann nur ein Vsvertreter haben, der zum Inkasso verpflichtet oder mindestens berechtigt ist, wobei es ausreicht, falls ein Vsvertreter ohne Auftrag kassiert, aber der Ver oder Generalagent dieses Verhalten genehmigt (Anm. 222, 262). Unter dieser Voraussetzung ist die Inkassoprovision nicht nur bei Vorliegen einer entsprechenden Vereinbarung, sondern gemäß § 87 IV HGB kraft Gesetzes zu begleichen, es sei denn, daß die nichtzwingende Vorschrift wegbedungen ist, was in der Vswirtschaft für das Inkasso der Einlösungsprämie kraft Gewohnheitsrechtes anzunehmen ist (der Einlösungsprämie stehen bei Ratenzahlung die Raten der ersten Jahresprämie gleich. Anders ausgedrückt: Neben einer Vermittlungserstprovision oder einer Vermittlungseinmalprovision pflegt Inkassoprovision nicht gezahlt zu werden (Anm. 262, 270).

Auch Inkassoprovision ist Erfolgsvergütung, setzt also neben dem (im Agenturvertrag verankerten) Inkassoauftrag eine erfolgreiche Inkassotätigkeit des Vsvertreters voraus.

Die Tätigkeit braucht sich nicht auf vom Vsvertreter selbst vermittelte Vsverträge zu beschränken, oft wird ein größerer Inkassobestand einem neubetrauten Vsvertreter übertragen. Es kommt auf den Inkassoauftrag und seine Begrenzung (Anm. 222) an.

Die Tätigkeit kann sich auf ein Mindestmaß beschränken, der Erfolg entscheidet. Am bequemsten sind Vmer, die, ohne eine Prämienrechnung zu erhalten, automatisch die laufenden Prämien zahlen oder überweisen, möglicherweise auf Grund eines Dauerauftrages. Geschieht das direkt an den Ver oder auf ein Direktionskonto, so kann allerdings von Inkasso nicht mehr die Rede sein. Dagegen wird eine Inkassotätigkeit schon durch Versendung einer Prämienrechnung oder dadurch entfaltet, daß die Prämie beim Vsvertreter eingeht, mag auch das Konto auf den Namen des Vers laufen. Die stärkste Intensität gewinnt umgekehrt die Tätigkeit, falls eine Abholung erfolgt. Zur Inkassotätigkeit zählen je nach dem betriebswirtschaftlichen Aufbau des Vers Buchhaltungsarbeiten, ferner Arbeiten hinsichtlich der Prämienrechnung und/oder -quittungen (Anm. 222).

Der lohnwürdige Erfolg ist noch nicht eingetreten, wenn die Prämie beim Vsvertreter eingegangen ist, sondern erst wenn sie vom Unteragenten dem Generalvertreter bzw. vom Generalvertreter dem Ver herausgegeben ist. Führt der Vsvertreter ein Konto auf den Namen des Vers, so erübrigt sich eine echte Herausgabe, und es wird im Zweifel anzunehmen sein, daß die Inkassoprovision verdient ist, sobald die Prämie auf diesem Konto gutgeschrieben ist.

Mit jedem Inkassoerfolg wird eine neue Inkassoprovision verdient, so daß es sich um eine jeweils wiederkehrende, nur in diesem Sinne laufende Provision handelt (Anm. 269).

Die Hilfsansprüche des Vsvertreters auf Provisionsabrechnung, Buchauszug, Auskunft, Bucheinsicht (§ 87c HGB) gelten unmittelbar auch für Inkassoprovisionen. Vgl. deshalb Anm. 320—327.

Von der Abrechnung hängt die Fälligkeit ab: Obgleich § 87a IV HGB primär auf Vermittlungsprovisionen gemünzt ist, muß die Vorschrift auch auf Inkassoprovisionen (mindestens analog) angewendet werden (Anm. 273).

[312] β) Höhe.

Hinsichtlich der Höhe der Inkassoprovision ist primär die getroffene Vereinbarung, sekundär das Übliche maßgebend (§ 87b I HGB; über die Anwendbarkeit Anm. 273). Gesetzliche Vorschriften über die Höhe der Inkassoprovision bestehen nicht; auch die VO PR Nr. 52/50 über Provisionen in der Kraftfahrtv (Anm. 100) enthält insoweit keine Regelung.

Es ist nicht einfach, eine Übung festzustellen. Es kommt auf die Höhe der kassierten Einzelbeträge, auf den Umfang der Inkassotätigkeit (die bei Holschulden besonders intensiv ist) und die Dichte der Inkassostellen an (einerseits abgelegene Höfe in ländlichen Gegenden, andererseits Etagenhäuser mit mehreren Vmern in jedem Hause). Als Normalsatz wird man bei größeren Beträgen, z. B. in der Großlebensv von 2 v. H. der kassierten Summe ausgehen können (VA 1952 S. 69 erwähnt Sätze bis zu 3 v. H.). Bei kleineren Beträgen kommt eine Steigerung bis zu 5 v. H. in Betracht, auch ein Mindestsatz von 0,20 DM je kassierten Betrag (z. B. in der Kleinlebensv).

Sind Inkassoprovisionen in Verwaltungs- oder Vermittlungsfolgeprovisionen mitenthalten (oder umgekehrt), so muß eine etwa notwendige Aufteilung vorgenommen werden (Anm. 274), indem man von den genannten Sätzen ausgeht (über solchen Fall für die Haftpflichtv: Gutachten der Industrie- und Handelskammer Leipzig NeumannsZ 1938 S. 970, 1068, wonach eine „Inkassoprovision" von 15 v. H. angemessen sein soll).

Entsprechend § 87b II HGB ist die Inkassoprovision nicht auf Nebenkosten zu zahlen, die dem Vmer besonders in Rechnung gestellt sind, z. B. kassierte Vssteuern, Mahngebühren, Verzugszinsen (Anm. 301).

Über die Provisionshöhe bei verlustbringender Inzahlungnahme von Effekten: RG 4. V. 1928 JW 1928 S. 2629.

[313] γ) Wegfall.

Da der Inkassoerfolg auf der Entfaltung der einzelnen Inkassotätigkeit beruht und da solche Tätigkeit nach Beendigung des Vertreterverhältnisses nicht mehr auftragsgemäß ausgeübt werden kann, wird keine Inkassoprovision mehr nach dem Ausscheiden oder Tod des Vsvertreters verdient. Das schließt jedoch nicht aus, daß einige Zeit nach der Beendigung des Agenturverhältnisses beim Ver oder Generalagenten noch Prämien eingehen, die z. B. auf Prämienrechnungen beruhen, die vor der Beendigung versandt sind. Auch können Abrechnung und Fälligkeit infolge der Regelung der §§ 87c I, 87a IV HGB nachhinken. Im übrigen gibt es aber begrifflich keine Nachinkassoprovision. Vgl. schon Anm. 271, 273. Eine Verzichtklausel (Anm. 369) berührt solche „überhängende" Inkassoprovision nicht.

Muß der Ver eine vom Vsvertreter abgeführte Prämie später zurückzahlen, z. B. wegen Nichtigkeit des Vsvertrages, so bleibt doch die Inkassoprovision verdient, da der Inkassoerfolg erzielt war.

Ist trotz fortbestehenden Agenturverhältnisses der Vsvertreter aus tatsächlichen oder rechtlichen Gründen nicht in der Lage, die Inkassotätigkeit auszuüben, so erhält der Vsvertreter (mangels Erfolgsherbeiführung) auch keine Inkassoprovision (so für Untervertreter: VA 1930 S. 91, Industrie- und Handelskammer Berlin NeumannsZ 1930 S. 110).

Da die Inkassoaufgabe in den Rahmen des Vsvertretervertrages hineingehört, gehen regelmäßig Beendigung der Vermittlung und des Inkasso Hand in Hand. Das gilt besonders bei Tod des Vsvertreters. Eine Kündigung kann sich jedoch als teilweise Kündigung (Anm. 356) auf die Beendigung der Inkassotätigkeit beschränken, z. B. dann, wenn der Ver oder Generalagent zum Direktinkasso oder System besonderer Inkassanten übergehen möchte oder falls er Bezirksgrenzen auch für Inkassobezirke zu ändern beabsichtigt (Anm. 191, 222). Auch bei der Teilkündigung sind zwingend die Kündigungsfristen des § 89 HGB zu wahren. Ist für den Vsvertreter die Entziehung des Inkasso von schwerwiegender wirtschaftlicher Bedeutung, so kann sich für ihn nach der Teilkündigung ein wichtiger Grund ergeben, das ganze restliche Vertragsverhältnis ohne Einhaltung einer Kündigungsfrist zu kündigen. Es fragt sich dann, ob der Ver seinerseits diese Totalkündigung durch ein Verhalten veranlaßt hat, das er zu vertreten hat, nämlich mittels seiner Teilkündigung zum Zwecke der Inkassoentziehung. Von dieser

Frage hängt es ab, ob der Vsvertreter einen Schadensersatzanspruch aus § 89a II HGB besitzt. Der Schadensersatzanspruch würde erstens entgehende Vermittlungsprovision, auch Vermittlungsfolgeprovision erfassen, zweitens entgehende Inkassoprovision für die Zeit zwischen der fristlosen Kündigung und dem Eintritt des vom Ver für die Teilkündigung gewählten Kündigungstermins. Näheres Anm. 355. Ist dem Vsvertreter das Inkasso für die ganze Vertragsdauer zugesagt, so ist eine teilweise Kündigung des Vers ausgeschlossen; es müßte also das ganze Agenturverhältnis gekündigt werden, falls der Ver zum Direktinkasso übergehen will. Zwar ließe sich die Inkassovollmacht mit sofortiger Wirkung widerrufen; dadurch wird aber der Anspruch auf die Inkassoprovision nicht berührt. Möglicherweise ergibt sich aus stillschweigender Vereinbarung, daß das dauernde Inkasso zugesagt ist.

Einen Ausgleichsanspruch wegen Verlustes von Inkassoprovision gibt es nicht (Anm. 377).

[314] ggg) Anspruch auf Verwaltungsprovision.

α) Voraussetzungen.

Die Verwaltungsprovision ist das Entgelt für allgemeine oder spezielle Verwaltungsarbeiten des Vsvertreters; sie kann auch Inkassoprovision mit enthalten, wobei für die Auseinanderrechnung die in Anm. 274, 312 geschilderten Grundsätze von Bedeutung sind. Über Unterarten der Verwaltungsprovision Anm. 264—267, speziell über das Pflegegeld Anm. 263.

Für die Verwaltungsprovision gilt nicht § 87 IV HGB, welcher sich nur auf die Inkassoprovision bezieht. Es ist hiernach eine sonstige Verwaltungsprovision nur zu begleichen, wenn eine entsprechende Vereinbarung zustandegekommen ist. Knapp[2] a. a. O. Anm. 6 zu § 92, S. 55 will allerdings aus § 354 I HGB ableiten, daß einem Vsvertreter auch ohne Verabredung Verwaltungsprovision zustehe. Aber es muß berücksichtigt werden, daß die Verwaltungstätigkeit im Rahmen eines einheitlichen Agenturvertrages erfolgt (Anm. 224) und daß hieraus dem Vsvertreter Vermittlungsprovision zusteht, so daß man in Ermangelung einer Vereinbarung annehmen muß, die Vermittlungsprovision solle (evtl. in Verbindung mit etwaigen anderen Bezügen) auch die Verwaltungstätigkeit abgelten (auf diesen Gesichtspunkt weist Schröder[2] a. a. O. Anm. 64 zu § 87, S. 119 hin). Trinkhaus I S. 217 will aus § 87d HGB einen Anspruch auf Verwaltungsprovision ableiten, aber diese Bestimmung betrifft nur die Frage des Aufwendungsersatzes. Nach den Vereinbarungen wird durchweg auf die erste Jahresprämie keine Verwaltungsprovision gezahlt (vgl. z. B. die „Pflegegeldklausel" Anm. 263).

Im übrigen kann es im Einzelfall notwendig werden zu klären, für welche Verwaltungsleistungen die Verwaltungsprovision zugebilligt worden ist. Bei der Auslegung der Vereinbarung ist primär zu untersuchen, ob das Inkasso zu den Verwaltungsaufgaben gehört und ob dafür eine besondere Inkassoprovision gezahlt wird. Trifft dies nicht zu, so ist die Verwaltungsprovision in erster Linie als Inkassoentgelt (Anm. 311 bis 313) zu betrachten. Für die Auslegung kann ferner bedeutsam sein, ob dem Vsvertreter Festbezüge oder Aufwendungsersatz zufließen. Ein Gehalt und übersetzte feste Spesen sind besonders häufig als Entgelt für die gesamtbetriebliche Verwaltung, also für die Entlastung der Direktion gedacht, so daß die Verwaltungsprovision im Zweifel auf die durch den Einzelvertrag verursachte Verwaltungsarbeit zu verrechnen ist.

Auch die Verwaltungsprovision ist Erfolgsvergütung. Allerdings sind im allgemeinen die Erfolge nicht so unmittelbar feststellbar wie bei der Vermittlungs- und Inkassoprovision, man denke an die Aufgabe der Betreuung der Vmer und der allgemeinen Stornoverhütung. Infolge der schweren Feststellbarkeit des Erfolges muß u. U. auf die Tätigkeit des Vsvertreters abgestellt werden, so daß sich die Verwaltungsprovision einer Dienstleistungsvergütung annähert: Hat der Vsvertreter sich überhaupt nicht betätigt, z. B. infolge langer Ortsabwesenheit oder Krankheit, so kann auch von einem kausalen Erfolg nicht gesprochen werden.

Die Verwaltungsarbeit kann sich auch auf Vsverträge beziehen, die der Vsvertreter nicht selbst vermittelt oder abgeschlossen hat. Nicht selten wird ein „Bestand" einem neubetrauten Generalagenten zur Verwaltung übertragen. Die Verwaltungsprovisionen gewährleisten sodann eine Existenzgrundlage, auch wenn Neugeschäft nur in geringem Umfange vermittelt wird.

Mit jeder Verwaltungsleistung wird neue Verwaltungsprovision verdient. Dabei wird aus Zweckmäßigkeitsgründen regelmäßig an den Eingang von Prämien aus dem verwalteten Bestand angeknüpft, so daß es sich — wie bei der Inkassoprovision (Anm. 311) — um eine jeweils wiederkehrende, nur in diesem Sinne laufende Provision handelt (Anm. 269).

§ 87c HGB, der die Hilfsansprüche des Vsvertreters auf Provisionsabrechnung usw. betrifft, gilt auch für Verwaltungsprovisionen. Vgl. deshalb Anm. 320—327.

Für die Fälligkeit der Verwaltungsprovisionen ist an die Abrechnungsregelung anzuknüpfen, § 87a IV HGB gilt — jedenfalls analog — auch für Verwaltungsprovisionen (Anm. 273).

[315] β) Höhe.

Die Höhe der Verwaltungsprovision, welche an die Prämie anzuknüpfen pflegt, richtet sich in erster Linie nach zwingenden gesetzlichen Vorschriften. Solche bestehen aber nur für die Kraftfahrtv und auch dort nur für zwei Spezialfälle der Verwaltungsprovision: Ausfertigungsprovision (Anm. 264, § 1 IIIa VO PR Nr. 52/50 [Anm. 100]) und Schadenserledigungsprovision (Anm. 265, § 1 IIIb a. a. O.). Diese Provisionen dürfen höchstens je 2½% der Prämie betragen. Im übrigen sind die getroffenen Vereinbarungen maßgebend. Notfalls ist die Höhe der Verwaltungsprovision der Übung zu entnehmen (§ 87b I HGB). Das BAA VA 1952 S. 69 berichtet für die Großlebensv von„Bestandspflegeprovisionen" in Höhe von 1 v. H. der Prämien, für die Krankenv von Verwaltungs- (einschl. Inkasso-?)provisionen in Höhe von 7—11, ja 13 v. H. Zuweilen werden nicht sämtliche Prämien der Berechnung zugrundegelegt, z. B. in der Lebensv nicht Prämien für Risikoven, Einmalprämien, Prämienvorauszahlungen (vgl. die „Pflegegeldklausel" Anm. 263). Jedoch ist zu beachten, daß dem Grunde nach eine Verwaltungsprovision nur bei entsprechender Vereinbarung geschuldet wird.

Ist Verwaltungsprovision mit Vermittlungsfolgeprovision oder Inkassoprovision zusammengezogen, so ist eine Aufteilung vorzunehmen, die sehr schwierig ist. Über die Abgrenzung von Verwaltungs- und Vermittlungsprovision einerseits bei gleichbleibend-laufender Provision, andererseits bei ermäßigter Folgeprovisionen vgl. die Tabellen in Anm. 275.

Gemäß § 87b II HGB ist auch Verwaltungsprovision nicht auf Nebenkosten zu zahlen (vgl. die Hervorhebung in der „Pflegegeldklausel" Anm. 263).

[316] γ) Wegfall.

Ebenso wie die Inkassoprovision (Anm. 313) wird die Verwaltungsprovision nur bis zum Ausscheiden oder Tod des Vsvertreters verdient, da später die Verwaltungsarbeit nicht mehr vertragsgemäß geleistet werden kann. „Überhängende" Verwaltungsprovision kann jedoch in Betracht kommen, falls Abrechnung und infolgedessen Fälligkeit erst nach Vertragsbeendigung erfolgen (Anm. 271). Eine Verzichtklausel (Anm. 369) schließt die Forderung solcher Provisionen für vorgängige Verwaltungsarbeit nicht aus.

Ist bei fortbestehendem Agenturverhältnis der Vsvertreter tatsächlich oder rechtlich nicht in der Lage, die Verwaltungstätigkeit auszuüben, so entfällt der Anspruch auf Verwaltungsprovision.

Über die teilweise Kündigung des Agenturverhältnisses, die sich darauf beschränkt, die Verwaltungstätigkeit enden zu lassen, vgl. entsprechend das in Anm. 313 Gesagte.

Einen Ausgleichsanspruch wegen Verlustes von Verwaltungsprovision gibt es nicht (Anm. 377).

[317] hhh) Anspruch auf Delkredereprovision.

α) Voraussetzungen.

Wie bereits aus Anm. 227, 268 ersichtlich, müssen die Delkrederehaftung des Vsvertreters einerseits für Verbindlichkeiten des Vmers und andererseits für Verbindlichkeiten von unechten Untervertretern unterschieden werden. Hat ein Generalagent für unechte Untervertreter einzustehen, so sind überdies Inkasso- und Provisionsdelkredere auseinanderzuhalten: Hat ein Vmer an einen unechten Untervertreter Prämie bezahlt, letzterer sie aber nicht abgeführt, so kann das Inkassodelkredere eingreifen, während bei Gewährung von Provisionsvorschüssen das Provisionsdelkredere in Betracht kommt.

§ 86b I 1 HGB normiert zwingend einen Anspruch auf Delkredereprovision nur für den Fall, daß ein Vsvertreter für die Erfüllung der Verbindlichkeiten eines Vmers, also aus einem Vsvertrag einzustehen hat. Solche Fälle sind außerordentlich selten. § 86b HGB gilt nicht, sofern der Vsvertreter als Generalagent für Verbindlichkeiten von unechten Untervertretern einzustehen hat (Nachweise: Anm. 227). Meistens müssen die Generalagenten solche Haftung unentgeltlich übernehmen.

Kommt ausnahmsweise eine vertragliche Verpflichtung von Vsvertretern vor, für die Erfüllung von Prämienverbindlichkeiten einzustehen, so muß die Vertragsabrede „für ein bestimmtes Geschäft oder für solche Geschäfte mit bestimmten Dritten" getroffen werden, „die der Handelsvertreter vermittelt oder abschließt" (§ 86b I 2 HGB). Unzulässig ist also eine generelle Delkredereübernahme. Es muß vielmehr der Vmer eindeutig bezeichnet werden. Ferner ist klarzustellen, welcher einzelne bestimmte Vsvertrag in Betracht kommen soll oder ob der Vsvertreter für alle Prämienschulden des betreffenden Vmers einzustehen hat. Letzterenfalls muß es sich um Vsverträge handeln, die der Vsvertreter selbst vermittelt oder abgeschlossen hat; bloße Bezirksgeschäfte reichen also nicht aus (Schröder² a. a. O. Anm. 10 zu § 86b, S. 91). Die notwendig schriftliche Haftungsübernahmeerklärung kann zugleich die Namen mehrerer Vmer enthalten.

Der Anspruch auf Delkredereprovision ist — anders als jener auf Inkasso- und Verwaltungsprovision — nicht als Entgelt für erfolgreiche Tätigkeit zu qualifizieren, sondern als Vergütung für die Übernahme einer Ausfallbürgschaft, also eines Haftungsrisikos. Diese Feststellung wirkt sich bei der Pfändung der Delkredereprovision und im Konkurs aus (Anm. 336).

§ 86b II HGB geht davon aus, daß der Anspruch auf die Delkredereprovision schon mit dem Abschluß des Geschäfts, hier also des Vsvertrages entstehe, vorausgesetzt selbstverständlich, daß das Delkredere nicht erst später übernommen worden ist. Die Regelung ist für Dauerschuldverhältnisse, bei denen man nicht von vornherein weiß, wie lange sie währen, also wie lange Prämien zu zahlen sind, nicht sehr zweckmäßig. Da § 86b II HGB nicht zwingend ist, dürfte es zweckmäßig sein zu vereinbaren, daß die Delkredereprovision immer dann verdient ist, wenn Prämie fällig geworden ist.

Hinsichtlich der Provisionsabrechnung usw. gilt § 87c HGB (vgl. Anm. 320 bis 327).

Deshalb muß auch die Fälligkeit der Delkredereprovision entsprechend § 87a IV HGB behandelt werden (vgl. Duden a. a. O. S. 303, Josten-Lohmüller a. a. O. Anm. 7 zu § 86b, bedenklich Schröder² a. a. O. Anm. 14 zu § 86b, S. 92, Würdinger in: RGR-Komm. HGB Bd 1 Anm. 6 zu § 86b, S. 709).

[318] β) Höhe.

§ 86b HGB sagt über die Höhe der Delkredereprovision nichts. Fehlt eine vertragliche Vereinbarung, welche einen angemessenen, risikoadäquaten Satz festlegen müßte, so ist gemäß § 87b I HGB (Trinkhaus I S. 240 Anm. 108 gegen Knapp² a. a. O. Anm. 2 zu § 86b, S. 19) der übliche Satz als vereinbart anzusehen. Nun hat sich aber in der Vswirtschaft ein Handelsbrauch oder eine Verkehrssitte hinsichtlich der Höhe der Delkredereprovision — auch örtlich — nicht bilden können. Es ist demzufolge § 316 BGB anzuwenden: Der Vsvertreter, der die Gegenleistung für sein Delkredere zu fordern hat, kann diese Gegenleistung im Zweifel nach billigem Ermessen bestimmen. Wie hier

Schröder[2] a. a. O. Anm. 17 zu § 86b, S. 95. Dagegen hält Duden a. a. O. S. 303 die Haftungsabrede für unwirksam, weil unvollständig, falls die Höhe der Delkredereprovision nicht ausreichend bestimmbar sei. Trinkhaus I S. 240 meint: „Die Höhe der Dekredereprovision liegt noch weitgehend auf dem Gebiet des Unerforschten. Es wird Aufgabe der Verbände der Ver und der Vsvermittler sein, Richtsätze festzulegen." Bei Delkredere für Vsprämien dürften 1—3% der Prämienbeträge als Dekredereprovision angemessen sein, wenn man die durchschnittlich sehr geringen Prämienausfälle der Ver in Betracht zieht. Sollte ein Vsvertreter dartun, daß er mit diesen Sätzen nicht auskommt, so muß man ihn darauf hinweisen, daß er sich zuverlässigen und solventen Vskandidaten bei seiner Werbearbeit zuwenden müsse.

[319] γ) Wegfall.

Nach § 86b I 1 HGB kann der Anspruch auf Delkredereprovision im voraus nicht ausgeschlossen werden, wohl aber ist nachträglich ein Erlaß zulässig (Anm. 333).

Da der Anspruch auf Delkredereprovision mit dem Abschluß des Geschäfts entsteht, wird er nicht dadurch berührt, daß der abgeschlossene Vsvertrag nicht zur Ausführung gelangt (Knapp[2] a. a. O. Anm. 5 zu § 86b, S. 20, Schröder[2] a. a. O. Anm. 14 zu § 86b, S. 93). Gerade in solchen Fällen, in denen ein Vmer geschuldete Prämien nicht begleicht, wird ja die Delkrederehaftung des Vsvertreters akut: Im Wege der Aufrechnung kann der Vsvertreter seine Bürgschaftsschuld in Höhe der Delkredereprovision tilgen.

Es ist eine Auslegungsfrage, ob die Delkrederehaftung und damit der Anspruch auf eine etwa vereinbarte laufende Delkredereprovision endet, sofern der Vsvertreter ausscheidet oder stirbt, bevor sämtliche Prämien gezahlt sind, für die der Vsvertreter an und für sich einzustehen hatte. Für die Auslegung kann es Bedeutung haben, ob der Vsvertreter nach der Beendigung des Agenturverhältnisses noch Vermittlungsprovision bezieht. Trifft das nicht zu, weil eine Verzichtklausel (Anm. 369) vereinbart worden ist, so wird man regelmäßig annehmen müssen, daß auch Delkrederehaftung und laufende Delkredereprovision aufhören. Vgl. Anm. 271.

Einen Ausgleichsanspruch wegen Verlustes von Delkredereprovision gibt es nicht (Anm. 377).

[320] iii) Hilfsansprüche des Versicherungsvertreters.

α) Anspruch auf Provisionsabrechnung.

αα) Abrechnungsmethoden.

Schrifttum zu den Hilfsansprüchen: Riedel, Die Provisionsabrechnung und das Zurückbehaltungsrecht des Vsvertreters, ungedruckte Hamburger Diss. 1956.

Das bisherige Recht kannte — **generell** gesehen — in § 88 IV HGB a. F. nur eine Abrechnungsvorschrift und sprach in § 91 HGB a. F. vom Buchauszug. Jetzt ist die Abrechnungspflicht normiert in § 87c I HGB (dazu Anm. 320—324), der Anspruch auf Buchauszug in § 87c II HGB (dazu Anm. 325). Hinzugekommen ist die Regelung eines Anspruches auf Auskunft in § 87c III HGB (dazu Anm. 326) und eines Anspruches auf Bucheinsicht in § 87c IV HGB (dazu Anm. 327). Alle Bestimmungen sind unabdingbar (§ 87c V HGB).

Es handelt sich bei sämtlichen vier Pflichten des Unternehmers um echte Rechtspflichten, bei deren schuldhafter Verletzung Schadensersatz zu leisten ist. Die Ansprüche des Vsvertreters sind einklagbar, und zwar entweder isoliert oder im Wege der Stufenklage nach § 254 ZPO. Speziell auch für den Anspruch auf Auskunft ist es anerkannt, daß eine Klagverbindung im Rahmen einer Stufenklage zulässig ist (Baumbach ZPO[23] Anm. 2 zu § 254, S. 427). Die Ansprüche auf Provisionsabrechnung usw. sind allerdings bloße Hilfsansprüche, sie begleiten insbesondere die Provisionsansprüche. Deshalb kann der Vsvertreter den Anspruch auf Provisionsabrechnung, Buchauszug, Auskunft und Bucheinsicht nur abtreten, wenn er zugleich seinen Provisionsanspruch zediert (Anm. 335). Für die Zwangsvollstreckung hat es Bedeutung, daß in den Fällen des § 87c I—III HGB vertretbare Handlungen des Unternehmers in Rede stehen, so daß

§ 887 I, II ZPO anwendbar ist (vgl. zu § 87c I HGB: Schröder[2] a. a. O. Anm. 5 zu § 87c, S. 159, zu § 87c II, III HGB: Knapp[2] a. a. O. Anm. 5 zu § 87c, S. 34, OLG Hamburg 4. VIII. 1954 MDR 1955 S. 43—44).

Was speziell die **Abrechnung** anlangt, so trifft die Verpflichtung den Unternehmer, also beim Vsvertreter den Ver oder Generalagenten und zwar hinsichtlich der Provisionen zwingend (§ 87c V HGB). Sie trifft nicht den Vsvertreter, letzteren auch nicht, falls er Inkassovertreter ist, also hinsichtlich der Prämieneingänge den besseren Überblick hat.

Die Abrechnungsmethode ist in der Praxis nicht einheitlich. Zu unterscheiden sind Einzelabrechnung und Gesamtabrechnung und nach dem Inhalt (Anm. 323) Abrechnungen bei Inkassovertretern und Abrechnungen bei sonstigen Vsvertretern. Die Einzelabrechnung, auch als Buchungsnote bezeichnet, enthält bei Inkassovertretern im Falle der Anwendung des Sollsystems (Anm. 222) die Belastung mit der einzuziehenden Prämie und sonstigen Beträgen, als Gutschrift die Provision. Die Gesamtabrechnung wird in der Praxis häufig als Prämienliste bezeichnet. Der Inkassovertreter muß den Unternehmer bei der Abrechnung unterstützen durch Erfüllung seiner Rechenschaftspflicht (Anm. 225) und durch Rückgabe nicht eingelöster Dokumente (Anm. 226); man spricht von Saldonachweisen, Außenstandsverzeichnissen. Bei der Transportv, insbesondere bei der Verwaltung laufender Ven, verlagert sich die Arbeit noch mehr zum Vsvertreter hin, desgleichen bei Mitven, speziell bei Führungsgeschäft. Dennoch trifft auch hier die eigentliche Abrechnungspflicht den Ver, der primär die laufende Rechnung zu führen hat, und zwar — über den Wortlaut des § 87c I 1 HGB hinaus — nicht nur hinsichtlich der Provision, sondern auch hinsichtlich aller anderen Gutschrifts- und Belastungsposten. Näheres zur Abrechnungsmethode Riedel a. a. O. S. 57—79, Trinkhaus I S. 56—57, 241—242.

[321] ββ) Abrechnungszeitraum.

Die Regelung in § 87c I 1 HGB geht von einer regelmäßig (kalender-) monatlichen Abrechnungsperiode aus, erstreckbar (für Forderungen des Vsvertreters) auf längstens drei Monate (§ 87c V HGB), also z. B. auf Kalendervierteljahre, verkürzbar beliebig. Die früher in § 88 IV HGB a. F. vorgesehene Abrechnung nach dem Schlusse eines jeden Kalenderhalbjahres wäre nicht mehr zulässig.

In der Vspraxis sind vielfach kurze Abrechnungszeiträume üblich, besser gesagt keine Zeiträume, sondern Abrechnungen von Fall zu Fall, z. B. bei dem System der aneinander anschließenden Einzelabrechnungen, womöglich mit jeweiliger Saldoziehung, vergleichbar der laufenden Rechnung bei einem Bankgirokonto. Hiergegen bestehen keine Bedenken, sofern der Vsvertreter seine Forderungen mindestens ebenso schnell realisieren kann, wie es die §§ 87c IV, 87a IV HGB vorsehen, also insbesondere dann, wenn ein Inkassovertreter die Provision sogleich von den kassierten Beträgen abzuziehen vermag (Josten-Lohmüller a. a. O. Anm. 4 zu § 87c, VW 1954 S. 11, vgl. auch Riedel a. a. O. S. 62—63, Schröder[2] a. a. O. Anm. 2, 5 zu § 87c, S. 156, 158—159).

Der Abrechnungszeitraum behält auch nach der Beendigung des Agenturverhältnisses Bedeutung (Würdinger in: RGRKomm. HGB Bd 1 Anm. 2 zu § 87c, S. 727), speziell für Nachprovision (Anm. 271). Es ist nicht geboten und angezeigt, bei der Beendigung des Vertragsverhältnisses einmalig § 614[1] BGB (Schlußabrechnung) heranzuziehen, wie Duden a. a. O. S. 317—318, Riedel a. a. O. S. 50, Schröder[2] a. a. O. Anm. 1 zu § 87c, S. 155 meinen.

In den Abrechnungszeitraum fallen hinsichtlich der Vermittlungsprovision diejenigen Provisionen, welche sich aus Prämien errechnen, welche in diesem Zeitraume eingehen (vgl. Anm. 323).

[322] γγ) Abrechnungszeitpunkt.

Nach Ablauf jedes Abrechnungszeitraumes (Anm. 321) muß unverzüglich die Abrechnung erfolgen, also ohne schuldhaftes Zögern (§ 121 I 1 BGB). Ist der Zeitraum auf drei Monate erstreckt, so muß im vierten Monat abgerechnet werden (Duden a. a. O. S. 317, Riedel a. a. O. S. 49). Bewältigt der Ver auch schuldlos (z. B. wegen Streiks) die Arbeit nicht innerhalb spätestens eines Monats, so verletzt er die Abrechnungspflicht, kommt in Verzug (Knapp[2] a. a. O. Anm. 4 zu § 87c, S. 33, a. A. bei mangelndem Verschulden Schröder[2] a. a. O. Anm. 2 zu § 87c, S. 157), der Anspruch auf Provision wird fällig (§ 87a IV HGB).

Auch diese Vorschrift gilt hinsichtlich der Nachprovisionen (Anm. 271) nach Beendigung des Agenturvertrages fort.

[823] δδ) Abrechnungsinhalt.

Nach § 87c I 1 HGB hat der Unternehmer nur „über die Provision, auf die der Handelsvertreter Anspruch hat", abzurechnen. Das ist nicht nur die Vermittlungsprovision, sondern jede Provision, also auch Inkasso-, Verwaltungs-, Delkredereprovision. Hierzu gehören aber auch Provisionsgarantien (Anm. 245; Trinkhaus I S. 242 bis 243), Provisionsvorschüsse (Anm. 303) und im Falle der Provisionsvereitelung ersatzweise zu zahlende „Provisionen" (Anm. 293, 304; vgl. Würdinger in: RGRKomm. HGB Bd 1 Anm. 2 zu § 87c, S. 727), im Falle des Provisionswegfalls Provisionsrückzahlungen (Anm. 305), also nicht nur Gutschriften für den Vsvertreter, auch Lastschriften (zu eng Riedel a. a. O. S. 21—22). Durch Vereinbarung, die zuweilen stillschweigend geschlossen wird, z. B. durch Verwendung entsprechender Vordrucke, werden oft auch etwaige Gehaltszahlungen (Anm. 244), Aufwendungsersatz (Anm. 248—249), Gratifikation (Anm. 250), Gewinnbeteiligung (Anm. 251), Urlaubsgeld (Anm. 253) als Gutschriften für den Vsvertreter in die laufende Rechnung einbezogen, andererseits als Lastschriften herauszugebende kassierte Prämien, Nebengebühren, Zinsen, Geschäftsgebühren, Steuern (Anm. 226). Auch Vsleistungen und Provenues können bei Schadensbearbeitung durch den Vsvertreter (Anm. 223) durch die Abrechnung erfaßt werden, außerdem bei Generalagenten Posten, die sich aus dem Geschäftsverkehr mit Unteragenten ergeben (Anm.224).

Die Abrechnung, welche schriftlich zu erfolgen hat (Knapp[2] a. a. O. Anm. 2 zu § 87c, S. 32, Schröder[2] a. a. O. Anm. 3 zu § 87c, S. 157) ist also durchweg keine bloße Addition, nicht nur die Bekanntgabe einer Summe, sondern ein kompliziertes Rechenwerk, dessen Einzelposten genügend klar gekennzeichnet sein müssen und bei dem der Saldo nur den Abschluß bildet. Zur Kennzeichnung ist es erforderlich, daß der Name des Vmers, der Vszweig, die Polize, bei laufenden Prämien deren Fälligkeit, bei Provisionen deren Qualifikation erkennbar wird, mindestens im Zusammenhalt der Abrechnung mit anderen dem Vsvertreter vorliegenden Unterlagen. Vgl. Riedel a. a. O. S. 45—46.

Anspruch hat der Vsvertreter auf alle Provisionen, die „verdient" sind, also auf Vermittlungsprovision nach der entsprechenden Prämienzahlung, vorher nicht. Deshalb ist die Provisionsabrechnung nicht auf nicht oder nicht genügend ausgeführte Vsverträge zu erstrecken (Knapp[2] a. a. O. Anm. 2 zu § 87c, S. 32, Leuze a. a. O. S. 16, Riedel a. a. O. S. 46, Trinkhaus I S. 242, Würdinger in: RGRKomm. HGB Bd 1 Anm. 2 zu § 87c, S. 727, a. A. Schröder[2] a. a. O. Anm. 3 zu § 87c, S. 157). Wird aber der Inkassovertreter in der Abrechnung mit der Prämie im Rahmen des Sollsystems belastet, der Vsvertreter schon vor dem Inkasso für die Vermittlungs- (und Inkasso-) provision erkannt, so bestehen hiergegen keine Bedenken (vgl. auch Riedel a. a. O. S. 61—62).

[824] εε) Abrechnungswirkung.

Die Abrechnungsnotwendigkeit hat gemäß § 87a IV HGB die Wirkung, die Fälligkeit der Ansprüche auf Provision herbeizuführen. Wird nicht pünktlich abgerechnet, so tritt die Fälligkeit dennoch ein (Duden a. a. O. S. 317). Selbstverständlich ist es aber nicht ausgeschlossen, daß z. B. hinsichtlich der Verrechnung von Provisionsgarantien oder der Rückzahlung von Vorschüssen Sonderabreden hinsichtlich der Fälligkeit bestehen, sie sind aber nur zugunsten des Vsvertreters zulässig (Josten-Lohmüller a. a. O. Anm. 5 zu § 87c, VW 1954 S. 11, Riedel a. a. O. S. 70—72, Trinkhaus I S. 242—243).

Eine Abrechnung ist auch dann zu erteilen, wenn bereits alle Ansprüche des Vsvertreters erfüllt sind (Schröder[2] a. a. O. Anm. 5 zu § 87c, S. 158—159).

Die Abrechnung selbst mündet als laufende Rechnung in einen Saldo aus. Da mindestens der Vsvertreter stets Kaufmann ist und der Agenturvertrag eine Geschäftsverbindung schafft, fragt es sich, ob die §§ 355—357 HGB anwendbar sind. Es lauten:
§ 355 I HGB:

„Steht jemand mit einem Kaufmanne derart in Geschäftsverbindung, daß die aus der Verbindung entspringenden beiderseitigen Ansprüche und Leistungen nebst Zinsen in Rechnung gestellt und in regelmäßigen Zeitabschnitten durch Verrechnung und Feststellung des für den einen oder anderen Teil sich ergebenden Überschusses ausgeglichen werden (laufende Rechnung, Kontokurrent), so kann derjenige, welchem bei dem Rechnungsabschluß ein Überschuß gebührt, von dem Tage des Abschlusses an Zinsen von dem Überschusse verlangen, auch soweit in der Rechnung Zinsen enthalten sind."

§ 356 HGB:

„Wird eine Forderung, die durch Pfand, Bürgschaft oder in anderer Weise gesichert ist, in die laufende Rechnung aufgenommen, so wird der Gläubiger durch die Anerkennung des Rechnungsabschlusses nicht gehindert, aus der Sicherheit insoweit Befriedigung zu suchen, als sein Guthaben aus der laufenden Rechnung und die Forderung sich decken.

Haftet ein Dritter für eine in die laufende Rechnung aufgenommene Forderung als Gesamtschuldner, so findet auf die Geltendmachung der Forderung gegen ihn die Vorschrift des Abs. 1 entsprechende Anwendung."

§ 357 HGB:

„Hat der Gläubiger eines Beteiligten die Pfändung und Überweisung des Anspruchs auf dasjenige erwirkt, was seinem Schuldner als Überschuß aus der laufenden Rechnung zukommt, so können dem Gläubiger gegenüber Schuldposten, die nach der Pfändung durch neue Geschäfte entstehen, nicht in Rechnung gestellt werden. Geschäfte, die auf Grund eines schon vor der Pfändung bestehenden Rechtes oder einer schon vor diesem Zeitpunkte bestehenden Verpflichtung des Drittschuldners vorgenommen werden, gelten nicht als neue Geschäfte im Sinne dieser Vorschrift."

Durchweg wird angenommen, es handle sich bei der laufenden Rechnung zwischen Ver (Generalagent) und Vsvertreter nicht um ein echtes Kontokorrentverhältnis, d. h. es trete keine Unteilbarkeit der laufenden Rechnung ein, welche bewirken würde, daß z. B. eine einzelne Forderung des Vsvertreters nicht mehr eingeklagt, abgetreten, verpfändet, gepfändet werden könnte Auch die typischen Wirkungen der Saldofeststellung, insbesondere die novierende Wirkung (Schuldtilgung hinsichtlich der Einzelforderungen, Schaffung einer neuen Forderung) seien nicht gegeben. Ein Kontokorrentverhältnis wird z. B. geleugnet von KG 19. IX. 1930 JRPV 1931 S. 92, Riedel a. a. O. S. 57, 63—65, Rohrbeck-Durst-Bronisch S. 60, Schröder[2] a. a. O. Anm. 3 zu § 87c, S. 157, bejaht von KG 28. XI. 1939 JRPV 1941 S. 149—150, AG Bonn 25. II. 1953 VersR 1953 S. 296, anscheinend auch Trinkhaus I S. 56, 241.

Es ist im Einzelfall zu prüfen, ob die Wirkungen eines echten Kontokorrents sämtlich gewollt sind. Trifft das nicht zu, so dürfen Zinseszinsen nicht verlangt werden. Es ist aber bei solchem unechten Kontokorrent nicht ausgeschlossen, z. B. ein Verbot der Geltendmachung von Einzelforderungen oder eine Novation anzunehmen (von Gierke, Handels- und Schiffahrtsrecht, 7. Aufl., Berlin 1955, S. 499). Meistens aber ist in dem Saldoanerkenntnis allenfalls ein Schuldanerkenntnis nach § 782 BGB zu erblicken mit der Wirkung einer kumulativen Verpflichtung (Duden a. a. O. S. 317, Riedel a. a. O. S. 56—57). Die Herausgabepflicht des Vsvertreters hinsichtlich kassierter Prämien bleibt z. B. bestehen (LG Frankfurt 22. VII. 1927 JRPV 1928 S. 15—16). Ein irriges Schuldanerkenntnis ist kondizierbar (Duden a. a. O. S. 317, Schröder[2] a. a. O. Anm. 3 zu § 87c, S. 158, RG 15. VII. 1920 RGZ Bd 101 S. 125, 27. XI. 1935 JW 1936 S. 918).

Über einen einseitigen Vermerk, wonach der Vsvertreter innerhalb von 8 Tagen Einspruch gegen eine Abrechnung einlegen muß, vgl. AG Bremen 24. I. 1951 VersR 1952 S. 53.

[325] β) Anspruch auf Buchauszug.

Neben dem Anspruch auf Abrechnung steht ein verhaltener Anspruch auf Buchauszug, der erst durch ein Verlangen existent wird (Riedel a. a. O. S. 79, a. A. Würdinger in: RGRKomm. HGB Bd 1 Anm. 5 zu § 87c, S. 729). Das Verlangen ist eine rechtsgeschäftliche, rechtsgestaltende Willenserklärung des Vsvertreters, die „bei" jeder Abrechnung, also vorher, auch anschließend abgegeben werden kann, und zwar nicht nur für den Abrechnungszeitraum, sondern auch für eine weiter zurückliegende Zeit (vgl. OLG Düsseldorf 19. X. 1954 Entscheidungen und Gutachten Nr. 99, Knapp[2] a. a. O. Anm. 5 zu § 87c, S. 33, zu eng Schröder[2] a. a. O. Anm. 6 zu § 87c, S. 159—160). Das Verlangen kann auch gesamtheitlich für alle künftigen Abrechnungen gestellt werden und ist sodann ohne weiteres zusammen mit jeder Abrechnung zu erfüllen. Denkbar ist es auch, daß der Vsvertreter im Vorwege für jedes Kalenderjahr Jahresbuchauszüge verlangt.

Die Rechtspflicht hat den Zweck, es dem Vsvertreter zu erleichtern, die Abrechnung nachzuprüfen (Riedel a. a. O. S. 80). Auch dann, wenn der Vsvertreter die Angaben selbst sammeln könnte, kann er den Buchauszug fordern. Das gilt aber nicht, falls er laufend Buchungsnoten mit allen erforderlichen Angaben erhält (Einzelbuchauszüge, vgl. Josten-Lohmüller a. a. O. Anm. 6 zu § 87c, Riedel a. a. O. S. 83, Rohrbeck-Durst-Bronisch S. 65, Schröder[2] a. a. O. Anm. 6 zu § 87c, S. 160, Trinkhaus I S. 243, KG 12. III. 1935 JRPV 1935 S. 175, OLG Neustadt 24. IX. 1954 Entscheidungen und Gutachten Nr. 54).

Der Buchauszug, welcher schriftlich zu erteilen und endgültig zu überlassen, also nicht nur vorzulegen ist, unterscheidet sich inhaltlich von der Abrechnung nicht nur dadurch, daß hier keine Addition und Saldierung notwendig ist, sondern auch dadurch, daß er auf alle Geschäfte zu erstrecken ist, für welche dem Vsvertreter nach § 87 HGB Provision „gebührt", also auch auf Vsverträge, die zwar abgeschlossen, aber noch nicht durch Prämienzahlung seitens des Vmers ausgeführt sind (Leuze a. a. O. S. 16, Riedel a. a. O. S. 80, Schröder[2] a. a. O. Anm. 7, 8 zu § 87c, S. 161, Trinkhaus I S. 244), oder die nur teilweise derart ausgeführt sind, daß der Vsvertreter noch keine Vermittlungsprovision verdient hat (vgl. § 92 IV HGB und Anm. 270: Der Vmer hat erst drei Vierteljahresraten der Lebensvsprämie des ersten Vsjahres gezahlt). Demgegenüber betrifft die Abrechnungspflicht nur ausgeführte Vsverträge (Anm. 323). Die Verweisung des § 87c II HGB auf § 87 (II 1) HGB macht es auch nötig, etwaige Bezirks- (und Generalagentur-) geschäfte einzubeziehen (vgl. Anm. 285), während § 87 III HGB nachträgliche Abschlüsse (Anm. 294), § 87 IV HGB Inkassoprovisionen (wie hier Schröder[2] a. a. O. Anm. 8 zu § 87c, S. 162, a. A. Knapp[2] a. a. O. Anm. 5 zu § 87c, S. 33) erfaßt. Aber der Buchauszug ist in analoger Anwendung des Gesetzes auch auf andere Provisionen, Provisionsgarantien, Provisionsvorschüsse usw. auszudehnen, vgl. Anm. 323. Möglicherweise ist der Buchauszug eine Fehlanzeige (Schröder[2] a. a. O. Anm. 6 zu § 87c, S. 160, Anm. 9 zu § 87c, S. 162, Trinkhaus I S. 244, Würdinger in: RGRKomm. HGB Bd 1 Anm. 5 zu § 87c, S. 729).

Wie Handelsbücher müssen auch Buchauszüge nach den Grundsätzen ordnungsgemäßer Buchführung gestaltet sein (§ 38 I HGB), mag auch der Inhalt der Buchauszüge jenen der Handelsbücher insofern übertreffen, als auch unausgeführte Vsverträge aufzunehmen sind. Nach Knapp[2] a. a. O. Anm. 5 zu § 87c, S. 33, Riedel a. a. O. S. 81, Schröder[2] a. a. O. Anm. 8 zu § 87c, S. 162, Würdinger in: RGRKomm. HGB Bd 1 Anm. 3 zu § 87c, S. 728 ist sogar anzugeben, weshalb die Ausführung unterblieben ist. Es geht zu weit, wenn Riedel a. a. O. S. 81 sogar die Anschriften der Vmer aufzugeben verlangt (vgl. aber auch OLG Frankfurt 19. VI. 1954 Entscheidungen und Gutachten Nr. 56 [für einen Bezirksvertreter]). Wohl aber muß ein Buchauszug aus sich heraus verständlich sein (OLG Neustadt 24. IX. 1954 Entscheidungen und Gutachten Nr. 54 m. w. N.). Belege sind nicht beizufügen (Schröder[2] a. a. O. Anm. 8 zu § 87c, S. 162).

Fraglich ist es, ob der Ver auch das Schicksal solcher Anträge im Buchauszug erfassen muß, die der Vsvertreter zwar gebracht hat, die aber noch nicht angenommen worden sind. Würdinger in: RGRKomm. HGB Bd 1 Anm. 3 zu § 87c, S. 728 will anscheinend den Buchauszug auf solche „noch schwebenden Geschäfte" erstrecken. Aber da sie noch nicht in den Unterlagen des Vers erscheinen, dürfte auch ein Buchauszug noch nicht in Betracht kommen, sondern nur die Auskunftspflicht des § 87c III HGB (Anm. 326).

Dem Verlangen ist unverzüglich nachzukommen; bei Unvollständigkeit kann Vervollständigung verlangt werden (Schröder[2] a. a. O. Anm. 10 zu § 87c, S. 162, Würdinger in: RGRKomm. HGB Bd 1 Anm. 4 zu § 87c, S. 728). Der Ver oder Generalagent kann sich nicht dadurch seiner Verpflichtung zur Lieferung eines Buchauszuges entziehen, daß er sich erbietet, die Bücher durch einen vereidigten Buchprüfer einsehen zu lassen (OLG Frankfurt 19. VI. 1954 Entscheidungen und Gutachten Nr. 56). Über Klage und Vollstreckung: Anm. 320.

Der Vsvertreter kann bei Nicht- oder Schlechterfüllung, also bei Verletzung der Verpflichtung auch nach § 87 c IV HGB vorgehen (vgl. Anm. 327). OLG Düsseldorf 8. VI. 1956 Der Betrieb 1956 S. 664, Schröder[2] a. a. O. Anm. 9, 10 zu § 87c, S. 162, Würdinger in: RGRKomm. HGB Bd 1 Anm. 10 zu § 87c, S. 730 wollen außerdem § 260 BGB (mit § 261 BGB) anwenden. Aber es erscheint immerhin fraglich, ob neben der eingehenden Spezialregelung des § 87c HGB noch Raum ist für die Anwendung der §§ 260, 261 BGB. Bejahte man diese Frage, so wäre der Offenbarungseid von einem Vorstandsmitglied des Vers zu schwören, eine kaum zumutbare Handlung. Der Ver oder Generalagent wird von der Verpflichtung frei bei nachträglicher, nicht zu vertretender Unmöglichkeit (§ 275 BGB; Schröder[2] a. a. O. Anm. 11 zu § 87c, S. 163), z. B. bei Vernichtung aller Unterlagen durch Brand. Unstatthaft ist es, daß der Vsvertreter im Wege eines öffentlichen Aufrufes Personen zu ermitteln sucht, die mit dem Ver kontrahiert haben; hierdurch wird in den eingerichteten und ausgeübten Gewerbebetrieb des Vers eingegriffen (vgl. OLG Düsseldorf 8. VI. 1956 Der Betrieb 1956 S. 664). Andererseits ist es nicht unzulässig, daß ein Vsvertreter seine Berufskollegen auf Anfrage vor Unternehmern warnt, welche unrichtige Abrechnungen oder Buchauszüge geliefert haben (vgl. LG Konstanz 14. IX. 1951 Entscheidungen und Gutachten Nr. 37).

[826] γ) Anspruch auf Auskunft.

Der Handelsvertreter kann nicht nur einen Buchauszug (Anm. 325), sondern außerdem Mitteilung über alle Umstände verlangen, die für den Provisionsanspruch, seine Fälligkeit und seine Berechnung wesentlich sind (§ 87c III HGB). Diese nur auf Verlangen zu erfüllende, also verhaltene Mitteilungspflicht ist zu unterscheiden von der allgemeinen Benachrichtigungspflicht (§ 86 II HGB, Anm. 243). Sie ist Hilfspflicht im Zusammenhang mit der Provisionszahlungspflicht, aber auch auf andere Geldleistungspflichten des Vers (oder Generalagenten) sinngemäß zu erstrecken, z. B. auf Gewinnbeteiligungen.

Mitteilungen kommen insonderheit über solche Umstände in Betracht, welche die Abrechnung und ein etwaiger Buchauszug noch nicht genügend ersichtlich machen. Zu denken ist an Mitteilungen über das Schicksal schwebender Anträge (vgl. Anm. 325), über Änderungen vermittelter Vsverträge (z. B. Prämienerhöhungen, Prämienstundungen), über Verlängerung oder Beendigung vermittelter Vsverträge, ferner an Fälle der Nichtausführung von Vsverträgen, sei es durch den Vmer, sei es durch den Ver. In Betracht kommen sonach nicht nur Mitteilungen, die dem Vsvertreter günstig sind, sondern auch ungünstige Mitteilungen. Die erwähnten Mitteilungen sind durch Begründungen zu ergänzen, falls letztere für den Provisionsanspruch bedeutsam sind, z. B. unter dem Gesichtspunkt der Provisionsvereitelung (Anm. 304).

Auch über Geschäfte, die der Unternehmer nicht für provisionspflichtig hält, können die erforderlichen Aufklärungen verlangt werden, damit die Provisionsfrage geklärt werden kann (Riedel a. a. O. S. 84, Rohrbeck-Durst-Bronisch S. 65, auch LG Berlin 14. I. 1936 JRPV 1936 S. 383).

[827] δ) Anspruch auf Bucheinsicht.

Für den Fall, daß „begründete Zweifel" an der Richtigkeit oder Vollständigkeit der Abrechnung oder eines Buchauszuges bestehen, sowie für den Fall der Verweigerung des Buchauszuges (analog aber auch für den Fall der Verweigerung der Abrechnung: Duden a. a. O. S. 319, a. A. Knapp[2] a. a. O. Anm. 7 zu § 87c, S. 34) besteht ein verhaltener Anspruch des Vsvertreters auf Einsicht in Geschäftsbücher und sonstige Urkunden (§ 87c IV HGB). Der Vsvertreter kann aber auch den Weg wählen, auf Berichtigung oder Vervollständigung oder Erstellung der Abrechnung oder des Buchauszuges zu bestehen und diesen Anspruch zu vollstrecken (Schröder[2] a. a. O. Anm. 15 zu § 87c, S. 164—165, OLG Hamburg 4. VIII. 1954 MDR 1955 S. 43—44).

Im ersten Falle des § 87c IV HGB muß der Vsvertreter die Unrichtigkeit oder Unvollständigkeit der Abrechnung oder des Buchauszuges glaubhaft machen, was durch Aufzeigung von offenbaren (nicht bloßen Rechen-) Fehlern oder Lücken an Hand von Beispielen gelingen kann. Ein einziges Beispiel genügt (Josten-Lohmüller a. a. O. Anm. 8 zu § 87c, Riedel a. a. O. S. 85—86, Würdinger in: RGRKomm. HGB Bd 1 Anm. 9 zu § 87c, S. 729 im Gegensatz zu RG 14. V. 1915 RGZ Bd 87 S. 16). Im zweiten Falle steht einer Verweigerung eine ernstliche, nicht ausreichend begründete Verzögerung gleich.

Den Ver oder Generalagenten belastet eine Wahlschuld (mit Wahlrecht des Unternehmers, also des Schuldners), die Buch- und/oder sonstige Urkundeneinsicht entweder dem Vsvertreter oder einem vom Vsvertreter zu bestimmenden Wirtschaftsprüfer oder einem ebenso zu bestimmenden beeidigten Buchsachverständigen zu gewähren. Die Wahl erfolgt durch Erklärung gegenüber dem Vsvertreter (§ 263 I BGB). Im Prozeß ist der Klageantrag alternativ zu gestalten. Nimmt der Ver oder Generalagent die Wahl nicht bis zum Beginn der Zwangsvollstreckung vor, so gilt § 264 I BGB.

Das Einsichtsrecht ist kein unbeschränktes, sondern begrenzt auf das erforderliche Ausmaß, z. B. auf das konkrete Vertreterkonto (Riedel a. a. O. S. 87—88). Jedoch kann es sich u. U. auf Vertragsakten, Schriftwechsel mit dem Vmer, Zahlungsbelege erstrecken, z. B. um das Kausalerfordernis (Anm. 283—288) zu klären (Riedel a. a. O. S. 86).

Ein echter Untervertreter hat wohl ein Einsichtsrecht gegenüber dem Generalagenten, nicht aber gegenüber dem Ver. Ein unechter Untervertreter hat ein Einsichtsrecht gegenüber dem Ver, nicht gegenüber einem (selbständigen) Generalagenten, der ihm organisatorisch vorgeordnet ist.

Neben § 87c IV HGB kann im Einzelfall § 810 BGB Anwendung finden (OLG Düsseldorf 8. VI. 1956 Der Betrieb 1956 S. 664). Letztere Vorschrift kann allein anwendbar sein im Verhältnis von echten Untervertretern zum Ver, von unechten Untervertretern zum organisatorisch vorgeordneten Generalagenten. Im Prozeß gewinnen auch §§ 45, 46 HGB Bedeutung.

Die gesamten Kosten der Prüfung, einschließlich Reisekosten, muß im Fall des § 87c IV HGB zunächst der Vsvertreter tragen (OLG Hamburg 4. VIII. 1954 MDR 1955 S. 44), aber er kann die Kosten abwälzen, jedenfalls in Fällen der Verweigerung der Abrechnung oder des Buchauszuges und in Fällen, in denen die Zweifel an der Richtigkeit oder Vollständigkeit sich als gerechtfertigt erweisen. Die Begründung erfolgt am besten, indem man davon ausgeht, daß der Unternehmer die Pflichten aus § 87c I, II HGB schuldhaft verletzt hat (regelmäßig liegt Verzug vor). So denn auch LG Hamburg 5. XI. 1954 Entscheidungen und Gutachten Nr. 74, Duden a. a. O. S. 319, Knapp[2] a. a. O. Anm. 7 zu § 87c, S. 35, Schröder[2] a. a. O. Anm. 17 zu § 87c, S. 166. — Josten-Lohmüller a. a. O. Anm. 8 zu § 87c wollen zu Unrecht wesentliche und unwesentliche Mängel der Abrechnung oder des Buchauszuges unterscheiden. Die Kosten, besonders eines Wirtschaftsprüfers, können erheblich sein. Im Falle des § 810 BGB muß nach § 811 II BGB derjenige die Kosten tragen und vorschießen, der die Vorlegung verlangt.

[828] dd) Folgen der Verletzung.

Verletzt ein Ver oder Generalagent die ihn im Verhältnis zum Vsvertreter belastenden Verpflichtungen, so kann es sich objektiv um Tatbestände der Schlecht- oder Nichterfüllung handeln; die Nichterfüllung ist in der Erscheinungsform des Verzuges oder der Unmöglichkeit beachtlich, wobei auch (quantitativ) teilweiser Verzug oder teilweise Unmöglichkeit in Betracht kommen. Der Begriff der positiven Vertragsverletzung läßt sich entbehren, wenn man in concreto herausstellt, welche spezielle Einzelpflicht verletzt worden ist. Den Vsvertreter trifft die Beweislast für den objektiven Tatbestand der Pflichtverletzung und bei Schadensersatzansprüchen für den dadurch verursachten Schadenseintritt.

Die §§ 323—327 BGB sind unanwendbar, weil es sich beim Agenturvertrag nicht um einen gegenseitigen Vertrag handelt (Anm. 197). Auszugehen ist vielmehr von den §§ 275, 280, 284 BGB. Es kommt nicht darauf an, ob man die verletzte Pflicht als Haupt- oder Nebenpflicht bezeichnet.

Zum objektiven Tatbestand muß ein subjektiver hinzutreten, regelmäßig ein Verschulden des dem Vsvertreter gegenüberstehenden Vers oder Generalagenten (§ 276 I 1 BGB). Beide haben für die Sorgfalt eines ordentlichen Kaufmannes einzustehen (§ 347 I HGB). Dem Verschulden des Vers steht das seiner Organe gleich (§ 31 BGB), ferner dem Verschulden des Vers oder des Generalagenten dasjenige der Erfüllungsgehilfen (§ 278[1] BGB). Hierzu gehören die Angestellten, insbesondere Handlungsgehilfen, die mit Agenturangelegenheiten befaßt sind. Im Verhältnis zu Untervertretern ist zu unterscheiden: Beim echten Untervertreter ist der Generalagent der Schuldner, möglicherweise ist der Ver Erfüllungsgehilfe des Generalagenten. Beim unechten Untervertreter ist der Ver der Schuldner, der organisatorisch vorgeordnete Generalagent Erfüllungsgehilfe des Vers. Bei allen Gattungsschulden, speziell bei Geldschulden kommt es wegen § 279 BGB auf ein Verschulden regelmäßig nicht an. Der Schuldner, also der Ver oder echte Generalagent muß sich im Streitfall entlasten, insbesondere exkulpieren (§§ 282, 285 BGB).

Als Rechtsbehelfe des Vsvertreters kommen Erfüllungs- und Schadensersatzansprüche, ferner Kündigung des Vsvertretervertrages in Betracht.

Der Erfüllungsanspruch hat bei allen Geldansprüchen des Vsvertreters, besonders bei Ansprüchen auf Festbezüge, Aufwendungsersatz und Provisionen primäre Bedeutung. Über die Stufenklage bei den Ansprüchen auf Abrechnung usw. und Provision vgl. Anm. 320. Unterlassungsansprüche kommen als Erfüllungsansprüche selten in Betracht, man denke aber an die Pflicht des Unternehmers, den Vsvertreter nicht bei der Kundschaft anzuschwärzen (Anm. 241). Wird ein geschuldeter Buchauszug verweigert, so kann der Vsvertreter statt der Erfüllungsklage gemäß § 87c IV HGB einen sekundär entstehenden Erfüllungsanspruch auf Bucheinsicht erheben (Anm. 327).

Neben dem Erfüllungsanspruch kommt in Verzugsfällen ein Schadensersatzanspruch nach § 286 I BGB in Betracht, man denke an den Fall, daß ein Vsvertreter, dem geschuldete Provisionen nicht gezahlt sind, nicht reisen kann, so daß ihm erheblicher Gewinn aus Neugeschäft entgeht (vgl. § 252 BGB). Mindestens kann der Vsvertreter als gleichsam standardisierten Schaden Verzugszinsen fordern (§ 288 BGB), und zwar in Höhe von 5 v. H. (§ 352 HGB). Der Vsvertreter kann übrigens sogar bei mangelndem Verzug des Vers oder Generalagenten Zinsen in Höhe von 5 v. H. vom Fälligkeitstage an fordern (§§ 353[1], 352 II HGB), Agenturverhältnisse sind stets als beiderseitige Handelsgeschäfte zu behandeln (Anm. 173). Die Fälligkeit (Anm. 303) hängt gemäß § 87a IV HGB von der Abrechnung ab. Erfolgt die Abrechnung nicht, so kann dieserhalb der Vsvertreter Schadensersatz fordern, und der Schaden umfaßt die verlorenen Fälligkeitszinsen. Schadensersatzansprüche kommen auch bei Verletzung der Verpflichtungen aus § 86a HGB (Unterlagen, Benachrichtigung) in Betracht (dazu Anm. 242, 243), wiederum auch unter dem Gesichtspunkt der Provisionsvereitelung (Anm. 304). Nicht um Schadensersatz, sondern um eine „Ersatzprovision" handelt es sich im Falle des § 87a III 1 HGB (Anm. 293), auch in den Fällen des § 162 I BGB (Anm. 304).

Auch zur fristlosen Kündigung des Vertragsverhältnisses kann eine Forderungsverletzung seitens des Vers oder Generalagenten berechtigen (§ 89a HGB). Es darf sich aber nicht um geringfügige Fehler, z. B. in der Abrechnung handeln. Hat der Ver oder Generalagent sein Verhalten zu vertreten, so erwächst für ihn eine zusätzliche Schadensersatzpflicht (§ 89a II HGB; Näheres: Anm. 355), auch kann der Vsvertreter einen Ausgleichsanspruch erlangen (§ 89b HGB, Näheres Anm. 370—389).

[329] ee) Zurückbehaltung und Aufrechnung.

aaa) Zurückbehaltung.

α) Bürgerlichrechtliches Zurückbehaltungsrecht.

Der leistungspflichtige Unternehmer (Ver oder Generalagent) kann unter gewissen Voraussetzungen seine Leistung zurückhalten (Anm. 329—331) oder mit Gegenforderungen aufrechnen (Anm. 332). Über die Zurückbehaltungsrechte und die Aufrechnungsbefugnis des Vsvertreters vgl. schon Anm. 235. Über Zurückbehaltung nach Beendigung des Agenturverhältnisses vgl. Anm. 359—360.

Man unterscheidet das bürgerlichrechtliche und das kaufmännische Zurückbehaltungsrecht (über letzteres: Anm. 330). Über den Unterschied vgl. schon Anm. 235.

Nach § 273 I BGB kann der Schuldner seine Leistung bis zur Bewirkung einer Gegenleistung des Gläubigers, auf die er einen fälligen Anspruch aus demselben rechtlichen Verhältnis hat, verweigern. Als Gegenstand des Zurückbehaltungsrechts nennt § 273 I BGB Leistungen schlechthin. Trotzdem kann aber der Ver nicht jede geschuldete Leistung (Anm. 240) zurückhalten, sondern das Zurückbehaltungsrecht kann aus verschiedenen Gründen ausgeschlossen sein (Anm. 331). Wegen der Voraussetzung der Fälligkeit und der Konnexität kann auf die Ausführungen in Anm. 235 verwiesen werden.

[330] β) Kaufmännisches Zurückbehaltungsrecht.

Im Gegensatz zum bürgerlichrechtlichen Zurückbehaltungsrecht können Gegenstand eines kaufmännischen Zurückbehaltungsrechts nicht alle Leistungen, sondern nur bewegliche Sachen und Wertpapiere sein, die dem anderen Teil gehören: § 369 I 1 HGB. Der Ver kann also solche Gegenstände, die dem Vsvertreter gehören, aber im Verlaufe des Vertreterverhältnisses in den Besitz des Vers gekommen sind, zurückbehalten (Rohrbeck-Durst-Bronisch S. 155). Außer im Falle einer vom Vsvertreter gestellten Kaution (Anm. 228) wird der Ver selten Wertpapiere des Vsvertreters in Besitz haben, noch seltener bewegliche Sachen, so daß ein kaufmännisches Zurückbehaltungsrecht des Vers nur ausnahmsweise praktisch werden wird.

Über die Wirkung und Geltendmachung der Zurückbehaltungsrechte: Anm. 235, wegen des Gerichtsstandes Anm. 240.

[331] γ) Ausschluß der Zurückbehaltung.

Ein Recht zur Zurückbehaltung besteht nur, soweit sich nicht aus dem Schuldverhältnis ein anderes ergibt, es ist ausgeschlossen, wenn die Zurückbehaltung dem Wesen der Verpflichtung widerspricht (dazu Anm. 235). Unter diesem Gesichtspunkt können die Hilfsverpflichtungen des Vers (Anm. 320—327: Provisionsabrechnung, Buchauszug, Auskunft und Bucheinsicht) nicht taugliches Objekt einer Zurückbehaltung sein, weil sie die Geltendmachung der Vergütungsansprüche erst vorbereiten sollen und diese Vorbereitung ohne Rücksicht auf etwaige Gegenansprüche erfolgen soll. Insoweit ist der Ver vorleistungspflichtig (RG 19. IV. 1921 RGZ Bd 102 S. 110—111, Herschel-Beine, Handbuch zum Recht des Handelsvertreters, Köln 1954, S. 125, Rohrbeck-Durst-Bronisch S. 65, Schröder[2] a. a. O. Anm. 2 zu § 87c, S. 156, Würdinger in: RGR-Komm. HGB Bd 1 Anm. 8 zu § 87c, S. 729; in dem von Schröder a. a. O. erwähnten Fall, daß der Unternehmer nicht abrechnen kann, weil der Vertreter seiner Auskunftspflicht über die vermittelten Geschäfte nicht genügt hat, handelt es sich nicht um die Ausübung eines Zurückbehaltungsrechts, sondern um einen Fall der unverschuldeten Unmöglichkeit der Leistung). Der Ver kann also, wenn der Vsvertreter die eingezogenen Prämien nicht ordnungsgemäß abliefert oder seinen sonstigen Verpflichtungen nicht nachkommt, nicht etwa die Abrechnung über die verdiente Provision und deren Nachprüfung durch den Vsvertreter verweigern, bis dieser seinerseits erfüllt. Eine andere Frage ist es, ob er die — schon berechnete — Provision selbst zurückbehalten kann, was jedenfalls dem Wesen der Verpflichtung nicht widerspricht.

Die Pflichten, dem Vsvertreter die erforderlichen Unterlagen zur Verfügung zu stellen und ihn über wesentliche Ereignisse zu benachrichtigen (Anm. 242, 243), sind ihrem Wesen nach einer Zurückbehaltung wohl fähig, es wäre z. B. denkbar, daß ein Ver seinem Vertreter kein Werbematerial und keine Antragsformulare mehr zukommen läßt, um ihn zur Erfüllung seiner Pflichten anzuhalten. Da diese Leistungen aber regelmäßig zur Erzielung von Abschlüssen beitragen und eine Zurückbehaltung den Ver selbst am meisten schädigen würde, wird eine solche Maßnahme in der Praxis kaum vorkommen.

Dagegen ist ein etwaiger gesetzlicher Anspruch auf Erholungsurlaub nicht zur Zurückbehaltung geeignet (Dersch, Die Urlaubsgesetze, München-Berlin 1954, Anm. 105, S. 79).

Der Ausschluß des kaufmännischen Zurückbehaltungsrechts gemäß § 369 III HGB bei besonderer Anweisung oder Verpflichtung kommt, wie das kaufmännische Zurückbehaltungsrecht überhaupt, im wesentlichen nur bei der Kaution in Frage.

Wenn diese nicht zur generellen Sicherung des Unternehmers gestellt worden ist, kann sie nur in den bei der Vereinbarung festgelegten Fällen einbehalten werden, eine Zurückbehaltung zur Sicherung anderer Forderungen verstößt gegen die vom Ver übernommene Verpflichtung, nur in einer bestimmten Weise mit den Gegenständen zu verfahren (Anm. 228).

Wegen des Ausschlusses der Zurückbehaltung nach dem Grundsatz von Treu und Glauben ist auf die entsprechenden Ausführungen in Anm. 235 zu verweisen.

Eine Zurückbehaltung ist ausgeschlossen, wenn sie in ihrer Wirkung einer Aufrechnung gleichkommen würde und diese unzulässig ist. Außer den allgemeinen in Anm. 235 genannten Fällen wird hier vor allem der Fall des Aufrechnungsverbotes nach § 394[1] BGB bedeutsam, nach dem Forderungen, die der Pfändung nicht unterliegen, auch nicht durch Aufrechnung vereitelt werden können. Der Ver darf demnach die Vergütung des Vsvertreters nicht zurückhalten, soweit die Ansprüche Pfändungsschutz genießen (Anm. 336) (so auch Rohrbeck-Durst-Bronisch S. 96, Trinkhaus I S. 484 m. w. N.). Diese Einschränkung gilt dagegen nicht für Vergütungsteile, die nur auf Antrag nach § 850i ZPO unter Pfändungsschutz gestellt werden können.

Schließlich kann der Ver — im Gegensatz zum Vsvertreter — vertraglich oder auf andere Weise ausdrücklich oder stillschweigend auf sein Zurückbehaltungsrecht verzichten. Auch könnte das Zurückbehaltungsrecht des Vers — im Gegensatz zu dem des Vsvertreters (§ 88a I HGB) — schon im voraus wegbedungen werden.

[332] bbb) Aufrechnung.

Allgemein zur Aufrechnung und ihren Voraussetzungen und insbesondere zu der vom Vsvertreter erklärten Aufrechnung: Anm. 235.

Was die Aufrechnung durch den Ver anlangt, so setzt sie gleichartige Leistungen voraus. Somit kommen im Verhältnis zwischen Ver und Vsvertreter nur die Geldleistungen für eine Aufrechnung in Betracht, denn sonst schulden sie einander in der Regel keine gleichartigen Leistungen.

Ein Ausschluß der Aufrechnung kann sich für den Unternehmer außer in den in Anm. 235 erwähnten Fällen (vertraglicher Ausschluß, Forderung aus vorsätzlicher unerlaubter Handlung) aus § 394 BGB ergeben. Danach kann der Ver nicht gegen die Ansprüche des Vsvertreters aufrechnen, soweit sie der Pfändung nicht unterworfen sind (dazu Anm. 336).

Von der Aufrechnung zu unterscheiden ist die Anrechnung, bei der der Unternehmer die an den Vsvertreter zu zahlende Vergütung oder sonstige Leistungen an den Vsvertreter kürzt, ohne eine Gegenforderung geltend zu machen. Eine Anrechnung kann z. B. darauf beruhen, daß der Ver dem Vsvertreter einen Vorschuß (Anm. 303) auf Provision, Gehalt oder Aufwendungsersatz gegeben hat (Trinkhaus I S. 484—485). Auch bei der garantierten Provision (Anm. 245) wird die — ohne entsprechende Abschlüsse — gezahlte Garantiesumme auf die später verdiente, den garantierten Betrag übersteigende Provision angerechnet. Vertraglich kann vereinbart werden, daß auch andere Leistungen des Vers auf die Provision anzurechnen sind, z. B. eine V zum Haustarif.

Die von Trinkhaus I S. 484 erwähnten Anrechnungsnormen der §§ 616 I 2, 617 I 3 BGB setzen ein sozialvspflichtiges Arbeitsverhältnis voraus, das beim selbständigen Vsvertreter nicht gegeben ist (Anm. 168). Dagegen ist § 615[2] BGB analog heranzuziehen in den Fällen, in denen das Gehalt bei Annahmeverzug des Unternehmers weitergezahlt werden muß (Anm. 244). In solchem Falle muß sich also der Vsvertreter auf das weiterzuzahlende Gehalt das anrechnen lassen, was er anderweitig durch Verwertung seiner Arbeitskraft erwirbt oder zu erwerben böswillig unterläßt.

Über die Einbehaltung von Teilen der Vergütung vgl. Anm. 228, Trinkhaus I S. 485.

[333] ff) Erlaß und Verzicht.

Erlaß ist ein Vertrag, der die Aufhebung einer Forderung, und zwar einer bestehenden Forderung zum Gegenstand hat. Ein Vertrag über eine künftige Forderung mit der Wirkung, daß die Forderung überhaupt nicht erst entsteht, ist kein Erlaß

(Palandt BGB[15] Anm. 1 zu § 397, S. 347), also keine Verfügung über ein Recht, sondern eine Änderung des Agenturvertrages. Von einem Erlaß kann man also im Verhältnis des Vsvertreters zum Ver nur sprechen, wenn sich beide Teile darüber einigen, daß ein schon entstandener Anspruch des Vsvertreters erlöschen solle. Grundsätzlich kann jede Forderung erlassen werden. Ein Erlaß ist aber ausgeschlossen, wenn das betreffende Recht zwingender unabdingbarer Vertragsinhalt ist (Palandt BGB[15] Anm. 3 zu § 397, S. 347). Der durch schlechthin unabdingbare gesetzliche Bestimmungen bezweckte Schutz des Vsvertreters würde nicht erreicht werden, wenn der in der Regel wirtschaftlich stärkere Ver den Vsvertreter nachträglich zur Aufgabe seiner Rechte veranlassen könnte. Der Gesetzestext unterscheidet zwischen schlechthin unabdingbaren Ansprüchen und solchen, die nur im voraus nicht ausgeschlossen werden können (Anm. 143). Soweit demnach die Ansprüche des Vsvertreters vertraglich überhaupt nicht ausgeschlossen werden können, können sie auch nach ihrem Entstehen nicht erlassen werden. Für das Arbeitsrecht, das hier mit Rücksicht auf den gleichen Schutzgedanken vergleichend herangezogen werden kann, ist schon seit langem anerkannt, daß ein Erlaß von zwingenden Arbeitgeberpflichten bei bestehendem Arbeitsverhältnis unzulässig ist (Palandt BGB[15] Anm. 3 zu § 611, S. 511, vgl. auch § 4 IV TarifvertragsG und § 8 G über Mindestarbeitsbedingungen vom 11. I. 1952 [BGBl. I S. 17]). Es bleibt die Frage, ob ein Erlaß auch nach Beendigung des Agenturverhältnisses unzulässig bleibt. Das RArbG 13. VII. 1935 DJ 1935 S. 1342—1343, 11. X. 1939 DR 1940 S. 168 hat früher in der Frage des Verzichts auf Tariflohn zwischen der Zeit bestehenden Arbeitsverhältnisses und der Zeit nach der Beendigung unterschieden. In gleicher Weise differenzieren Knapp[2] a. a. O. Anm. 7 zu § 92a, S. 58 und Schröder[2] a. a. O. Anm. 8 zu § 92a, S. 289 bei den Mindestbedingungen der Einfirmen- und Konzernvertreter; undeutlich Knapp[2] a. a. O. Anm. 7 zu § 86a, S. 18, Anm. 8 zu § 87c, S. 35. Pflichten, die nur im voraus nicht ausgeschlossen werden können (§§ 86b I 1, 89b IV 1 HGB), können dem Unternehmer nach Fälligkeit erlassen werden (Herschel-Beine, Handbuch zum Recht des Handelsvertreters, Köln 1954, S. 47, Knapp[2] a. a. O. Anm. 2 zu § 86b, S. 19, Anm. 8 zu § 89b, S. 44e, Leuze a. a. O. S. 12—13, Würdinger in: RGRKomm. HGB Bd 1 Anm. 6 zu § 86b, S. 709, Anm. 9 zu § 89b, S. 747). Bei verhaltenen Ansprüchen des Vsvertreters, z. B. aus § 87c II—IV HGB steht es dem Vsvertreter frei, ob er sie erheben will. Unrichtig aber Schröder[2] a. a. O. Anm. 2 zu § 87c, S. 156, der auch bei dem nicht verhaltenen Anspruch auf Abrechnung trotz § 87c V HGB einen ausdrücklichen oder stillschweigenden Verzicht auf die Erteilung einer Abrechnung für zulässig hält, da § 87c V HGB nur eine vertragliche Abrede verbiete. Schuldrechtliche Ansprüche kann man aber nur durch Vertrag erlassen.

Das Verbot des Erlasses von Unternehmerpflichten erstreckt sich nicht auf Schadensersatzansprüche wegen Verletzung zwingender Pflichten des Vers. Sie können zwar im voraus nicht abbedungen, wohl aber nach ihrem Entstehen erlassen werden (Herschel-Beine a. a. O. S. 106, Schröder[2] a. a. O. Anm. 28 zu § 86a, S. 86).

Ein Erlaß kommt demnach — abgesehen von den im voraus nicht abdingbaren Ansprüchen — nur bei den ohnehin der Privatautonomie überlassenen Rechten des Vsvertreters in Betracht.

Ein **Verzicht,** d. h. die einseitige Aufgabe eines Rechts, kann nur Rechte zum Gegenstand haben, die nicht Forderungen sind, also z. B. Gestaltungsrechte wie das Recht zur Kündigung. Das Recht, das Agenturverhältnis aus einem wichtigen Grunde zu kündigen, ist allerdings unabdingbar (§ 89a I 2 HGB), doch muß man einen nachträglichen Verzicht hier zulassen, weil der Vsvertreter durch das Verbot einer im voraus getroffenen abweichenden Regelung genügend geschützt ist (so auch Herschel-Beine a. a. O. S. 173, Knapp[2] a. a. O. Anm. 3 zu § 89a, S. 41, Schröder[2] a. a. O. Anm. 8, 21 zu § 89a, S. 198, 204—205). Ein stillschweigender Verzicht kann darin liegen, daß der Kündigungsberechtigte trotz Kenntnis des wichtigen Grundes fristgerecht kündigt (Rohrbeck-Durst-Bronisch S. 104—105, RG 12. XI. 1935 JW 1936 S. 877—878).

Der Vsvertreter kann auch auf ein Zurückbehaltungsrecht verzichten; § 88a I HGB schließt nur einen „Verzicht" für die Zukunft aus. Ebenso kann auf eine Aufrechnungsbefugnis verzichtet werden.

Unverzichtbare Ansprüche braucht der Vsvertreter nicht geltend zu machen; dadurch geht der Anspruch aber nicht unter, sondern kann jederzeit wieder erhoben werden (Schröder[2] a. a. O. Anm. 11 zu § 85, S. 47).

Über die sogen. Verzichtklausel vgl. Anm. 369.

Über Erlaß und Verzicht bezüglich der Rechte des Unternehmers vgl. Anm. 236.

[334] gg) Verjährung und Verwirkung.

Zu den allgemeinen Fragen der Verjährung und Verwirkung und zu ihren Rechtsfolgen: Anm. 237.

Alle Ansprüche des Vsvertreters aus dem Agenturverhältnis **verjähren** nach § 88 HGB in vier Jahren, also auch Schadensersatzansprüche wegen einer Vertragsverletzung des Unternehmers (Herschel-Beine, Handbuch zum Recht des Handelsvertreters, Köln 1954, S. 147, Schröder[2] a. a. O. Anm. 1 zu § 88, S. 169, Trinkhaus I S. 471 bis 472, Würdinger in: RGRKomm. HGB Bd 1 Anm. 2 zu § 88, S. 731), während es z. B. für Ansprüche aus unerlaubter Handlung bei der dreijährigen Verjährungsfrist nach § 852 I BGB bleibt. Maßgebender Zeitpunkt für die Verjährung der vertraglichen Ansprüche ist die Fälligkeit: Mit dem Schluß des Jahres, in dem der Anspruch fällig geworden ist, setzt die Verjährung ein. Dabei sind für die Provision die besonderen Fälligkeitsregeln in § 87a IV HGB (Anm. 303) zu beachten; bei laufender Vermittlungsprovision kommt es also auf die Fälligkeit der einzelnen Teilbeträge an. Für Festbezüge sowie Aufwendungsersatz gilt hinsichtlich der Fälligkeit die vertragliche Vereinbarung, ebenso für eine Gewinnbeteiligung (Rohrbeck-Durst-Bronisch S. 100) und andere Sonderleistungen. Dadurch, daß die Bezüge in die laufende Rechnung aufgenommen werden und ein Schuldanerkenntnis erfolgt (Anm. 324), ändert sich an der Verjährung nichts (Riedel, Die Provisionsabrechnung und das Zurückbehaltungsrecht des Vsvertreters, ungedruckte Hamburger Diss. 1956, S. 55—56).

Die Verjährung der Provisionsansprüche wirkt sich aus auf die Hilfsansprüche des Vsvertreters auf Provisionsabrechnung, Buchauszug usw. Diesen Ansprüchen kann der Unternehmer den Einwand entgegenhalten, der Hauptanspruch sei verjährt und dem Hilfsanspruch damit die Grundlage entzogen (Herschel-Beine a. a. O. S. 124, Knapp[2] a. a. O. Anm. 5 zu § 87c, S. 34, Schröder[2] a. a. O. Anm. 5, 11, 13, 17 zu § 87c, S. 159, 163, 164, 166, Würdinger in: RGRKomm. HGB Bd 1 Anm. 6 zu § 87c, S. 729, RG 7. XII. 1928 HRR 1929 Nr. 624).

Der verhaltene Anspruch auf Beurkundung des Agenturvertrages nach § 85 I HGB beginnt erst mit dem Schluß des Jahres zu verjähren, in dem er geltend gemacht wird, denn erst in diesem Zeitpunkt ist er fällig geworden (Anm. 207). Er verjährt dann, wie alle anderen Ansprüche, in vier Jahren, das Verlangen kann aber jederzeit neu gestellt werden (Schröder[2] a. a. O. Anm. 2 zu § 88, S. 170).

Über die Verjährung eines gesetzlichen Urlaubsanspruchs vgl. Dersch, Die Urlaubsgesetze, München-Berlin 1954, Anm. 340—343, S. 203—205.

Die Verjährungsvorschrift des § 88 gilt für alle, auch für die Ansprüche der arbeitnehmerähnlichen Vsvertreter (Trinkhaus I S. 472—473).

Zur **Verwirkung** der Ansprüche der Handelsvertreter allgemein vgl. Schröder[2] a. a. O. Anm. 7 zu § 88, S. 170—171. Gegenüber den allgemeinen Grundsätzen über die Verwirkung ist nur hervorzuheben, daß eine Verwirkung von unabdingbaren Rechten des Vsvertreters nur ausnahmsweise unter besonderen Umständen in Betracht kommt. Die Anforderungen an das zu schützende Vertrauen des leistungspflichtigen Vers müssen hier größer sein als bei gewöhnlichen Ansprüchen (vgl. für das Arbeitsrecht Staudinger-Nipperdey Vorbem. 541 vor § 611, S. 1067), besonders bei arbeitnehmerähnlichen Einfirmenvertretern (LArbG Bremen 9. III. 1955 Der Betrieb 1955 S. 535). Für den Anspruch auf Beurkundung des Vertrages aus § 85 I HGB will Schröder[2] a. a. O. Anm. 11 zu § 85, S. 47 eine Verwirkung schlechthin ausschließen. Über die Verwirkung von Aufwendungsersatzansprüchen: LArbG Bremen 9. III. 1955 Der Betrieb 1955 S. 535, Trinkhaus I S. 446, über Verwirkung von Provisionsansprüchen: OLG Düsseldorf 5. VII. 1955 Entscheidungen und Gutachten Nr. 104.

Eine Verwirkung von Provisionsansprüchen nicht durch Zeitablauf, sondern durch untreues Verhalten erwägen RG 7. II. 1935 HRR 1935 Nr. 727, Industrie- und Handelskammer Berlin NeumannsZ 1931 S. 173.

Kein Fall der Verwirkung, sondern eine Ausschlußfrist ist in § 89b IV 2 HGB geregelt, wonach der Ausgleichsanspruch innerhalb von drei Monaten nach Beendigung des Agenturverhältnisses geltend gemacht werden muß. Vgl. dazu auch Anm. 385.

Über Verjährung und Verwirkung der Ansprüche des Unternehmers vgl. Anm. 237.

[335] hh) Abtretung und Verpfändung.

Grundsätzlich sind die Ansprüche des Vsvertreters **abtretbar,** insbesondere Provisionsansprüche, und zwar auch künftige, soweit sie genügend bestimmbar sind (Trinkhaus I S. 482).

Eine allgemeine Schranke für die Übertragung der Ansprüche des Vsvertreters ergibt sich aus § 400 BGB: Die Abtretung einer Forderung, die der Pfändung nicht unterworfen ist, ist ausgeschlossen. Insoweit kann auf die Ausführungen in Anm. 336 verwiesen werden; soweit danach die Ansprüche des Vsvertreters nicht gepfändet werden können, kann er sie auch nicht abtreten. Dies bezieht sich aber nicht auch auf den Pfändungsschutz nach § 850 i ZPO, wonach dem Schuldner auf Antrag die zu einem notwendigen Unterhalt erforderlichen Mittel belassen werden können, sondern nur auf die von Amts wegen zu beachtenden Vorschriften der §§ 850—850h ZPO.

Weiter ist die Abtretung ausgeschlossen, soweit eine Leistung an einen anderen als den Ver nicht ohne eine Inhaltsänderung möglich wäre (§ 399 BGB). Unter diesem Gesichtspunkt ist eine Abtretung des Anspruchs auf Beurkundung des Agenturvertrages nach § 85 I HGB unmöglich. Eine Ausnahme kann in dem Fall gemacht werden, daß Zahlungsansprüche abgetreten werden und der neue Gläubiger die Urkunde zu Beweiszwecken braucht (Schröder[2] a. a. O. Anm. 5 zu § 85, S. 44; vgl. Anm. 207). Der Anspruch auf Überlassung von Unterlagen und auf Benachrichtigung nach § 86a HGB, der den Vsvertreter bei der Erfüllung seiner höchstpersönlichen Bemühungspflicht unterstützen soll, kann seiner Natur nach ebenfalls nicht übertragen werden. Dasselbe gilt für einen Anspruch auf Erholungsurlaub (Dersch, Die Urlaubsgesetze, München-Berlin 1954, Anm. 94, S. 74). Soweit die Ansprüche des Vsvertreters auf Geld gehen (z. B. Provision, Gehalt, Aufwendungsersatz, Gewinnbeteiligung) und kein Pfändungsverbot besteht, ist ihre Übertragung zulässig. Die Hilfsansprüche auf Provisionsabrechnung, Buchauszug, Auskunft und Bucheinsicht sind ihrer Natur nach nicht für sich allein übertragbar, wohl aber zusammen mit den Geldansprüchen, deren Geltendmachung sie vorbereiten sollen (LArbG Bremen 22. XII. 1954 BetrBer 1955 S. 97, Knapp[2] a.a.O. Anm. 5 zu § 87c, S. 34, Rohrbeck-Durst-Bronisch S. 99, Schröder[2] a. a. O. Anm. 5 zu § 87c, S. 159, Trinkhaus I. S. 245, 482).

Die Abtretung ist schließlich ausgeschlossen, wenn dies vertraglich zwischen Vsvertreter und Unternehmer vereinbart worden ist (§ 399 BGB). Vgl. zu solchen Abreden mißbilligend Rohrbeck-Durst-Bronisch S. 98—99.

Über die Anfechtung einer Abtretung durch benachteiligte Gläubiger Rohrbeck-Durst-Bronisch S. 99.

Die **Verpfändung** der Ansprüche des Vsvertreters ist nur möglich, soweit sie übertragen werden können (§ 1274 II BGB). Sie ist damit auch ausgeschlossen, soweit ein Pfändungsschutz besteht (§ 400 BGB).

Über die Abtretung und Verpfändung der Ansprüche des Unternehmers: Anm. 238.

[336] ii) Pfändung und Konkurs.

Schrifttum: Zur Pfändung: Sebode JW 1938 S. 3073—3076, Meyer Der Betrieb 1952 S. 693—694, Müller ZfV 1956 S. 758—760, 1957 S. 19—21, zum Konkurs: Grasshoff JW 1934 S. 2666—2670, Holling Der Betrieb 1957 S. 349—350, Kauffmann, Die Ansprüche des Vsagenten im Konkurse des Vers, Hamburger Diss. 1932.

Die Ansprüche des Vsvertreters gegen den Unternehmer (Ver oder Generalagenten) können von den Gläubigern des Vsvertreters nach Maßgabe der §§ 828—845, 850—853 ZPO **gepfändet** werden.

Eingeschränkt wird die Pfändung einmal durch die Vorschrift des § 851 I ZPO, wonach Forderungen nicht gepfändet werden dürfen, die **nicht übertragen** werden können. Hierzu kann auf die Darstellung in Anm. 335 verwiesen werden. Allerdings unterliegen die nach § 399 BGB unpfändbaren Forderungen der Pfändung insoweit, als der jeweils geschuldete Gegenstand gepfändet werden kann (§ 851 II ZPO).

Die Ansprüche des Vsvertreters sind weiter der Pfändung entzogen, soweit auf sie die Vorschriften über den Pfändungsschutz für **Arbeitseinkommen** in den §§ 850—850 i ZPO anwendbar sind. Über die Entwicklung der Lohnpfändungsvorschriften vgl. Stein-Jonas-Schönke, Zivilprozeßordnung, 17. Aufl., Tübingen 1956, Anm. I zu § 850, speziell zum Vsvertreter Rohrbeck-Durst-Bronisch S. 94—95. Seit der Neufassung durch das Gesetz über Maßnahmen auf dem Gebiete der Zwangsvollstreckung vom 20. VIII. 1953 (BGBl. I S. 952) lauten die maßgeblichen Bestimmungen:

§ 850 (1) Arbeitseinkommen, das in Geld zahlbar ist, kann nur nach Maßgabe der §§ 850a bis 850i gepfändet werden.

(2) Arbeitseinkommen im Sinne dieser Vorschrift sind die Dienst- und Versorgungsbezüge der Beamten, Arbeits- und Dienstlöhne, Ruhegelder und ähnliche nach dem einstweiligen oder dauernden Ausscheiden aus dem Dienst- oder Arbeitsverhältnis gewährte fortlaufende Einkünfte, ferner Hinterbliebenenbezüge sowie sonstige Vergütungen für Dienstleistungen aller Art, die die Erwerbstätigkeit des Schuldners vollständig oder zu einem wesentlichen Teil in Anspruch nehmen.

(3) Arbeitseinkommen sind auch die folgenden Bezüge, soweit sie in Geld zahlbar sind:

a) Bezüge, die ein Arbeitnehmer zum Ausgleich für Wettbewerbsbeschränkungen für die Zeit nach Beendigung seines Dienstverhältnisses beanspruchen kann;

b) Renten, die auf Grund von Versicherungsverträgen gewährt werden, wenn diese Verträge zur Versorgung des Versicherungsnehmers oder seiner unterhaltsberechtigten Angehörigen eingegangen sind.

(4) Die Pfändung des in Geld zahlbaren Arbeitseinkommens erfaßt alle Vergütungen, die dem Schuldner aus der Arbeits- oder Dienstleistung zustehen, ohne Rücksicht auf ihre Benennung oder Berechnungsart.

§ 850a Unpfändbar sind

1. zur Hälfte die für die Leistung von Mehrarbeitsstunden gezahlten Teile des Arbeitseinkommens;
2. die für die Dauer eines Urlaubs über das Arbeitseinkommen hinaus gewährten Bezüge, Zuwendungen aus Anlaß eines besonderen Betriebsereignisses und Treugelder, soweit sie den Rahmen des Üblichen nicht übersteigen;
3. Aufwandsentschädigungen, Auslösungsgelder und sonstige soziale Zulagen für auswärtige Beschäftigungen, das Entgelt für selbstgestelltes Arbeitsmaterial, Gefahrenzulagen sowie Schmutz- und Erschwerniszulagen, soweit diese Bezüge den Rahmen des Üblichen nicht übersteigen;
4. Weihnachtsvergütungen bis zum Betrage der Hälfte des monatlichen Arbeitseinkommens, höchstens aber bis zum Betrage von 195 Deutsche Mark;
5. Heirats- und Geburtsbeihilfen, sofern die Vollstreckung wegen anderer als der aus Anlaß der Heirat oder der Geburt entstandenen Ansprüche betrieben wird;
6. Erziehungsgelder, Studienbeihilfen und ähnliche Bezüge;
7. Sterbe- und Gnadenbezüge aus Arbeits- oder Dienstverhältnissen;
8. Blindenzulagen.

§ 850b (betrifft vorwiegend Rentenbezüge).

§ 850c (1) Arbeitseinkommen unterliegt nicht der Pfändung
bei Auszahlung für Monate oder Bruchteile von Monaten in Höhe von 169,— Deutsche Mark monatlich,
bei Auszahlung für Wochen in Höhe von 39,— Deutsche Mark wöchentlich,
bei Auszahlung für Tage in Höhe von 6,50 Deutsche Mark täglich
und, soweit es diese Beträge übersteigt, zu drei Zehntel des Mehrbetrages.

(2) Hat der Schuldner seinem Ehegatten, einem früheren Ehegatten, einem Verwandten oder einem unehelichen Kind Unterhalt zu gewähren, so erhöht sich der unpfändbare Teil des Mehrbetrages für die erste Person, der Unterhalt gewährt wird, um weitere zwei Zehntel, mindestens um 39 Deutsche Mark monatlich (9,40 Deutsche Mark wöchentlich, 1,60 Deutsche Mark täglich), höchstens um 130 Deutsche Mark monatlich (31,20 Deutsche Mark wöchentlich, 5,20 Deutsche Mark täglich). Für jede weitere Person, der Unterhalt gewährt wird, erhöht sich der unpfändbare Teil des Mehrbetrages um ein weiteres Zehntel, mindestens um 19,50 Deutsche Mark monatlich (4,70 Deutsche Mark wöchentlich, 0,80 Deutsche Mark täglich), höchstens um 65 Deutsche Mark monatlich (15,60 Deutsche Mark wöchentlich, 2,60 Deutsche Mark täglich). Der hiernach unpfändbare Teil des Mehrbetrages darf jedoch neun Zehntel des Mehrbetrages bis zu 130 Deutsche Mark (31,20 Deutsche Mark wöchentlich, 5,20 Deutsche Mark täglich) und acht Zehntel des weiteren Mehrbetrages nicht übersteigen. Ist der Unterhalt oder ein Unterhaltsbeitrag durch Zahlung einer Geldrente zu gewähren, so wird die Erhöhung des unpfändbaren Teiles des Arbeitseinkommens durch den Betrag begrenzt, der als Unterhalt oder Unterhaltsbeitrag zu zahlen ist.

§ 850d (1) Wegen der Unterhaltsansprüche, die Verwandten, Ehegatten, früheren Ehegatten oder unehelichen Kindern kraft Gesetzes zustehen, sind das Arbeitseinkommen und die in § 850a Nr. 1, 2 und 4 genannten Bezüge ohne die im § 850c bezeichneten Beschränkungen pfändbar. Dem Schuldner ist jedoch so viel zu belassen, als er für seinen notwendigen Unterhalt und zur Erfüllung seiner laufenden gesetzlichen Unterhaltspflichten gegenüber den dem Gläubiger vorgehenden Berechtigten oder zur gleichmäßigen Befriedigung der dem Gläubiger gleichstehenden Berechtigten bedarf; von den in § 850a Nr. 1, 2 und 4 genannten Bezügen hat ihm mindestens die Hälfte des nach § 850a unpfändbaren Betrages zu verbleiben. Der dem Schuldner hiernach verbleibende Teil seines Arbeitseinkommens darf den Betrag nicht übersteigen, der ihm nach den Vorschriften des § 850c gegenüber nicht bevorrechtigten Gläubigern zu verbleiben hätte. Für die Pfändung wegen der Rückstände, die länger als ein Jahr vor dem Antrag auf Erlaß des Pfändungsbeschlusses fällig geworden sind, gelten die Vorschriften dieses Absatzes insoweit nicht, als nach Lage der Verhältnisse nicht anzunehmen ist, daß der Schuldner sich seiner Zahlungspflicht absichtlich entzogen hat.

(2) Mehrere nach Absatz 1 Berechtigte sind mit ihren Ansprüchen in folgender Reihenfolge zu berücksichtigen, wobei mehrere gleich nahe Berechtigte untereinander gleichen Rang haben:

a) die minderjährigen unverheirateten Kinder, der Ehegatte und frühere Ehegatte. Das Verhältnis der minderjährigen unverheirateten Kinder und des Ehegatten zu einem früheren Ehegatten bestimmt das Vollstreckungsgericht nach billigem Ermessen;

b) die übrigen ehelichen Abkömmlinge, wobei diejenigen, die im Falle der gesetzlichen Erbfolge als Erben berufen sein würden, den übrigen vorgehen, sowie die unehelichen Kinder;

c) die Verwandten aufsteigender Linie, wobei die näheren Grade den entfernteren vorgehen.

(3) Bei der Vollstreckung wegen der in Absatz 1 bezeichneten Ansprüche sowie wegen der aus Anlaß einer Verletzung des Körpers oder der Gesundheit zu zahlenden Renten kann zugleich mit der Pfändung wegen fälliger Ansprüche auch künftig fällig werdendes Arbeitseinkommen wegen der dann jeweils fällig werdenden Ansprüche gepfändet und überwiesen werden.

§ 850e Für die Berechnung des pfändbaren Arbeitseinkommens gilt folgendes:

1. Nicht mitzurechnen sind die nach § 850a der Pfändung entzogenen Bezüge, ferner Beträge, die unmittelbar auf Grund steuerrechtlicher oder sozialrechtlicher Vorschriften zur Erfüllung gesetzlicher Verpflichtungen des Schuldners abzuführen sind. Diesen Beträgen stehen gleich die auf den Auszahlungszeitraum entfallenden Beträge, die der Schuldner
   a) nach den Vorschriften der Sozialversicherungsgesetze zur Weiterversicherung entrichtet oder
   b) an eine Ersatzkasse oder an ein Unternehmen der privaten Krankenversicherung leistet, soweit sie den Rahmen des Üblichen nicht übersteigen.
2. Mehrere Arbeitseinkommen sind vom Vollstreckungsgericht bei der Pfändung zusammenzurechnen. Der unpfändbare Grundbetrag ist in erster Linie dem Arbeitseinkommen zu entnehmen, das die wesentliche Grundlage der Lebenshaltung des Schuldners bildet.
3. Erhält der Schuldner neben seinem in Geld zahlbaren Einkommen auch Naturalleistungen, so sind Geld- und Naturalleistungen zusammenzurechnen. In diesem Falle ist der in Geld zahlbare Betrag insoweit pfändbar, als der nach § 850c unpfändbare Teil des Gesamteinkommens durch den Wert der dem Schuldner verbleibenden Naturalleistungen gedeckt ist.
4. Das der Pfändung unterliegende Arbeitseinkommen des Schuldners ist für die Berechnung des pfändbaren Teils bei Auszahlung für Monate auf einen durch zwei Deutsche Mark, bei Auszahlung für Wochen auf einen durch 0,50 Deutsche Mark und bei Auszahlung für Tage auf einen durch 0,10 Deutsche Mark teilbaren Betrag nach unten abzurunden.
5. Trifft eine Pfändung, eine Abtretung oder eine sonstige Verfügung wegen eines der in § 850d bezeichneten Ansprüche mit einer Pfändung wegen eines sonstigen Anspruchs zusammen, so sind auf die Unterhaltsansprüche zunächst die gemäß § 850d der Pfändung in erweitertem Umfang unterliegenden Teile des Arbeitseinkommens zu verrechnen. Die Verrechnung nimmt auf Antrag eines Beteiligten das Vollstreckungsgericht vor. Der Drittschuldner kann, solange ihm eine Entscheidung des Vollstreckungsgerichts nicht zugestellt ist, nach dem Inhalt der ihm bekannten Pfändungsbeschlüsse, Abtretungen und sonstigen Verfügungen mit befreiender Wirkung leisten.

§ 850f Das Vollstreckungsgericht kann dem Schuldner auf Antrag von dem nach den Bestimmungen der §§ 850c und 850d pfändbaren Teil seines Arbeitseinkommens ausnahmsweise einen Teil belassen, wenn dies mit Rücksicht
a) auf besondere Bedürfnisse des Schuldners aus persönlichen oder beruflichen Gründen oder
b) auf besonders umfangreiche gesetzliche Unterhaltspflichten des Schuldners
geboten ist und überwiegende Belange des Gläubigers nicht entgegenstehen.

§ 850g Ändern sich die Voraussetzungen für die Bemessung des unpfändbaren Teils des Arbeitseinkommens, so hat das Vollstreckungsgericht auf Antrag des Schuldners oder des Gläubigers den Pfändungsbeschluß entsprechend zu ändern. Antragsberechtigt ist auch ein Dritter, dem der Schuldner kraft Gesetzes Unterhalt zu gewähren hat. Der Drittschuldner kann nach dem Inhalt des früheren Pfändungsbeschlusses mit befreiender Wirkung leisten, bis ihm der Änderungsbeschluß zugestellt wird.

§ 850h (1) Hat sich der Empfänger der vom Schuldner geleisteten Arbeiten oder Dienste verpflichtet, Leistungen an einen Dritten zu bewirken, die nach Lage der Verhältnisse ganz oder teilweise eine Vergütung für die Leistung des Schuldners darstellen, so kann der Anspruch des Drittberechtigten insoweit auf Grund des Schuldtitels gegen den Schuldner gepfändet werden, wie wenn der Anspruch dem Schuldner zustände. Die Pfändung des Vergütungsanspruchs des Schuldners umfaßt ohne weiteres den Anspruch des Drittberechtigten. Der Pfändungsbeschluß ist dem Drittberechtigten ebenso wie dem Schuldner zuzustellen.

(2) Leistet der Schuldner einem Dritten in einem ständigen Verhältnis Arbeiten oder Dienste, die nach Art und Umfang üblicherweise vergütet werden, unentgeltlich oder gegen eine unverhältnismäßig geringe Vergütung, so gilt im Verhältnis des Gläubigers zu dem Empfänger der Arbeits-

und Dienstleistungen eine angemessene Vergütung als geschuldet. Bei der Prüfung, ob diese Voraussetzungen vorliegen, sowie bei der Bemessung der Vergütung ist auf alle Umstände des Einzelfalles, insbesondere die Art der Arbeits- und Dienstleistung, die verwandtschaftlichen oder sonstigen Beziehungen zwischen dem Dienstberechtigten und dem Dienstverpflichteten und die wirtschaftliche Leistungsfähigkeit des Dienstberechtigten Rücksicht zu nehmen.

850 i (1) Ist eine nicht wiederkehrend zahlbare Vergütung für persönlich geleistete Arbeiten oder Dienste gepfändet, so hat das Gericht dem Schuldner auf Antrag so viel zu belassen, als er während eines angemessenen Zeitraums für seinen notwendigen Unterhalt und den seines Ehegatten, seines früheren Ehegatten, seiner unterhaltsberechtigten Verwandten oder eines unehelichen Kindes bedarf. Bei der Entscheidung sind die wirtschaftlichen Verhältnisse des Schuldners, insbesondere seine sonstigen Verdienstmöglichkeiten, frei zu würdigen. Dem Schuldner ist nicht mehr zu belassen, als ihm nach freier Schätzung des Gerichts verbleiben würde, wenn sein Arbeitseinkommen aus laufendem Arbeits- oder Dienstlohn bestände. Der Antrag des Schuldners ist insoweit abzulehnen, als überwiegende Belange des Gläubigers entgegenstehen.

(2) Die Vorschriften des Absatzes 1 gelten entsprechend für Vergütungen, die für die Gewährung von Wohngelegenheit oder eine sonstige Sachbenutzung geschuldet werden, wenn die Vergütung zu einem nicht unwesentlichen Teil als Entgelt für neben der Sachbenutzung gewährte Dienstleistungen anzusehen ist.

(3) Die Vorschriften des § 27 des Heimarbeitsgesetzes vom 14. März 1951 (Bundesgesetzbl. I S. 191) bleiben unberührt.

(4) Die Bestimmungen der Versicherungs-, Versorgungs- und sonstigen gesetzlichen Vorschriften über die Pfändung von Ansprüchen bestimmter Art bleiben unberührt.

Was die Ansprüche des Handelsvertreters auf **Vergütung** für seine Tätigkeit angeht, speziell Provision, so war schon früher anerkannt, daß die Provisionsansprüche dann zum Arbeitseinkommen im Sinne der Pfändungsschutzbestimmungen gehören, wenn er nur für eine Firma tätig ist und dieser seine ganze Arbeitskraft widmet (OLG Dresden 11. XII. 1935 HRR 1936 Nr. 706, OLG Frankfurt 18. X. 1935 JW 1936 S. 343—344, LG Berlin 25. XI. 1936 JW 1937 S. 1445, 26. I. 1938 JW 1938 S. 1050—1051, Kersting JW 1935 S. 88—89, Sebode JW 1938 S. 3073—3076).

Auch jetzt wird in Schrifttum und Rechtsprechung teilweise, aber durchweg ohne nähere Begründung, beim Lohnpfändungsschutz zwischen dem Einfirmenvertreter und dem „selbständigen" Vertreter unterschieden, der für mehrere Unternehmer ohne feste Bindung tätig ist (OLG Braunschweig 9. VI. 1951 ZfV 1951 S. 465, LG Köln 20. V. 1952 VersR 1952 S. 321, LG Stuttgart 24. III. 1950 Der Deutsche Rechtspfleger 1950 Sp. 520—521, Schröder[2] a. a. O. Anm. 15 zu § 87b, S. 154, Würdinger in: RGR-Komm. HGB Bd 1 Anm. 23 zu § 87, S. 719), während ein anderer großer Teil der Lehre die Ansprüche aller Handelsvertreter ohne Unterscheidung dem Pfändungsschutz unterstellen will (Duden a. a. O. S. 305, Herschel-Beine, Handbuch zum Recht des Handelsvertreters, Köln 1954, S. 150, Knapp[2] a. a. O. Anm. 3 zu § 88a, S. 37, Meyer Der Betrieb 1952 S. 693—694, Müller ZfV 1956 S. 758—760, Stein-Jonas-Schönke, Zivilprozeßordnung, 17. Aufl., Tübingen 1956, Nr. VII 5c zu § 850 und Anm. 18a, Trinkhaus I S. 479—480, Weimar ArbuR 1954 S. 17). Für Konzernvertreter vgl. AG Lüdinghausen 15. X. 1955 VersR 1956 S. 406. Keine klare Entscheidung findet sich bei Anonym ZfV 1952 S. 67, Rohrbeck-Durst-Bronisch S. 95, bei denen lediglich auf die Voraussetzungen des § 850 II ZPO verwiesen wird. Nikisch, Arbeitsrecht, I. Bd, 2. Aufl., Tübingen 1955, S. 361 Anm. 14 bezieht § 850 II ZPO auf Handelsvertreter, die „fortlaufend für einen Auftraggeber tätig sind, ohne in dessen Diensten zu stehen". Baumbach-Lauterbach ZPO[24] Anm. 2 zu § 850, S. 1323 wollen den Handelsvertretern generell den Pfändungsschutz für ihre Provisionsansprüche versagen. Dabei gehen sie aber von einem anderen Begriff des Handelsvertreters aus als das Gesetz in § 84 I HGB, wenn sie sagen: „Hierhin gehören . . . Nicht: selbständige Gewerbetreibende, Handlungsagenten, falls sie wirklich solche sind und nicht für dieselbe Firma gegen wiederkehrende Vergütung arbeiten". In dem Beschluß des OLG Frankfurt JW 1936 S. 343—344, auf den sie sich dabei berufen, heißt es aber nur (unter Anziehung u. a. von Kersting JW 1935 S. 88), daß diejenigen Agenten, die lediglich für eine Firma tätig seien und für diese Tätigkeit wiederkehrend zahlbare Vergütungen erhalten, unter § 850b (jetzt § 850 II) ZPO fallen. Ein Umkehrschluß dahin, daß die Bezüge aller Handelsvertreter, die nicht nur für eine Firma tätig sind, nicht unter § 850 II ZPO fallen, kann nicht gezogen werden, zumal sich die Rechtslage durch die Einführung des § 850e ZPO geändert hat, worauf Stein-Jonas-Schönke a. a. O. Nr. VII 5c in Anm. 18a zu § 850 hinweisen.

Nach richtiger Auffassung sind auch die Ansprüche der Mehrfirmenvertreter durch § 850 II ZPO erfaßt, denn sie stellen „sonstige Vergütungen für Dienstleistungen aller Art" dar, wobei es keinen Unterschied macht, daß der Vertrag des Vsvertreters kein echter Dienstvertrag, sondern ein Geschäftsbesorgungsvertrag ist, bei dem sich die Vergütung nach dem Erfolg der Tätigkeit richtet (Anm. 197). — Es handelt sich auch um wiederkehrend zahlbare Vergütungen aus einem Dauerschuldverhältnis, denn das Agenturverhältnis setzt eine ständige Betrauung mit der Vermittlung von Geschäften voraus (§ 84 I 1 BGB, Anm. 176—181) und bringt gemäß § 87c I HGB zwingend monatliche, höchstens vierteljährliche Abrechnung über die verdiente Provision mit sich. Die Provisionen werden jeweils mit der Abrechnung, also fortlaufend in regelmäßigen Abständen, fällig (§ 87a IV HGB). Daß sie in den einzelnen Monaten verschieden hoch ausfallen und erst jeweils bei der Prämienzahlung nach Abschluß des Geschäftes entstehen (§ 92 IV HGB), ändert daran nichts (Herschel-Beine a. a. O. S. 150, Müller ZfV 1956 S. 759, Stein-Jonas-Schönke a. a. O. Nr. VII 2 a zu § 850, Trinkhaus I S. 480). Dies gilt für Einfirmen- wie auch für Mehrfirmenvertreter. — Der von Trinkhaus I S. 480 und Müller ZfV 1956 S. 759 erwähnte Ausnahmefall, daß nur gelegentlich, ohne dauernde Geschäftsverbindung und ohne Agenturvertrag, einmal ein Geschäft für einen Ver vermittelt wird, kann für den Vsvertreter nicht praktisch werden, für den nach § 84 I 1 HGB die „ständige Betrauung" wesentliches Merkmal ist, er paßt nur auf Makler. In solchem Fall könnte der Pfändungsschutz nach § 850i ZPO eingreifen. — Schwieriger ist die Frage, ob die Dienstleistungen, wie § 850 II ZPO es fordert, „die Erwerbstätigkeit des Schuldners vollständig oder zu einem wesentlichen Teil in Anspruch nehmen". Baumbach-Lauterbach ZPO[24] Anm. 2 zu § 850, S. 1322 meinen dazu, hier sei ein Abhängigkeitsverhältnis erforderlich. Dann wäre aber die Unterscheidung zwischen Dienstverhältnissen und „Dienstleistungen aller Art" überflüssig, denn die Abhängigkeit ist das hervorstechendste Merkmal des Dienstverhältnisses (auch RG 20. X. 1917 RGZ Bd 91 S. 159—161 bezieht sich nur auf solche Dienstverhältnisse i. e. S. und deren Voraussetzungen). Im übrigen lassen Baumbach-Lauterbach ZPO[24] Anm. 2 zu § 850, S. 1322—1323 „Maß und Zeit der Arbeit" entscheidend sein. Demgegenüber legen Müller ZfV 1956 S. 760 und Trinkhaus I S. 479 entscheidendes Gewicht auf die wirtschaftliche Bedeutung der Tätigkeit und den Wert des Entgeltes für die Lebenshaltung des Schuldners. Daß aber bei Mehrfirmenvertretern das einzelne in Frage stehende Agenturverhältnis, aus dem ein Anspruch gepfändet werden soll, den überwiegenden Teil der Tätigkeit nach der aufgewendeten Zeit oder nach dem Erfolg, d. h. der Höhe des Verdienstes, darstellt, kann nicht gefordert werden, sonst würde man z. B. den Vsvertreter, der für drei Ver etwa in gleichem Maße tätig ist, überhaupt keinen Pfändungsschutz zubilligen können und ihn damit ohne Grund schlechter stellen als einen Vsvertreter, der ebenfalls für drei Ver, aber für einen von ihnen mit ganz besonderem Einsatz und Erfolg und mehr als für die beiden anderen arbeitet. Bei der Auslegung, wie sie von Müller und Trinkhaus vertreten wird, könnte immer nur eines von mehreren Arbeitseinkommen den Pfändungsschutz genießen, während die übrigen frei gepfändet werden könnten. § 850e Ziff. 2 ZPO setzt aber voraus, daß mehrere Arbeitseinkommen gleichzeitig die Voraussetzungen des § 850 II ZPO erfüllen. Duden a. a. O. S. 305 und Stein-Jonas-Schönke a. a. O. Nr. VII 5 c zu § 850 mit Anm. 18a erstrecken denn auch den Pfändungsschutz ausdrücklich auf Mehrfirmenvertreter. Stein-Jonas-Schönke lassen es genügen, wenn die Tätigkeit für jeden der Unternehmer „einen erheblichen Umfang" erreicht. Ein Vergütungsanspruch unterliegt demnach nur dann nicht den Pfändungsbeschränkungen für Arbeitseinkommen im Sinne des § 850 II ZPO, wenn die dafür aufgewendete Tätigkeit nach Ausmaß und Erfolg neben der sonstigen Erwerbstätigkeit (d. h. ohne Berücksichtigung der nicht durch Einsatz der persönlichen Arbeitskraft erzielten Einkünfte — vgl. dazu RG 20. X. 1917 RGZ Bd 91 S. 160—161 — und der nicht auf Gelderwerb gerichteten Tätigkeit) überhaupt nicht ins Gewicht fällt.

Daß der Schuldner, um die Voraussetzungen des § 850 II ZPO zu erfüllen, hauptberuflicher Vsvertreter sein müsse (so noch Möller Vsvermittlung S. 31), kann nicht gefordert werden. Auch wer seinen Lebensunterhalt zur Hälfte durch eine Waren- und zur anderen Hälfte durch eine Vsvertretung erwirbt, muß vor der Kahlpfändung bewahrt werden. Die Zusammenrechnung nach § 850e Ziff. 2 ZPO erfaßt die Vergütungsansprüche gegen mehrere Dienstberechtigte ohne Rücksicht auf die Gleich- oder Verschiedenartigkeit der jeweiligen Tätigkeit.

Eine Unterscheidung zwischen Einfirmen- und Mehrfirmenvertretern ist nicht möglich: Der Pfändungsschutz erstreckt sich weder auf alle Einfirmenvertreter noch ist er auf sie beschränkt. Füllt z. B. eine Angestelltentätigkeit einen nebenher als Einfirmenvertreter Tätigen so aus, daß der Einsatz für die Vsvertretung und der Verdienst daraus ganz zurücktreten, so gehören die Vergütungsansprüche gegen den Ver trotz der Einfirmenvertretereigenschaft nicht zum Arbeitseinkommen im Sinne des § 850 II ZPO. Andererseits können, wie oben gezeigt, die mehreren Agenturverhältnisse eines Mehrfirmenvertreters sehr wohl alle die Voraussetzungen des § 850 II ZPO erfüllen. Eine Beschränkung des Lohnpfändungsschutzes auf die Einfirmenvertreter kann auch nicht damit begründet werden, daß nur diese als sogen. arbeitnehmerähnliche Personen schutzwürdig seien. Die maßgebenden Bestimmungen sollen, wie auch die Pfändungsbeschränkungen des § 811 ZPO, verhindern, daß dem Schuldner durch Kahlpfändung die Existenzgrundlage entzogen wird, so daß er der staatlichen Fürsorge zur Last fällt. Hierfür kommt es auf seine Eigenschaft als Arbeitnehmer oder als arbeitnehmerähnliche Person nicht an, sondern maßgebend ist allein, daß er seinen Lebensunterhalt durch vertragliche Verwertung seiner Arbeitskraft, auch als selbständiger Unternehmer, erwirbt (Stein-Jonas-Schönke a. a. O. Nr. VII 5 c zu § 850, Anm. 18a, Müller ZfV 1956 S. 759).

Bezieht ein Vsvertreter ausnahmsweise seine Provisionen nicht regelmäßig (vgl. die Beispiele bei Trinkhaus I S. 479—480, Herschel-Beine a. a. O. S. 150), so kann er trotzdem Pfändungsschutz nach § 850 i I ZPO erlangen, allerdings nur auf besonderen Antrag und nur, wenn es ohne Beeinträchtigung überwiegender Belange der Gläubiger möglich ist. Er behält in diesem Fall auch nur so viel, als zu seinem notdürftigen Unterhalt erforderlich ist.

Zum Arbeitseinkommen im Sinne des § 850 II ZPO gehört nach dem oben Gesagten die Vermittlungsprovision des Vsvertreters, aber auch die Inkasso- und die Verwaltungsprovision, denn diese Bezüge sind Entgelt für Dienstleistungen. Ebenso ist ein festes Gehalt und ein Anspruch auf Gewinnbeteiligung Arbeitseinkommen im Sinne der Pfändungsschutzbestimmungen. Dagegen wird die Delkredereprovision nicht für Dienstleistungen irgendwelcher Art gewährt, sondern als Risikoprämie für die Übernahme einer besonderen Garantie (vgl. Anm. 317). Sie untersteht danach nicht den Pfändungsbeschränkungen.

Über die Pfändungsbeschränkungen im Einzelnen, insbesondere über die pfändungsfreien Beträge, vgl. §§ 850 c—850 h ZPO. Beim Mehrfirmenvertreter sind die Ansprüche gegen die mehreren Ver gemäß § 850 e Ziff. 2 ZPO zusammenzurechnen, und von der Summe ist der pfändungsfreie Betrag zu berechnen.

Gewisse Bezüge sind — im Gegensatz zum Arbeitseinkommen, das nur bis zu einem bestimmten Betrag der Pfändung entzogen ist (§ 850c ZPO) — gemäß § 850a ZPO gänzlich unpfändbar. Für den Vsvertreter können davon vor allem bedeutsam werden: Gratifikationen (Ziff. 2), soweit sie den Rahmen des Üblichen nicht übersteigen, doch ist für Weihnachtsgratifikationen eine obere Grenze festgesetzt, von der ab die Gläubiger wieder Zugriff auf den überschießenden Betrag haben (Ziff. 4).

§ 850a Ziff. 3 ZPO erklärt auch **„Aufwandsentschädigungen"** für schlechthin unpfändbar. Durch diese Bestimmung werden die den Vsvertretern ersetzten Aufwendungen geschützt. Die Vorschrift bezieht sich ihrem Wortlaut nach nur auf die speziell als Aufwandsentschädigung hingegebenen Beträge. Der Vsvertereter, der, wie es nach § 87d HGB regelmäßig der Fall ist, seine Spesen aus seiner Provision selbst bezahlt, wäre danach nicht geschützt, sondern müßte die zur Aufrechterhaltung seiner Erwerbstätigkeit erforderlichen Aufwendungen aus dem geringen pfändungsfreien Betrag bestreiten, der ihm nach § 850c ZPO zum Lebensunterhalt belassen wird. Um dieses unbillige Ergebnis zu vermeiden, hat die Rechtsprechung schon früher versucht, unter dem Gesichtspunkt der treuhänderischen Bindung (§ 851 ZPO a. F.) einen Teil des Provisionsbetrages, der für notwendige Aufwendungen benötigt wird, von der Pfändung auszuschließen (KG 10. XII. 1935 JW 1936 S. 519—520 und ausführlich dazu Sebode JW 1938 S. 3073—3076; a. A. OLG Frankfurt 18. X. 1935 JW 1936 S. 343—344, das nur besonders berechnete Spesen als unpfändbar ansah). Heute ist allgemein anerkannt, daß vor der Ermittlung des pfändbaren Betrages ein angemessener Betrag für notwendige Aufwendungen abzuziehen ist (OLG Hamm 9. V. 1956 BetrBer 1956 S. 668). Maßgebend ist dabei der Grundsatz des Nettoeinkommens, der in § 850e Ziff. 1 ZPO niedergelegt ist, und wonach Steuern und Versicherungsbeiträge sowie die nach § 850a ZPO unpfändbaren Bezüge nicht mitzurechnen sind (vgl. OLG Braunschweig 9. VI. 1951 ZfV 1951 S. 465). Zur Begründung wird weiter angeführt, daß die Pfändungsbeschränkungen den Zweck haben, dem Schuldner ein Existenzminimum zu erhalten und daß dieser Zweck nicht erreicht werden kann, wenn man dem Vsvertreter die Mittel zur Fortsetzung seiner Erwerbstätigkeit nimmt (Herschel-Beine a. a. O. S. 153, Müller ZfV 1957 S. 19—21, Stamm Die Sozialv 1955 S. 157, Stein-Jonas-Schönke a. a. O. Nr. II 3b zu § 850a [anders noch Jonas JW 1936 S. 890 bis 891, der bei reinen Provisionsvertretern das Risiko als vom Vertreter übernommen ansah], Trinkhaus I S. 480; a. A. noch [unter Berufung auf OLG Frankfurt 18. X. 1935 JW 1936 S. 343—344] Duden a. a. O. S. 305). Nicht eindeutig äußern sich Rohrbeck-Durst-Bronisch S. 96—97. Meyer Der Betrieb 1952 S. 694 will beim Fehlen eines vertraglich vereinbarten Spesenersatzes nur mit dem Pfändungsschutz nach § 811 ZPO helfen. — Bei festen Spesen wird der die tatsächlichen Aufwendungen übersteigende Betrag nicht nach § 850a Ziff. 3 ZPO, sondern nach § 850c ZPO behandelt; es liegt insoweit in Wahrheit verschleiertes Arbeitsentgelt vor. Dabei ist auch zu berücksichtigen, daß u. U. der Vsvertreter eigene Aufwendungen (z. B. für die Ernährung), die er auch ohne das Agenturverhältnis gehabt hätte, erspart (vgl. Möller Vsvermittlung S. 198, Rohrbeck-Durst-Bronisch S. 97).

Über eine „Ausgleichung" bei schwankenden Bezügen innerhalb der letzten Monate vgl. Sebode JW 1938 S. 3073—3074. Danach soll es dem Schuldner aus Billigkeitsgründen gestattet sein, der Pfändung einen Durchschnittsbetrag der letzten Monate zugrundezulegen, um bei vereinzelten zufälligen Spitzenverdiensten eine hohe Pfändung zu vermeiden.

Sind dem Vsvertreter vor der Pfändung schon Vorschüsse auf Provision oder Gehalt gezahlt worden, so mindern diese den pfändungsfreien Betrag, denn sonst könnte der Vsvertreter auf diese Weise die Befriedigung seiner Gläubiger völlig vereiteln (Müller ZfV 1957 S. 19—21, Sebode JW 1938 S. 3074, Zeller, Der Handelsvertreter, 7. Aufl., Stuttgart-München-Hannover 1956, S. 27—28; Trinkhaus I S. 476 für unselbständige Vsvertreter). Dies gilt aber nicht, wenn der betreffende Betrag ausnahmsweise als rückzahlbares Darlehen gegeben worden ist (dazu Anm. 303, vgl. auch Baumbach-Lauterbach ZPO[24] Anm. 1 zu § 850 e, S. 1333, Stamm Die Sozialv 1955 S. 157, Trinkhaus I S. 476).

Sind Ansprüche des Vsvertreters gepfändet worden, so kann er sich gemäß § 829 I 1 ZPO auch nicht mehr durch Aufrechnung (Anm. 235) befriedigen. Der Ver kann sich gegenüber den Gläubigern des Vsvertreters nicht auf eine solche nachträgliche Aufrechnung (etwa mit weiterzugebenden Prämien) berufen (Christof NeumannsZ 1933 S. 646, Rohrbeck-Durst-Bronisch S. 97, Stamm Die Sozialv 1955 S. 157, LG Köln 20. V. 1952 VersR 1952 S. 321 mit ablehnender Anm. Fleischmann VersR 1952 S. 402—403).

Die Ansprüche des Vsvertreters können auch für die Zukunft gepfändet werden. Nach § 832 ZPO erstreckt sich das Pfändungspfandrecht auf alle Ansprüche aus dem laufenden Verhältnis zwischen Vsvertreter und Ver (so für Provisionsansprüche des Handelsvertreters allgemein mit eingehender Begründung RG 28. X. 1932 RGZ Bd 138 S. 252—255, ebenso Müller ZfV 1956 S. 760, Rohrbeck-Durst-Bronisch S. 96, Stein-Jonas-Schönke a. a. O. Nr. VIII 2a zu § 850, Trinkhaus I S. 477, Würdinger in: RGR-Komm. HGB Bd 1 Anm. 23 zu § 87, S. 719). Über die Schwierigkeiten bei der Pfändung der zukünftigen Provisionsforderungen vgl. Christof NeumannsZ 1933 S. 645—646, Müller ZfV 1956 S. 760.

Über die Pfändung der Ansprüche nach Beendigung des Agenturverhältnisses vgl. Anm. 388. Über die Pfändung der Ansprüche des Vers gegen den Vsvertreter vgl. Anm. 239.

Wird über das Vermögen des Vers (oder Generalagenten) das **Konkursverfahren** eröffnet, so erlischt das Agenturverhältnis und wird nur in besonderen Fällen unter bestimmten Voraussetzungen als fortbestehend fingiert (Anm. 171, 351—352).

Ist das Agenturverhältnis durch den Konkurs des Vers erloschen, so kann der Vsvertreter gleichwohl nicht nur die rückständigen Vergütungsansprüche geltend machen, sondern auch Provision für Geschäfte, die bereits vermittelt worden sind, deren Ausführung aber infolge des Konkurses unterblieben ist. Nach § 87a III 1 HGB kann der Vsvertreter die Provision für ein vermitteltes Geschäft auch dann verlangen, wenn das Geschäft nicht ausgeführt wird und der Ver die Unmöglichkeit der Ausführung zu vertreten hat, wobei die Beweislast den Ver trifft (Provisionsvereitelung, Anm. 293). Der Konkurs ist dann ein vom Ver zu vertretender Umstand, wenn er durch schuldhaftes Verhalten der Organe des Vers, z. B. Mißwirtschaft, leichtsinnige, den kaufmännischen Grundsätzen zuwiderlaufende Geschäftsführung, verursacht worden ist, aber nicht schon dann, wenn unglückliche äußere Umstände den Konkurs herbeigeführt haben (so schon mit ausführlicher Begründung Kauffmann a. a. O. S. 33—38, dazu Herschel-Beine, Handbuch zum Recht des Handelsvertreters, Köln 1954, S. 178, Duden a. a. O. S. 312, Trinkhaus I S. 190 Anm. 58, Würdinger in: RGRKomm. HGB Bd 1 Anm. 6 zu § 87a, S. 724; OLG Hamburg 6. XI. 1931 HRR 1932 Nr. 1088, OLG Köln 12. II. 1936 JW 1936 S. 1795—1797, dahingestellt von RG 16. III. 1906 RGZ Bd 63 S. 69—74). Dagegen sieht Graßhoff JW 1934 S. 2669 bei jedem Konkurs ein Vertretenmüssen im Sinne des § 87a III HGB (§ 88 II HGB a. F., auf den sich auch die übrigen älteren Schrifttumsstellen und Entscheidungen beziehen). Der Vsvertreter kann also insbesondere eine laufende Folgeprovision verlangen, wenn diese ihm bei normaler Abwicklung des vermittelten Vsvertrages zugestanden hätte. Die Voraussetzungen des § 87a III HGB sind regelmäßig nur erfüllt, wenn der in Konkurs gefallene Unternehmer selbst der Ver ist.

Ist ein echter Generalagent in Konkurs gefallen, so werden dadurch die vermittelten Vsverträge nicht berührt, die laufenden Prämien, an deren Eingang der Provisionsanspruch geknüpft ist, werden weiter gezahlt.

Abgesehen von der geschilderten Vergütung für Geschäfte, die der Vsvertreter vermittelt hat, die aber infolge des Konkurses nicht ausgeführt worden sind, ist zu untersuchen, ob der Vsvertreter seinen sonstigen Schaden, der ihm durch den Konkurs des Vers entstanden ist, ersetzt verlangen kann. Sein Schaden besteht insbesondere darin, daß es ihm durch den Konkurs unmöglich geworden ist, weiterhin Vsverträge für den Ver zu vermitteln und dadurch Provisionen zu verdienen. Er muß sich einen neuen Unternehmer suchen und für diesen, möglicherweise in einer anderen Branche, erst einen Kundenstamm wieder aufbauen, bevor er seinen früheren Verdienststand wieder erreicht. Ferner sind möglicherweise Anschaffungen zur Übernahme einer neuen Vertretung erforderlich und alte Einrichtungen überflüssig geworden (vgl. die Beispiele bei Herschel-Beine a. a. O. S. 179—181). Zur Streitfrage vgl. schon Anm. 171. Das Reichsgericht hat in diesen Fällen einen Schadensersatzanspruch wegen Nichterfüllung des Vertrages verneint (RG 16. III. 1906 RGZ Bd 63 S. 69—74, 17. VI. 1913 RGZ Bd 82 S. 400—407). Das OLG Hamburg 6. XI. 1931 HRR 1932 Nr. 1088, das sich auf das erste Urteil des RG beruft, unterscheidet nicht scharf genug zwischen dem Anspruch aus § 88 II HGB a. F. und dem Schadensersatzanspruch des Vsvertreters. Vgl. im übrigen die ausführliche Darstellung des Streites bei Kauffmann a. a. O. S. 39—49, aber auch bei Schmidt-Rimpler a. a. O. S. 308—310 und bei Jaeger-Lent, Konkursordnung, I. Bd, 8. Aufl., Berlin 1956, Anm. 6 zu § 23, S. 350. Ein Schadensersatzanspruch kann zwar nicht aus Vorschriften der Konkursordnung oder aus Vertragsverletzung hergeleitet werden, wohl aber ergibt er sich aus einer entsprechenden Anwendung des § 89a II HGB. Wenn derjenige, der durch einen von ihm zu vertretenden Umstand den anderen zur fristlosen Kündigung veranlaßt hat, diesem den durch die Auflösung des Agenturverhältnisses entstehenden Schaden ersetzen muß, so ist nicht einzusehen, warum nicht auch der Ver, der durch leichtfertige oder gar vorsätzlich schädliche Geschäftsführung sein Unternehmen in einen Konkurs treibt (welcher kraft Gesetzes die Auflösung des Vertreterverhältnisses zur Folge hat), zum Ersatz verpflichtet sein soll (so auch die heute herrschende Lehre, zum Teil noch unter Heranziehung der allgemeinen Vorschrift des § 618 II BGB, während nunmehr § 89a II HGB das Spezialgesetz ist: Herschel-Beine a. a. O. S. 179—180, Jaeger-Lent a. a. O. Anm. 6 zu § 23, S. 350, Kauffmann a. a. O. S. 47, Schmidt-Rimpler a. a. O. S. 310, Trinkhaus I S. 360, Würdinger in: RGRKomm. HGB Bd 1 Anm. 24 zu § 89, S. 738, a. A. nur noch Schröder[2] a. a. O. Anm. 41 zu § 89, S. 193;

keine eindeutige Stellungnahme findet sich bei Rohrbeck-Durst-Bronisch S. 159. — Graßhoff JW 1934 S. 2669 will dem Vsvertreter einen Schadenersatzanspruch auch dann geben, wenn der Konkurs nicht auf ein schuldhaftes Verhalten des Vers zurückzuführen ist). Der Ersatzanspruch wegen schuldhafter Herbeiführung des Konkurses kann sowohl gegenüber dem Ver wie gegenüber einem echten Generalagenten bestehen.

Umstritten ist, ob und wie die Hilfsansprüche des Vsvertreters aus § 87c HGB im Konkurs des Unternehmers geltendgemacht werden können. Die Ansprüche auf Abrechnung (§ 87c I HGB) und auf Erteilung eines Buchauszuges (§ 87c II HGB) soll der Vsvertreter nach der einen Auffassung auch nach Konkurseröffnung nur gegen den Gemeinschuldner geltend machen können, da es sich nicht um Geldforderungen handele (Graßhoff JW 1934 S. 2670, Jaeger-Lent a. a. O. Anm. 10 zu § 3, S. 57, Kauffmann a. a. O. S. 51—52). Würdinger in: RGRKomm. HGB Bd 1 Anm. 7 zu § 87c, S. 729 hält auch ein Vorgehen gegen den Gemeinschuldner für ausgeschlossen, während Herschel-Beine a. a. O. S. 181 mit einer Auskunft durch Verwalter und Konkursgericht gemäß §§ 75, 83, 100 KO, notfalls mit einem Schadensersatzanspruch, der nach § 69 KO geltendzumachen sei, helfen wollen. Dagegen halten Rohrbeck-Durst-Bronisch S. 158 ein Vorgehen gegen den Konkursverwalter für möglich und erforderlich, da nur dieser die Abrechnung erteilen könne. Es wird in der Tat regelmäßig dem Verwalter möglich sein, auf Grund der notwendigerweise in einem Vsunternehmen durchgeführten genauen Buchführung dem Vsvertreter über die von ihm vermittelten Geschäfte eine Abrechnung und einen Buchauszug zu erteilen. Schwieriger ist dies schon bei einem echten Generalagenten. Daß der Vsvertreter seinen Anspruch auf Bucheinsicht (§ 87c III HGB) gegen den Konkursverwalter geltendmachen kann, sobald dieser die Bücher in Besitz genommen hat, ist allgemein anerkannt (Graßhoff JW 1934 S. 2670, Herschel-Beine a. a. O. S. 181, Jaeger-Lent a. a. O. Anm. 5 zu § 10, S. 196, Kauffmann a. a. O. S. 52, Rohrbeck-Durst-Bronisch S. 158, Würdinger in: RGRKomm. HGB Bd 1 Anm. 7 zu § 87c, S. 729).

Befinden sich im Besitz des Vers Sachen oder Wertpapiere, die dem Vsvertreter gehören, so kann er diese Gegenstände gemäß § 43 KO aussondern (auch Wertpapiere: Jaeger Lent a. a. O. Anm. 9 zu § 43, S. 603). Hier kommt insbesondere eine beim Ver hinterlegte Kaution (Anm. 228) in Betracht (Rohrbeck-Durst-Bronisch S. 162). Der Konkursverwalter kann aber, wenn noch Forderungen gegen den Vsvertreter von der Art bestehen, wie sie durch die Kaution gesichert werden sollten, ein kaufmännisches Zurückbehaltungsrecht geltendmachen (Anm. 330) oder, wenn an den Gegenständen für den Ver ein Pfandrecht bestellt worden war, die Gegenstände als Pfand verwerten. Steht die Kaution im Miteigentum von Ver und Vsvertreter (z. B. in einem Sammeldepot), so findet die Auseinandersetzung gemäß § 16 KO außerhalb des Konkursverfahrens statt (Rohrbeck-Durst-Bronisch S. 162). Ist die Kaution dagegen (evtl. durch Vermischung gemäß § 948 BGB) in das Eigentum des Vers übergegangen, so hat der Vsvertreter nur eine Konkursforderung und möglicherweise, wenn der Ver die als Kaution hingegebenen Gegenstände abredewidrig nicht gesondert aufbewahrt hat, einen Schadensersatzanspruch, der aber bloße Konkursforderung ist (Rohrbeck-Durst-Bronisch S. 162; vgl. zur Kaution im Konkurs des Vers auch Strietholt a. a. O. S. 41).

Ein Recht zur abgesonderten Befriedigung hat der Vsvertreter gemäß §§ 49 Ziff. 4, 48 KO an den Gegenständen, an denen ihm ein kaufmännisches Zurückbehaltungsrecht (Anm. 235) zusteht (Kauffmann a. a. O. S. 51, Rohrbeck-Durst-Bronisch S. 160). Das Leistungsverweigerungsrecht nach § 273 I BGB verliert im Konkurs seine Kraft (Kauffmann a. a. O. S. 51). Eine Zurückbehaltung irgendwelcher Leistungen auf Grund des § 320 I 1 BGB kommt schon deshalb nicht in Frage, weil das Agenturverhältnis kein gegenseitiger Vertrag ist (Anm. 197), dann aber auch, weil der Vertrag mit der Konkurseröffnung erlischt (Anm. 351, 352; RG 21. VI. 1922 RGZ Bd 105 S. 125—128, Würdinger in: RGRKomm. HGB Bd 1 Anm. 23 zu § 89, S. 738).

Der Vsvertreter braucht dann nicht am Konkursverfahren teilzunehmen, wenn er sich wegen seiner Ansprüche gegen die Masse durch Aufrechnung befriedigen kann. Als Gegenforderung der Masse, gegen die der Vsvertreter aufrechnen könnte, kommt in erster Linie der Anspruch auf Herausgabe eingezogener Prämien in Frage. Gerade für diesen Anspruch ist aber regelmäßig die Aufrechnung vertraglich ausgeschlossen (Anm. 235). Es fragt sich, ob ein solches Aufrechnungsverbot auch im Konkurs des Vers noch weiter wirkt. KG 19. IX. 1930 JRPV 1931 S. 92, Kersting JRPV 1936 S. 135—139 und Rohrbeck-Durst-Bronisch S. 162—163 wollen das Aufrechnungsverbot auch im Konkurs gelten lassen, wobei Kersting JRPV 1936 S. 138 allerdings eine Durchbrechung hinsichtlich der Provisionsansprüche aus dem Geschäft, aus dem die Prämie stammt, zuläßt, weil insoweit eine Art Kontokorrentverhältnis zwischen Ver und Vsvertreter bestehe. Gegen die Wirksamkeit des Aufrechnungsverbotes im Konkurse läßt sich allerdings nicht einwenden, der Ver habe beim Vertragsschluß nicht gewollt, daß dem Vsvertreter die von ihm verdiente Provision vorenthalten werde (so OLG Köln 12. II. 1936 JW 1936 S. 1795—1797), denn dies trifft für alle Verträge des Gemeinschuldners zu. Entscheidend ist, daß die Parteien bei der Vereinbarung des Aufrechnungsverbotes in aller Regel nicht an den Fall des Konkurses des Unternehmers denken und daß die Aufrechnung deshalb als letztes Sicherungsmittel des Vsvertreters nicht ohne weiteres auch für diesen Fall ausgeschlossen sein kann (dazu RG 8. III. 1929 RGZ Bd 124 S. 8—10, OLG Düsseldorf 26. X. 1950 NJW 1951 S. 319, OLG Köln 12. II. 1936 JW 1936 S. 1795—1797, Kauffmann a. a. O. S. 50—51, Trinkhaus I S. 190 Anm. 58, Würdinger in: RGRKomm. HGB Bd 1 Anm. 6 zu § 87a, S. 724). Im Einzelfall ist zu ermitteln, ob das Aufrechnungsverbot nach dem Willen der Parteien nur für die Dauer des Agenturverhältnisses oder auch für einen möglicherweise eintretenden Konkurs des Vers gelten soll. Ziff. 9 Hauptpunkte (Anm. 138) enthält ein Aufrechnungsverbot nur für die Dauer des Vertragsverhältnisses, so daß in den hiernach geschlossenen Agenturverträgen die Frage überhaupt nicht auftauchen kann. Das von Kauffmann a. a. O. S. 50—51 erwähnte Bedenken, daß bei der Sachv die Verträge auch nach dem Konkurs des Vers noch ein Jahr weiterliefen und daß deshalb weiterhin ein Interesse des Vers an dem pünktlichen Eingang der Prämien bestehe, darf nicht überspannt werden: Auch die Vsvertreter verdienen Schutz, der ihnen nicht zugunsten anderer Gruppen entzogen werden darf.

Die Aufrechnung ist allerdings auch im Konkurs ausgeschlossen, wenn die Forderung gegen den Vsvertreter aus einer unerlaubten Handlung stammt (§ 393 BGB). Eine solche liegt aber noch nicht notwendig in der Einbehaltung der eingezogenen Prämien durch den Vsvertreter, wie Kersting JRPV 1936 S. 137 meint (vgl. Anm. 226, 235).

Die Provisionsansprüche, die in der Zeit entstanden sind, in der das Agenturverhältnis gemäß §§ 672^2 BGB, 23 I 2 KO als noch fortbestehend gilt, werden als Masseschulden im Sinne des § 59 KO bevorzugt befriedigt, nicht dagegen die während des fingierten Fortbestehens nach § 674 BGB entstandenen Forderungen (§ 27 KO).

Kein Vorrecht genießen grundsätzlich Provisionsforderungen aus Geschäften, die vor Konkurseröffnung vermittelt und abgeschlossen worden sind (vgl. OLG Naumburg 15. II. 1935 JW 1935 S. 1346, Herschel-Beine a. a. O. S. 178, Rohrbeck-Durst-Bronisch S. 159, Trinkhaus I S. 491, Würdinger in: RGRKomm. HGB Bd 1 Anm. 22 zu § 89, S. 737; anders nur Withake JW 1935 S. 2915, dagegen aber Kersting JW 1935 S. 2915 bis 2916). Diese Ansprüche muß der Vsvertreter wie seine sonstigen Forderungen (auch die Ansprüche auf „Ersatzprovision" und Schadensersatz) als normale Konkursforderung anmelden, und er wird mit den anderen Gläubigern anteilsmäßig befriedigt.

Ein Vorrecht vor anderen Konkursgläubigern genießt nur der Einfirmen- oder Konzernvertreter nach § 61 Ziff. 1 KO (in der Fassung von Art. 4 HandelsvertreterG):

„Die Konkursforderungen werden nach folgender Rangordnung, bei gleichem Rang nach Verhältnis ihrer Beträge, berichtigt:

1. die für das letzte Jahr vor der Eröffnung des Verfahrens oder dem Ableben des Gemeinschuldners rückständigen Forderungen an Lohn, Kostgeld oder anderen Dienstbezügen der Personen, welche sich dem Gemeinschuldner für dessen Haushalt, Wirtschaftsbetrieb oder Erwerbsgeschäft zur Leistung von Diensten verdungen hatten; dies gilt auch für Ansprüche von Handelsvertretern auf rückständige Vergütung einschließlich Provision aus dem letzten Jahr vor der Eröffnung des Verfahrens oder dem Ableben des Gemeinschuldners, sofern diese Handelsvertreter zu dem Personenkreis gehören, für den nach § 92a des Handelsgesetzbuchs die untere Grenze der vertraglichen Leistungen des Unternehmers festgesetzt werden kann, und ihnen während der letzten sechs Monate des Vertragsverhältnisses, bei kürzerer Vertragsdauer während dieser, im Durchschnitt monatlich nicht mehr als fünfhundert Deutsche Mark an Vergütung einschließlich Provision und Ersatz für im regelmäßigen Geschäftsbetrieb entstandene Aufwendungen zugestanden haben oder noch zustehen."

Vgl. zu dieser Vorschrift schon Anm. 171, 248. Zu den Ansprüchen auf rückständige Vergütung gehört das feste Gehalt des Vsvertreters und seine Vermittlungsprovision, ferner die Inkasso- und Verwaltungsprovision, die Entgelt für geleistete Dienste darstellen. Auch Ansprüche auf Gewinnbeteiligung und auf Gratifikationen sind bevorrechtigt (vgl. zu allem Jaeger-Lent a. a. O. Anm. 16 zu § 61, S. 852). Die Delkredereprovision ist wohl „Vergütung" im weiteren Sinn, aber sie wird nicht für eine Dienstleistung oder Geschäftsbesorgung gewährt, sondern für die Übernahme einer Haftung (vgl. Anm. 317); sie genießt daher nicht das Konkursvorrecht nach § 61 Ziff. 1 KO.

Über die Wirkung des Vergleichsverfahrens über das Vermögen des Generalagenten, evtl. des Vers: Rohrbeck-Durst-Bronisch S. 156—157.

[340] g) Beendigung des Vertreterverhältnisses.

aa) Beendigungsgründe.

aaa) Zeitablauf.

Regelmäßig wird ein Agenturvertrag auf unbestimmte Zeit abgeschlossen. Ausnahmsweise wird zuweilen eine feste Vertragsdauer vereinbart; in diesem Fall endet das Rechtsverhältnis mit dem Ablauf der bestimmten Zeit (vgl. analog § 620 I BGB), z. B. mit dem Ablauf einer vereinbarten dreimonatigen Probezeit (dazu Schröder² a. a. O. Anm. 7 zu § 89, S. 179—180). Das Merkmal der ständigen Betrauung (§ 84 I 1 HGB) steht einer solchen Vereinbarung nicht entgegen (Schmidt-Rimpler a. a. O. S. 286—287). Die Begrenzung des Agenturverhältnisses auf einen bestimmten Zeitraum kann sich auch aus den Umständen ergeben, etwa wenn ein Vsvertreter nur die Werbemöglichkeiten aus Anlaß einer bestimmten Veranstaltung zur Vermittlung von Vsverträgen ausnutzen soll. Mit dem Wegfall dieser besonderen Werbemöglichkeit erlischt dann automatisch auch der Vertretervertrag (vgl. die Beispiele bei Herschel-Beine, Handbuch zum Recht des Handelsvertreters, Köln 1954, S. 161; ebenso Duden a. a. O. S. 323, Schmidt-Rimpler a. a. O. S. 286—287, Schröder² a. a. O. Anm. 3 zu § 89, S. 178, Trinkhaus I S. 360, Würdinger in: RGRKomm. HGB Bd 1 Anm. 11 zu § 89, S. 736 für Handelsvertreter).

Soll sich das Agenturverhältnis nach dem Ablauf der bestimmten Frist mangels anderer Vereinbarung jeweils um den gleichen Zeitraum fortsetzen, so gelten die gesetzlichen Kündigungsregeln wie bei einem unbefristeten Agenturverhältnis (darüber Anm. 354; vgl. ferner über die Unwirksamkeit von sogen. Kettenverträgen die eingehende Darstellung bei Schröder² a. a. O. Anm. 6 zu § 89, S. 179, ebenso Albrecht-Tentler, Das Recht der Agenten nach Deutschem Handelsrecht, Berlin 1908, S. 163, Würdinger in: RGRKomm. HGB Bd 1 Anm. 1 zu § 89, S. 733).

Setzen die Parteien trotz Ablaufes der vereinbarten Frist, z. B. einer Probezeit, ihre Beziehungen fort, ohne einen Willen zur Beendigung erkennen zu lassen, so gelten zwischen ihnen analog § 625 BGB die Bestimmungen des Vertrages weiter mit der Maßgabe, daß an die Stelle der Befristung die gesetzlichen Kündigungsregeln des § 89 HGB treten (RG 14. I. 1908 JW 1908 S. 138—139, RArbG 21. IX. 1935 JW 1936 S. 207—208, Duden a. a. O. S. 323—324, Rohrbeck-Durst-Bronisch S. 104, Schröder² a. a. O. Anm. 4 zu § 89, S. 178—179, Würdinger in: RGRKomm. HGB Bd 1 Anm. 1 zu § 89, S. 733).

Dadurch, daß ein Vertretungsverhältnis infolge wirtschaftlicher Verhältnisse längere Zeit ruht, wird es noch nicht aufgehoben (LG Düsseldorf 3. II. 1954 Entscheidungen und Gutachten Nr. 32).

Das Agenturverhältnis erlischt auch mit dem Eintritt einer etwa vereinbarten auflösenden Bedingung (Herschel-Beine a. a. O. S. 161, Schmidt-Rimpler a. a. O. S. 287, Schröder² a. a. O. Anm. 4 zu § 89, S. 178, Anm. 41 zu § 89, S. 193, Trinkhaus I S. 361), doch ist dabei immer zu prüfen, ob durch die Vereinbarung der auflösenden Bedingung nicht die Kündigungsfristen des § 89 HGB umgangen werden sollten. In solchem Fall könnte bei Eintritt der Bedingung nur mit den gesetzlichen Fristen, u. U. auch aus wichtigem Grunde fristlos, gekündigt werden (Schröder² a. a. O. Anm. 1 zu § 89, S. 177). Beispiel für auflösende Bedingung: LArbG Frankfurt 30. X. 1951 RdA 1951 S. 439.

Über die Vereinbarung einer Altersgrenze Anm. 344.

[341] **bbb) Tod.**

α) Tod des Versicherungsvertreters.

Die Auslegungsregel des § 673[1] BGB, wonach der Auftrag im Zweifel mit dem Tode des Beauftragten erlischt, gilt wegen § 675 BGB entsprechend für den Vsvertreter (Anm. 197). Diese Regel trifft für die Mehrzahl der Agenturverträge zu. Die Rechtsfolge des sofortigen Erlöschens ist zudem besonders hervorgehoben in Ziff. 11 Hauptpunkte (Anm. 138), vgl. auch die Klausel bei Strietholt a. a. O. S. 42.

Die Erben des verstorbenen Vsvertreters sind nach §§ 673[2], 675 BGB verpflichtet, dem Ver oder Generalagenten den Tod anzuzeigen und die Geschäfte bei Gefahr im Verzuge fortzuführen, was insbesondere für die Inkasso- und Schadensbearbeitungspflicht des Vsvertreters (Anm. 222, 223) praktisch werden kann. Insoweit gilt der Vertretervertrag als fortbestehend, d. h. die Erben gelten als bevollmächtigt und verpflichtet, andererseits erhalten sie für die von ihnen wahrgenommenen Geschäfte die festgesetzte Vergütung. Dazu wird bei Rohrbeck-Durst-Bronisch S. 112 (auch Strietholt a. a. O. S. 46) folgende besondere Vertragsbestimmung mitgeteilt:

> „Besonders vereinbart wird, daß auch noch nach dem Ableben des Generalagenten dessen gesetzlichen Erben erster Ordnung und seiner Ehefrau der Provisionsgenuß in gleicher Weise verbleibt, wenn zur Zeit des Ablebens dieser Vertrag noch in Kraft war.
> Es ist Voraussetzung für den Weiterbezug der Provision, daß das Geschäft von dem Generalagenten bzw. durch seine Erben auch weiter bearbeitet wird. Geschieht dies nicht, so ist der Weiterbezug nur zwei Drittel des Provisionsverdienstes (d. i. Provisionssätze abzüglich der eventuellen Unteragenten zustehenden Provisionen), während das andere Drittel an die für die Abwicklung dieses Geschäftes in Frage kommende Stelle vergütet wird."

Die Klausel, welche „Gefahr im Verzuge" nicht voraussetzt, führt zu einem zeitlich unbeschränkten Fortbestehen des Vertreterverhältnisses, falls die Erben mit der Weiterbearbeitung beginnen. Hiernach müssen später beide Parteien die Kündigungsfristen wahren. Wegen der Auslegungsregel des § 673[1] BGB findet eine solche Fortführung des Agenturverhältnisses mit den Erben des Vsvertreters nur statt, wenn sie — wie in der Klausel — ausdrücklich vereinbart ist (Knapp[2] a. a. O. Anm. 1a zu § 89, S. 38, Rohrbeck-Durst-Bronisch S. 111, Schmidt-Rimpler a. a. O. S. 307). Trinkhaus I S. 352 will eine stillschweigende Vereinbarung der Fortsetzung annehmen, wenn der Vsvertreter mit Wissen des Vers einen Verwandten in sein Geschäft eingewiesen hat.

War der Vertretervertrag mit einem Einzelkaufmann unter seiner Firma geschlossen worden, und wird die Firma von den Erben fortgeführt, so setzt sich auch hier der Agenturvertrag nicht automatisch mit diesen fort. Nimmt aber der Ver die Anzeige von der Firmenfortführung entgegen, ohne die Geschäftsbeziehungen abzubrechen, so liegt darin eine stillschweigende Vereinbarung über die Fortsetzung des Vertreterverhältnisses (Herschel-Beine, Handbuch zum Recht des Handelsvertreters, Köln 1954, S. 176, Würdinger in: RGRKomm. HGB Bd 1 Anm. 14 zu § 89, S. 736; Schmidt-Rimpler a. a. O. S. 307, der darauf hinweist, daß in solchem Fall sachlich ein neuer Vertrag mit den fortführenden Erben abgeschlossen wird; zu weitgehend Trinkhaus I S. 352).

Ist der Vsvertreter eine offene Handelsgesellschaft, so führt der Tod eines Gesellschafters die Auflösung der Gesellschaft nur herbei, wenn vertraglich nichts anderes bestimmt ist (§ 131 Ziff. 4 HGB). Ist im Gesellschaftsvertrag vorgesehen, daß die Gesellschaft unter den überlebenden Gesellschaftern (§ 138 HGB) oder mit den Erben des Verstorbenen (§ 139 HGB) fortgesetzt werden solle, so wird der Agenturvertrag durch das Ausscheiden des verstorbenen Gesellschafters nicht berührt, wobei es auf eine Zustimmung des Vers nicht ankommt; das Gleiche gilt, wenn bei einer Zweimanngesellschaft der überlebende Gesellschafter das Geschäft entsprechend § 142 HGB als Einzelkaufmann übernimmt (Albrecht-Tentler, Das Recht der Agenten nach Deutschem Handelsrecht, Berlin 1908, S. 176, Herschel-Beine a. a. O. S. 176, Hueck, Das Recht der offenen Handelsgesellschaft, 2. Aufl., Berlin 1951, S. 303, Knapp[2] a. a. O. Anm. 1 zu § 89, S. 38, Möller ZfV 1955 S. 2—3, Rohrbeck-Durst-Bronisch S. 112, Schmidt-Rimpler a. a. O. S. 307, Schröder[2] a. a. O. Anm. 41 zu § 89, S. 193, Trinkhaus I S. 352).

Auch wenn nichts vereinbart ist und die Rechtsfolge des § 131 Ziff. 1 HGB eintritt, ändert sich zunächst nur der Zweck der Gesellschaft, ohne daß die Liquidation den Agenturvertrag als eine Rechtsbeziehung zu einem Außenstehenden in seinem Bestand beeinflußt (vgl. Schlegelberger-Geßler, Handelsgesetzbuch, II. Bd, 3. Aufl., Berlin-Frankfurt 1955, Anm. 9 zu § 145, S. 1068). Der Tod eines Gesellschafters kann aber in besonderen Fällen wichtiger Grund für eine fristlose Kündigung (Anm. 354) sein (Möller ZfV 1955 S. 2—3).

Eine juristische Person als Inhaberin einer Vsvertretung wird durch den Tod einzelner Mitglieder oder Geschäftsführer in ihrem Bestand nicht betroffen, ebensowenig wird der Agenturvertrag berührt (Möller ZfV 1955 S. 3, Schmidt-Rimpler a. a. O. S. 307, Schröder[2] a. a. O. Trinkhaus S. 193, Anm. 41 zu § 89, I S. 352).

Über die endgültige Auflösung einer Personalgesellschaft oder juristischen Person Anm. 345.

Die aus dem Agenturverhältnis noch nach dem Tode des Vertreters fällig werdenden Provisionsbeträge sind keine „Einkünfte" der Erben, die etwa bei der Berechnung einer von den Erben geltendgemachten Deliktsrente berücksichtigt werden müßten, sondern gehören zum Nachlaß des verstorbenen Vertreters (RG 8. V. 1942 HRR 1942 Nr. 577).

[342] β) Tod des Generalagenten.

Das Verhältnis zwischen Untervertreter und einem echten Generalagenten wird durch den Tod des letzteren im Zweifel nicht aufgelöst (§§ 675, 672[1] BGB), doch kann sich aus dem Vertrag eine abweichende Regelung ergeben (Herschel-Beine, Handbuch zum Recht des Handelsvertreters, Köln 1954, S. 175, Schmidt-Rimpler a. a. O. S. 307, Trinkhaus I S. 356).

Für den Untervertreter wird der Tod des Generalagenten häufig, besonders bei enger persönlicher Zusammenarbeit, einen wichtigen Grund zu unbefristeter Kündigung darstellen (Anm. 354). Ob auch die Erben des Generalagenten ein Kündigungsrecht aus wichtigem Grund haben, kommt auf den Einzelfall an. Eine allgemeine Pflicht der Erben, das Handelsgeschäft fortzuführen (so Herschel-Beine a. a. O. S. 185—186 für das Verhältnis Unternehmer-Handelsvertreter) kann man im Verhältnis zwischen Generalagent und Untervertreter nicht konstruieren, da mit dem Tode des Generalagenten regelmäßig auch dessen Vertrag mit dem Ver erlischt (Anm. 341) und eine Fortsetzung mit den Erben nur in Ausnahmefällen stattfindet. Ist allerdings die Fortsetzung des Handelsgeschäfts und der Firma durch die Erben vorgesehen, so können diese das Verhältnis zum Unteragenten nicht unter Berufung auf den Tod des Generalagenten fristlos kündigen (Herschel-Beine a. a. O. S. 175, Schmidt-Rimpler a. a. O. S. 306—307). Über Kündigung bei mangelnder persönlicher Eignung des Erben zur Fortführung: RG 10. VI. 1922 JW 1924 S. 177—178 mit ablehnender Anm. Titze.

Ist Inhaber der Generalagentur eine Personalgesellschaft oder eine juristische Person, so gibt der Tod eines Mitgliedes oder Geschäftsführers nur ausnahmsweise ein Recht zur unbefristeten Kündigung.

[343] γ) Tod des Versicherers.

Der Ver ist in den meisten Fällen eine juristische Person (Anm. 18 zu § 1) und als solche vom Wechsel der Mitglieder oder Organe unabhängig. Für die Fälle, in denen ausnahmsweise eine natürliche Person Ver ist (z. B. in der Transportv), kann auf Anm. 342 verwiesen werden.

Über die Liquidation juristischer Personen, die dem Tod natürlicher Personen entspricht (Trinkhaus I S. 353), Anm. 345.

[344] ccc) Berufsunfähigkeit.

Der Eintritt dauernder Berufsunfähigkeit beim Vsvertreter durch Krankheit oder aus anderer Ursache bringt den Agenturvertrag nicht von selbst zum Erlöschen, kann aber ein Recht zur unbefristeten Kündigung (Anm. 354) auslösen, und zwar für beide Teile (Herschel-Beine, Handbuch zum Recht des Handelsvertreters, Köln 1954, S. 182, Trinkhaus I S. 364, 385, Würdinger in: RGRKomm. HGB Bd 1 Anm. 16 zu

§ 89, S. 736); auch das bloße altersbedingte Nachlassen der Arbeitskraft ist als wichtiger Kündigungsgrund anerkannt worden (LG Berlin-Charlottenburg 6. IV. 1955 Entscheidungen und Gutachten Nr. 80). Bei der „Nachinkassoprovisionsklausel" (Klausel 6 Anm. 369) ist es zweifelhaft, ob ausnahmsweise die Berufsunfähigkeit das Agenturverhältnis automatisch erlöschen läßt.

Vereinzelt trifft man in Vertreterverträgen Bestimmungen über eine Altersgrenze, bei deren Erreichung das Agenturverhältnis ohne weiteres erlöschen soll, vgl. z. B. die von Strietholt a. a. O. S. 43 mitgeteilte Klausel:

> „Mit Beendigung des 70. Lebensjahres endigt die Tätigkeit eines Kommissars ohne weiteres."

Aufschlußreich ferner die Darlegungen bei Strietholt Vsvermittlung 1954 S. 82—84 mit weiteren Klauseln. In diesen Fällen endet das Verhältnis mit der Vollendung des in in der Klausel bestimmten Lebensjahres (Duden a. a. O. S. 329; Trinkhaus I S. 385 Anm. 171 will dem Vsvertreter, der trotz Erreichen der Altersgrenze noch leistungsfähig ist, mit dem Einwand mißbräuchlicher Rechtsausübung zur Fortsetzung des Vertrages verhelfen).

Der Eintritt der Geschäftsunfähigkeit macht dem Abschlußvertreter (für den Vermittlungsvertreter muß wegen der rechtsgeschäftsähnlichen Natur seiner Aufgaben das Gleiche gelten) die Erfüllung seiner Pflichten unmöglich; der Vertretervertrag erlischt aber nicht ohne weiteres (Herschel-Beine a. a. O. S. 176, Schröder[2] a. a. O. Anm. 41 zu § 89, S. 193, Trinkhaus I S. 354, Würdinger in: RGRKomm. HGB Bd 1 Anm. 13 zu § 89, S. 736; anders Enneccerus-Lehmann, Recht der Schuldverhältnisse, 14. Aufl., Tübingen 1954, S. 669, z. T. Palandt BGB[15] Anm. 1 zu § 673, S. 551, wonach es sich um eine Auslegungsfrage handeln soll).

Der Eintritt der beschränkten Geschäftsfähigkeit läßt das Agenturverhältnis dagegen in der Regel unberührt; für Abschlußagenten vgl. § 165 BGB.

[345] ddd) Liquidation.

Die Auflösung und Liquidation einer juristischen Person — das gilt sowohl für Ver als auch für Generalagenten oder Vsvertreter — führt noch nicht unmittelbar zu ihrem Erlöschen, sondern bedeutet lediglich eine Zweckänderung; die Rechtsbeziehungen zu Dritten bleiben unberührt (vgl. Schlegelberger-Geßler, Handelsgesetzbuch, II. Bd, 3. Aufl., Berlin-Frankfurt 1955, Anm. 9 zu § 145, S. 1068). Im Laufe der Abwicklung der Geschäfte und der Versilberung des Vermögens müssen auch etwaige Vertreterverträge aufgehoben werden, und zwar im Wege der Kündigung, wobei in vielen Fällen die Einleitung der Liquidation einen wichtigen Grund im Sinne des § 89a I HGB darstellen wird (Duden a. a. O. S. 322). Die Einleitung der Liquidation allein bringt aber das Agenturverhältnis noch nicht zum Erlöschen (Würdinger in: RGRKomm. HGB Bd 1 Anm. 15 zu § 89, S. 736). Dagegen wollen Duden a. a. O. S. 322, Knapp[2] a. a. O. Anm. 1 zu § 89, S. 38, Schröder[2] a. a. O. Anm. 41 zu § 89, S. 193, Trinkhaus I S. 353 Auflösung und Liquidation dem Tode einer natürlichen Person gleichsetzen.

Wird eine juristische Person nur aufgelöst, um von einem langfristigen Agenturvertrag loszukommen, und anschließend neugegründet, so endet der Vertrag nicht, sondern setzt sich mit der neuen juristischen Person fort (RG 20. V. 1930 RGZ Bd 129 S. 80—89, Herschel-Beine, Handbuch zum Recht des Handelsvertreters, Köln 1954, S. 176, Schröder[2] a. a. O. Anm. 41 zu § 89, S. 193, Trinkhaus I S. 353). Der vom Reichsgericht entschiedene Fall betrifft die Auflösung einer juristischen Person auf der Unternehmerseite (das verkennen Herschel-Beine a. a. O. S. 176), doch können die dazu entwickelten Grundsätze auch auf eine juristische Person als Inhaber einer Vsvertretung angewendet werden. Es handelte sich um einen Sonderfall der Provisionsvereitelung (Anm. 304).

Die Auflösung und Liquidation einer Handelsgesellschaft soll den Agenturvertrag nach der Auffassung von Duden a. a. O. S. 322 und Schröder[2] a. a. O. Anm. 41 zu § 89, S. 193 zum Erlöschen bringen, dagegen wollen mit Recht Herschel-Beine a. a. O. S. 176, Schmidt-Rimpler a. a. O. S. 308 und Würdinger in: RGRKomm. HGB Bd 1

Anm. 15 zu § 89, S. 736 in diesem Fall nur ein Recht zur unbefristeten Kündigung (Anm. 354) anerkennen.

Über Geschäftseinstellung und Fusion Anm. 347, 348.

[346] eee) Personenwechsel.

α) Wechsel beim Versicherungsvertreter.

Der Grundsatz des § 613[1] BGB, nach dem die Dienste im Zweifel in Person zu leisten sind, bedeutet für den Vsvertreter nicht, daß es ihm verwehrt ist, zur Erfüllung seiner Verpflichtungen Hilfspersonen (Angestellte, Untervertreter), also Erfüllungsgehilfen heranzuziehen (Anm. 215). Doch kann der Vsvertreter nicht seine ganze Rechtsstellung aus dem Agenturverhältnis mit Rechten und Pflichten auf einen anderen übertragen (Verbot der Substitution: Anm. 215, ferner Albrecht-Tentler, Das Recht der Agenten nach Deutschem Handelsrecht, Berlin 1908, S. 177, Herschel-Beine, Handbuch zum Recht des Handelsvertreters, Köln 1954, S. 185, Schmidt-Rimpler a. a. O. S. 93, Schröder[2] a. a. O. Anm. 40 zu § 84, S. 39, Trinkhaus I S. 357, Würdinger in: RGRKomm. HGB Bd 1 Anm. 17 zu § 89, S. 737; RG 5. VII. 1906 Recht 1907 Sp. 1066).

Der Vsvertreter bleibt, auch wenn er sein Unternehmen im ganzen veräußert, aus dem Agenturvertrag verpflichtet. Er haftet dem Ver, wenn er sich durch die Veräußerung die Erfüllung seiner Pflichten (vorsätzlich) unmöglich gemacht hat, auf Schadensersatz (§ 280 I BGB), außerdem hat der Ver seinerseits ein Recht zur unbefristeten Kündigung des Vertrages (Würdinger in: RGRKomm. HGB Bd 1 Anm. 18 zu § 84, S. 691). Eine Übertragung des Unternehmens ist allerdings möglich, wenn der Ver einverstanden ist (vgl. z. B. LG Berlin 1. X. 1937 JRPV 1937 S. 345—346), doch wird in solcher Vereinbarung meist ein Aufhebungsvertrag für das eine Vertretungsverhältnis und zugleich ein Neuabschluß mit dem Nachfolger zu denselben Bedingungen liegen. War der Agenturvertrag mit dem Vsvertreter unter dessen eingetragener Firma geschlossen worden, so will Trinkhaus I S. 356, 358 darin u. U. eine stillschweigende, im voraus erteilte Einwilligung in die Uebertragung des Geschäftes auf einen anderen anerkannten Vsfachmann sehen.

Der Vsvertreter kann auch nicht dadurch ohne weiteres einen Nachfolger bestimmen, daß er mit einem Mitarbeiter oder Verwandten eine offene Handelsgesellschaft gründet (wie Strietholt a. a. O. S. 44 empfiehlt). Er bleibt allein aus dem Vertrag berechtigt und verpflichtet (Möller ZfV 1955 S. 3, KG 28. XI. 1939 JRPV 1941 S. 149—150). Mit — oft stillschweigendem — Einverständnis des Vers kann aber auch hier das Agenturverhältnis auf den eintretenden Gesellschafter erstreckt werden (Rohrbeck-Durst-Bronisch S. 112). Ist dann ein Vertreterverhältnis mit einer Personalgesellschaft entstanden, so berührt ein Wechsel der Gesellschafter den Vertrag nicht mehr, und es kommt auf eine Zustimmung des Vers nicht an (Hueck, Das Recht der offenen Handelsgesellschaft, 2. Aufl., Berlin 1951, S. 253, Knapp[2] a.a.O. Anm. 1 zu § 89, S. 38, Möller ZfV 1955 S. 3, Rohrbeck-Durst-Bronisch S. 112, Schmidt-Rimpler a. a. O. S. 308, Würdinger in: RGRKomm. HGB Bd 1 Anm. 15 zu § 89, S. 736). Über den Tod eines Gesellschafters: Anm. 341.

Ebensowenig wird das Agenturverhältnis durch einen Wechsel der Mitglieder oder Geschäftsführer einer juristischen Person aufgelöst.

Der Personenwechsel kann aber ein Recht zur unbefristeten Kündigung (Anm. 354) erzeugen (Würdinger in: RGRKomm. HGB Bd 1 Anm. 15 zu § 89, S. 736).

Über die Auflösung und Liquidation einer juristischen Person oder Handelsgesellschaft Anm. 345.

[347] β) Wechsel bei Generalagenten.

Nach § 613[2] BGB kann der Anspruch auf die Dienstleistungen im Zweifel nicht auf einen anderen übertragen werden. Wenn auch allgemein bei den Beziehungen des Handelsvertreters zu seinem Unternehmer das persönliche Verhältnis zum Inhaber und das Interesse an der Person des Unternehmers nicht so ausgeprägt sind wie beim Dienstvertrag (Herschel-Beine, Handbuch zum Recht des Handelsvertreters, Köln 1954, S. 183, Schmidt-Rimpler a. a. O. S. 312), so kann doch gerade im Verhältnis zwischen Untervertreter und (echtem) Generalagenten eine starke persönliche Bindung bestehen: Deshalb gehen bei einer Veräußerung des Unternehmens des Generalagenten, wenn dieser eine natürliche Person ist, die Agenturverträge nicht ohne besondere Abrede auf den Erwerber über (Herschel-Beine a. a. O. S. 183, Schmidt-Rimpler a. a. O. S. 312, Trinkhaus I S. 388), vorausgesetzt, daß nicht ein anderer Wille der Vertragsparteien erkennbar ist (Albrecht-Tentler, Das Recht der Agenten nach Deutschem Handelsrecht, Berlin 1908, S. 176—177). Setzt aber der Untervertreter nach der Veräußerung seine Tätigkeit fort, so liegt darin in der Regel sein Einverständnis mit der Übertragung. Die Haftung des alten und des neuen Generalagenten für die Provisionsansprüche des Untervertreters richtet sich sodann nach den §§ 25, 26 HGB.

Wie für den Untervertreter, so kann die Veräußerung des Unternehmens auch für den Erwerber einen wichtigen Grund zur unbefristeten Kündigung des Agenturvertrages (Anm. 354) darstellen. In diesem Fall verliert der Untervertreter durch die Übertragung und die anschließende Kündigung die Möglichkeit, durch Vermittlung von Vsverträgen Provisionen zu verdienen.

Auch bei einer Einstellung des Geschäftes seitens des Generalagenten wird dem Untervertreter die Möglichkeit, weiter für den Ver tätig zu sein und Provisionen zu verdienen, genommen. Sie löst den Vertretervertrag nicht von selbst auf, gibt aber dem Generalagenten ein Recht zur unbefristeten Kündigung (Anm. 354), wenn die Einstellung durch eine wirtschaftlich ungünstige Entwicklung erzwungen worden ist und ein Weiterbetrieb nur mit Verlusten möglich wäre (RG 2. XII. 1910 JW 1911 S. 158, KG 26. XI. 1937 Entscheidungen und Gutachten Nr. 30). Fehlt es an solchem zwingenden Grund für die Geschäftseinstellung oder hat der Generalagent sie dem Untervertreter nicht unverzüglich in einer Kündigungserklärung angezeigt, so stellt sie eine Verletzung des Agenturvertrages dar, die den Untervertreter seinerseits zur unbefristeten Kündigung berechtigt und ihm einen Schadensersatzanspruch gibt (vgl. die ausführliche Darstellung bei Würdinger in: RGRKomm. HGB Bd 1 Anm. 32 zu § 84, S. 697—699; ebenso Schröder² a. a. O. Anm. 71 zu § 87, S. 122, Zeller, Der Handelsvertreter, 7. Aufl., Stuttgart-München-Hannover 1956, S. 11, RG 2. VII. 1892 RGZ Bd 31 S. 59—62, 13. XII. 1911 JW 1912 S. 250, 9. III. 1933 HRR 1933 Nr. 831, OLG Königsberg 11. IV. 1933 HRR 1934 Nr. 108, LG Bielefeld 5. VI. 1952 Entscheidungen und Gutachten Nr. 31, LG Hamburg 3. X. 1952 Entscheidungen und Gutachten Nr. 13). Es handelt sich um einen Sonderfall der Provisionsvereitelung (Anm. 304).

Ein Wechsel von Gesellschaftern in einer offenen Handelsgesellschaft, von Mitgliedern oder Geschäftsführern in einer als juristische Person organisierten Generalagentur läßt den Vertretervertrag unberührt.

[348] γ) Wechsel beim Versicherer.

In aller Regel ist der Ver eine juristische Person (Anm. 18 zu § 1) und als solche vom Wechsel der Personen (Mitglieder und Organe) unabhängig. Ein Personenwechsel kann allenfalls unter besonderen Umständen ein Recht zur unbefristeten Kündigung auslösen (Schmidt-Rimpler a. a. O. S. 307—308). Für die Fälle, in denen der Ver eine natürliche Person ist, kann auf Anm. 347 verwiesen werden.

Im Falle der Fusion von Kapitalgesellschaften erlischt der Agenturvertrag nicht ohne weiteres, sondern geht auf die neue oder auf die übernehmende Gesellschaft über (Rohrbeck-Durst-Bronisch S. 110, Herschel-Beine, Handbuch zum Recht des Handelsvertreters, Köln 1954, S. 184). Ein Recht zur unbefristeten Kündigung besteht für den Ver nur ausnahmsweise, wenn der Zusammenschluß durch schwerwiegende wirtschaftliche Gründe geboten war (LG Berlin 23. IV. 1929 JRPV 1929 S. 306, Herschel-Beine a. a. O. S. 183, Rohrbeck-Durst-Bronisch S. 306). Vgl. auch die Darlegungen bei Rohrbeck-Durst-Bronisch S. 11.

Eine Bestandsübertragung (§ 14 VAG) betrifft nur das Verhältnis zwischen Ver und Vmern, nicht aber die Agenturverträge (Reichswirtschaftsminister VA 1933 S. 168, Prölß VAG² S. 199, Rohrbeck-Durst-Bronisch S. 111; dagegen will Trinkhaus I S. 358 wegen der engen Verbindung der Vsvertreter mit dem Bestand auch die Vertreterverträge auf den Übernehmer übergehen lassen). In einem Gutachten der Industrie- und Handelskammer Berlin (bei Kersting, Recht der deutschen V, Berlin

1938, S. 640) heißt es: „Bei Übernahme von Vsbeständen pflegt ausdrücklich vereinbart zu werden, ob auch die Agenturverträge auf die neue Gesellschaft übergehen sollen oder nicht. Man spricht im ersteren Falle von Übernahme des Portefeuilles einschließlich Organisation. Ein Handelsgebrauch dahin, daß mangels ausdrücklicher Vereinbarung die Organisation als übernommen gilt, hat sich nicht gebildet."

Allerdings wird die Aufsichtsbehörde analog § 14 I 3 VAG bei der Genehmigung auf die Wahrung der Rechte auch der selbständigen Vsvertreter, besonders der Einfirmenvertreter, zu achten haben, vgl. auch die Klausel bei Strietholt a. a. O. S. 16, 51: „Im Falle einer Übertragung des von dem Vertreter verwalteten Vsbestandes im ganzen oder zum Teil auf eine andere Vsunternehmung wird die Gesellschaft den Übergang des Vertretungsverhältnisses auf die übernehmende Gesellschaft nach Möglichkeit mit dieser vereinbaren." (Die bei Rohrbeck-Durst-Bronisch S. 111 zitierte Entscheidung KG 9. VI. 1937 JRPV 1937 S. 293—294 betrifft einen Wechsel beim Vmer).

[349] fff) Aufhebungsvertrag.

Die Parteien können den Vertretervertrag jederzeit durch einverständliche Erklärungen aufheben. Eine stillschweigende Aufhebung des Vertrages liegt z. B. vor, wenn ein Teil die Kündigung erklärt, aber nicht die erforderliche Frist eingehalten hat, der andere Teil sich aber trotz Kenntnis der Unwirksamkeit so verhält, als sei das Agenturverhältnis erloschen (Schröder[2] a. a. O. Anm. 41 zu § 89, S. 193—194, Trinkhaus I S. 360—361, 369).

Über den Fall, daß der Vsvertreter stillschweigend seine Tätigkeit für den Vereinstellt, KG 28. III. 1939 JRPV 1940 S. 84—85. Über das bloße Ruhen von Agenturverhältnissen Anm. 340.

[350] ggg) Konkurs.

α) Konkurs des Versicherungsvertreters.

Der Konkurs des Vsvertreters beendet das Vertreterverhältnis nicht ohne weiteres, er gibt aber regelmäßig dem Ver oder Generalagenten ein Recht zur unbefristeten Kündigung (dazu Anm. 354). Über Einzelheiten, insbesondere über den Einfluß des Konkurses auf die Rechte des Vers, Anm. 239. Über den Einfluß des Vergleichsverfahrens auf den Agenturvertrag vgl. Rohrbeck-Durst-Bronisch S. 153—154.

[351] β) Konkurs des Generalagenten.

Wird über das Vermögen des Generalagenten das Konkursverfahren eröffnet, so erlischt das Vertreterverhältnis als Geschäftsbesorgungsvertrag (Anm. 197) gemäß § 23 II KO (Jaeger-Lent, Konkursordnung, I. Bd, 8. Aufl., Berlin 1956, Anm. 7 zu § 23, S. 351).

Das Agenturverhältnis gilt aber gemäß § 672² BGB, der hier entsprechend anzuwenden ist (§ 23 I² KO) als fortbestehend, soweit noch Geschäfte vorzunehmen sind, mit deren Aufschub Gefahr für die Masse verbunden ist. Solche Pflichten, die der Untervertreter auch nach der Konkurseröffnung über das Vermögen des Generalagenten erfüllen muß, können insbesondere beim Inkasso und bei Verwaltungsaufgaben bestehen (vgl. dazu ausführlich Herschel-Beine, Handbuch zum Recht des Handelsvertreters, Köln 1954, S. 177). Das Agenturverhältnis wird auch als fortbestehend fingiert, solange der Untervertreter von der Konkurseröffnung noch keine Kenntnis erlangt hat oder erlangt haben muß (§ 674 BGB mit § 23 I² KO).

Die Ansprüche des Untervertreters aus der Zeit, in der das Vertreterverhältnis gemäß § 672² BGB als fortbestehend gilt, sind als Masseschulden im Sinne des § 59 KO bevorrechtigt, während im Falle des § 674 BGB die nach Konkurseröffnung entstehenden Forderungen gewöhnliche Konkursforderungen sind (§ 27 KO, dazu Jaeger-Lent a. a. O. Anm. 2 zu § 27, S. 395).

Über den Einfluß des Konkurses des Generalagenten auf die Rechte des Untervertreters und über Schadensersatzansprüche (Gesichtspunkt der Provisionsvereitelung: Anm. 304) des Untervertreters aus Anlaß des Konkurses Anm. 336. Über die Wirkung des Vergleichsverfahrens Rohrbeck-Durst-Bronisch S. 156—158.

[352] γ) Konkurs des Versicherers.

Hier gilt das Gleiche wie für den Konkurs des Generalagenten (Anm. 351). Über Einzelheiten, insbesondere über den Einfluß des Konkurses auf die Rechte des Vsvertreters, Anm. 336, 171.

[353] hhh) Kündigung.

α) Kündigung Unternehmers oder Versicherungsvertreters.

Die Kündigung ist der normale Endigungsgrund für ein Dauerschuldverhältnis, wie es der Agenturvertrag ist (Anm. 197). Sie ist eine einseitige Willenserklärung und dem Vertragspartner gegenüber abzugeben (darüber im einzelnen Würdinger in: RGRKomm. HGB Bd 1 Anm. 4—5 zu § 89, S. 734—735).

Neben der Möglichkeit, das Vertreterverhältnis zu kündigen, ist für einen Rücktritt wegen einer Vertragsverletzung oder wegen Wegfalls der Geschäftsgrundlage kein Raum (Rohrbeck-Durst-Bronisch S. 107, Schröder[2] a. a. O. Anm. 1 zu § 89a, S. 195, Würdinger in: RGRKomm. HGB Bd 1 Anm. 6 zu § 89, S. 735). Dagegen ist eine Anfechtung des Agenturvertrages auf Grund von Umständen, die vor dem Vertragsschluß liegen, auch neben der Kündigung möglich (Rohrbeck-Durst-Bronisch S. 35 für Angestellte, Schröder[2] a. a. O. Anm. 42 zu § 89, S. 194, Anm. 1 zu § 89a, S. 195, Würdinger in: RGRKomm. HGB Bd 1 Anm. 6 zu § 89, S. 735). Wird der Agenturvertrag wegen Irrtums, Täuschung oder Drohung angefochten, so wird dadurch der Vertrag nicht, wie bei der Kündigung, erst für die Zukunft aufgehoben (Anm. 357), sondern als von Anfang an nichtig angesehen (§ 142 I BGB). Die Leistungen, die die Parteien einander schon gewährt haben, sind nach den Grundsätzen der Herausgabe einer ungerechtfertigten Bereicherung zurückzugeben. Über die dabei auftauchenden Probleme Anm. 281.

Eine unterschiedliche Behandlung der Kündigung des Vsvertreters einerseits, des Vers oder Generalagenten andererseits ist heute nur noch beschränkt möglich. Die gesetzlichen Kündigungsfristen (Anm. 354) sind für beide Teile gleich (§ 89 I, II HGB) und können auch vertraglich nur gleichmäßig für beide Vertragspartner geändert werden (§ 89 III HGB). Lediglich eine unterschiedliche Festlegung des Kündigungstermins, zu dem die Kündigung ausgesprochen werden kann, bleibt nach dem Wortlaut des Gesetzes den Parteien erlaubt (Knapp[2] a. a. O. Anm. 5 zu § 89, S. 39).

[354] β) Befristete oder unbefristete Kündigung.

Voraussetzung für die **befristete,** ordentliche Kündigung ist ein auf unbestimmte Zeit abgeschlossener Vertretervertrag (§ 89 I[1] HGB). Die Regeln über die ordentliche Kündigung gelten auch für Verträge, die zunächst auf eine bestimmte Zeit eingegangen sind, sich aber nach Ablauf dieser Zeit um einen weiteren bestimmten Zeitraum oder auf unbestimmte Zeit verlängern sollen, wenn keine entgegenstehende Erklärung abgegeben wird, und für Verträge, die nach Ablauf der bestimmten Frist von beiden Teilen stillschweigend fortgesetzt werden (dazu Anm. 340). Auf unbestimmte Zeit verlängert sind auch Verträge, die trotz wirksamer Kündigung von beiden Parteien fortgesetzt werden (Albrecht-Tentler, Das Recht der Agenten nach Deutschem Handelsrecht, Berlin 1908, S. 163, Schröder[2] a. a. O. Anm. 40 zu § 89, S. 192, Trinkhaus I S. 361, Würdinger in: RGRKomm. HGB Bd 1 Anm. 1 zu § 89, S. 733, Zeller, Der Handelsvertreter, 7. Aufl., Stuttgart-München-Hannover 1956, S. 41, OLG Düsseldorf 4. XI. 1952 Entscheidungen und Gutachten Nr. 24).

Die Frist für die ordentliche Kündigung beträgt in den ersten drei Jahren des Vertreterverhältnisses sechs Wochen zum Ende des Kalendervierteljahres (§ 89 I 1 HGB), später drei Monate zum Ende des Kalendervierteljahres (§ 89 II HGB). Ist das Vertretungsverhältnis für die Lebenszeit eines der Partner oder für eine längere Zeit als fünf Jahre eingegangen, so wendet die herrschende Lehre § 624 BGB zugunsten des Vsvertreters an, nach dem die Kündigungsfrist in solchen Fällen sechs Monate beträgt (Rohrbeck-Durst-Bronisch S. 104, Schröder[2] a. a. O. Anm. 8 zu § 89, S. 180, Trinkhaus I S. 362, Zeller a. a. O. S. 38). Die gesetzlichen Kündigungsvorschriften sind als Schutzbestimmung für den Vsvertreter in das Gesetz eingefügt worden und demgemäß nur sehr beschränkt der Abänderung durch vertragliche Vereinbarung unterworfen. Die Frist nach § 89 I HGB kann abgekürzt werden, muß aber mindestens einen Monat zum Monatsende betragen (§ 89 I² HGB), die Frist des § 89 II HGB kann nicht verkürzt werden. Verlängerungen der Fristen sind möglich, doch müssen die Fristen stets für beide Vertragspartner gleich sein (vgl. § 89 III HGB); Beispiel: Ziff. 11 Hauptpunkte (Anm. 138). Über den Rechtszustand vor der Novelle von 1953 Rohrbeck-Durst-Bronisch S. 103. Die zwingenden Bestimmungen des § 89 HGB über die Kündigungsfristen gelten auch für Agenturverhältnisse auf Probe (LArbG Bremen 8. VI. 1955 Der Betrieb 1956 S. 692). Sie gelten dagegen gemäß § 92 b I¹ HGB nicht für Vsvertreter im Nebenberuf (zum Begriff: Anm. 15); für diesen Personenkreis setzt vielmehr § 92 b I² HGB eine Kündigungsfrist von einem Monat fest. Die Frist ist nicht zwingend, eine etwa vereinbarte abweichende Kündigungsfrist muß aber für beide Vertragspartner gleich sein.

Die **unbefristete**, außerordentliche Kündigung nach § 89a I¹ HGB kann ohne Einhaltung einer Frist erklärt werden. Sie bringt jedes Vertreterverhältnis, auch ein auf unbestimmte Zeit eingegangenes, sofort zum Erlöschen, wenn ein wichtiger Grund zur Beendigung vorliegt. Maßgebend ist dabei, ob dem kündigenden Teil eine Fortsetzung des Vertrages bis zum Ablauf der vereinbarten Zeit oder bis zum nächsten Termin für eine ordentliche Kündigung zuzumuten ist, wobei es auf ein Verschulden des anderen Teils (oder sonstiges Vertretenmüssen) nicht ankommt (RG 16. V. 1935 JW 1935 S. 2620—2622, Albrecht-Tentler a. a. O. S. 167—168, Duden a. a. O. S. 325—326, Knapp² a. a. O. Anm. 2 zu § 89a, S. 40, Rohrbeck-Durst-Bronisch S. 106, Schröder³ a. a. O. Anm. 2, 5 zu § 89a, S. 195, 196, Trinkhaus I S. 362, 364, Zeller a. a. O. S. 41). Die in §§ 71, 72 HGB für das Verhältnis zwischen Handlungsgehilfen und Prinzipal aufgeführten Beispiele können nur mit Vorsicht auf das Verhältnis des selbständigen Vsvertreters zum Unternehmer übertragen werden, da hier die persönliche Abhängigkeit fehlt, und die Frage der Zumutbarkeit aus einem anderen Blickwinkel gesehen werden muß (Albrecht-Tentler a. a. O. S. 167). Bei der Prüfung der Zumutbarkeit kommt es auch auf das Verhalten des Kündigenden an, z. B. auf den Zeitraum, den er nach Kenntnis von dem die Kündigung auslösenden Umstand — bei Zubilligung einer angemessenen Überlegungsfrist — verstreichen läßt, ehe er die Kündigung ausspricht (OLG München 8. V. 1956 VersR 1957 S. 97). Ein wichtiger Grund zur unbefristeten Kündigung wird meist in schweren Vertragsverletzungen des anderen Teils liegen (KG 10. VIII. 1937 JRPV 1938 S. 204—205, Knapp² a. a. O. Anm. 2 zu § 89a, S. 40—41, Rohrbeck-Durst-Bronisch S. 105, Trinkhaus I S. 363). Leichtere Verstöße können einen wichtigen Grund abgeben, wenn sie sich wiederholen, ohne daß es vorher einer Anmahnung oder eines besonderen Verbotes bedarf (RG 16. II. 1937 JW 1937 S. 1311, Würdinger in: RGRKomm. HGB Bd 1 Anm. 9 zu § 89a, S. 741; Trinkhaus I S. 364 will je nach Lage des einzelnen Falles entscheiden).

Als Vertragsverletzungen, die den **Unternehmer** zur fristlosen Kündigung des Vsvertreters berechtigen, sind z. B., abgesehen von den allgemein für alle Handelsvertreter entwickelten Grundsätzen, anerkannt: Verletzung eines Konkurrenzverbots: KG 13. VIII. 1940 JRPV 1941 S. 144, LG Hamburg 8. VI. 1955 VersR 1956 S. 730—731, ArbG Berlin 8. I. 1937 NeumannsZ S. 137—138, das auch die Kündigung des Generalagenten zuläßt, der solchen Verstoß nicht der Gesellschaft meldet. Die bloße Absicht eines Untervertreters, später eine eigene Agentur zu eröffnen und die für den bisherigen Generalagenten geworbenen Kunden für das neue Unternehmen zu gewinnen, berechtigt den Generalagenten noch nicht zur fristlosen Kündigung, selbst wenn der Untervertreter schon mit seiner Berufsorganisation und mit Kollegen darüber verhandelt hat (OLG München 8. V. 1956 VersR 1957 S. 97). Schädigung der Gesellschaft durch ungerechtfertigte Zahlungen: RG 18. II. 1930 LZ 1930 Sp. 1084. Nachlässige und unübersichtliche Verwaltung der Geschäftsstelle durch einen Bezirksvertreter: LArbG Berlin 18. IX. 1936 NeumannsZ 1937 S. 36. Mangelhafte Kassenführung, die zu unaufklärbaren Fehlbeträgen führt: LArbG Berlin 24. X. 1935 NeumannsZ 1936 S. 306. Ausspannung von Vertretern bei der Konkurrenz: ArbG Berlin 10. XI. 1937 NeumannsZ 1938 S. 105. Außer den Vertragsverletzungen berechtigt allgemein jeder Umstand in der Person des Vsvertreters den Ver zur fristlosen Kündigung des Agenturverhältnisses, der eine Gefährdung der geschäftlichen Belange des Vers befürchten läßt (vgl. Würdinger in: RGRKomm. HGB Bd 1 Anm. 6 zu § 89a, S. 740). Die eigene Geschäftslage des Vers gibt diesem ein Recht zur außerordentlichen Kündigung, wenn eine Weiterbeschäftigung des Vertreters nur noch unter Verlusten möglich wäre (vgl. allgemein KG 26. XI. 1937 JRPV 1938 S. 213, LG Bielefeld 5. VI. 1952 Entscheidungen und Gutachten Nr. 31, Rohrbeck-Durst-Bronisch S. 106, Trinkhaus I S. 364—365, Würdinger in: RGRKomm. HGB Bd 1 Anm. 7 zu §89a, S. 740, 741, Zeller a. a. O. S. 42—43; dagegen wollen Albrecht-Tentler a. a. O. S. 174 ein Kündigungsrecht nur geben, wenn der Weiterbetrieb für den Unternehmer ruinös sein würde, und nur gegen Entschädigung des Vertreters. Über weitere Kündigungsgründe Trinkhaus I S. 363—365.

Der **Versicherungsvertreter** kann fristlos kündigen, falls der Ver Vsanträge willkürlich ablehnt (Duden a. a. O. S. 313, Rohrbeck-Durst-Bronisch S. 106, Trinkhaus I S. 365), oder wenn er in Aussicht genommene Darlehenshingaben an Vskandidaten unterläßt (AG Bonn 25. II. 1953 VersR 1953 S. 296). Für den Vsvertreter kann ein wichtiger Grund zur sofortigen Kündigung ferner in einer organisatorischen Maßnahme des Vers liegen, die seine persönliche Unabhängigkeit oder seine Verdienstmöglichkeiten einschränkt, z. B. eine Verkleinerung der Bezirke oder die Einführung einer zentralen Inkassostelle (vgl. Anm. 191, 222). Über weitere Kündigungsgründe Trinkhaus I S. 365—366.

Wegen weiterer wichtiger Kündigungsgründe vgl. auch Anm. 341—352.

Umstritten ist, ob der Grund, auf den die außerordentliche Kündigung gestützt wird, bei der Erklärung der Kündigung angegeben werden muß (bejahend: Duden a. a. O. S. 326, Frey BetrBer 1954 S. 1070—1072, Schröder² a. a. O. Anm. 13 zu § 89a, S. 200, Trinkhaus I S. 329; verneinend: Albrecht-Tentler a. a. O. S. 166, Oehmann BetrBer 1954 S. 1072, Rohrbeck-Durst-Bronisch S. 106, Würdinger in: RGRKomm. HGB Bd 1 Anm. 3 zu § 89a, S. 589—590). Praktisch wirkt sich der Unterschied der Meinungen wenig aus, da die erste die Angabe des Kündigungsgrundes ausnahmsweise dann für unnötig hält, wenn er dem Gekündigten schon bekannt ist, und da die zweite Auffassung die Kündigung wegen Rechtsmißbrauches für nichtig hält, wenn die Nichtangabe des Grundes auf unlauteren Motiven beruht und der Gekündigte den Grund nicht von sich aus erkennen kann.

Der wichtige Grund braucht nicht in der Zeit der formellen und materiellen Agenturvertragsdauer entstanden zu sein, sondern es können auch vorvertragliche Umstände herangezogen werden, die schon bei Eingehung des Vertretervertrages bestanden (Schröder² a. a. O. Anm. 6 zu § 89a, S. 196—197). Ereignisse, die erst nach der Erklärung der Kündigung eintreten, können regelmäßig nur eine neue Kündigung rechtfertigen (Würdinger in: RGRKomm. HGB Bd 1 Anm. 5 zu § 70, S. 590); ausnahmsweise soll eine Auflösung des Vertrages schon mit dem Eintritt des neuen Ereignisses stattfinden können (RG 20. XI. 1933 RGZ Bd 142 S. 268—273, Rohrbeck-Durst-Bronisch S. 107, Schröder² a. a. O. Anm. 14 zu § 89a, S. 200—201), jedenfalls dann, wenn das neue Ereignis mit dem bei Erklärung der Kündigung geltendgemachten Grund in einem inneren Zusammenhang steht und aus der ersten Kündigung erkennbar war, daß der Kündigende in einem derartigen Umstand einen Grund zur sofortigen Auflösung des Vertrages sieht (so für einen Warenvertreter BGH 30. VI. 1954 MDR 1954 S. 606—607 = VersR 1954 S. 400—401, ebenso Trinkhaus I S. 329).

Die außerordentliche Kündigung löst das Agenturverhältnis in der Regel mit sofortiger Wirkung, d. h. mit dem Zugang der Kündigungserklärung, auf. Schmidt-Rimpler a. a. O. S. 290, Schröder² a. a. O. Anm. 15 zu § 89a, S. 201, Trinkhaus I S. 331 wollen auch eine außerordentliche Kündigung auf einen späteren Zeitpunkt zulassen, anders Albrecht-Tentler a. a. O. S. 165, welche darauf hinweisen, daß Voraussetzung der außerordentlichen Kündigung gerade die Unzumutbarkeit einer weiteren Fortsetzung des Vertrages sei. Zuweilen wird aber ein Unternehmer durch die Schwierigkeit, einen geeigneten Nachfolger zu finden, veranlaßt, dem Handelsvertreter zwar aus wichtigem Grunde wegen schuldhaften Verhaltens, aber doch mit vertraglicher Frist zu kündigen. Solche Kündigung schließt sowohl den Ausgleichsanspruch (§ 89b III² HGB, Anm. 372) als auch den Entschädigungsanspruch auf Grund einer nachvertraglichen Wettbewerbsabrede (§ 90a II² HGB, Anm. 363) aus (OLG Düsseldorf 21. XII.

1955 Der Betrieb 1956 S. 376; irreführend OLG Karlsruhe 11. IV. 1957 BetrBer 1957 S. 561). Vereinzelt wird die Auffassung vertreten, das Gericht könne bei einer unbefristet ausgesprochenen außerordentlichen Kündigung eine angemessene Frist bestimmen, während derer das Vertragsverhältnis noch fortbestehen solle (ArbG Hamburg 13. XI. 1935 JW 1936 S. 2429—2430, Schröder² a. a. O. Anm. 7 zu § 89a, S. 197—198; anders aber mit Recht RArbG 28. I. 1933 JW 1933 S. 1277, Albrecht-Tentler a. a. O. S. 165).

Das Recht, den Vertretervertrag bei Vorliegen eines wichtigen Grundes fristlos zu kündigen, kann nicht ausgeschlossen oder beschränkt werden (§ 89a I² HGB). Daher ist auch die Vereinbarung einer Vertragsstrafe für den Fall einer solchen Kündigung unwirksam (Würdinger in: RGRKomm. HGB Bd 1 Anm. 10 zu § 89a, S. 742), ebenso die Abrede, daß bei einer Kündigung durch den Vertreter die von ihm gestellte Kaution verfallen solle (LArbG Stuttgart 30. VI. 1954 BetrBer 1955 S. 177—178 mit zustimmender Anm. Schröder). Eine Abrede, nach der der Vertreter bei eigener Kündigung die Provisionsansprüche aus allen noch nicht abgewickelten Geschäften verlieren solle, hält das LArbG Stuttgart 21. VII. 1954 BetrBer 1955 S. 177 (mit ablehnender Anm. Schröder) wegen Verstoßes gegen Art. 12 I¹ GrundG für nichtig (dazu Anm. 369).

Eine Vereinbarung darüber, daß bestimmte Umstände als wichtige Gründe im Sinne des § 89a I¹ HGB angesehen werden sollen, ist möglich (vgl. z. B. RArbG 12. X. 1932 NeumannsZ 1933 S. 64); doch ist stets zu prüfen, ob hierdurch etwa die Kündigungsfristen des § 89 HGB umgangen werden sollten; es muß sich auch hier um objektiv wesentliche Gründe handeln (Schröder² a. a. O. Anm. 12 zu § 89a, S. 200, Trinkhaus I S. 363, Würdinger in: RGRKomm. HGB Bd 1 Anm. 10 zu § 89a, S. 742, OLG München 15. XII. 1955 BetrBer 1956 S. 20). Beispiel: Ziff. 11 Hauptpunkte (Anm. 138), wonach ein Verstoß gegen das Wettbewerbsverbot Kündigungsgrund sein soll. Die Berufung auf den vereinbarten Kündigungsgrund kann möglicherweise gegen Treu und Glauben verstoßen (BGH 20. X. 1955 BetrBer 1956 S. 95). Eine Abrede, nach der gewisse Umstände nicht als wichtiger Grund zur Kündigung gelten sollen, ist als Beschränkung des Rechts zur außerordentlichen Kündigung unwirksam, kann aber von Bedeutung sein für die Beurteilung der Frage, ob der in der Kündigungserklärung vorgebrachte Grund die Fortsetzung des Vertragsverhältnisses tatsächlich für den kündigenden Teil unzumutbar macht (Knapp² a. a. O. Anm. 3 zu § 89a, S. 41, Würdinger in: RGRKomm. HGB Bd 1 Anm. 10 zu § 89a, S. 742, Anm. 9 zu § 70, S. 593). Duden a. a. O. S. 326, 251 hält Abreden in beiden Richtungen schlechthin für zulässig, außer im Falle des § 138 BGB.

Ein nachträglicher Verzicht auf das Recht zur außerordentlichen Kündigung ist zulässig (Anm. 236, 333), er kann z. B. darin liegen, daß der Kündigungsberechtigte trotz Kenntnis des Kündigungsgrundes eine ordentliche befristete Kündigung ausspricht (Duden a. a. O. S. 327, Schröder² a. a. O. Anm. 6 zu § 89a, S. 197); ebenso kann das Kündigungsrecht nach den allgemeinen Grundsätzen verwirkt werden (Anm. 334, 357; Duden a. a. O. S. 327). Ein Verzicht oder eine Verwirkung liegt aber noch nicht vor, wenn zunächst nur Abhilfe verlangt, mit der Kündigung aber noch zurückgehalten wird (OLG München 15. XII. 1955 Entscheidungen und Gutachten Nr. 108, Zeller a. a. O. S. 42). Ist einmal eine ordentliche Kündigung zum vertraglichen oder gesetzlichen Termin erklärt worden, so kann diese Erklärung nicht nachträglich in eine fristlose außerordentliche Kündigung aus wichtigem Grunde umgedeutet werden (OLG Nürnberg 28. II. 1957 BetrBer 1957 S. 561, Schröder² a. a. O. Anm. 8 zu § 89a, S. 198, Würdinger in: RGRKomm. HGB Bd 1 Anm. 9 zu § 89, S. 736). Wird dem Vsvertreter nach erklärter Kündigung eine „Chance" gegeben, so wird das Vertragsverhältnis fortgesetzt und es wird eine erneute Kündigung notwendig (OLG Düsseldorf 4. XI. 1952 Entscheidungen und Gutachten Nr. 24, vgl. auch Anm. 340).

Über eine Abrede, nach der der Vsvertreter bei fristloser Kündigung durch den Ver alle Entschädigungsansprüche verlieren soll, vgl. RArbG 12. X. 1932 NeumannsZ 1933 S. 64.

[355] γ) Verschuldete oder unverschuldete Kündigung.

Hat ein Vertragspartner durch einen Umstand, den er zu vertreten hat, den anderen zur fristlosen Kündigung veranlaßt, so muß er nach § 89 a II HGB dem Kündigenden den Schaden ersetzen, der diesem durch die Aufhebung des Vertragsverhältnisses entstanden ist.

Was zu vertreten ist, richtet sich nach den allgemeinen Vorschriften (§§ 276 I[1], 278[1] BGB). In Frage kommen in erster Linie schuldhafte Vertragsverletzungen, auch durch Erfüllungsgehilfen, aber auch unerlaubte Handlungen eines Vertragspartners. Eine unter Einhaltung der ordentlichen Frist ausgesprochene Teilkündigung, die dem Vsvertreter z. B. das Inkasso nimmt, kann diesem zwar ein Recht zur fristlosen Kündigung geben (Anm. 354), löst aber, ebensowenig wie eine vollständige ordentliche Kündigung, nicht ohne weiteres einen Schadensersatzanspruch aus (in diesem Sinne auch Trinkhaus I S. 247, der einen Ersatzanspruch nur für den Fall zubilligt, daß der Ver organisatorische Maßnahmen ohne Einhaltung einer Frist und ohne Einwilligung des Vermittlers durchführt). Über Änderung von Bezirksgrenzen durch den Ver Anm. 191. Zu beiden Fällen auch Trinkhaus I S. 326.

Der Schadensersatzanspruch umfaßt den entgangenen Verdienst bis zu dem Zeitpunkt, zu dem das Vertreterverhältnis durch ordentliche Kündigung hätte gelöst werden können oder durch Zeitablauf von selbst erlöschen wäre (Duden a. a. O. S. 327), für den Vsvertreter also insbesondere die Beträge an Vermittlungs-, Inkasso- und Verwaltungsprovision, die er in diesem Zeitraum mutmaßlich verdient hätte, soweit sie nicht schon durch den unabhängig hiervon bestehenden Ausgleichsanspruch gemäß § 89b HGB gedeckt werden (Trinkhaus I S. 367—368). Der Unternehmer kann z. B. Ersatz dafür verlangen, daß der Bezirk des gekündigten Vertreters eine Zeitlang nicht ordnungsmäßig bearbeitet werden konnte (Schröder[2] a. a. O. Anm. 27 zu § 89 a, S. 206). Weitergehende Schäden, die nicht durch die vorzeitige Beendigung des Vertretungsverhältnisses, sondern (vorher) durch den Umstand, der die Kündigung auslöste, verursacht worden sind, sind nicht nach § 89 a II HGB, sondern nach allgemeinen Grundsätzen über die Folgen einer Vertragsverletzung zu ersetzen (Schröder[2] a. a. O. Anm. 25 zu § 89 a, S. 206; anders Trinkhaus I S. 367, Würdinger in: RGRKomm. HGB Bd 1 Anm. 11 zu § 89 a, S. 742).

Bei der Ermittlung des zu leistenden Ersatzes ist die Vorschrift des § 254 BGB zu beachten (LG Hamburg 8. III. 1955 Vsvermittlung 1956 S. 147). Als ein mitwirkendes Verschulden des kündigenden Vsvertreters ist es besonders anzusehen, wenn er sich nicht alsbald um eine neue Vertretung oder eine sonstige Arbeitsstelle bemüht und sich dadurch neue Einnahmen verschafft, die den durch die Beendigung des alten Vertretungsverhältnisses entstandenen Schaden mindern. Was er verdient, muß er sich auf den Schadensersatzanspruch anrechnen lassen, nicht aber die Einkünfte, die er als Mehrfachvertreter schon vorher neben dem Entgelt aus dem gekündigten Rechtsverhältnis bezogen hatte und weiter bezieht.

Würdinger in: RGRKomm. HGB Bd 1 Anm. 11 zu § 89 a, S. 742, will auch dem Gekündigten einen Schadensersatzanspruch geben, wenn ihm gleichfalls ein Kündigungsrecht aus wichtigem Grunde zustand und der Vertragspartner ihm nur zuvorgekommen ist.

[356] δ) Vollständige oder teilweise Kündigung.

Die Kündigung erfaßt regelmäßig das gesamte Vertreterverhältnis. Eine Teilkündigung (Anm. 411), die nur bestimmte Sondervereinbarungen zum Erlöschen bringen, das Vertragsverhältnis als Ganzes aber unberührt lassen soll, ist zulässig, wenn die Parteien eine dahingehende Abrede getroffen haben, oder wenn es sich um die Aufhebung einer nicht essentiellen Erweiterung eines Vertreterverhältnisses, z. B. des Inkassos, der Schadensbearbeitung, sonstiger Verwaltungsaufgaben, einer Provisionsgarantie (Anm. 245) handelt. Grundsätzlich aber bildet der Vertretervertrag eine Einheit (Rohrbeck-Durst-Bronisch S. 104, Trinkhaus I S. 328), auch kann vertraglich eine Teilkündigung ausgeschlossen sein, z. B. bei Zusage dauernden Inkassos (Anm. 222, 241, für Vsmakler Anm. 70). Erfolgt eine Teilkündigung, die vertraglich nicht von vornherein vorgesehen war, so erwächst dem anderen Teil nicht selten ein Recht zu unbefristeter Kündigung, z. B. bei Bezirksänderungen oder Entzug des Inkassos (Anm. 355). Zur Kündigung eines Inkassoauftrages durch den Ver: KG 9. XII. 1941 JRPV 1942 S. 72—74, das eine Übernahme des Inkassos in eigene Regie nicht als mißbräuchliche Rechtsausübung ansieht, wenn sie auf buchhalterischen und organisatorischen Gründen und nicht auf Profitgier oder sonstigen unsozialen Beweggründen beruht. Zur Kündigung des Inkassoauftrages auch Anm. 222.

Die Änderungskündigung (dazu auch Anm. 400) ist eine Kündigung, die unter der Bedingung ausgesprochen wird, daß der Vertragsgegner sich nicht mit gewissen Vertragsänderungen einverstanden erklärt. Grundsätzlich ist die Kündigung als Gestaltungsakt bedingungsfeindlich, doch wird eine derartige Bedingung allgemein als zulässig angesehen, weil ihr Eintritt dem freien Willensentschluß des Erklärungsempfängers unterliegt (so allgemein für das Arbeitsrecht: RArbG 8. I. 1943 DR 1943 S. 545—547, ebenso für Handelsvertreter Lohmüller VW 1955 S. 151—152, Schröder[2] a. a. O. Anm. 25 zu § 89, S. 186—187, für Vsvertreter Trinkhaus I S. 328, 387, der allerdings [S. 373] eine Kündigung, die den Vsvertreter zu erheblichen Zugeständnissen veranlassen soll, unter Umständen als rechtsmißbräuchlich ansehen will). Äußert sich der Vertreter zu der ihm zugegangenen Änderungskündigung nicht, so liegt darin noch keine Zustimmung zu der vorgesehenen Änderung (BGH 24. X. 1955 BetrBer 1955 S. 1009 = JR 1956 S. 59 mit zustimmender Anm. Hildebrandt). Eine Änderungskündigung wird der Ver insbesondere aussprechen, wenn der Vsvertreter sich nicht mit organisatorischen Maßnahmen einverstanden erklärt, die eine Schmälerung seiner vertraglichen Rechte zur Folge haben (dazu ausführlich Trinkhaus I S. 387). Die Änderungskündigung ist aber auch als unbedingte Kündigung möglich. In solchem Fall wird nach Beendigung des alten ein neuer Vertretervertrag zu neuen Bedingungen geschlossen (Schröder[2] a. a. O. Anm. 27 zu § 89, S. 187). Unbedingt ist in der Regel auch die vorsorgliche Kündigung (dazu Schröder[2] a. a. O. Anm. 27 zu § 89, S. 187, und OLG Nürnberg 28. II. 1957 BetrBer 1957 S. 561).

[357] ε) Wirksame oder unwirksame Kündigung.

Die wirksam ausgesprochene Kündigung hat zur Folge, daß das Vertreterverhältnis erlischt, und zwar bei der ordentlichen Kündigung mit dem in der Erklärung genannten oder dem nächstliegenden vertraglichen oder gesetzlichen Kündigungstermin, bei der außerordentlichen Kündigung mit dem Zugang der Kündigungserklärung bei dem zu Kündigenden. Mit diesem Zeitpunkte erlischt das Agenturverhältnis — seine materielle Dauer — für die Zukunft. Näheres Anm. 358.

Die befristete Kündigung ist unwirksam, wenn sie auf einen unzulässigen Termin ausgesprochen wird, doch wird eine solche Erklärung als Kündigung zum nächstzulässigen Termin anzusehen sein (Albrecht-Tentler, Das Recht der Agenten nach Deutschem Handelsrecht, Berlin 1908, S. 163, Würdinger in: RGRKomm. HGB Bd 1 Anm. 7 zu § 89, S. 735, vgl. auch oben Anm. 29 zu § 8 für Vsverträge). Eine unzulässige befristete Kündigung kann nicht ohne weiteres in eine unbefristete Kündigung umgedeutet werden, für die ein wichtiger Grund zwar vorliegt, aber nicht geltendgemacht worden ist (so für einen Dienstvertrag RG 18. IX. 1928 RGZ Bd 122 S. 38—41).

Rohrbeck-Durst-Bronisch S. 103 und Trinkhaus I S. 373—374, Vsvermittlung 1956 S. 3 wollen die für das Arbeitsrecht entwickelten Grundsätze, nach denen eine Kündigung wegen Verstoßes gegen Treu und Glauben oder gegen die guten Sitten nichtig sein könne (RArbG 18. III. 1936 JW 1936 S. 2015—2016), auch auf das Recht der Vsvertreter anwenden (so auch — wenngleich mit negativem Ergebnis — KG 9. XII. 1941 JRPV 1942 S. 73—74: „unzulässige Rechtsausübung"). Aber eine Übertragung der arbeitsrechtlichen Grundsätze kann nur mit äußerster Vorsicht vorgenommen werden, da bei dem Verhältnis des Vsvertreters zum Ver die für das Arbeitsrecht charakteristische persönliche Abhängigkeit fehlt; nur bei besonders verwerflichen Beweggründen kann danach eine Kündigung nichtig sein (so allgemein OLG Hamburg 20. I. 1953 BetrBer 1953 S. 159, Schröder[2] a. a. O. Anm. 29 zu § 89, S. 187—188). Gegen eine Anwendung der Grundsätze von Treu und Glauben auf die Kündigung eines Vertreterverhältnisses KG 27. X. 1939 JRPV 1940 S. 157, Würdinger in: RGRKomm. HGB Bd 1 Anm. 2 zu § 89, S. 733, im Anschluß an Bötticher MDR 1952 S. 263. Nach dieser Auffassung ist nur die schikanöse Kündigung (§ 226 BGB) nichtig. Keine eindeutige Stellungnahme findet sich in einem Gutachten des Verbandes der Lebensvsunternehmen VW 1953 S. 494. Das Kündigungsschutzgesetz gilt für selbständige Vsvertreter nicht (Trinkhaus I S. 361), auch nicht für Einfirmenvertreter, da nicht anzunehmen ist, daß der Gesetzgeber neben dem erst durch die Novelle von 1953 eingeführten, für alle Vertreter geltenden Kündigungsschutz nach § 89 HGB dem Einfirmenvertreter noch den besonderen Schutz nach dem KSchG zukommen lassen wollte.

Eine unbefristete Kündigung ist unwirksam, wenn sie nicht durch einen wichtigen Grund gerechtfertigt ist. — Die Frage, ob der in der Kündigung angegebene Grund ein wichtiger Grund im Sinne des § 89a I[1] HGB ist, soll nach Rohrbeck-Durst-Bronisch S. 106, Titze JW 1921 S. 744 eine Rechtsfrage und damit in der Revisionsinstanz nachprüfbar sein, dagegen hat sie das RG 26. I. 1921 JW 1921 S. 744—745 als Tatfrage bezeichnet, ist aber gleichwohl in vielen Fällen zu einer Nachprüfung gekommen (RG 22. II. 1916 RGZ Bd 88 S. 127—129, vgl. auch Titze JW 1921 S. 744). — Eine Umdeutung in eine ordentliche Kündigung zum nächstzulässigen Termin kann stattfinden, wenn sich aus der Erklärung oder den äußeren Umständen der Wille des Kündigenden ergibt, das Vertragsverhältnis auf jeden Fall beenden zu wollen, auch für den Fall, daß der angegebene Grund sich als nicht stichhaltig herausstellen sollte (RG 24. VI. 1922 RGZ Bd 105 S. 132—137, RArbG 21. VII. 1937 JW 1937 S. 2708, Duden a. a. O. S. 325, Rohrbeck-Durst-Bronisch S. 103, Schröder[2] a. a. O. Anm. 20 zu § 89a, S. 203, Trinkhaus I S. 369, Würdinger in: RGRKomm. HGB Bd 1 Anm. 9 zu § 89, S. 736, vgl. auch oben Anm. 29 zu § 8 für Vsverträge). — Die außerordentliche Kündigung ist dann unwirksam, wenn sie so lange Zeit nach der Entstehung des wichtigen Grundes ausgesprochen wird, daß der andere Teil nicht mehr mit einer Kündigung aus diesem Grunde zu rechnen brauchte. In solchem Falle ist das Recht zur sofortigen Kündigung verwirkt (RG 18. IX. 1928 RGZ Bd 122 S. 38—41, Rohrbeck-Durst-Bronisch S. 107). Dem Kündigungsberechtigten muß allerdings eine angemessene Zeit zu Klärung des Sachverhalts und zur Überlegung zugebilligt werden (Albrecht-Tentler a. a. O. S. 165, Schröder[2] a. a. O. Anm. 8 zu § 89a, S. 198, Würdinger in: RGRKomm. HGB Bd 1 Anm. 7 zu § 70, S. 591). Im Ergebnis ebenso, doch mit anderer Begründung: OLG München 8. V. 1956 VersR 1957 S. 97.

Eine unwirksame Kündigung läßt den Vertretervertrag bestehen, beide Parteien müssen ihre gegenseitigen Verpflichtungen weiterhin erfüllen, wenn sie sich nicht ersatzpflichtig machen und dem anderen Teil einen Kündigungsgrund geben wollen (BGH 30. VI. 1954 VersR 1954 S. 400—401). Wird eine Kündigung vom Dienstpflichtigen als unbegründet zurückgewiesen und darauf das Dienstverhältnis fortgesetzt, so gelten die alten Vertragsbestimmungen weiter, wenn die Parteien keine Änderung vereinbaren (LArbG Bremen 22. XII. 1954 BetrBer 1955 S. 97). Vgl. auch Trinkhaus I S. 368, 442 (Fortzahlung von Festbezügen, speziell übersetzten „festen Spesen" durch den Ver).

Ist durch die unberechtigte Kündigung dem Gekündigten ein Schaden entstanden, so hat ihn der Kündigende nach den Grundsätzen über eine Vertragsverletzung (Anm. 234, 328) zu ersetzen (LArbG Stuttgart 30. VI. 1954 BetrBer 1955 S. 177—178 mit zustimmender Anm. Schröder, vgl. auch RG 21. V. 1912 WarnRspr. 1912 S. 353, wonach ein Handlungsagent, der in der fraglichen Zeit nicht für den Unternehmer arbeiten konnte, gleichwohl den ihm entgangenen Betrag an Provision und Spesen beanspruchen kann, Trinkhaus I S. 368, 369.

[358] bb) Beendigungsfolgen.

aaa) Übersicht über Rechtsfolgen.

α) Allgemeines.

Die Beendigung des Vertreterverhältnisses hat grundsätzlich zur Folge, daß keine weiteren Rechte und Pflichten der Parteien mehr entstehen können, die materielle Dauer des Dauerschuldverhältnisses endet. Bestimmte Verpflichtungen des Vsvertreters bestehen aber auch nach der Vertragsbeendigung (Nachwirkungspflichten: Anm. 362—364), ebenso gewisse Rechte (Nachwirkungsrechte: Anm. 365—389). Dabei läßt sich dogmatisch unterscheiden, ob es sich um die Fortexistenz früher begründeter Ansprüche, z. B. auf Nachprovision (Anm. 366—369) oder um die Entstehung neuer Ansprüche handelt, z. B. auf Zeugnis, Ausgleich oder Altersversorgung (Anm. 365, 370—389, 390). In allen Fällen geht es aber noch um Ansprüche aus dem Agenturvertrag, nicht aus Gesetz.

Ausnahmsweise gilt das Vertreterverhältnis als fortbestehend, nämlich

erstens: bei der Beendigung durch den Tod oder den Eintritt der Geschäftsunfähigkeit des Vers oder Generalagenten (Anm. 342, 343, 344), wenn der Vsvertreter zur Abwendung einer Gefahr weiter tätig wird, bis der Erbe oder der gesetzliche Vertreter eingreifen kann (§ 672² BGB), entsprechendes gilt für den Fall der Auflösung durch Konkurs des Unternehmers (Anm. 351, 352; § 23 I² KO);

zweitens: bei der Beendigung durch den Tod des Vsvertreters (Anm. 341), wenn seine Erben tätig werden müssen, um Gefahren abzuwenden (§ 673² BGB);

drittens: solange der Vsvertreter von der Beendigung keine Kenntnis hat oder haben muß, aber nur, soweit Rechte des Vsvertreters gegen den Unternehmer in Frage kommen (§ 674 BGB), dies gilt auch beim Konkurs des Unternehmers (§ 23 I² KO). Während mit der Beendigung des Agenturvertrages regelmäßig auch die Vollmacht des Vsvertreters erlischt (§ 168¹ BGB), gilt sie in den soeben genannten Fällen als fortbestehend (Einschränkung für den dritten Fall: § 169 BGB).

Kraft der Beendigung des Agenturvertrages endet die Abrechnungspflicht des Vers (Anm. 320—324) nicht, solange noch abzurechnen ist. Entsprechendes gilt für die Rechenschaftspflicht des Vsvertreters (Anm. 225); über die Herausgabe-, Delkredere- und Sicherstellungspflicht (vgl. Anm. 364).

Ebensowenig wie eine vorzeitige Schlußabrechnung zu liefern ist (Anm. 321), muß der Vsvertreter im Zweifel Provisionsvorschüsse vorzeitig zurückzahlen, solange noch Einnahmen für ihn zu erwarten sind (insbesondere Nachprovision), aus denen auch bei Fortdauer des Vertreterverhältnisses die Provisionsvorschüsse abgedeckt worden wären. Dazu Anm. 303; KG 28. XI. 1939 JRPV 1941 S. 149—150. Aus § 628 I³ BGB wird abgeleitet, daß bei Kündigung wegen eines Umstandes, den der Vsvertreter nicht zu vertreten hat, für Vorschüsse nur nach Bereicherungsgrundsätzen gehaftet werde (Rohrbeck-Durst-Bronisch S. 107, Trinkhaus I S. 367). Die Vorschrift dürfte jedoch unanwendbar sein, da der Agenturvertrag kein Dienstvertrag ist und jedenfalls der Provisionsvorschuß von vornherein nur bedingt gezahlt war, so daß mit seiner Rückzahlung stets gerechnet werden mußte.

Ein Provisionswegfall (Anm. 305—309) kann sich noch nach Vertragsbeendigung ereignen und verpflichtet sodann den Vsvertreter zur Rückzahlung (Josten-Lohmüller a. a. O. Anm. 12 zu § 87a, ArbG Berlin 17. IV. 1936 NeumannsZ 1936 S. 1055, AG Hamburg 27. III. 1951 VersR 1951 S. 178—179 mit Anm. Bronisch).

Möglicherweise ruft eine Beendigung des Agenturverhältnisses einen Schadensersatzanspruch hervor, speziell gemäß § 89a II HGB (dazu Anm. 355), aber auch in anderen Fällen, z. B. möglicherweise bei Einstellung des Geschäftes (Anm. 347), Konkurs des Generalagenten oder Vers (Anm. 351, 352).

Speziell zur Kündigung ist noch zu bemerken, daß bis zur Beendigung des Vertragsverhältnisses alle Rechte und Pflichten bestehen bleiben, also bei der ordentlichen Kündigung auch über den Zeitpunkt der Erklärung der Kündigung hinaus. Vertragliche Abweichungen kommen jedoch vor. Nach Ziff. 11 Hauptpunkte (Anm. 138) kann der Ver den Vsvertreter schon mit der Erklärung der Kündigung von jeder Tätigkeit entbinden (vgl. auch die Klausel bei Strietholt a. a. O. S. 42). In diesem Fall soll der Vsvertreter seine Ansprüche auf Aufwendungsersatz verlieren, auch auf übersetzte „feste Spesen" (Anm. 249). Deshalb ist zu prüfen, ob die Vereinbarung nicht dem Schutzzweck des § 89 HGB zuwiderläuft und damit unwirksam ist. Dazu auch Schröder² a. a. O. Anm. 32 zu § 89, S. 189. Eine unwirksame Vorwirkung einer nur befristet zulässigen Kündigung könnte darin liegen, daß vereinbarungsgemäß während des Laufes der Kündigungsfrist eine Provisionsgarantie aufhört (Anm. 245), oder daß ein bestimmtes Pensum vom Vsvertreter geschafft werden muß, damit er noch Provisionen verdiene (Anm. 203).

[359] β) Zurückbehaltungsrecht.

αα) Grundsätze.

Einzelheiten über das Zurückbehaltungsrecht des Vsvertreters Anm. 235, über das Zurückbehaltungsrecht des Vers Anm. 329—331. Die Geltendmachung eines Zurückbehaltungsrechtes ist unabhängig davon, ob das Rechtsverhältnis, aus dem die gegenseitigen Verpflichtungen erwachsen sind, oder — beim kaufmännischen Zurückbehaltungsrecht — auf Grund dessen die Gegenstände in den Besitz des Zurückhaltungsberechtigten gelangt sind, noch besteht. Der Vsvertreter kann also grundsätzlich ein kaufmännisches Zurückbehaltungsrecht an den in seinem Besitz befindlichen Sachen des Vers auch nach der Auflösung des Agenturvertrages noch geltend machen (ein bürgerlichrechtliches Zurückbehaltungsrecht wird kaum in Frage kommen, da dem Vsvertreter in aller Regel zurückbehaltungsfähige Leistungen nicht mehr obliegen). Das Gleiche gilt für das Zurückbehaltungsrecht des Vers.

Über Aufrechnung durch den Vsvertreter Anm. 235 (speziell im Konkurs des Vers Anm. 336), durch den Ver Anm. 332. Das gegen den Vsvertreter wirkende Aufrechnungsverbot von Ziff. 9 Hauptpunkte (Anm. 138) betrifft nur die „Herausgabe der Prämiengelder .... während Bestehens des Vertragsverhältnisses."

[360] ββ) Einschränkung.

Nach § 88a II HGB kann der **Versicherungsvertreter** nach Vertragsbeendigung ein Zurückbehaltungsrecht an den ihm gemäß § 86a I HGB zur Verfügung gestellten **Unterlagen** (dazu Anm. 242) nur wegen bereits fälliger Ansprüche auf Provision und Aufwendungsersatz geltend machen. Er kann diese Sachen also nicht zurückhalten, um etwa einen Anspruch auf Nachprovision, einen Ausgleichsanspruch oder einen Schadensersatzanspruch wegen Vertragsverletzung durchzusetzen. Das gilt selbstverständlich auch für Fälle der Vertragsbeendigung durch Tod des Vsvertreters (BGH 13. V. 1957 NJW 1957 S. 1030 = VersR 1957 S. 359).

Das Zurückbehaltungsrecht des Vsvertreters wegen fälliger Ansprüche auf Provision oder Aufwendungsersatz ist nicht dadurch ausgeschlossen, daß er verpflichtet war, in bestimmter Weise mit den Unterlagen zu verfahren, z. B. sie an die Vmer weiterzugeben (vgl. Anm. 235). Denn diese Verpflichtung ist nach der Beendigung des Vertretungsverhältnisses als Zurückbehaltungshindernis weggefallen (Würdinger in: RGRKomm. HGB Bd 1 Anm. 3 zu § 88a, S. 732). Die Herausgabepflicht des Vsvertreters (Anm. 226, 364), welche in Ziff. 13 Hauptpunkte (Anm. 138) für die Zeit nach Beendigung des Vertragsverhältnisses unterstrichen ist, schließt eine Zurückbehaltung nicht aus, denn das Zurückbehaltungsrecht setzt das Bestehen solcher Herausgabepflicht des Zurückhaltenden gegenüber dem Gegner stets voraus (Anm. 235, a. A. für den Rechtszustand vor 1953 Bronisch ZfV 1951 S. 363—365).

Ein etwaiges Zurückbehaltungsrecht des Vsvertreters **an anderen Sachen,** z. B. an einkassierten Prämienbeträgen, wird durch § 88a II HGB nicht berührt (Trinkhaus I S. 489, Würdinger in: RGRKomm. HGB Bd 1 Anm. 2 zu § 88a, S. 732). Es kommt auch z. B. wegen des Ausgleichsanspruchs in Frage (Knapp[2] a. a. O. Anm. 4 zu § 88a, S. 37, OLG Hamburg 15. XI. 1955 Entscheidungen und Gutachten Nr. 101).

Ebenso wird ein Zurückbehaltungsrecht des **Versicherers** durch § 88a II HGB nicht beeinflußt.

[361] γ) Verjährung.

Auf den Lauf der Verjährung, die gemäß § 88 HGB mit der Fälligkeit des Anspruchs einsetzt, hat die Beendigung des Vertretungsverhältnisses keinen Einfluß. Zur Verjährung vgl. im übrigen Anm. 237 (Ansprüche des Vers) und Anm. 334 (Ansprüche des Vsvertreters). Die dort entwickelten Grundsätze gelten auch für nachvertragliche Ansprüche.

[362] bbb) Nachwirkungspflichten des Versicherungsvertreters.

α) Geheimhaltungspflicht.

Die Pflicht, Geschäfts- und Betriebsgeheimnisse zu wahren (dazu und über den Begriff des Geheimnisses Anm. 220), erstreckt § 90 HGB auch auf die Zeit nach Beendigung des Vertrages, ohne Rücksicht auf die Art und den Grund der Beendigung.

Die Geheimhaltungspflicht besteht aber nur, solange die betreffenden Tatsachen noch Geheimnisse sind. Im Laufe der Zeit wird hier häufig eine Änderung eintreten, d. h. das Interesse des Unternehmers an der Geheimhaltung wird schwächer und kann schließlich hinter dem Interesse des Vsvertreters an der Ausnutzung seiner Kenntnisse zurücktreten (Knapp[2] a. a. O. Anm. 3 zu § 90, S. 47, Schröder[2] a. a. O. Anm. 16 zu § 90, S. 239). Ebenso verringert sich, je weiter die Vertragsbeendigung zurückliegt, das Maß dessen, was „der Berufsauffassung eines ordentlichen Kaufmannes widersprechen würde" (Schröder[2] a. a. O. Anm. 16 zu § 90, S. 239). Hat der Vsvertreter die Tatsachen, die dem Geschäftsgeheimnis zugrunde liegen, selbst geschaffen, so kann ihm nicht verboten werden, diese Tatsachen auch bei seinem neuen Unternehmer herzustellen; man denke an die bestimmte Werbe- oder Buchhaltungs- oder Überwachungsmethode. Nur darf der Vertreter nicht verraten, daß die gleichen Verhältnisse schon bei dem vorigen Unternehmer bestanden (Schmidt-Rimpler a. a. O. S. 88). Schröder[2] a. a. O. Anm. 39 zu § 89, S. 192 will sämtliche Kundenlisten, auch die vom Vsvertreter selbst erarbeiten, der Geheimhaltungspflicht unterwerfen, vgl. zum Problem schon Anm. 220.

Die Zuwiderhandlung gegen die Geheimhaltungspflicht löst die normalen Folgen einer Vertragsverletzung aus (darüber Anm. 232—234), insbesondere muß der Vsvertreter dem Ver, dessen Geheimnis er verraten hat, Schadensersatz leisten. Strafbar ist die Verletzung der Geheimhaltungspflicht des § 90 HGB nicht; § 17 I UWG (abgedruckt: Anm. 220) beschränkt sich auf bestehende Vertragsverhältnisse.

[363] β) Wettbewerbsklauseln.

Schrifttum: Grüll, Die Konkurrenzklausel, Heidelberg 1957 (speziell für Unselbständige).

Wettbewerbsbeschränkungen (darüber allgemein: Anm. 221) dürfen für die Zeit nach Beendigung des Vertretervertrages nur im Rahmen der Schutzvorschriften des § 90a HGB vereinbart werden. Vor der Beendigung, auch noch nach einer in ihrer Wirksamkeit angegriffenen Kündigung, ist der Vertreter an die für das bestehende Vertragsverhältnis geltenden Wettbewerbsbeschränkungen gebunden (BGH 30. VI. 1954 VersR 1954 S. 400—401). Von den gesetzlichen Schutzbestimmungen kann im Vertrag nur zugunsten des Vsvertreters abgewichen werden (§ 90a IV HGB). Nach Strietholt a. a. O. S. 33 sind Abreden über ein nachvertragliches Wettbewerbsverbot bei Vsvertretern selten, das RAA VA 1909 S. 168 hat sich gegen Beschränkungen der Freizügigkeit gewendet.

Zum vorgesetzlichen Rechtszustand vgl. Schmidt-Rimpler a. a. O. S. 87.

§ 90a HGB gilt nur für Abreden, die während des Bestehens des Vertretervertrages getroffen werden; bei Abreden nach Beendigung des Agenturverhältnisses braucht der Vsvertreter keinen Schutz (Schröder[2] a. a. O. Anm. 5 zu § 90a, S. 242—243).

Die Beschränkung des Vsvertreters in seiner gewerblichen Tätigkeit darf nicht ganz unerheblich sein, wenn § 90a HGB angewendet werden soll (Schröder[2] a. a. O. Anm. 7 zu § 90a, S. 243—244, dort auch Beispiele für Wettbewerbsklauseln).

Als Form der Wettbewerbsabrede — also des ganzen Vertrages — schreibt § 90a I[1] HGB Schriftlichkeit vor (§ 126 BGB), ferner die Übergabe einer Urkunde durch den Unternehmer an den Vertreter. Die Urkunde kann der Agenturvertrag sein (Schröder[2] a. a. O. Anm. 12 zu § 90a, S. 247). Die Hingabe muß in angemessener Frist nach Abschluß geschehen, sonst würde es im Belieben des Unternehmers stehen, ob die Abrede wirksam wird oder nicht (Knapp[2] a. a. O. Anm. 4 zu § 90a, S. 49, Schröder[2] a. a. O. Anm. 12 zu § 90a, S. 247). Die Urkunde muß die Pflichten des Vertreters erkennen lassen, die Pflichten des Unternehmers ergeben sich aus dem Gesetz (Schröder[2] a. a. O. Anm. 12 zu § 90a, S. 247).

Der Vsvertreter kann sich, was den Inhalt der Abrede anlangt, nicht auf längere Zeit binden als auf zwei Jahre seit Beendigung des Vertreterverhältnisses (§ 90a I[2] HGB). Weitergehende Abreden, auch solche aus der Zeit vor dem Inkrafttreten des HandelsvertreterG, sind nicht nichtig, sondern werden durch das Gesetz auf einen zweijährigen Zeitraum zurückgeführt (Anm. 146, LG Göttingen 26. I. 1956 MDR 1956 S. 302 = BetrBer 1956 S. 226, Schröder[2] a. a. O. Anm. 15, 31 zu § 90a, S. 248, 255—256,

a. A. OLG München 11. III. 1954 BetrBer 1954 S. 577, wonach das Wettbewerbsverbot in solchem Falle unwirksam sein soll). Die Frist (sie kann auch kürzer als zwei Jahre sein) verlängert sich nicht um den Zeitraum, in dem der Vsvertreter sich ohnehin nicht betätigen kann, z. B. wegen Krankheit (Schröder[2] a. a. O. Anm. 15 zu § 90a, S. 248).

Als Gegenleistung für die Beschränkung der gewerblichen Tätigkeit erhält der Vertreter vom Unternehmer eine Entschädigung. § 90a I[3] HGB spricht nur von einer „angemessenen" Entschädigung, ohne, wie etwa § 74 II HGB, einen konkreten Mindestsatz zu nennen. Bei der Ermittlung des angemessenen Betrages ist die tatsächliche Beeinträchtigung des Vertreters in seiner Erwerbsfähigkeit maßgebend (vgl. im einzelnen Schröder[2] a. a. O. Anm. 17 zu § 90a, S. 249, ebenso Knapp[2] a. a. O. Anm. 6 zu § 90a, S. 49, dagegen wollen Herschel-Beine, Handbuch zum Recht des Handelsvertreters, Köln 1954, S. 52 den § 74 II HGB heranziehen). Der Entschädigungsanspruch ergibt sich unmittelbar aus dem Gesetz (unrichtig OLG München 11. III. 1954 BetrBer 1954 S. 577). Eine vertragliche Entschädigungszusage ist für beide Teile nur verbindlich, wenn der vereinbarte Betrag die nach § 90a I[3] HGB angemessene Summe erreicht oder übersteigt (§ 90a IV HGB); ist der angemessene Entschädigungsbetrag höher als der im Vertrag vorgesehene, so kann der Vsvertreter den höheren verlangen (Schröder[2] a. a. O. Anm. 17 zu § 90a, S. 249; anders Würdinger in: RGRKomm. HGB Bd 1 Anm. 2, 3 zu § 90a, S. 754—755, der in solchem Fall die vertragliche Entschädigung für maßgeblich hält und nur die Pflicht des Vertreters zur Wettbewerbsenthaltung mindern will; Duden a. a. O. S. 337 nimmt die vereinbarte Summe als Maßstab dessen, was die Parteien selbst als angemessen ansehen und greift nur dann auf das Gesetz zurück, „wenn ein Betrag vereinbart ist, der ernstlich als angemessen nicht in Betracht kommt"). Einen anderweitigen Verdienst will Duden a. a. O. S. 336 im Rahmen des § 74 c HGB anrechnen, während Schröder[2] a. a. O. Anm. 19 zu § 90a, S. 250 ihn nur bei der Ermittlung dessen, was angemessen sei, berücksichtigen will. Die Angemessenheit entscheidet auch darüber, ob die Entschädigung als Kapital oder als Rente zu gewähren ist (Schröder[2] a. a. O. Anm. 18 zu § 90a, S. 249—250). Auf die Zahlung der Entschädigung bleibt es ohne Einfluß, ob der Vsvertreter überhaupt in der Lage ist, einen Wettbewerb auszuüben; die Zahlung muß also auch im Falle der Krankheit erfolgen (Schröder[2] a. a. O. Anm. 16 zu § 90a, S. 248—249, a. A. Knapp[2] a. a. O. Anm. 6 zu § 90a, S. 49—50). Der Anspruch auf die Entschädigung ist unbeschränkt übertragbar und pfändbar; er ist im Konkurs des Vers nicht bevorrechtigt (Schröder[2] a. a. O. Anm. 20 zu § 90a, S. 250).

Hat der Vsvertreter dem Unternehmer durch schuldhaftes Verhalten einen wichtigen Grund zur Kündigung gegeben und hat dieser daraufhin gekündigt, so bleibt der Vertreter an das Wettbewerbsverbot gebunden, ohne eine Entschädigung verlangen zu können (§ 90a II[2] HGB). Die Kündigung braucht keine fristlose zu sein (OLG Düsseldorf 21. XII. 1955 Der Betrieb 1956 S. 376, Schröder[2] a. a. O. Anm. 26 zu § 90a, S. 253, a. A. Herschel-Beine a. a. O. S. 53). Die Wettbewerbsabrede kann von vornherein auf diesen Fall beschränkt werden (OLG München 1. VI. 1956 NJW 1956 S. 1323—1324 = Der Betrieb 1957 S. 186).

Hat der Unternehmer den Vertreter durch schuldhaftes Verhalten zur Kündigung veranlaßt, so hat dieser ein Lossagungsrecht (§ 90a III HGB), büßt dabei aber auch den Entschädigungsanspruch ein.

Den Verzicht des Unternehmers auf das Wettbewerbsverbot regelt § 90a II[1] HGB. Für Vertreter tritt in solchem Fall eine Wettbewerbsbeschränkung nicht ein, er erhält aber trotzdem, wenn die Verzichtserklärung später als sechs Monate vor der Vertragsbeendigung abgegeben wird, vom Vertragsende bis zum Ablauf der sechs Monate seit der Erklärung die für die Wettbewerbsbeschränkung angemessene Entschädigung. Die Erklärung kann spätestens beim Ende des Vertragsverhältnisses, z. B. bei einer fristlosen Kündigung, abgegeben werden (Schröder[2] a. a. O. Anm. 23 zu § 90a, S. 252) und erfordert Schriftform.

Eine Abtretung der Rechte aus der Wettbewerbsabrede durch den Unternehmer ist nur zusammen mit der Übertragung des gesamten Unternehmens möglich (Schröder[2] a. a. O. Anm. 11 zu § 90a, S. 245—246).

Eine Nachprüfung der Wettbewerbsabrede auf ihre Zweckmäßigkeit findet nicht statt, doch könnte § 226 BGB (Schikaneverbot) eingreifen (Schröder[2] a. a. O. Anm. 11 zu § 90a, S. 245). Ein Verstoß gegen die guten Sitten kann in einer Wettbewerbsabrede nur unter ganz außergewöhnlichen Umständen gefunden werden, denn einmal wird der Vertreter auch im schlimmsten Fall nur für zwei Jahre gebunden und weiter bringt auch eine Abrede, die dem Vertreter jede Möglichkeit einer wirtschaftlichen Betätigung nimmt, kraft Gesetzes einen Anspruch auf eine entsprechend hohe Entschädigung mit sich, die eine so weitgehende Beschränkung ausgleicht (das übersieht Schröder[2] a. a. O. Anm. 21 zu § 90a, S. 250).

Bei Zuwiderhandlungen gegen die Wettbewerbsabrede steht dem Unternehmer zunächst der vertragliche Unterlassungsanspruch zu, den er im Wege der Zwangsvollstreckung nach § 890 ZPO durchsetzen kann. Er kann ferner Schadensersatz wegen der in der Zuwiderhandlung liegenden Vertragsverletzung verlangen. Eine etwa vereinbarte Vertragsstrafe ist verfallen. Schließlich kann der Unternehmer die Entschädigung zurückhalten oder gegen seine Schadensersatzansprüche aufrechnen. Auch ein Rücktritt kommt in Betracht. Über die Rechtsfolgen einer Verletzung im einzelnen vgl. Schröder[2] a. a. O. Anm. 10 zu § 90a, S. 244—245).

Auch ohne besondere Vereinbarung kann eine Wettbewerbshandlung eines ausgeschiedenen Vsvertreters gegen die guten Sitten verstoßen und einen Schadensersatzanspruch des Vers gemäß § 826 BGB und § 1 UWG auslösen (vgl. RG 29. V. 1916 LZ 1916 Sp. 1306—1307, 25. X. 1935 RGZ Bd 149 S. 114—121, KG 3. I. 1912 OLGRspr. Bd 25 S. 341—342), dazu genügt aber nicht schon die Eröffnung eines Konkurrenzunternehmens durch den ausgeschiedenen Vertreter oder Vorbereitungen dazu (vgl. RG 7. II. 1935 HRR 1935 Nr. 727). — Über das Behalten von Unterlagen, die zu Wettbewerbszwecken verwendet werden könnten, vgl. Ziff. 13 Hauptpunkte (Anm. 138).

Als Gegenstück zu einer Wettbewerbsabrede kann man die sog. Umdeckungsklausel bezeichnen, die es dem Vsvertreter gestattet, seine Kundschaft nach der Beendigung des Vertreterverhältnisses auf den neuen Ver umzudecken (vgl. Anm. 241, Trinkhaus I S. 70, 314).

[364] γ) Restfälle.

Wie in Anm. 358 dargelegt, gilt das Agenturverhältnis in drei Fällen als fortbestehend. In den Grenzen der einschlägigen §§ 672[2], 673[2], 674 BGB treffen den Vsvertreter oder seine Erben die während der Vertragsdauer in Betracht kommenden Rechtspflichten; das muß trotz der Worte „zugunsten des Beauftragten" auch im Falle des § 674 BGB gelten. Andererseits erwachsen für den Vsvertreter in dieser Übergangszeit auch noch die vertraglichen Rechte.

Nach jeder Beendigung des Agenturverhältnisses fragt es sich, inwieweit die Herausgabe-, Delkredere- und Sicherstellungspflicht des Vsvertreters (Anm. 226—228) modifiziert wird.

Der Vsvertreter hat nach Beendigung des Vertreterverhältnisses die Sachen **herauszugeben**, die ihm vom Ver zur Erfüllung seiner Pflichten überlassen worden sind und die zur Verwaltung des Vsbestandes benötigt wurden, und zwar möglicherweise auch dann, wenn sie Eigentum des Vsvertreters oder eines Dritten sind (Schröder[2] a. a. O. Anm. 39 zu § 89, S. 192). Generell zur Herausgabepflicht Anm. 226.

Eine derartige Herausgabepflicht wird in den meisten Vertreterverträgen vereinbart, vgl. z. B. Ziff. 13 Hauptpunkte (Anm. 138) und die Klausel bei Strietholt a. a. O. S. 16, 49—50:

„Eigentumsrecht an Geschäftsmaterialien und Schriftwechsel.

1. Der Vertreter bzw. sein Rechtsnachfolger verpflichtet sich, nach Beendigung des Vertretungsverhältnisses die ihm von der Gesellschaft gelieferten Bücher, Register, Karteien, Urkunden, Vordrucke, Agenturschilder und den nicht in Abs. 2 aufgeführten Schriftwechsel unverzüglich herauszugeben.
2. Der Schriftwechsel des Vertreters, soweit er sich auf angebahnte, noch nicht vollzogene Versicherungsabschlüsse bezieht, sowie der Schriftwechsel mit der Gesellschaft, soweit er das Vertretungsverhältnis betrifft, verbleibt als Eigentum des Vertreters in dessen Händen."

Auch ohne vertragliche Abrede ist der Vsvertreter zur Herausgabe ex contractu verpflichtet; es handelt sich um eine aus der Natur des Schuldverhältnisses begründete Verbindlichkeit, die sich bereits als gewohnheitsrechtlich anerkannt bezeichnen läßt (Bronisch ZfV 1951 S. 364—365, Schröder[2] a. a. O. Anm. 39 zu § 89, S. 191—192, Duden a. a. O. S. 323). Befreit von der Herausgabepflicht sind nicht nur die Unterlagen und der Schriftwechsel, die sich auf das Agenturverhältnis beziehen, sondern auch eigene Aufzeichnungen und die Korrespondenz des Vsvertreters mit aussichtsreichen Vskandidaten, die noch nicht zum Bestande seines Vers gehören (vgl. Schröder[2] a. a. O. Anm. 39 zu § 89, S. 191—192, Strietholt ZfV 1951 S. 402—404; a. A. anscheinend Bronisch ZfV 1951 S. 364—365, der nur die speziell den Agenturvertrag betreffenden Schriftstücke ausnehmen will). Hierzu auch Anm. 226 und zur Zurückbehaltung Anm. 360.

Der unechte Generalagent, der das **Delkredere** für die ihm unterstellten Unteragenten übernommen hat (Anm. 227), wird mit der Auflösung des Vertreterverhältnisses im Zweifel von der Haftung frei, denn es ist davon auszugehen, daß er die Haftung für die Untervertreter nur übernehmen will, solange sie seiner Aufsicht unterstehen. Bezieht sich die Delkrederepflicht ausnahmsweise auf die Prämienzahlung durch die Vmer, so erlischt sie bei der Beendigung des Agenturvertrages nicht ohne weiteres, sondern man wird nach der Art der Vergütung zu unterscheiden haben. Vgl. darüber, daß die Haftung des Handelsvertreters für das Delkredere stillschweigend auf einen bestimmten Zeitraum beschränkt sein kann, RG 26. IX. 1923 RGZ Bd 107 S. 194—196, Schröder[2] a. a. O. Anm. 19 zu § 86b, S. 96.

Die **Sicherstellung** des Vers oder Generalagenten (dazu allgemein Anm. 228) kann für diesen gerade auch nach der Vertragsbeendigung noch Bedeutung behalten, z. B. mit Rücksicht auf gewährte und noch nicht zurückgezahlte Provisionsvorschüsse. Eine Regelung der Rückgabe findet sich in Ziff. 10 Hauptpunkte (Anm. 138), vgl. auch Strietholt a. a. O. S. 15, 40—42. Generell wird man sagen können, daß Sicherheiten dem Vsvertreter unverzüglich zurückzugewähren sind, sobald und soweit der Sicherstellungszweck entfällt. Das gilt selbstverständlich auch für einbehaltene Gehaltsteile (BAA 1953 S. 167). Eine Verfallklausel erklärt das LArbG Stuttgart 30. VI. 1954 BetrBer 1955 S. 177—178 (mit zustimmender Anm. Schröder) für nichtig (vgl. § 89 a I^2 HGB, Anm. 354).

[365] ccc) Nachwirkungsrechte des Versicherungsvertreters.

α) Zeugnisanspruch.

Ein Anspruch auf ein Zeugnis ist in den §§ 84—92c HGB für den Handelsvertreter nicht vorgesehen. Ein Zeugnisanspruch besteht allerdings nach § 630 BGB für den Dienstvertrag, das Reichsgericht und ihm folgend die herrschende Lehre lehnen aber eine Anwendung auf den Vertrag des Handelsvertreters ab (RG 7. I. 1916 RGZ Bd 87 S. 440—444, RArbG 2. VII. 1932 Rechtsprechung in Arbeitssachen 1932 S. 270, Baake NeumannsZ 1932 S. 797—798, Denecke in: RGRKomm. BGB Bd 2 Anm. 1 zu § 630, S. 368, J. von Gierke, Vsrecht, II. Hälfte, Stuttgart 1947, S. 119, Herschel-Beine, Handbuch zum Recht des Handelsvertreters, Köln 1954, S. 144—145, Hick, Der arbeitnehmerähnliche Agent, ungedruckte Münchener Diss. 1949, S. 69—70, Knapp[2] a. a. O. Anm. 1 zu § 89, S. 39, Rohrbeck-Durst-Bronisch S. 24, 104, Schmidt-Rimpler a. a. O. S. 185, Staudinger-Nipperdey Anm. 4 zu § 630, S. 1354, Strietholt a. a. O. S. 51—52, Trinkhaus I S. 454). Zur Begründung führt das Reichsgericht aus, die Vorschrift solle dem Dienstpflichtigen, der seine Arbeitskraft einem bestimmten Arbeitgeber überlassen habe, das Fortkommen in einer anderen dienenden Stellung erleichtern und eigne sich nur für Personen, die in einer gewissen Unterordnung zum Arbeitgeber stehen. Aus der Entstehungsgeschichte ergebe sich deutlich, daß man nur solche Dienstverhältnisse im Auge gehabt habe, bei denen der Dienstberechtigte über Zeit und Arbeitskraft des Dienstpflichtigen unmittelbar verfüge, und die infolgedessen eine persönliche Abhängigkeit und Unterordnung begründeten. Da aber beim Agenturvertrag der Agent dem Geschäftsherrn als selbständiger Kaufmann gegenüberstehe, sei hier eine entsprechende Anwendung des § 630 BGB ausgeschlossen.

Diese Begründung ist nicht überzeugend. Das vom Reichtsgericht bei den abhängigen Arbeitnehmern anerkannte Bedürfnis für einen Zeugnisanspruch besteht in ähnlicher Weise bei Handelsvertretern, die Interessenlage ist durchaus vergleichbar, nicht nur bei arbeitnehmerähnlichen Handelsvertretern. Das ergibt sich nicht nur daraus, daß das Problem überhaupt aufgetaucht und in Rechtsprechung und Schrifttum so vielfältig erörtert worden ist, sondern auch daraus, daß die meisten Verträge bereits eine Tätigkeitsbescheinigung vorsehen, vgl. Ziff. 14 Hauptpunkte (Anm. 138) und die bei Strietholt a. a. O. S. 17 wiedergegebene Klausel:

> „Tätigkeitsbescheinigung.
> Die Gesellschaft verpflichtet sich, dem Vertreter auf sein Verlangen im Falle der Lösung des Vertretungsverhältnisses eine Bescheinigung über die Art und Dauer der für die Gesellschaft ausgeübten Tätigkeit zu erteilen."

Die persönliche Selbständigkeit ist kein Kriterium für ein mangelndes Interesse an einem Zeugnis, wie die herrschende Auffassung annimmt. § 630 BGB ist mindestens analog anzuwenden. Im Ergebnis ebenso wie hier: Duden a. a. O. S. 323, 343, Schröder[2] a. a. O. Anm. 33 zu § 89, S. 189.

Rohrbeck-Durst-Bronisch S. 104 und Trinkhaus I S. 456 (vgl. aber auch S. 78) wollen dem Vsvertreter, nachdem sie einen Zeugnisanspruch mit der gleichen Begründung wie das Reichsgericht abgelehnt haben, einen Anspruch auf Erteilung eines schriftlichen „Erfolgsnachweises" zubilligen, der aus der Verkehrssitte begründet sei. Dieser Erfolgsnachweis ist aber inhaltlich nichts anderes als ein qualifiziertes Zeugnis.

Für den Einfirmenvertreter wird der Zeugnisanspruch heute auch von der herrschenden Auffassung bejaht, nachdem noch das Reichsgericht (RG 7. I. 1916 RGZ Bd 87 S. 440—444) auch für ihn die Anwendung des § 630 BGB abgelehnt hatte. Vgl. RArbG 25. IV. 1936 RAG Bd 16 S. 272—276, LArbG Stuttgart 4. V. 1935 ARS 24 II S. 174—175, Denecke in: RGRKomm. BGB Bd 2 Anm. 1 zu § 630, S. 368, H. Endemann ArbuR 1954 S. 214, J. von Gierke a. a. O. S. 119, Herschel-Beine a. a. O. S. 145—146, Kallee in: AR-Blattei (D) Zeugnis I Übersicht Abschn. A, Nikisch[2] I S. 118, Rohrbeck-Durst-Bronisch S. 24, Trinkhaus I S. 454—455. Zur Begründung werden Billigkeitserwägungen herangezogen (J. von Gierke a. a. O.: „Eine Zeugnisverweigerung wäre in diesem Falle nichts als öder Formalismus und Schikane."). Knapp[2] a. a. O. Anm. 1 zu § 89, S. 39 und Würdinger in: RGRKomm. HGB Bd 1 Anm. 4 zu § 92a, S. 769 wollen dem Einfirmenvertreter den Zeugnisanspruch nur nach Erlaß einer dahingehenden Rechtsverordnung gemäß § 92a HGB zubilligen, da durch § 92a HGB die Regelung der Frage dem Bundesminister vorbehalten sei und die Rechtssprechung nicht die Funktion des Gesetzgebers ausüben dürfe. Abgesehen davon, daß nach der oben vertretenen Auffassung eine Sonderbehandlung des Einfirmenvertreters nicht nötig ist, ist festzustellen, daß die Vorschrift des § 92a HGB die Stellung der arbeitnehmerähnlichen Vertreter nicht gegenüber dem bisherigen Zustand verschlechtern wollte. Eine solche Schlechterstellung würde es aber bedeuten, wenn man ihnen den Zeugnisanspruch, der in der Rechtsprechung bereits seit 1936 anerkannt war, wieder nehmen sollte, während die in § 92a HGB vorgesehene Rechtsverordnung vier Jahre nach dem Gesetz immer noch nicht erlassen ist.

Für den Inhalt des Zeugnisses gelten die allgemeinen Regeln. Es bezieht sich in erster Linie auf Art und Dauer der Tätigkeit, ist aber auf Verlangen des Vsvertreters auf die Leistungen („Erfolgsnachweis") und auf die Führung (ein solches Verlangen wird selten gestellt werden) während der Tätigkeitszeit auszudehnen. Der Unternehmer ist bei der Erteilung des Zeugnisses zur Wahrheit verpflichtet und macht sich, wenn er etwas Unrichtiges bekundet, dem Vsvertreter gegenüber ersatzpflichtig, in schweren Fällen nach § 826 BGB auch einem geschädigten Dritten gegenüber (Schröder[2] a. a. O. Anm. 35 zu § 89, S. 191). Wenn der Ver oder Generalagent sich weigert, das Zeugnis zu erteilen, kann der Vsvertreter gegen ihn klagen und nach § 888 I ZPO vollstrecken.

Eine Pflicht des Vers, über die Tätigkeit des Vsvertreters anderen Unternehmern Auskunft zu geben, läßt sich aus dem Gesetz nicht herleiten (Schröder[2] a. a. O. Anm. 36 zu § 89, S. 191). In der Einrichtung der Auskunftsstelle für den Vsaußendienst (AVAD) durch die Vswirtschaft (dazu auch Anm. 201) kommt allerdings die Verkehrssitte zum Ausdruck, derartige Auskünfte stets zu erteilen (Trinkhaus I S. 455). Auskünfte können auch gegen den Willen des Vsvertreters erteilt werden. Auch hier besteht die Wahrheitspflicht des die Auskunft Erteilenden. Aber der Ver darf den Vsvertreter nicht „anschwärzen" (besonders nicht bei der Kundschaft [Anm. 241]); Beispiele für die Zeit nach dem Ausscheiden von Handelsvertretern OLG Düsseldorf 16. VII. 1954 Entscheidungen und Gutachten Nr. 113, LG Dortmund 1. VII. 1950 Entscheidungen und Gutachten Nr. 44.

[366] β) Nachprovisionsanspruch.

αα) Voraussetzungen.

Unter den Nachwirkungsrechten des Vsvertreters kann der Nachprovisionsanspruch erhebliche wirtschaftliche Bedeutung haben. Dieser Anspruch, von dem bereits in Anm. 271 ausführlich die Rede war und der auf die in Anm. 294 behandelte Zeitkomponente zurückgeht, ist stets gegeben, wenn drei Voraussetzungen zusammentreffen, nämlich das materielle Ende des Agenturverhältnisses, die mangelnde vollständige Erfüllung der Provisionsverpflichtungen des Vers oder Generalagenten bis zu diesem Zeitpunkte und das Fehlen einer sogen. Verzichtklausel.

Erstens: Von Nachprovision kann nur die Rede sein, wenn das **Vsvertreterverhältnis** materiell **beendet** ist, gleichgültig aus welchem Grunde. Über die Beendigungsgründe im Einzelnen: Anm. 340—357. Als praktisch bedeutsamste Beendigungsgründe kommen der Tod des Vsvertreters, der Ablauf der Kündigungsfrist nach befristeter Kündigung und die unbefristete Kündigung in Betracht.

Letztere schließt die Existenz eines Nachprovisionsanspruchs selbst dann nicht aus, wenn der Vsvertreter die Kündigung des Unternehmers durch ein Verhalten veranlaßt hat, das er vertreten muß, womöglich durch eine strafbare Handlung. Eine „Verwirkung" des Nachprovisionsanspruches durch solches Verhalten läßt sich nicht begründen (vgl. dazu aber die Nachweise in Anm. 271). Es erwächst jedoch dem Unternehmer möglicherweise ein Aufrechnungs- oder Zurückbehaltungsrecht. Da sogar bei einer durch den Vsvertreter verschuldeten Kündigung aus wichtigem Grunde der Nachprovisionsanspruch des Vsvertreters unberührt bleibt, ist es erst recht bei einer befristeten Kündigung unerheblich, wer sie erklärt hat. § 89b III[1] HGB, wonach der Ausgleichsanspruch nicht besteht, wenn der Vsvertreter das Vertragsverhältnis gekündigt hat (Anm. 380), läßt sich — auch analog — nicht auf den Nachprovisionsanspruch anwenden. Unberührt bleibt für beide Teile § 89a II HGB. Danach ist der Ver oder Generalagent dem Vsvertreter schadensersatzpflichtig, sofern eine Kündigung, erklärt seitens des Vsvertreters, durch ein Verhalten veranlaßt wird, das der Unternehmer zu vertreten hat. Der Anspruch auf Nachprovision ist kein Schadensersatz-, sondern ein nachvertraglicher Erfüllungsanspruch. Soweit letzterer besteht, ist für einen Schadensersatzanspruch des Vsvertreters kein Raum. Umgekehrt kann gemäß § 89a II HGB auch der Vsvertreter schadensersatzpflichtig sein. Der Unternehmer kann sich dann dadurch befriedigen, daß er gegen die Nachprovisionsforderung des Vsvertreters aufrechnet.

Zweitens: Der Nachprovisionsanspruch setzt außer der materiellen Beendigung des Agenturverhältnisses voraus, daß der Ver oder Generalagent seine **Provisionsverpflichtungen** bis zu dem Zeitpunkt der Beendigung nicht, jedenfalls **nicht vollständig erfüllt** hat. In Betracht kommt nicht nur Vermittlungs-, sondern auch jede andere Art von rückständiger Provision, also Inkasso-, Verwaltungs- und (selten) Delkredereprovision.

Die Vermittlungsnachprovision steht aber durchaus im Vordergrund. Man denkt dabei primär an einen speziellen, den allerdings wirtschaftlich wichtigsten Tatbestand, bei welchem man von Nachprovision i. e. S. sprechen kann: Dem Vsvertreter steht eine laufende Vermittlungsprovision zu, und zwar aus Zahlungen von laufenden Prämien, die seitens des Vmers erst nach dem Ende des Agenturverhältnisses erfolgen; es waren aber auch schon während des Laufes des Agenturverhältnisses Prämien und Vermittlungsprovisionen auf jene V gezahlt worden. Bei solchen fortlaufenden Vermittlungsprovisionen ist es gleichgültig, ob dem Vsvertreter eine gleichbleibend-laufende Provision zusteht, oder eine (im Vergleich zur Erstprovision niedrigere) laufende Folgeprovision. Solche Nachprovision i. e. S. aus später zu zahlenden Prämien (Folgeprämien) können sich auf eine sehr geraume Zeit nach dem materiellen Ende des Vertreterverhältnisses erstrecken, zumal, wenn der Vsvertrag sich mehrfach stillschweigend verlängert (Anm. 272: Verlängerungsprovision als Nachprovision).

Neben der Nachprovision i. e. S. sind weitere Tatbestände von Vermittlungsprovisionen zu nennen (vgl. schon Anm. 271). Man denke an eine Vermittlungseinmalprovision, die nachvertraglich zu zahlen ist, z. B. weil ein Lebensver einen Antrag erst nach Beendigung des Agenturverhältnisses annimmt, oder weil der Vmer die erste Jahresprämie oder die letzte Vierteljahresrate der ersten Jahresprämie erst nachher bezahlt. Selbstverständlich kann es auch bei laufenden Vermittlungsprovisionen vorkommen, daß bereits die erste laufende Vermittlungsprovision, speziell die (höhere) Vermittlungserstprovision erst nach Agenturvertragsende zahlbar wird, weil der Ver den Antrag erst nach Agenturvertragsende annimmt oder der Vmer die Erstprämie oder erste Prämie erst nachher begleicht. Zu denken ist bei allen Arten der Vermittlungsprovision auch an Tatbestände, bei denen zwar die Vsprämie, aus der sich die Vermittlungsprovision berechnet, noch während der Agenturvertragsdauer vom Ver gezahlt worden ist, bei denen aber Provisionsabrechnung und/oder Provisionsfälligkeit erst nach dem Ende des Agenturverhältnisses liegen. Auch die beim Bezirksvertreter und unechten Generalagenten vorkommende Superprovision kann — als eine Unterart der Vermittlungsprovision mit gelockertem Kausalerfordernis — Nachprovision sein (Anm. 285).

Inkasso- und Verwaltungsprovision wird zwar nur geschuldet, falls der Vsvertreter die entsprechende Tätigkeit während der materiellen Agenturvertragsdauer leistet, aber auch hier können Abrechnung und/oder Fälligkeit in die Zeit nach der Beendigung fallen. — Auch Delkredereprovision kann zur Nachprovision werden, falls sie anläßlich der jeweiligen Prämienfälligkeiten vom Ver geschuldet wird, und zwar auch über die Dauer des Agenturverhältnisses hinaus, weil auch die Delkredereverpflichtung fortbesteht (Anm. 364).

Drittens: Der Nachprovisionsanspruch entfällt nur insoweit, als infolge einer gültigen sog. **Verzichtklausel** der Vsvertreter dem Ver oder Generalagenten Nachprovisionsansprüche erlassen hat. Darüber Näheres: Anm. 369. Außerdem ist hier der Fall zu nennen, daß ein Anspruch auf Nachprovision für einen ausgeschiedenen Vsvertreter entfällt gemäß § 87 III HGB: Bei nachvertraglichem Abschluß kommt es darauf an, ob überwiegende Kausalität vorliegt und ob „das Geschäft innerhalb einer angemessenen Frist nach Beendigung des Vertragsverhältnisses abgeschlossen worden ist“.

[367] ββ) Gläubiger.

Gläubiger des Nachprovisionsanspruches ist der ausgeschiedene Vsvertreter. Es handelt sich um einen (nachwirkenden) Anspruch aus dem beendeten Agenturvertrag, und zwar nach wie vor um eine Vergütung für durch Tätigkeit herbeigeführte Erfolge. Deshalb gilt der Pfändungsschutz, der für Arbeitseinkommen gewährt wird, auch für Nachprovisionen (vgl. § 850 II ZPO, Anm. 346). Deshalb ist das Konkursprivileg des Art. 61 Ziff. 1 KO bei gewissen Einfirmenvertretern auch auf Nachprovisionen zu erstrecken, die rückständig sind „aus dem letzten Jahr vor der Eröffnung des Verfahrens“. Hierbei kommt es für den Begriff der Rückständigkeit auf die Fälligkeit an, also nicht etwa darauf, wann jener Vsvertrag abgeschlossen worden ist, auf dem die Provisionsforderung beruht.

Ist der Vsvertreter verstorben, ist insbesondere der Agenturvertrag durch den Tod des Vsvertreters beendet, so sind Gläubiger des Nachprovisionsanspruches die Erben, und es ist bemerkenswert, daß der Anspruch zum Nachlaß gehört (Anm. 341).

Ein echter Untervertreter kann Nachprovisionsansprüche gegen einen Generalagenten haben; Beispiel: BGH 4. VI. 1956 VersR 1956 S. 476—477.

[368] γγ) Umfang.

Die Berechnung der Höhe der Nachprovisionsforderung kann nur Schwierigkeiten bereiten, wenn — nach dem Wegfall von Inkasso- und Verwaltungsprovisionen infolge der Vertragsbeendigung — unklar ist, wie hoch die weiterzuzahlenden Vermittlungsprovisionen sind. Unsorgfältige Terminologie und ungerechtfertigte Zusammenziehung von Vermittlungsprovision einerseits, sonstigen Provisionen andererseits führen oft dazu, daß die Qualifikation von Provisionen umstritten ist.

Es gilt, die wahre Rechtsnatur der während der Vertragsdauer gezahlten Provisionen zu erkennen und eventuell eine rechnerische Aufteilung einer sogen. „Inkasso-“ oder „Folgeprovision“ vorzunehmen. Der für die Herbeiführung des Vermittlungserfolges geschuldete Teil ist als Nachprovision fortzugewähren.

Näheres, insbesondere über die Aufteilung, in Anm. 273—275. Über einen Einzelfall: BGH 4. VI. 1956 VersR 1956 S. 476—477.

[369] δδ) Verzicht.

Die Nachprovisionsforderung besteht immer dann, wenn der Gläubiger sie dem Schuldner (Ver oder Generalagenten) nicht erlassen hat (vom Falle des § 87 III HGB kann abgesehen werden). Es besteht — wie in Anm. 271 ausführlich dargetan — keine Übung, also kein Gewohnheitsrechtssatz und kein Handelsbrauch, wonach in der Vswirtschaft keine Nachprovision gezahlt wird. Eine solche Übung würde in Widerspruch stehen zur eindeutigen gesetzlichen Rechtslage.

Aber rechtsgeschäftlich wird von den Vern und Generalagenten ein Erlaß oft durchgesetzt, man spricht ungenau von der Verzichtklausel, obgleich es sich **dogmatisch** um einen Erlaßvertrag (§ 397 I BGB) handelt, durchweg antizipiert durch Hineinnahme in den Agenturvertrag. Man wird nicht sagen können, daß der Nachprovisionsanspruch überhaupt nicht entstehe, also auch nicht durch Erlaß zu erlöschen vermöge. Denn die Provision wird zunächst als laufende vereinbart und muß gezahlt werden, falls das Agenturverhältnis nicht beendigt wird. Der (durch Prämienzahlung aufschiebend bedingte) Anspruch des Vsvertreters geht also unter, sofern der Vertretervertrag endet. Die Konstruktion einer auflösenden Bedingung des Provisionsanspruches — es besteht sowieso schon eine auflösende Bedingung des Provisionsanspruches für den Fall der Prämienrückzahlung (Anm. 305—309: Provisionswegfall) — wird der Sachlage nicht gerecht, wäre auch wegen § 162 II BGB in ihren Konsequenzen bedenklich. Jedoch nimmt RArbG 29. I. 1936 JW 1936 S. 1252 solche auflösende Bedingung an, deren Vereinbarung der Unternehmer beweisen müsse. Auch ein Erlaßvertrag ist von demjenigen zu beweisen, der sich darauf beruft.

Die Verzichtklausel kommt in mannigfachen **Formulierungen** vor, z. B. folgenden:

Klausel 1: „..... auch erlischt von diesem Zeitpunkt an jeglicher Provisionsanspruch des Agenten an die Gesellschaft“ (aus: LG Berlin 28. IX. 1928 JRPV 1929 S. 22, vgl. auch HandelsvertreterGBegr. S. 35);

Klausel 2: „Mit dem Tage der Aufhebung erlöschen alle Rechte aus dem Agenturverhältnis“ (aus: Strietholt a. a. O. S. 43);

Klausel 3: „Mit dem Tage der Aufhebung des Vertretungsverhältnisses erlöschen alle Rechte aus dem Vertrage. Der Vertreter hat nur noch Anspruch auf Erwerbsprovision aus späteren Beitragsraten des ersten Versicherungsjahres nach Eingang des Beitrages“ (aus: Trinkhaus I S. 285);

Klausel 4: „Nach dem Erlöschen des Vertrages hat der Vertreter lediglich noch Anspruch auf Abschlußprovision aus solchen Versicherungen, die er schon vor dem Erlöschen vermittelt hat, zu denen die erste Jahresprämie aber ganz oder teilweise erst nach dem Erlöschen des Vertragsverhältnisses bezahlt wird“ (aus: Trinkhaus I S. 285);

Klausel 5: „....3. Hatte die Versicherungsperiode bei Beendigung des Vertretungsverhältnisses bereits begonnen, so gebührt dem Vertreter bzw. seinen Erben bei Ratenzahlung des Jahresbeitrages die volle Erwerbsprovision bzw. erstjährige Provision auch aus den später fälligen Raten der laufenden Versicherungsperiode.

4. Für solche Versicherungen, die während der Dauer des Vertretungsverhältnisses vermittelt, aber erst nach seiner Beendigung beurkundet und eingelöst werden, steht dem Vertreter bzw. seinen Erben die Erwerbsprovision bzw. erstjährige Provision zu. Bei Versicherungen, deren Versicherungssummen oder Prämienaufkommen sich aus einer Reihe von Einzelanträgen oder -anmeldungen ergibt (z. B. Kollektivlebensversicherungen, Bauwesen-Generalverträge, Transport-Generalpolicen) erhält der Vertreter die erstjährige oder einmalige Provision noch aus den Summen oder Prämien, welche auf die bis zum Ende des Vertretungsverhältnisses eingegangenen Anträge oder Anmeldungen entfallen.

5. Außer den in Ziffer 3 und 4 vorgesehenen Provisionen stehen dem Vertreter bzw. seinen Erben über die Beendigung des Vertretungsvertrages hinaus irgendwelche Bezüge nicht zu ....“ (aus: Strietholt a. a. O. S. 15—16);

Klausel 6: überschrieben: „Nachinkassoprovision“:
„Die Gesellschaft bewilligt dem Vertreter im Falle des Ausscheidens infolge dauernder Berufsunfähigkeit oder nach Vollendung des 65. Lebensjahres, wenn er die Vertretung niederlegt und keine anderweitige Tätigkeit als Versicherungsvermittler ausübt, oder

infolge Kündigung durch die Gesellschaft über die Dauer des Vertragsverhältnisses hinaus in der Sach-, Unfall- und Haftpflichtversicherung .... Prozent der nach Befriedigung beteiligter Dritter verbleibenden Inkassoprovision (Nachprovision). Erfolgt die Lösung des Vertragsverhältnisses von seiten der Gesellschaft aus einem wichtigen Grunde ...., dann erlischt diese Zusage....

Kündigt der Vertreter, so gebührt ihm die Nachprovision nur auf die Dauer von 5 Jahren nach Beendigung des Vertretungsverhältnisses. Voraussetzung dafür ist jedoch, daß die Kündigung aus einem triftigen Grunde geschieht, und daß er vor seinem Ausscheiden 8 Jahre ununterbrochen hauptberuflich bei der Gesellschaft tätig war. Ist der Vertreter über 15 Jahre oder länger für die Gesellschaft tätig gewesen, so gebührt ihm die Nachprovision für die Dauer von 10 Jahren nach Beendigung des Vertretungsverhältnisses.

Die Nachprovision ist zu entrichten von den bezahlten Beiträgen oder Beitragsteilen aus allen Versicherungsverträgen, die der Vertreter durch seine eigene und durch die Tätigkeit seiner oder der ihm zugewiesenen Hilfspersonen oder durch die von ihm veranlaßte Tätigkeit eines Organs der Gesellschaft vermittelt hat oder deren Pflege ihm von der Gesellschaft übertragen worden ist, solange sie bei der Gesellschaft laufen, einschließlich etwaiger Verlängerungen, Umwandlungen, Erneuerungen und Ersatzverträge.

Nach der Beendigung des Vertretungsverhältnisses hinsichtlich des einzelnen Versicherungsvertrages eintretende Umstände begründen keinen Anspruch auf höhere Provision.

Im Falle des Todes des Vertreters erhalten die Witwe bis zu ihrem Lebensende, längstens aber bis zur Wiederverheiratung, eine Witwenrente in Höhe der Hälfte der dem Ehemann zugesagten Nachprovisionssätze, Kinder bis zu ihrem Ableben bzw. ihrer Verheiratung, längstens jedoch bis zum vollendeten 21. Lebensjahr, eine Waisenrente von $^1/_3$ der Witwenrente. Insgesamt dürfen die Waisenrenten die Höhe der Witwenrente nicht übersteigen ...." (aus: Strictholt a. a. O. S. 54);

Klausel 7: überschrieben: „Ansprüche des Vertreters nach Beendigung des Vertragsverhältnisses": „Mit Beendigung des Vertragsverhältnisses erlischt jeder Anspruch des Vertreters an das VU auf irgendwelche Vergütungen oder Provisionen. Ausgenommen hiervon sind Ansprüche auf Provisionen aus Versicherungen, die der Vertreter vor Beendigung des Vertragsverhältnisses vermittelt hat, auch wenn sie erst später beurkundet oder eingelöst werden, ferner etwaige Ansprüche aus § 87 Abs. 3 und § 89b HGB." (Ziff. 12 Hauptpunkte [Anm. 138]).

Der **Inhalt** der Klauseln ist recht mannigfaltig. Durchweg gehen sie negativ davon aus, daß Provisionsansprüche erlöschen (Klauseln 1, 2, 3, 7), ein Prinzip, das aber durch Ausnahmen durchlöchert werden kann (Klauseln 3, 7). Zuweilen findet sich eine positive Regelung, die primär ergibt, wann dem Vsvertreter oder seinen Erben Nachprovision verbleibt (Klausel 4, 5, 6). Einige Klauseln bringen eine Regelung bestimmter Beendigungsfälle (Klausel 6), durchweg aber enthalten sie eine generellere Formulierung. Manche Klauseln erwähnen bestimmte Provisionsarten, z. B. Erwerbsprovision (Klausel 3), Abschlußprovision (Klausel 4), Erwerbsprovision, erstjährige Provision (Klausel 5), „Inkassoprovision" (Klausel 6). Eine prozentuale Bemessung der Provision kennt Klausel 6.

Oft treten **Auslegungszweifel** auf, die in dubio zugunsten des Vsvertreters zu beheben sind, da erstens jeder Erlaß eng auszulegen ist („Grundsatz, daß Verzichte niemals zu vermuten sind": RG 20. IX. 1927 RGZ Bd 118 S. 66, speziell für eine Verzichtklausel LG Berlin 28. IX. 1928 JRPV 1929 S. 22), und da zweitens die Unklarheitenregel bei „diktierten" Agenturverträgen gilt (Anm. 213).

Spricht z. B. eine Verzichtklausel nur vom Fall der „Aufhebung" des Agenturverhältnisses (Klauseln 2, 3), so setzt das Willensakte, also Willenserklärungen (z. B. Kündigung oder Aufhebungsvertrag) voraus, der Tod ist keine Aufhebung. Entsprechendes gilt von einer Vereinbarung für den Fall „der Niederlegung oder Aufkündigung" (dazu vgl. LG Berlin 13. VI. 1928 JRPV 1928 S. 389, LG Dortmund 3. V. 1928 JRPV 1928 S. 389). Das LG Berlin 28. IX. 1928 JRPV 1929 S. 22—23 (mit ablehnender Anm. Clasen) hat (zu Klausel 1) angenommen: „Der Ausdruck: 'von diesem Zeitpunkt an' kann sich sinngemäß nur auf künftig 'von nun an' entstehende Provisionsansprüche beziehen", nicht auf Vermittlungsprovisionen, soweit sie auf vor dem Ausscheiden abgeschlossenen Verträgen beruhen. Im Zweifel wird nicht angenommen werden dürfen, daß Ansprüche auf bereits erarbeitete Inkasso- und Verwaltungsprovisionen, über die noch nicht abgerechnet ist, in Fortfall kommen sollen, auch nicht wenn der Wortlaut (wie bei Klausel 1, 2, 3) solche Provisionen zu erfassen scheint (Anm. 313, 316). Spricht ein Agenturvertrag vom Wegfall der Inkassoprovision, so ist hierunter nur künftige wirkliche Inkassoprovison zu verstehen. Bei Vermittlungsprovisionen wird man sagen müssen, daß die Verzichtklausel sich regelmäßig nicht bezieht auf Provisionen, bei denen nur Abrechnung (und demzufolge Fälligkeit) nach dem Vertragsende liegen. Bei Einmalprovisionen und ersten laufenden Vermittlungsprovisionen, speziell (erhöhten) Erstprovisionen, wäre es besonders hart, wenn die Tatsache der Agenturvertragsbeendigung zu einem Verlust führen soll, nur weil die Prämienzahlung, womöglich lediglich die (entscheidende) Zahlung der letzten Rate der ersten Jahresprämie, oder die Annahme eines in der Vertragsdauer gebrachten Antrags „überhängt". Die Klauseln 3, 4, 5 (Ziff. 3, 4) vermeiden diese Härte; ferner wird sogleich auf den zwingenden Charakter des § 87a I[4] HGB einzugehen sein. Man wird generell annehmen müssen, daß die Verzichtklausel sich im Zweifel nur auf zweite und spätere laufende Provisionen, insbesondere Vermittlungsfolgeprovisionen beziehen soll. Es besteht sogar ein Handelsbrauch in dieser Richtung. Denn unter der umstrittenen „Nachinkassoprovision" versteht die Praxis Vermittlungsfolgeprovision (Anm. 273, 274). Die Industrie- und Handelskammer Berlin (NeumannsZ 1931 S. 263—264) hat folgendes Gutachten erstattet: „Im Versicherungsgewerbe ist es üblich und zulässig, mit den Agenten zu vereinbaren, daß mit dem Aufhören des Agenturvertrages ihr Provisionsanspruch an die Gesellschaft erlischt. Eine solche Vereinbarung ist nicht auf bereits verdiente, aber noch nicht ausgezahlte Abschlußprovision zu beziehen, z. B. auf Fälle, in denen die Abschlußprovision infolge ratierlicher Prämienzahlung erst nach Beendigung des Agenturverhältnisses fällig wird." Hat der Ver fundierte Vorschüsse auf Provisionen geleistet, so ist im Zweifel nicht anzunehmen, daß diese kraft einer Verzichtklausel zurückzuzahlen sind. Für die Vsvertreter besonders günstig ist Ziff. 12 Hauptpunkte (Klausel 7): Zwar klingt der erste Satz sehr scharf, aber der zweite Satz hebt den ersten völlig auf, denn dem Vsvertreter bleiben erhalten alle Vermittlungsprovisionen (Einmal- und laufende Provisionen, Erst- und Folgeprovisionen) „aus Versicherungen, die der Vertreter vor Beendigung des Vertragsverhältnisses vermittelt hat". Anschließend kann er nicht mehr vermitteln, und auf den Zeitpunkt des Abschlusses des Vsvertrages (Beurkundung) sowie der Prämienzahlung (Einlösungs- oder spätere Zahlungen) soll es nicht ankommen. So hat Ziff. 12 Hauptpunkte nur die Bedeutung klarzustellen, daß echte Inkasso- und Verwaltungsprovisionen mit dem Ausscheiden aufhören, und das ist selbstverständlich. Ähnlich wie Ziff. 12 Hauptpunkte war die Klausel in OLG Düsseldorf 26. X. 1956 Der Betrieb 1956 S. 1132 (Fortfall, „soweit es sich nicht noch um anfallende Abschlußprovisionen handelt"). Zu Unrecht hat die Entscheidung die Ausnahme nur bezogen auf die „erste" Provision, nicht auf „Folgeprovisionen". Auch letztere sind aber in der Kraftfahrv noch Vermittlungs-, also Abschlußprovisionen (Anm. 275). Besagt ein Agenturvertrag: „Ein Entschädigungsanspruch aus der Lösung des Vertrages steht dem einen oder anderen Teile nicht zu", so schließt das den Anspruch auf Nachprovision nicht aus. Auch die Klausel, wonach im Todesfall der Vertretervertrag mit sofortiger Wirkung erlösche, berührt die Forderung der Erben auf Nachprovision nicht.

Die Verzichtklausel ist grundsätzlich nicht **gesetzeswidrig.** § 89b I Ziff. 2 HGB geht sogar von ihrer Vereinbarung aus (HandelsvertreterGBegr. S. 35). Aber nach §§ 92 IV, 87a I[4] HGB hat der Vsvertreter einen unabdingbaren Anspruch auf Einmalprovision („Provision für das ganze Geschäft"), wenn z. B. in der Lebens- oder Krankenv vereinbart ist, diese solle nach Zahlung einer gewissen Anzahl von Prämien verdient sein, z. B. in der Lebensv nach der Zahlung der ersten vier Vierteljahresprämien (dazu vgl. Anm. 269). Es würde dem zwingenden Charakter des § 87 a I[4] HGB widerstreiten, falls zunächst trotz Teilausführung durch den Vmer der Zeitpunkt, zu dem die Provision verdient ist, hinausgeschoben wird, und falls sodann wegen Beendigung des Agenturverhältnisses die an sich verdiente Provision kraft der Verzichtklausel versagt wird (dazu HandelsvertreterGBegr. S. 25; Schröder[2] a. a. O. Anm. 18—22 zu § 87a, S. 131—134, besonders aber Trinkhaus I S. 290—291 [z. T. unklar], Würdinger in: RGRKomm. HGB Bd 1 Anm. 3 zu § 87a, S. 722—723, speziell für Vsvertreter). Die oben wiedergegebenen Klauseln 3, 4 tragen dieser zwingenden Rechtslage Rechnung. Dagegen läßt sich für laufende Vermittlungsprovisionen die Gesetzeswidrigkeit der Verzichtklausel nicht begründen, weder aus dem Grundgedanken des § 87a I[4] HGB (so Trinkhaus I S. 293), noch aus § 87a I[3] HGB.

Sittenwidrigkeit der Verzichtklausel kann angesichts des vorgesehenen Ausgleichsanspruchs nicht mehr angenommen werden (zum früheren Recht vgl. Möller Vsvermittlung S. 191—194, Trinkhaus I S. 286—288). Allerdings versucht Trinkhaus I S. 289—290, 293—294 unter Berufung darauf, daß „der Grundsatz des freien Spiels der Kräfte seit langem überholt" sei, Fälle unzulässiger Verzichtklauseln zusammenzustellen, z. B. sei es besonders hart, falls ein Generalagent Untervertretern hohe Erstprovisionen gezahlt habe und nun der eigenen gleichbleibend-laufenden Provisionen infolge der Verzichtklausel verlustig gehe, ohne Gelegenheit zu erhalten, zu seinem Recht zu kommen. Aber diese Härte hat sich der Generalagent selbst zuzuschreiben, hat er doch leichtsinnigerweise seinen Untervertretern (trotz vereinbarter Verzichtklausel) zunächst höhere Provisionen versprochen, als er einnimmt. Auch der Fall des „Einführungsvertreters", der den Namen des Vers erst unter Opfern bekanntgemacht hat, verdient angesichts des Ausgleichsanspruches keine Sonderbehandlung (vgl. HandelsvertreterGBegr. S. 33).

Sittenwidrigkeit kommt hiernach nur in Betracht bei Vsvertretern, welche keinen Ausgleichsanspruch haben, z. B. Unselbständigen und Vsvertretern im Nebenberuf (§ 92b I[1] HGB), ferner evtl. Vsvertretern, die ihrerseits gekündigt haben (§ 89b III[1] HGB), vielleicht kündigen mußten, weil sie alt oder berufsunfähig geworden sind. Auch dann kommt Sittenwidrigkeit in Frage, wenn die gesetzliche Höhe des Ausgleichsanspruches (§ 89b V HGB) weit hinter dem für den Vsvertreter eintretenden Verlust zurückbleibt. Jedoch müssen in allen diesen Fällen weitere Voraussetzungen gegeben sein, die den Vorwurf rechtfertigen, die Verzichtklausel verstoße gegen das Anstandsgefühl aller billig und gerecht Denkenden. Wegen ihres Zustandekommens könnte die Verzichtklausel nichtig sein, falls der Ver sie unter Ausbeutung der Notlage, des Leichtsinns oder der Unerfahrenheit des Vsvertreters vereinbart hat (vgl. auch § 138 II BGB). Als Beispiel sei der Fall erwähnt, daß ein Ver einem erfolgreich arbeitenden Vsvertreter angedroht hat, ihn zu entlassen, falls er nicht nachträglich die Verzichtklausel mit ihm vereinbare. Inhaltlich kommt es darauf an, ob eine unerträgliche Härte vorliegt. Es muß zugunsten des Vers davon ausgegangen werden, daß dieser und die Gefahrengemeinschaft ein lebhaftes Interesse an einer Kostenherabsetzung haben, eine solche kann jede Verzichtklausel mit sich bringen. Nur dann tritt keine Kostensenkung ein, wenn die Vermittlungsfolgeprovisionen dem Nachfolger des ausscheidenden Vsvertreters zugeschanzt werden sollen, aber auch für solches Verfahren — mag es auch dem Kausalerfordernis des § 87 I[1] HGB widerstreiten — können die Ver gewisse Rechtfertigungsgründe anführen (vgl. Gestefeld JW 1929 S. 2569—2570). Dennoch kann im Einzelfall die Verzichtklausel gegen die guten Sitten verstoßen, wobei für die Beurteilung folgende Umstände in Betracht gezogen werden müssen: Überdurchschnittliche Provisionshöhe oder Festbezüge während der Aktivität, Gewährung anderweitiger Altersversorgung und mangelnde Verdienstlichkeit der Vermittlungsarbeit sprechen für den Ver, während für den Vsvertreter anzuführen wären jahrelange treue Aufbauarbeit, Einfirmen- oder Konzernvertretung, wirtschaftliche Not, gute Qualität des geworbenen Geschäfts. Endet der Vertretervertrag infolge Todes des Vsvertreters, so rücken die persönlichen Bindungen mehr in den Hintergrund: Die Verzichtklausel dürfte für diesen Fall eher unbedenklich sein. Trinkhaus I S. 292 wendet sich gegen retrospektive Beurteilungsmaßstäbe, aber die genannten Gesichtspunkte lassen sich auch prospektiv-hypothetisch werten.

Knapp[2] a. a. O. Anm. 3 zu § 89a, S. 41 meint, eine Vereinbarung, die eine unzulässige Beeinträchtigung des Rechts auf unbefristete Kündigung darstelle, sei wegen Sittenwidrigkeit nichtig, demzufolge auch eine Klausel, die bei eigener Kündigung des Handelsvertreters „den Verlust der Provision aus allen von ihm vermittelten Geschäften vorsieht". Hier würde man aber besser einen Gesetzesvorstoß annehmen (vgl. § 89a I[2] HGB). Die angezogene Entscheidung LArbG Stuttgart 21. VII. 1954 BetrBer 1955 S. 177 (mit kritischer Anm. Schröder) behandelt sogar einen Tatbestand, in welchem für alle Fälle der Kündigung durch den Handelsvertreter der Provisionsverlust vorgesehen war und in welchem ein Verstoß gegen Art. 12 I[1] GrundG angenommen wurde.

Ist die Verzichtklausel nichtig, so ist damit nicht der ganze Vertretervertrag nichtig (Gerhard JW 1929 S. 2037, a. A. Gestefeld JW 1929 S. 2570). Denn es ist anzunehmen, daß dessen Geltung auch bei Kenntnis der Nichtigkeit der Verzichtklausel gewollt sein würde (§ 139 BGB).

[370] γ) Ausgleichsanspruch.

αα) Rechtsnatur des Anspruchs.

Schrifttum: Speziell zum Ausgleichsanspruch der Vsvertreter: Anonym Vsvermittlung 1956 S. 37—38, 99—101, Finke VA 1952 S. 136—137, Fischer VW 1955 S. 394—396, Geßler, Der Ausgleichsanspruch der Handels- und Vsvertreter, ungedr. Hamburger Diss., Hamburg 1953, Hein ZfV 1956 S. 203, 236—237, Knapp VW 1952 S. 393—394, Leuze a. a. O. S. 18—28, Vsvermittlung 1954 S. 45—49, 77—78, 1955 S. 109—114, Lohmüller VW 1955 S. 151—154, 1957 S. 119—120, Möller ZfV 1953 S. 137—140, Vsvermittlung 1957 S. 66—68, Rhein VW 1954 S. 152—154, 300, Schiff ZfV 1955 S. 383—384, 416—417, VW 1954 S. 300, Schmanns, Die Provisions- und Ausgleichsansprüche der Handels- und Versicherungsvertreter in zivil- und steuerrechtlicher Hinsicht, ungedr. Hamburger Diss., Hamburg 1954, Strietholt Vsvermittlung 1954 S. 14—15, 128—129, 1955 S. 22, 1956 S. 57—61, Trinkhaus I S. 374—433, Wegscheider ZfV 1953 S. 435—436, Wimmer Vsvermittlung 1955 S. 1—3.

Generell zum Ausgleichsanspruch der Handelsvertreter: Capelle JZ 1954 S. 728—730, Franta MDR 1953 S. 532—533, Glaser Der Betrieb 1955 S. 1081—1082, 1956 S. 298—299, Görres Der Betrieb 1955 S. 681—682, Merkel BetrBer 1956 S. 420—422, Reinicke NJW 1953 S. 1611—1612, Schröder BetrBer 1954 S. 477—482, Schroeder-Leuze, Entsteht bei Beendigung des Vertragsverhältnisses durch Tod des Handelsvertreters ein Ausgleichsanspruch nach § 89b HGB?, Braunschweig 1955, Schuler JR 1957 S. 44—47, Voss VersR 1956 S. 394—395, Winter BetrBer 1955 S. 496—497, weitere Angaben in: Entscheidungen und Gutachten Nr. 70. Vgl. ferner die allgemeinen Kommentare zu § 89b HGB sowie zu den Problemen von Bilanz und Steuer Anm. 389.

Der in § 89b HGB geregelte Ausgleichsanspruch ist anläßlich der Novelle vom 8. VIII. 1953 neugeschaffen worden. Es handelt sich um eine Besonderheit des Rechtes der Handelsvertreter. Mit bürgerlichrechtlichen Ausgleichsansprüchen unter Gesamtschuldnern (§ 426 BGB) oder unter Gesamtgläubigern (§ 430 BGB) oder nach Familien- oder Erbrecht hat der handelsrechtliche Ausgleichsanspruch nichts zu schaffen.

Die **Rechtsnatur** des Ausgleichsanspruchs ist umstritten.

Der Gesetzgeber hat sich nicht etwa dafür entschieden, das Recht des Unternehmers zur Kündigung einzuschränken oder die Kündigung zu mißbilligen, und daran eine Schadensersatzpflicht zu knüpfen (HandelsvertreterGBegr. S. 33, BGH 13. V. 1957 NJW 1957 S. 1031 = VersR 1957 S. 360, 13. V. 1957 NJW 1957 S. 1029 = VersR 1957 S. 361). Vielmehr ist ein anderer Weg beschritten worden (über ausländische Regelungen und die Gesetzesentstehung: Geßler a. a. O. S. 8—64).

Dem Handelsvertreter ist ein privatrechtlicher Anspruch zugebilligt, nicht etwa ein öffentlichrechtlicher Anspruch (z. B. aus Enteignung). Der Anspruch gehört dem Bereiche des Schuldrechtes an. Denn ein Persönlichkeitsrecht des Handelsvertreters wird durch die Beendigung des Vertragsverhältnisses nicht berührt, desgleichen kein dingliches Recht, insbesondere kein „Eigentum" oder sonstiges absolutes „Recht am Vsbestand" (Anm. 241).

Schuldrechtliche Ansprüche können gesetzliche oder vertragliche sein. Der Ausgleichsanspruch ist keine Forderung ex lege. Insbesondere begeht der Unternehmer keine unerlaubte Handlung, es handelt sich z. B. bei einer Kündigung nicht um einen Eingriff des kündigenden Vers in einen eingerichteten und ausgeübten Gewerbebetrieb des Vsvertreters, ein gesetzlicher Schadensersatzanspruch liegt also nicht vor. Ein Bereicherungsanspruch setzt nach § 812 I[1] BGB eine Entreicherung des Klägers, eine Bereicherung des Beklagten voraus, und auch § 89b I Ziff. 2, 1 HGB spricht von Verlust und Vorteilen. Aber die dem Unternehmer zugefallenen Vorteile hat er nicht sine causa, „ohne rechtlichen Grund" erlangt (§ 812 I[1] BGB). Es fehlt also an der Hauptvoraussetzung eines Kondiktionsanspruches (HandelsvertreterGBegr. S. 34). Auch ein sonstiges Legalschuldverhältnis liegt nicht vor.

Sonach beruht der Ausgleichsanspruch auf Vertrag, und zwar nicht auf einem gesellschaftsähnlichen Verhältnis (dazu Trinkhaus I S. 375, Würdinger in: RGRKomm. HGB Bd 1 Anm. 3 zu § 89b, S. 744), sondern auf dem Agenturvertrag: Er gehört zu den (gesetzlich geregelten) Nachwirkungsrechten des Handelsvertreters ex contractu, woraus sich z. B. für die Verjährung die Anwendbarkeit des § 88 HGB ergibt. Wie hier HandelsvertreterGBegr. S. 35 und z. B. Capelle JZ 1954 S. 729, Schröder BetrBer 1954 S. 477, Trinkhaus I S. 376, Würdinger in: RGRKomm. HGB Bd 1 Anm. 4 zu § 89b, S. 744.

Will man den Ausgleichsanspruch als vertraglichen Nachwirkungsanspruch näher qualifizieren, so liegt nicht etwa eine Vertragsstrafe vor (ebenso Trinkhaus I S. 375), überhaupt handelt es sich nicht um die Sanktion einer Vertragsverletzung; denn eine solche steht nicht in Frage. Gegeben ist vielmehr ein primärer Erfüllungsanspruch auf Ausgleich.

Man hat versucht, diesen Erfüllungsanspruch als Wertersatzanspruch zu qualifizieren, z. B. als Bestandsabfindung; aber der Handelsvertreter hat kein Recht am „Bestand“, und § 89b HGB legt einen anderen Maßstab als solchen Wert zu Grunde. Ferner handelt es sich nicht um einen Herausgabeanspruch des Unternehmers, da nicht allein entscheidend ist, inwieweit der Unternehmer bereichert ist. Aber auch ein vertraglicher Bereicherungsanspruch, bei dem zugleich auch auf die Entreicherung des Handelsvertreters abgestellt werden könnte, liegt nicht vor, weil gemäß § 89b HGB Bereicherung und Entreicherung nicht in jener spezifischen Beziehung der Unmittelbarkeit zueinander zu stehen brauchen, welche § 812 I^1 BGB voraussetzt, und weil es nebenher auf andere Momente, z.B. die Billigkeit und eine Höchstbegrenzung ankommt. Die Konstruktion eines primären vertraglichen Schadensersatzanspruches verbietet sich deshalb, weil nicht allein die Entreicherung (der Schaden) des Handelsvertreters Tatbestandsvoraussetzung ist. HandelsvertreterGBegr. S. 34, 36 zieht mehrfach den Begriff Vorteilsausgleichung heran, verkennt jedoch, daß eine Vorteilsausgleichung im rechtstechnischen Sinne einen Schadensersatzanspruch voraussetzt, bei welchem der Bruttoschaden für den Geschädigten durch Vorteile gemindert wird, die für den Geschädigten infolge des Schadenseintritts gleichzeitig erwachsen. Die Vorteilsausgleichung führt dann entweder zu einer Verminderung der Schadensersatzpflicht oder zu einer Übertragung der Vorteile auf den Ersatzpflichtigen (dazu Cantzler ArchCivPrax Bd 156 S. 31—33). Wenn nun aber § 89b I Ziff 1 HGB von Vorteilen spricht, so erwachsen diese nicht dem geschädigten Handelsvertreter, und von irgendeiner Anrechnung auf dessen Schaden kann nicht die Rede sein.

Der Ausgleichsanspruch ist hiernach — positiv formuliert — ein Geldanspruch eigener Art, der zu den Vergütungsansprüchen des Handelsvertreters zu zählen ist. „Der Ausgleichsanspruch hat demnach zum Inhalt, daß der Handelsvertreter für einen auf seiner Tätigkeit beruhenden, ihm aber infolge der Beendigung des Vertragsverhältnisses nicht mehr vergüteten Vorteil .... eine Gegenleistung erhält .... Sicherlich handelt es sich nicht um einen reinen Vergütungsanspruch. Damit wäre es nicht vereinbar, daß der Handelsvertreter den Anspruch bei einer von ihm ohne Anlaß ausgesprochenen Kündigung verliert .... Vielmehr wird der Ausgleichsanspruch, der eine Vergütung zum Inhalt hat, sowohl in seiner Entstehung als auch in der Bemessung weitgehend durch Gesichtspunkte der Billigkeit beeinflußt“ (RG 13. V. 1957 NJW 1957 S. 1031 = VersR 1957 S. 360). Über den Vergütungscharakter auch Capelle JZ 1954 S. 729, Schröder BetrBer 1954 S. 477, in: Schroeder-Leuze a. a. O. S. 8—15, Schuler JR 1957 S. 46, Würdinger in: RGRKomm. HGB Bd 1 Anm. 4 zu § 89b, S. 744.

Worin liegt der „infolge der Beendigung des Vertragsverhältnisses nicht mehr vergütete Vorteil“? § 89b I Ziff. 1 HGB sagt das nicht unmittelbar, läßt nur erkennen, daß der Anteil fließe „aus der Geschäftsverbindung mit neuen Kunden, die der Handelsvertreter geworben hat“ (sowie aus der wesentlichen Erweiterung der Geschäftsverbindung mit alten Kunden). Demzufolge spricht erläuternd der BGH a. a. O. von dem „Vorteil, wie er in der Schaffung des Kundenstamms liegt“ (wobei es sich jetzt um den Kundenstamm des Unternehmers handelt). Bei einem Warenvertreter spielen Nachbestellungen eine Rolle. Wenn nach der Beendigung des Agenturverhältnisses solche Nachbestellungen kommen, bezieht der Handelsvertreter hierfür keine Vermittlungsprovision mehr (§ 87 I[1], III HGB), der Unternehmer hat also besonders hieraus in der Tat einen erheblichen Vorteil.

Bei dem Vsvertreter gibt es keine Vermittlungsprovisionen für „Nachbestellungen" (§ 92 III[1] HGB; Anm. 284). Wie § 89b V HGB ersehen läßt, kommt es demzufolge bei dem Vsvertreter nicht an auf die Vorteile „aus der Geschäftsverbindung mit neuen Kunden, die der Handelsvertreter geworben hat" (so § 89b I Ziff. 1 HGB), sondern auf Vorteile aus der „Vermittlung neuer Vsverträge durch den Vsvertreter" (gleichzustellen ist die wesentliche Erweiterung von Vsverträgen mit alten Vmern). Die Sondernormen der §§92 III[1], 89bV HGB führen dazu, daß es bei Vsvertretern zu ungenau und zu weit wäre zu sagen, der dem Ver oder Generalagenten verbleibende Vorteil liege in der Schaffung des Kundenstammes. Der Vorteil liegt hier vielmehr nur in der Vermittlung bestimmter neuer Vsverträge (und der wesentlichen Erweiterung alter Vsverträge) durch den Vsvertreter. Die oft langfristigen und sich stillschweigend verlängernden Vsverträge dauern über die Beendigung des Agenturverhältnisses hinaus an, und es muß Sorge dafür getragen werden, daß der Vsvertreter hierfür (aber nicht für „Nachbestellungen") eine Vergütung erhält. Diese Vergütung erfolgt normalerweise im Wege der Nachprovision (Anm. 271, 366—368). Nur bei Vorliegen einer Verzichtklausel (Anm. 369) besteht Raum für den Ausgleichsanspruch. Denn die Verzichtklausel läßt die Notwendigkeit auftauchen, daß der Vsvertreter doch noch „für einen auf seiner Tätigkeit beruhenden, ihm aber infolge der Beendigung des Vertragsverhältnisses nicht mehr vergüteten Vorteil .... eine Gegenleistung erhält" (so BGH a. a. O.), wobei der Vorteil hier in der Schaffung (Vermittlung) des Bestandes an fortexistierenden (neuen oder wesentlich erweiterten) Vsverträgen liegt.

Näheres über den Begriff des Vorteils: Anm. 375.

Die Vergütung, wie sie durch den Ausgleichsanspruch gewährt werden soll, erfolgt beim Vsvertreter an Stelle einer infolge der Beendigung des Vertragsverhältnisses nicht mehr gewährten anderweitigen Vergütung, verliert doch der Vsvertreter seine „Ansprüche auf Provision" (§ 89b I Ziff. 2 HGB; Anm. 376—377). Diese Ersetzung der Provison durch den Ausgleich legt den Gedanken des Schadensersatzes zwar nahe, darf aber nicht darüber hinwegtäuschen, daß es sich im rechtstechnischen Sinne nicht um Schadensersatz handelt, also auch nicht um einen Entschädigungsanspruch (ein Ausdruck, den irreführend HandelsvertreterGBegr. S. 33 benutzt). Man kann nur feststellen, daß nach der Beendigung des Vertragsverhältnisses gegebenenfalls an die Stelle des Anspruches auf Provision ein andersartiger Vergütungsanspruch, nämlich der Ausgleichsanspruch tritt, dessen Voraussetzungen in eigenständiger Weise vom Gesetz umschrieben sind und dessen Höhe limitiert ist.

Abzulehnen ist die Sphärentheorie, wonach der Ausgleichsanspruch nur ausgelöst wird durch Umstände aus der Sphäre des Unternehmers (vgl. dazu Winter BetrBer 1955 S. 497). Denn die Vorschrift des § 89b III[1] HGB, wonach der Anspruch nicht besteht, wenn der Handelsvertreter das Vertragsverhältnis gekündigt hat (Anm. 380), darf nicht verallgemeinert werden. Der BGH 13. V. 1957 NJW 1957 S. 1031 = VersR 1957 S. 360 weist darauf hin: „Der Anspruch entsteht nach Abs. 3 auch dann, wenn der Unternehmer aus einem wichtigen Grund kündigt, der in einem schuldlosen Verhalten des Handelsvertreters liegt", also „in der Sphäre des Handelsvertreters".

Es wäre auch falsch, den Ausgleichsanspruch auf soziale Gesichtspunkte zu stützen. Der Unternehmer soll dem Handelsvertreter nicht eine soziale Wohltat erweisen, sondern nur eine Vergütung gewähren für einen erarbeiteten Erfolg (so besonders Capelle JR 1954 S. 729, Franta MDR 1953 S. 532, Leuze a. a. O. S. 19, Vsvermittlung 1954 S. 114, Trinkhaus I S. 375, Würdinger in: RGRKomm. HGB Bd 1 Anm. 2 zu § 89b, S. 744, LG Hamburg 5. XI. 1954 MDR 1955 S. 44). Der Ausgleichsanspruch steht deshalb auch Handelsvertretern zu, die wirtschaftlich nicht schwach sind (Anm. 378), ja sogar juristischen Personen (Anm. 383).

Wenn Knapp[2] a. a. O. S. 5 meint, das Gesetz gehe „nicht über das hinaus, was nach Treu und Glauben Mindestinhalt eines jeden Vertretervertrages auch bisher schon hätte sein müssen" (zustimmend Anonym Vsvermittlung 1956 S. 38), so kann daraus doch nicht etwa abgeleitet werden, daß sich ohne gesetzliche Regelung die Ausgleichspflicht als ergänzende Leistungspflicht aus Treu und Glauben würde begründen lassen.

Die **Voraussetzungen** des Ausgleichsanspruchs sind § 89b HGB zu entnehmen. Was **erstens** die beteiligten **Personen** anlangt, so sind Berechtigte grundsätzlich alle selbständigen Handelsvertreter, also auch alle selbständigen Vsvertreter (§ 92 I, II HGB), einschl. der Untervertreter (§ 84 III HGB). Für Vsvertreter gelten jedoch einige Besonderheiten (§ 89b V HGB). Näheres Anm. 381—383. Verpflichtet zur Zahlung des Ausgleichs ist der Unternehmer, also beim Vsvertreter grundsätzlich der Ver, jedoch gegenüber echten Untervertretern der Generalagent (§ 84 III HGB). Wenn im Folgenden nur vom Ver als Schuldner des Ausgleiches die Rede ist, so gilt jeweils Entsprechendes für solche Generalagenten. Bei unechten Untervertretern, die ja in einem Agenturverhältnis zum Ver stehen, richtet sich der Ausgleichsanspruch gegen den Ver.

Zweitens erfordert § 89b I HGB immer eine **„Beendigung des Vertragsverhältnisses"**, also des Agenturvertrages (über den umstrittenen Begriff der Beendigung vgl. Anm. 371—374). Eine Ausnahmeregelung, also eine Nichtentstehung des Ausgleichsanspruchs ist in § 89b III HGB für bestimmte Kündigungsfälle vorgesehen, insbesondere Kündigungen durch den Handelsvertreter (dazu Anm. 380).

Drittens verlangt — wie schon angedeutet — § 89b I Ziff. 1 HGB gewisse verbleibende **Vorteile des Unternehmers** (dazu Anm. 375).

Viertens setzt § 89b I Ziff. 2 HGB voraus, daß der Handelsvertreter „Ansprüche auf **Provision verliert**" (dazu Anm. 376—377).

Fünftens bringt § 89b I Ziff. 3 HGB den Gesichtspunkt der **Billigkeit** zum Ausdruck (dazu Anm. 378—379).

Sechstens schließlich erheischt § 89b IV² HGB die fristgemäße **Geltendmachung** des Ausgleichsanspruchs (dazu Anm. 385).

Sind diese, ziemlich verwickelten Voraussetzungen gegeben, so wird als **Rechtsfolge** der Ausgleichsanspruch existent, dessen Höhe § 89b I, II, V HGB für den Vsvertreter zu entnehmen ist (dazu Anm. 384). Über Abtretung und Verpfändung Anm. 387, Pfändung und Konkurs Anm. 388, Bilanz und Steuer Anm. 389.

Die Vorschriften über den Ausgleichsanspruch sind in Voraussetzungen und Rechtsfolgen grundsätzlich gemäß § 89b IV¹ HGB **unabdingbar** (dazu Anm. 386).

Für die **Versicherungsvertreter** gilt — wie schon gesagt — § 89b HGB mit gewissen Modifikationen. Nachstehend wird der **Gesetzeswortlaut** wiedergegeben, wie er sich ergibt, wenn man die für Vsvertreter getroffene Spezialregelung des § 89b V HGB einarbeitet und außerdem § 92 III¹ HGB berücksichtigt, wonach Vsvertreter für „Nachbestellungen" keine Vermittlungsprovision erhalten (Anm. 284). Eine solche Umformulierung des § 89b HGB ist auch versucht worden im Rundschreiben GVa Nr. 48/53 vom 22. IX. 1953 des Gesamtverbandes der Vswirtschaft S. 13, ferner bei Leuze a. a. O. S. 21, jedoch ist die sich dort findende Fassung nicht ganz genau (besser OLG Stuttgart 26. III. 1957 VersR 1957 S. 330). Gäbe es nur Vsvertreter, so müßte § 89b I—IV HGB wie aus der nachstehenden Gegenüberstellung ersichtlich lauten:

Fassung des Gesetzes (§ 89b I—IV HGB) für sonstige Handelsvertreter:	Fassung modifiziert für Vsvertreter:
(1) Der Handelsvertreter kann von dem Unternehmer nach Beendigung des Vertragsverhältnisses einen angemessenen Ausgleich verlangen, wenn und soweit	(1) Der Vsvertreter kann von dem Unternehmer (Ver oder Generalagenten) nach Beendigung des Vertragsverhältnisses einen angemessenen Ausgleich verlangen, wenn und soweit
1. der Unternehmer aus der Geschäftsverbindung mit neuen Kunden, die der Handelsvertreter geworben hat, auch nach Beendigung des Vertragsverhältnisses erhebliche Vorteile hat,	1. der Unternehmer aus der Vermittlung neuer Vsverträge durch den Vsvertreter auch nach Beendigung des Vertragsverhältnisses erhebliche Vorteile hat,
2. der Handelsvertreter infolge der Beendigung des Vertragsverhältnisses Ansprüche auf Provision verliert, die er bei Fortsetzung desselben aus bereits abgeschlossenen oder künftig zustande kommenden Geschäften mit den von ihm geworbenen Kunden hätte, und	2. der Vsvertreter infolge der Beendigung des Vertragsverhältnisses Ansprüche auf Vermittlungsprovision verliert, die er bei Fortsetzung desselben aus bereits abgeschlossenen oder künftig zustande kommenden Vsverträgen, die auf seine Tätigkeit zurückzuführen sind, hätte, und
3. die Zahlung eines Ausgleichs unter Berücksichtigung aller Umstände der Billigkeit entspricht.	3. die Zahlung eines Ausgleichs unter Berücksichtigung aller Umstände der Billigkeit entspricht.
Der Werbung eines neuen Kunden steht es gleich, wenn der Handelsvertreter die Geschäfts-	Der Werbung neuer Vsverträge durch den Vsvertreter steht es gleich, wenn der Vsvertreter

verbindung mit einem Kunden so wesentlich erweitert hat, daß dies wirtschaftlich der Werbung eines neuen Kunden entspricht.

(2) Der Ausgleich beträgt höchstens eine nach dem Durchschnitt der letzten fünf Jahre der Tätigkeit des Handelsvertreters berechnete Jahresprovision oder sonstige Jahresvergütung; bei kürzerer Dauer des Vertragsverhältnisses ist der Durchschnitt während der Dauer der Tätigkeit maßgebend.

(3) Der Anspruch besteht nicht, wenn der Handelsvertreter das Vertragsverhältnis gekündigt hat, ohne daß ein Verhalten des Unternehmers hierzu begründeten Anlaß gegeben hat. Das gleiche gilt, wenn der Unternehmer das Vertragsverhältnis gekündigt hat und für die Kündigung ein wichtiger Grund wegen schuldhaften Verhaltens des Handelsvertreters vorlag.

(4) Der Anspruch kann im voraus nicht ausgeschlossen werden. Er ist innerhalb von drei Monaten nach Beendigung des Vertragsverhältnisses geltend zu machen.

die Vsverträge mit einem Vmer so wesentlich erweitert hat, daß dies wirtschaftlich der Vermittlung eines neuen Vsvertrages entspricht.

(2) Der Ausgleich beträgt höchstens drei nach dem Durchschnitt der letzten fünf Jahre der Tätigkeit des Vsvertreters berechnete Jahresprovisionen oder sonstige Jahresvergütungen; bei kürzerer Dauer des Vertragsverhältnisses ist der Durchschnitt während der Dauer der Tätigkeit maßgebend.

(3) Der Anspruch besteht nicht, wenn der Vsvertreter das Vertragsverhältnis gekündigt hat, ohne daß ein Verhalten des Unternehmers hierzu begründeten Anlaß gegeben hat. Das gleiche gilt, wenn der Unternehmer das Vertragsverhältnis gekündigt hat und für die Kündigung ein wichtiger Grund wegen schuldhaften Verhaltens des Vsvertreters vorlag.

(4) Der Anspruch kann im voraus nicht ausgeschlossen werden. Er ist innerhalb von drei Monaten nach Beendigung des Vertragsverhältnisses geltend zu machen.

[371] ββ) Beendigung des Vertragsverhältnisses.

ααα) Allgemeines.

Voraussetzung des Ausgleichsanspruches ist nach § 89b I HGB die „Beendigung des Vertragsverhältnisses", wobei es unerheblich ist, wie lange das Agenturverhältnis als Dauerschuldverhältnis (Anm. 197) bestanden hat (so auch Rundschreiben des Gesamtverbandes der Vswirtschaft GVa Nr. 48/53 vom 22. IX. 1953 S. 16). Nach einem Vertragsverhältnis von geraumer Dauer wird die Zahlung des Ausgleichs oft besonders der Billigkeit entsprechen und ein hoher Ausgleich kann angemessen sein. Umgekehrt kann auch nach ganz kurzer Vertragszeit (z. B. Probezeit) ein Ausgleichsanspruch existent werden (vgl. OLG Stuttgart 9. X. 1956 MDR 1957 S. 44), z. B. dann, wenn in dieser kurzen Zeit der Vsvertreter auf Grund einer „Beziehung" einen langfristigen bedeutsamen Industriefeuervsvertrag akquiriert hat. Mit Rücksicht darauf, daß gerade in der Anlaufs- und Aufbauzeit die Aufwendungen besonders hoch zu sein pflegen, beschränkt § 25 österreichisches BundesG über die Rechtsverhältnisse der Handelsagenten (HandelsagentenG) vom 24. VI. 1921 (BGBl. S. 348) den Entschädigungsanspruch auf Fälle der Vertragsbeendigung vor Ablauf von drei Jahren:

> „(1) Hat der Geschäftsherr das Vertragsverhältnis mit dem Handelsagenten, der ausschließlich oder vorwiegend mit der Zuführung von Kunden beschäftigt war, vor Ablauf von drei Jahren gelöst, ohne daß der Handelsagent durch schuldbares Verhalten dem Geschäftsherrn begründeten Anlaß zur vorzeitigen Lösung oder zur Kündigung des Vertragsverhältnisses gegeben hat, so gebührt dem Handelsagenten eine angemessene Entschädigung, wenn dem Geschäftsherrn oder dessen Rechtsnachfolger aus der Geschäftsverbindung mit der zugeführten Kundschaft Vorteile erwachsen sind, die nach Lösung des Vertragsverhältnisses fortbestehen.
>
> (2) Ein solcher Anspruch ist bei sonstigem Ausschluß innerhalb drei Jahren nach der Lösung des Vertragsverhältnisses geltend zu machen."

Der **Beendigungsgrund** ist prinzipiell unerheblich. BGH 13. V. 1957 NJW 1957 S. 1029 = VersR 1957 S. 361 sagt, es sei „gleichgültig, aus welchem Grund das Vertragsverhältnis geendet hat". Die beiden Hauptfälle der Beendigung sollen besonders behandelt werden, nämlich Kündigung (Anm. 372, 380) und — lange sehr umstritten — Tod (Anm. 373). Auch der Konkursfall wird später erörtert (Anm. 388). Es bleiben folgende Tatbestände der Beendigung übrig:

Zeitablauf (vgl. Anm. 340). Endet der Agenturvertrag nach vereinbarter fester Vertragsdauer (auch Probezeit), so muß bei Gegebensein der sonstigen Voraussetzungen der Ausgleich erfolgen (BGH 7. III. 1957 NJW 1957 S. 871 = VersR 1957 S. 294—296, Leuze Vsvermittlung 1954 S. 46, Lohmüller VW 1955 S. 152, Schuler JR 1957 S. 45, Trinkhaus I S. 380, 384). Oft setzen die Parteien nach Ablauf der vereinbarten Frist das Rechtsverhältnis auf unbestimmte Zeit fort. Geschieht das nicht, weil der Unternehmer „sich zu einer Lösung von dem Vertrag aus einem wichtigen Grunde genötigt sieht, der ihn bei dem unbefristeten Vertrag zum Ausspruch der Kündigung veranlaßt hätte", so will der BGH a. a. O. den Ausgleichsanspruch analog § 89b III HGB anwenden, wobei es nicht erforderlich sein soll, „daß die Gründe für die Nichtverlängerung bekanntgegeben wurden". Demgegenüber meint Schuler JR 1957 S. 45, der Unternehmer könne vor Vertragsablauf „von seinem Recht auf außerordentliche vorzeitige Kündigung Gebrauch machen und dadurch den Ausgleichsanspruch zu Fall bringen". Beide Problemlösungen dürften alternativ in Betracht kommen.

Eintritt auflösender Bedingung (vgl. Anm. 340). Auch hier kommt der Ausgleichsanspruch in Betracht (Lohmüller VW 1955 S. 152). Schuler JR 1957 S. 45 erfordert zwecks Beseitigung des Ausgleichsanspruches bei gleichzeitigem Gegebensein eines wichtigen Kündigungsgrundes wegen schuldhaften Verhaltens des Handelsvertreters wiederum die Ausübung des Kündigungsrechts vor Eintritt der auflösenden Bedingung: „Besteht allerdings die auflösende Bedingung gerade in dem Tatbestande des wichtigen Kündigungsgrundes, z. B. schwere schuldhafte Verfehlungen", so könne ja der Unternehmer infolge des Bedingungseintritts nicht mehr kündigen. „Es wäre aber unbillig, dem Handelsvertreter solchenfalls einen Ausgleich zuzusprechen. Der entsprechenden Anwendungen des Abs. III bedarf es somit nicht." Die Ablehnung der Analogie ist bedenklich; denn aus dem allgemeinen Gesichtspunkt der Billigkeit läßt sich der Rechtsgedanke des § 89b III HGB beileibe nicht immer rechtfertigen (Anm. 380).

Berufsunfähigkeit (vgl. Anm. 344). Endet der Agenturvertrag automatisch bei Berufsunfähigkeit des Vsvertreters (zweifelhaft bei der „Nachinkassoprovisionsklausel" [Klausel 6: Anm. 269]), so entsteht für den Vsvertreter der Ausgleichsanspruch. Allenfalls bei schuldhaft selbstverursachter Berufsunfähigkeit käme die Analogie zu § 89b III HGB in Frage.

Altersgrenze (vgl. Anm. 344). Schuler JR 1957 S. 47, Strietholt Vsvermittlung 1954 S. 82, 83, Trinkhaus I S. 385 bringen Hinweise darauf, daß gerade bei Beendigung eines Vertretervertrages durch Erreichung einer vorgesehenen Altersgrenze der Ausgleichsanspruch akut werde.

Geschäftsunfähigkeit (vgl. Anm. 344). Nimmt man an, daß bei Eintritt der Geschäftsunfähigkeit — besonders bei Abschlußvertretern — der Vertretervertrag sein Ende finde, so steht dem Vsvertreter der Ausgleichsanspruch zu, es sei denn, daß § 89b III HGB ausnahmsweise analog angewendet werden kann.

Liquidation (vgl. Anm. 345). Falls bei Auflösung und Liquidation einer juristischen Person (Ver, Generalagent oder Vsvertreter) das Agenturverhältnis ohne Kündigung endigen sollte, muß dem Vsvertreter prinzipiell der Ausgleichsanspruch zustehen, nur fragt es sich bei Liquidation des Vers oder Generalagenten, ob die Voraussetzung des § 89b I Ziff. 2 HGB erfüllt ist, und bei Liquidation des Vsvertreters, ob § 89 b III HGB analog angewendet werden muß.

Personenwechsel (vgl. Anm. 346—348). Veräußert ein Vsvertreter (oder Generalagent) sein Unternehmen, so kommt es darauf an, ob der Agenturvertrag auf den Erwerber übergeht. Zutreffendenfalls entfällt der Ausgleichsanspruch, und es ist die wirtschaftliche Aufgabe des Erwerbers, den Veräußerer und seine Hinterbliebenen zu versorgen. Dieser unternehmerische Weg der Versorgung wird im Ausland zuweilen stark gefördert und auch für Deutschland befürwortet (Vorschlag Schiff Der Vsaußendienst 1956 Nr. 4 S. 3—5, ZfV 1956 S. 622, 1957 S. 106, VW 1957 S. 207, dazu Bach ZfV 1957 S. 22, 273, Lohmüller VW 1957 S. 119 [ablehnend]). Geht das Agenturverhältnis nicht auf den Erwerber über, so entsteht für den Veräußerer grundsätzlich ein Ausgleichsanspruch, jedoch muß z. B. bei einem jungen Vsvertreter, der sein Unternehmen nur deshalb veräußert, um sich einem anderen Beruf zuzuwenden, ein Wegfall des Ausgleichsanspruchs analog § 89 b III[1] HGB (Kündigung durch den Vsvertreter) angenommen werden. Scheidet aus einer offenen Handelsgesellschaft ein Gesellschafter aus, und besteht das Agenturverhältnis fort, so steht dem Ausgeschiedenen oder seinen Erben kein Ausgleichsanspruch zu. Der Ausgleichsanspruch eines echten Untervertreters kann dadurch gegen einen Generalagenten ausgelöst werden, daß der Generalagent sein Unternehmen veräußert, ohne daß das Unteragenturverhältnis auf den Erwerber überführt wird. Stellt der Generalagent das Geschäft ein und nimmt man an, daß hierdurch das Agenturverhältnis endigt, so fragt es sich, ob dem Unteragenten ein Ausgleichsanspruch erwächst. Das OLG München 16. IX. 1955 NJW 1955 S. 1679 = BetrBer 1955 S. 943 hat in einem Falle des Liquidationsvergleiches nach Eröffnung des Vergleichsverfahrens und völliger Betriebsstillegung angenommen, daß es an der Voraussetzung des § 89b I Ziff. 1 HGB fehle, der Unternehmer werde keine Vorteile mehr aus der Tätigkeit des Handelsvertreters haben. Die Frage, ob sich die Rechtslage ändere, wenn der Unternehmer die Unmöglichkeit der Fortführung des Unternehmens zu vertreten habe, bleibt offen. Schröder BetrBer 1954 S. 479, Würdinger in: RGRKomm. HGB Bd 1 Anm. 8 zu § 89 b, S. 746 billigen in solchen Fällen einen Ausgleichsanspruch (also keinen bloßen Schadensersatzanspruch) zu, vgl. auch Lohmüller VW 1955 S. 152. Werden bei einer Bestandsübertragung des Vers die Agenturverhältnisse nicht auf den Übernehmer übertragen, so entsteht für die Vsvertreter der Ausgleichsanspruch.

Aufhebungsvertrag (vgl. Anm. 349). Wird das Agenturverhältnis durch Aufhebungsvertrag beendigt, so muß gleichfalls der Vsvertreter ausgleichsberechtigt sein (Leuze Vsvermittlung 1954 S. 46, Lohmüller VW 1955 S. 152, Trinkhaus I S. 386—387). Erfolgt die Aufhebung aus einem wichtigen, vom Vsvertreter verschuldeten Grunde, so möchte Schuler JR 1957 S. 45 grundsätzlich, daß der Unternehmer sich nicht auf einen Aufhebungsvertrag einlasse, sondern von seinem Recht zur unbefristeten Kündigung Gebrauch mache. Jedoch wird man gerade im Interesse des Vsvertreters zulassen müssen, daß auch in solchen Fällen ein Aufhebungsvertrag unter Ausschluß des Ausgleichsanspruchs abgeschlossen werden könne. Schuler JR 1957 S. 45 weist selbst darauf hin, daß bei der vertraglichen Aufhebung der Ausgleichsanspruch mitgeregelt werden könne, da § 89 b IV[1] HGB nur einen Ausschluß „im voraus" verwehre. Schröder[2] a. a. O. Anm. 33 zu § 89 b, S. 227, auf welchen BGH 7. III. 1957 NJW 1957 S. 871 = VersR 1957 S. 295 verweist, befürwortet in solchen Fällen die entsprechende Anwendung des § 89 b III HGB, stellt aber zusammenfassend fest, es sei praktisch unerheblich, ob man das Ergebnis aus dem Billigkeitsgesichtspunkt herleite (§ 89 b I Ziff. 3 HGB), aus der erwähnten Analogie oder aus dem „stillschweigenden vertraglichen Ausschluß des Anspruchs".

Was das **Verhältnis des Ausgleichsanspruchs zu** einem etwaigen **Schadensersatzanspruch,** speziell wegen Provisionsvereitelung (Anm. 304) anlangt, so wird man bei Gegebensein des nachvertraglichen Ausgleichsanspruches, der ein Vergütungsanspruch ist (Anm. 370), annehmen müssen, daß insoweit dem Handelsvertreter ein Schaden nicht erwächst. Nur insoweit, als ein Ausgleichsanspruch nicht besteht, kommt ein Schadensersatzanspruch in Frage und zwar auch z. B. für nebenberufliche Vsvertreter sowie dann, wenn dem Unternehmer keine Vorteile verbleiben. Hat der Vsvertreter den Ausgleichsanspruch nicht rechtzeitig geltendgemacht, so beruht insoweit der für ihn eingetretene Schaden regelmäßig auf seinem eigenen Verschulden (§ 254 I BGB).

Es ist gleichgültig, ob es sich um einen Tatbestand der Totalbeendigung oder der Teilbeendigung des Agenturverhältnisses handelt. Bei Teilbeendigung erwächst für den Vsvertreter ein Teilausgleichsanspruch (Anm. 374).

[372] ββ) Kündigung.

Es ist unbestritten, daß der Ausgleichsanspruch grundsätzlich immer dann entsteht, wenn das Agenturverhältnis durch Kündigung beendigt wird (vgl. zur Kündigung Anm. 353—357), gleichgültig ob es sich um eine Kündigung des Unternehmers oder des Vsvertreters handelt, um eine befristete oder unbefristete Kündigung, um eine verschuldete oder unverschuldete Kündigung, um eine vollständige oder teilweise Kündigung (über letztere Anm. 374).

Die geschilderte Regel, wonach der Vsvertreter bei jeder Kündigung nach deren Wirksamwerden einen angemessenen Ausgleich verlangen kann, ist durch die Ausnahmen des § 89 b III HGB durchbrochen. Diese Ausnahmen, von denen im einzelnen in Anm. 380 die Rede sein soll, betreffen sowohl Fälle der Kündigung durch den Unternehmer (wichtiger Grund wegen schuldhaften Verhaltens des Vsvertreters) als auch der Kündigung durch den Vsvertreter (sämtliche Tatbestände, bei denen kein Verhalten des Unternehmers begründeten Anlaß gegeben hat).

[373] γγγ) Tod.

Bei **Tod des Versicherungsvertreters** (auch des Generalagenten im Verhältnis zum Ver) „erlischt" nach §§ 673^1, 675 BGB im Zweifel der Agenturvertrag (dazu Anm. 341).

Dauert ausnahmsweise das Vsvertreterverhältnis an, z. B. bei Fortführung des Vertrages mit den Erben des Vsvertreters (gleichgültig, ob diese unter der bisherigen Firma arbeiten oder nicht) oder bei Tod eines Gesellschafters einer offenen Handelsgesellschaft, so entsteht kein Ausgleichsanspruch.

Für die Regelfälle des Erlöschens des Agenturverhältnisses durch Tod des Vsvertreters ist die Streitfrage aufgetaucht, ob die Grundvoraussetzung des Ausgleichsanspruches, also eine „Beendigung des Vertragsverhältnisses" i. S. des § 89 b I HGB vorliegt.

Die Streitfrage ist nunmehr positiv entschieden durch BGH 13. V. 1957 NJW 1957 S. 1029—1031 = VersR 1957 S. 358—360; auf die vorzügliche Begründung sei verwiesen. Zur Wortauslegung wird insbesondere dargelegt, auch ein Erlöschen (durch Tod) bedeute eine Beendigung, übrigens auch im Sinne der §§ 87 III, 88a II HGB. Die Fiktion des § 89 b I Ziff. 2 HGB lasse sich auch im Falle des Todes anwenden. Die systematische Stellung im Anschluß an die Kündigungsnormen der §§ 89, 89a HGB sowie die Erwähnung der Kündigung in § 89 b III HGB ließen nicht den Schluß zu, daß auch § 89 b HGB nur Kündigungsfälle betreffe, zumal die Vorschrift sonst generell von Beendigung spreche. Die Wortauslegung wird durch Gesichtspunkte der Rechtsvergleichung und der Entstehungsgeschichte, insbesondere der Materialien gestützt. Entscheidend sei es aber, daß ein Kaufmann für seine Dienste grundsätzlich zu entlohnen sei. Unter Ablehnung der Sphärentheorie wird der Ausgleichsanspruch — wie schon in Anm. 370 geschildert — als Vergütungsanspruch qualifiziert: „Der Handelsvertreter hat im Zeitpunkt der Beendigung des Vertragsverhältnisses seine Leistung .... erfüllt. Wenn der Gesetzgeber ihm in der Form der Ausgleichszahlung hierfür noch eine Vergütung für die Zeit nach der Beendigung des Vertrags zubilligt, so kann es .... bei gleicher Interessenlage keinen Unterschied machen, ob der Vertrag durch Kündigung oder durch Tod des Handelsvertreters endigt .... Der Ausgleich hat hier als Leistungsergebnis des Vertreters den Erben zuzukommen."

Übereinstimmend die am gleichen Tage erflossene Entscheidung BGH 13. V. 1957 NJW 1957 S. 1028—1029 = VersR 1957 S. 360. Die Urteile sind kommentiert von Eberstein BetrBer 1957 S. 663.— Vorher schon für den Ausgleichsanspruch im Todesfalle: Capelle JR 1954 S. 729, Duden a. a. O. S. 329, Glaser Der Betrieb 1955 S. 1081—1082, Josten-Lohmüller a. a. O. Anm. 9 zu § 89 b, Knapp[2] a. a. O. Anm. 2 zu § 89 b, S. 44, BetrBer 1954 S. 478, Leuze a. a. O. S. 21, Vsvermittlung 1954 S. 46—47, 1955 S. 109—114, in: Schroeder-Leuze a. a. O. S. 46—63, Schiff ZfV 1955 S. 384, Schröder[2] a. a. O. Anm. 4 zu § 89 b, S. 210, in: Schroeder-Leuze a. a. O. S. 3—43, Schuler JR 1957 S. 45—47, Strietholt Vsvermittlung 1954 S. 14—15, 128, 1955 S. 22, 1956 S. 59, Trinkhaus I S. 380, 382—384, Würdinger in: RGRKomm. HGB Bd 1 Anm. 13 zu § 89 b, S. 750, OLG Hamm 21. I. 1956 NJW 1956 S. 350 = BetrBer 1956 S. 191, LG Aschaffenburg 28. II. 1956 Der Betrieb 1956 S. 326, Hannover 5. XI. 1954 ZfV 1955 S. 119. Gegen den Ausgleichsanspruch im Todesfalle vor den Urteilen des BGH: Geßler a. a. O. S. 65, Görres Der Betrieb 1955 S. 681—682, Herschel-Beine, Handbuch zum Recht des Handelsvertreters, Köln 1954, S. 198—199, Merkel BetrBer 1956 S. 420—422, Winter BetrBer 1955 S. 496—497, OLG München 11. VII. 1956 BetrBer 1956 S. 833—834, LG Arnsberg 29. VI. 1956 BetrBer 1956 S. 834, Augsburg 24. XI. 1955 BetrBer 1956 S. 95.

Ausgleichsberechtigt sind die Erben des Vsvertreters, das war in der Leitentscheidung die Witwe (BGH 13. V. 1957 NJW 1957 S. 1029 = VersR 1957 S. 358), im zweiten Urteil war die Klägerin die Alleinerbin ihrer im Laufe des Rechtsstreites verstorbenen Mutter, die ihrerseits Alleinerbin des Handelsvertreters, also des Vaters der Klägerin war (BGH 13. V. 1957 NJW 1957 S. 1028 = VersR 1957 S. 360). Nicht etwa sind Ehegatten, Unterhaltsberechtigte oder „Hinterbliebene" Gläubiger des Ausgleichsanspruchs, sondern die Erben.

Sind Erben sehr fernstehende Personen, ist womöglich der Fiskus Erbe, so fragt es sich, ob die Zubilligung des Ausgleichsanspruchs „der Billigkeit entspricht" (§ 89 b I Ziff. 3 HGB; Anm. 378). Der BGH 13. V. 1957 NJW 1957 S. 1031 = VersR 1957 S. 360 hat die Frage offengelassen: „Ob unter Umständen der beim Tode des Handelsvertreters gegebene Ausgleichsanspruch aus Billigkeitserwägungen, z. B. im Hinblick auf den beteiligten Personenkreis entfällt, braucht nicht entschieden zu werden, da im konkreten Falle solche Gesichtspunkte nicht in Frage kommen" (Witwenfall). Im zweiten Urteil BGH 13. V. 1957 VersR 1957 S. 362 (Waisenfall) ist dargelegt worden, daß es jedenfalls auf die Person des sekundären Erben nicht ankomme: „Auf jeden Fall können hierbei die wirtschaftlichen Verhältnisse der Klägerin keine Rolle spielen. Die Auffassung der Revision würde sonst dazu führen, daß ein Anspruch, der zu Beginn des Rechtsstreits in der geltend gemachten Höhe begründet war, sich dadurch vermindern könnte, daß er durch Tod des zunächst Anspruchsberechtigten auf dessen Erben übergeht."

Bei **Tod eines Generalagenten** ist zu unterscheiden: Für den Ausgleichsanspruch seiner Erben gegen den Ver gilt das soeben Gesagte. Echte Unteragenten können gegen die Erben des Generalagenten ihrerseits einen Ausgleichsanspruch haben, falls durch den Tod des Generalagenten das Unteragenturverhältnis ausnahmsweise erlischt (dazu Anm. 342, sowie Schuler JR 1957 S. 45: „Der Ausgleichsanspruch ist dann aber auch durchaus gerechtfertigt, wenn er nicht am Fehlen der Voraussetzung eines weiteren erheblichen Vorteils des Unternehmers scheitert, was nicht immer der Fall sein muß, weil die Wertsteigerung realisierbar sein kann" [die Erben des Generalagenten setzen die Generalagentur fort oder haben doch ihrerseits einen Ausgleichsanspruch gegen den Ver]).

Bei **Tod des Versicherers** (dazu vgl. Anm. 343) — ein seltener Fall, weil es in Deutschland Einzelver kaum gibt —, kommt es darauf an, ob der Agenturvertrag fortbesteht. Bejahendenfalls entfällt ein Ausgleichsanspruch, verneinendenfalls kann er bestehen, z. B. dann, wenn die Erben das Vsunternehmen fortsetzen oder eine entgeltliche Bestandsübertragung in die Wege leiten.

[374] δδδ) Teilbeendigung.

Ein Ausgleichsanspruch kommt auch bei nur teilweiser Beendigung des Agenturverhältnisses in Betracht (Schiff ZfV 1955 S. 384, Schröder BetrBer 1954 S. 478, Trinkhaus I S. 387—388).

Zu denken ist an teilweise auflösende Bedingungen (Anm. 340), also etwa daran, daß der Agenturvertrag vorsieht, unter bestimmten Voraussetzungen solle der Bezirk des Vsvertreters sich verkleinern. (Eine reine Wollensbedingung, wie sie vorliegt, wenn der Ver sich die Änderung der Bezirksgrenzen einseitig vorbehält, könnte eine Umgehung der zwingenden Kündigungsbestimmungen des § 89 I^1, II HGB darstellen.) Zu denken ist auch an den Fall, daß der Vsvertreter oder ein Vmer den Wohnsitz aus dem Bezirk wegverlegt und daß dies vertraglich zu einem Provisionsverlust führen soll (a. A. Lohmüller VW 1955 S. 152).

Eine Teilbeendigung kommt ferner in Frage, falls der Ver entsprechend § 14 I^1 VAG den Vsbestand nicht in seiner Gesamtheit, sondern in einzelnen Vszweigen auf einen anderen Ver überträgt (Anm. 348), möglicherweise unter Beschränkung auf ein bestimmtes Gebiet (dazu Prölß VAG^2 S. 193—194).

Ein teilweiser Aufhebungsvertrag (Anm. 349) führt gleichfalls zu einer Teilbeendigung und damit u. U. zu einem Ausgleichsanspruch, jedoch könnte nach Lage der Sache in der Mitwirkung des Vsvertreters ein nach § 89 b IV^1 HGB zulässiger Ausschluß des Ausgleichsanspruchs gesehen werden (Schröder BetrBer 1954 S. 478).

Wichtigster Fall der Teilbeendigung ist die teilweise Kündigung (Anm. 356). Wie in Anm. 191 unter Hinweis auf Ziff. 5 Hauptpunkte (Anm. 138) dargetan, gehört hierher der Tatbestand einer Veränderung der Bezirksgrenzen (vgl. Leuze Vsvermittlung 1954 S. 46).

Ein Ausgleichsanspruch kann aber durch eine Teilbeendigung nur ausgelöst werden, wenn durch sie der Vsvertreter Ansprüche auf Provision verliert, allerdings kommt entgegen Schiff ZfV 1955 S. 384 Inkasso- (und Verwaltungs-)provision nicht in Frage (Anm. 377). Im Zweifel ist nicht anzunehmen, daß ein Verlust von Vermittlungsprovision gewollt sei, z. B. nicht bei Ziff. 5 Hauptpunkte, trotz des dabei gebrachten Hinweises auf § 89 b HGB (Anm. 191). Anders ist die Rechtslage bei folgender Klausel (aus Anm. 9 zu Ziff. 5 Hauptpunkte): „Ist ein Vter aus dem Arbeitsbereich/bezirk des Vertreters verzogen oder die Leitung des vten Betriebes in einen anderen Arbeitsbereich/bezirk verlegt worden und wird dort die Prämie bezahlt, so ist das VU berechtigt, solche Ven aus dem Bestand des Vertreters auszusondern, ohne daß dieser eine Weiterzahlung von Provisionen oder eine Entschädigung beanspruchen kann." Ein Ausgleichsanspruch steht hier dem Vsvertreter unabdingbar zu. Das gilt auch dann, wenn dem Vsvertreter ein Vsbestand weggenommen wird, weil der Ver diesen Bestand in Direktverwaltung nehmen oder auf einen anderen Vsvertreter übertragen will, unter vertraglich vorgesehener Aufhebung des Anspruchs auf laufende Vermittlungsprovision (vgl. Lohmüller VW 1955 S. 152, zu eng).

[375] γγ) Vorteile des Unternehmers.

§ 89 b I Ziff. 1 HGB, der allerdings für Vsvertreter modifiziert angewendet werden muß (vgl. die Fassung: Anm. 370) setzt bestimmte Vorteile des Unternehmers, also Vers oder Generalagenten, voraus.

Es muß sich um **erhebliche** Vorteile handeln. „Wann sie als nicht unerheblich anzusehen sind, hängt von den Umständen des Einzelfalles ab. Es dürfen gegenüberzustellen sein der Umfang der Geschäfte des Unternehmers auf dem Vertretungsgebiet des ausgeschiedenen Handelsvertreters vor Beginn des Vertragsverhältnisses und nach Beendigung desselben unter Berücksichtigung der von ihm zugeführten Kunden" (HandelsvertreterGBegr. S. 35). Angezeigt ist also eine mehr summarische Betrachtungsweise, im Vswesen ein Vergleich der Prämieneinnahmen aus dem Vertretungsbezirk, soweit der Zuwachs auf der Tätigkeit des Vsvertreters beruht (Lohmüller VW 1957 S. 120, Trinkhaus I S. 389—390). Nicht die Zahl, sondern die prämienmäßige Bedeutung der Vmer ist ausschlaggebend. Manche Vsvertreter bauen einen Vsbestand aus dem Nichts auf. Erheblichkeit setzt aber zusätzlich eine gewisse Mindesthöhe der dem Ver verschafften und verbleibenden Prämienmehreinnahmen voraus; wenige kleine Vermittlungen rechtfertigen keinen Ausgleichsanspruch.

Die Vorteile des Vers oder Generalagenten müssen herstammen entweder aus der **Vermittlung neuer Vsverträge** durch den Vsvertreter oder aus der **Erweiterung alter Vsverträge** durch den Vsvertreter, die so **wesentlich** ist, daß dies wirtschaftlich der Vermittlung eines neuen Vsvertrages entspricht. Selbstverständlich sind im Interesse des Vsvertreters diese beiden Vorteilsgruppen zu addieren. Zur ersten Gruppe sind auch neue Vsverträge mit alten Vmern zu zählen (Trinkhaus I S. 389), also mit Vmern, die schon vor Beginn des Agenturverhältnisses Kunden des Vers waren. Ferner gehören zur ersten Gruppe beim Vermittlungsagenten Vsverträge, bei denen der Ver den Antrag erst nach Beendigung des Agenturvertrages annimmt. Die zweite Gruppe wird berücksichtigt, nachdem der Ausschuß für Rechtswesen und Verfassungsrecht (Drucksache Nr. 4604 S. 9) eine entsprechende Ergänzung des § 89 b I HGB durchgesetzt hat; wesentlich dürfte eine Erweiterung schon sein, wenn die Prämieneinnahme aus einem alten Vsvertrag für den Ver um mehr als 25% durch die Vermittlungstätigkeit des Vsvertreters erhöht worden ist. Negativ ist hervorzuheben, daß solche Vorteile unberücksichtigt bleiben, die dem Ver erwachsen aus alten Vsverträgen, die dem Vsvertreter zwar zur Verwaltung übertragen waren, die aber unverändert geblieben oder nur unwesentlich von ihm erweitert worden sind. (Allerdings kommen Einzelfälle vor, in denen ein neuer Vsvertreter in einen alten Bestand so eingewiesen wird, daß künftig der alte Bestand als von ihm erarbeitet angesehen werden soll; man denke daran, daß der neue Vsvertreter aus eigener Tasche die Versorgung des ausgeschiedenen Vorgängers im Einvernehmen mit dem Ver übernimmt.)

Worin bestehen die dem Unternehmer aus den genannten Quellen zufließenden **Vorteile?** Diese auch für die Rechtsnatur des Ausgleichsanspruchs entscheidende Frage ist bereits in Anm. 370 erörtert, und zwar im Anschluß an BGH 13. V. 1957 NJW 1957 S. 1031 = VersR 1957 S. 360, wo dargelegt wird, der Vorteil bestehe „in der Schaffung des Kundenstamms". Beim Vsvertreter ergab sich aus den §§ 92 III 1, 89 b

V HGB, daß eine Begrenzung des Vorteilsbegriffes vorgenommen werden muß. Da „Nachbestellungen" außer Acht zu lassen sind, liegt der Vorteil, den der Vsvertreter bewirkt, in der Schaffung des Bestandes an fortexistierenden (neuen oder wesentlich erweiterten alten) Vsverträgen, wobei die Fortexistenz sich aus langfristigem Abschluß oder stillschweigender Verlängerung der Vsverträge ergeben kann. Diese Schaffung des Bestandes an fortexistierenden Ven bietet dem Ver den Vorteil laufender Prämieneinnahmen ohne weitere Belastung mit Vermittlungsprovision (beim Generalagenten verschafft der echte Untervertreter dem Generalagenten den Vorteil laufender Provisionseinnahmen ohne weitere Belastung mit Vermittlungsunterprovisionen). Den Wegfall der Belastung mit Vermittlungsprovision betont HandelsvertreterGBegr. S. 35: „Denselben Nutzen zieht der Unternehmer nach Ausscheiden des Handelsvertreters aus den von diesem getätigten Geschäften, sofern der Handelsvertreter für diese nicht die volle Provision erhalten hat. Dies ist bei den erwähnten, sich über eine längere Zeitspanne erstreckenden Geschäften vor allem dann der Fall, wenn durch eine entsprechende Vereinbarung (wie z. B.: ‚mit Beendigung des Vertragsverhältnisses erlischt jeder Anspruch auf Provision') der Provisionsanspruch des Handelsvertreters ausgeschlossen wird." Richtig auch Schmanns a. a. O. S. 104.

Schrifttum und Rechtsprechung vertraten bislang mannigfaltig auseinandergehende Auffassungen zum Begriffe des Vorteils, besonders für Warenvertreter. Beim Vsvertreter ist die Rechtslage (wegen der nicht in Betracht kommenden Nachbestellungen) einfacher, hier braucht nur auf den Vorteil des Wegfalls der Belastung mit Provision abgestellt zu werden.

Für die Vsvertreter hat sich mit dem Begriffe des Vorteils am ausführlichsten Trinkhaus I S. 375—378, 389—391 befaßt. Er möchte zwei Elemente des Ausgleichs, nämlich Abfindung und Kundschaftsvergütung unterscheiden. Der Vsvertreter erhalte die Vermittlungsprovision als Erfolgsvergütung für das Zustandekommen einzelner konkreter Geschäfte, während er für das Zustandekommen fortdauernder Geschäftsverbindungen mit den neugeworbenen Kunden keine Vergütung erhalte. Der Ausgleich führe einerseits zu einer Abfindung hinsichtlich der Nachprovision, an deren Stelle die Abfindung trete. Außerdem habe man es aber gerade auch beim Vsvertreter bei dem Ausgleich mit einer Kundschaftsvergütung zu tun: Ein vom Vsvertreter geworbener Vmer, der bisher eine Feuer-, Glas- und Leitungswasserschädenv abgeschlossen habe, schließe später beim gleichen Ver möglicherweise eine Haftpflicht- und Unfallv ab, die durch die Kundschaftsvergütung erfaßt werden solle. Zuweilen ist die bei Trinkhaus vorgenommene Zuordnung der Beispielsfälle bedenklich. Wenn z. B. zu einer Gruppenlebensv weitere Arbeitnehmer hinzutreten, so handelt es sich um einen Vorgang im Rahmen eines vermittelten Vsvertrages, also nicht um ein Problem der Kundschaftsvergütung, sondern der Abfindung. Im Ergebnis dürfte es aber überhaupt unrichtig sein, dem Vsvertreter über die Abfindung hinaus einen Ausgleichsanspruch zuzubilligen. Eine Kundschaftsvergütung kommt beim Vsvertreter nicht in Frage, weil ihm für Nachbestellungen keine Vermittlungsprovision gebührt (§ 92 III 1 HGB). Trinkhaus verwickelt sich in Widersprüche, wenn er einerseits § 89 b I Ziff. 1 HGB für Vsvertreter richtig interpretiert, dann aber doch meint, durch Zubilligung einer Kundschaftsvergütung sei der Tatsache Rechnung zu tragen, daß die vom Vsvertreter geworbenen neuen Vmer sich bei weiterem Vsbedarf an den Ver wenden würden. Nach alledem ist der Ausgleichsanspruch des Vsvertreters im Sinne der Terminologie von Trinkhaus I S. 377—378 nur Abfindung, nicht Kundschaftsvergütung (ebenso Lohmüller VW 1957 S. 120, OLG Stuttgart 26. III. 1957 VersR 1957 S. 332, a. A. LG Stuttgart 21. XII. 1955 VersR 1956 S. 415—417).

Die Abfindung hat als Vorteile in Betracht zu ziehen: Neu vermittelte Vsverträge, alte Vsverträge, soweit sie durch den Vsvertreter wesentlich erweitert sind, in beiden Fällen nicht nur die vereinbarte Vertragsdauer, sondern auch stillschweigende Verlängerungen, in beiden Fällen ferner Vertragsausweitungen der Zukunft, die der vermittelte Vsvertrag von vornherein vorsah (Deklarationen bei einer laufenden V, Gruppenv mit Neuzugang, Lebensv mit vorgesehener „Aufstockung"), oder die sonst bei Fortbestehen des Agenturverhältnisses provisionspflichtig gewesen wären, ohne daß der Vsvertreter eine weitere Tätigkeit hätte zu entfalten brauchen (Näheres Anm. 284).

Nicht in Betracht zu ziehen, also für den Ausgleichsanspruch unerheblich, ist Folgendes:

Darauf, ob die Vsverträge, aus denen der Ver fortlaufende Prämieneinnahmen hat, günstig verlaufen, kommt es weder im Hinblick auf das vermittelte Einzelrisiko noch im Hinblick auf den vermittelten Gesamtvsbestand an (Trinkhaus I S. 391 gegen Lohmüller VW 1955 S. 153, welcher Schäden und Kosten eines Sachvers berücksichtigt sehen will). Das Vsgeschäft ist ein Risikogeschäft, bei welchem mit Vsfällen in der Kalkulation gerechnet wird. Die dem Vsvertreter versprochene Vermittlungsprovision ist, auch wenn sie überhöht gewesen sein sollte, der einzige Maßstab dafür, wieviel dem Ver der Vermittlungserfolg wert gewesen ist. (Deshalb erscheint es generell und speziell für Vsvertreter bedenklich, wenn HandelsvertreterGBegr. S. 35 als Vorteil den Unternehmergewinn miterwähnt, vgl. aber Anm. 378.)

Unerheblich ist es auch, ob der Unternehmer die kraft der Beendigung des Agenturverhältnisses nicht weiterzuzahlende Vermittlungsprovision anderweitig ausgibt, z. B. einem Nachfolger des ausgeschiedenen Vsvertreters zuweist. Dieser Gegenposten mindert den Vorteil des Unternehmers nicht; denn der Nachfolger hat keinen rechtlichen und moralischen Anspruch darauf, Vermittlungsprovisionen zu beziehen, die ein Vorgänger erarbeitet hat (richtig HandelsvertreterGBegr. S. 35, auch S. 36: Daß der Ver die Vermittlungsfolgeprovision „nach der bisherigen Praxis dem Nachfolger zu zahlen pflegt, um diesem einen seine Existenz sichernden Bestand zu übertragen, beseitigt den Vorteil nicht. Er kann nicht den einen Vsvertreter auf Kosten des anderen besolden. In der ausländischen Vswirtschaft hat sich dieser Gedanke schon seit längerem durchgesetzt."). Trotzdem beruft sich die Vswirtschaft immer wieder darauf, daß dem Nachfolger der Weg bereitet werden müsse. Das darf aber nicht zu Lasten des Ausgleichsanspruches geschehen, sondern es handelt sich um neu aufzuwendende Organisationskosten, mit denen Ver rechnen müssen. Wie hier Leuze a. a. O. S. 25—26, Trinkhaus I S. 391.

Zur Beweislast hinsichtlich der erheblichen Vorteile Koch Der Betrieb 1957 S. 423, Seydel Der Betrieb 1957 S. 476—477.

[376] δδ) Verlust von Provision.

ααα) Vermittlungsprovision.

Gemäß § 89 b I Ziff. 2 HGB setzt der Ausgleich voraus, daß der Vsvertreter „infolge der Beendigung des Vertragsverhältnisses Ansprüche auf Provision verliert, die er bei Fortsetzung desselben aus bereits abgeschlossenen oder künftig zustande kommenden Geschäften mit den von ihm geworbenen Kunden hätte". Dieser Provisionsverlust bildet den Kern des Ausgleichsanspruches (HandelsvertreterGBegr. S. 36).

Diese Vorschrift bezieht sich unzweifelhaft auf Vermittlungsprovision, über andere Provisionen vgl. Anm. 377. Sie bezieht sich nicht auf Festbezüge, Aufwendungsersatz, Sonderleistungen des Unternehmers (Anm 244—252). Daß der Vsvertreter diese Bezüge einbüßt, ist die selbstverständliche Folge der Agenturvertragsbeendigung.

Das Gesetz geht von einer **Vergleichung** aus, nämlich von der Differenz zwischen einer fiktiven wirtschaftlichen Lage und der provisionsmäßigen Situation, die infolge der Beendigung des Vertretervertrags eingetreten ist.

Beendigungssituation.

Was die durch die Vertragsbeendigung eingetretene Situation anlangt, so muß der Vsvertreter es (wie auch bei den Festbezügen usw.) hinnehmen, daß der Agenturvertrag erloschen ist, daß also ein Weiterarbeiten nicht in Frage kommt, demzufolge auch kein Einkommen aus solcher Weiterarbeit. Denn § 89 b HGB geht von der Beendigung des Agenturvertrages als einer feststehenden Tatsache aus und schränkt speziell hinsichtlich der Kündigungsfälle das Kündigungsrecht des Unternehmers nicht ein und mißbilligt die Kündigung nicht (Anm. 370).

Beachtlich ist nur die bisherige Leistung des Vsvertreters, wie sie bis zum Agenturvertragsende erbracht ist, gleichgültig ob vor oder nach dem Inkrafttreten des

§ 89 b HGB (Leuze a. a. O. S. 22). Es reicht aus, wenn ein Vermittlungsvertreter Vsverträge bis zum Ende des Agenturverhältnisses vermittelt hat, die Annahme durch den Ver kann auch später erfolgen (vgl. die Worte: „oder künftig zustande kommenden Geschäften" in § 89 b I Ziff. 2 HGB). Beim Vsvertreter kommen wegen § 92 III 1 HGB dabei nur konkrete Vermittlungen in Betracht, nicht die Tatsache, daß er Vmer „als Kunden für Geschäfte der gleichen Art geworben hat" (§ 87 I 1 HGB). Beim Vsvertreter sind deshalb auch nur die konkreten Verluste zu berücksichtigen, da es sich, wie in Anm. 375 geschildert, bei ihm nur um eine Abfindung, nicht um eine Kundschaftsvergütung handelt.

So fragt es sich beim Vsvertreter nur, welche Ansprüche auf Vermittlungsprovison (Nachprovision) bei seinem Ausscheiden noch vorhanden bleiben, sei es auch als zukünftige und bedingte. Die Antwort hängt ab von der Vereinbarung und dem Inhalt etwaiger Verzichtklauseln. Wenn diese sehr weit gehen, so behält der Vsvertreter wenig, womöglich verliert er alles Erarbeitete. Bei einer milderen Verzichtklausel oder Fehlen einer solchen, behält der Vsvertreter die Nachprovisionsansprüche teilweise oder ganz.

Fiktive Situation.

Der Umfang des Ausgleiches, also der Abfindung, richtet sich primär nach dem, was der Vsvertreter verloren hat. Bei der Prüfung dieser Frage ist eine fiktive wirtschaftliche Situation in Betracht zu ziehen: „Ansprüche auf Provision ...., die er bei Fortsetzung .... hätte".

Fingiert man gedanklich eine Fortsetzung des beendeten Agenturverhältnisses, so griffe die Verzichtklausel nicht ein, die Vermittlungsprovision würde weiterlaufen. Dabei kommt es wieder auf den Umfang der Verzichtklausel an, aber es kann sich ergeben: Gleichbleibend-laufende Vermittlungsprovision oder Vermittlungsfolgeprovision — jetzt abgeschnitten — würde zu zahlen gewesen sein, Vermittlungserstprovision oder Vermittlungseinmalprovision — jetzt durch den Erlaß beseitigt — wurde zu begleichen gewesen sein.

Zu betrachten ist die Regelung, welche die Verzichtklausel für den konkreten Beendigungsfall, z. B. für den Fall des Todes oder der Berufsunfähigkeit vorsieht. Besagt z. B. für solchen Fall eine Nachprovisionsklausel, der Vsvertreter oder sein Erbe erhalte als Nachprovision nur 50% (vgl. Klausel 6 aus: Anm. 369), so ist für den Ausgleichsanspruch fiktiv davon auszugehen, wieviel der Vsvertreter oder sein Erbe bei Fehlen der Einschränkung als Nachprovision erhalten würde (nicht ganz übereinstimmend Leuze a. a. O. S. 22). Berücksichtigt eine Klausel nur die Witwen, hinterläßt aber ein Vsvertreter als Erben nur Enkelkinder, so spielt für die Vergleichung, also die Nachteilsermittlung, die Klausel überhaupt keine Rolle, die Erben verlieren die volle Nachprovision (vgl. aber Anm. 379).

In die Fiktion sind gewisse Faktoren einerseits zugunsten, andererseits zuungunsten des Vsvertreters einzubeziehen. Wie bei der Beurteilung der Vorteile des Unternehmers (Anm. 375) sind künftige stillschweigende Verlängerungen der vermittelten Vsverträge sowie automatisch provisionspflichtige künftige Vertragsausweitungen zugunsten des Vsvertreters bei der Prüfung der fiktiven Situation mitzuveranschlagen. Zuungunsten des Vsvertreters ist zu berücksichtigen, daß auch Vsverträge mit Verlängerungsklausel nur eine gewisse durchschnittliche, normale Vsdauer zu haben pflegen, was sich z. B. aus der Abnutzung eines Kraftwagens ergibt. Auch die Verhältnisse der konkreten Vsverträge sind zu veranschlagen, z. B. die Tatsache, daß ein bestimmter wohlhabender Vmer seinen älter gewordenen Wagen zu veräußern pflegt, wobei allerdings die Chance besteht, daß der Erwerber das auf ihn übergehende Vsverhältnis nicht gemäß § 70 II kündigt. Auch Fälle des regelwidrigen Abgangs, z. B. durch Totalverlust oder Kündigung im Schadensfalle oder Nichtzahlung der Prämie sind zuungunsten des Vsvertreters in Betracht zu ziehen.

Die vorausschauende Beurteilung dieser Faktoren birgt zahlreiche Momente der Unsicherheit. Die Beweislast für die fiktive Situation liegt beim Vsvertreter, welcher sich bei der Beweisführung auf die Erfahrungen berufen kann, die einerseits im Rahmen der ganzen Vswirtschaft gesammelt worden sind, andererseits aber auch in der Zeit des Bestehens des Agenturverhältnisses im Hinblick auf den konkreten vermittelten Vsbestand. Erfahrungen und Gesetzmäßigkeiten lassen sich aller dings schwer ermitteln in einer Zeit, in der alles in Bewegung ist, speziell auch die technische Entwicklung. Geäußert sind z. B. folgende generelle Erfahrungssätze: Von einem generellen vierjährigen Durchschnitt der Vsdauer außerhalb der Lebens- und Krankenv geht Lohmüller VW 1955 S. 154 aus; diese Zeit scheint reichlich knapp bemessen. Für die Kraftfahrtv dürfte jedoch die Durchschnittsdauer relativ kürzer sein, vgl. dazu Strietholt Vsvermittlung 1954 S. 128. Hausratven weisen eine meistens recht lange Vsdauer auf, desgleichen Verträge mit berufsständisch oder sonstwie spezialisierten Unternehmungen. Am kurzlebigsten ist die Transportv. Weiteres Material bei Trinkhaus I S. 416. Gute Statistiken können für Vsvertreter von großem Nutzen sein. Es muß ausreichen, wenn der Vsvertreter oder sein Erbe einen Beweis des ersten Anscheins erbringt. Es liegt sodann dem Unternehmer ob, diesen Primafaciebeweis zu erschüttern.

Gewisse Faktoren dürfen in die Fiktion nicht einbezogen werden: Da zu unterstellen ist, daß das Agenturverhältnis fortgesetzt werde, ist nicht zu berücksichtigen, daß manche Vmer mit dem Vsvertreter persönlich und geschäftlich eng verbunden zu sein pflegen, so daß es bei Ausscheiden des Vsvertreters leichter zu einer Nichtverlängerung oder zu einem regelwidrigen Abgang kommt. Besonders wichtig ist auch die Hervorhebung, daß in die Fiktion ein Weiterarbeiten des ausgeschiedenen Vsvertreters nicht einbezogen werden darf. Richtig sagt das Rundschreiben des Gesamtverbandes der Vswirtschaft GVa Nr. 48/53 vom 22. IX. 1953 S. 14: „Da aber der Vertreter tatsächlich nicht mehr tätig ist, werden sich auch aus dem gedachten (rechtlichen) Fortbestand des Vertrages keine Provisionsanspruche ergeben können, die von einer Tätigkeit des Vertreters abhängig sind." Im gleichen Sinne für Vsvertreter auch Geßler a. a. O. S. 71—72, Rhein VW 1954 S. 153—154, OLG Stuttgart 26. III. 1957 VersR 1957 S. 331, a. A. Leuze a. a. O. S. 22—24, Trinkhaus I S. 406—407. Der ausgeschiedene Vsvertreter kann also keinen Ausgleichsanspruch darauf stützen, daß er beweist, er würde bei weiterer Aktivität gewisse Verlängerungsvereinbarungen abgeschlossen, gewisse tätigkeitsbedingte Vertragsausweitungen vermittelt, gewisse Stornoverhütungsmaßnahmen mit Erfolg durchgeführt haben.

Der BGH 13. V. 1957 NJW 1957 S. 1028—1029 = VersR 1957 S. 360—362 hat allerdings für einen Warenvertreter den Leitsatz geprägt: „Bei der Feststellung des Verlustes an Provision, der infolge Beendigung des Vertreterverhältnisses eintritt, ist auch Provision aus solchen Geschäften zu berücksichtigen, die mit neu geworbenen Kunden nur durch eine weitere Tätigkeit des Handelsvertreters zustande gekommen wären, wenn für das Zustandekommen außerdem die durch den Handelsvertreter geschaffene Geschäftsbeziehung ursächlich ist. Dies gilt auch für den Fall, daß das Vertragsverhältnis durch den Tod des Handelsvertreters beendigt wurde." Aber dieses Urteil kann auf Vsvertreter nicht angewendet werden. Denn die Entscheidung beruht darauf, daß ein Warenvertreter gemäß § 87 I 1 HGB auch für solche Nachbestellungen Vermittlungsprovision erhält, die ohne sein Zutun mit von ihm geworbenen Kunden abgeschlossen werden. Solche Provisionspflicht für Nachbestellungen besteht aber bei Vsvertretern gemäß § 92 III 1 HGB nicht. Die letztgenannte Vorschrift führt damit zugleich zu einer bedeutsamen Einschränkung des Ausgleichsanspruchs der Vsvertreter. Was letzteren schon während ihrer Aktivität nicht zugebilligt wird, kann nach der Beendigung des Vertragsverhältnisses nicht als verloren fingiert werden. Einige Formulierungen des Urteils des BGH a. a. O. sind im Hinblick auf die Vsvertreter fraglos zu weit geraten.

Nutzanwendungen.

Will man aus dem Gesagten, also aus der Vergleichung der fiktiven Situation mit der Beendigungssituation für das Vswesen die Nutzanwendungen ziehen, um festzustellen, welche Ansprüche auf Vermittlungsprovision ein Vsvertreter verliert, so läßt sich folgendes sagen:

Wird in der Lebens- und Krankenv eine Einmalprovision vereinbart, so kommt es darauf an, ob letztere trotz Beendigung des Agenturverhältnisses zu zahlen ist. Meistens beziehen sich die Verzichtklauseln (Anm. 369) nicht auf Einmalprovisionen, mag auch der vermittelte Vsvertrag erst nach Agenturvertragsbeendigung vom Ver abgeschlossen werden, mag auch z. B. die maßgebliche letzte Quartalsprämie des ersten Vsjahres in der Lebensv erst nach Agenturvertragsbeendigung beglichen werden. Bei solcher Gestaltung der Rechtslage ist die vielfach getroffene Feststellung richtig, es gebe in der Lebens- und Krankenv keinen Ausgleichsanspruch (vgl. den Hinweis auf die Einmalprovision in HandelsvertreterGBegr. S. 34—35, ferner Finke VA 1952 S. 137, Fischer VW 1955 S. 394, Knapp² a. a. O. Anm. 10 zu § 89 b, S. 46, VW 1952 S. 393, Leuze Vsvermittlung 1954 S. 47, OLG Stuttgart 26. III. 1957 VersR 1957 S. 332, LG Stuttgart 21. XII. 1955 VersR 1956 S. 415—417, dagegen Anonym Vsvermittlung 1956 S. 99—100 [Krankenv], Strietholt Vsvermittlung 1956 S. 58—59). — Jedoch kommen auch in der Lebens- und Krankenv mit Einmalprovisionen harte Verzichtklauseln vor, welche den Anspruch auf Einmalprovision beseitigen für den Fall, daß Vsverträge erst nach Agenturvertragsbeendigung zustandekommen oder so ausgeführt werden, daß die Einmalprovision verdient wäre (z. B. Zahlung der letzten Quartalsprämie des ersten Vsjahres in der Lebensv). Hier hat der Vsvertreter die Wahl, sich entweder auf den Verstoß gegen die zwingende Norm des § 87 a I 4 HGB zu berufen (Anm. 369) oder den Ausgleichsanspruch geltend zu machen. So kommt also auch bei einer normalen Lebens- oder Krankenv ausnahmsweise ein Ausgleichsanspruch in Betracht (ebenso Knapp VW 1955 S. 393). Als besondere Fälle sind Gruppenven mit Neuzugang, ferner Lebensven mit von vornherein vorgesehener „Aufstockung" zu nennen, überhaupt Fälle, in denen bei Fortbestehen des Agenturverhältnisses eine Vermittlungsprovision zu zahlen gewesen wäre, ohne daß der Vsvertreter eine weitere Tätigkeit hätte zu entfalten brauchen. Es wird allgemein anerkannt, daß hier ein Ausgleichsanspruch in Frage kommt, falls im Wege einer Verzichtklausel der Nachprovisionsanspruch aufgehoben ist (Adler, Das Recht der Handelsvertreter [Verbandstagung der Lebensver am 20. und 21. V. 1953], S. 6, Rundschreiben des Gesamtverbandes der Vswirtschaft GVa Nr. 48/53 vom 22. IX. 1953 S. 14, beide: „für echte Nachven und Kollektivven hinsichtlich des automatischen Zugangs").

Wird in der Lebens- und Krankenv eine verkürzt-laufende Vermittlungsprovision gezahlt, z. B. aus jeder Lebensvsprämie des ersten Vsjahres ein bestimmter Satz oder in der Krankenv die dritte, fünfte und siebente Monatsprämie (Anm. 269), so ist entscheidend, ob der Vsvertreter infolge der Beendigung des Agenturverhältnisses kraft einer Verzichtklausel den „Überhang" verlieren soll. Bejahendenfalls entsteht der Ausgleichsanspruch.

In Vszweigen mit laufenden Vermittlungsprovisionen entfällt der Ausgleichsanspruch insoweit, als diese als Nachprovisionen weiterzuzahlen sind (Trinkhaus I S. 418—419). Werden jedoch durch eine Verzichtklausel gleichbleibend-laufende Provisionen, Vermittlungsfolgeprovisionen oder gar (erhöhte) Vermittlungserstprovisionen abgeschnitten oder werden sie durch eine Nachprovisionsklausel ermäßigt, so tritt für den Vsvertreter oder seinen Erben in entsprechender Höhe ein Provisionsverlust ein, und es steht ihm ein Ausgleichsanspruch zu. Es handelt sich hier um den weiten Bereich der bei Vsvertretern in Betracht kommenden Regelfälle, vgl. HandelsvertreterGBegr. S. 36: „Die Vertreter für Sachven erhalten — anders als die für Lebensven — ihre Abschlußprovision nicht als Einmalprovision, sondern entsprechend dem Eingang der Folgeprämien in der Regel jährlich als sog. Inkassoprovision. In der Inkassoprovision ist ein Teil der Abschlußprovision enthalten, die so auf die Dauer des Vsvertrages verteilt wird (sog. Abschlußfolgeprovision). Dieser Abschlußfolgeprovision gehen die Vertreter in um so größerem Umfange verlustig, je früher sie nach Beginn der Laufzeit einer Sachv ausscheiden. Dem Nachteil des Vsvertreters steht der Vorteil des Vers gegenüber. Ihm verbleibt die Abschlußfolgeprovision." Selbstverständlich gilt alles das nur, soweit der Vsvertreter oder sein Erbe infolge einer Verzichtklausel keine Nachprovision bezieht. Im übrigen deutet die Amtliche Begründung auf die terminologischen Schwierigkeiten („Inkassoprovision") und ungerechtfertigte Zusammenziehung von Vermittlungsprovision („Abschlußfolgeprovision") und echter Inkasso- und Verwaltungsprovision hin, dazu schon Anm. 273—274. Die Ver zeigen die Tendenz, die Provisionen — zwecks Vermeidung von Ausgleichsansprüchen (Anm. 377) — möglichst weitgehend als Inkasso- und Verwaltungsprovisionen zu qualifizieren (dazu Näheres Anm. 275). So heißt es z. B. im Rundschreiben des Gesamtverbandes der Vswirtschaft VGa Nr. 48/53 vom 22. IX. 1953 S. 14—15, nach Bemerkungen über die Lebens- und Krankenv: „Auch in der Sach- und sonstigen Schadensv dürfte die Vermittlungs- und Abschlußtätigkeit bei Beendigung des Agenturvertrages nicht selten voll abgegolten sein". Begrüßenswert ist der Hinweis: „Erst die eingehende Beschäftigung mit diesen Fragen sowie die Erfahrung mit dem neuen Recht und der hieraus entstehenden Rechtsprechung wird mancherlei Zweifel klären können, zumal in der Praxis nicht immer deutlich zwischen Abschluß- und Inkasso- oder Bestandspflegeprovision unterschieden wird. Um im Einzelfall insoweit nachteilige Entwicklungen zu vermeiden, empfiehlt es sich, in Zukuft um eine klare Trennung und Unterscheidung zwischen Abschlußprovision einerseits und Bestandspflege- und Inkassoprovision andererseits mehr noch als bisher bemüht zu sein." Über gepflogene Verhandlungen vgl. Anm. 386. Über den Ausgleichsanspruch bei laufender Vermittlungsprovision richtig Knapp² a. a. O. Anm. 10 zu § 89 b, S. 45—46, VW 1952 S. 393—394, Würdinger in: RGRKomm. HGB Bd 1 Anm. 10 zu § 89 b, S. 752.

Zu den Vermittlungsprovisionen zählen auch Überweisungs- und möglicherweise Superprovisionen.

Die **Überweisungsprovision** kann Vsvertretern zustehen; sie wird gewährt für die Einschaltung eines Mitvers und ist dem Vsvertreter grundsätzlich auch noch für die Zeit nach seinem Ausscheiden aus dem primären Agenturverhältnis zu gewähren, solange die Beteiligung des herangezogenen Mitvers andauert. Dazu Anm. 267. Wird vereinbart, daß die Überweisungsprovision mit der Beendigung des primären Agenturverhältnisses im Verhältnis zum Mitver aufhören solle, so ist es für die Frage der Entstehung eines Ausgleichsanspruchs entscheidend, ob der überweisende Vsvertreter auch zum Mitver in einem Agenturverhältnis gestanden hat, das nunmehr erlischt. Regelmäßig ist das bei gelegentlichen Überweisungen nicht anzunehmen, der überweisende Vsvertreter hat vielmehr eine maklerähnliche Stellung.

Dagegen sind die **Superprovisionen**, welche unechten **Generalagenten** gezahlt zu werden pflegen, teilweise Entgelt für Verwaltungsarbeit (Organisationstätigkeit), teilweise Vermittlungsprovisionen. Hinsichtlich des letztgenannten Bestandteiles kommt bei Eingreifen einer Verzichtklausel ein Ausgleich für solche Vermittlungen in Betracht, welche die Untervertreter vor dem Ausscheiden des Generalagenten vermittelt haben (dazu, sowie über Superprovisionen von Bezirksvertretern Anm. 267, 285).

Was das Verhältnis von Vorteil des Unternehmers und Nachteil des Vsvertreters anlangt, so gilt speziell im Vswesen der Satz aus HandelsvertreterGBegr. S. 34: „Dem Handelsvertreter kann .... nur dann ein Ausgleichsanspruch zuerkannt werden, wenn er durch denselben Umstand, durch den der Unternehmer einen Vorteil erlangt, einen Nachteil erleidet." Will man hier von Kausalität sprechen, so läßt sich sagen, daß Vertragsbeendigung und Verzichtklausel stets zweierlei zugleich bewirken, nämlich die Befreiung des Unternehmers von Provisionsverpflichtungen und den Verlust von Vermittlungsprovision auf Seiten des Vsvertreters.

[377] βββ) Sonstige Provision.

Wenn § 89 b I Ziff. 2 HGB darauf abstellt, ob der Vsvertreter infolge der Beendigung des Vertragsverhältnisses Ansprüche auf Provision verliere, so muß dabei zwar Vermittlungsprovision berücksichtigt werden (Anm. 376), wie aber steht es um sonstige Provision, insbesondere Inkasso- und Verwaltungsprovision mit allen Unterarten, wie z. B. Pflegegeld, Ausfertigungs-, Schadenserledigungs-, Führungsprovision (dazu Anm. 262—267)?

Diese Provisionsarten sind grundsätzlich nicht zu berücksichtigen. Diese negative Feststellung ergibt sich aus der Tatsache, daß die Vertragsbeendigung eingetreten ist, und daß z. B. eine erfolgte Kündigung wirksam war und von der Rechtsordnung nicht mißbilligt wird (Anm. 370). Demzufolge kann der Vsvertreter nicht mehr im Rahmen des Agenturvertrages tätig sein und auf Grund solcher Tätigkeit Inkasso- und Verwaltungsprovisionen verdienen, die mit jedem Prämieninkasso, jeder Verwaltungstätigkeit wiederkehrend gleichsam neu erworben werden müssen (Anm. 269). Die Fiktion der Fortsetzung des Agenturverhältnisses, welche § 89 b I Ziff. 2

HGB vorschreibt, führt nicht zu einer Fiktion des Weiterarbeitens des ausgeschiedenen Vsvertreters (vgl. schon Anm. 376). Der Vsvertreter verliert — anders ausgedrückt — Inkasso- und Verwaltungsprovisionen nicht infolge der bloßen Tatsache der Beendigung des Vertragsverhältnisses (in Verbindung mit einer für diesen Fall vorgesehenen Verzichtklausel), sondern infolge der Nichtweiterarbeit. Es ist allerdings zuzugeben, daß der Wortlaut des Gesetzes nicht gut gelungen ist, zumal man nicht behaupten kann, der Gesetzgeber meine immer nur Vermittlungsprovision, wenn er schlechthin von Provision spreche (Anm. 273). Aber der Sinn des Gesetzes ist eindeutig dahin zu klären, daß der Unternehmer nicht belastet werden kann mit einer Vergütung für Erfolge, die überhaupt nicht herbeigeführt, Arbeiten, die nicht geleistet worden sind. Daß der Ausgleichsanspruch Vergütungscharakter trage, ist in Anm. 370 geschildert.

So ist es richtig, wenn das Rundschreiben des Gesamtverbandes der Vswirtschaft GVa Nr. 48/53 vom 22. IX. 1953 S. 14 feststellt, „daß der Verlust von Inkasso- und Verwaltungsprovisionen, Bestandspflegegeldern und dergleichen keinen Ausgleichsanspruch begründen kann, da diese Provisionen naturgemäß an eine entsprechende Tätigkeit des Vertreters gebunden sind und dann aufhören, wenn er diese Tätigkeit nicht mehr ausübt". Ebenso: Verband der privaten Krankenv, Die private Krankenv im Jahre 1954, Köln (1955), S. 23, Fischer VW 1955 S. 395—396, Geßler a. a. O. S. 93, Rhein VW 1954 S. 152—154 (sehr überzeugend), Trinkhaus I S. 394—407, OLG Stuttgart 26. III. 1957 VersR 1957 S. 329—333, LG Stuttgart 21. XII. 1955 VersR 1956 S. 416.

Entgegengesetzter Meinung sind die Verbände der Vsvermittler, welche zu § 89 b I HGB in einer Eingabe an den Bundestags-Ausschuß für Rechtswesen und Verfassungsrecht vom 1. II. 1957 die „Klarstellung" erbeten haben: „Als Provisionen im Sinne des Abs. 1 gelten alle Provisionen, die der Vertreter auf Grund der vertraglichen Vereinbarungen erhält, ohne Rücksicht auf ihre Bezeichnung." In diesem Sinne auch Anonym Vsvermittlung 1956 S. 99, Leuze a. a. O. S. 22—23, Vsvermittlung 1954 S. 47—48, 77, Schiff ZfV 1955 S. 384, 416—417, Schröder[2] a. a. O. Anm. 16 zu § 89 b, S. 219—220 (mit Ausnahme für den Todesfall).

Ausnahmsweise kommt jedoch bei Inkasso- und Verwaltungsprovisionen ein Ausgleichsanspruch dann in Frage, wenn die entsprechende Inkasso- oder Verwaltungstätigkeit vor Vertragsbeendigung ausgeübt worden ist und eine Verzichtklausel sich auch auf solche verdienten Inkasso- und Verwaltungsprovisionen bezieht, die im Zeitpunkt der Vertragsbeendigung noch nicht abgerechnet und fällig waren. Solche Verzichtklauseln sind allerdings selten (Anm. 369).

In Ausnahmefällen wird einem Vsvertreter das Recht zum Inkasso oder zur Verwaltung unentziehbar zugebilligt (Anm. 222, 313 für das Inkasso). Regelmäßig hat solche Zusage dann nur die Bedeutung, daß während des Bestehens des Agenturvertrages eine Teilkündigung hinsichtlich des Inkasso oder der Verwaltung vertraglich ausgeschlossen ist. Ausnahmsweise kann sich aber ergeben, daß — noch weitergehend — dem Vsvertreter diese Einnahmequelle auf Dauer belassen werden soll. Wird in solchem Falle das Rechtsverhältnis dennoch beendigt, so kann für den Vsvertreter ein Schadensersatzanspruch entstehen, der jedoch nicht mit einem Ausgleichsanspruch zu identifizieren ist.

Darüber, daß Überweisungs- und zum Teil Superprovisionen den Vermittlungsprovisionen zuzurechnen sind, vgl. Anm. 376.

[378] εε) Gesichtspunkt der Billigkeit.

ααα) Allgemeines.

In § 89 b I Ziff. 3 HGB wird der Gesichtspunkt hervorgehoben, daß der (angemessene) Ausgleich verlangt werden könne, wenn und soweit „die Zahlung eines Ausgleichs unter Berücksichtigung aller Umstände der Billigkeit entspricht". Der BGH 13. V. 1957 NJW 1957 S. 1031 = VersR 1957 S. 360 betont deshalb, der Ausgleichsanspruch habe eine Vergütung zum Inhalt, und werde „sowohl in seiner Entstehung als auch in der Bemessung weitgehend durch Gesichtspunkte der Billigkeit beeinflußt".

Bei der Beurteilung der Frage der Billigkeit muß grundsätzlich davon ausgegangen werden, daß die vom Vsvertreter geleistete Vermittlungsarbeit ihres Lohnes wert ist, und daß Verzichtklauseln unbillig sind. Beim Vsvertreter hat der Ausgleich ausschließlich den Charakter einer Abfindung, nicht jenen einer Kundschaftsvergütung (Anm. 375). Bei Kundschaftsvergütungen spielt der Billigkeitsgedanke eine größere Rolle als bei Abfindungen. Nachdem der Vsvertreter schon keine Kundschaftsvergütung erhält, sollte ihm wenigstens die Abfindung billigerweise im Zweifel stets zufließen. Dazu Trinkhaus I S. 408—409.

Von dieser Grundeinstellung aus ist primär nach Umständen zu fragen, welche ausnahmsweise die Zahlung eines Ausgleichs unbillig erscheinen lassen. Hierher gehören in erster Linie die Fälle einer anderweitigen Versorgung des Vsvertreters durch den Ver (darüber speziell Anm. 379). Außerdem wäre es z. B. zu berücksichtigen, falls einem unverheirateten Vsvertreter mit Rücksicht auf seine mangelnden Versorgungslasten ungewöhnlich hohe Vermittlungsprovisionen oder Festbezüge für die Dauer seiner Aktivität zugebilligt sein sollten. „Es wird ferner zu beachten sein, wie weit der Vertreter den Bestand etwa auf eine Konkurrenzgesellschaft überführen kann" (Rundschreiben des Gesamtverbandes der Vswirtschaft GVa Nr. 48/53 vom 22. IX. 1953 S. 15), ein Gesichtspunkt, der jedoch ausscheidet, falls der Vsvertreter stirbt oder den Beruf zu wechseln beabsichtigt. Nachvertragliches Verhalten des Vsvertreters kann für die Billigkeitsfrage wichtig sein.

Zugunsten des Vsvertreters mag berücksichtigt werden, daß der geworbene Vsbestand risiko- und prämienmäßig besonders günstig zusammengesetzt ist, daß demzufolge besonders hoher Unternehmergewinn aus diesem Bestand zu erwarten steht (für die Vorteilsfrage ist der Unternehmergewinn unerheblich: Anm. 375). Wichtig ist es auch, wenn der Vsvertreter — womöglich als Einfirmen- oder Konzernvertreter — seine ganze Lebensarbeit oder doch lange Zeit dem Unternehmer gewidmet hat (Franta MDR 1953 S. 533, Trinkhaus I S. 408).

Dagegen sind im Rahmen der Billigkeitsprüfung solche Faktoren unbeachtlich, die bereits zu berücksichtigen sind bei der Prüfung der Probleme, ob Vorteile des Unternehmers (Anm. 375) oder Provisionsverluste des Vsvertreters (Anm. 356—377) vorliegen (insoweit unrichtig Rundschreiben des Gesamtverbandes der Vswirtschaft GVa Nr. 48/53 vom 22. IX. 1953 S. 15, Trinkhaus I S. 409 hinsichtlich der Abstellung auf die durchschnittliche Laufzeit, die Stornosicherheit, die Kausalität bei Verlängerungen und Erweiterungen, die Nachprovisionsfrage). Unerheblich ist z. B. auch die wirtschaftliche Lage des Vsvertreters oder seiner Erben (Schiff ZfV 1955 S. 417, Trinkhaus I S. 408 m. w. N., a. A. Eberstein BetrBer 1957 S. 663), auch kommt es auf das Alter und die Erwerbsfähigkeit eines ausgeschiedenen Vertreters nicht an. Die Erben des Vsvertreters treten als Rechtsnachfolger in dessen Rechte ein, und es erscheint unbillig, ihnen einen Ausgleichsanspruch zu versagen, mögen sie auch dem Vsvertreter fernstehen (krassester Fall: Fiskus als Erbe). Ob der Vsvertreter auf die Akquisition große Mühe verwenden mußte oder „Beziehungen" hatte, ist ebenso irrelevant wie die Höhe des von ihm erzielten Einkommens. Hat bei der Werbearbeit der Ver starke Hilfe geleistet und besondere Aufwendungen gemacht, so hätte das zu einer Vereinbarung einer geminderten Vermittlungsprovision führen können (Anm. 300); ist aber solche Vereinbarung nicht zustandegekommen, so kann die Höhe des Ausgleichsanspruchs nachträglich nicht berührt werden (a. A. Rundschreiben des Gesamtverbandes der Vswirtschaft GVa Nr. 48/53 vom 22. IX. 1953 S. 15).

[379] βββ) Altersversorgung.

Zu jenen Umständen, welche ausnahmsweise die Zahlung eines Ausgleichs unbillig erscheinen lassen, gehört speziell eine dem Vsvertreter und seinen Erben vom Unternehmer gewährte anderweitige Versorgung, ungenau Altersversorgung genannt (über sie Näheres: Anm. 390).

Die Zahlung eines Ausgleichs entspricht nicht der Billigkeit, wenn und soweit der Ver oder Generalagent aus eigenen Mitteln und nicht zu Lasten der Höhe der während der Aktivität gezahlten Vermittlungsprovisionen dem Vsvertreter oder seinen Hinterbliebenen Versorgungsleistungen verschafft.

Als solche Versorgungsleistungen des Unternehmers kommen in Betracht: Übernahme der Beiträge zur freiwilligen Weiterv in der sozialen Rentenv, betriebliche Versorgungszusagen, Zahlung von Beiträgen an eine betriebliche Pensionskasse, Verschaffung von Lebensvsschutz, sei es durch eine Gruppenlebensv, sei es durch eine Einzellebensv, möglicherweise zum „Haustarif". In allen diesen Fällen ist es gleichgültig, ob der Unternehmer die Beiträge trägt, weil er sie primär schuldet (so bei einer Firmengruppenv) oder ob er sie dem Vsvertreter erstattet (so meistens bei einer Einzellebensv).

Wird ein spezieller Ausgleichsfall akut, so ist die Anwartschaft, die auf Grund solcher anderweitigen Versorgungsregelung für den Vsvertreter oder seine Erben besteht, zu kapitalisieren, und es ist jener Anteil des sich ergebenden Kapitalbetrages zu ermitteln, der auf den vom Unternehmer erbrachten Leistungen, insbesondere Beiträgen beruht. Auf die Beiträge selbst ist entgegen der Auffassung von Leuze Vsvermittlung 1954 S. 78, Lohmüller VW 1954 S. 154, Trinkhaus I S. 419 nicht abzustellen, denn es kommt auf den Effekt dieser Beiträge an. Der maßgebliche Anteil des Kapitalisierungsbetrages ist zu vergleichen mit dem vom Vsvertreter infolge der Beendigung des Vertragsverhältnisses erlittenen Verlust (Anm. 376—377). Ein Ausgleichsanspruch entfällt billigerweise, wenn der genannte Anteilswert der anderweitigen Versorgung dem Verlust gleichkommt oder höher ist. Dagegen bleibt der Ausgleichsanspruch insoweit bestehen, als der genannte Anteilswert die verlorenen Ansprüche auf Provision nicht deckt. Hervorgehoben sei, daß der genannte Anteilswert mit dem für den Vsvertreter eingetretenen Provisionsverlust zu vergleichen ist, nicht etwa kann der Anteilswert abgezogen werden von dem in § 89 b V HGB vorgesehenen Höchstsatz für den Ausgleich. Denn normalerweise steht dem Vsvertreter die Nachprovision in voller Höhe zu. Aus ihr ergibt sich in Verbindung mit der vereinbarten Verzichtklausel die Höhe des für den Vsvertreter eingetretenen Verlustes. Letzterer bildet die Grundlage für die Ausgleichsberechnung. Es erscheint angemessen, die durch den Unternehmer verschafften Versorgungsleistungen von dem eingetretenen Verlust abzuziehen und nunmehr den Ausgleichsbetrag zu berechnen. Ist die Versorgungsregelung lückenhaft, besteht sie z. B. im Todesfall nur zugunsten von Witwen und Waisen, nicht zugunsten aller Erben, und sind Witwen und Waisen nicht vorhanden, so entsteht zwar für die Erben ein Verlust (vgl. Anm. 376), aber aus Billigkeitsgründen kann doch die Ausgleichspflicht entfallen, sofern die Versorgungsabrede zugunsten der Witwen und Waisen großzügig war.

Kaum zu berücksichtigen ist es, falls eine Unterstützungseinrichtung i. S. des § 1 II VAG zugunsten der Vsvertreter besteht, weil aus solcher Unterstützungskasse Rechtsansprüche nicht abgeleitet werden können.

Hat der Vsvertreter auf Grund einer Teilverzichtklausel Anspruch auf geminderte Nachprovision, so ist dieser Faktor nicht unter dem Billigkeitsgesichtspunkte zu berücksichtigen, sondern es ist festzustellen, daß insoweit der Vsvertreter i. S. des § 89 b I Ziff. 2 HGB keine „Ansprüche auf Provision verliert" (unrichtig Rundschreiben des Gesamtverbandes der Vswirtschaft GVa Nr. 48/53 vom 22. IX. 1953 S. 15).

[380] ζζ) Nichtentstehung des Anspruchs.

Nach § 89 III HGB besteht der Ausgleichsanspruch nicht, „wenn der Handelsvertreter das Vertragsverhältnis gekündigt hat, ohne daß ein Verhalten des Unternehmers hierzu begründeten Anlaß gegeben hat. Das gleiche gilt, wenn der Unternehmer das Vertragsverhältnis gekündigt hat und für die Kündigung ein wichtiger Grund wegen schuldhaften Verhaltens des Handelsvertreters vorlag."

Die getroffene Regelung ist aus Billigkeitsgesichtspunkten abgeleitet worden. HandelsvertreterGBegr. S. 37 meint, der Handelsvertreter habe seine ungünstige Stellung in diesen Fällen „sich selbst zuzuschreiben". BGH 13. V. 1957 NJW 1957 S. 1031 = VersR 1957 S. 360 versucht darzulegen, daß der Ausgleichsanspruch — an sich reiner Vergütungsanspruch — durch § 89 b III HGB in seiner Entstehung durch Gesichtspunkte der Billigkeit beeinflußt werde.

Der Gedanke ist nicht überzeugend, beraubt doch § 89 b III HGB den Vsvertreter der durch ehrliche Arbeit verdienten ersatzweisen Vergütung in Gestalt des Ausgleichs, nachdem die Verzichtklausel den primären Nachprovisionsanspruch beseitigt hat. Die Kritik an §89b III HGB hat früh eingesetzt, beispielsweise mit einer Eingabe des Wirtschaftsverbandes Vs-Vermittlung Berlin vom 10. XI. 1952: „Es widerspricht .... demokratischen Grundsätzen, dem kündigenden Vertreter den Ausgleichsanspruch zu versagen. Warum sollte er auf die Früchte seiner Arbeit verzichten müssen, wenn besondere Gründe in seiner Person oder wirtschaftliche Umstände seine Kündigung veranlassen?" Sogar in den Fällen schuldhaften Verhaltens des Handelsvertreters erscheint die „Bestrafung" — zivilrechtlich gesehen — ungewöhnlich, möge doch der Unternehmer aufrechnen. Die Vorschrift wird kritisiert von Finke VA 1952 S. 137, verteidigt von Geßler a. a. O. S. 82—83. Aber der Jurist ist an das eindeutige Gesetz gebunden, kann allenfalls bei der Auslegung des § 89 b III HGB dem Vsvertreter etwas helfen.

Das Gesetz unterscheidet zwei Fälle der Nichtentstehung des Ausgleichsanspruches, wobei an den ersten Fall eine Ausnahme geknüpft ist.

Erster Fall: § 89 b III 1 HGB.

Der Vsvertreter erhält keinen Ausgleich, wenn er seinerseits das Agenturverhältnis gekündigt hat. Jeder Vsvertreter muß es sich also sorgsam überlegen, ob er eine Kündigungserklärung abgeben will. Selbst in Fällen des Alters, der Berufsunfähigkeit und der Krankheit zwingen Gesetzeswortlaut und Klugheit den Vsvertreter dazu, die Kündigungsinitiative dem Unternehmer zu überlassen (vgl. Leuze a. a. O. S. 20—21, Vsvermittlung 1954 S. 47, Schiff ZfV 1955 S. 384, aber auch LG Stuttgart 21. XII. 1955 VersR 1956 S. 416). Zwar kann dann der Unternehmer vielleicht aus wichtigem Grunde unbefristet kündigen, aber der Ausgleichsanspruch entfällt nicht, fehlt es doch an einem schuldhaften Verhalten des Vsvertreters.

Kündigt der Vsvertreter, so kann er ausnahmsweise nur dann den Ausgleich verlangen, wenn ein Verhalten des Unternehmers zur Kündigung begründeten Anlaß gegeben hat. Die Beweislast trifft insoweit den Vsvertreter.

Ein Verhalten des Unternehmers, also des Vers oder Generalagenten, kann ein Tun oder Unterlassen sein, auch ein Verhalten der Erfüllungsgehilfen und Repräsentanten des Unternehmers kommt in Betracht. Der objektive Tatbestand solchen Verhaltens genügt, ein Verschulden wird nicht vorausgesetzt. Das Verhalten braucht sich nicht notwendig darzustellen als eine Vertragsverletzung, erst recht brauchte für den Vsvertreter kein wichtiger Grund zu unbefristeter Kündigung entstanden zu sein.

Es reicht aus, wenn ein Verhalten des Unternehmers begründeten Anlaß zur Kündigung gegeben hat, wobei diese Kündigung eine befristete oder unbefristete sein kann. Das Vorliegen eines begründeten Anlasses (vgl. dazu auch § 628 I 2 BGB) ist objektiv zu beurteilen, wobei zu prüfen ist, welches Verhalten ein Ver oder Generalagent handelsüblicherweise speziell gegenüber den Vsvertretern zu beobachten pflegt. Hiermit zu vergleichen ist das konkrete Verhalten des Unternehmers im vorliegenden Fall, und es ist zu fragen, ob für den Vsvertreter die Fortsetzung des Agenturverhältnisses unmöglich oder unzumutbar geworden ist. Das trifft zu bei schwereren Vertragsverletzungen durch den Unternehmer, ferner, wenn der Ver durch sein Verhalten einen wichtigen Grund gesetzt hat, mag auch der Vsvertreter daraus nicht die Konsequenz einer unbefristeten, sondern nur die einer befristeten Kündigung gezogen haben. Ferner kann ein begründeter Anlaß liegen in persönlichen Kränkungen des Vsvertreters, in einer ungleichen, ungerechten Behandlung im Vergleich zu vergleichbaren anderen Mitarbeitern, z. B. in einer Nichtbeförderung. Leuze a. a. O. S. 20 führt aus: „Begründeter Anlaß ist etwas anderes, ist weniger als wichtiger Grund und ist erst recht weniger als schuldhaftes Verhalten. Man wird sagen können, daß für den Vsvertreter ein begründeter Anlaß zur Kündigung des Vertragsverhältnisses vorliegt, wenn er einem Verhalten des Vsunternehmens gegenübersteht, das einen vernünftig, gerecht und billig denkenden Vsvertreter unter den gegebenen Umständen des Einzelfalles zur Kündigung veranlassen würde." Vgl. auch Lohmüller VW 1955 S. 152, Trinkhaus I S. 381—382.

Zweiter Fall: § 89 b III 2 HGB.

Der Vsvertreter erhält weiterhin keinen Ausgleich, wenn der Unternehmer das Vertragsverhältnis gekündigt hat und für die Kündigung ein wichtiger Grund wegen schuldhaften Verhaltens des Vsvertreters vorlag.

Die Vorschrift setzt nicht voraus, daß der Ver oder Generalagent sofort eine unbefristete Kündigung erklärt hat (OLG Düsseldorf 21. XII. 1955 Der Betrieb 1956 S. 376, 444 und dazu Voß VersR 1956 S. 394—395, OLG Karlsruhe 11. IV. 1957 BetrBer 1957 S. 561, OLG Stuttgart 26. III. 1957 VersR 1957 S. 329—330), es reicht aus, wenn der Unternehmer hätte fristlos kündigen können (dazu Anm. 354). Es ist nicht vorauszusetzen, daß bei der Kündigung eine Angabe des Grundes, insbesondere eine Bezeichnung des schuldhaften Verhaltens des Vsvertreters (dazu Anm. 355) erfolgt ist. Dem Vsvertreter sind seine Erfüllungsgehilfen, dem Verschulden des Vsvertreters ist deren Verschulden gleichzustellen. Nicht jedes schuldhafte Verhalten genügt, sondern es muß einen wichtigen Grund zu fristloser Kündigung abgeben. Beispiel hierfür LG Lüneburg 21. XII. 1954 BetrBer 1955 S. 298—299. In Fällen des Alters, der Berufsunfähigkeit und der Krankheit des Vsvertreters fehlt es an einem schuldhaften Verhalten.

In gewissen Fällen sind **Analogien** zu § 89 b III HGB geboten, dazu vgl. Anm. 371, insbesondere über den Fall der Nichtverlängerung nach Zeitablauf (BGH 7. III. 1957 NJW 1957 S. 871 = VersR 1957 S. 294—296), des Eintritts einer auflösenden Bedingung (z. B. einer schweren schuldhaften Verfehlung als auflösender Bedingung), selbstverschuldeter Berufsunfähigkeit oder Geschäftsunfähigkeit, der Liquidation des Vsvertreters, der Unternehmensveräußerung zwecks Berufswechsels, des Aufhebungsvertrages (falls Kündigung aus wichtigem Grunde möglich gewesen wäre). Über verschuldete Konkursfälle: Schuler JR 1957 S. 45. Grundsätzlich gegen die Analogien Lohmüller VW 1955 S. 152.

Rechtsfolge.

Nach § 89 b III HGB besteht der Ausgleichsanspruch nicht, besser: „Der Anspruch entsteht nicht, wenn ....". Es handelt sich um negative Rechtsbedingungen des Ausgleichsanspruches. Dabei gilt das Alles- oder -Nichtsprinzip, einen Teilausgleichsanspruch gibt es z. B. bei mittelgradigem Verschulden des Vsvertreters nicht. In Fällen der Teilkündigung kommt für den aufgelösten Teil des Vertrages entweder ein Ausgleich in Betracht oder nicht.

[381] ηη) Person des Berechtigten.

Ausgleichsberechtigt sind selbständige (nicht unselbständige) Vsvertreter (nicht Vsmakler). Jedoch kommen nur hauptberufliche Vsvertreter in Frage (über Vsvertreter im Nebenberuf: Anm. 382). Ausgleichsberechtigt sind auch Mehrfachagenten (Lohmüller VW 1955 S. 151, Trinkhaus I S. 374, OLG Stuttgart 26. III. 1957 VersR 1957 S. 329, LG Stuttgart 21. XII. 1955 VersR 1956 S. 416). Der Ausgleichsanspruch kann nicht nur natürlichen Personen, sondern auch Personenvereinigungen zustehen darüber Anm. 383).

Auch bloße Untervertreter, sofern sie selbständig hauptberuflich arbeiten, sind ausgleichsberechtigt. Ihre Ansprüche richten sich, sofern es sich um echte Untervertreter handelt, gegen den Generalagenten (§ 84 III HGB). Unechte Unteragenten können unmittelbar vom Ver den Ausgleich verlangen, stehen sie doch zu ihm in einem Agenturverhältnis.

Zu den hauptberuflichen ausgleichsberechtigten Handelsvertretern gehören auch Auslandsvertreter (§ 92 c I HGB), jedoch ist insoweit § 89 b HGB abdingbar (Anm. 386, 414).

Keine Handelsvertreter, also nicht ausgleichsberechtigt, sind Personen, welche nur Gelegenheiten nachweisen (Anm. 422) oder welche nicht gewerbsmäßig arbeiten (Anm. 423).

[382] ααα) Speziell: Versicherungsvertreter im Nebenberuf.

Aus § 92 b I 1, IV HGB ergibt sich, daß auf Vsvertreter im Nebenberuf § 89 b HGB nicht anzuwenden ist. HandelsvertreterGBegr. S. 42 bemerkt dazu, das Gesetz wolle „den Handelsvertreter schützen, der bei Beendigung des Vertragsverhältnisses seinen

Kundenstamm an den Unternehmer verliert und der sich deshalb eine neue Existenz aufbauen muß. Für den nebenberuflichen Handelsvertreter kann die Beendigung des Vertragsverhältnisses nicht dieselbe einschneidende Bedeutung haben. Er bedarf deshalb nicht des Schutzes" nach § 89 b HGB.

Die Begründung ist recht problematisch, besonders bei Vsvertretern. Auch der Nebenberufliche hat eine erfolgreiche, lohnwürdige Vermittlungsarbeit geleistet. Durch die Verzichtklausel, wie sie sich gerade bei Nebenberuflichen fast ausnahmslos findet, wird der Nebenberufliche um den Lohn seiner Arbeit gebracht. Es fragt sich hier also, ob nicht die Verzichtklausel sittenwidrig ist, zumal, wenn der Nebenberufliche jahrelange treue Aufbauarbeit, womöglich als Einfirmen- oder Konzernvertreter, geleistet hat und nun in wirtschaftliche Not zu kommen in Gefahr ist (Anm. 369). Während man bei den hauptberuflichen Vsvertretern die Verzichtklausel für regelmäßig rechtwirksam erachten muß, weil an die Stelle der Nachprovision der Ausgleich tritt, ist bei Nebenberuflichen die Gültigkeit der Verzichtklausel im Hinblick auf § 138 BGB besonders sorgfältig zu untersuchen.

Über den Begriff der Nebenberuflichkeit Anm. 15, 419.

Zu beachten ist, daß der Unternehmer sich gemäß § 92 b II HGB auf die Nebenberuflichkeit nur berufen kann, wenn der Vsvertreter ausdrücklich als Vsvertreter im Nebenberuf betraut worden ist, auch darüber Anm. 419.

[383] βββ) Speziell: Personenvereinigungen.

In steigendem Maße wirken Personenvereinigungen, insbesondere juristische Personen, als Vsvertreter (Anm. 18, 152), wobei der Gesichtspunkt eine Rolle spielt, hierdurch den Agenten „unsterblich" zu machen, so daß eine Beendigung von Agenturverträgen mit Personenvereinigungen relativ seltener vorkommen wird (Anm. 341, 342, 345, 346, 347).

Endigt ein zu einer Personenvereinigung bestehendes Agenturverhältnis und sind die sonstigen Voraussetzungen des § 89 b HGB gegeben, so bestehen keine Bedenken, auch solcher Personenvereinigung und speziell einer juristischen Person den Ausgleichsanspruch zuzubilligen. Denn der Ausgleichsanspruch ist nach seiner Rechtsnatur (Anm. 370) ein Vergütungsanspruch, nicht dagegen handelt es sich um eine sozialrechtliche Norm. Da hinter jeder Personenvereinigung natürliche Personen stehen, kommt auch der Billigkeitsgesichtspunkt (Anm. 378) nicht in Frage. Wie hier: Lohmüller VW 1955 S. 151, Schiff ZfV 1955 S. 383. Der Ausgleichsanspruch wird ohne Begründung verneint von Adler, Das Recht der Handelsvertreter (Verbandstagung der Lebensver am 20. und 21. V. 1953), S. 6.

Ein Ver kann als Vsvertreter eines anderen Vers wirken, z. B. bei Organisationsgemeinschaftsverträgen. Sodann kann auch der als Agent tätig gewesene Ver einen Ausgleichsanspruch erlangen (dahingestellt von KG 28. X. 1954 VersR 1955 S. 548—549 für einen Bündelungsvertrag).

[384] ττ) Höhe des Anspruchs.

Ist ein Ausgleichsanspruch dem Grunde nach gerechtfertigt, so ergeben sich für seine Höhe aus dem Gesetz **fünf Richtlinien:** Der Ausgleich soll „angemessen" sein (§ 89 b I HGB). Es kommt auf die Vorteile des Unternehmers an (§ 89 b I Ziff. 1 HGB). Wichtig ist weiterhin der Verlust von Ansprüchen auf Provision beim Vsvertreter (§ 89 b I Ziff. 2 HGB). Der Billigkeitsgesichtspunkt könnte die Höhe beeinflussen, da er auch für das Maß des Ausgleichs entscheidend sein soll (§ 89 b I Ziff. 3 HGB). Schließlich besteht für den Ausgleich eine gesetzliche Höchstgrenze, die für Vsvertreter speziell geregelt ist (§ 89 b II, V HGB). Zu diesen einzelnen Faktoren ist folgendes zu sagen:

Erstens: Angemessenheit des Ausgleichs.

Ein angemessener Ausgleich braucht kein vollständiger Ausgleich der Verluste des Vsvertreters zu sein, im Enteignungsrecht ist der Unterschied zwischen angemessener und vollständiger Entschädigung viel erörtert. Immerhin dürfte es im Zweifel angemessen erscheinen, wenn der Provisionsverlust des Vsvertreters im Rahmen der dem Unternehmer zufallenden Vorteile vollen Umfanges ausgeglichen wird, zumal das Gesetz eine Höchstbegrenzung vorsieht.

Aber es könnte im Rahmen der Angemessenheit Berücksichtigung finden, wenn ein Vsvertreter infolge der Beendigung des Agenturverhältnisses Aufwendungen erspart, die er sonst hätte bestreiten müssen.

Das ist unzweifelhaft, soweit es sich im Sinne des Umsatzsteuerrechtes um nur durchlaufende Posten handelt, speziell um Vermittlungsprovisionen, die ein unechter Generalagent an Untervertreter weiterzuleiten hat (vgl. Anm. 174, 278). Insoweit tritt kein echter Verlust von Vermittlungsprovision (Anm. 376) ein (Trinkhaus I S. 384, 394, 411, 414), jedenfalls aber erscheint es angemessen, diese Position bei der Bemessung der Höhe des Ausgleichs nicht zu veranschlagen (Lohmüller VW 1955 S. 153).

Bei echten Generalagenten gilt Entsprechendes nicht. Denn sie schulden den Untervertretern ihrerseits weiterhin Provision. Trifft das nicht zu, so kann das z. B. darauf beruhen, daß der Generalagent den Untervertreter vorher in anderer Weise abgefunden hat, und es erscheint nicht als angemessen, diesen Umstand zugunsten des Unternehmers auszuwerten.

Was den Wegfall sonstiger Aufwendungen des Vsvertreters anlangt, so darf nicht übersehen werden, daß die Werbungsaufwendungen vom Vsvertreter bereits anläßlich der Vsvermittlung gemacht worden sind. Der Vsvertreter ist gleichsam in Vorlage getreten, die laufenden Vermittlungsprovisionen hätten die Aufwendungen wieder hereingebracht. Die Verwaltung dieser laufenden Einnahmen hätte keine besonderen Kosten verursacht. So ist es nicht richtig, nunmehr eine angebliche Aufwendungsersparnis bei der Angemessenheitsprüfung zu berücksichtigen (a. M. Lohmüller VW 1955 S. 154, Schiff ZfV 1955 S. 416, 417, OLG Stuttgart 9. X. 1956 MDR 1957 S. 44).

Zweitens: Vorteile des Unternehmers.

In der Vswirtschaft stimmen zahlenmäßig die Vorteile des Vers oder Generalagenten (in Gestalt der Provisionsersparnis) überein mit dem Provisionsverlust des Vsvertreters kraft der Verzichtklausel. Näheres über die Vorteile des Unternehmers: Anm. 375.

Hinsichtlich des Verhältnisses der verschiedenen Begrenzungsrichtlinien zueinander führt Capelle JZ 1954 S. 729—730 zu § 89 b I HGB aus: „Sind die Vorteile des Unternehmers (Nr. 1) und die Verluste des Handelsvertreters (Nr. 2) nicht gleich hoch zu bemessen, so ist der niedrigere Betrag einzusetzen. Folgerichtig muß die zu treffende Feststellung, daß die Billigkeit mehr fordert, außer Betracht bleiben; spricht sie dagegen für eine Herabsetzung, so ist der Ausgleichsanspruch entsprechend zu reduzieren. Die Nrn 1 und 2 setzen sich also mindestens mit der Wirkung durch, daß über den sich danach ergebenden Betrag nicht hinausgegangen werden darf." Eine Reduktion kann sich ferner ergeben aus dem Erfordernis der Angemessenheit, besonders aber aus der im Gesetz vorgesehenen Höchstgrenze.

Drittens: Provisionsverlust des Vsvertreters.

Dieser Faktor, über den Näheres in Anm. 376—377 gesagt worden ist, ist der wichtigste bei der Bemessung der Höhe des Ausgleichsanspruchs, er „bildet den Kern" (HandelsvertreterGBegr. S. 36). Regelmäßig kommen nur verlorene Vermittlungsprovisionen in Betracht. Soweit der Vsvertreter Nachprovision bezieht, erleidet er keinen Verlust. Durchlaufende Posten sind nicht zu veranschlagen.

Viertens: Gesichtspunkt der Billigkeit.

Die Abgrenzung von dem Erfordernis der Angemessenheit des Ausgleichs ist nicht immer einfach (Leuze a. a. O. S. 27). Näheres über den Gesichtspunkt der Billigkeit Anm. 378—379, speziell auch hinsichtlich der Bedeutung anderweitiger Versorgung.

Die Regelung beruht auf Beschlüssen des 23. Ausschusses (Drucksache Nr. 4604 S. 9—10). Dazu Geßler a. a.O . S. 57—64.

Fünftens: Höchstgrenze des Ausgleichs.

Aus § 89 b II, V HGB ergibt sich, daß der Ausgleich höchstens drei nach dem Durchschnitt der letzten fünf Jahre der Tätigkeit des Vsvertreters berechnete Jahresprovisionen oder sonstige Jahresvergütungen beträgt; bei kürzerer Dauer des Vertragsverhältnisses ist der Durchschnitt während der Dauer der Tätigkeit maßgebend. Hiernach ist von zwei Faktoren her die Berechnung vorzunehmen.

Erster Faktor: Jahresprovisionen.

Die Höchstbegrenzung hat den Zweck, klare und eindeutige Verhältnisse hinsichtlich der Höchstbegrenzung zu schaffen. Deshalb ist auszugehen von den Bruttoprovisionen (Geßler a. a. O. S. 48, 64, 81, Knapp[2] a. a. O. Anm. 6 zu § 89 b, S. 44 d, VW 1952 S. 394, Leuze Vsvermittlung 1954 S. 49, Schröder[2] a. a. O. Anm. 24 zu § 89 b, S. 225, Trinkhaus I S. 410, Wegscheider ZfV 1953 S. 436, Würdinger in: RGRKomm. HGB Bd 1 Anm. 14 zu § 89 b, S. 750, OLG Stuttgart 9. X. 1956 MDR 1957 S. 44, 26. III. 1957 VersR 1957 S. 331). Dagegen setzen sich zu Unrecht für eine Nettoberechnung ein: von Brunn Der Betrieb 1953 S. 1082, Eberstein BetrBer 1957 S. 663. Bei den Bruttoprovisionen sind aber auch hier durchlaufende Posten bei unechten Generalagenten nicht zu berücksichtigen (Lohmüller VW 1955 S.153, Trinkhaus I S. 384, 394, 411, 414, a. A. OLG Stuttgart 26. III. 1957 VersR 1957 S. 331). In Betracht kommen selbstverständlich alle Vermittlungsprovisionen, darunter auch Einmalprovisionen (Trinkhaus I S. 440). Fraglos sind aber auch alle anderen Provisionsarten, also speziell Inkasso- und Verwaltungsprovisionen bei der Berechnung der Höchstgrenze heranzuziehen (Geßler a. a. O. S. 81, Leuze Vsvermittlung 1954 S. 49, Lohmüller VW 1955 S. 153, Schiff ZfV 1955 S. 416). Dabei verschlägt es nichts, ob Provisionen aus einem übernommenen Bestand herstammen (Geßler a. a. O. S. 81, Leuze a. a. O. S. 27, Schiff ZfV 1955 S. 416, Trinkhaus I S. 410). Das Gesetz bietet keine Handhabe dafür, einen Zinsabschlag mit Rücksicht darauf vorzunehmen, daß die Provisionsverluste sich auf längere Zeit verteilen (a. A. Lohmüller VW 1955 S. 154).

Zweiter Faktor: Jahresvergütungen.

Bei der Bemessung der Höchstgrenze kommen nicht nur sämtliche Provisionen, sondern außerdem auch alle anderen „Jahresvergütungen" des Vsvertreters zur Berücksichtigung, also alle Festbezüge (Anm. 244—247), alle Sonderleistungen (Anm. 250—252) und ein etwaiges Urlaubsgeld (Anm. 253): Trinkhaus I S. 411.

Problematisch ist nur die Einbeziehung von Aufwendungsersatz (Anm. 248—249). Soweit es sich um „feste Spesen" handelt, kann hierin fraglos eine (beabsichtigte oder unbeabsichtigte) Vergütung liegen (Trinkhaus I S. 411). Darüberhinaus erscheint es jedoch (entgegen der herrschenden Auffassung: Geßler a. a. O. S. 81, Lohmüller VW 1955 S. 153, Trinkhaus I S. 411) geboten, bei einem Vsvertreter auch echten Aufwendungsersatz bei der Berechnung der Höchstgrenze zu berücksichtigen. Denn regelmäßig hat der Vsvertreter die Aufwendungen aus seiner Provision zu bestreiten (§ 87 d HGB), die dann entsprechend höher bemessen zu werden pflegt und fraglos in vollem Umfange bei der Berechnung der Höchstgrenze zu berücksichtigen ist. Wird einem Vsvertreter vertraglich Aufwendungsersatz zugesagt, so wirkt sich das selbstverständlich negativ auf die Höhe der ihm zugebilligten Provisionen aus. Es wäre nun ungerecht, solchen Vsvertreter mit relativ niedrigeren Provisionen dadurch zu benachteiligen, daß man bei ihm für die Höhe des Ausgleichsanspruchs den Aufwendungsersatz ausscheidet. In Wahrheit bedeutet es angesichts der Regel des § 87 d HGB immer eine Sonderform der Vergütung, falls man einem Vsvertreter Aufwendungen ersetzt

Berechnung der Höchstgrenze.

Es sind die Jahresprovisionen und sonstigen Jahresvergütungen (das Wort „oder" in § 89 b II, V HGB müßte durch „und" ersetzt werden) der letzten fünf Jahre zusammenzurechnen. Es fragt sich, welche Beträge in die fragliche Zeit hineinfallen. Kommt es darauf an, wann die Provisionen verdient sind, wann über sie abgerechnet ist, wann sie fällig geworden sind oder wann sie gezahlt sind? Die Tatsache der Zahlung oder Nichtzahlung muß offenbar außer Betracht bleiben, es muß vielmehr entscheiden, was dem Vsvertreter zustand. Deshalb erscheint es auch nicht ratsam, auf die häufig nachhinkende Abrechnung und Fälligkeit (Anm. 302, 303) abzustellen, sondern darauf, wieviel in der fraglichen Zeit verdient worden ist. Nur bei Gewinnbeteiligungen (Anm. 251) wird man darauf abheben müssen, wann sie fällig geworden sind, mögen sie auch aus einer Zeit herstammen, welche vor der Fünfjahresfrist liegt. War der Vsvertreter kürzere Zeit als fünf Jahre tätig, so ist diese kürzere Zeit zugrunde zu legen.

Der Jahresdurchschnitt ist durch Division, bei unterjähriger Vertragsdauer durch Multiplikation zu ermitteln. Von dem Ergebnis aus ist das Maximum des Ausgleichs dadurch festzustellen, daß mit 3 multipliziert wird (Trinkhaus I S. 412). Auch dann, wenn z. B. ein Vsvertreter nur acht Monate tätig war, kann ihm ein Ausgleichsanspruch in Höhe von drei Jahresprovisionen und Jahresvergütungen zustehen, falls seine Tätigkeit sehr ergebnisreich war. Mit Recht lehnt das OLG Stuttgart 9. X. 1956 MDR 1957 S. 44 den angeblichen Grundsatz ab, „daß für jedes Jahr einer Handelsvertretertätigkeit die Durchschnittsprovision eines Monats zuzubilligen sei". Solche mechanischen Regeln lassen sich auch für Vsvertreter nicht aufstellen.

Beispiele für die Berechnung von Ausgleichsansprüchen bei Lohmüller VW 1955 S. 154, Trinkhaus I S. 419—426.

[385] ιι) Geltendmachung des Anspruchs.

DerAusgleichsanspruch ist ein verhaltener Anspruch, welcher erst durch ein Verlangen des Vsvertreters oder seiner Erben existent wird (§ 89 b I HGB).

Für den Ausgleichsanspruch besteht gemäß § 89 b IV 2 HGB eine gesetzliche Ausschlußfrist: „Er ist innerhalb von drei Monaten nach Beendigung des Vertragsverhältnisses geltend zu machen". Zur Frage, ob es bei schuldloser Fristversäumung für die Berechtigten Rechtsbehelfe gibt, vgl. analog Anm. 43—47 zu § 12 (Klagefrist), ferner Trinkhaus I S. 430.

Die Frist rechnet vom Ende des Agenturverhältnisses, bei befristeter Kündigung demzufolge vom Ende der Kündigungsfrist an. Sie ist zu berechnen gemäß §§ 187 I, 188 II BGB: Ist also einem Vsvertreter am 16. V., 15 Uhr fristlos gekündigt worden, so läuft die Frist zur Geltendmachung am 16. VIII., 24 Uhr ab. Ist der 16. VIII. ein Sonntag oder Feiertag, so endigt die Frist am 17. VIII., 24 Uhr (§ 193 BGB).

Auch eine außergerichtliche Geltendmachung des Ausgleichsanspruchs, also das bloße Verlangen des Ausgleichs, ist genügend (Duden a. a. O. S. 331, Franta MDR 1953 S. 533, Geßler a. a. O. S. 85—86, Knapp[2] a. a. O. Anm. 9 zu § 89 b, S. 44e—44f, Trinkhaus I S. 429, Würdinger in: RGRKomm. HGB Bd 1 Anm. 16 zu § 89 b, S. 751, OLG Karlsruhe 11. IV. 1957 BetrBer 1957 S. 561, München 20. VIII. 1954 BetrBer 1954 S. 883 = Entscheidungen und Gutachten Nr. 72, Stuttgart 26. III. 1957 VersR 1957 S. 329, LG Hannover 30. IX. 1954 Entscheidungen und Gutachten Nr. 73, a. A. Schröder[2] a. a. O. Anm. 36 zu § 89 b, S. 229). Das LG Wuppertal 1. II. 1955 NJW 1956 S. 594 meint, die Geltendmachung brauche zwar keine gerichtliche zu sein, aber im Falle einer Ablehnung müsse der Berechtigte den Anspruch in geeigneter Weise, notfalls durch Klageerhebung weiterverfolgen, er dürfe nicht ungebührlich lange warten (Gedanke der Verwirkung in einem Falle, in welchem sich der Gläubiger über sieben Monate nicht gerührt hatte).

Die Geltendmachung ist eine empfangsbedürftige Willenserklärung mit rechtsgestaltendem Charakter, da durch sie erst der Ausgleichsanspruch entsteht. Inhaltlich ist eine Bezifferung des Ausgleichsanspruchs nicht erforderlich. Es ist auch bedenklich, wenn Würdinger in: RGRKomm. HGB Bd 1 Anm. 16 zu § 89 b, S. 751, OLG Stuttgart 26. III. 1957 VersR 1957 S. 329 fordern, es müsse die ungefähre Höhe des Anspruchs angegeben werden. Solche Angabe wird nicht nur für den Erben sehr schwierig sein, deshalb richtig LG Hamburg 5. XI. 1954 MDR 1955 S. 44, wonach der Vsvertreter sogar einen Klagantrag derart formulieren kann, daß er „die Höhe der richterlichen Festsetzung überläßt (vgl. § 287 ZPO)", vgl. auch Knapp[2] a. a. O. Anm. 9 zu § 89 b, S. 44f—45, Trinkhaus I S. 429—430.

Für die Fälligkeit des Ausgleichsanspruchs besteht keine gesetzliche Vorschrift. Lohmüller VW 1955 S. 152 (auch Schiff ZfV 1955 S. 384) will § 87 c I HGB analog heranziehen: „Danach wäre die Abrechnung unverzüglich nach Ablauf der Dreimonatsfrist, spätestens bis zum Ende des nächsten Monats, d. i. also das Ende des 4. Monats, und zwar des 4. vollen Kalendermonats, vorzunehmen." Diese schematische Fristbemessung kann allerdings unbillig sein, wenn erst ganz am Ende der Dreimonatsfrist der Vsvertreter den Ausgleich verlangt hat. Einen allzu frühen Fälligkeitszeitpunkt nimmt Trinkhaus I S. 430—431 an.

Da es sich um einen vertraglichen Anspruch handelt (Anm. 370), gilt für die Verjährung § 88 HGB (HandelsvertreterGBegr. S. 35).

[386] κκ) Unabdingbarkeit des Anspruchs.

Nach § 89 b IV 1 HGB kann der Ausgleichsanspruch „im voraus nicht ausgeschlossen werden". Auch ein teilweiser Ausschluß, eine Beschränkung ist unzulässig (Geßler a. a. O. S. 84).

Die gesetzliche Regelung ist also grundsätzlich unabdingbar. Nur bei Auslandsvertretern gilt das nicht (§ 92 c I HGB und dazu Anm. 414). Sind Schiffsagenten gleichzeitig Vsvertreter, so ist insoweit die Ausgleichsregelung unabdingbar (§ 92 c II HGB und dazu Anm. 420).

Der zwingende Charakter des Gesetzes verbietet auch Vereinbarungen, durch welche im voraus die Voraussetzungen und der Umfang des Ausgleichsanspruchs näher bestimmt werden sollen, sofern diese Vereinbarungen für den Vsvertreter die gesetzliche Rechtslage verschlechtern. Nur mit dieser Einschränkung können Verhandlungen zwischen den Verbänden der Ver und der Vsvertreter rechtliche Bedeutung erlangen, falls ihre Ergebnisse in den einzelnen Agenturverträgen für bindend erklärt werden sollten. Über bisherige ergebnislose Verhandlungen: Vsvermittlung 1956 S. 112—113 = VGA-Nachrichtenblatt 1956 S. 68—69.

Werden Nachprovisionen oder eine Altersversorgung im Agenturvertrag geregelt, so handelt es sich nicht um einen unwirksamen Ausschluß des Ausgleichsanspruchs, sondern solche Regelung bewirkt nur, daß möglicherweise Voraussetzungen des Ausgleichsanspruchs entfallen, sei es unter dem Gesichtspunkt mangelnden Provisionsverlustes, sei es unter jenem der Billigkeit (deshalb ist Ziff. 12 Hauptpunkte [Anm. 138] unbedenklich). Wird eine Vermittlungsprovision als Inkasso- oder Verwaltungsprovision getarnt, so kann hierin eine nichtige Umgehung des § 89 b IV 1 HGB liegen (Trinkhaus I S. 427). Über Umgehungen auch Neflin Der Betrieb 1956 S. 765.

Nur „im voraus" ist ein Ausschluß des Ausgleichsanspruchs unwirksam. Wann aber wird der Ausschluß zulässig? Fraglos nach der Entstehung des Anspruchs, also nach dem Verlangen, nach der Geltendmachung. Aber man wird darüberhinaus annehmen müssen, daß schon mit der Beendigung des Agenturverhältnisses vertragliche Regelungen, die sich dann als Erlaß eines eventuellen künftigen Anspruchs darstellen, wirksam werden. So kann schon in einem das Vertreterverhältnis aufhebenden Vertrag dem Ver oder Generalagenten die Ausgleichsschuld erlassen werden (dazu Anm. 371, Neflin Der Betrieb 1956 S. 765), ferner ist im Zusammenhang mit einer Kündigung (auch einer befristeten) ein Erlaß möglich.

Niemals steht es im Widerspruch zu § 89 b IV 1 HGB, falls der Ver oder Generalagent die sich für ihn ergebende Verpflichtung wirtschaftlich sekundär auf einen dritten abwälzt, z. B. auf einen Nachfolger des ausgeschiedenen Vsvertreters. Jedoch läge ein gesetzlich verbotener Ausschluß des Ausgleichsanspruchs vor, wenn im Agenturvertrag von vornherein vorgesehen wird, der Anspruch solle sich primär nur gegen den künftigen Nachfolger des Vsvertreters richten. Dazu auch Trinkhaus I S. 428.

[387] λλ) Abtretung und Verpfändung.

Der Vsvertreter kann seinen Anspruch auf den Ausgleich auch schon vor dessen Entstehung, also vor dem Verlangen und der Geltendmachung (Anm. 385), abtreten (Trinkhaus I S. 431). Es handelt sich, entgegen der Auffassung, die von Brunn Der Betrieb 1953 S. 1082 geäußert hat, nicht um ein höchstpersönliches Recht (§ 399 BGB).

Auch § 400 BGB steht der Abtretung nicht entgegen, denn der Ausgleichsanspruch genießt nur nach § 850 i I ZPO Pfändungsschutz, also nur auf Antrag (Anm. 388).

Für die Verpfändung des Ausgleichsanspruchs gelten §§ 1274 I 1, 1280 BGB.

[388] μμ) Pfändung und Konkurs.

§ 850 i ZPO (Wortlaut: Anm. 336) kann bei Pfändung einer Ausgleichs „vergütung" angewendet werden. Bei der vorzunehmenden freien Schätzung des Gerichts ist zu prüfen, wie lange der Vsvertreter oder seine Erben von dem Betrag leben müßten; das kann bei alten oder berufsunfähigen Vsvertretern oder Witwen eine sehr geraume Zeit sein, während Trinkhaus I S. 432 fälschlich von höchstens drei Jahren spricht.

Der Konkurs des Vers oder Generalagenten läßt das Agenturverhältnis erlöschen (Anm. 351, 352). Ein Ausgleichsanspruch entsteht, falls die Voraussetzungen des § 89b HGB im übrigen vorliegen, insbesondere ein fortdauernder Vorteil des Unternehmers (vgl. Schuler JR 1957 S. 45). Im Konkurs des Unternehmers ist die Forderung auf den Ausgleich nicht bevorrechtigt, insbesondere nicht nach § 61 Ziff. 1 KO (Trinkhaus I S. 384).

Über den Ausgleichsanspruch bei einem Vergleichsverfahren des Unternehmers OLG München 16. IX. 1955 BetrBer 1955 S. 943.

[389] νν) Bilanz und Steuer.

Die Fragen der Bilanzierung und Besteuerung sind im Zusammenhang mit dem Ausgleichsanspruch sowohl beim Unternehmer als auch beim Vsvertreter noch stark im Fluß; von großer Bedeutung ist dabei die Leistungspflicht des Unternehmers bei Tod des Vsvertreters (Anm. 373). Es sei nur auf nachfolgende Materialien hingewiesen:

Oberfinanzdirektion Bremen 22. I. 1955 Der Betrieb 1955 S. 155, Oberfinanzdirektion Freiburg 14. VII. 1956 BetrBer 1956 S. 1132, Finanzgericht Münster i. W. 15. III. 1956 Vsvermittlung 1956 S. 104—105, Anonym ZfV 1956 S. 620, Hein ZfV 1956 S. 203, 236, Holling BetrBer 1957 S. 434—435, Lohmüller VW 1955 S. 151, Riepl ZfV 1956 S. 525, Risse Der Betrieb 1955 S. 461—462, 1956 S. 311, BetrBer 1956 S. 1135—1137, 1957 S. 669, Schmanns a. a. O. S. 112—182, Theis Der Betrieb 1955 S. 248—250 (dazu S. 372—373), Trinkhaus I S. 432—433, Voß VersR 1955 S. 134—135.

[390] δ) Altersversorgung.

Unter den Nachwirkungsrechten der Vsvertreter ist schließlich das Recht auf Versorgung, kurz Altersversorgung genannt, zu behandeln. Das Problem der Versorgung des Vsvertreters und seiner Hinterbliebenen ist allerdings im Rahmen des Möglichen gelöst, falls der Anspruch auf Nachprovision erhalten bleibt (Anm. 366—369), auch der Ausgleichsanspruch kann als Versorgung dienen. Aber eine anderweitige, selbständige Versorgungsregelung ist erwünscht, sie kann den Ausgleichsanspruch beseitigen oder verringern (Anm. 379; dort auch bereits über die Wege der Versorgung).

Über die Entwicklung der Versorgungsbestrebungen der Vsvertreter Möller Vsvermittlung S. 201—205.

Der Gesamtverband der Vswirtschaft hat durch Rundschreiben G. V. Nr. 176/49 vom 5. XII. 1949 seinen Mitgliedern, also den Vern die Anwendung neuer Richtlinien empfohlen, zu denen gesagt wird:

„Die ‚Richtlinien' lehnen sich in ihren Grundzügen an die s. Zt. von dem Leiter der ehem. Reichsgruppe ‚Ven' aufgestellten Leitsätze an. Sie unterscheiden sich jedoch in folgenden zwei wesentlichen Punkten von den früheren ‚Richtlinien':

1. Die neuen ‚Richtlinien' beruhen nicht auf Zwang, sondern werden von dem Präsidialausschuß des Gesamtverbandes den Mitgliedsunternehmen zur freiwilligen Anwendung empfohlen.

2. Sie beziehen nicht die Verwaltungsgeneralagenten ein, weil einmal die Regelung der Altersversorgung für die Verwaltungsgeneralagenten eine arbeitsrechtliche Frage ist, für deren Behandlung der Gesamtverband satzungsgemäß

nicht zuständig ist und weil zum anderen davon ausgegangen werden kann, daß entsprechende Vereinbarungen von den Mitgliedsunternehmen unmittelbar getroffen sind.

Durch die von dem Gesamtverband und der ‚Interessengemeinschaft‘ empfohlene Regelung wird für einen großen Teil der selbständigen Vsvertreter eine Altersversorgung auf freiwilliger Grundlage geschaffen, wie sie wohl kaum in einem anderen Lande besteht. Wenn die Vsunternehmen sich entschlossen haben, trotz der Schwere der Zeit diese Aufgabe einer schnellen Lösung entgegenzuführen, so dürfte hierin nicht zuletzt eine Anerkennung des Vsvertreters und seiner Sorge um eine Zukunftssicherung liegen.

Aus den wesentlichen Bestimmungen der Richtlinien heben wir folgende hervor:

1. Mindesteinkommen von DM 1200.— jährlich,
2. Fortfall des Renteneinschusses bei Sicherung durch Lebensv,
3. Probe- und Wartezeit,
4. Erhöhung des pensionsfähigen Einkommens von 10.000.— auf 12.000.— DM,
5. Formulierung der Nachinkassoprovisions-Klausel.

Soweit es sich um die bisherige Altersversorgung auf Grund der Bestimmungen des ehemaligen Leiters der Reichsgruppe ‚Ven‘ handelt, also um die damals eingegangenen Verbindlichkeiten, bleiben diese .... als solche bestehen. Die jetzt getroffene freiwillige Regelung bezieht sich also auf die nach dem 8. 5. 1945 neu in das Versorgungswerk nach den beiliegenden ‚Richtlinien‘ aufzunehmenden selbständigen Vertreter.“

Folgendermaßen lauten die:

Richtlinien

für die Altersversorgung des selbständigen Versicherungsaußendienstes.

„Vom Gesamtverband der Vswirtschaft e. V., Hamburg, sind im Benehmen mit den in der ‚Interessengemeinschaft Vs-Generalagenten-, Vertreter- und Maklerverbände Bonn und Hamburg‘ zusammengeschlossenen Verbänden selbständiger Vsvermittler in Anlehnung an die vom Leiter der ehemaligen Reichsgruppe Ven herausgegebenen Leitsätze über die Altersversorgung für den Vs-Außendienst nachstehende Richtlinien ausgearbeitet worden.

I.

Der Kreis der Beteiligten.

Hauptberuflich tätige Vsvermittler bzw. Provisions-Generalagenten mit einem Mindesteinkommen von DM 1200.— aus dieser Tätigkeit.

II.

Möglichkeiten für die Altersversorgung.

a) Abschluß einer Lebensv.
b) Gewährung der sogenannten Nachinkasso-Provision.
c) Sonstige Einrichtungen, welche die Gesellschaften für die Altersversorgung ihres Außendienstes bereits getroffen haben.

Zu II a) Altersversorgung auf Grund einer Lebensv.

Von der Notwendigkeit ausgehend, durch eine Vereinfachung der Kapitalv eine Erhöhung der Kapitalleistung zu erzielen, ist in dem hier abgedruckten informatorischen Tarif-Entwurf auf den Einschluß einer Invaliditäts-, Witwen- und Waisenrente bewußt verzichtet worden. Dadurch würde beispielsweise bei einem Eintrittsalter von 25 Jahren auf je DM 100.— Einmalbeitrag pro Jahr ein Kapitalbeitrag von DM 273.— entfallen,

bei einem Eintrittsalter von 40 Jahren ein solcher von DM 190.—
bei einem Eintrittsalter von 50 Jahren ein solcher von DM 148.—
bei einem Eintrittsalter von 60 Jahren ein solcher von DM 115.—

Das vte Kapital würde nach Erfüllung einer vierjährigen Wartezeit sofort beim Tode, spätestens aber bei Vollendung des 65. Lebensjahres fällig werden.

Es wird empfohlen, den neu aufzustellenden Geschäftsplan mit einem sogenannten Renten-Optionsrecht zu verbinden, so daß der Vte bei der Fälligkeit der vten Leistung das Recht hat, an Stelle der Kapital-Auszahlung die Umwandlung des Kapitals in eine Rente zu verlangen.

Es wird weiter empfohlen zu vereinbaren:

1. Jede Partei zahlt, wie früher, 6% von dem pensionsfähigen Einkommen des Vertreters in diese Vseinrichtung.
2. Das pensionsfähige Höchst-Einkommen wird mit 3/4 von DM 12000.— zugrunde gelegt.
3. Bei fristloser Entlassung hat der Vertreter keinen Anspruch aus Anteilen der Gesellschaft.
4. Eine Probezeit von 4 Jahren und nach diesen eine Wartezeit von ebenfalls 4 Jahren.
5. Die Versorgung kommt auch grundsätzlich nur für Vertreter in Frage, die eine mindestens achtjährige Tätigkeit im Vsgewerbe nachweisen können. Bei diesen würde aber dann die Probe- und Wartezeit als erfüllt gelten, auch wenn die Tätigkeit bei einer anderen Gesellschaft ausgeübt worden ist.
   Bereits bestehende Anwartschaften könnten nach Übereinkunft unter den Gesellschaften bei einem Wechsel übertragen werden.

Zu II b) Altersversorgung durch Gewährung der sogenannten Nachinkasso-Provision.
Die Nachinkasso-Provisions-Klauseln, die besonders in Sachvszweigen zur Anwendung kommen dürften, werden in der bisherigen Fassung auch künftig den Gesellschaften zur Anwendung empfohlen, schon damit innerhalb der Organisationen der Gesellschaften möglichst die gleichen Grundsätze für die Versorgungseinrichtung gelten, wenn auch selbstverständlich individuell vorgegangen werden muß und beispielsweise ein Vertreter, der das Geschäft selbst, vielleicht ohne Unterstützung der Gesellschaft durch Außenbeamte, aufgebaut hat, hier anders zu behandeln sein würde, als ein Vertreter, dem man einen Bestand überwiesen hat und dem vielleicht noch Außenbeamte, welche die Gesellschaft bezahlt, zur Erhaltung und Ausbreitung des Bestandes zur Verfügung gestellt worden sind.
Hier müssen die Gesellschaften selbst abwägen, in welcher Höhe sie Nachinkasso-Provision gewähren wollen.

Zu II c) Sonstige Einrichtungen, welche die Gesellschaften bereits getroffen haben.
Die Beibehaltung solcher Einrichtungen wird empfohlen, wenn sie im Ergebnis die Versorgung nach gleichen oder ähnlichen Grundsätzen vorsehen, wie sie in den vorliegenden Richtlinien enthalten sind."

Zu II a) gehört ein Tarifentwurf, zu II b) eine Klausel „Nachinkassoprovision", wie sie auszugsweise wiedergegeben ist in Anm. 369 (Klausel 6).

Aus dem Schrifttum, speziell zu den Richtlinien, vgl. Anonym Vsvermittlung 1957 S. 71—72, Strietholt Vsvermittlung 1956 S. 57—61, 99—102. Aus der Rechtsprechung AG München 8. V. 1952 VersR 1952 S. 286—287, auch KG 9. XII. 1941 JRPV 1942 S. 72—74.

Über Bilanz- und Steuerfragen Heißmann Der Arbeitgeber 1957 S. 234—236, Holling BetrBer 1956 S. 73—75, auch Rundschreiben des Gesamtverbandes der Vswirtschaft GV.-Nr. 13/56 vom 16. V. 1956, GV.-Nr. 12/57 vom 29. IV. 1957, GV.-Nr. 16/57 vom 4. VII. 1957.

[400] h) Änderung des Vertreterverhältnisses.

Das Vertreterverhältnis kann in seinem Inhalt durch Gesetz beeinflußt werden. Über die Änderung bestehender Agenturverträge durch das HandelsvertreterG Anm. 146. Auch von der in § 92 a I HGB vorgesehenen RechtsVO sind starke Eingriffe in die bestehenden Vertreterverträge zu erwarten. Die zwingenden Mindestbedingungen der RechtsVO werden ohne Rücksicht auf den bisherigen Vertragsinhalt Bestandteil aller Verträge mit Einfirmenvertretern werden.

Regelmäßig ist eine Änderung des bestehenden Vertreterverhältnisses nur durch einen Änderungsvertrag möglich (§ 305 BGB), der denselben Regeln unterliegt wie der ursprüngliche Agenturvertrag. Durch den Vertrag geben die Parteien dem

Agenturverhältnis — regelmäßig unter Wahrung der Identität — einen neuen Inhalt. Die Änderung kann nur im Rahmen der zwingenden gesetzlichen Bestimmungen (Anm. 143) vereinbart werden. Wie beim ursprünglichen Vertretervertrag ist zum Vertragsschluß ein Angebot des einen Partners und seine Annahme durch den anderen nötig. Die Annahmeerklärung des anderen Vertragsteils, z. B. des Vsvertreters, der eine Verschlechterung der Agenturbedingungen hinnehmen soll, kann nicht durch Schweigen ersetzt werden (BGH 24. X. 1955 BetrBer 1955 S. 1009 = JR 1956 S. 59 mit zustimmender Anm. Hildebrandt, OLG Nürnberg 28. II. 1957 BetrBer 1957 S. 560—561), insbesondere kommt die vom Ver erstrebte Änderung nicht dadurch zustande, daß der Vsvertreter eine mit einem Änderungsantrag verbundene Kündigung zurückweist und daraufhin das Vertreterverhältnis stillschweigend fortgesetzt wird: In solchem Fall gelten vielmehr die alten Bedingungen weiter (LArbG Bremen 22. XII. 1954 BetrBer 1955 S. 97).

Nur ausnahmsweise kommt eine Änderung durch einseitige Erklärung des einen Vertragsteils in Frage, wenn dies im Vertretervertrag vorgesehen ist. Über Klauseln, die eine einseitige Änderung der Vertragsbedingungen durch den Ver im Anschluß an eine Anordnung des Aufsichtsamtes vorsehen, Anm. 214. Allerdings wählt Ziff 2 i zu III Anordnung über V und Zeitschrift (Anm. 195) die Zwischenlösung, daß der Vsvertreter „sich verpflichtet, einer Änderung des Agenturvertrages zuzustimmen, wenn es die Aufsichtsbehörde verlangt“ (Vertrag mit Kontrahierungszwang).

Eine Änderung des Vertreterverhältnisses kann durch einseitige Erklärung im Wege der Teilkündigung (darüber Anm. 356, 374, 411) herbeigeführt werden, wenn eine besondere Abrede dies vorsieht.

Schließlich kann der Inhalt des Vertreterverhältnisses ohne Gesetz oder Willenserklärungen allein durch tatsächliche Umstände geändert werden, so z. B. durch Umgestaltung der Neben- in Hauptberuflichkeit oder umgekehrt (§ 92 b HGB) oder durch allmählich immer genauere und ins Einzelne gehende Weisungen des Unternehmers, die zunächst dem Mehrfirmenvertreter keine Zeit mehr lassen, für andere Firmen tätig zu werden, so daß er nur noch Einfirmenvertreter i. S. des § 92 a I 1 HGB ist, und die schließlich seine persönliche Unabhängigkeit so beschneiden, daß er nicht mehr als selbständiger Vertreter angesehen werden kann (zu beiden Fällen vgl. auch Anm. 214, 401).

Vertragsänderungen können nicht nur den Inhalt des Agenturvertrages betreffen, sondern auch in einem Wechsel in der Person des Vertragsgegners bestehen (Anm. 408—410).

Bei jeder Vertragsänderung kann der verhaltene Anspruch auf Beurkundung des neuen Vertragsinhaltes gemäß § 85[1] HGB erhoben werden (Anm. 209, 214).

[401] aa) Änderung der Rechtsstellung.

Eine Änderung in der Rechtsstellung des Vsvertreters findet weniger häufig durch eine vertragliche Vereinbarung als durch eine Veränderung der tatsächlichen Umstände statt (vgl. dazu schon Anm. 400, 214).

So wird aus dem nur von Fall zu Fall beauftragten Vsmakler ein Vsvertreter, wenn er von einem Ver oder Vsgeneralagenten ständig mit der Vermittlung von Verträgen betraut wird, was sich sehr langsam in verschiedenen Stadien entwickeln kann (Anm. 202).

In ähnlicher Weise, rein tatsächlich vollzieht sich die Entwicklung vom nebenberuflichen zum hauptberuflichen Vsvertreter, indem der zunächst nur nebenberuflich Tätige allmählich immer mehr Zeit auf die Vermittlungstätigkeit verwendet, bis diese seine Hauptbeschäftigung darstellt. Über die Folgen solchen Wechsels Anm. 419. Verliert ein unselbständiger Arbeitnehmer, der im Nebenberuf als Vsvermittler tätig ist, seinen Arbeitsplatz, und wendet er sich jetzt mit voller Kraft als Hauptberuflicher der Vermittlungstätigkeit zu, so wird er damit „Selbständiger“ und gilt nicht mehr als arbeitslos, bekommt also auch kein Arbeitslosengeld mehr, auch wenn er vorher vert war (§ 75 III AVAVG). — Falls umgekehrt ein hauptberuflicher zum nebenberuflichen Vsvertreter wird, so kann sich im Rahmen des § 92 b I HGB der

Unternehmer solange hierauf nicht berufen, als er nicht eine ausdrückliche Erklärung abgegeben hat, der Vsvertreter sei nunmehr im Nebenberuf betraut (§ 92 b II HGB; Anm. 419).

Der Mehrfirmenvertreter kann durch allmählich sich steigernde und seine Arbeitskraft in immer höherem Maße in Anspruch nehmende Aufgaben für einen Ver zum Einfirmenvertreter werden mit der Folge, daß ihm die Vorteile der Schutzbestimmungen nach § 92 a HGB zugutekommen. Auch die umgekehrte Entwicklung ist möglich, z. B. falls ein Ver trotz Ausschließlichkeitsklausel der Übernahme weiterer Agenturen zustimmt (Anm. 221).

Schließlich kann besonders ein Einfirmenvertreter durch strenge Weisungen seine persönliche Unabhängigkeit verlieren und zum Handlungsgehilfen werden, wenn er diesen Weisungen, die nach dem Inhalt des mit einem selbständigen Kaufmann geschlossenen Vertrages unzulässig sind, widerspruchslos Folge leistet (dazu Anm. 214, Trinkhaus I S. 50—51).

Durch Ausweitung seines Tätigkeitsbereiches und Betrauung eigener Untervertreter kann der Vsvertreter echter Generalagent werden, ohne daß sein Verhältnis zum Ver dadurch berührt wird. Möglich ist allerdings auch eine Betrauung der Untervertreter durch den Ver, welcher dabei regelmäßig durch den vorgeordneten Vsvertreter als Bevollmächtigten vertreten wird; auf diesem zweiten Wege entstehen unechte Generalagenten. Geht solche Entwicklung von einer Vereinbarung zwischen Ver und Vsvertreter aus, so ist sie meist mit einer Änderung der Vergütungssätze verbunden, insbesondere erhält der unechte Generalagent (neben der Vermittlungsprovision für das von ihm selbst vermittelte Geschäft) für das aus der Unterorganisation kommende Geschäft eine zusätzliche Verwaltungs- und Superprovision. Vgl. schon Anm. 224.

[402] bb) Änderung des sachlichen Aufgabenbereichs.

Von einer Änderung des sachlichen Aufgabenbereichs kann nicht gesprochen werden, wenn der Unternehmer im Rahmen des Agenturverhältnisses neue Weisungen erteilt, denen der Vsvertreter folgen muß (Anm. 219). Eine Vertragsänderung kann aber z. B. darin liegen, daß ein bloßer Vermittlungs- zum Abschlußvertreter wird. Eine Änderung des Aufgabenbereiches, die durch besondere Vereinbarung erfolgt, liegt auch vor, wenn der Ver dem Vsvertreter das Inkasso überträgt oder entzieht (dazu im Einzelnen Anm. 222). Das Gleiche gilt für Aufgaben der Schadensbearbeitung (Anm. 223) sowie für sonstige besondere Verwaltungsaufgaben (Anm. 224).

Die bei der Ausweitung des Tätigkeitsbereiches getroffenen Abreden können selbständig durch einseitige Erklärung wieder aufgehoben werden (Teilkündigung, dazu Anm. 356, 411).

[403] cc) Änderung des örtlichen Aufgabenbereichs.

Der örtliche Aufgabenbereich ist durch den dem Vsvertreter zur Bearbeitung zugewiesenen Bezirk bestimmt. Über die Änderung der Bezirksgrenzen durch den Ver: Anm. 191; sie kann zur Provisionsvereitelung führen: Anm. 304. Eine Änderung des örtlichen Aufgabenbereiches kann sich auch ergeben, wenn Vmer den Bezirk des Vsvertreters verlassen, der Vsvertreter aber trotzdem die Verwaltung des Vsverhältnisses fortführt, sei es auf Grund einer Bestimmung des Agenturvertrages oder auf ausdrücklichen Wunsch des Vmers (vgl. dazu Anm. 190). In solchem Fall ergibt sich ausnahmsweise eine Pflicht, außerhalb der Bezirksgrenzen tätig zu werden, während im allgemeinen der Vsvertreter nur ein Recht hat, auch außerhalb seines Bezirks zu werben (Anm. 189).

[404] dd) Änderung der Pflichten des Versicherungsvertreters.

Die Pflichten des Vsvertreters unterliegen der freien Gestaltungsmöglichkeit der Parteien.

Eine nachträgliche vertragliche Änderung der im Vertretervertrag festgelegten Pflichten kommt insbesondere in Frage für die Inkassopflicht (dazu Anm. 222) und andere Verwaltungspflichten (dazu Anm. 223, 224). Bei nachträglicher Vereinbarung solcher Pflichten wird in der Regel zugleich eine besondere Vergütung für die neuen Tätigkeitsbereiche festgelegt, z. B. ein festes Gehalt (Anm. 244). Mit der Übernahme neuer Pflichten durch den Vsvertreter kann die Begründung weiterer sekundärer Vertragspflichten verbunden sein; so wird meistens bei der Übertragung des Inkasso auf den Vsvertreter eine besondere Sicherstellungspflicht für die einkassierten Prämien vereinbart (Anm. 228).

Die besonderen Pflichten des Vsvertreters können im Wege der Vertragsänderung auch wieder aufgehoben werden. Über die Möglichkeit einer Teilkündigung hinsichtlich solcher Abreden durch den Ver vgl. Anm. 356, 411.

Eine Änderung der Bemühungspflicht tritt notwendig ein, wenn einem Vsvertreter ein Bezirk zugewiesen wird; dann beschränkt sich die Bemühungspflicht auf den Bezirk (Anm. 189, 216). Die Bemühungspflicht verstärkt sich, wenn ein Mehrfirmenvertreter zum Einfirmenvertreter wird, sie schwächt sich ab beim umgekehrten Vorgang (Anm. 216).

Keine Vertragsänderung liegt vor, wenn der Ver bezüglich einzelner schon entstandener Rechte mit dem Vsvertreter einen Erlaßvertrag schließt oder auf ein Recht verzichtet (dazu Anm. 236).

[405] ee) Änderung der Rechte des Versicherungsvertreters.

Eine vertragliche Änderung der Rechte des Vsvertreters durch Einführung neuer Vergütungsformen kommt häufig vor. Über die nachträgliche Vereinbarung eines festen Gehaltes und die dabei maßgebenden Motive vgl. Anm. 244, über Gratifikationen, bei deren wiederholter vorbehaltloser Zahlung nach der herrschenden Meinung ein Rechtsanspruch des Empfängers entstehen soll, vgl. Anm. 250. Die Übertragung neuer Aufgaben auf den Vsvertreter (Anm. 404) bringt regelmäßig die Begründung neuer Vergütungsansprüche mit sich: Inkasso- (Anm. 311), Verwaltungs- (Anm. 314) oder auch Delkredereprovision (Anm. 317), ebenso können neue Ansprüche auf Aufwendungsersatz entstehen (Anm. 247). Eine Aufhebung solcher Abreden kann wieder durch Vertrag oder ausnahmsweise im Wege der Teilkündigung (Anm. 356, 411) erfolgen.

Änderungen in der Höhe der Provision treten schon durch ihre enge Bindung an die Prämie ein (Anm. 295).

Kraft Gesetzes erfolgt eine Änderung der Rechte des Vsvertreters, wenn er Einfirmenvertreter wird und damit unter den durch § 92 a I 1 HGB und die darin vorgesehene RechtsVO geschützten Personenkreis fällt. Sobald der Vsvertreter infolge der ihm erteilten Weisungen nicht mehr für andere Ver tätig werden kann, treten in seinem Vertrag ohne weiteres an die Stelle der vertraglich vereinbarten Vergütungsregelungen die entsprechenden Bestimmungen der RechtsVO (darüber Anm. 246).

Über Erlaß und Verzicht hinsichtlich einzelner Rechte des Vsvertreters, durch die der Vertretervertrag als solcher nicht berührt wird, Anm. 333.

[406] aaa) Speziell: Provisionserhöhung.

Wenn im Rahmen eines vermittelten Vsvertrages die Prämien sich erhöhen, so erhöhen sich u. U. die Provisionen des Vsvertreters. Näheres Anm. 284.

Eine generelle Provisionserhöhung durch Vertrag kann verschiedene Ursachen haben und in verschiedenen Formen vor sich gehen, vgl. darüber und allgemein über die Fragen der Festsetzung der Provisionshöhe Anm. 295—301, 312, 318. Es ist eine Auslegungsfrage, ob eine Erhöhung sich nur auf das Neugeschäft beziehen oder auch bereits laufende Provisionen ergreifen soll.

Jede Provisionserhöhung kann zur Folge haben, daß ein Einfirmenvertreter mit seinem Monatseinkommen die 500 DM-Grenze überschreitet und künftig nicht mehr der Zuständigkeit der Arbeitsgerichte (Anm. 166) unterliegt und auch sein Konkursvorrecht nach § 61 Ziff. 1 KO (Anm. 336) verliert.

[407] bbb) Speziell: Provisionsherabsetzung.

Neben der vertraglichen Herabsetzung der Provison, die einverständliche Erklärungen beider Vertragsteile erfordert (das Schweigen des Vertreters auf eine ihm angesonnene Änderung des Vertrages in dieser Hinsicht genügt nicht: OLG Nürnberg

28. II. 1957 BetrBer 1957 S. 560—561), kommt eine einseitige Herabsetzung durch den Ver in Frage, entweder, wenn sie im Vertrag vorbehalten ist (dazu Anm. 400), oder auf dem Wege der Teilkündigung (Anm. 356, 411). Vertragliche Vorbehalte finden sich im Zusammenhang mit der risikomäßigen Qualität der Ven (Anm. 299) und der Verdienstlichkeit der Vermittlungsarbeit (Anm. 300). Über frühere generelle Herabsetzungsvorbehalte Prölss VAG² S. 111; VA 1926 S. 125—126, 1927 S. 122—123, 1929 S. 103 (Lebensv) und dazu Bronisch a. a. O. S. 238—239. Zum Wegfall der Inkassoprovision vgl. besonders Anm. 313, zum Wegfall der Verwaltungsprovision Anm. 316.

Eine Herabsetzung betrifft im Zweifel nur Vsverträge, die nach der Vertragsänderung zustandekommen (vgl. KG 7. XII. 1937 Entscheidungen und Gutachten Nr. 22).

[408] **ff) Personenwechsel.**

aaa) Wechsel auf seiten des Versicherungsvertreters.

Ein Personenwechsel im Sinne einer Auswechslung einer Vertragspartei, bei dem also z. B. an die Stelle des bisherigen Vsvertreters A der neue Vertreter B tritt, führt zum Abschluß eines neuen Agenturvertrages, ist also keine Änderung „des Vertreterverhältnisses" im eigentlichen Sinne, da dieses die Identität der Parteien voraussetzt.

Wechselt nicht die Vertragspartei als solche, sondern die personelle Zusammensetzung einer Personenvereinigung (z. B. offene Handelsgesellschaft, juristische Person) oder deren Leitung, so wird zwar der Bestand des Vertretervertrages dadurch nicht berührt (Anm. 346), der Ver kann aber gleichwohl wegen der Bedeutung des persönlichen Elements (Anm. 215) ein Interesse daran haben, daß derartige Veränderungen nicht ohne seine Zustimmung vor sich gehen. Dies Interesse kommt in Vertragsklauseln zum Ausdruck wie der bei Strietholt a. a. O. S. 12 abgedruckten: „Firmenänderungen, Aufnahme von Teilhabern sowie Veränderungen in der Leitung einer Vertreterfirma bedürfen der Genehmigung der Gesellschaft". Ähnlich auch Anm. 2 zu Ziff. 1 Hauptpunkte (Anm 138).

Über Personenwechsel als zum Schadensersatz verpflichtende Vertragsverletzung und über den Einfluß auf den Bestand des Vertretervertrages: Anm. 346.

[409] **bbb) Wechsel auf seiten des Generalagenten.**

Über einen Personenwechsel beim Generalagenten als Endigungsgrund für das Vertreterverhältnis und über die seltenen Fälle, in denen er einen wichtigen Grund für eine fristlose Kündigung darstellen kann, vgl. Anm. 347.

[410] **ccc) Wechsel auf seiten des Versicherers.**

Der Einfluß des Personenwechsels beim Ver auf den Bestand des Agenturvertrages und die Wirkungen einer Bestandsübertragung durch den Ver sind behandelt in Anm. 348.

[411] **gg) Teilkündigung.**

Im Gegensatz zur „normalen" vollständigen Kündigung, die das gesamte Vertreterverhältnis ergreift, bringt die Teilkündigung (Anm. 356) nur bestimmte Einzelabreden zum Erlöschen. Sie kann außer bei besonderem Vorbehalt insbesondere bei — für einen Agenturvertrag nicht essentiellen — Abreden über den Bezirk des Vsvertreters (Anm. 191), über Inkasso- (Anm. 222, 313) und andere Verwaltungsaufgaben (Anm. 223, 224), aber auch über die zu gewährende Vergütung (z. B. Provisionsgarantie, Anm. 245) praktisch werden.

Über die Teilkündigung als Grundlage eines Ausgleichsanspruchs Anm. 374.

[412] **hh) Restfälle.**

Eine Vertragsänderung liegt auch darin, daß die Fälligkeit von Forderungen nachträglich generell verändert wird. Bei den Vergütungsansprüchen der Vsvertreter ist hinsichtlich aller Provisionen der relativ zwingende Charakter von § 87 a IV HGB zu beachten (§ 87 a V HGB).

Die Kündigungsfristen des § 89 HGB könnten nachträglich verändert werden, aber nur unter Beachtung des zwingenden Charakters der Norm (vgl. Anm. 354).

Auch die nachvertraglichen Rechte der Parteien sind noch nachträglichen Änderungen zugänglich, jedoch ist z. B. bei der Wettbewerbsabrede der § 90 a HGB zu beachten. Über Änderungen des Ausgleichsanspruchs vgl. Anm. 386.

[413] f) Rechtslage in Sonderfällen.

aa) Untervertreter.

Das Verhältnis zwischen Generalvertreter und Untervertreter ist eingehend behandelt in Anm. 17, 174. Über einen Fall eines gesellschaftsähnlichen Verhältnisses zwischen Generalvertreter und Untervertreter vgl. KG 28. XI. 1939 JRPV 1941 S. 149—150.

Über Aufbau und Betreuung einer Unterorganisation vgl. Anm. 186, 224; über die Haftung des (unechten) Generalagenten für die Verbindlichkeiten der Unteragenten: Anm. 227, 268, 317—319.

Eine Sonderbehandlung hinsichtlich der Rechte und Pflichten tritt nur beim echten Unteragenten ein, beim unechten Untervertreter liegt die einzige Besonderheit darin, daß er seine Weisungen (Anm. 219) nicht vom Ver direkt, sondern über den Generalvertreter erhält, während ihn seine vertraglichen Rechte und Pflichten (wie die des Generalvertreters selbst) nur mit dem Ver verbinden. Die für die Rechtsstellung des Untervertreters bedeutsamen Fragen sind bei den einzelnen Pflichten und Rechten behandelt. Abweichungen oder doch Zweifelsfragen können sich insbesondere ergeben:

bei Wettbewerbsklauseln (Anm. 221),
bei der Inkassopflicht (Anm. 222),
bei der Herausgabepflicht (Anm. 226),
bei der Sicherstellungspflicht (Anm. 228).

Über die Frage, ob und in welchem Umfang dem echten Untervertreter Pflichten gegenüber dem Ver auferlegt werden können, vgl. Anm. 230. Über die Bedeutung der Untervertreter als Erfüllungsgehilfen des Generalvertreters: Anm. 233.

Wegen der Besonderheiten der Rechte des Untervertreters vgl. allgemein Anm. 240; außerdem über den Kundenschutz Anm. 241, über das Recht auf Benachrichtigung Anm. 243, über die Frage, wer Schuldner der dem Untervertreter zu zahlenden Provision ist, Anm. 278, über das Ausführungserfordernis als Voraussetzung des Provisionsanspruchs Anm. 290, über den Anspruch auf Gewährung eines Provisionsvorschusses Anm. 303, über den Hilfsanspruch auf Bucheinsicht Anm. 327, über den Ausgleichsanspruch Anm. 370, 381.

Besondere Fragen, die sich beim Konkurs des Generalagenten ergeben, sind behandelt in Anm. 239, 336.

Über Endigungsgründe für das Unteragenturverhältnis Anm. 342, 345, 347, 351.

[414] bb) Auslandsberührung.

Die Frage, welcher Rechtsordnung der Agenturvertrag untersteht, richtet sich wie bei jedem Vertrag in erster Linie nach dem Willen der vertragschließenden Parteien (Einl. Anm. 90, Würdinger in: RGRKomm. HGB Bd 1 Anm. 4 vor § 84, S. 679—680). Der Wille kann ausdrücklich im Vertrag erklärt sein, ist aber auch häufig stillschweigend in sonstigen Vertragsumständen zum Ausdruck gekommen oder ergibt sich erst aus dem späteren Verhalten des einen oder anderen Vertragsteils. So kann der Umstand, daß beide Vertragspartner Deutsche sind, daß der Vertrag in deutscher Sprache abgefaßt ist, daß er in Deutschland auf Grund eines Entwurfs eines deutschen Juristen geschlossen wurde (Duden a. a. O. S. 346—347), ferner daß ein deutscher Gerichtsstand vereinbart ist (LG Münster 25. II. 1955 Entscheidungen und Gutachten Nr. 115), den Willen der Beteiligten erkennen lassen, das Vertreterverhältnis dem deutschen Recht zu unterstellen, desgleichen der Umstand, daß der Schriftwechsel in deutscher Sprache geführt und später im Prozeß Entscheidungen deutscher Gerichte zur Stützung einer Rechtsbehauptung herangezogen werden (zu den letzten beiden Umständen in einem Fall, der das Verhältnis zwischen einem deutschen Exporteur und einem Importagenten in Uruguay betraf: BGH 19. III. 1956 LM Nr. 1 zu Internat. Privatrecht — Allgemeines). Läßt sich auch auf diese Weise ein Wille der Parteien nicht zweifelsfrei ermitteln, so muß nach einem anderen Anknüpfungspunkt, dem hypothetischen Parteiwillen, nämlich dem „Schwerpunkt" des Vertrages gesucht werden. Dieser Schwerpunkt kann bei vielen Handelsvertreterverträgen dort liegen, wo der Vertreter seine Tätigkeit entfaltet oder seine Provision bezieht (Duden a. a. O. S. 346—347, Schröder[2] a. a. O. Anm. 3 zu § 92 c, S. 296, Würdinger in: RGR-Komm. HGB Bd 1 Anm. 4 vor § 84, S. 679—680); gerade bei Vsvertretern wird man aber den Gesichtspunkt des „Betriebsstatuts" (Einl. Anm. 91—92) heranziehen müssen, weil hier im Vergleich zum einzelnen Vertreter das Schwergewicht des Vertrages mehr auf der Seite des Vers liegt (so schon Einl. Anm. 98, Wolff, Das internationale Privatrecht Deutschlands, 3. Aufl., Berlin-Göttingen-Heidelberg 1954, S. 144), selbst wenn der Vsvertreter seine Vermittlungstätigkeit im Ausland entfaltet und dort auch seine Provision ausgezahlt erhält. Das Betriebsstatut richtet sich nach dem Sitz der Gesellschaft oder der Niederlassung, die den Vsvertreter betraut hat. Im Verhältnis zwischen einem ausländischen Ver, der gemäß § 106 II Ziff. 3 VAG eine Niederlassung unter Leitung eines Hauptbevollmächtigten deutscher Staatsangehörigkeit in Deutschland unterhält, und einem deutschen Vsvertreter würde demnach, wenn nichts anderes bestimmt ist, deutsches Recht anzuwenden sein. Bei einem deutschen Ver und einem ausländischen Vsvertreter würde es, wenn die Erforschung des Parteiwillens zu keinem Ergebnis führt, darauf ankommen, ob der Vsvertreter von der deutschen Zentrale oder einer Niederlassung im Ausland betraut worden ist; das jeweilige Betriebsstatut bestimmt die anzuwendende Rechtsordnung.

Zur Rechtsstellung des Hauptbevollmächtigten eines ausländischen Vers vgl. Anm. 21. Der Hauptbevollmächtigte ist nicht Vsvertreter, sondern schließt seinerseits namens des Unternehmens die Vertreterverträge mit den inländischen Vsvertretern ab.

Die für einen ausländischen Ver arbeitenden deutschen Vsvertreter unterliegen der Strafvorschrift des § 140 II VAG, wenn die gemäß § 106 VAG für ausländische Ver erforderliche staatliche Genehmigung fehlt (vgl. Anm. 21, 149, 222).

Für Vsvertreter, die „keine Niederlassung im Inland", also in Deutschland haben, gelten, sofern überhaupt deutsches Recht anwendbar ist, die Vorschriften der §§ 84—92 b HGB nur dispositiv (§ 92 c I HGB). Gedacht ist bei dieser Vorschrift primär an im Ausland tätige Vertreter (HandelsvertreterGBegr. S. 18). Maßgebend ist allein die Niederlassung oder der geschäftliche Mittelpunkt der Tätigkeit im Ausland; auf den Wohnsitz kommt es nicht an (insoweit unrichtig Knapp[2] a. a. O. Anm. 1 zu § 92 c, S. 62). Der Vsvertreter darf weder eine eigene Niederlassung im Inland haben, noch seine Tätigkeit vom Sitz des Unternehmers aus entfalten (Würdinger in: RGR-Komm. HGB Bd 1 Anm. 1 zu § 92 c, S. 772). Fehlt es an einer inländischen Niederlassung, so wird die Anwendung des § 92 c I HGB nicht dadurch ausgeschlossen, daß der Vsvertreter von seinem ausländischen Geschäftssitz aus auch im Inland Geschäfte vermittelt (HandelsvertreterGBegr. S. 18, Herschel-Beine, Handbuch zum Recht des Handelsvertreters, Köln 1954, S. 212, Knapp[2] a. a. O. Anm. 1 zu § 92 c, S. 62, Schröder[2] a. a. O. Anm. 2 zu § 92 c, S. 296, Würdinger in: RGRKomm. HGB Bd 1 Anm. 1 zu § 92 c, S. 772). Verlegt der Vertreter nachträglich seine geschäftliche Niederlassung ins Inland, so fragt sich, was aus den inzwischen getroffenen, gegen zwingende Vorschriften (§§ 84—92 b HGB) verstoßenden Vereinbarungen wird. Schröder[2] a. a. O. Anm. 2 zu § 92 c, S. 295—296 will in der Zustimmung des Vers zur Verlegung des Geschäftssitzes und in der daraufhin erfolgenden Verlegung in der Regel gleichzeitig eine Änderung des Vertretervertrages sehen, durch die letzterer den zwingenden gesetzlichen Bestimmungen unterworfen werde, wenn nicht ausdrücklich der Fortbestand der getroffenen Abreden vereinbart sei. Keinesfalls sollen jedoch die Abreden ipso iure nichtig werden. Diese Auffassung findet im Gesetz keine Stütze. Wenn § 92 c I HGB die zwingende Kraft gewisser Gesetzesnormen für den im Ausland tätigen Vertreter ausschaltet, so entfällt diese Wirkung ohne weiteres, sobald der Vertreter eine Niederlassung im Inland begründet: Von diesem Zeitpunkt an unterliegt der Vertrag den zwingenden gesetzlichen Normen und ist unwirksam, soweit er mit ihnen im Widerspruch steht.

Nach § 86 b III 1 HGB gilt § 86 b I HGB betreffend den Anspruch auf Delkredereprovision nicht, „wenn der Unternehmer oder der Dritte seine Niederlasung oder beim Fehlen einer solchen seinen Wohnsitz im Ausland hat".

Zum ausländischen Recht vgl. die ausführliche Darstellung bei Trinkhaus I S. 4—6, 140—169, 300—313.

[415] cc) Bezirksvertreter.

Über die rechtliche Bedeutung der Zuweisung eines Bezirks an einen Vsvertreter vgl. Anm. 187—191.

Die Zuweisung eines Bezirks hat zur Folge, daß die Bemühungspflicht und die Weisungsfolgepflicht gebietlich eingeschränkt werden (darüber Anm. 216, 219).

Vsvertreter erhalten regelmäßig keine Vermittlungsprovisionen für alle Bezirksgeschäfte (§§ 87 II, 92 III 2 HGB). Aber Ausnahmen kommen vor; über die dann eintretenden Erleichterungen in den Voraussetzungen der Entstehung eines Provisionsanspruchs: Anm. 282, 285.

Änderungen der Bezirksgrenzen können einseitig nur durch Teilkündigung herbeigeführt werden (Anm. 356, 411), möglicherweise stellen sie sich als Provisionsvereitelung dar (Anm. 304). Über Änderungen der Bezirksgrenze auch Anm. 191, 403.

Zur Vollmacht des Bezirksvertreters: Anm. zu § 46.

[416] dd) Einfirmenvertreter.

Der **Begriff** des „Einfirmenvertreters" ist erst 1953 in das Handelsgesetzbuch eingeführt worden. In § 92 a HGB und in Art 3, 4 HandelsvertreterG (Anm. 134) hat eine Entwicklung ihren vorläufigen Abschluß gefunden, durch die einer gewissen, in ihrer sozialen und wirtschaftlichen Stellung den Arbeitnehmern weitgehend angenäherten Gruppe von Handlungsagenten — trotz der persönlichen Selbständigkeit — ein entsprechender Rechtsschutz verschafft werden sollte. Die Entwicklung begann mit § 5 I 2 ArbGG vom 23. XII. 1926 (RGBl. I S. 507), wodurch neben den Arbeitnehmern auch sogen. „arbeitnehmerähnliche Personen" der Zuständigkeit der Arbeitsgerichte unterstellt wurden. In der Folgezeit wurden auf die „arbeitnehmerähnlichen" Agenten auch Schutzvorschriften des materiellen Rechts angewandt. Zur Entwicklung im Einzelnen und zum Rechtszustand vor 1953 vgl. Hick, Der arbeitnehmerähnliche Agent, ungedruckte Münchener Diss. 1949, Möller Vsvermittlung S. 28—29, Rohrbeck-Durst-Bronisch S. 20, 149—150.

Angesichts der Schwierigkeiten, die sich bei der Abgrenzung der „arbeitnehmerähnlichen" Agenten ergaben, sollte die Novelle von 1953 eine eindeutige Klärung des Begriffs bringen und ein für allemal festlegen, welche Handelsvertreter als sozial schutzwürdig im Sinne der sogen. „arbeitnehmerähnlichen Personen" anzusehen seien (HandelsvertreterGBegr. S. 10, 40), und zwar nicht nur für die Fälle, in denen dies ausdrücklich ausgesprochen ist (§ 92 a HGB, Art. 3, 4 HandelsvertreterG), sondern für alle Fälle, in denen es auf die Arbeitnehmerähnlichkeit eines Handelsvertreters ankommt. Dies übersieht Trinkhaus I S. 83—84, ZfV 1957 S. 286, wenn er behauptet, daß neben dem Einfirmenvertreter der traditionelle Begriff des „arbeitnehmerähnlichen Agenten" seine Bedeutung behalten habe, z. B. im Urlaubsrecht (dazu Anm. 253). Es ist auch nicht einzusehen, warum einzelne soziale Schutznormen einem anderen, weiteren Kreis von Personen zugutekommen sollen als die Bestimmungen, die speziell durch eine RechtsVO gemäß § 92 a I HGB zum Schutze der wirtschaftlich und sozial schwachen Handelsvertreter erlassen werden. Daß diese Erwägung auch den Gesetzgeber bei der Schaffung der Novelle geleitet hat, zeigt HandelsvertreterGBegr. S. 45: „Es wäre verfehlt, wenn für das Prozeßrecht eine vom materiellen Recht abweichende Abgrenzung gelten würde." Wie hier auch Herschel-Beine, Handbuch zum Recht des Handelsvertreters, Köln 1954, S. 201, Knapp[2] a. a. O. Anm. 1 zu § 92 a, S. 56, Leuze a. a. O. S. 11—12, Würdinger in: RGRKomm. HGB Bd 1 Anm. 2 zu § 92 a, S. 768. Der von Trinkhaus I S. 84, ZfV 1957 S. 286 genannte Beispielsfall, daß ein Vsvertreter je eine Agentur eines Schadensvers und eines Lebensvers führt, für die er etwa gleichmäßig tätig wird und die nur zusammen seine Existenz sichern, wird in aller Regel nach den Bestimmungen über den Konzernvertreter (darüber Anm. 417,

Trinkhaus I S. 87—88) zu beurteilen sein. Sollten aber ausnahmsweise die beiden Ver, für die der Vsvertreter tätig ist, nicht demselben Konzern oder derselben Organisationsgemeinschaft angehören, so fragt sich, ob er wirklich als „arbeitnehmerähnlich" zu bezeichnen ist. Wer trotz der Konzentrationsbewegung und des Strebens zum Warenhaussystem (Trinkhaus I S. 87—88) mit zwei verschiedenen Vern kontrahiert, die nicht organisatorisch verbunden sind, zeigt dadurch ein solches Maß an wirtschaftlicher Unabhängigkeit, daß eine „arbeitnehmerähnliche" Stellung nur in ganz seltenen, praktisch nicht zu berücksichtigenden Fällen vorliegen wird.

Zur Frage, wem der erhöhte soziale Schutz zugute kommen soll, nennt § 92 a I 1 HGB **zwei Gruppen,** nämlich den Handelsvertreter, „der vertraglich nicht für weitere Unternehmer tätig werden darf, oder dem dies nach Art und Umfang der von ihm verlangten Tätigkeit nicht möglich ist".

Erste Gruppe: Über Ausschließlichkeitsklauseln, auf Grund derer jemand Einfirmenvertreter „kraft Vertrages" (so HandelsvertreterGBegr. S. 40) wird, vgl. Anm. 178. Voraussetzung ist eine volle Ausschließlichkeitsklausel, durch die dem Vsvertreter jede andere Tätigkeit schlechthin verboten wird, nicht nur eine Betätigung im gleichen Vszweig oder nur im Vsfach (Schröder[2] a. a. O. Anm. 3 zu § 92 a, S. 287, Voß VersR 1957 S. 208, LArbG Mannheim 18. XII. 1953 AP 1954 S. 313 Nr. 89 mit zustimmender Anm. Hefermehl).

Zweite Gruppe: Die weitere in § 92 a I 1 HGB genannte Gruppe bilden die Einfirmenvertreter „kraft Weisung" (so HandelsvertreterGBegr. S. 40). Hier ergeben sich Abgrenzungsschwierigkeiten. Generell ist zu sagen, daß eine streng wörtliche Anwendung des § 92 a I 1 HGB (zweite Alternative) nicht in Frage kommt, denn Vertragsbestimmungen oder konkrete Weisungen, die dem Vsvertreter seine Tätigkeit so genau vorschreiben, daß er sich auch durch rationelle Arbeitseinteilung und bei großem Fleiß keinerlei Zeit für eine Nebentätigkeit freihalten kann, würden mit dem Grundsatz der freien Arbeitszeitbestimmung und der freien Gestaltung der Tätigkeit im Widerspruch stehen und den Vsvertreter zum abhängigen Angestellten machen (§ 84 II HGB). Dies verkennen Knapp[2] a. a. O. Anm. 2 zu § 92 a, S. 57, LArbG Düsseldorf 20. IX. 1955 BetrBer 1956 S. 593. Auf der anderen Seite besteht Einigkeit darüber, daß eine freiwillige Beschränkung der Tätigkeit auf einen Unternehmer noch nicht genügt (Schröder[2] a. a. O. Anm. 4 zu § 92 a, S. 288, Trinkhaus BetrBer 1956 S. 594, Würdinger in: RGRKomm. HGB Bd 1 Anm. 3 zu § 92 a, S. 768). Nach der Auffassung Würdingers in: RGRKomm. HGB Bd 1 Anm. 3 zu § 92 a, S. 768—769 „kommt es nicht so sehr auf die Intensität der Weisungsgebundenheit an, denn dieses führt zu der Frage, ob § 84 II anzuwenden ist; sondern auf den Gesichtspunkt der Zumutbarkeit weiterer Betätigung in Ansehung einerseits der nach dem Vertretervertrag zu leistenden Vermittlerdienste, andererseits der objektiven Verhältnisse des Vertreters (z. B. Gesundheit, Alter usw.)". Ähnlich Trinkhaus BetrBer 1956 S. 594, der die Zumutbarkeit unter Berücksichtigung des gesamten Pflichtenkreises des Vsvertreters, wie er sich bei Heranziehung aller Umstände des Falles ergebe (konkrete Ausgestaltung der Bemühungspflicht, Inkasso- und Verwaltungspflichten für einen großen Bestand), abwägen will, wobei es insbesondere darauf ankommen soll, ob der Vsvertreter bereits ein „ausfüllendes Sortiment" an verschiedenen Vszweigen habe, angesichts dessen ihm nicht zugemutet werden könne, sich durch Übernahme einer anderen Beschäftigung eine zusätzliche Existenzgrundlage zu schaffen, nur um die Vorteile der Einfirmenvertretereigenschaft zu verlieren. Dieser Auffassung kann mit der Einschränkung gefolgt werden, daß bei überdurchschnittlich eifrigen und befähigten Vsvertretern, die, obwohl sie bereits ein „ausfüllendes Sortiment" an der Hand haben und sich darauf beschränken könnten, noch weitere Vertretungen bei anderen Vern übernehmen, die Vorschriften über den Einfirmenvertreter nicht anzuwenden sind, weil hier im konkreten Fall die Schutzwürdigkeit fehlt. Im übrigen kommt es bei der Prüfung der Frage, wann eine ausfüllende Tätigkeit vorliegt und deshalb eine anderweitige Betätigung unzumutbar ist, auf die Verhältnisse eines durchschnittlich befähigten Vertreters mit hinreichenden Branchen- und Kundenkenntnissen an (Schröder[2] a. a. O. Anm. 4 zu § 92 a, S. 288, Trinkhaus BetrBer 1956 S. 594), doch sind Umstände, die die sonst vorhandene Leistungsfähigkeit im konkreten Fall mindern (z. B. Krankheit oder Alter), zu berücksichtigen (Würdinger in: RGRKomm. HGB Bd 1 Anm. 3 zu § 92 a, S. 768—769, Trinkhaus BetrBer 1956 S. 594; a. A. Voß VersR 1957 S. 208—209, LArbG Düsseldorf 20. IX. 1955 VersR 1956 S. 616 = BetrBer 1956 S. 593). Das LArbG Bremen 9. III. 1955 Der Betrieb 1955 S. 535 hält „nach der Lebenserfahrung" für Einfirmenvertreter kraft Weisung alle Vertreter, „die Privatkundschaft von Haus zu Haus besuchen müssen".

Darüber, daß ein Mehrfachvertreter zum Einfirmenvertreter werden kann, vgl. Anm. 214, 401.

Den Einfirmenvertretern gleichgestellt sind die sogen. Konzernvertreter nach § 92 a II HGB, darüber Anm. 417.

Der **besondere Schutz**, den Einfirmen- (und Konzern-)vertreter seit 1953 genießen, besteht einmal darin, daß die untere Grenze der vertraglichen Leistungen des Unternehmers festgesetzt werden kann, und zwar durch eine RechtsVO, deren Zustandekommen in § 92 a I 1 HGB im Einzelnen geregelt ist. Die RechtsVO kann erlassen werden, „um die notwendigen sozialen und wirtschaftlichen Bedürfnisse dieser Handelsvertreter oder einer bestimmten Gruppe von ihnen sicherzustellen", soll also nur das Existenzminimum festlegen und wird daher nur für solche Einfirmenvertreter praktisch, deren Bezüge unterhalb dieser Mindestgrenze liegen; die Vertragsverhältnisse der Vertreter, deren Bedingungen günstiger sind als die in der RechtsVO festgelegten, bleiben unberührt. Der Wortlaut des Gesetzes schließt eine Anwendung auf Personenvereinigungen und juristische Personen nicht aus (Duden a. a. O. S. 343, Möller ZfV 1955 S. 2, Schröder[2] a. a. O. Anm. 1 zu § 92 a, S. 286), doch wird hier vor Erlaß einer RechtsVO das soziale Bedürfnis nach einer Festsetzung von Mindestbedingungen besonders kritisch zu prüfen sein (Trinkhaus I S. 87 hält die Anwendung des § 92 a HGB auf diese Gruppen schlechthin für ausgeschlossen). Über den möglichen Inhalt der Mindesbedingungen, die ihrem Zweck entsprechend mit zwingender Kraft ausgestattet sind (§ 92 a I 2 HGB), vgl. im Einzelnen Anm. 246. Die RechtsVO ist bisher noch nicht erlassen worden.

Das Gesetz unterstellt weiter die Einfirmen- (und Konzern-) vertreter der Zuständigkeit der Arbeitsgerichte (Art. 3 HandelsvertreterG [Anm. 134]). Die Vorteile der arbeitsgerichtlichen Zuständigkeit sollen aber, wie letztlich auch die Mindestbedingungen nach § 92 a I HGB, nur den Handelsvertretern zugutekommen, deren Vergütung unter dem Existenzminimum liegt oder dieses gerade erreicht. Es war daher beabsichtigt, Art. 3 HandelsvertreterG auf Vertreter zu beschränken, die in der letzten Zeit vor Rechtshängigkeit nicht mehr als die durch RechtsVO gemäß § 92 a I HGB festgesetzte Mindestvergütung bezogen haben (HandelsvertreterGBegr. S. 45). Der feste Betrag von 500.— DM wurde eingeführt, „weil sonst die Zuständigkeit von der Zufälligkeit abhängt, wann die Rechtsverordnung erlassen wird und auf welchen Kreis von Personen sie sich bezieht" (HandelsvertreterGBegr. S. 49). Maßgebend bei der Berechnung des Durchschnittsverdienstes sind nur die tatsächlich bezogenen Beträge, nicht die entstandenen Forderungen (LArbG Düsseldorf 11. IV. 1957 BetrBer 1957 S. 614, Herschel-Beine a. a. O. S. 231, Knapp[2] a. a. O. Anm. 4 zu Art. 3, S. 68). Über Einzelheiten vgl. Anm. 166.

Art. 4 HandelsvertreterG (Anm. 134) gibt den wirtschaftlich schwachen Einfirmenvertretern ein Vorzugsrecht im Konkurs des Unternehmers. Im Gegensatz zu Art. 3 HandelsvertreterG kommt es hier nicht auf die tatsächlich bezogene, sondern auf die verdiente Vergütung an. Die unterschiedliche Abgrenzung wird damit gerechtfertigt, daß „damit gerechnet werden muß, daß gerade in den letzten 6 Monaten erhebliche Zahlungsstockungen eintreten und der Handelsvertreter das Konkursvorrecht selbst dann erlangen würde, wenn er sehr hohe Provisionsansprüche hat. Das Konkursvorrecht kann nur demjenigen gewährt werden, der bei normalen Leistungen des Gemeinschuldners als schutzwürdig anzusehen ist. Eine andere Regelung würde außerdem dazu führen, daß die dadurch möglicherweise bevorrechtigten hohen Provisionsansprüche zu Lasten der übrigen Gläubiger gingen" (HandelsvertreterGBegr. S. 50). Über Einzelheiten zum Konkursprivileg der Einfirmenvertreter vgl. Anm. 336.

Angesichts des weitgehenden Schutzes, den die Einfirmenvertreter nach dem neuen Handelsvertreterrecht genießen, fragt es sich, ob noch weitere Schutznormen des

Arbeitsrechts auf sie angewendet werden können. Dazu meint Würdinger in: RGR-Komm. HGB Bd 1 Anm. 4 zu § 92 a, S. 769: „Indem § 92 a die Regelung der Frage dem Bundesminister vorbehalten hat, hat die Rechtsprechung keine Veranlassung mehr, durch analoge Ausdehnung von Arbeitnehmerschutzbestimmungen die arbeitnehmerähnlichen Vertreter aus dem Kreis der übrigen (selbständigen) Vertreter herauszuheben; sie darf nicht ihrerseits die Funktion des Gesetzgebers ausüben." Diese Auffassung, wonach sich also künftig die Rechte der Einfirmenvertreter nur noch nach ausdrücklichen gesetzlichen Bestimmungen richten sollen, kann zumindest für diejenigen Rechte nicht zutreffen, die schon vor 1953 in der Rechtsprechung anerkannt waren, ohne in das Gesetz übernommen oder seither in einer RechtsVO gemäß § 92 a I HGB festgelegt worden zu sein. Dazu gehören das Recht auf Erteilung eines Zeugnisses, das nach herrschender Auffassung dem Einfirmenvertreter zustehen soll (dazu Anm. 365), aber auch die Grundsätze über die Betriebsgefahr bei unverschuldeter Unmöglichkeit (vgl. Trinkhaus I S. 82, 437, Würdinger in: RGRKomm. HGB Bd 1 Anm. 1 zu § 92 a, S. 768). Es kann nicht der Wille des Gesetzgebers sein, dem Einfirmenvertreter diese Rechte zu entziehen und ihm dafür die Aussicht auf eine RechtsVO zu geben, von der nach vier Jahren noch nicht feststeht, wann sie erlassen werden wird und ob sie dieses Gebiet überhaupt regeln wird, ihn also praktisch schlechter zu stellen als vorher. In gleicher Weise aber müssen dem Einfirmenvertreter die Entwicklungstendenzen zur Ausweitung des arbeitsrechtlichen Schutzes auf andere, den Arbeitnehmern nahestehende Personengruppen auch weiterhin zugutekommen, denn der Zweck des HandelsvertreterG ist es, die Einfirmenvertreter an dieser Entwicklung teilhaben zu lassen und nicht, sie davon auszuschließen.

Danach kommt eine Gleichstellung der Einfirmen- (und Konzern-)vertreter, soweit sie mit ihren Bezügen nicht über das Existenzminimum hinauskommen, auch auf Gebieten in Frage, die noch nicht durch Gesetz oder in einer RechtsVO gemäß § 92 a I HGB geregelt sind; dabei wäre an folgende Einzelfragen zu denken:

Fortzahlung der Bezüge bei unverschuldeter Krankheit des Einfirmenvertreters, und zwar nicht nur der festen Bezüge (dazu Anm. 244), sondern auch der in der fraglichen Zeit mutmaßlich verdienten Provision entsprechend den zu § 63 HGB entwickelten Grundsätzen;

Anwendung der Sphärentheorie (Anm. 244) bei zufälliger Unmöglichkeit auch auf die Provisionsansprüche;

Urlaubsrecht (dazu Anm. 253);

Anwendung der Grundsätze von den sogen. faktischen Vertragsverhältnissen im Falle der Nichtigkeit des Agenturvertrages (dazu Anm. 281);

Zubilligung eines Rechts auf Provisionsvorschuß (dazu Anm. 303).

Pfändungsschutz genießen alle Vsvertreter, auch die wirtschaftlich selbständigen (Anm. 336); das Gleiche gilt für den Zeugnisanspruch (Anm. 365).

Sozialvspflichtig sind auch die Einfirmenvertreter nicht (Anm. 168).

[417] ee) Konzernvertreter.

Diese Personen sind durch § 92 a II 1 HGB den Einfirmenvertretern gleichgestellt. Es handelt sich um Vsvertreter, die für mehrere Ver tätig werden und daher nicht zu den Einfirmenvertretern nach § 92 a I 1 HGB gehören. Voraussetzung der Gleichstellung ist einmal, daß die mehreren Ver, für die der Vsvertreter arbeitet, in einem Konzern oder einer Organisationsgemeinschaft zusammengeschlossen sind (über die Konzentrationsbewegung in der Vswirtschaft ausführlich Trinkhaus I S. 87—88).

Der Betrauung kann ein einziger Vertrag mit einem der Konzernver zugrundeliegen. In diesem Falle übernimmt der Vsvertreter Pflichten nicht nur gegenüber seinem unmittelbaren Vertragspartner, sondern auch gegenüber den übrigen zum Konzern oder der Organisationsgemeinschaft gehörenden Vern (dazu Anm. 230). Er steht ohne weiteres einem Einfirmenvertreter gleich.

Ist der Vsvertreter nicht durch einen einzigen Vertrag gebunden, sondern hat er mit jedem Ver einzeln kontrahiert, so muß zwischen den einzelnen Verträgen eine so enge Verbindung bestehen, daß den Umständen nach nicht erwartet werden kann, daß die anderen bestehen bleiben werden, wenn einer der Verträge aufgelöst wird.

Ob später die Verträge tatsächlich alle gleichzeitig gelöst werden, spielt keine Rolle (HandelsvertreterGBegr. S. 41, Herschel-Beine, Handbuch zum Recht des Handelsvertreters, Köln 1954, S. 203—204, Schröder[2] a. a. O. Anm. 10 zu § 92 a, S. 290). Im Gesetz ist dieser Gedanke in einer etwas verunglückten Fassung zum Ausdruck gekommen (Würdinger in: RGRKomm. HGB Bd 1 Anm. 4 zu § 92 a, S. 769).

Die Frage, welcher von den mehreren Vern die Last der in der RechtsVO festgesetzten Mindesvergütung tragen soll oder wie sie unter ihnen verteilt werden soll, kann ebenfalls durch RechtsVO geregelt werden.

[418] ff) Mehrfachvertreter.

Über den Begriff des Mehrfachvertreters: Anm. 25, 178, vgl. auch über die Abgrenzung vom Einfirmenvertreter Anm. 416. Über die Selbständigkeit des Mehrfachvertreters: Anm. 159, über den Wechsel vom Mehrfachvertreter zum Einfirmenvertreter: Anm. 214, 401.

Aus der Tatsache, daß der Mehrfachvertreter nicht nur von einem einzigen Ver betraut ist, ergeben sich Abweichungen in seinen Pflichten; so sind die Bemühungspflicht (Anm. 216), die Interessenwahrnehmungspflicht (Anm. 217) und die Geheimhaltungspflicht (Anm. 220) gegenüber dem Einfirmenvertreter abgeschwächt. Über Schwierigkeiten bei der Erfüllung der Herausgabepflicht und bei der Prämienüberweisung: Anm. 226. Starke Abweichungen zeigen sich naturgemäß bei der Frage des Wettbewerbs (dazu Anm. 221).

[419] gg) Versicherungsvertreter im Nebenberuf.

Über den Begriff des nebenberuflichen Vsvertreters vgl. Anm. 15.

Gemäß § 92 b I 1 HGB sind die Bestimmungen der §§ 89, 89 b HGB auf diese Vertreter nicht anzuwenden. Dazu im Einzelnen Anm. 354 (Kündigung, unter Berücksichtigung von § 92 b I 2 HGB) und Anm. 382 (Ausgleichsanspruch). § 92 b I 3 HGB wird für Vsvertreter nicht praktisch, da diese ohnehin keinen Anspruch auf Auszahlung eines Provisionsvorschusses haben (Anm. 303).

Ist der Vsvertreter nur nebenberuflich tätig, was gemäß § 92 b III HGB nach der Verkehrsauffassung zu ermitteln ist (dazu Anm. 15), so kann er sich ohne weiteres auf § 92 b I 1 HGB berufen, also z. B. das Agenturverhältnis mit einer Frist von einem Monat kündigen. Für den Ver gelten diese Bestimmungen aber auch dann nur, wenn er den Vsvertreter ausdrücklich als „Handelsvertreter im Nebenberuf" betraut hat (dazu Anm. 204, 210), oder wenn das Agenturverhältnis schon vor dem 1. XII. 1953 bestanden hat (Art. 6 III HandelsvertreterG [Anm. 134]).

Voraussetzung für die Anwendbarkeit von § 92 b I 1 HGB ist stets, daß der Vsvertreter tatsächlich im Nebenberuf tätig ist; deshalb kann er, auch wenn er ausdrücklich als nebenberuflicher Vertreter betraut worden ist, später geltend machen, er sei schon bei Vertragsschluß hauptberuflicher Vertreter gewesen, und damit z. B. in den Genuß des Ausgleichsanspruchs kommen (Duden a. a. O. S. 345, Trinkhaus I S. 101, Würdinger in: RGRKomm. HGB Bd 1 Anm. 2 zu § 92 b, S. 771, anscheinend auch Knapp[2] a. a. O. Anm. 3 zu § 92 b, S. 60; widerspruchsvoll Herschel-Beine, Handbuch zum Recht des Handelsvertreters, Köln 1954, S. 209, 210). Der Vertreter trägt allerdings für seine Behauptung die Beweislast. Wollte der Ver den Vsvertreter nur als nebenberuflichen einstellen, so kann er u. U. den Agenturvertrag wegen Irrtums oder Täuschung anfechten (Anm. 203).

Es ist denkbar, daß der Vsvertreter, der bei Vertragsschluß und ausdrücklicher Betrauung noch nebenberuflich tätig war, im Laufe des Vertretungsverhältnisses zum hauptberuflichen Vsvertreter wird (dazu Anm. 214, 401). In solchen Fällen wollen Schröder[2] a. a. O. Anm. 6 zu § 92 b, S. 294, Trinkhaus I S. 101—102, Würdinger in: RGRKomm. HGB Bd 1 Anm. 4 zu § 92 b, S. 771—772 dem Ver die Berufung auf § 92 b I 1 HGB auch weiterhin gestatten, wenn er nicht ausdrücklich oder stillschweigend der Änderung zugestimmt habe. Diese Auffassung findet im Gesetz keine Stütze. Wenn die in § 92 b III HGB festgelegte Voraussetzung, daß der Vertreter nach der Verkehrsauffassung als nebenberuflicher anzusehen sein muß, wegfällt, ist eine Anwendung des § 92 b I 1 HGB nicht mehr möglich, selbst wenn bei Eingehung des Vertretervertrages die Nebenberuflichkeit ausdrücklich erwähnt worden ist (so auch Duden a. a. O. S. 345). Eine andere Frage ist es, ob der Vsvertreter die Absicht, zur Hauptberuflichkeit überzugehen, anzeigen muß oder gar verpflichtet ist, seinen Status nicht zu ändern, ferner ob der Ver beim Eintreten einer derartigen Änderung das Vertretungsverhältnis aus wichtigem Grunde, womöglich wegen Vertragsverletzung, kündigen und unter den Voraussetzungen des § 89 a II HGB einen Schadensersatzanspruch geltend machen kann (vgl. Anm. 354, 355).

Die Vorschriften über die Einfirmenvertreter sind auf nebenberufliche Vsvertreter nicht anzuwenden, sei es weil es an der Ausschließlichkeit fehlt, sei es weil die bei § 92 a HGB vorausgesetzte soziale Bedürftigkeit gerade im Hinblick auf den Vertreterberuf fehlt (HandelsvertreterGBegr. S. 42, Herschel-Beine a. a. O. S. 211, Leuze a. a. O. S. 29, Schröder[2] a. a. O. Anm. 1 zu § 92 b, S. 292, Trinkhaus I S. 87, Würdinger in: RGRKomm. HGB Bd 1 Anm. 3 zu § 92 b, S. 771).

Über sonstige Besonderheiten in der Rechtsstellung der nebenberuflichen Vsvertreter vgl. Anm. 159 (Selbständigkeit), 170 (steuerrechtliche Besonderheiten), 179—181 (ständige Betrauung), 194 (Kaufmannseigenschaft), 221 (Wettbewerb).

[420] hh) Versicherungsvertreter als Schiffsagenten.

Für Handelsvertreter, die gewisse, mit der Schiffahrt zusammenhängende Geschäfte vermitteln, gelten die §§ 84—92 b HGB nur dipositiv (§ 92 c II HGB). Die Vermittlung von Seevsverträgen ist in § 92 c II HGB nicht mitaufgeführt, die Vorschrift wird also für Vsvertreter nicht praktisch. Wohl aber können Schiffsagenten im Sinne des § 92 c II HGB zugleich Vsvertreter sein (Anm. 180); dann gelten für das Vsvertreterverhältnis die zwingenden Bestimmungen des Handelsvertreterrechts ohne die Möglichkeit einer abweichenden Vereinbarung.

[421] ii) Selbständige Nichthandelsvertreter.

Hier handelt es sich um selbständige Personen, die ständig damit betraut sind, für andere Personen Geschäfte zu vermitteln (i. w. S.), die aber trotzdem nicht Handelsvertreter sind.

Hier wäre zunächst der Fall denkbar, daß der andere, für den Geschäfte vermittelt werden, kein Gewerbe betreibt, also nicht Unternehmer im Sinne des § 84 I 1 HGB ist. Ein Ver oder auch ein Generalagent, der andere Agenten für sich arbeiten läßt, ist aber stets als Unternehmer anzusehen, so daß dieser Fall für Vsvertreter nicht praktisch wird.

Über den Fall, daß der Vsvertreter selbst kein Gewerbe betreibt und daher nicht Handelsvertreter ist: Anm. 423; über den Vsvertreter, der zwar ständig betraut ist, aber nur mit dem Nachweis von Gelegenheiten, Anm. 422.

[422] aaa) Nachweis von Gelegenheiten.

Wer nur Gelegenheiten nachweist, ohne sich aktiv um das Zustandekommen eines Vsvertrages zu bemühen, ist nicht Vsvertreter im Sinne des § 92 HGB (Anm. 16, 128), sondern Zivilagent. Der Unterschied zum Makler liegt darin, daß der Agent ständig betraut ist, während der Makler für jeden Fall einzeln beauftragt wird. Eine Unterstellung dieser Personen unter das Recht der Zivilmakler (§§ 652—654 BGB) ist geboten, damit die Gesetzeslücke geschlossen werde. Jedoch sind für die Provisionsprobleme die Grundsätze des Handelsvertreterrechts (§§ 87 I, III, 92 IV HGB) analog anzuwenden, nicht § 652 I 1 BGB. Denn es ist unangängig, einen bloßen Gelegenheitsvermittler besser zu stellen als einen Abschluß- oder Vermittlungsagenten. Die zwingenden Vorschriften des Handelsgesetzbuches über die Kündigung sind abdingbar, jene über den Ausgleichsanspruch unanwendbar. Allgemein werden Fälle, in denen jemand ständig nur mit dem Nachweis von Gelegenheiten zum Abschluß von Vsverträgen betraut ist, äußerst selten sein. Über eine gemischte Tätigkeit: Anm. 184.

[423] bbb) Fehlen der Gewerbsmäßigkeit.

In der Regel ist der Vsvertreter Gewerbetreibender (Anm. 149). Die Gewerbsmäßigkeit entfällt, wenn der Vsvertreter keinen Überschuß bei seiner Tätigkeit erstrebt; dies ist denkbar z. B. bei kleineren Idealvereinen, die unter ihren Mitgliedern ständig für einen Ver werben, ohne dabei einen Gewinn erzielen zu wollen. Die Abrede zwischen einem solchen Vsvermittler und dem Ver richtet sich nach den Regeln über den Auftrag; der Vermittler erhält keine Vergütung, sondern nur Ersatz für seine Aufwendungen (anders anscheinend Schröder[2] a. a. O. Anm. 15 zu § 84, S. 26, der auch einen Beauftragten, der auf eine Vergütung verzichtet hat, als Handelsvertreter behandeln will, „wenn die sonstigen Merkmale erfüllt sind").

Sachregister für Lieferungen 3 und 4

Die Zahlen verweisen auf die Anm. vor §§ 43—48. Systematische Gliederungen finden sich vor Anm. 1 (S. 535—536), Anm. 29 (S. 550—551), Anm. 127 (S. 588), Anm. 140 (S. 610—615).

Kolibri 360 GmbH
Ferdinand-Jühlke-Straße 7
99095 Erfurt, Deutschland
produktsicherheit@kolibri360.de